모차르트 호모 사피엔스

 M 카이로스총서 46

모차르트 호모 사피엔스 Mozart Homo Sapiens
작곡, 지식과 과학의 반영

지은이 김진호
펴낸이 조정환
책임운영 신은주
편집 김정연
표지 디자인 조문영
홍보 김하은
프리뷰 박찬울 · 유연주 · 이수영

펴낸곳 도서출판 갈무리 등록일 1994. 3. 3. 등록번호 제17-0161호
초판인쇄 2017년 4월 24일 초판발행 2017년 4월 28일
종이 화인페이퍼 인쇄 예원프린팅 라미네이팅 금성산업 제본 은정제책

주소 서울 마포구 동교로18길 9-13 [서교동 464-56]
전화 02-325-1485 팩스 02-325-1407
website http://galmuri.co.kr e-mail galmuri94@gmail.com

ISBN 978-89-6195-159-3 03670
도서분류 1. 음악 2. 예술 3. 음악이론 4. 서양음악사 5. 인문학 6. 심리학 7. 생물학

값 30,000원

ⓒ 김진호, 2017.

이 도서의 국립중앙도서관 출판예정도서목록(CIP)은 서지정보유통지원시스템 홈페이지(http://seoji.nl.go.kr)와 국가자료공동목록시스템(http://www.nl.go.kr/kolisnet)에서 이용하실 수 있습니다.(CIP제어번호 : CIP2017009652)

이 저서는 2008년 정부(교육부)의 재원으로 한국연구재단의 지원을 받아 수행된 연구임(NRF-2008-812-H00014). This work was supported by the National Research Foundation of Korea Grant funded by the Korean Government(NRF-2008-812-H00014).

모차르트
호모 사피엔스
Mozart Homo Sapiens

작곡, 지식과 과학의 반영

김진호 지음

갈무리

일러두기

1. 부호 사용
1) 단행본, 전집, 전집 중 한 권, 정기간행물, 학술지, 보고서, 온라인 출판물에는 겹낫표(『』)를, 학술지 게재 논문, 단행본의 한 장, 추천의 글, 역자의 글 등에는 홑낫표(「」)를 사용했다.
2) 음악작품명을 포함한 예술작품명은 《》 안에 한글로 표기하고 필요한 경우 원제를 병기했다. 작품 안 소제목과 작품의 한 부분은 가랑이표 < > 안에 넣었다. [예 : 《라인의 황금》 중 <전주곡>]
3) 직접 인용한 문장과 간접 인용한 문장에서 […] 표시는 필자가 친 괄호다. 원 저자의 글에서 필자가 중략하거나 덧붙일 때 사용했다.

2. 인용된 문헌 중 국내 저자의 책이나 논문 등의 관련 정보를 본문에서는 "(저자명, 출판년도)"의 양식으로 간단히 기재했고 자세한 서지사항은 참고 문헌에 수록하였다. 국내에 번역되지 않은 외국 서적은 "(원어 저자명 성씨, 외국에서 출판된 년도)"를 적었으며 국내에 번역된 외국서적의 경우 "(한국어로 쓴 저자명 성씨, 한국어 번역본의 출판년도)"를 적었다[예 : (Adorno, 1995), (도킨스, 2011)]. 국내에 번역된 외국서적에서 저자가 3인 이상일 때에는 대표 저자와 '외'를 함께 적었다[예 : (크루제 외, 2003)]. 국내에 번역되지 않은 외국서적에서 저자가 3인 이상일 때에는 대표 저자와 라틴어 'et al.'을 함께 적었다[Goodale et al., 1991)]. 본문에서 이미 소개한 문헌을 또 한 번 인용할 경우 "(같은 책)" 혹은 "(같은 글)"만을 적었다. 모든 저서와 관련해 필자가 참조한 책의 출판 년도를 적었다. 참조한 책에는 초판도 있고 재판도 있다. 드물게, 문장의 표현력을 높이기 위해 직접 인용을 부분적으로 수정하였다.

3. 다음과 같은 문장에서 "물리학자 카쿠에 의하면"부터 "(카쿠, 2015)"까지는 모두 카쿠의 2015년도 저서 내용의 간접 인용이다. 문장이 이하의 예보다 더 길더라도 같다. [예 : 물리학자 카쿠에 의하면 환각으로서의 꿈은 기억과도 관련된다. 꿈속에서 유체이탈 같은 초현실적 현상을 느끼는 이유도 측두두정피질이 작동하지 않기 때문이다.(카쿠, 2015)] 이것은 긴 내용을 요약해 인용하는 방식이다.

4. 음고 이름(도, 레, 미, 황, 태, 중, 임, 남, C, D, E 등) 중에서 도, 레, 미 등은 변화되지 않은 온음들이고, 변화된 반음들의 경우 도#, 레#, 파#, 솔#, 라#, 레♭, 미♭, 솔♭, 라♭, 시♭으로 표기하였다. 전문 음악가들에게 익숙한 C#, D# 등의 표기는 일반 독자들에게 생소하며, 올바른 한국어 표기법인 올림 다, 내림 마 등의 표기는 너무 길다. 이런 이유로 도# 등으로 표기하였다.

5. 중요한 용어나 문장을 볼드체로 강조했다.

6. 본문에서 주요 용어·인명·작품명·지명 등은 모두 한국어로 썼고, 찾아보기에 해당 외국어를 병기했다. 프랑스·독일·오스트리아의 용어는 원어 발음에 최대한 가깝게 적었으며, 그 외의 나머지 나라 용어들은 영어 발음에 따랐다. 찾아보기에서 아무 설명 없이 쓰인 외국어는 영어와 한자이며, 불어나 독어, 이탈리아어, 라틴어 단어는 각각 해당 단어 옆에 '불', '독', '이', '라틴어'라고 썼다[예 : 뼈 플루트(Knochenflöte, 독)]. 인명과 작품명은 이런 보충어 없이 기재하였다.

7. 용어 찾아보기에 작품들의 외국어와 함께 그 작품이 완성된 해를 적었다[예 : 《아다지오》(Adagio, 1708)]. 작곡된 해를 알 수 없는 경우 초연된 해를 적었다[예 : 《전주곡》(Les Préludes, 1854년 초연)].

:: 머리말

 이 책은 모차르트 같은 고전음악의 작곡가들이 호모 사피엔스 종의 개체라는 점을 다룬다. 당연한 이 사실을 사람들은 종종 잊는다. 혹은 그 의미를 모른다. 사람들은 '그게 모차르트의 《레퀴엠》과 무슨 관련이지?'라고 질문할 것이다. 관련이 있다.
 사람들은 《레퀴엠》의 여러 요소와 특성을 지각하고 인지할 수 있다. 정서적으로 공감하고 향유할 수도 있다. 지각과 인지, 공감, 즐기기는 모두 영리한 인간의 복잡한 마음 작용이다. 우리는 이 모두를 통합적으로 행할 수 있다.
 우리는 이 이상의 일도 할 수 있고 해야 한다. 《레퀴엠》의 감상은 그것의 특성을 만들어낸 모차르트의 마음을 추측하는 데까지 가야 한다. 추측된 모차르트의 마음을 호모 사피엔스 종의 보편적 마음과 연관시킨다면 더 좋다. 이것은 오스트랄로피테쿠스 같은 원인猿人으로부터 호모 사피엔스로의 약 6백만 년에 걸친 진화 과정과, 진화 과정의 끝자락에 있었던 근대 유럽의 사회적 과정이 고전음악에 반영되어 있음을 이해하는 일이다. 이 책에서 할 일들이다. 《레퀴엠》이 모차르트의 마음의 산물이기에, 모차르트의 마음은 인간 종의 보편적 마음의 한 사례이기에, 상술한 진화적/사회적 과정이 인간의 마음을 만들었기에 이 일들을 한다.

호모 사피엔스라는 학명은 인간을 동물의 한 종으로 분류할 때 쓴다. 호모는 생물학자들의 생물분류법 중 속屬/genus을, 사피엔스는 호모 속의 한 종種/species을 가리킨다. 지난 1만 년 동안 지구에서 살아왔던 다양한 인간들 모두는 현명한sapiens, 라틴어 사람Homo, 라틴어이다.

대형 유인원을 포함해 많은 동물이 인간과 다양한 특성을 공유한다. 공통 특성들은 겉으로 달라 보이는 다양한 생명이 연관되어 있다는 증거이자, 인간을 비롯한 모든 생명이 한 뿌리로부터 진화해 왔다는 증거다. 미국의 고생물학자 닐 슈빈에 따르면 인간의 양팔과 포유류의 앞발, 그리고 새의 날개는 모두 물고기의 앞 지느러미로부터 진화했다.(슈빈, 2009) 공통점은 마음 차원에서도 확인된다. 현대의 인지생물학적 성과는 많은 동물이 인간과 비슷한 마음을 가진다고 말한다.

동물과 인간의 공통성 및 연속성에 대해 알아야 할 이유가 있다. 그 앎이 인간 이해의 출발점이고, 음악은 인간을 알 때에 잘 이해될 수 있기 때문이다. 동물들은 정서적 마음을 가진다고 추정되며 그 마음이 그들의 유사 음악적, 원原음악적 행동으로도 표현된다. 정서적 마음을 가지고 있다는 점과 그 마음에 따른 음악적 행동을 한다는 점이 동물과 인간의 한 공통성이며 동물과 인간 사이에 존재하는 연속성을 구성한다.

인간만의 특성에도 주목한다. 인간은 다른 동물과 달리 **통합적 마음**을 가진다. 인간 마음에는 여러 요소가 있고 이것들은 서로 연결되어 통합된다. 다양한 관점으로 통합적 마음에 대해 이야기할 수 있다. 영국의 인지고고학자 스티븐 미슨에 따르면 인간은 서로 분리된 영역 특이적 지능들을 가졌던 동물로부터 통합적 마음을 가진 동물로 진화했다. 자연사 지능, 기술 지능, 사회적 지능, 언어 지능이 영역 특이적 지능들이다.(미슨, 2001)

자연사 지능은 자연을 인지하는 능력과 그로 인해 얻어져 유전되거나 문화적으로 전파되는 지식 모두를 가리킨다. 기술 지능은 도구를 이용해 자연에 개입하고 자연을 변화시키는 능력이자 그로 인한 지식이다. 사회적 지능은 생명이 타자의 마음을 읽고 그에 대처하는 능력이다. 이 지능들 각각은 동물들도 가진다. 동물이나 인간은 이렇게 독자적 영역들로 구분해 세계를 인지한다. 각 영역에 대한 인지적 능력을 별도로 키웠다는 이야기다. 영역을 구분하는 이유는 사회와 자연이 현상적으로 서로 다르기 때문이며, 도구와 기술을 이용해 새롭게 산출하는 자연과 주어진 자연이 현상적으로 다르기 때문이다.

미슨은 인간이 언어 지능을 통해 이 지능들을 전부 연결하여 통합된 마음을 가지게 되었다고 말한다. 언어를 통해 자연과 도구에 대한 지식이 사람들에게 전달됐고 의식되었으며 사회적으로 사용됐다. 통합된 마음은 지능들의 발달을 촉진했다. 인간 마음의 진화 과정에서 강력한 시너지 효과가 있었다.(같은 책) 그 결과 대략 6만 년 전부터 3만 년 전에 이르는 기간 동안 인간은 뛰어난 문명적 요소들을 만들어낼 수 있었다. 이 기간에 일어났으리라 추정하는 지능의 급격한 발전을 학자들은 인지혁명이라고 부르는데, 미슨은 이 혁명의 중요한 동력이 통합적 마음이었다고 말한다.

선사시대 후기에 우연히 통합적 마음을 가지게 된 우리 조상은 당시 환경에 잘 적응해 많이 살아남고 후손을 낳아 그 마음을 후대에 전했다. 통합적 마음을 진화심리학적 적응으로 보는 이유다. 조상들의 음악 역시 통합적 마음의 결과이며, 인지혁명의 성과 중 하나다. 인류 최초의 악기는 3만 5천 년 전에 등장했고, 이 시기에 인지혁명이 진행 중이었다.

통합적 마음은 이후로도 계속 진화했다. 나는 모차르트의 작품을 포함한 고전음악 역시 통합적 마음작용의 결과라고, 통합적 마음을 구성하는 마음 요소들 혹은 영역 특이적 지능들 간의 연관성이 더욱 깊어졌다고, 그리하여 현대 작곡가와 현대인의 마음은 매우 강한 통합성을 보인다고, 심적 구성 요소들의 연관성과 마음의 통합성을 우리가 예전보다 훨씬 더 잘 의식한다고, **강한 통합적 마음**작용을 통해 얻어진 다양한 지식과 과학을 현대음악이 의식적으로 반영 및 표현한다고 가정한다. 다시 말하면, 음악에 반영된 세계에 대한 다양한 인식·지식은 영역 특이적으로 작동하는 인지적 지능·마음들과 작곡하는 마음이 연결되어 있다는, 그리하여 우리네 마음이 강하게 통합되어 있다는 증거라고 가정한다. 작곡하는 마음과 영역 특이적 지능들이 창작 과정에서 서로 연결되어 역할을 한다고 가정한다.

이 가정들을 옹호하면서 음악의 이해와 인간의 이해가 같은 길에 있는 연구 프로젝트라는 점을 보여줄 것이다. 인지적 용어이자 진화심리학적 용어인 통합적 마음을 고려치 않고 음악을 살필 수는 있다. 그 결과는 인간의 삶과 괴리된 연구다. 삶과 연관된 음악적 연구를 위해 나는 진화론과 진화심리학, 인지과학, 지식사회학과 같은 사회학적 관점들, 중력이론이나 엔트로피이론 같은 자연과학이론들, 그리고 음악학의 도움을 받을 것이다.

내가 옹호하려는 것은 하나의 **관점**이다. 독자에게 음악과 인간에 대한 새로운 관점, 음악적 현상들을 이해하는 새로운 방법을 제시한다. 내 관점은 현재 과학적 입증이 어렵다. 지그문트 프로이트는 마치 나를 격려하는 것 같은 말을 했다. "입증할 수 있기 전에 새로운 것을 생각할 용기를 가진 이들이 없다면 우리는 새로운 일을 할 수 없다."(재인용 : 칸델, 2014A)

찰스 다윈에 의하면 "그릇된 이론이라 하더라도 증명을 통해 어느 정도 뒷받침된 것은 거의 해를 끼치지 않는다. 그 이론의 오류를 증명하기 위해 너도나도 칭송받아 마땅할 만큼의 열의를 쏟기 때문이다."(다윈, 2012) 다윈이 말한 이론을 나는 관점으로 바꾼다. 누군가가 내 관점의 오류를 증명하기 위해 애쓰고 그로 인해 나의 관점이 기각되는 과정이 있다면, 그것도 의미 있다. 나는 그 과정을 촉발함으로써 할 일을 했다.

상술한 가정들을 제시하고 그것들을 논리적으로 옹호한다. 이를 위해 여러 분야의 최근 학설들과 연구 결과들, 사실들을 소개하고 인용한다. 이것들을 내가 잘못 해석하고 연결했을 수는 있다. 있을 수 있는 오해와 근거가 없을 수도 있는 가정을 제외한다면 여러 분야에 걸친 최신 연구 결과들을 잘 정리하고 있다. 이 책은 진화심리학이나 음악인지과학, 마음의 과학, 고전 및 현대음악에 대한 개론서로도 의미가 있다.

    졸저를 출판해 주신 갈무리의 조정환 대표님께 심심한 사의를 표한다. 문장 하나하나를 꼼꼼하게 검토하며 피드백을 주신 출판사 여러분들께, 그리고 프리뷰를 맡아 고견을 주신 유연주 님, 박찬울 님, 이수영 님께 깊은 사의를 전한다. 조언을 준 친구들인 박현수, 유필수, 이보경, 이장수, 유재석, 신남경에게도 사의를 전한다. 이 분들의 귀중한 조언에도 불구하고 오류와 적절치 못한 주장 및 표현이 혹시라도 발견된다면, 그 책임은 전적으로 저자인 내게 있다. 책을 쓰는 동안 잘 해주지 못한 가족에게 미안하다는 말과 사랑한다는 말을 전한다. 세월호 사건의 희생자분들에게 심심한 애도를 표한다.

2017년 봄 안동에서
저자 김진호 배상

차례

모차르트 호모 사피엔스

머리말 5

음악으로부터 작곡가의 마음으로

1 음악, 그 존재 방식들   14
2 음악의 존재 방식들에 대한 선행 연구들   35
3 음악 감상, 작곡가의 마음 세계로 인도하는 사건   58
4 대접받는 작곡가, 푸대접받는 작곡가의 마음   75
5 작곡가의 마음을 연구하는 이유   79

작곡가의 마음, 인간의 마음

6 '마음 ↔ 행위 ↔ 결과' 모델   92
7 '작곡, 지식과 과학의 반영' 가설   110
8 작곡, 인간 뇌와 마음의 작용   121
9 뇌와 감각기관, 그리고 음악   125
10 마음과 음악   193
11 몸과 마음의 무대인 세계, 그리고 음악   285
12 마음의 새로운 이론, 진화심리학   303

모차르트
호모 사피엔스

13	진화론과 진화심리학의 도움을 받는 미학과 음악학	312
14	지식과 인지적 음악	382
15	작곡가의 마음, 인간의 마음	459
16	다양한 상황들 속 인간의 통합적 마음	473
17	언어, 통합적 마음의 형성을 돕다	489
18	음악적 표현, 음악이 세계와 만나는 방식	515
19	의식, 맥락, 맥락의 연결	530
20	통합적 마음과 인지적 유동성	540
21	세계 속 작곡하는 마음	564

마치면서

| 22 | 호모 사피엔스로서의 호모 무지쿠스 | 650 |

참고 문헌 675
인명 찾아보기 687
용어 찾아보기 691

음악으로부터 작곡가의 마음으로

모든 예술가는 자신의 자서전을 쓴다.

허블록 엘리스

1
음악, 그 존재 방식들

음악에 대한 책은 음악을 정의하는 것으로 시작하면 좋다. 음악은 다양하게 정의된다. 어떤 관점을 취하느냐, 어떤 측면을 보느냐에 따라 다른 정의를 할 수 있다. 음악이 세상에 존재하는 방식들을 확인하고 구성하며 음악 세계에 다가가 보자. 음악을 정의하는 한 방식이다. 음악의 전통적인, 드러난 존재 방식이 있다. 음악회장의 연주, 어머니의 자장가 같이 우리가 잘 아는 방식이다. 곰곰이 따지기 전엔 알 수 없는 음악의 존재 방식들도 있다. 잘 드러나지 않는 방식들도 살펴보자. 음악과 인간, 세계에 대해 더 넓고 깊게 알 수 있다.

나는 음악이 작곡가에 의해 작품으로 제작되어 감상자에 의해 소비되는 사회적 과정을 따라가며 음악의 존재 방식을 확인하여 분류하고, 분류된 범주에 대해 살핀다. 독일 철학자 니콜라이 하르트만이 말한 것처럼 분류 및 범주화 작업이 사물에 대한 기초적 서술이라고(재인용:로렌츠, 1999) 생각해서다. 또 다른 독일 철학자 빌헬름 딜타이는 대상 파악을 나타내는 개념을 범주라고 부른다. 형식적 범주들은 모든 현실에 관한 진술 형식이다.(딜타이, 2005) 이 철학자들의 가르침에 힘입어 다음과 같이 분류하는 것으로 시작한다. 작곡가의 머릿속 음악, 악보로서의 음악, 연주 행위로서의 음악, 악기의 작동으로서의 음악, 공기의 파동과 그 전파로서의 음악, 녹음된 소리로서의 음악, 감상자의 반응으로서의 음악. 여기서 빠진 방식들은 내 논의와 관련이 없거나 내가 모르는 것들이다.

음악의 존재 방식을 포함한 음악에 대한 모든 논의는 음악을 하는 인간과 그가 처한 자연적/사회적 환경에 대한 논의로 이어질 것이다. 특정 환경에 대한 자세한 논의가 이 책의 주요 내용은 아니다. 음악적 논의가 인간과 환경에 대한 논의로 이어져야 한다는 주장의 논리적 근거를 대는 것이 중요하다. 가끔 특정 환경에 대해 이야기하며 논의의 추상성을 가능한 제거한다. 음악 이해를 통해 인간을 이해해보자. 이 책은 음악을 매개해 인간을 다룬다. 이 책은 또한 인간을 다루며 음악을 논한다. 인간 활동의 한 부분인 음악에 대한 논의는 전체 인간 활동에 대한 논의에 도움이 되며 그 반대도 성립된다.

음악은 작곡가, 연주가, 감상자가 한다. 음악의 존재 방식은 이들과 관련된다. 작곡가와 연주가가 음악가인 것은 분명하다. 감상자도 음악가다. 그는 음악을 듣고 보며 소비하는 등, 음악적 행위를 한다. 그런데 감상자가 듣는 음악을 만든 이가 작곡가이기에, 작곡가로부터 시작한다.

작곡가의 머릿속 음악

작곡가는 음악을 구상한다. 온전히 구상된 혹은 구상 중인 음악은 작곡가의 머릿속에 존재한다. 작곡가의 머릿속 음악은 악상이나 음악적 생각 즉 마음으로 존재하거나, 마음을 불러일으킨 뇌 속 신경세포들의 특정한 점화 상태로 존재한다.

어떤 작곡가들은 머릿속에 완전한 형태로 음악을 만들어놓고 오랫동안 저장해놓기까지 한다. 밀로스 포먼의 영화《아마데우스》에서 모차르트는 머릿속에서 완성한 음악을 단 한 차례의 수정도 없이 악보에 적는다. 천재의 모습이다. 영화가 사실을 묘사했는지는 모르겠다. 평범한 작곡가도 가끔 머릿속에서 복잡하지 않은 소규모 음악을 완성할 수 있다.

작곡가는 자신의 머릿속 음악을 들을 수 있다. 이 능력 덕분에 그는 작곡할 수 있다. 20세기 프랑스 작곡가 에드가 바레즈는 이것이 '내적인 귀'를 통한 것이라고 말한다. 들을 수 있는 머릿속 음악은 음악적 심상이다. 심상은 인간이 세계와 자신에 대해 가지는 심리적 표상 혹은 정신적 이미지다. 다양한 감각적 심상이 있다. 떠올려진 애인의 모습은 시각적 심상이며 냉면의 맛처럼 미각적인 심상도 있다. 심상은 사진처럼 정지 상태의 이미지일 수도, 동영상처럼 운동 중인 이미지일 수도 있다. 바흐 연주의 대가였던 캐나다의 피아니스트 글렌 굴드는 피아노 치는 상황을 떠올릴 수 있었고, 심상 연습만으로도 꽤 도움을 얻었다고 한다. 동영상 같은 심상을 통제할 수 있었다는 이야기다. 인간은 다양한 심상 능력을 가지며 그것들을 통제할 수 있다.

음악의 전체적 개요나 계획, 음악이 그로부터 만들어지는 개념 또는 방법론, 혹은 음악의 핵심적 일부분이 작곡가의 머릿속에 있다면, 이것들은 충분히 음악적이다. 이런 방식으로 존재하는 것을 개념일 뿐 음악이 아니라고 말할 수 있다. 내게는 자궁 속 수정체 혹은 태아가 인간이 아니라는 이야기처럼 들린다. 생명에 대한 직관이나 과학자들의 논의에 따르면 임신 후 6개월의 태아는 분명한 인간이며, 어떤 이들은 임신된 첫 상태인 수정체도 인간으로 본다. 은유적으로 말해 작곡가는 음악이라는 자식을 마음으로 혹은 뇌 속 특정 세포 상태로 품고 있다. 수정체에서 인간의 몸 모두를 가진 태아가 발생하듯이 머릿속 음악도 이후 사람들이 생각하는 음악의 모습으로, 이를테면 악보나 연주의 모습으로 구현될 수 있다. 자궁 속 아이와 머릿속 음악 모두는 유산되기도 한다.[1]

악보로서의 음악

근대 서양의 작곡가는 머릿속 음악을 악보에 적는다. 머릿속 음악을 연주자가 연주할 수 없고 감상자가 들을 수 없기 때문이다. 음악적 정보 전달 도구인 악보는 작곡가와 연주가가 서로 다른 사람일 때 필요하다. 전통 사회에서처럼 작곡가가 연주자이기도 하다면 악보는 필요 없다.

---

1. 초기 배아의 여러 세포는 배아 지도에 따른 정해진 운명적 발생 과정을 거쳐 피부, 간, 뼈 같은 특정 부분이 된다.(캐럴, 2007) 머릿속 음악의 요소들도 정해진 과정을 따라 음악작품의 어떤 측면으로 구체화한다. 그 운명적 특성은 훨씬 약하다. 정해진 방식을 따르건 우연한 과정을 거치건, 애초에 분명히 구분되지 않고 완성되지 않은 어떤 것들이 시간이 지나 구분되고 완성된다는 점에서 자궁 속 생명과 머릿속 음악은 유사하다.

작곡가가 연주가이더라도 후대의 다른 연주가들을 고려하면 악보가 필요하다. 악보는 이 경우 전승 도서다. 작곡된 음악이 단순하고 짧다면 악보는 필요 없다. 구전될 수 있기 때문이다. 오늘날에도 악보 없는 사회가 있다. 이런 사회에서의 음악은 대체로 짧고 단순하다. 악보를 가지고 있는 문명에서 음악은 대체로 복잡하고 길다.

사람들은 악보 없이 아주 오래전부터 음악을 해 왔고, 지금도 일부는 여전히 악보가 없다. 악보와 함께하는 음악을 비판하는 이들이 있는 이유다. 악보 비판자들에게 악보 없이 작곡하고 연주하는 활동은 되돌아가야 할 이상적 상태다. 그들에게 악보는 인위적/엘리트주의적 발명품일 뿐이고, 사람들이 음악을 하는 이상적 방식을 방해한다.

하지만 작곡가가 악보 작업을 해야 하는 다른 이유도 많다. 우선 작곡가의 기억에 한계가 있기에 악보가 필요하다. 악보는 이 경우 기억 보조 도구다. 길고 복잡한 음악이라도 기억할 수 있다면 악보는 필요 없다.

작곡가는 작품을 짜임새 있게 작곡하려고 악상을 악보에 적고 지웠다 고치는 일을 반복한다. 이 과정에서 작곡가의 생각은 계속 바뀌며 체계적이고 논리적인 것이 될 수 있다. 그렇게 구성적 음악이 만들어진다. 베토벤은 한 작품을 위해 쓰고 지우고 다시 쓰고 고치는 작업을 반복했다. 그의 《교향곡 3번 영웅》의 2악장 스케치는 수십 장에 이른다. 악보는 음악적 생각을 구체화하고, 변경시키고, 더 발전시키는 것을 그 안에서 가능케 하는 작곡 보조 기구다. 악보가 없다면 교향곡과 오페라는 만들어질 수 없다. 이것은 문자가 없다면 큰 규모의 논리적인 책이 쓰일 수 없는 것과 같다. 저자에게 문자는 책을 쓰게만 해주는 수단이 아니다. 쓰면서 수시로 바뀌는 생각을 정리하고 논리적인 것이 되도록 도와주는 도구다. 인간의 사유 능력의 발전을 위해 문자와 악보는 필요하다. 악보가 필요 없다는 주장은 인간의 음악적 사유 능력과 그것을 뒷받침해주는 문화를 공격하는 일이다.

작곡가의 머릿속 음악은 계속해서 바뀌며, 불안정하고 변덕스럽다. 그것은 과정 혹은 생성의 음악이다. 반면 악보는 고착된 정보 체계다. 악보는 작곡가의 풍요로운 머릿속 음악을 단순화시키거나, 반대로 단순한 머릿속 음악을 화려하게 치장하고 발전시킨다. 악보는 생각을 제약하는 필터거나 영감을 숙성시키는 상자. '♩♬#♭'와 같은 기호들을 적어놓은 서양의 악보체계는 그 고유한 특성에 따라 작곡가의 음악적 생각과 상상력을 제약한다. 모국어가 우리의 근원적 사유를 어느 정도 제약하듯이 말이다. 동시에, 악보는 음악적 마음을 자극하고 개화시키기도 한다. 모국어가 우리의 생각을 정돈하고 그 나래가 펼쳐지는 것을 돕듯이 말이다.

작곡가의 머릿속 음악과 그로부터 만들어진 악보는 완전히 같지 않다. 전자가 후자로 대체/표현되었다. 머릿속 음악을 대체하고 표현하는 다양한 악보가 존재한다. 중세시대의 유럽만 해도 오선 악보는 없었다. 세종대왕이 만든 정간보도 오선 악보는 아니었다.

미국의 현대 작곡가 데이비드 휴론은 컴퓨터로 어떤 대상을 표현할 때 세 가지를 고려해야 한다고 했다. 그것들은 표현될 대상 혹은 [대상을 기호로 보았을 때 기호가 의미하는 바로서의] 기의signified, 대상으로부터 독립된 [기호의 표기 수단인] 기표signifier, 이 두 범주들 사이의 사상寫像/mapping 관계다.(Huron, 1992) 작곡가의 머릿속 음악을 악보로 표현할 때에도 이 세 가지를 고려할 수 있다. 기의는 머릿속 음악, 기표는 악보 위 음표, 사상은 이 둘 사이의 (임의적이거나 동형적인) 관계다.

사물을 단어로 표현할 때 단어는 표현하려는 사물과 임의적 관계일 때가 많다. '개'나 'dog'이 현실 속 견공의 여러 특징을 잘 묘사하지 않는다는 주장이 있다. 서양 오선 악보의 기표들도 작곡가의 머릿속 음악의 내용, 즉 기의와 임의의 관계에 있다. 4분음표 '♩'는 8분음표 '♪'보다 긴 음가를 표시하는 기표인데, 앞의 기표가 뒤의 기표보다 더 긴 길이의 사건임은 교육을 받아 알게 되며, 기표 자체가 시각적으로 (4분음표라는 음악적 길이로서의) 기의를 잘 드러내는 것 같지 않다.

하지만 기표들이 서양 악보의 2차원 공간에서 제시될 때, 기표들의 연결은 기의가 의미하는 바를 비교적 잘 표현한다. 이를테면 음의 높이가 올라가는 음들이 있는데, 이것을 악보에 적을 때 기표들 역시 2차원의 악보 공간 속에서 상행한다. 즉 머릿속 기의와 서양 오선 악보 상의 기표는 형태적으로 닮은 구석이 있다. 음악적 기표와 기의의 관계가 임의적인 것만은 아니다. 머릿속 음악을 음표로 표현할 때 머릿속 음악의 중요한 어떤 특성들은 나름대로 충실하게 기표로 표현된다. 마음은 대체로 바깥세상의 어떤 것들로 잘 표현될 수 있다. 악보도 그런 표현물 중 하나다. 악보는 그것을 만든 마음이 읽히는 고고학적 자료다.[2]

악보를 음악으로 생각하지 않는 이들도 있다. 이들에게 음악은 악보를 연주할 때 발생하는 음향이다. 이것은 영국 작가 셰익스피어의 《리어왕》이 무대 위 공연만을 가리킨다는 주장과 같다. 세상에는 《리어왕》을 책으로 읽는 이들도 있다. 시각장애인들은 점자로 된 《리어왕》을 촉각으로 경험한다. 어린아이들은 어른들이 소리 내 읽어주는 《리어왕》을 듣는다. 이 모든 경험을 통해 사람들은 《리어왕》을 접한다. 상상력과 창의성을 가진 어떤 독자가 《리어왕》을 책으로 읽을 때 그의 마음속에서 멋진 공연의 상(像)이 만들어질 수 있다. 비슷하게, 어떤 음악가들은 단지 악보를 보기만 해도 현실의 연주보다 더 훌륭한 공연의 상을 떠올릴 수 있다. 음악은 악보의 방식으로 존재한다.

연주 행위로서의 음악

---

2. 고고학은 인류가 살아오며 남긴 모든 대상을 연구한다. 일부 학자는 쓰레기를 연구하며 현대 물질문화의 특성을 밝히는데, 고고학의 연구 대상과 영역은 이렇듯 확대되고 있다. 쓰레기와 선사시대 유물은 모두 인간성을 밝히는 데 도움이 되며, 문자 혹은 언어가 아니라는 공통점을 가진다. 악보도 고고학적 연구대상일 수 있다. 고고학의 한 분야인 인지고고학 혹은 인식고고학은 예전 사람들의 마음을 연구한다. 죽은 작곡가들의 마음도 악보라는 유물을 통해 연구될 수 있다.

연주는 악보에 적힌 음악적 정보를 현실화하는 일이다. 이 일을 하면서 연주자들은 특정한 운동에너지를 생성한다. 이 에너지는 악기를 작동시킨다. 운동에너지가 악기라는 물질의 진동에너지로 전환된다. 연주자들의 머릿속 사건에 대해서도 연주의 이름으로 연구할 수 있다.

악기의 작동으로서의 음악

악기의 작동은 악기에서 일어나는 모든 물리적 현상이다. 우선 평형 상태였던 음원, 이를테면 첼로 현이 위아래로 움직이는 현상, 즉 진동이 있다. 첼로의 네 현을 지지하는 몸통을 공명체라 하는데, 진동체인 네 현의 진동이 만들어낸 주파수 중 특정 주파수에 대해 첼로 몸통이 특히 큰 진폭으로 진동한다. 이것을 공명이라고 부른다. 진동과 공명을 통해 만들어진 소리 중 일부는 여과된다. 특정 소음을 제거/약화하는 필터가 대부분의 악기에 있다.

공기의 파동과 그 전파로서의 음악

악기의 진동은 악기 주위 공기를 빠르게 압축하고 팽창시킨다. 악기 주위의 공기 진동은 악기로부터 먼 곳의 공기 진동으로 이어진다. 공기가 이동하지는 않는다. 파동 에너지가 이동한다. 악기 주위 공기의 진동이 악기로부터 떨어진 곳에 있는 공기까지 진동시키는 것, 이것이 파동이다. 공기는 파동에너지를 전달하는 매질medium이다. 공기의 파동은 음악회장에서 직진하거나 벽에 부딪혀 반사된다. 반사되어 에너지가 감소되거나 증폭된다. 파동의 전파 과정이다. 음악은 공기의 파동과 그 전파로도 존재한다.

녹음된 소리 혹은 소리 정보로서의 음악

공기의 파동은 일회적이다. 금세 사라지고 없어질 이런 파동 제조기로서의 연주에는 한 가지 문제가 있다. 그 연주를 지금 이 순간, 여기에서만 들을 수 있다는 문제. 프랑스의 음악평론가 미셸 슈나이더에 따르면 글렌 굴드는 연주회의 일회적 시간에 대해 유감스럽게 생각했다. 그런 그가 대안으로 선호한 것이 녹음을 통해 도달할 수 있는 음악적 시간이다. 녹음은 반복할 수 있기 때문이다.(슈나이더, 2002)

발명가 에디슨의 축음기로 소리를 녹음할 수 있었고 벨의 전화기로 소리를 멀리 전달할 수 있었다. 20세기에 이 두 기술이 합쳐지면서 사람들은 소리와 음악을 녹음하여 멀리 있는 이들과 후대의 사람들에게 들려줄 수 있었다. 오늘날 사람들에게 가장 익숙한 음악의 존재 방식은 녹음이다. 다양한 녹음기술이 있었는데, 오늘날의 디지털 녹음기술은 물리적 파동을 정보로 바꾸고 그것을 CD나 파일에 담아낸다. 인터넷에선 올리고 내려 받을 수 있는 음악파일이 넘쳐난다.

감상자의 반응으로서의 음악

감상자鑑賞者라는 단어에는 어떤 대상을 평가하고 진가를 아는 사람이란 뜻이 있다. 음악 감상자는 연주자의 연주 행위로 인해 만들어진 물리적 파동을 소리로 감각/지각하고 해석/평가하는 등 다양한 일을 한다. 모두 의식적 행위로 알려져 있다. 감상자라는 용어는 음악경험의 의식적 측면을 주로 강조한다. 음악을 접하는 이가 가질 수 있는 무의식을 고려치 않는다는 점에서 온전하게 적절한 용어가 아니다. 한편 청자는 음악을 듣는 것으로 생각하는 이들의 용어다. 이 용어는 우리가 음악을 보기도 한다는 점을 가린다. 이 용어를 선호하는 주류 고전음악계는 보통 사람들의 음악경험을 존중하지 않는다.

음악을 접한 이들은 시청각적 이미지를 마음속에 품게 된다. 공감각자라면 후각적이거나 미각적인 이미지도 품을 것이다. 공감각에 대해서는 후술한다. 시청각적 이미지와 함께 감상자는 어떤 감정을 느낄 수 있다. 사람들은 음악을 그로부터 감정을 느끼는 어떤 자극으로 생각한다. 독일의 문호 토마스 만은 음악의 감정적/정서적 의미를 '음악의 배후에 있는 세계'라고 불렀다.(재인용 : 색스, 2010) 음악을 듣고 어떤 감정을 느낀 이들은 종종 자기도 모르게 발을 구르거나, 어깨를 들썩인다. 감정은 영어로 'emotion'인데, 이 단어는 움직임 혹은 운동을 뜻하는 'motion'과 'out'의 의미를 가지는 접두어 'e'가 결합해 만들어졌다. 이렇게 분해된 단어가 암시하는 바가 있다. 감정은 바깥으로 분출된 운동 혹은 움직임이라는 것. 감상자가 음악을 접해 어떤 감정을 느끼면 그는 춤을 추거나 육체적인 어떤 운동 반응을 보일 것이다.

감정으로 분출되는 움직임은 감상자의 신체 내부에서도 일어난다. 심장 박동이나 맥박이 빨라지는 경험이 신체 내 움직임이다. 뇌파가 바뀔 수도 있다. 불안하고 공격적인 사람의 뇌에서 나오는 감마파가 베타파나 알파파로 바뀔 수 있다. 차갑고 냉철하며 음악적 인지력이 있는 이들은 격하고 비통한 음악을 듣고서도 심장 박동이나 맥박의 변화를 보이지 않을 수 있다. 대신 이들은 머릿속에서 음악의 실체에 가장 가까운 음향적 상(像)을 초연히 재구성하고 그것을 분석/평가한다. 우리는 감상자가 가지는 마음으로서의 음악과 감상자의 육체적 반응으로서의 음악을 말할 수 있게 되었다. 감상자의 뇌 속 뉴런의 율동도 음악의 존재 방식이다.

감상자의 이 모든 반응의 원인은 그가 접한 음악일까? 음악에 집중하지 않는 이들에게 음악은 그들 반응의 유일한 원인이 아니다. 음악회장에서 자거나 스마트폰을 보는 이들에 대한 이야기가 아니다. 음악을 열심히 보고 듣지만, 그 음악과 무관한 이런저런 감정들과 소회를 음악에 투영시키는 이들이 있다. 그들은 음악을 자신들이 듣고 싶은 대로 듣는다. '아, 이 음악을 들으니 그와의 슬프고도 달콤했던 시간이 떠오르네.' 그런 슬픔, 그런 달콤함이 현재 듣고 있는 음악과 무관함에도 말이다.

이러한 감상 행태를 설명하는 미학이론이 있다. 독일 철학자 테오도르 립스의 감정이입설이다. 립스에 의하면 아름다움의 원천은 감상자가 대상에 투여한 주관성이다. 감상자가 자신의 주관성을 투입한 대상을 좋게 볼 때 아름다움이 성립된다. 미학자 진중권에 의하면 립스의 감정이입설은 우리가 미美를 느낄 때 자기 향유가 들어간다는 점을 알려준다. 자기 자신을 대상에다 집어넣었다가 다시 꺼내 즐기는 것, 이것이 미다. 미는 대상에 투영된 자신이며, 미를 느끼는 이는 일종의 나르시시즘을 느낀다.(진중권, 2013) 감상자에게 미리 준비되어 있던 어떤 마음이 있었고, 음악은 그것을 불러오는 매개체일 경우 이 설명은 적절하다.

이런 경우와 달리 주관적 소회를 잊으며 눈앞의 연주자에 공감하는 이들도 있다. 죽은 지 수백 년 된 작곡가에게도 공감할 수 있을까? 영국 철학자 리처드 월하임에 따르면 화가와 관객은 인간 본성의 한 부분인 선천적 지각 능력을 공유하며, 미적 경험을 하는 동안 관객은 화가가 경험한 지각의 일부를 재연한다.(Wollheim, 1987) 비슷하게, 감상자 역시 작곡가의 지각 일부 혹은 전체를 재연하며 공감할 수 있다. (지각이란 감각 기관을 통해 수집한 정보들을 종합해 세계상을 만드는 과정이다.)

이 명제가 맞으려면 작곡가는 세계를 지각/인지하며 그런 지각과 인지를 표현해야 한다. 화가는 세계를 지각/인지하여 그림을 그린다. 작곡가도 세계를 지각/인지하여 작곡할까. 그런 관념은 낯설다. '세계를 지각/인지하는 화가'라는 관념은 현실 세계를 대상화해 그림을 그리는 화가, 즉 구상具象화가에게 특히 잘 어울린다. 추상화가도 세계를 지각/인지할까. 세계에 대한 어떤 추상에서도 세계에 대한 흔적을 완전히 지우기 어렵다. 추상하는 인간도 세계 속에서 살며 세계를 지각/인지한다. 그런 지각/인지로부터 완전히 분리된 추상적 표현은 어렵다. 표현과 지각 및 인지 모두가 하나의 통합된 뇌 속에서 일어나는 마음 작용이라면, 표현은 지각과 인지에 영향을 받는다.

세계의 일부 흔적만이 가까스로 남아 표현된 추상적 예술이 있다. 감상자들은 이러한 추상적 예술로부터 세계를 되살려야 한다. 혹은 되살려진 세계가 어떻게 저떻게 추상화될 수 있을지, 동원된 추상화 방법과 그 결과는 적절한지 같은 문제에 대해 평가하고 고민해야 한다. 기악 작곡가는 추상화가와 사정이 비슷하고, 성악 작곡가는 구상화가와 비슷하다. 기악의 감상자는 그 작곡가의 추상적 마음이 지우려던 혹은 독특하게 표현하려던 세계를 복원하는 노력을 기울여야 한다.

그러한 노력을 기울이는 관람자와 감상자는 화가와 작곡가가 경험한 지각 일부를 재연한다. 관람자와 감상자는 그렇게 함으로써 각자 미술과 음악을 완성한다. 오스트리아의 미술사학자 알로이스 리글은 미술의 새로운 심리적 측면을 발견했다. 관람자는 화가가 2차원의 캔버스에 현실과 비슷해 보이게 그린 것을 시각 세계의 3차원 묘사로 전환함으로써 화가와 협력하며, 독특한 해석을 통해 그림에 의미를 덧붙인다. 리글은 이 작업을 '관람자의 참여'라 불렀고, 후에 리글에 영향을 받은 오스트리아 출신 영국 미술사가 에른스트 곰브리치는 이 개념을 더 다듬어 '관람자의 몫'이라고 명명했다.(재인용 : 칸델, 2014A)

관람자의 몫이 말하는 바의 핵심은 관람자가 적극적으로 작품의 의미를 구성한다는 것이다. 감상자 역시 작곡가 및 연주가와 협력하며 자신의 관점에서 음악을 해석하고 그 의미를 구성할 수 있다. 감상자의 몫이다. 이것은 어떻게 얻어질까.

어떤 특성들을 가지는 예술작품은 예술가의 마음이 작용한 결과다. 특성들의 지각으로서의 감상이 그것들을 낳은 예술가의 마음에 대한 추측으로 나아갈 수 있다. '왜 이런 화음들을 썼을까.' '이러저러한 이유가 아닐까.' 추측은 본성상 발견적·탐색적·해석적·창조적이다. 감상자는 죽은 작곡가의 마음을 추측하고 그것에 공감하며 음악의 의미를 구성·창조해낸다. 결국 화가와 작곡가, 감상자와 관람자 모두는 창조성을 가진다. 예술의 창작과 감상 모두는 대체로 창조적인 일이다.

감상자의 반응이 항상 창조적이지만은 않은 경우도 있다. 음악이 감상자의 자유로운 반응을 억누를 정도로 압도적인 경우다. 이를테면 음악은 감상자의 의지와 무관하게 기억될 수 있다. 기억된 음악이 한동안 의식되지 못하다가 불쑥 튀어나올 수 있다. 영국의 신경의학자 올리버 색스는 음악이 수십 년 만에 갑자기 튀어나와 통제할 수 없게 된 C 부인을 소개한다. C 부인은 1979년 1월 어느 날 밤 꿈속에서 음악을 들었다. 깨어난 후 C 부인에게 계속 음악이 들려왔다. 시도 때도 없이 들려오는 음악 때문에 괴로웠던 그녀는 병원을 찾는다. 색스는 그녀의 오른쪽 뇌의 경색을 확인했다. 어린 시절에 들었던 아일랜드 음악이 통제할 수 없게 들려온 이유는 88세 C 부인의 대뇌피질 속 음악 기록 부위가 경색으로 인해 갑자기 활발해진 탓이었다.(색스, 2010) 음악은 C 부인의 사례처럼 우리 뇌 어딘가에 바이러스처럼 잠복할 수 있다. 잠복해 있던 음악이 어느 날 우리를 공격할 수 있다. 이 경우 우리는 음악에 대해 창조적이지 못하며 수동적이다.

공격, 이것은 음악이 당신을 선택한 것으로 생각하게 해주는 용어다. 음악에 대해 우리는 무력할 수도 있다. 이 무력함은 뇌에 대해 우리가 가지는 무력함이기도 하다. 우리가 살면서 우연히 들었던 음악이 우리의 뇌 어딘가에 박혀 있고 언젠가 우리 뇌의 어떤 부위가 자동적으로 활동할 수 있다. 그런데 우리가 흔히 듣는 음악은 사회에서 만들어져 우리에게 제공된다. 그러니 공격의 주체는 사실 사회다.

정확히 말하면 사회가 여태껏 굴러왔던 대로 계속 굴러가길 원하는 지배층의 의중을 잘 반영한 작곡가일 수 있다. 팔레스타인 영문학자 에드워드 사이드가 말했듯이 "17세기부터 지금까지 음악은 대체로 [이탈리아 맑스주의자인] 안토니오 그람시가 말한 것처럼 시민 사회를 정복하는 데에서 어떤 역할을 담당해 왔다."(사이드, 2008) 시민 사회를 정복하고자 지배층이 우리에게 음악이라는 총탄으로 공격하는데, 우리 뇌는 그 총탄에 맞아 지금 당장 지배층이 원하는 대로 즉 무비판적인 좀비의 마음으로 살 수도 있고, 수십 년 후 그 음악이 어느 날 갑자기 밑도 끝도 없이 들려와 잠도 못잘 수 있다.

사회적 맥락에서 만들어진 음악은 특정 스타일을 형성한다. 그 음악들을 듣고 보고 자란 젊은이들이 정치인, 과학자, 의사, 농업인, 작곡가가 된다. 새로운 시대를 여는 작곡가는 과거 스타일의 음악을 자양분 삼아 작곡가가 가져야 할 마음을 키우고, 그 마음에 기초해 작곡한다. 대부분의 작곡가가 과거

스타일에서 쉽게 벗어나지 못하는 이유다. 이것은 대부분의 사람이 대체로 보수적인 것과 같다. 일부만이 과거 전통을 혁신할 수 있다. 비슷하게, 일부의 작곡가만이 음악적 혁신가가 될 수 있다.

작곡가의 마음을 형성하는 데에 역할을 했던 음악이 다른 문화적 산물들과 함께 정치인과 과학자, 노동자의 마음 역시 키워나갈 것이다. 그렇게 음악은 한 시대의 의식 일부를 형성한다. 한 시대의 의식은 인간 종의 보편적 의식의 한 층을 구성한다. 인간 종의 보편적 의식은 지난 수백만 년 동안 흘러왔던 시간의 도도한 흐름을 통해 형성되었다. 음악은 인간 종이 가지는 보편적 의식과 특정한 시대 의식 모두를 반영하고 동시에 그것의 일부를 구성한다. 이 책의 주제다.

지금까지 작곡가에서 시작해 연주가를 거쳐 감상자에 이르렀다. 감상자가 작곡가의 경험과 지각 일부를 재연한다면 그것은 감상자와 작곡가가 관계를 맺는 한 방식이다. 감상자와 작곡가의 관계에 대한 논의는 감상자가 음악을 어떻게 감상해야 하는지에 대한 논의로 이어진다. 다음 2장의 후반부와 3장에서 할 일이다. 다음 절에서 이제까지의 논의를 음악기호학과 음악현상학의 관점으로 한 번 더 정리하고 2장으로 넘어간다.

음악의 주요 차원들에 대한 기호학적/현상학적 논의

기호학은 넓은 의미의 문화를 연구하는 다양한 학문 분야를 단일한 이론적 틀을 통해 통합하려고 고안된 종합 학문이다. 기호학을 통해 우리는 다양한 예술에 대해, 특히 음악에 대해 연구할 수 있다. 음악도 다른 문화현상과 함께 기호이며, 기호의 보편적 작용 방식과 원리를 따른다. 즉 생산되고 유통되며 소비된다. 음악 기호학자 장-자크 나띠에에 의하면 음악을 포함한 모든 기호 혹은 상징적 대상은 시학과 미학의 수준에서, 그리고 흔적trace, 痕의 모습으로 드러난다. 나띠에의 이 세 수준 혹은 차원에 대해 알아보자.(Nattiez, 1987)

① 시학 차원 : [음악과 같은] 상징적 형상은 [작곡가의] 창조적 과정의 결과로 생산된다. 형상의 창조 과정은 묘사될 수 있고 재구성될 수 있다.

② 미학 차원 : 상징적 형상의 수용자는 그 형상을 적극적으로 지각함으로써 그 형상의 의미를 구성한다. 형상에 부여된 의미 혹은 메시지는 하나이거나 복수일 수 있다. [수용자는 기호의 소비자이기도 하다.]

③ 흔적의 모습 : 상징적 형상은 [그 창조자와 수용자의] 감각 대상이어야 한다. 그것은 [악보나 연주처럼] 물질적·물리적으로 나타난다.

'시학'詩學은 철학자 아리스토텔레스의 동명의 저서에서 처음 쓰인 용어다. 고대 그리스의 많은 이들이 시와 비극이 영감을 통해 만들어진다고 말했다면, 이 철학자는 시와 비극을 창작하는 데 개입되는 기술과 방법 들을 강조하며 책을 썼다. 아리스토텔레스처럼 나띠에를 비롯한 근대의 몇몇 예술학자도 예술의 창작과정을 설명하려고 이 용어를 썼다.

작곡가가 만든 음악에 모종의 상징적·기호학적 메시지가 있다고 판단하는 나띠에는 작곡가를 메시지의 발화자라고 부른다. 역시 기호학 용어인 수용자는 우리에게 익숙한 용어인 청자 혹은 감상자로 대체될 수 있다. 나띠에의 '흔적'은 선배 기호학자 장 몰리노의 '중간 수준'을 대체하자고 제안된 용어다. 몰리노는 예술가와 감상자의 중간에 예술작품이 놓여 있음에 주목하여 이 용어를 사용했다.(Molino, 1989)

나띠에의 논의는 이제까지의 논의와 비슷하다. 몇 가지 다른 점들도 있다. 순서가 조금 다르며, 흔적을 세분하지 않았다. 반면 나는 악보와 연주, 악기의 작동, 공기의 파동 및 전파, 녹음으로 좀 더 세분했다. 나띠에와 몰리노에게는 악보와 연주라는 하위 구분만 있다.

음악학자 오희숙은 시학을 '예술작품의 창작에 관한 이론'으로 정의 내린다. 그것은 한 작품이 어떤 목적과 생각으로, 어떤 과정을 거쳐 어떻게 만들어졌는지를 연구한다.(오희숙, 2004) 음악 시학은 음악작품의 창작에 관한 이론이다. 이 이론을 구성하기 위해 여러 가지를 할 수 있다. 우선 작곡가의 주장을 들을 수 있다. 그런데 과거의 작곡가들은 창작 과정에 대해 서로 다른 것들을 말했다. 오희숙에 따르면 작품 창작을 영감의 신화로 설명하는 리하르트 바그너 같은 이가 있다. 이 독일 작곡가는 "음악적-드라마적 에센스는 갑작스러운 번뜩임의 순간에 어스름한 명상을 보여주며 의식화된다."고 말했다. 한편 이골 스트라빈스키 같은 이는 작품 장착을 기술적/수공예적인 것으로 설명한다. 이 러시아인에게 작곡은 "몇몇 음들을 어떤 음정 관계에 의해 조직하는 것이다."(재인용:오희숙, 2004) 이상의 구분은 이상적이다. 바그너에게서도 수공예적인 기예를 확인할 수 있다. 스트라빈스키 역시 무의식적 영감에 기대 작곡했다.

음악 시학은 이 두 작곡가를 모두 연구할 수 있을까. 오희숙이 정의내린 음악 시학은 스트라빈스키가 제안한 지침, 확인 가능한 의식적 생각, 형식화된 절차 등을 더 잘 연구할 수 있다. 나는 영감에 관해 관심을 상대적으로 덜 가지는 음악 시학을 전통적이라고 부른다.

바그너와 스트라빈스키는 서로 다른 말을 했지만, 나는 두 사람의 말을 마음 용어를 통해 종합하고자 한다. 바그너가 마음의 한 측면인 직관, 무의식, 영감과 같은 것에 대해 말했다면 스트라빈스키는 마음의 또 다른 측면에 대해 말했다. 분명하여 확인 가능한 의식적 생각, 그것도 매우 형식화된 절차. 인간의 마음은 인간 뇌가 작동한 결과 발생하며, 의식과 무의식 모두를 포괄한다. 나는 오희숙이 말한 의미의 의식적/인지적/전통적 음악 시학을 포함해 더 넓은 영역을 다루고자 한다. 그것은 '**작곡가의 마음 연구**'다. 여기에 내가 담아내려는 것들은 '인간으로서의' 작곡가가 가지는 마음의 실체, 그것이 진화되어온 과정, 그 마음이 음악작품에 반영되는 양상 등이다.

한편 폴란드의 현상학자이자 미학자인 잉가르덴에 의하면 음악작품이 존재하는 물리적 방식과 음악작품의 존재 방식은 구분된다. 잉가르덴에게 음악의 물리적 존재 방식은 악보의 형태로 나타난다. 잉가르덴은 악보로 존재하는 음악작품만이 아니라 음악가의 창조적 행위에서 그 원천을 찾을 수 있는 의도적 대상을 음악의 현실적 대상으로 보라고 주문한다.(Ingarden, 1989) 잉가르덴이 말하는 의도적 대상으로서의 음악은 기호학자들이 말하는 시학적 차원의 음악과, 내가 앞에서 언급한 작곡가의 머릿속 음악에 맞닿아 보인다. 나는 음악의 존재 방식 개념 속에 잉가르덴의 이 두 방식을 포함시켰다.

음악이 기호학자들이 말하는 상징적 현상인지, 메시지를 가졌는지, 메시지가 무엇인지에 대해서는 살피지 않는다. 나는 나띠에가 말한 음악의 세 차원을 음악의 존재 방식에 대한 논의로 변경시켰다. 이제, 음악의 존재 방식들을 보다 큰 세 범주로 묶는다. ① 작곡가의 머릿속 음악, 즉 시학적 차원에서 존재하는, 창조적 과정 혹은 절차의 방식, ② 감상자의 미학적 반응의 방식, ③ 악보와 그것의 연주, 악기의 작동과 그에 따른 공기의 진동과 파동의 전파, 연주의 녹음이라는 물질적/물리적 현상.

2
음악의 존재 방식들에 대한 선행 연구들

작곡가의 머릿속 음악(①)과 감상자의 미학적 반응(②)은 육체적이거나 심리적이다. 이런 반응들은 신경생리학적이며 궁극적으로는 생물학적이다. 사회적이기도 하다. 이것들은 묘사될 수 있지만 쉽지는 않다. 작곡가와 청중의 머릿속에서 무슨 일들이 왜, 어떻게 일어나는지를 묘사하고 설명하는 일은 과거에는 사변적이거나 시적인 언어를 통해 이루어졌다. 작곡가와 감상자도 자신의 머릿속에서 무슨 일이 일어나는지 잘 몰랐다. 오늘날의 사정도 같다. 많은 작곡가는 음악을 어떻게든 만들어내고 감상자는 그저 즐긴다. ①과 ②의 방식으로 존재하는 음악은 잘 의식되지 않으며, 특히 ①의 경우 거의 연구되지 않는다.

오늘날 심리학과 뇌 과학을 통해 ①과 ②로 존재하는 음악에 대한 연구가 이루어진다. 이런 과학이 발전하기 전에 음악이 ①과 ②의 방식으로 존재한다는 것을 인식하지 못했던 이들은 음악을 실체가 없는 것 혹은 관념적인 것으로 여겼다. 그런데 관념도 우리 뇌 세포들의 복잡한 작용의 결과다. 작곡가와 감상자의 머릿속 음악은 분명한 실체가 있다.

①과 ②의 방식으로 존재하는 음악에 대한 전(前) 과학적 연구가 있었다. ②에 대한 연구는 사변적/철학적 성격의 전통적 음악미학을 통해 이루어졌다. ①과 관련한 전통적 시학에 대해 살펴보는 것으로 시작하자.

전통적 음악 시학

예술적 작곡가들은 현대로 올수록 말을 많이 했다. 글도 많이 썼다. 예술음악이 자명성을 상실하면서 감상자들에게 쉽게 받아들여지지 않았기 때문이다. 자명성이란 감상자가 설명을 듣지 않고서 음악을 그저 듣기만 해도 그 순간 음악을 자동적으로 이해하게 해주는, 그 음악이 가지는 어떤 특성이다. 오희숙에 따르면 작곡가들은 자명성을 상실한 음악을 작곡하면서 작품에 대한 설명이 필요하다고 생각했다.(오희숙, 2004)

처음 접하는 순간 바로 이해되어 (이해된다고 생각되어) 선호되는 자명한 (자명하다고 느껴지는) 예술이 있다. 자명한 예술이 모범적이라면, 자명성은 복잡하고 이해하기 어려운 현대예술이나 지나치게 자폐적이어서 공감하기 어려운 예술을 비판할 때 쓰이는 무기일 수 있다.

자명성을 강조하는 관점이 있다. 오희숙은 예술적/미학적 체험은 그 체험을 겪는 순간에 오직 정서를 통해 즉각적으로 이해되어야 하는 것으로 이 관점을 정리한다. 예술적 체험 이전 혹은 이후에 동원되는 사유과정에 의해, 특히 작품이 어떻게 구성되고 만든 이의 의도가 무엇이었는지에 대한 이론적 설명을 듣는 것으로 그 체험이 설명될 수 없다. 음악에 대해 사람들은 철저히 분석할 수 있지만, 분석은 감상자가 겪은 실제의 음악 체험을 대신하지 못한다. 체험이 중요하며, 그것에 관해 설명하는 것은 그것을 되풀이하는 일에 못 미친다. 체험을 되풀이해야 한다.(같은 책)

 이러한 주장은 설득력이 없다. 우선 분석이 체험과 다르다는 주장에 문제가 있다. 유심히 살피고 따지는 것이 분석이다. 분석은 체험의 순간에도 할 수 있다. 체험의 순간에 사유가 개입될 수 있다. 딜타이는 이 점을 지적했다. 자연과학과 구분되는 정신과학의 기반을 다지기 위해 체험과 이해, 추체험 등의 독특한 개념들을 제안한 딜타이에게 체험은 그 안에 요소적인 사고 작용들을 담고 있다. 딜타이는 이 사고 작용들을 체험의 지성성이라고 부른다. 지성적인 체험에는 체험되는 것에 대한 판단이 포함된다. 체험 과정에서 체험이 대상화되기 때문이다.(딜타이, 2005)

 다음으로, 예술적 체험이 정서를 통해서만 이해되어야 한다는 주장은 예술적 체험이라는 마음 작용이 단면적이어야 한다는 이야기로서, 이유가 없다. 우리는 무언가를 할 때 정서만을 가지지 않는다. 유독 예술적 체험을 할 때 감각, 지각, 인식, 판단, 사유 등의 마음 과정을 버려야 할 아무런 이유가 없다. 정서가 인식이나 사유 같은 고차원적 마음과 완벽하게 분리되어 있지도 않다. 이후 다루겠지만, 정서는 대상에 대한 특이한 판단이며, 생명에 도움을 주는 지능이다. 그것은 즉각적으로 사유와 개념을 동반한다.

물론 체험을 설명으로 대체할 수 없다. 어떤 요리를 먹는 것과 요리에 대한 설명은 당연히 다르다. 먹으면서 소금이 들어갔는지 간장이 들어갔는지는 분석할 수 있다. 요리에 대한 분석과 설명은 미감을 업그레이드시킬 수 있다. 예술작품에 대해서도 같은 말을 할 수 있다. 자명성을 강조하는 이들은 아무 설명 없이 체험해 바로 이해되는 것만을 평가한다. 그들의 논리에 따르면 외국인에게 김치와 같은 토속적 한국 음식은 자명성이 없다. 한국인에게도 홍어삼합 같은 음식은 자명성이 없다. 자명성에 대한 지나친 강조는 설득력이 없다. 자명성을 주장하는 이들은 대부분 서양 예술학자이거나 그들의 입장에 경도된 비서양인이며, 그들은 주로 고전 시대의 서구 예술을 자명하다고 칭송한다. 자명성은 유럽의 자문화중심주의적 관점에서 고안된 개념일 수 있다.

자명성 개념의 타당성 여부와 무관하게, 현대예술이 어려워진 것은 사실이다. 감상자들이 자신들의 작품을 쉽게 받아들이지 못할 것을 현대 작곡가들도 알아차렸다. 그래서 글을 많이 쓰고 말을 많이 한다. 그 과정에서 작곡가들은 이론적/성찰적이 되었다. 현학적으로 되었다고도 할 수 있다. 어쨌든 20세기 작곡가의 저작들은 음악 시학의 연구 대상이 되었다.

드물게 발견되는 과거 작곡가들의 편지나 작품에 써놓은 글귀들도 음악 시학의 연구대상이다. 이것들은 작곡가가 어떤 생각과 성찰을 했는지에 대해 부족하게나마 알려주는 귀중한 자료이다.

작곡가가 어떻게 작곡해야 하는지에 대해 말해주는 규범

들도 있었다. 규범을 정리한 책들이 드물게나마 있었다.[1] 이런 연구는 시적 음악이라는 음악학의 한 갈래를 발전시켰다. 화성학이나 대위법 관련 저서들은 시적 음악(학), 즉 전통적 시학의 내용을 담는다. 시적 음악은 사변적 음악 혹은 이론적 음악과 대비된다. 이 후자에서는 음악 현상을 사변적/이론적 방식으로 묘사/설명/해석한다. 음악에 대한 이런 설명과 해석은 작곡가가 어떤 생각을 가져야 하는지에 대한 규범적 시학의 기반이다. 사변적 음악과 시적 음악은 서로 연결되어 서로에게 도움을 주었다.

시적 음악과 사변적 음악의 개념을 구분하여 제안한 이들은 르네상스 인본주의자들이다. 그들은 오늘날 연주라고 불리는 실제적 음악도 제안했다. 독일의 음악학자 리트뮐러에 의하면 시학은 실제와 이론의 중간 지점에 있다.(재인용 : 오희숙, 2004) 나는 리트뮐러의 말에 의구심을 느낀다. 전통적 시학 연구가 인간인 작곡가의 마음을 연구하는 과학으로 발전할 경우 시학도 이론 반열에 오를 수 있다고 생각하기 때문이다.

작곡가가 어떤 생각을 가져야 하는지에 대한 규범적 시학은 19세기 이후부터 동시대 작곡가들의 창조 작업을 따라가지 못했다. 진보적인 작곡가들은 선대의 규범들을 무시했고 **빠른**

---

1. 예를 들어, 바로크 시대의 오스트리아 작곡가이자 이론가, 교육자였던 요한 푹스가 쓴 『파르나수스로 오르는 계단』(1725)은 르네상스 시대의 대위법을 분석한 책이다. 모차르트 같은 이들이 대위법을 공부할 때 이 책은 좋은 교과서였다. 대위법은 서로 다른 선율들을 어우러지게 하는 방식들을 알려준다.

속도로 혁신에 혁신을 거듭했다. 하지만 그들의 혁신을 확인하고 묘사하며 설명하는 작업은 상대적으로 더뎠다.[2] 시학에서 보수적 입장이 강해진 한 이유다. 피아노 연습곡의 작곡가로 유명한 칼 체르니에 의하면 "작곡은 이미 존재하는 어떤 한 장르에 속해야 하며, 창조성은 전혀 필요치 않다."(Czerny, 재인용: Bent & Drabkin, 1998)

시학 연구자들이 동시대 작곡가들을 저평가했을 수 있다. 어쨌든 19세기 이래 지금까지 많은 음악학자들은 과거의 음악으로 관심을 돌렸다. 과거의 음악에 대한 연구대상으로 악보가 가장 많이 선택되었다. 지금 이 순간도 한국의 여러 음악대학원 석사 논문의 대부분은 「…의 … 소나타 (분석) 연구」의 포맷을 띠고 있다. 작품 연구의 대부분은 주어진 악보에 대한 서술적이고 개별적인 연구 방법에 기초하며, 악보를 낳은 작곡가의 생각에 대한 관심을 거둔다. 덕분에 연구는 시학적 성격을 잃는다. 시학적이더라도 개별 사례 연구의 수준일 뿐 보편적이

---

2. 프랑스 작곡가 루이-엑토르 베를리오즈는 《환상 교향곡》 같은 대담하고 충격적인 관현악곡들을 작곡했지만 『관현악법 서설』에서 자신의 혁신적 관현악법에 대해 적지 않았다. 이 책은 관현악곡을 작곡하며 고려해야 할 사항들에 대해 적으면서 다른 작곡가들의 작품을 소개하는데, 이렇게 한 이유가 그가 겸손하기 때문은 아닐 것이다. 베를리오즈는 겸손한 사람이 아니었다. 아마도 그는 자신의 작품에서 자기가 벌였던 놀라운 음악적 실험을 의식하지 못했거나, 문장을 통해 명시적으로 서술하는 데에 서툴렀을 것이다. 어쨌든 베를리오즈는 자신의 경험을 지식으로 정리하지 못했다. 베토벤의 제자였던 칼 체르니도 베토벤이 1827년에 죽은 후 13년이 지난 1840년에서야 베토벤의 소나타로부터 어떤 특징들을 밝혀냈다고 말했다. 오늘날 주류 음악학은 21세기의 작곡은 물론 20세기 중후반의 작곡에 대해서도 버거워한다.

지는 못하다.

전통적 시학에서 보편적 시학으로

작품 특성의 서술을 넘어 그 특성을 낳은 작곡가의 마음을 살필 필요가 있다. 마음을 고려하면 작품의 특성도 달리 보일 것이기 때문이다. 개별 작곡가의 마음에 대한 사례 연구들에 기초한 보편적 시학 연구도 필요하다. 모든 개별적 사건과 상태를 통과하는, 혹은 그 기저에 있는 보편성을 구성해야 할 필요도 있다. 보편성이 개별 사례를 이해하는 데에 도움을 주기 때문이다. 보편성을 구하는 일이 자연과학에서만 가능한 일도 아니다.

보편적 시학을 구성하는 일은 모든 작곡가가 따라야 할 절대 규칙 따위를 만들려는 시도가 아니다. 이 작업은 다양한 스타일의 작곡을 가능하게 해주는 창조적 마음 작용의 일반적 특성에 대해 알아보는 일이다. 미리 말하자면 그 특성은 인간의 보편적 마음 성향으로부터 나온다. 보편적 시학의 연구는 인간에 대한 탐구이자 성찰이다.

보편적 시학은 기존의 전통적 시학과 세 가지 점에서 다르다. 첫 번째로, 시학은 첨단 신경과학이나 진화론, 사회과학 등의 도움을 뿌리쳐서는 안 된다. 내 연구가 제대로 된 신경과학적 연구나 진화론적 연구는 못 된다. 신경과학이나 진화론 연구들이 제공한 정보에서 도움을 받을 뿐이다. 두 번째로 나는 작곡가의 의식적이며 명시적인 생각을 넘어서는 마음을 연구한다. 전통적 시학 연구의 대부분은 작곡가들의 명시적/의식적인 음악적 생각만을 연구한다. 나는 작곡가들의 음악적 생각을 그들의 마음으로, 그들의 마음을 그들의 지구 위에서의 삶으로 환원한다. 세 번째로, 이 책은 비평서임를 지향한다. 대부분의 음악학 연구는 비평적 관점이 부족하다. 사이드는 "음악학 작업에 얼마나 비판적 의식이 없는가에 대해 생각하면 아연할 지경"이라고 말했다.(사이드, 2008) 그에 의하면 비판적 의식이 모자라며 자기 충족적이라 인정되는 음악학은 그 구성원들이 암암리에 유지하는 길드적 합의를 통해 대체로 현상 유지되고 있고, 덕분에 새롭거나 이질적인 사고가 용인되지 않으면서 경계가 만들어지고 울타리가 쳐지고 있다. 현상 유지를 고집하는 음악학자들은 음악이 사회와 무관한 자율적 존재라고 인식하는 경향을 보인다.(같은 책) 이 책은 경계를 무너뜨리려 하며, 음악이 사회는 물론 지구적 생태와 우주의 거대사와도 관련이 있다고 주장한다. 관련성을 밝히면서 나는 전통적 시학에 **비평적 관점**을 접목한다. 음악이 세계와 무관하다는 일반적 인식을 비평한다.

악보 중심 음악학

근대의 음악학자들에게 음악의 주요 연구대상은 악보였다. 이유가 있었다. 오늘날 인터넷을 통해 악보와 그것의 연주를 쉽게 접할 수 있다. 하지만 예전에는 상황이 달랐다. 어떤 곡의 연주를 듣기 위해 콘서트홀에 가야 했다. 연주회가 오늘날처럼 많지도 않았다. 음악은 음악회장에 가서 한번 듣는 일이었다. 다시 그 음악을 들으려면 얼마를 기다려야 할지 기약이 없었다. 반면에 악보는 책상에 앉아서 며칠씩 볼 수 있다.

20세기 초까지만 해도 대다수 음악학자들은 음향학과 같은 물리학에 대해, 그 음향을 들을 때의 심리적 혹은 신경생리학적 반응에 대해 잘 몰랐다. 음악학자들은 연주라는 현상, 그 연주를 들을 때의 감상자의 반응 등을 연구할 엄두를 내지 못했다. 작곡가를 만나는 것도 어려웠다. 음악학자의 명함은 범접하기 어려운 거장들 앞에서 작아져만 갔고, 거장이 아닌 작곡가의 말은 들을 가치가 없는 것으로 생각되었다. 어쩌다 만난 위대한 작곡가들은 선문답과 같은 말만 했다. 학자들은 작곡가의 마음에 대해 연구할 생각을 하지 못했다. 세상이 많이 바뀐 20세기 중반까지도 이러한 경향이 지속되었다.

대부분의 음악학자에게 음악은 한동안 악보였다. 악보 분석 작업이 많이 수행되었다. 이것은 일상의 음악 개념과 많이 다른데, 음악을 전공하지 않은 감상자에게 음악은 주로 연주를 통한 음향이기 때문이다.

음악학자의 악보 연구에서는 어떤 특성이 확인된다. 그것은 근대적 과학이 자리 잡히기 이전의 학문적 연구 활동에서도 확인되었다. 대부분의 학문은 분명한 텍스트를 대상으로 한 문헌학적 연구를 통해 진행되었다.

그 의미가 상대적으로 분명한 산스크리트어나 그리스어, 라틴어 등으로 쓰인 고대와 중세의 종교적/문학적 저작들처럼 악보는 분명한 음악적 단어 즉 음표로 표기되어 있다. 악보에 기보된 도, 미, 솔과 같은 요소를 우리는 분명히 확인할 수 있고 그 요소들의 결합의 의미 역시 분명한 것으로, 이를테면 으뜸화음을 구성하는 것으로 파악할 수 있다.

악보로서의 작품과 라틴어로 쓰인 중세의 종교적 저작들은 모두 가시적 기호 혹은 언어로 고정된 문헌이다. 종교적/철학적 문헌에 대한 연구가 분명하고 안정적인 기준에 따라 이루어지는 것처럼, 악보 연구 역시 안정적 기준에 따라 이루어질 수 있었다. 덕분에 많은 과거 학자들이 악보를 연구대상으로 삼아 문헌학적 연구를 했다. 악보를 분석하는 이들 모두가 자신을 문헌학자라고, 자신의 연구를 음악적 문헌학에 해당하는 것으로 생각하지는 않았지만, 그들이 하는 것은 음악적 문헌학이다.

악보 연구는 악보를 만든 작곡가에 대한 이해로까지 확장되지 못했다. 악보를 연주하는 연주자에 대한 이해와, 연주를 듣고 반응하는 감상자에 대한 이해에도 미치지 못했다. 요컨대 악보 연구는 인문학이 아니었다. 사회과학도 되기 어려웠다. 자연과학은 꿈도 꿀 수 없었다. 악보 연구가 이렇게 제한된 의미만을 줄 수밖에 없는 한 이유는 그것이 문헌학에 속하기 때문이다. 문헌학은 '인식된 것에 대한 인식작업'일 뿐 세계에 대한 직접적 인식이 아니다. 악보는 작곡가가 세계와 자신에 대해 인식한 것을 표현한 결과물이다. 그런 악보의 분석은 인식된 것에 대한 인식작업이다. 이 사실을 간과할 때 음악학자들의 악보 분석은 작곡가의 세계 및 자기 인식을 놓치는 방식으로 진행된다. 사실 작곡가가 세계를 인식한다는 주장 자체가 잘 받아들여지지 않는다. 작곡가의 생각은 세계에 대한 인식이 아닌, 순수 음악적인 것으로 여겨졌다.

자연과학적 음악 연구가 있긴 했다. (근대적 자연과학을 말하는 것은 아니다.) 오선 악보는 중세 시대 후반에야 서양에서 등장한다. 중세 이전의 음악은 물리적 음향이며 사람들의 마음에 미치는 심리적 현상이었다. 고대 그리스의 철학자이자 수학자이며 음악가이기도 한 피타고라스의 음악 연구에는 수학적이며 음향학적인 측면이 있었다. 그는 현이 하나뿐인 일현금을 이용해 진동하는 현의 길이와 그 현이 방출하는 음의 높낮이, 즉 음고와의 상관관계를 살폈다. 이 연구를 통해 피타고라스는 조화롭게 들리는 음정과 그렇지 못한 음정이 사실은 진동수의 비比라는 단순한 수학적 개념으로 환원된다고 주장했다. 이렇게 해서 피타고라스는 "물적 세계와 심적 세계를 이원적 체계로 놓고 그들 상호 간의 유기적 관계를 모색"했다. 피타고라스의 이러한 이론은 "검증되지 않은 가설에 불과하지만, 이를 반박할 만한 새로운 설득력 있는 이론이 나오지 않은 채, 2천5백 년 동안 타당한 것으로 받아들여져 왔다."(이석원, 2013)

또 다른 고대 그리스 철학자 플라톤은 음계가 사람들에게 미치는 정서적 영향에 대해 말했다. 각 음계는 고유한 특성이 있다고 여겨졌다. 침착하고 냉정하면서도 활기찬 감정을 불러일으키는 선법, 격렬한 흥분을 유발하는 선법, 나약함을 유발하는 선법 등. 흥분과 나약한 감정을 유발하는 선법, 즉 음계는 사회적으로 장려되지 말아야 했다.

이 두 철학자는 음악에 대한 수학적/음향학적/심리적/윤리적 관점을 알았다. 악보 연구가 중심인 근대적 음악학은 고대인들이 가졌던 음악에 대한 관점들을 발전시키지 못했다. 그것은 한편으로 문헌학적 연구에 속하며, 다른 한편으로 근대적 과학과 많이 닮았다. 물리적 대상을 인간과 그가 살아가는 사회 및 생태적 환경으로부터 독립되어 고정적인 것으로 여기며 연구했던 근대 과학. 악보는 음악학에서 갈릴레이의 호 Galilean arc처럼 작용했다. (이 호는 갈릴레오 갈릴레이가 발견한 진자운동에서 진자가 움직이는 궤적을 의미한다. 갈릴레오의 호는 진자운동과 같이 분명한 물리적 현상에 대한 정확하고 인과적인 연구를 가능케 하는 근대적 자연과학의 상징 혹은 은유다.) 악보 연구는 정확한 대상에 대한 정확한 연구를 가능케 했다. 그렇게 실증주의적 근대 음악학이 발달했다.

악보에 적힌 음악적 실체들은 작곡가의 마음을 표현한 결과인데, 작곡가의 마음은 세계에 대한 인식이지 세계 그 자체가 아니다. 우리의 마음은 자연에 대한 사실적 묘사를 넘어 자유롭게 부유하는 경향을 보이는데, 그런 점에 주목한 미국의 과학자 제럴드 에델만은 우리의 마음과 의식을 '제2의 자연'이라 부른다. 에델만에게 제2의 자연은 제1의 자연 즉 물리적이거나 사회적인 진짜 자연에 대해 우리의 의식이 가지게 된 자연스런 표상이다.(에델만, 2009) 제1의 자연에 대해 제2의 자연은 자유로이 부유할 수도, 무관할 수도, 왜곡일 수도, 대충 맞을 수도 있다. 음악은 제1의 자연에 대한, 제2의 자연일 수 있는 작곡가의 마음을 표현한다. 하지만 이런 생각은 많은 악보 분석자에게 중요하게 고려되지 않는다.

악보에서 확인되는 실체들과 실체 간 관계들이 작곡가의 삶과 그 무대인 세계와 관련해서 무엇을 의미하는지 알기 어렵다. 하지만 우리는 그 의미하는 바를 알려고 노력해야 한다. 세상과 아무 관련 없는 제2의 자연으로서의 마음과 의식의 입지가 매우 좁기 때문이고, 마음은 세계에 대한 인식이고 세계를 인식하는 데에 쓸 것이 아니라면 마음의 존재 이유가 없기 때문이며, 그런 인식하는 마음의 표현이 음악이기 때문이다.

보통 사람들은 음악을 감상하며 음악을 삶과 연결하는데 음악학자들은 음악을 삶과 분리된 것으로 다루고 있다. 그것도 학문적 엄밀성의 이름으로 말이다. 그간의 음악학이 대중들에게 인기가 없는 이유다.

드물게 악보 연구가 그 제작자인 작곡가에 대한 이해로 이어졌다면, 작곡가의 이해는 보편적인 인간 이해로까지 확장되지 않았다. 인간에 대한 보편적 이해는 인간을 사회적 존재로 보는 관점과 생물적 존재로 보는 관점을 조화시켜 얻을 수 있다. 오스트리아의 생물학자 루드비히 후버가 말했듯이 "인간의 문화적 성취는 생물학적 발달과 동시에 형성된 것으로 보인다."(후버, 2011) 작곡가에 대한 기존 연구 중 일부는 사회적 존재로 작곡가를 바라봤다. 생물학적 작곡가론은 없다.

사회과학과 인문학, 예술학을 포함한 교양학liberal arts은 생물적 인간에 대해 생소해하고 불편해한다. 이 학문은 인간을 연구한다면서 그 생물적 기초와 진화론적 관점을 괄호 안에 넣고 있다. 이 학문은 지금까지는 인간이 동물과 근본적으로 다른 존재임을 말하는 여러 주장들의 체계다. 나는 모차르트가 동물계 속 일원인 호모 사피엔스 종의 한 개체라고 말한다. 생물학을 비롯한 자연과학이 음악과 음악적 마음을 이해하는 데에 중요한 도움을 준다고 말한다.

음악적 음향학과 음악인지과학

오늘날 진동과 파동에 대한 음향학적 연구가 진행된다. 공기의 파동이 인간 귀속 여러 기관을 어떻게 작동시키는지도 연구된다. 귀속 기관의 생리적 작동은 뇌의 신경세포들을 발화시킨다. 뇌 과학이 연구된다. 신경세포의 발화 기저에 분자 수준의 기제가 있다. 분자적/물리적/화학적 수준으로 환원되지 않는 심적 현상을 연구할 때 우리는 심리학의 세계에 들어선다. 소리에 대한 이러한 다중적 의미를 잘 알았던 19세기 후반의 헤르만 헬름홀츠 같은 독일 과학자는 물리적 음향학과 심리적 음향학 모두를 제안하고 연구했다. 두 분야가 통합되어 심리음향학이 발달하더니, 1970년대 들어서는 새롭게 등장한 음악인지과학으로 업그레이드된다.

음악학자 이석원은 음악인지과학의 주된 관심사를 "인간이 어떻게 음악을 듣고, 느끼고, 이해하는가?"로 요약한다.(이석원, 2013) 현재 이 학문은 작곡가가 어떻게 음악을 창조하는지, 어떤 마음 작용 끝에 음악이 창작되는지에 대한 관심을 상대적으로 덜 가진다. 신경 시학과 작곡하는 마음의 과학은 아직 없거나 걸음마 단계다. 물론 작곡가도 음악을 듣는 사람이기에 음악인지과학의 연구결과들은 작곡가의 마음을 이해하는 데에 도움이 된다. 이 책 역시 음악인지과학의 도움을 받는다.

나는 선사시대 및 인간이 등장하기 이전 지구의 역사 및 우주의 역사를 대강 다룰 생각이다. 나에게 역사란 우주의 시작인 빅뱅 이후 지금까지의 역사, 즉 거대사다. 나는 작곡가의 마음을 연구하는데, 내가 생각하는 작곡가의 마음은 세계와 관련이 있다. 그 세계는 대단히 거대하고 오래되었으며, 진화한다. 거대사 및 인간의 진화사를 작곡가의 마음을 이해하는 기반으로, 배경으로 삼는다. 그렇게 하면서 '체계음악학으로 받아들여지는 음악인지과학'(이석원, 2013)에 **역사적 관점**을 보탠다.

심리음향학과 새로운 음악인지과학은 '② 감상자의 반응으로서의 음악'에 대해 연구한다. 감상자의 반응은 다양하다. 그것은 육체적 양상을 띨 수 있다. 사람들은 음악을 듣고 춤을 추거나 눈물을 흘릴 수 있다. 육체적 반응과 함께하는 심적/신경적 반응도 있다.

육체적 반응을 일으킨 심적 반응은 대체로 감정적이다. 음악에 대한 감정적/육체적 반응을 우리는 경험적으로 안다. 미국 코넬 대학의 캐럴 크럼핸슬은 과학적 연구로 이것을 뒷받침한다. 그는 38명의 학생에게 여러 감정을 각각 표현한다고 평가된 고전 음악 여섯 곡을 들려주었다. 핸슬은 학생들이 음악을 듣는 동안과 들은 직후에 일어난 그들의 육체적 변화를 확인했다. 슬픔을 표현한 음악은 심장박동, 혈압, 피부 전

기전도성, 체온에 큰 변화를 일으켰다. 두려운 음악은 맥박수와 강도에, 행복한 음악은 호흡 패턴에 큰 변화를 일으켰다.(Krumhansl, 1997)

감상자는 특정 감각의 반응 및 지각 반응을 보이기도 한다. 음고(음의 높낮이)의 어떤 특성을 지각하는 것에 대한 실험적 연구는 20세기 후반 이후 지금까지 인기가 많다. 학자들은 정교하게 고안된 실험들을 통해 실험 대상자들의 반응을 관찰한다. 실험은 대개 실험 대상자들에게 어떤 유형의 비교적 단순한 소리 자극을 들려준 후 그들의 뇌 속에서 일어나는 변화를 과학적 기구들을 통해 관찰하는 일로 구성된다.

음악의 요소들에 대한 감각 및 지각 연구에 성과가 있었다. 이런 연구는 음악인지과학에 수용된 환원주의적 방법을 취한다. 환원주의는 원래 근대적 과학과 학문의 기본적 방법이다. 이것을 따를 때 우리는 복잡한 대상을 구성성분들로 나누어 그 각각을 (미국의 신경과학자 에릭 칸델이 말한 것처럼) 한 번에 하나씩 집중적으로 살핀다. 그렇게 하며 우리의 시야를 점진적으로 넓혀간다. 여기에는 부분들에 대한 지식의 양적 축적이 언젠가 전체에 대한 완전한 이해로 이어진다는 가정이 있다.(칸델, 2014A)

초기의 뇌 과학 혹은 인지신경과학 분야의 환원주의는 감각 입력이나 운동 출력 같은 분야에서 상당한 성과를 가져다 주었다. 하지만 감각과 운동 사이에 존재하는 복잡한 과정에 대해 우리가 관심을 가질 때 환원주의적 접근의 한계는 분명히 드러난다.(정수영, 2009) 이 한계는 왜 있을까. 독일의 과학자

홀크 크루제에 따르면 복잡한 과정을 보이는 전체 시스템을 개별적 부분들로 분해하는 과정에서 본질적이고 창발적인 특성들이 소실될 가능성이 크다. 창발적 특성은 시스템 특성이다.(크루제 외, 2003) 이 특성은 요소들에서는 나타나지 않고 요소들이 결합해 시스템을 이루었을 때 등장한다. 그런 시스템 중 하나가 뇌다. 환원주의는 이 사실을 무시하며, 상술한 한계는 환원주의 때문에 발생한다.

음악의 요소에 대한 감각적/지각적 연구, 즉 환원주의는 복잡한 음악에 대한 인간의 청취 및 반응을 충분하게 설명하지 못한다. 음악은 감각적/지각적 차원의 경험이자 정서적/감정적 경험이며, 개념과 사유에 기댄 것이기도 하다. 단순한 소리에 대한 감각적/지각적 연구는 복잡한 음악에 대한 복합적 경험의 모든 것을 충분히 설명할 수 없다.

단순한 소리 혹은 복잡한 음악이 원인이 되어 특정한 신경적 혹은 생물적 반응 결과를 항시적으로, 기계적으로 '야기'할 수 있다. 그것보다는, 복잡한 음악이 모종의 심리적 상태와 신경적 작용을 '유발'하는 경우가 더 많다. 유발된 심리적 상태나 신경작용은 원래 청자가 가지고 있던 어떤 심리적/육체적 상태일 수 있다. 베토벤의 《월광 소나타》 3악장은 1악장보다 빠르게 연주되는 음악으로 지각될 것이다. 3악장을 격렬한 분노의 표현으로 받아들일지 기계적 운동의 느낌을 주는 것으로 받아들일지의 문제는 조금 다르다. 분노한 청자는 3악장을 분노의 표현으로 받아들일 수 있고, 만사가 귀찮은 청자는 무의미한 기계적 운동을 표현하는 것으로 받아들일 수 있다. 음악은 모종의 심리 상태를 유발할 수 있다.

감상자 이야기

나띠에가 말했듯이 음악을 듣는 이는 저마다 고유한 삶의 경험을 가진다. 감상자는 독특한 심리 상태와 육체 상태에 처해 있고, 음악 감상은 원래 가지고 있던 심리 상태와 육체 상태를 발화 혹은 격화시킬 수 있다. 울고 싶을 때 때려주는 것이 음악이다. 지극히 개인적인 감정이나 시대 의식, 혹은 인간의 종적 성향 등이 감상자의 마음을 가득 채우고 있으며, 이것들은 감상자가 듣고 있는 음악에 종종 투사된다.

무언가 차 있는 마음에 대조되는 개념이 비어 있는 마음이다. 출생 시의 인간 마음은 백지처럼 비어 있다가, 이후 외부 세계에 대한 감각/지각 활동을 통해 서서히 마음이 형성된다는 개념이 있다. 17세기 영국 철학자 존 로크가 제안한 '비어 있는 테이블' 혹은 '빈 서판'(타블라 라사 tabla rasa, 라틴어) 개념이다. 백지 상태에 양육 및 교육, 그리고 환경이 정보를 채워 인간성이 만들어진다는 생각이 이 용어와 함께 제안되었다. 이 생각과 함께 사람들은 후천적 양육과 교육, 그리고 환경의 중요성을 중시하며 인간의 선천적 본성을 무시한다. 인간성을 결정하는 요인으로 무엇을 더 중시할 것인가와 관련된, 양육 대 본성의 논쟁이 있었다.[3]

---

3. 양육을 강조한 로크의 생각은 이후 근대 유럽의 주류 사회과학의 기조가

본능의 존재 및 중요성을 주장하는 이들도 있었다. 독일 철학자 칸트에 의하면 인간은 자신의 인식 형식(또는 능력)을 본래부터 가졌다. 칸트는 다만 인식의 내용은 경험으로 얻을 수밖에 없다고 보고 경험론의 주장을 일부 받아들인다. 한 세기 후 진화론의 창시자 찰스 다윈과 그의 동료들도 이 대열에 선다. 다윈을 따랐던 미국 심리학자 윌리엄 제임스는 인간이 다른 동물들보다 더 많은 본능을 갖고 있어서 더 지능적이라고 말한다.

스티븐 핑커 같은 진화심리학자는 로크의 생각과 그에 기초한 주류 사회과학을 공격했다. 핑커에 의하면 인간은 많은 선천적 본성들을 가지고 태어난다. 인간 본성은 우리가 어떤 것을 좋아하도록 유도하거나 어떤 것을 싫어하도록 유도한다. 본성은 좋아하는 어떤 행위를 하도록 혹은 싫어하는 어떤 행

되었다. 한 세기 후의 칼 맑스는 말한다. "인간 본성은 각 개인에 내재하는 추상물이 아니다. 현실에서 그것은 사회적 관계들의 총체이다." 맑스의 관점에서 볼 때 사회적 관계들의 총체를 완전하게 변화시키면 인간 본성도 바꿀 수 있다.(싱어, 2011) 맑스의 관점은 이후 대부분의 좌파들에게 받아들여졌다. 인간 본성을 부정하는 이들은 인간을 이해하는 데에 생물학적 관점이 무용하다고 말한다. 러시아 혁명가 블라디미르 일리치 레닌에게 "생물학적 개념을 사회과학의 영역으로 들여오려는 시도는 아무 의미 없는 짓"이다.(재인용 : 싱어, 2011) 로크와 맑스, 레닌 등은 사회과학의 생물학에 대한 우위와 그에 따른 사회 환원론을 주장하며 인간의 생물학적 본성의 중요성을 부정했다. 후천적 양육과 교육이 더 중요하다는 주장은 1920년대 존 왓슨 같은 행동주의 심리학자들에 의해서도 개진되었다. 왓슨은 러시아의 생리학자 이반 파블로프의 조건반사이론을 발전시켜 단지 훈련만으로도 사람들의 성격을 바꿀 수 있다고 주장한다. 조건반사이론은 개가 밥을 주는 주인의 발걸음 소리만 들어도 침을 분비하는, 파블로프가 관찰한 현상을 설명하는 이론이다.

위를 하지 않도록 만든다. 즉 우리는 프로그래밍이 된 상태로 태어난다. 어떤 것을 좋아하도록 프로그래밍이 된 이들은 그것을 좋아하고 행함으로써 자신들의 생존 확률과 번식률을 높인다. 어떤 것을 싫어해 그것을 하지 않도록 프로그래밍이 된 이들도 그것을 싫어하고 하지 않음으로써 생존 확률과 번식률을 높인다. 교육이나 양육, 그리고 환경은 인간 본성을 고려해야 한다.(핑커, 2004)

우리는 음악을 백지상태에서 듣지 않는다. 핑커는 그렇게 말하지 않았지만, 핑커 식으로 말한다면 인간은 음악을 선천적으로 좋아하도록 프로그래밍이 되어 있다. 인간이 보이는 음악에 대한 선호를 인간의 본성으로 주장할 수 있다. 배우지 않고도 음악적 반응을 보이는 영유아들에 대한 연구결과가 이러한 주장의 한 근거일 수 있다. 그런데 나는 핑커가 말한 이상으로 우리의 음악적 마음이 꽉 차있다고 말한다. 음악을 듣는 이의 마음은 음악적 본능을 비롯해 다양한 인간의 종적 성향들로 꽉 차있다. 또한 개인적 감정과 함께 시대 의식으로도 꽉 차있다.

대부분의 음악가에게 이것은 알려지지 않았다. 전통적 시학과 악보 연구는 감상자를 연구하지 않으며, 감상자의 마음 및 뇌 상태를 연구하는 음악인지과학이 가정하는 감상자는 대체로 실험실 속 인간이다. 인간의 음악 듣기에 관여하는 시대 의식은 사회적 인간상을 전제해야 한다. 감상자는 사회 속 인간이다. 여기에 덧붙여, 인간의 본성 개념은 마음과 뇌의 특정한 역사, 즉 장구한 진화사를 전제하고 연구해야 한다. 사회

속 감상자와 진화사 모두 음악계에 생소하다.

감상자의 상태가 중요하기 때문일까. 독일 철학자 에른스트 블로흐는 "우리가 음악을 들을 때 정말로 듣는 것은 우리 자신"이라고 말했다.(Bloch, 재인용:존슨, 2012) 많은 이들이 블로흐의 말대로 음악을 들을 것이다. 우리는 음악이라는 추상적 타자他者 위에 우리의 상상과 욕구, 희망과 절망, 시대의식과 본성을 투사하며 음악을 듣는다. 그러고는 음악에 공감한다고 생각한다.

바그너의 오페라 《리엔치》는 14세기 중엽의 비극적 이야기, 즉 구체제를 무너뜨리려다가 실패한 로마의 이상주의적 집정관 리엔치의 이야기를 담았다. 영국의 음악평론가 스티븐 존슨에 의하면 1842년의 드레스덴에 살았던 진보적 독일 중산층에게 이 오페라는 자신들의 현재 이야기로 들렸다. 그들은 자신들에게 중요한 것, 이를테면 듣고 싶었던 것으로서의 민주주의나 자유 혹은 정의에 대한 자신들의 지향을 이 작품을 통해 들었다.(같은 책) 바그너가 표현하려 했던 것도 사실 이것에 가깝다.

이 작품은 드레스덴에서 큰 성공을 거둔다. 반면 파리에서는 인기가 없었다. 독일의 사회학자 코저에 따르면, 파리는 1830년의 혁명 이후 신흥부자들이 지배했다. 그들은 탐욕적이었고, 사회에 대해 지배계급이 가져야 할 고귀한 의무감에 대해 무지했다.(코저, 1990) 이런 파리 사람들에게 《리엔치》가 인기가 없었던 것은 당연해 보인다.

파리에서 이 오페라가 성공하지 못한 이유도, 한 세기 후에 히틀러가 이 작품 속에서 냉혹한 권력의지와 허황된 정치적 야심을 읽은 이유도 음악을 들을 때 정말로 듣는 것은 (음악 그 자체이기보다) 감상자 자신의 (심리적) 상태이기 때문일 것이다. 결국 대부분의 사람들은 좋게 말하면 음악을 적극적으로, 나쁘게 말하면 자기식대로 감상한다.

사실 예술적 대상에 대해 그것을 창조한 창작자와 그것을 감상하는 감상자가 같은 생각을 가지기는 어렵다. 사정이 이렇다면 아예 감상자에게 전권을 주는 것도 좋지 않을까. 청중이 작품에 대한 적극적 해석자로서 작품의 의미 구성 작업에 참여한다는(Molino, 1975) 몰리노의 말에 동의하면서 말이다. 몰리노 같은 이가 하는 주장에 힘입어 청중과 독자의 능력 및 권한을 강조할 수 있다. 감상자들은 죽은 작곡가로부터 독립해 하나의 음악작품에 대해 저마다 무한하게 적극적으로 반응하고 해석할 수 있다며, 우리는 모두 다른 사람들이고 다른 성향과 마음을 가지고 있다면서, 사람들이 저마다의 적극성을 가지고 음악을 다양하게 해석하며 풍요로운 삶을 사는 것은 축복이라고 말하면서 말이다.

강조하다보면 지나칠 수 있다. 일단 100인 100색의 다양한 청취와 해석이 가능할지 의문이다. 노르웨이 작곡가 그리그의 《페르 귄트 조곡》 중 〈장송행진곡〉을 당신은 '즐겁고 행복한 감정을 유발하는 곡'으로 해석할 수 있지만, 결혼식 축가로 연주하는 것은 생각해 볼 일이다. 〈장송행진곡〉은 망자를 애도하는 음악이니 슬픈 감정을 불러일으킬 의도로 작곡되었고, 많은 이들은 그리그의 작품은 물론 다른 작곡가들의 〈장송행진곡〉을 슬프게 듣는다.(김진호, 2014A) 그러니 어떻게 듣느냐는 개인적 문제만은 아니다. 우리는 어떤 음악을 특정하게 들어야 하는 사회적 맥락에 처해 있다. 혹은 특정하게 듣도록 우리를 강제하는 (우리가 의식하지 못하며 의식하더라도 어찌하기 어려운) 사회적/생물적 상태에 처해 있다.

감상자가 이러한 상태에 처해 있기에 그의 음악 감상은 마냥 자유롭지만은 않다. 감상자의 자유로운 음악 감상에 대한 또 다른, 필요한 제약이 있다. 작곡가의 마음을 읽으려는 지향을 가지며 음악을 들으라는 요구로서의 제약. 작곡가가 상술한 인간적 상태를 고려하며, 즉 감상자의 일반적 청취 경향을 고려하며 작곡했다면 **감상자도 작곡가를 고려해야** 한다. 그래야 형평에 맞다. 사실 청중을 해석자라고 말한 몰리노가 추가한 것이 있다. 청중과 작곡가가 작품을 사이에 두고 협력한다고.(Molino, 1975) 이탈리아의 기호학자 움베르토 에코 역시 비슷한 말을 했다. "텍스트가 모든 것을 말하지 않기에 그것을 이해하려는 독자의 [전권이 아닌] 협력이 필요하다."(Eco, 1985) 그런데 작곡가들은 정말 감상자의 일반적 청취 경향을 고려하며 작곡했을까. 이 책은 많은 훌륭한 작곡가들이 대체로 그렇게 했다고 말하며, 그 증거들을 제시할 것이다.

3
음악 감상, 작곡가의 마음 세계로 인도하는 사건

사사로운 감정으로 예술을 사랑하지 말라.
— 게오르기 구르지예프 —

음악 감상의 두 가지 방식이 있다. 작곡가의 마음을 추측하고 그것을 이해하려고 노력하는 방식과 작곡가가 어쨌을지 전혀 혹은 거의 고려치 않고 자유로이 음악을 듣는 방식. 극단적이긴 하지만 장송행진곡을 즐겁고 유쾌하게 들을 수 있다. 작곡가가 누군지, 작품명이 누군지 모르고서 음악을 듣는 경우도 있다. 음악을 자유롭게 듣는 방식들일까? 나는 TV의 한 채널에서 독일 작곡가 리하르트 슈트라우스의 《알프스 교향곡》을 태평양을 보여주는 여행 프로그램의 배경음악으로 들은 적이 있다. 프로그램 제작자와 시청자에게 음악은 《태평양 교향곡》이었을 것이다.

오늘날의 영화, 드라마, 교양프로그램들은 이러한 감상 방식을 부추긴다. 미국 영화감독 스탠리 큐브릭은 영화 《2001 : 스페이스 오디세이》(1968)에서 미래의 우주에서 벌어질 일들을 영화화했는데, 이 영화의 배경음악으로 감독이 사용한 곡 중에는 현대 작곡가 리게티의 《레퀴엠》이 있었다. 레퀴엠은 죽은 자를 애도하려는 목적으로 쓰인 가톨릭 미사 음악으로, 우주와 무관하다. 그런데 《2001 : 스페이스 오디세이》

에서 《레퀴엠》은 우주 공간의 무중력 상태를 표현하는 배경음악으로 쓰였다. 당시 관객들은 이 음악과 영화가 잘 어울린다고 느꼈을 것이다. (오늘날의 관객들도 대충 같은 의견일 것이다.) 리게티의 《레퀴엠》은 2014년에 개봉된 미국 영화 《고질라》의 배경음악으로도 쓰였다. 거대한 돌연변이 괴물 고질라와 싸우려고 비행기에서 특수부대원들이 낙하할 때 사용되었다. 《레퀴엠》은 이 영화의 이야기와도 관련이 없다.

여행 프로그램의 제작자들은 《알프스 교향곡》의 웅장함이라는 한 특성만큼은 지각했던 것 같다. 위에서 바라본 태평양도 웅장하다. 제작자들은 웅장한 이 교향곡이 웅장한 태평양의 조망에 잘 어울린다고 생각했을 것이다. 고질라에 의해 초토화된 지구를 구하러 비장한 표정의 특수부대원들이 낙하하는 장면을 보면서 전투적 천사들이 강림하는 상황을 연상한다면, 신비한 음향의 《레퀴엠》도 적절하게 선곡된 셈이다. 여행 프로그램 제작자들은 웅장한 《알프스 교향곡》을 어쨌든 자장가로 쓰지 않았고, 《고질라》의 감독은 《레퀴엠》을 로맨틱 코미디 영화에 쓰지 않았다. 그렇게 쓸 수 없었을 것이다. 감독들은 이 곡들의 어떤 특성들을 나름대로 파악한 것 같고, 자기 작품들의 관객들도 대충 그 특성들을 파악할 것으로 예측한 것 같다. 그 예측은 대강 맞았다. 음악이 장면과 안 어울린다는 평이 많지 않은 걸로 봐서. 우리는 음악을 무제한적으로 자유롭게, 임의로 들을 수 없다.

음악 감상에는 음악의 요소들을 지각하는 일이 포함되며, 요소들이 결합해 어떤 특성을 만들어냈는지를 파악하는 일도 포함된다. 감상자는 음악의 요소들을 잘 듣기 위해, 음악의 특성들을 잘 확인하기 위해 노력해야 한다. 특정 요소들을 사용해 모종의 특성을 만들어낸 작곡가의 마음에 대해 고려하는 것도 음악 감상 작업에 포함된다. 감상자는 작곡가의 생각 혹은 마음을 추측하고 이해하려고 노력해야 한다. 이러한 감상 방식이 의미하는 바가 있다. 그것이 필요한 이유도 있다. 아마도 독서가 의미하는 바와 그것이 필요한 이유와 비슷할 것이다.

스티븐 핑커에 의하면 독서란 '다른 사람의 시각에서 세상을 바라보게 해주는 방법'이다. 핑커는 인간의 폭력성이 역사를 통해 점차 줄었다면서 (정말 그랬는지는 논란이 있다.) 그 원인으로 18세기 이후부터 유럽사회 특히 영국에서 독서가 사회적으로 보급되었다고 말하며, 그 과정에서 작동했던 독서의 긍정적 기능을 강조한다. 핑커에 의하면 독서는 타인의 관점을 이해하는 기술이다. '관점 취하기' 기술인 독서를 통해 우리는 저자의 관점으로 세상을 본다. 타인의 글을 읽음으로써 타인의 생각 속으로, 나아가 그의 기쁨과 고통 속으로 들어갈 수 있다.(핑커, 2014)

음악 감상도 작곡가의 시각에서 세상을 바라보게 해줄까. 작곡가의 관점을 이해하고 취하게 해주는 일일까. 그러려면 음악이 작곡가의 시각, 관점, 생각, 감정 즉 마음을 표현해야 한다. 음악을 들으며 이런 것들을 쉽게 파악하여 쉽게 취할 수도 있겠지만, 사실 쉽지 않다. 독서를 통해 저자의 관점을 파악하여 취하는 일보다 음악작품을 감상하며 작곡가의 마음을 확인하고 그의 관점을 취하는 일이 더 어렵다. 책에 비해 음악은 관점과 시각, 생각을 표현함에 있어 더 추상적이기 때문이다. 기쁨과 고통 같은 감정을 표현함에 있어서는 좀 더 직접적일 수 있다. 우리는 《레퀴엠》을 듣고서 모차르트가 매우 슬퍼했을 거라는 정도는 쉽게 추측할 수 있다. 모차르트의 고통 속으로는 들어갈 수 있다. 고통의 직접적 내용은 알기 어렵다. 모차르트의 관점과 시각을 이해하는 데에도 어려움이 있다.

음악작품을 듣고 작곡가의 마음을 온전히 이해할 수도 있다. 그것보다는 음악작품이 작곡가의 마음 세계로의 관문인 경우가 더 많다. 이 경우 음악 감상은 그 관문으로 인도하는 일이다. 화려한 관문 저편에 존재하는 작곡가의 마음 세계를 더 알고자 한다면, **작곡가의 관점과 시각**을 이해하고 취하고자 한다면 음악 감상 말고 우리가 해야 할 일이 더 있다. 작곡가에 대해, 그가 살았던 세계에 대해 알아보기. 독서를 하거나 영화나 다큐멘터리 같은 콘텐츠를 접하거나 강의를 듣는 일 따위 말이다.

이런 일과 함께하지 못하는 음악 감상은 화려한 관문 앞에 우리를 머물게 할 공산이 크다. 작곡가의 마음으로부터 추상화된 세계에 머무르는, 관문 너머의 세계를 알지 못하는 상황이다. 사실 화려한 관문의 모습을 제대로 파악하는 일조차 쉽지 않다. 예를 들어 6개의 음으로 구성된 선율을 5개 음으로 구성된 것으로 듣는 이들이 있다. 작품에 대해 자유로이 연상하는 일도 종종 일어난다. 동남아를 배경으로 한 할리우드 영화에 안동의 도산서원이 나온다면 감독은 도산서원에 대해 쉽게 생각했다. 외국인이 광화문을 일본식 건물로 '자유로이' 느낄 수도 있다.

광화문에 대한 이러한 오판이 문제라면, 다윈의 『종의 기원』을 오독하는 것도 문제라면, 모차르트를 오청(誤聽)하는 것도 문제. 당신은 모차르트의 작품을 사람들이 제대로 감상하지 못할 수 있음에 동의하는가? 사람들은 이 점에서 공평치 못하다. 사람들은 쇼펜하우어나 헤겔, 애덤 스미스와 맑스, 다윈과 아인슈타인, 리처드 파인먼의 책의 한 구절 한 구절을 일단 엄격하게 읽는다. 마찬가지로 우리는 모차르트의 어떤 작품에서 6개의 음으로 구성된 선율을 6개 음으로 구성된 것으로 들어야 한다.

사람들은 다윈과 같은 이들의 책에 대해 자유롭고 창의적으로 이해하기보다 그들이 말하려는 바를 분명하고 엄격하게 이해하려는 조심스러운 태도를 많이 취한다. 핑커 말마따나 그들의 관점을 취하려고 노력한다. 우리는 정통 맑스주의자임을 자처하는 이들이 상대방을 수정주의자니 교조주의자니 하며 공격했던 역사를 안다. 수정주의자로 공격받은 이들은 공격자의 관점에서 볼 때 맑스를 제대로 이해하지 못했다.

베토벤의 음악을 듣고 어떤 느낌을 받았다고 주장하는 이를 베토벤 수정주의자로 공격한다면 어떨까? 베토벤의 작품을 감상하는 이들에 대해, 그들의 베토벤 이해와 관련해 대중적인 논쟁과 비판, 공격이 이루어졌던 적은 없다. 누군가 베토벤에 대한 자신만의 감상 방식을 제안하고 방어한 적도 없다. 저마다 서로 자유롭게 베토벤을 듣는 것 같다. 베토벤의 고유한 관점이 없다는 이야기일까. 아니면 사람들이 베토벤의 고유한 관점을 파악하지 못했을 수 있다. 그것도 아니면 사람들이 그것을 이해하려고 하지 않았을 수 있다. 감상자들의 베토벤에 대한 담론이 충분치 않다는 점이 유감스럽다. 논쟁과 비판이 우리 인간을 대체로 성숙하게 만들어 주었다는 점을 고려해보자. 나의 불평을 이해할 수 있을 것이다.

음악 감상의 경험은 매우 주관적이고 일인칭 서술적인 측면이 있다. 다른 이들의 음악 감상 경험과 나의 경험을 비교하는 일은 불가능해 보인다. 각자의 고유한 청취에는 확실히 존중받아야 할 구석이 있다. 하지만 논쟁이 가능한 영역도 있다. 이를테면 어떤 특성을 확인했는지, 어떻게 해석했는지 같은 영역. 어떻게 느꼈는지에 대해서도 이야기할 수는 있다.

어떤 소리를 들을 때 얻게 될 청각적 질(이것을 퀄리아라고 한다.)이 사람마다 다를 수 있지만, 개인적 차이를 넘어선 공통된 지각과 인지가 없지는 않다. 음악 감상의 경험이 주관적이고 일인칭 서술적이지만은 않다고 말하기 위해 들 수 있는 이야기들은 많다. 게다가 우리는 음악이든 다른 대상이든 개인으로서만이 아니라 사회구성원으로서, 호모 사피엔스의 개체로서 대상을 지각하고 인지한다. 호모 사피엔스 개체들은 호모 사피엔스의 종적 특성들을 공유하며, 그 특성들의 기초는 개체들이 공유하는 동일한 생물적 조건이다. 이를테면 모든 인간은 동일한 해부학적 구조의 청각기관과 그것을 통제하는 뇌를 가진다. 우리는 눈으로 빛의 진동수를 지각해 세상의 색을 보고 공기 같은 매질의 파동을 소리로 듣는다. 파동의 초당 진동수, 즉 주파수가 커지는 음을 인간은 음고가 올라가는 것으로 듣는다. 이러한 청취지각은 문화와 시대에 따라 달라지지 않는다.

 음악을 자유롭게만 감상하지 말아야 할 또 다른 이유가 있다. 인간은 아주 오래전부터 세계를 제대로 인지해야 했다. 사자를 보고 고양이를 연상하지 말아야 했고, 사기꾼을 신뢰하지 말아야 했다. 사자를 고양이로 보았던 조상은 잡아먹혔을 것이다. 다른 모든 인지/지각 행위는 엄격해야 하는데, 유독 음악만큼은 자유롭게 감상해도 좋단 말인가. 음악은 작곡가의 마음 표현인데, 음악을 자유롭게 감상하는 일은 음악을 만든 작곡가의 마음을 제대로 읽지 못하는 일이다. 그 마음이 사기꾼의 것일 수도, 독재자(에 동조하는 사람)의 것일 수도, 분노조절장애자의 것일 수도, 세계에 대해 무지한 사람의 것일 수도 있는데, 그 마음의 결과인 작품을 자유롭게 듣는다니, 위험천만해 보인다. 처음 만난 이의 행동을 조심스레 관찰하며 계속 만남을 이어갈지 신중하게 고민해야 할 필요가 있다면, 신문 기사를 비판적으로 볼 필요가 있다면, 어떤 학설에 대해 합리적 의심을 할 필요가 있다면, 처음 듣는 음악도 조심스레 관찰하여 신중하게 판단하고 평가해야 한다. 앞서 언급했던 바대로 작곡가와 작품에 관련된 독서는 신중한 음악 감상에 도움을 줄 것이다. 음악을 이렇게 접할 때 우리는 작곡가의 관점을 추측할 수 있다. 독서를 통해 저자의 관점을 취하는 것이 이득이 많은 것처럼 작곡가의 관점을 추측하고 그것을 취하는 것도 이익일 수 있다.

모차르트의 관점을 취하는 것은 복잡하고 어려운 일이다. 일단 모차르트 음악의 특성들을 인지하여 그의 의도와 음악적 생각을 추측한다. 그 의도와 의식적 생각을 가지게 된 이유도 추측해본다. 추측은 모차르트의 시대적 삶과 그의 생물적 인간성을 고려해 이루어질 수 있다. 종종 음악의 특성들을 낳은 마음이 무의식적일 수 있다. 어렵겠지만 무의식의 내용도 확인해야 한다. 모차르트의 삶과 그의 인간성에 대한 사람들의 오해를 확인해 불식하는 일도 해야 한다. 모차르트 연구가인 볼프강 힐데스하이머는 유명한 지휘자 브루노 발터가 중대한 오해를 퍼트렸다고 말한다. 발터는 모차르트가 개방적이고 믿을 만한 사람이었으며, 항상 기분이 좋고 악의 없는 젊은이였다고 말했는데, 이런 진술은 모차르트에 대해 널리 퍼진 통속적 이야기로서, 모차르트에 대해 주관적으로 기대하며 희망하는 대로 지껄이는 이들의 소설일 뿐이다.(힐데스하이머, 2014) 그 소설은 위험할 수 있다. 소설 속 주관적 관점이 모차르트의 세상을 제대로 보지 못하게 할 수 있기 때문이다. 소설을 배격하는 일을 포함해 필요한 모든 일들을 하면 우리는 — 여전히 우리의 주관이 개입되어 가설적이면서 구성된 것이긴 하지만, 어쨌든 — 모차르트의 것이라고 인정될 수 있을 관점을 확인하여 취할 수 있고, 그에 공감할 수 있다.

모차르트의 관점이란 무엇일까. 하나가 아닐 것이다. 캐나다의 철학자 제임스 O. 영에 따르면 모차르트의 오페라 《코지 판 투테》의 서곡 같은 작품은 기쁨의 경험을 제공하며, 모차르트는 이런 작품들을 통해 기쁨이 하찮기보다 삶의 가치 있는 부분이라는 관점을 제시한다. 사람들이 이런 작품들을 통해 만족한다면 모차르트의 이 관점은 옳다.(영, 2013) 적지 않은 이들이 모차르트를 듣고 아마도 만족할 것이다. 사람들의 만족이 모차르트 관점의 옳고 그름의 유일한 잣대일 수 없다. 만족한 이들이 삶을 잘 살아가느냐가 잣대여야 한다. 물론 그들이 잘 살아가는지를 판단하는 일은 어렵다. 그럼에도 그러한 이상적 잣대를 생각해보고, 관련된 것들에 대해 논의하며, 그것을 통해 판단하는 일을 하는 것이 좋을 것이다.

철학자들과 과학자들의 관점을 취하는 것으로서의 독서도 이런 것들을 고려하는 일이다. 관점 취하기의 끝자락에는 비판적 상대화 시도가 있어야 한다. 그들의 관점에서 멀어져서 객관적으로 보는 것. 쇼펜하우어나 칸트, 오귀스트 콩트, 막스 베버, 애덤 스미스, 아인슈타인 등이 특정 시대의 인간이고, 이들 철학자나 사회과학자, 자연과학자의 관점들이 항상 옳은 것이 아니라면 모차르트 같은 작곡가들의 음악적 관점도 그렇게 항상 옳고, 모든 것을 초월하는 보편성으로 가득한 것만은 아니다. 우리는 작곡가들의 음악을 들으며 그들에 공감할 수 있고 그들 관점을 취할 수 있다. 더 나아가 그들의 마음을 상대화할 수 있다. 그들의 작품을 **비판적으로 감상**할 수 있다.

그런데 모차르트 같은 음악가들은 물론이고 과거의 철학자들과 과학자들에 대해서도 사람들은 충분히 비판적이지 못했다. 특히 교육 현장에서 더 그런 것 같다. 과거의 위대한 철학자와 과학자 중에는 명백히 틀린 주장을 했던 이들이 뜻밖에 많다. 의견공동체 '대안과 미래' 대표인 민경우에 의하면 물질로부터 독립된 절대적 시공간 개념을 제안한 뉴턴과 칸트, 세상의 근원이 되는 요소로서 물·흙·공기·불을 거론한 아리스토텔레스, 성선설을 주장한 맹자, 사회계약론의 원시 상태를 제안한 로크나 루소 등은 틀렸다. 틀린 것들이 빈번히, 버젓이 교과서에 소개된다.(민경우, 2015) 명백한 오류들, 의심을 거둘 수 없는 것들이 그저 주입식으로 가르쳐지고 있다.

우리에게는 비판적 뉴턴 읽기, 비판적 아리스토텔레스 읽기가 필요하다. 그것은 뉴턴과 아리스토텔레스의 명백한 오류들은 무시하고 그들의 통찰적인 방법과 관점들은 비판적으로 취하는 것이다. 비판적 독서를 통해 우리는 타인들의 관점 취하기를 넘어 그들의 관점들을 상대화하고, 그것들을 종합해 그들이 생각하지 못한 우리만의 관점을 정립할 수 있다.

비판의 칼날을 들이대야 하는 이들, 상대화의 대상은 뉴턴과 아리스토텔레스만이 아니다. 모차르트나 바흐 음악의 어떤 측면들도 우리는 무시하거나 비판적으로 감상해야 한다. 바흐는 음악의 중요한 차원인 리듬과 음색에 대해 철저히 무심했다. 그의 걸작《푸가의 기법》에는 이 곡을 연주해야 할 악기에 대한 지정조차 없다. 음색은 아무래도 좋다는 것이다. 또한 바흐의 리듬은 단순하여 기계를 연상시킨다. 이런 점들은 최소한 지적되고 고민되어야 마땅하다. 비판할 수도 있다. 하지만 중고등학교 음악 시간에 많은 교사는 바흐를 '음악의 아버지'로 외우게 한다. 인류는 아주 오래전부터 음악을 했다. '음악의 아버지 바흐' 이론은 틀렸고, 그것을 외우는 것은 아무짝에도 쓸모가 없다.

뉴턴처럼 바흐도 위대한 인간이었지만 동시에 많은 한계를 보여준 사람이기도 했다. 우리는 미국의 사회학자 로버트 파크가 아인슈타인의 상대성 이론에 대해 한 말을 항상 고려해야 한다. 파크는 다음과 같이 말했다. "우리는 일반 상대성 이론을 무척이나 사랑하고 존중한다. 그런데 이런 태도가 잘못된 것일 수 있다. 무언가를 존경할 때는 더 발전시키려 하지 않기 때문이다."(재인용 : 호비츠, 2003)

바흐 같은 이들이 명백히 틀린 음악을 작곡했다는 뜻은 아니다. 음악은 틀린 생각을 표현한 것이거나 아니면 문제 있는 마음을 표현한 것일 수는 있다. 혹은 막다른 길로 우리를 인도할 수 있다. 영국 작곡가 구스타프 홀스트의 《행성》은 태양계의 일곱 행성을 표현한 곡들로 구성된다. 홀스트는 점성술적 지식을 바탕으로 이 모음곡을 작곡했다. 점성술은 틀렸다. 틀린 지식을 표현한 《행성》은 틀린 음악일까. 현실 세계의 어떤 것을 작곡가가 음악으로 표현 혹은 묘사할 때 그가 만든 것이 《행성》 같은 표제음악이다. 《행성》이 표현하는 어떤 것을 오스트리아의 음악학자 한슬리크는 순수한 음악 세계에 속하지 않는 것으로 보아 '음악 외적인'extra musical 것으로 칭했다.(한슬리크, 2009) 음악 외적 현실을 표현할 때 그 현실을 잘못 이해한 홀스트 같은 이가 만든 음악은 틀렸을까? 《행성》은 틀린 생각을 표현한 음악일 수 있다. 《행성》에서 틀린 생각은 음악적으로 어떻게 표현되었을까. 그것을 아는 것이 《행성》의 비판적 감상법이다. 태양계의 일곱 행성들의 이름 및 그와 관련된 형용어가 모음곡 《행성》을 구성하는 각 곡의 소제목이다.

이를테면 첫 번째 곡은 〈화성, 전쟁을 부르는 자〉이며, 빠르고 강력한 느낌을 주도록 작곡되었고, 두 번째 곡은 〈금성, 평화를 부르는 자〉로 조용하고 차분하다. 화성과 금성을 이렇게 인식하는 것이 바로 점성술이자 신화적 우주관이며,《행성》은 이런 이미지 수준의 인식을 표현한다. 태양계의 행성들이나 우주의 별들을 표현하고자 하는 21세기 작곡가들이 여전히 과학적인 천문학 지식보다 신화적 우주관에 기초해 작곡하는 것이 적절할까.

음악은 문제 있는 인식을 표현할 수 있다. 음악이 시간예술이라면 작곡가는 시간 인식을 음악적으로 표현해야 한다. 세상이 반복된다고 사람들이 인식하고 작곡가도 그렇다면 작곡가는 그런 시간관을 음악에 반영하고 표현할 수 있다. 세상이 변화하며 발전한다고 인식한다면 그의 음악은 그 인식에 부응하는 방식으로 작곡될 수 있다. 바로크 시대 음악의 대표적 음악 형식인 세도막 형식과 론도 형식은 세계가 반복된다는, 시간 및 역사에 대한 보수적 인식을 음악적으로 표현했다. 대조적으로, 고전주의 시대의 소나타 형식은 세계가 변화/발전한다는 진보적 시간 인식을 표현했다.

세도막 형식 혹은 3부분 형식의 음악에서 처음 제시된 부분을 A로 칭하면 이 A와 다른 B가 A 다음에 제시되고, B가 끝나면 A가 반복된다. 세도막 형식은 'A→B→A′'로 도식화된다. 여기서 A′는 A가 약간 변화되었음을 알려준다. '→' 표시는 시간이 흘러가는 방향을 표현한다. 세도막 형식의 음악은 A와 B가 서로 무관하며, 단순히 병치되는 특성을 보여준다. A가 반복한다는 특성도 보여준다. 세도막 형식의 음악이 보여주는 이 특성들은 어떻게 해서 나온 걸까. 모든 작곡가들이 그렇게 작곡하니까? 세상이 작동하는 방식에도 이러한 특성들이 있으니까?

두 가지 다일 것이다. 남들이 그렇게 작곡하니 나도 그렇게 작곡한다. 남들을 따라가는 나는 내심 기본적으로 세상의 요소들이 시간 속에서 반복하며 단순히 병치된다는 인식을 가지고 있다. 나의 음악은 바로 그런 인식을 표현하는 것일 수 있다. 춤곡이었던 론도rondo 역시 반복과 병치를 표현한다. 론도는 영어 동사 'round'에서 유래했다. 이 동사는 '반복/순환하다'의 뜻을 가진다. 이 동사의 뜻이 론도에도 있다. 론도 형식에서도 처음 제시된 요소가 여러 번 반복되며, 요소들은 병치된다.

3부분 형식과 론도는 바로크 및 (모차르트가 속했던) 고전주의 초기에 많이 쓰였다. 바로크 시대에 계몽군주는 사회적으로 새롭게 떠오르는 시민계급과 정치적으로 연대했다. 돈을 자유롭게 벌려는 시민계급과 그들로부터 세금을 많이 거두려는 왕의 이해관계가 일치해 상공업이 육성되었고 덩달아 과학과 학문이 발전했다. 계몽 사상가들이 등장해 새로운 시대에 대한 희망을 제시하고 인류가 진보한다고 주장했다. 그런데 이런 역동적 세계와 담쌓았던 반동적 계급과 세력이 있었다. 귀족과 성직자.

3부분 형식과 론도는 세상이 진보한다는 계몽주의자들의 관념을 접한 적이 없거나, 접했더라도 그것에 동의하지 않는 귀족과 왕, 성직자를 위해 일했던 바흐 같은 작곡가의 세계 인식을 반영한다. 이 형식들은 세상이 변화되지 않고 반복만 한다고 생각하던 시대에 적절했다. 하릴없이 춤과 연회를 일삼았던 당대의 귀족들에게 세상은 역동적이고 진보하는 것이어서는 안 되었다. 오늘의 즐거움이 영원히 지속하길 바라는 귀족들과 그들에 동조하는 이들에게 세상과 음악은 반복되어야 했다.

반면 내일에 희망이 있는 이들은 내일이 오늘과 달라지기를 기대한다. 1789년에 일어났던 프랑스 대혁명을 계획했던 시민들, 즉 혁명적 부르주아지와 민중이 그런 이들이었다. 대혁명과 그 이념이었던 계몽사상에 동조를 하는 편이었던 초기 낭만주의자 베토벤 같은 이에게 그가 살아가는 사회에 있어서나 그것을 반영하는 음악에서나 반복은 답답했다. 그의 중기 이후의 소나타나 교향곡의 마지막 악장은 점차 반복적 론도가 아닌, 음악적 요소들이 변화하고 전개되는 것이 허락되는 소나타 형식이나 변주곡에 자리를 내준다. 소나타 형식은 중간 부분에 전개부 혹은 발전부라는 부분이 있다. 여기서 음악은 말 그대로 전개되고 발전된다. 베토벤은 특히 이 전개부에 자신의 음악적 열정과 능력을 쏟아 부었다. 음악적 요소들이 대규모로 변화되며 전개되는 것은 전에 없던 일이었다.

소나타 형식에서 전개부 이후엔 재현부가 등장하는데, 베토벤 이전의 작곡가들에게 재현부는 앞서 제시된 요소들이 단순 반복되는 부분이었다. 베토벤은 재현부를 요소들이 새롭게 변화되는 부분으로 탈바꿈시켰다. 재현부가 끝나고 등장하는 종결부는 이전까지는 음악을 종결짓는 부분이었다. 하지만 할 말이 많고 정열적이었던 베토벤에게 종결부는 새로운 발전 및 전개의 시간이었다. 가장 인상적인 종결부는 피아노를 위한 《발트슈타인 소나타》의 1악장 마지막 부분에 있다. 여기서 음악적 요소들은 차곡차곡 쌓아올려지면서 상승과 폭발로 향해 간다.

그렇게 베토벤은 역동적인 한 시대의 정신, 관점을 표현한다. 베토벤을 통해 반복을 넘어선 음악적 세상은 역동적이며 발전하는 어떤 것이 되었다. 바로크 음악과 하이든, 모차르트, 베토벤의 음악을 비교하면서, 3부분 형식과 론도, 소나타 등의 음악 형식들이 세계에 대한, 특히 시간에 대한 사람들의 인식을 음악적으로 표현한 것이라고 생각할 수 있다.

베토벤이 연 새로운 음악적 세상, 즉 변화와 발전의 패러다임은 한동안 이어지지 못한다. 베토벤의 후배들인 슈베르트와 슈만이 3부분 형식으로 회귀했기 때문이다. 슈베르트는 즉흥곡을 통해, 슈만은 모음곡을 통해 이 오래된 형식들에 생기를 불어넣었다. 슈베르트의 소나타와 교향곡에는 차곡차곡 쌓여 거대한 상승과 폭발을 일으키는 구성이 드물다. 슈만은 교향곡을 4곡만 썼고, 소나타도 덜 썼다. 슈만과 슈베르트는 나폴레옹의 몰락과 그에 따른 복고왕정, 오스트리아의 전제적 정치의 부활 등을 접하며 작곡했다. 이 시대에 세상은 다시 예전처럼 반복되었다. 작곡가의 주변 세상이 변화와 진보에 대한 희망을 당분간 접은 것은 분명하다. 이 시대의 음악이 그런 세상의 보수적 특성을 반영했다고 보면 틀리지 않을 것이다.

이렇듯 3부분 형식은 어떤 시대에 각광받았고 다른 시대에는 인기가 없었다. 이 형식에 대해 작곡가들이 시대별로 서로 다른 선호 수준을 보였다면 그럴 만한 이유가 있었다. 이 형식은 음악적 변화와 발전보다는 반복에 주안점이 있고, 이 특성은 음악의 차원을 넘어서는 어떤 시대 의식과 어울린다. 그것은 세계가 반복되고 그리 되어야 한다는 관념이다.

이런 점에 대해 고려치 않은 현대 작곡가가 3부분 형식으로 음악을 그저 그렇게 작곡한다면 문제 있는 추상적 세계 인식을 무비판적으로 받아들여 음악으로 표현한 것일 수 있다. 또한 바흐의 3부분 형식의 음악을 오늘날의 감상자들이 보편적으로, 초월적으로 듣는다면 이 또한 문제 있는 감상 방식일 수 있다.

막다른 길로 인도하는 생각을 따르는 음악도 있다. 모든 음악은 저마다 모종의 생각에 기초한다. 음악 A가 어떤 모종의 생각을 원형적으로 표현했고 음악 B는 이 생각의 전형을 표현하며, 음악 C는 그 생각의 확장에 기초해 가장 풍요로운 상태를 표현한다면 음악 D는 그 생각의 쇠락과 이론적/현실적 파산 상태를 표현할 수 있다. 《푸가의 기법》 같은 번다한 후기 대위법적 음악들은 조성적 대위법 혹은 다성음악이라는 음악적 생각의 가장 풍요로운 상태이자 더는 나아갈 수 없는 막다른 길을 표현했다. 바흐가 《푸가의 기법》 이후 이 작품을 넘어서는 대위법적 음악을 쓰지 않았거나 못했다는 사실, 바흐의 후배들이 대위법적 다성음악에 더는 바흐처럼 매달리지 않았다는 사실이 그렇게 말할 수 있는 근거다.

한참 뒤에 대위법적 다성음악은 다른 방식으로 부활한다. 바그너는 자신의 오페라에서 유도동기를 사용했다. 이것은 오페라에 등장하는 다양한 인물, 그들의 감정, 그들이 사용하는 도구를 포함한 모든 대상을 짧고 간결한 선율 혹은 동기로 표현한다. 여러 인물이 여러 도구를 들고 무대에 오른다면 이 인물과 도구 들을 표현하는 동기들이 모두 제시되어야 한다. 이때 동기들을 조화시킬 필요가 있다. 현대적으로 부활한 대위법적 다성음악이 역할을 했다. 바그너는 오페라를 통해 바흐의 정신을 부활시키고 현대화했다. 한편 쇤베르크는 음렬들을 동시적으로 제시하며 조화시킨 12음 음악을 통해 20세기적 다성음악의 창의적 모습을 제시했다.

바그너와 쇤베르크는 바흐를 '음악의 아버지'라고 외우지 않았다. 그를 듣고 이해하고 경탄하며 눈물 흘리는 것에 머물지 않았다. 세상이 바뀌었음을 알고 새로운 맥락에서 바흐를 비판적으로 재해석해야 한다고 생각했을 것이다. 그들의 걸작들이 그 증거일 수 있다. 비판적 청취, 비판적 사고를 통해 새로운 세계를 창의적으로 고안할 수 있다.

4

대접받는 작곡가, 푸대접받는 작곡가의 마음

　많은 사람들이 작곡가의 마음을 고려하기보다 그를 잊고 무시하는 방식으로 음악을 감상했다. 사람들은 작곡가의 마음을 잊고 있다는 사실조차 의식하지 못한다. 무대 위에서 화려한 스포트라이트를 받는 이들은 클래식 전문 연주자이거나 대중의 인기를 받는 아이돌이다. 이들이 연주하는 곡을 작곡했던 이의 마음 따위는 큰 관심을 받지 못한다.
　인간은 음악을 오래전부터 해 왔다. 오랫동안 인간은 연주자 뒤의 작곡가라는 존재를 몰랐다. 조상들은 같이 노래하고 춤추며 즐겼을 것이다. 아마도 같이 작곡했을 것이다. 연주자 뒤의 전문적 작곡가를 알게 된 것은 불과 수백 년 전의 일이다. 우리는 새로운 현상에 아직 적응하지 못했다. 무대 위 사람들에게 환호하는 이들은 인간의 낡은 본성을 잘 드러내고 있다.
　그럼에도 음악학계는 작곡가들에게 관심이 많다. 독일의 음악학자 크리스티안 레만이 평가했듯이 "음악사의 기록은 작곡가의 삶과 그 작품에 집중한다."(레만, 2012) 레만에 의하면 독일어권 최대의 음악사전인 『음악의 역사와 현재』는 모차르트에게 150개가 넘는 칼럼을 할애했다. B급 작곡가인 자코모 마이어베어에게도 23개의 칼럼이 할애되었다. 반면 20세기의 가장 유명했던 오페라 가수 마리아 칼라스는 단지 3개의 칼럼으로 연구하고 있다.(같은 책) 학계에서 작곡가들은 푸대접받지 않았다.

모차르트를 다룬 그 많은 지면에서, 모차르트의 마음은 많이 다루어지지 않았다. 작품에 대한 정보, 특징, 모차르트의 삶 등이 많이 다루어졌다. 간혹 눈에 띄는 마음, 생각, 개념 관련 구절들은 모차르트 개인의 전문적인 음악적 생각으로 취급되었고, **인간의 보편적 마음**으로 연결되지 않았다.

모차르트의 삶에 대해서도 충분한 연구가 이루어지지 않은 상황에서 그의 마음을 알려는 것은 지나친 것이 아닐까? 매우 특이한 인물의 비밀스런 내심을 알자는 것이 아니다. 힐데스하이머는 모차르트의 음악이 천박한 상황에서도 고상했다면서 "우리는 그의 음악을 듣지만 그에게 도달할 수 없다."라고 말한다.(힐데스하이머, 2014) 도달할 수 없는 부분이 있다. 하긴 배우자나 자식의 속마음도 모르는 세상이다. 당신은 당신 자신에 도달했다고 자신하는가? 인간 종의 한 개체이자 고전주의 시대에 살아갔던 모차르트가 어떤 생물적/사회적 마음을 가졌는지에 관심을 가지자는 것뿐이다. 마음의 가장 중요한 특성들 혹은 마음의 아웃라인을 알려고 한다. 선사시대 사람들은 물론 그 이전 원인猿人의 마음도 대충 알아내는 세상이다. 인지고고학을 통해서 말이다.

악보를 분석하는 이들은 행동주의 심리학자들과 비슷한

생각을 가진 것 같다. 미국의 왓슨이나 스키너 같은 행동주의 심리학자는 인간의 마음을 알 수 없다고 전제하며, 마음이 밖으로 드러난 것으로서의 행동 혹은 행태만을 심리학의 연구 대상으로 삼았다. 그럴 수밖에 없었다. 그들이 심리학계에 등장했던 시대는 1913년쯤이었고 이후 1950년대의 절정기를 지나 1970년대까지 행동주의는 심리학계를 지배했는데, 이 시기 동안 행동을 낳은 마음을 연구할 과학적 도구와 방법이 없었다.

블랙박스로 남아있던 마음을 연구할 수 있게 하는 과학적 방법이 그 이후 등장해 발전하고 있다. 자기공명영상법MRI, 기능성 자기공명영상법fMRI, 양전자 방상 단층 촬영법PET, 뇌파계EEG, 자기뇌조영법MEG 같은 여러 도구와 방법을 이용해 뇌와 마음을 연구하는 신경과학과 인지과학이 한창 주가를 올리고 있다. 행동주의 심리학은 위축되었다.

악보 분석은 악보를 낳은 작곡가들의 마음을 연구할 수단과 방법이 없었던 학자들이 행했던 일이다. 악보는 작곡가들이 가졌던 마음 작용의 결과다. 작곡가의 마음을 과학적 도구를 통해 들여다볼 수 없다면, 그 마음에서 비롯된 행동의 결과인 악보를 연구하는 수밖에 없다.

신경과학과 인지과학의 도움을 받는다면 생존 작곡가들의 마음을 알 수 있을까? 가능할 것이다. 그런데 생존 작곡가의 마음 연구는 적다. 이유가 있다. 작곡가의 뇌 속에서 어떤 일이 일어나는지를 연구한다고 치자. 한 작곡가에게 몇 시간을 할애할 것인가. 한 시간을 작곡가에게 주고 동요 하나를 작곡하라고 하면서 그동안 그의 뇌에서 벌어지는 일들을 과학적 도구로 스캔한다고 하자. 한 시간 동안에 작곡가는 동요를 한 편도 못 만들어낼 수도, 여러 편을 만들어낼 수도 있다. 동요를 만들어내지 못하더라도 작곡가는 마음을 쓰고는 있을 텐데, 이런 작곡가의 뇌에서 일어나는 일들을 의미 있는 데이터로 볼 것인가를 결정하기 어렵다. 작곡가가 만들어내는 작품이 정말로 그 순간에 그의 뇌 작용을 통해 만들어진 것인지 여부를 알 수 없는 것도 문제다. 전극을 꽂기 전에 작곡가가 이미 작품 하나를 염두에 두고 있을 수도, 심지어 완성했을 수도 있다.

길고 복잡한 음악을 작곡하게 한다면 작곡가에게 더 많은 시간을 주어야 한다. 바그너가 오페라 연작《니벨룽의 반지》를 완성하는 데에는 약 26년이 걸렸다. 26년 동안 작곡가의 뇌를 과학적 도구를 이용해 살필 수 없다.《니벨룽의 반지》같은 작품을 쓰는 동안 가졌던 바그너의 마음은 과학적으로 연구되기 어려울 것이다. 그가 현재 살아있더라도 말이다.

5
작곡가의 마음을 연구하는 이유

많은 사람들이 음악을 좋아한다. 그래서 감상자의 음악 감상과 관련해 연구가 필요하다. 전문적 음악가들, 특히 작곡가는 사회적 극소수다. 이들에 대해 연구해야 할 이유가 있을까? 긍정적 답변을 유도하기 위해 일단 **음악의 보편성**을 지적한다. 오늘날 모든 문화권에서 음악적 현상이 존재한다. 인류학자들의 확인이다.(Wachsmann, 1971)

고고학자들에 의하면 인류는 선사시대부터 음악을 해왔다. 남부 독일의 소도시 쉘클링겐의 홀레 펠스 지역에 증거가 있었다. 2008년 튀빙겐 대학의 고고학 연구팀은 이 지역의 암벽 동굴을 탐사했다. 25m 길이의 동굴 안 깊숙이 자리한 500㎡의 널찍한 터에서 연구진들은《홀레 펠스의 비너스》로 불리는, 상아를 깎아 만든 풍만한 나체 여인상과 함께 인류가 현재까지 발견한 것 중 **가장 오래된 것으로 추정되는 악기**를 발굴했다. 이 피리 혹은 플루트는 입을 대는 홈과 손가락으로 막는 4개의 구멍이 있으며 길이 22cm, 지름 2.2cm 크기였다. 새의 **뼈**로 만들어져 연구진이 **뼈** 플루트라고도 부르는 이 악기는 여인상과 함께 지금으로부터 약 3만 5천 년 전에,

현생인류인 **호모 사피엔스**가 만들었을 것으로 추정되었다.

과학자들은 이 피리가 사용됐을 후기 구석기 시대의 음악이 조상의 제법 큰 사회적 망을 유지하는 데에 공헌했을 것으로 가정한다. 이것은 [언어와 분리된] 음악을 하지 않았을 것으로 추정되며 문화적으로 더 보수적이고 고립된 생활을 했던 네안데르탈인들과 비교할 때 놀라운 일이다.(The Telegraph, 2009)

이 발견을 모르는 이들이 쓴 대부분의 음악책에서 음악은 지금으로부터 대략 2,500~2,600여 년 전에 고대 그리스에서 발명된 예술품이다. 그렇게 짧은 역사를 가진 음악을 어떻게 그리 많은 사람이 좋아할까. 우리 모두가 음악을 마음 깊은 곳으로부터 좋아한다면 그 마음의 나이는 2,600살이 아니라 35,000살일 가능성이 크다. 사실 인간이 더 오래전부터 음악을 했을 수 있다. 레만에 따르면 인류 최고最古의 피리는 잘 썩지 않는 새의 **뼈**로 만들어졌기에 찾아낼 수 있었고, 더 오래전에 조상들이 만들었을 나무 재질의 악기는 불타거나 썩어 없어졌을 것이다.(레만, 2012)

악기 연주는 복잡한 음악적 행위이며 그래서 나중에 출현했을 것이다. 조상들이 더 오래전부터 악기 없이 하는 원초적 음악 활동을 했을 수 있다. 노래나 박수 치기, 혹은 아주 단순한 음악적 요소들과 함께하는 춤은 35,000년 전보다 더 오래된 음악적 행위일 수 있다.

그렇게 오래전부터 사람들이 음악을 했다면 오늘날 많은 사람들이 음악을 좋아하는 이유가 좀 더 잘 설명될 수 있다.

이제 더 밀어붙여, 음악을 원인遠人 조상들, 더 나아가 우리의 동물 선조들도 하지 않았을까 생각해보자. 동물의 음악이라는 관념. 음악사는 동물행동학과 진화론의 도움을 받을 수 있다.(동물의 음악에 대해서는 12장과 13장 참조)

음악의 보편성에 대한 또 다른 증거는 많은 아동 심리학자들이 확인한 바, 우리가 어려서부터 본능적으로 음악을 좋아한다는 사실이다. 우리는 태어나서부터 음악에 끌리고, 모든 문화의 음악에 공통되는 특성들을 잘 인지한다. 배우지 않고도 말이다. 음악에 대한 아이들의 본능적 선호에 대해서도 후술한다.(14장의 여섯 번째 절 참조)

이 모든 연구는 우리가 **호모 무지쿠스, 즉 음악적 종**種이라는 주장의 근거이다. 인류는 교육받아 음악을 좋아하는 것이 아니라 선천적으로 음악을 좋아하며, 그것도 아주 오랫동안 좋아했다. 선호 성향이 프로그래밍되어 있다고, 탑재되어 있다고 말할 수 있는 근거다. 이것은 우리가 음악을 좋아할 때 우리 뇌 속에서 특히 활성화되는 신경세포들이 존재함을 주장하는 일이자, 그 신경세포들을 인간이 발생 과정에서 장착하도록 사전에 지정해주는 유전자의 존재를 가정하는 일이기도 하다.

인류가 음악적 종이라는 주장은 음악인지과학이나 신경과학의 지평을 넘어선다. 인간에게 본능으로 뿌리박힌 것으로 추정되는 음악적 성향과 그것의 신경적 기반 및 유전자가 있다면, 그것들은 최근에 갑자기 생긴 것이 아닐 것이다. 오랜 기간을 통해 체득되고 뿌리박힌 채 **진화**되어 왔을 가능성이 크다. 인류는 그러한 진화과정을 왜, 어떻게 거쳤을까.

선사시대 이래의 인간 삶에서 음악적 성향이 우리에게 분명한 도움 혹은 이익을 주었기 때문일 수 있다. 우리의 **생존율을 높이는 수준의 이익 혹은 도움**. 나는 이 책 전편에 걸쳐서, 특히 13장에서 음악이 인류에게 분명한 도움이 되었고 지금도 그러하며, 도움이 되는 방식이 현재 진화 중이라고 말할 것이다. 그리고 그런 주장을 논리적으로 옹호할 것이다.

과학자들은 선사시대의 연주자와 그 연주를 즐겼던 당시의 청중들을 거론했다. 그들은 작곡가를 거론치 않았다. 그들이 간과한 것이 있다. 연주자가 곧 작곡가라는 사실. 최초의 악기와 선사시대의 음악은 작곡가를 빼고 논의될 수 없다. 과학자들은 이 피리를 통해 인류가 음악을 했다고 주장하나, 나는 작곡했다고 주장한다. **음악의 기원과 작곡의 기원은 같다.** 작곡이 어떻게 정의되던, 작곡 없이 음악 없기 때문이다.[1] 물론 기원 시절의 작곡은 매우 조악했을 것이다. 연주와 감상도 그랬을 것이다.

오늘날과 같이 음악 영역에서 활동의 분화와 전문화가 고도로 이루어진 시대에도 그렇지만 분업화가 이루어지지 않았을 시기에도 작곡가의 존재는 필수적이다. 분업화는 근대 이후의 일이다. 고대 그리스 시대에만 해도 오늘날 우리가 알고 있

---

1. 다윈 같은 진화론자도 이 점을 몰랐던 것 같다. 한편으론 조상들이 구애를 위해 음악적 음으로 이성 상대를 유혹했다면서(다윈, 2012) 다른 한편으론 작곡하는 능력을 인간에게 전혀 도움이 안 되는, 가장 신비한 재능으로 보았기 때문이다.(같은 책) 구애를 위해 어떤 음들을 노래하는 행위가 원형적인 작곡 행위다.

고 너무나 당연히 여기는, 수동적 청중과 적극적 음악인의 분화가 분명치 않았다. 과거로 더 거슬러 올라간다고 할 때 그러한 분화는 더욱 상상할 수 없다. 미국의 진화심리학자 제프리 밀러를 포함해 많은 학자들이 동의하는 부분이다.(Miller, 2000) 나는 상술한 피리를 많은 사람이 각자 자기 방식대로 불었고, 그렇게 모두가 원형적 작곡을 했으며, 작곡가이자 연주가인 그들은 동시에 웃고 춤추며 같이 즐거워하는 감상자였을 것으로 가정한다. 그들은 사냥꾼이기도 했을 것이다. 다른 일을 하지 않는 3만 5천 년 전의 전문적 작곡가, 상상하기 어렵다.

이 가정이 맞을 수 있다는 정황증거가 있다. 상술한 피리가 일상적 쓰레기들과 함께 발견되었다는 사실이 그것이다. 피리는 일상생활용품이지 많은 학자들이 음악과 예술의 기원이라고 생각하는 특별한 종교적 제례를 할 때만 사용되었던 것이 아닐 수 있다.(Nicholas Conard, 재인용: 레만, 2012)

전통적 음악학도 그렇지만, 인류가 가지는 보편적인 음악적 성향과 그 진화론적 맥락에 대한 연구를 수행하는 많은 연구자도 작곡가의 마음을 빼놓고 있다. 진화론자는 인간을 호모 무지쿠스라 부르며, 신경과학자는 호모 무지쿠스의 신경적 기반을 연구하려 애쓰고, 유전학자는 호모 무지쿠스의 유전적 기반을 연구하려 애쓰는데, 이들이 가정하는 호모 무지쿠스는 노래하기 좋아하고 음악 듣기를 좋아하는 종으로 정의된다.

남이 작곡한 것을 듣고 노래하기를 좋아하는 인간만이 호모 무지쿠스일 수 없다. 노래하고 듣는 당신은 소극적이며 피동적인 호모 무지쿠스다. 어쩌면 당신은 모종의 의도를 가진 작곡가에게 조종당하는 음악적 혹은 정서적 노예일 수 있다.

자신의 노래를 만들어볼 생각은 없는가? 적극적인 호모 무지쿠스가 될 생각은 없는가? 사냥꾼이었던 당신의 조상은 작곡을 했을 것이다. 당신도 작곡할 수 있다. 악보에다가 음표를 적어야만 작곡이 아니다. 스마트폰을 켜고 가사도 없이 흥얼거리면 된다. 그 녹음을 나중에 다른 누군가에게 악보에 적어달라고 하면 된다. 당신은 그렇게 당신 안의 호모 무지쿠스 본능을 되살렸다. 당신의 선조가 당신의 유전자에 심어 놓은 것으로 추정되는 본능. 작곡한 당신은 오랜 선조의 흔적과 만났다.

작곡이 어렵다면 **작곡가의 마음을 이해**해보자. 인간 이해의 지평을 넓힐 수 있다. 이 책의 연구이익은 인지과학의 일반적 이익과 크게 다르지 않다. 이석원은 이 후자에 대해 잘 정리하고 있다. 2002년, 미국과학재단은 나노과학, 생명과학, 정보과학과 인지과학의 융합 과학기술이 미래를 주도하며, 인지과학cognitive science은 코그놈cognome, 즉 인간의 소프트웨어를 밝히는 목적이 있다고 발표했다. (코그놈은 생명과학이 밝히는 인간 유전체, 즉 게놈genome에 대비되는 표현이다.) 인간 코그놈 연구의 궁극적 목표는 인류의 모든 수행 능력을 향상하는 것이다.(재인용: 이석원, 2013)

작곡가의 마음을 이해하는 심리학적 작업은 일단 작곡가의 수행 능력을 향상하는 데에 도움이 될 것이다. 그 능력이 작곡 영역에서만 발휘되지 않는다. 작곡가의 마음은 작곡가만의 것이 아니다. 그것은 인간이 일상에서 행하는 여러 마음 작용과 관계있다. 다음 장에서부터 논증할 주장이다. 따라서 작곡가의 마음을 이해하는 일은 인간의 마음을 이해하는 일이다. 이 일은 보편적 수행 능력 향상에도 도움이 될 것이다. 수행 능력 향상의 끝자락에서 창의성을 키울 수 있을까?

작곡가들이 음악가 중에서 가장 창의적인 사람들인지, 일반적으로 창의적인 축에 속하는지는 분명치 않다. 작곡가들이 오늘날의 음악계에서 다수를 구성하는 연주가들보다 좀 더 창의적일 수 있다고 해석될 수 있는 실험 하나를 소개해본다. 미국의 의사 찰스 림은 예술적 창의성을 과학적으로 조사할 수 있다고 생각했다. 심리학자들도 림의 생각에 동의한다. 미국의 심리학자 와이스버그는 창의적 사고 과정을 단순하게 분석할 수 있다고 말한다.(와이스버그, 2010) 림의 창의성은 뇌의 많은 부분이 활성화될 때 현상된다. 림은 악보 없이 재즈를 즉흥으로 연주하는 이들의 뇌와 주어진 악보를 보고 연주하는 이들의 뇌를 각각 fMRI로 스캔했다. 그 결과 재즈를 즉흥적으로 연주하는 이들의 뇌가 주어진 악보를 보고 연주하는 이들의 뇌에 비해 훨씬 많은 곳에서 활성화를 보였다.(Limb, 2010)

즉흥연주는 작곡일 수 있다. 즉흥연주에서는 연주가 겸 작곡가가 피아노 같은 악기를 이용해 즉흥적으로, 실시간으로 음악을 만들어내는데, 이 만들어내는 일이 곧 연주 겸 작곡이다. 즉흥연주로 번역되어 왔던 'improvisation'을 즉흥작곡으로도 번역할 수 있다.

사람들은 즉흥연주를 신기하고 신비하게 생각한다. 그것은 여러 사람 앞에서 갑자기 발언을 해야 할 사람이 무언가를 말하는 상황과 유사하다. 회식을 하는데 부장이 갑자기 당신을 지명하며 "김 대리, 이번 프로젝트 성공적으로 끝마치는 데에 수고가 많았어. 한 말씀 하지."라고 했다고 치자. 당신이 언변이 좋은 사람이고 회사에 대해 평소 하고 싶은 말을 마음속에 품고 있었다면 당신은 쉬이 말을 이어갈 것이다. 당신 다음으로 지목을 받을 동료는 당신이 말을 하는 3~4분 동안 할 말을 준비할 수 있다. 당신에게 일주일이라는 시간이 주어진다면 당신은 준비를 충분히 할 수 있다. 만약 당신이 늘 이러한 발언을 해야 하는 연사라면 갑자기 호명 받더라도 당황하지 않고 발언할 것이다. 이 모든 상황은 외부적으로 보면 즉흥발언이지만 실제로는 아니다. 즉흥연주자들도 늘 할 말을 준비해두고 있는 연사의 입장과 크게 다르지 않다. 결국 즉흥발언과 즉흥연주는 많은 경우 즉흥적이지 않다. 림은 즉흥 연주자를 골랐다고 생각하겠지만 그가 골랐던 이는 작곡가 특히 재즈 작곡가였을 수 있다. 관찰되기 이전에 이미 머릿속에 음악을, 적어도 음악적 패턴을 만들어두었을 수 있다.

림의 관찰 결과는 림 자신이 내린 것과 다른 결론들을 지지해주는 증거가 될 수 있다. 우선 (즉흥적으로 연주해서가 아니라) 재즈를 연주한 것이 주어진 단순한 악보를 연주한 것보다 뇌의 많은 부분을 활성화했을 수 있다. 재즈는 의외로 복잡하다. 복잡한 곡을 연주해서 뇌의 많은 부분이 활성화했을 수 있다. 다음으로, 실시간의 작곡 작업과 연주하는 작업의 결합이 순수한 연주행위보다 뇌의 더 많은 부분을 활성화했을 수 있다. 한 가지 일을 할 때보다 두 가지 일을 할 때 뇌의 더 많은 부분이 활성화되었을 수 있다. 가능한 이 두 대안적 결론에 대해 살펴보자.

주어진 악보의 연주보다 재즈 연주가 뇌의 더 많은 부분을 활성화했을까. 림의 실험에서는 그랬을 수 있다. 그 결과를 일반화할 수는 없다. 림의 실험에서 악보에는 매우 단순한 음계가 적혀 있었다. 세상에는 복잡한 악보가 많다. 더 복잡한 악보를 보고 연주하는 일이 재즈를 연주하는 것보다 뇌의 더 많은 부분을 활성화할 수 있다. 연주로서의 재즈와 악보 연주의 창의성 비교는 어렵고, 어렵게 얻은 결과에 대한 해석은 신중해야 한다.

연주와 작곡을 동시에 하는 일이 이 중 어느 한 가지만 하는 것에 비해 더 창의적인지는 쉽게 판단할 수 있다. 림이 말했듯이 뇌의 많은 부분이 활성화되는 경우에 창의성이라는 마음 상태가 현상된다면, 두 가지 일을 동시에 하는 것이 한 가지만 하는 것에 비해 더 창의적일 가능성은 크다.

림의 실험을 통해 작곡가가 연주자보다 더 활성화된 뇌를 가져 그만큼 창조적일 것으로 해석할 수 있을까. 이것도 어려워 보인다. 짧고 단순한 곡의 작곡은 복잡하고 긴 예술적 곡의 연주보다 덜 창조적일 수 있다. 연주와 작곡을 비교한다고 했을 때, 어떤 특정한 연주와 어떤 특정한 작곡을 비교하는 일이 될 것이고, 그 비교 작업 역시 일반화하기 어렵다.

림의 실험 결과를 보고서 나는 다음과 같은 문제의식을 느꼈다. 피아노 앞에서 소나타의 한 악장을 즉흥적으로 작곡하는 것이 책상 앞에서 충분한 시간을 가지고 심사숙고하며 소나타를 작곡하는 것보다 더 창조적일까. 이것도 판단하기 어렵다. 일반적으로 즉흥연주를 4~5시간 하지 않는다. 기껏해야 10분, 짧게는 4~5분 한다. 반면 책상 앞에서 작곡할 경우 즉흥연주보다는 일반적으로 더 오랜 시간을 소비한다. 5분이 소요되는 작업과 5년이 소요되는 작업을 비교하는 일은 어렵다.

즉흥연주·작곡은 실시간으로^{live} 행해진다. 우리는 실시간으로 여러 일들을 한다. 훈련되지 않은 감상자는 처음 접하는 음악을 실시간으로 즉 즉흥적으로 듣는다. 축구경기 같은 스포츠도 즉흥적으로 행해진다. 비록 양 팀 선수들이 사전에 분명한 계획을 세우고 임했더라도 현실의 축구경기에서 사건들은 즉흥적으로 발생한다. 프랑스의 음악학자 슈밀리에와 파셰는 축구경기를 중계하는 아나운서도 실시간으로 중계방송을 한다고 말한다. 아나운서는 자신의 발언을 하면서 경기장에서 일어나는 사건들의 선형성을 좇을 수밖에 없다. 그의 발언은 사건들보다 조금 늦거나 조금 앞설 수 있을 뿐이다. 사건의 시간성은 아나운서에게 넘을 수 없는 제약이다.(Chemillier & Pachet, 1998) 아나운서는 곧 즉흥적 연사다.

고도로 훈련되지 않은 감상자가 음악을 처음 들을 때 이러한 아나운서가 겪는 것과 유사한 경험을 가질 것이다. 음악감상도 음악적 사건들의 선형성을 좇는 행위이며 사건의 시간성은 감상자에게 제약이다. 그렇기 때문에 한 곡을 여러 번 감상해야 한다. 축구경기를 복기해야 그 내용, 이를테면 패배의 이유를 확실히 알 수 있는 것처럼 말이다. 앞의 아나운서는 축구경기를 복기하지 않았고, 경기의 구조적 내용을 파악하기 어려울 것이다. 그는 패배의 필연적 이유에 대해 잘 알지 못할 것이다. 반면 아나운서 옆 축구전문가는 단 한 번의 축구경기 관람을 통해서도 아나운서보다 많은 것들을 파악할 수 있다. 그는 방금 터진 골의 궁극적 원인을 10분 전에 발생한 어떤 사건으로 환원할 수 있다. 옆의 아나운서는 그렇게 하지 못한다.

즉흥적 감상자와 아나운서는 유사한 상황을 경험하며, 음악적 지식과 경험이 많은 전문적 감상자는 축구전문가와 유사한 경험을 가질 것이다. 즉흥연주자의 상황은 축구선수들의 상황과 같다. 축구를 잘하는 강팀이 실현 가능한 계획을 세워 약한 팀을 상대할 경우 그들의 계획은 현실화될 가능성이 크다. 반면 약팀이 실현되기 어려운 계획을 세워 강팀을 상대할 경우 약팀의 계획은 수포로 돌아갈 가능성이 크다. 뛰어난 능력이 있는 즉흥연주자와 즉흥연사는 강한 축구팀이 잘하듯이 연주와 발언을 잘할 것이고, 무능한 즉흥연주자와 즉흥연사, 약한 축구팀은 그러지 못할 것이다.

작곡가들은 대체로 책상에 앉아 심사숙고하며 작곡한다. 그들은 비실시간으로 작곡한다. 음악을 분석하는 이들도 그렇게 한다. 슈밀리에와 파셰는 비실시간 작업을 하는 대표적인 이들로 자신의 이야기 속에서 이야기되는 것의 연대기를 참조하는 소설가를 든다. 이 연대기는 그의 소설 속에서 재구성될 수 있다. 능숙한 소설가의 소설 속 시간은 독자가 자유롭게 이동할 수 있는 공간처럼 구성된다. 사건들의 연대기는 독서 과정을 통해 독자들의 마음속에서 시간의 축을 따르는 것으로 재구성된다.(같은 글)

TV는 축구경기의 시간을 재구성한다. 골이 터진 상황을 슬로우비디오로 보여준다. 선수들의 움직임이 TV 모니터에 그려지는 화살표와 함께 분석된다. 재구성된 경기는 시간이 뒤죽박죽되어 흥미로운 소설처럼 된다. 이런 일은 즉흥적으로 일을 꾸리는 이들에게 어렵다. 즉흥연주가에게는 소설가처럼 치밀한 작곡가가 하는 일, 즉 책상 위에서 심사숙고하며 계획을 세우고, 시간을 재구성하는 작업이 어렵다. 즉흥연주는 내뱉어진 말처럼 경박할 가능성이 크고, 책상 위 작곡은 책상에서 자신을 잠재적 감상자로 생각하여 당장 내뱉은 말을 고심 끝에 철회하고 다른 말로 대체하는 신중한 작업일 수 있다. 하지만 즉흥연주에 대한 환상은 기획된 상품의 결과로 더 강해지는 것 같다. 즉흥연주라는 쇼가 사람들을 현혹하는 경우가 많다. 재즈가 되었든 다른 스타일의 음악이 되었건 즉흥연주는 계획, 수정, 논리, 자기 성찰 등이 동반되는 작업과 거리가 멀다. 이런 즉흥연주가 창의적이라면 창의성은 계획이나 논리와 거리가 있는 것일까. 나는 즉흥연주가 창의적이라고 단언할 수 없다고 말했다. 그렇다면 창의성과 계획, 논리가 양립하지 않는 것도 아닐 것이다.

창의성에 대해 잘 모른다면, 그것이 계획, 수정, 논리, 자기 성찰 등이 동반되는 작업과 거리가 있는 것이 아니라면, 이런 심적 작업에 대해 살피는 것도 창의성에 대해 알 수 있는 한 방법일 수 있다. 결국 마음이 중요하다. 마음으로 작곡하기 때문이며, 창의성에 대해 알려고 할 경우 살펴봐야 할 것이 마음이기 때문이다. 작품을 만드는 마음, 즉 작곡하는 마음에 대해 살펴보자.

작곡가의 마음, 인간의 마음

모차르트가 작곡하기로 마음을 먹으면 그 다음부터는
영감이 알아서 해 나갔다. 그런데 영감을 불러일으키는 것은
방금 받은 위촉장, 새로 작곡해야 하는 연주회,
감식력 있는 친구에게 주어야 할 선물이었을 것이다.
모차르트는 음악가들, 연주자, 흥행사, 후원자 사이에서 살았으며,
그들의 취향과 그들의 개별적 재능에 맞추려고 노력했다.

피터 게이, 『모차르트』

6
'마음 ↔ 행위 ↔ 결과' 모델

작곡composition은 작곡가composer가 하는 일로, 세상에 없던 음악을 새로 만드는 작업이다. 작곡은 마음속에 음악을 품어 생각해내는 일이며 그 생각에 따라 몸을 움직여 취하는 모종의 행동 혹은 행위다. 행위의 결과이기도 하다. 예전 작곡가들은 종이 오선지 위에 음표를 써넣었고, 결과는 악보로서의 작품이다. 오늘날 대부분의 작곡가들은 컴퓨터 모니터에 뜨는 가상 악보에 음표를 입력한다. 결과는 악보 파일이다.

앞에서 다룬 즉흥연주 혹은 즉흥작곡에서 결과는 음향이다. 즉흥연주·작곡의 경우 작곡가가 가지는 마음과 작곡 혹은 연주하는 행위를 서로 분리하기 어렵다. 즉흥연주·작곡에서는 연주·작곡 행위가 연주·작곡하는 마음에 따른 것인지, 반대로 행위가 마음을 만들어내는 역할을 하는지 판단키 어렵다. 결과로서의 음향이 마음으로부터 비롯된 것인지 행위로부터 비롯된 것인지 판단하기도 어렵다. 어쩌면 지금 연주되는 음향과 그 음향을 낳은 나의 연주 행위는 바로 이 순간 나의 작곡하는 마음에 영향을 주는 것인지도 모른다. 즉흥연주·작곡에서는 실시간으로 마음과 행위, 결과가 되먹임feedback된다.

음악작품의 대부분은 이렇게 흥미롭고 혼란스런 즉흥연주·작곡을 통해 만들어지지 않는다. 대부분은 작곡하는 마음과 그 마음으로 인한 행위의 결과다. 마음과 행위, 음악작품인 악보는 대개 분명하게 분리되어 있다.

우리는 대체로 어떤 마음을 원해서 가지며, 그 마음을 의식한다. 자발적이며 의식적인 마음은 대부분의 경우 행위/행동의 원인이다. 행위/행동은 결과를 낳는다. 결과는 행위/행동과 마음에 의해 설명되고 예측된다. 인간은 합리적인 것처럼 보인다.

인간이 불합리해 보일 때도 있다. 마음을 의식하지 못할 때와 원치 않는 마음을 가질 때. 의식되지 못한 마음과 원치 않는 마음이 어떤 행위/행동을 초래할 때 우리는 특히 난감하다. '내가 왜 그랬지?', '도대체 무슨 마음으로 그렇게 행동한 걸까.' 신기한 경우도 있다. 의식되지 못한 마음과 원치 않는 마음이 좋은 결과를 낳았다면 말이다. 어떻게 만들어졌는지 알 수 없는 악상이 딱히 원치 않음에도 떠올라 작곡했던 모차르트를 생각해보자. 이 오스트리아 작곡가는 자신의 마음속으로 몰려 들어오는 음악적 상념이 어디서 어떻게 오는지 알지 못하며 자신이 의도한 것이 아닌 것처럼 말했다.(재인용:펜로즈, 1997) 대단한 망발이다!

우리의 어떤 행동/행위의 기저에 무의식이 있는 경우가 있다. 무의식은 의식·자각하지 못한 마음이다. 의식·자각하지 못했을 뿐, 행동과 행위를 불러일으킬 수 있다. 어떤 악상이 떠올랐는데, 그것이 어떻게 떠올려졌는지, 무엇을 의미하는지 모른다면 그 악상은 온전히 의식적이지 않다.

모차르트 같은 이를 작곡가의 전형으로 여기는 사람들이 있다. 이들에게 창작은 노력해서 될 일이 아니다. 어떤 악상을 떠올리려고 애쓰기보다 악상이 떠오를 것을 기다려야 한다. 천재 작곡가는 딱히 원치 않는 악상이 신비한 과정을 통해 떠올려지는 사람이다. 이런 이를 현실적 삶을 사는 평범하며 합리적이고 이성적인 인간이라 말하기가 주저된다. 하지만 천재의 사례도 나의 가정을 기각시키지 못한다. 무의식적이고 비자발적인 마음도 의식적이고 자발적인 마음과 함께 행위와 결과를 낳는다는, 인간 삶의 대부분을 '마음 → 행위 → 결과' 모델로 설명할 수 있다는 가정.

작곡가를 다루는 많은 소설과 영화에 의하면 창작과 관련한 비자발적이고 무의식적인 마음 상태는 예술혼의 다른 이름이다. 장삼이사와 달리 예술혼을 타고 태어난 이들은 종종 반사회적 기인의 모습이며 반지성주의적이다. 영화 《아마데우스》가 그리는 모차르트는 세상 물정 모르는 경박한 심성의 철부지이며, 수중에 들어오는 돈을 흥청망청 써버리는 낭비벽을 가졌다. 그런 와중에 주체할 수 없는 악상이 끊임없이 분출되어 그 악상을 써 내려가기 바쁘고 그로 인해 건강이 악화되어 죽는다. 김동인의 소설 《광염 소나타》에서 주인공 백성수는 작곡을 위한 영감을 얻으려고 방화와 살인을 한다. 창작을 위한 마음은 지적인 노력이나 성찰이 아니라 방화와 살인 같은 충격적 경험을 통해 얻는다는 것이 이 소설의 메시지다. 소설이자 뮤지컬로 인기를 얻은 《오페라의 유령》에서 세상에 대해 적개심을 가지며 살인을 일삼는 주인공은 유령으로 불리는 작곡가인데, 그 역시 천재적 재능과 함께 괴팍한 성격을 가졌다. 그런 그가 스스로 도취되어 오르간을 격렬히 연주하는 장면이 있다. 다른 이들이 이해 못하는 그만의 현대음악이 연주된다. 상업적 뮤지컬 속 이상한 현대음악. 현대음악과 괴짜 작곡가에 대한 악의적 조롱이다.

반사회적/반지성주의적 작곡가라는 관념이 있다. 편견에 가깝다. 우선 《광염 소나타》와 《오페라의 유령》은 현실의 작곡가를 다루지 않았다. 《아마데우스》의 모차르트도 실제와 다르다. 독일의 사회학자 노베르트 엘리아스가 저서 『모차르트』에서 했듯이 모차르트의 실제 모습에 다가가는 이들은 모차르트 같은 천재가 모든 사회적 영향으로부터 자유로운 창조적 개인이라는 허구를 깨뜨린다.(박미애, 1999) 엘리아스에 의하면 모차르트의 생애는 궁정 귀족이 지배하는 경제에 종속된 시민 집단의 상황을 보여준다. "모차르트는 시민 계급 출신 국외자로서 궁정에 근무하며 놀랄 만한 용기로 귀족 고용주와 그 위임자를 상대로 저항 운동을 벌였다. 그는 개인적 품위와 음악 활동을 위해 혼자만의 힘으로 그렇게 했다. 그리고 그 싸움에서 패배했다."(엘리아스, 1999)

모차르트가 자유로운 창조적 작곡가였다고 하더라도, 반사회적/반지성주의적 작곡가였다고 하더라도, 비자발적이며 무의식적인 마음을 가졌다고 하더라도 문제는 없다. 어쨌든 그의 마음이 행위를 낳고 결과를 낳았다. 보통 사람들도 종종 비자발적이고 무의식적인 마음을 가지며 그에 따른 행동을 하여 어떤 결과를 발생시킨다. 작곡가들만 특별하지 않다.

일상적으로 확인할 수 있는, 보통 사람들의 원치 않는 마음의 사례는 배고픔 같은 정서다. '아, 왜 하필 지금 배가 고픈 거냐고!' 중요한 강의를 들을 때, 사랑을 고백할 때 느껴지는 배고픔은 우리가 원한 것이 아니다.

불수의적involuntary 근육운동이나 반사 행동의 병적 사례인 뚜레트 증후군자의 행동과 마음도 마찬가지다. 이 증후군은 1885년 이 증후를 처음으로 보고한 프랑스 의사 뚜레트의 이름을 본떠 명명되었다. 뚜레트 증후군자는 틱tick, 흠칫거림, 찡그린 얼굴, 신음, 욕설, 무의식적 모방, 갖가지 강박 등과 같은 기묘하며 신경질적인 행동들을 한다.(색스, 2010) 비틀비틀 걸으며 얼굴을 찌푸리고 맥락 없는 이야기를 하거나, 쌍스러운 말들 특히 대변에 관련된 지저분한 말들도 한다. 이 증후군자가 흥분하면 안면 경련을 일으키고 동물의 비명 같은 소리를 지르기도 한다.

뚜레트 증후군자는 통제할 수 없거나 통제하기 어려운 행동을 한다. 뇌의 가장 원초적이고 본능적인 부분에 이상이 생겨 발생하는 과도한 정서적 흥분 상태가 이러한 행동의 원인이다. 원초적 정서를 관장하는 본능적 부분에는 뇌의 시상視床, 시상하부, 변연계, 편도체 등이 있다. 과도한 정서적 흥분 상태 혹은 병적 충동은 보통 사람들의 경우 신피질 특히 전두엽을 통해 억눌러질 수 있다. 안타깝게도 뚜레트 증후군자의 전두엽은 충분한 역할을 하지 못한다.

모든 인간에게 그렇듯이 뚜레트 증후군자의 마음도 그

의 뇌가 작동한 결과로 만들어진다. (뇌의 모든 작동이 마음을 만들어내지는 않는다. 뇌가 작동하지만 마음이라 할 수 없는 상태도 있다. 이에 대해서는 후술한다.) 그런데 뚜레트 증후군자에게는 독특한 면이 있다. 뇌의 본능적 부분이 작동할 때 이 증후군자는 어떤 마음을 느끼면서 동시에 불수의적으로 행동한다. 마음과 행동 모두 뇌의 작동 결과인 셈이다. 여기에 덧붙여, 뚜레트 증후군자의 마음은 그의 불수의적 행동에 대해 그가 가지는 느낌이기도 하다. 뚜레트 증후군과 즉흥연주에는 유사한 구석이 있다. 두 경우 모두 뇌의 어떤 작동이 있고, 그것은 마음을 만들어내지만 동시에 행동도 즉각적으로 야기하며, 마음과 행동은 서로에게 영향을 준다.

뚜레트 증후군자들 중에는 자신의 행동을 자각하고 있고 그것을 싫어하며 통제하려는 이들도 있다. 올리버 색스의 말마따나 "뚜레트 증후군 환자는 자신의 비참한 상태를 비참하리만치 정확하게 자각한다. […] 그러나 환자 본인으로서는 어떻게 할 도리가 없다."(같은 책) 그들은 불수의적 행동을 멈추고 싶어 하지만 그들의 뇌는 끊임없이 작동하며, 그것이 안타깝게도 그 행동의 원인으로 작용한다.

그들의 뇌는 독특하게 작동하고, 그 결과 그들은 어떤 마음 상태에 처해 있다. 그들의 마음은 보통 사람들과 다른 그들의 뇌 작동 결과 그들이 가지는 어떤 것이며, 그들 뇌의 작동을 그들은 저지할 수 없고, 마음을 버릴 수 없다. 그 마음은 비자발적이다.

뇌는 몸을 통제하고 지휘한다. 또한 외부 상황을 인지한다. 뇌가 이런 일들을 할 때 우리는 마음을 가진다. 보통 사람들과 다른 방식으로 작동해 문제가 있는 뇌도 불충분하게나마 몸을 통제·지휘하며 마음을 만든다. 세상에는 몸이건 마음이건 일반적 기준에서 벗어난 상태가 있고, 그 몸과 마음의 소유자는 그 상태를 의식할 수 있지만 어쩔 도리가 없으며, 대체로 그 상태에 대해 그 몸과 마음의 소유자는 불만을 가진다. 그렇다고 해서 그들에게 몸과 마음이 없는 것은 아니다.

어떤 행동들을 유발하는, 행동주체가 의식하지 못하는 마음에 대해서도 살펴보자. 다양한 무의식의 차원이 있다. 신경의학자 앤드류 심스는 의식과 무의식 용어가 쓰이는 세 방식을 다음과 같이 적는다. ① 건강한 상태와 죽음을 양극단으로 하는 연속선상에서 의식과 무의식의 용어가 쓰인다. ② 완전한 각성 상태와 깊은 수면 상태를 양극단으로 하는 연속선상에서 의식과 무의식의 용어가 쓰인다. ③ 의식이 명료하고 건강한 사람이라도 보통 자신의 내적, 외적 환경 중 일부만을 자각하며 나머지 부분에 대해서는 무의식적이다. 뇌가 정상적이고 건강할 때조차 어떤 정신 과정은 관찰될 수 없기 때문이다.(심스, 2014) 작곡가의 무의식적 마음에 대해 논의를 할 때 ③이 알려주는 바가 우리에게 도움이 된다.

③의 의미로서의 무의식도 여러 가지다. 여기서는 내가 판단을 내리고 그것을 의식하기 전에 나의 뇌가 이미 결정을 내렸고, 내가 한 행동은 이미 결정을 내린 뇌로부터 통보를 받은 것이라는 요지의 연구결과들을 소개한다. 미국 신경심리학자인 벤저민 리벳의 1980년대 실험과 독일 신경과학자 존-딜

런 하네스의 2007년 실험, 미국 신경과학자인 이자크 프라이드 박사의 2011년 실험은 모두 의사결정과정에서 의식은 이미 일어난 뇌의 작동을 나중에 통보받아 형성되며, 뇌 작동에 따라 일어난 행동을 사후에 합리화하고 있음을 밝혀냈다. 행동을 일으킨 뇌의 작동이 만든 것은 무의식이고, 나중에 통보받은 의식은 이 무의식과 다르다. 이 경우 무의식적 마음은 여간해선 의식되고 자각되지 않는다.

마음이 행위를 낳는다는 것은 우리가 항상 의식적 마음을 먼저 먹고 다음에야 그에 따른 행위를 한다는 것을 의미하지 않는다. 의식적 마음은 행위를 한 후에 가져질 수도 있다. 하지만 뇌의 작동으로서의 무의식적 마음은 어떤 경우에도 행위에 앞선다. 행위를 먼저 하고 그 행위에 대한 사후 정당화로서 어떤 마음을 가질 수 있지만, 그 행위의 원인은 사후 정당화를 위해 나중에 구성된 마음이 아니라 (행위 이전 사건인) 뇌의 어떤 작동 및 그와 관련된 무의식적 마음이다.

미국의 뇌 과학 저술가 리타 카터에 의하면 인간의 의식적 사고는 무의식이라는 어둠의 세계에서 나타난, 생존에 필요한 힘이 모습을 바꾼 것에 지나지 않는다.(카터, 2008) 카터는 뚜레트 증후군 자의 행동을 설명할 때에도 무의식 용어를 사용한다. 무의식적 어둠의 세계가 뇌의 여러 기제를 통해 마땅히 통제되지 않고 그 결과 무의식적 충동이 폭발적인 힘으로 표면화된 것이 뚜레트 증후군자의 행동이다.(같은 책) 카터에 의하면 뚜레트 증후군자는 원하지 않고, 의식하지도 못하는 마음을 가진다.

뚜레트 증후군 환자와 모차르트, 상술한 신경과학자들의 실험에서 관찰된 피험자 모두에게 행동은 어쨌거나 어떤 마음의 결과다. 작곡가의 마음도 작곡 행위와 그 결과(로서의 작품)의 명백한 원인이고, 작곡가의 마음은 그의 뇌가 작동한 결과다. 작곡가들이 종종 자신의 마음을 모르거나 원하지 않더라도 이 사실은 변치 않는다.

마음은 뇌가 작동한 결과 현상되는 것이고 그 뇌는 우리가 완전히 통제할 수 없다. 그것은 우리 뇌의 어떤 자율적 특성 때문이기도 하지만, 잘 통제되지 않는 몸 안에 뇌가 있기 때문이기도 하다. 우리 몸은 또한 우리가 통제하기 매우 어려운 주변 환경 속에 놓여 있다. 마음이 뇌 상태에, 뇌가 몸 상태에, 몸이 환경에 의존적이라면, 우리가 우리 마음을 완전히 통제할 수 있는 경우는 그리 많지 않다. 누군가 밑도 끝도 없이 '너의 마음의 주인이 되어라.'라고 말한다면 무시해도 좋다. 우리가 생물학적이며 생태적이고 사회적인 인간임을 무시한 말이다. 마음을 통제하는 일이 전혀 불가능한 것은 아니다. 하지만 통제는 잠깐만 가능하다. 시간이 지나면 우리는 배고파진다. 우리에게 통제 불능 상태가 더 많다.

우리는 통제하기 어려운 뇌의 작동과 그에 따른 독특한 무의식적 마음 상태를 자주 겪는다. 꿈. 스위스의 철학자이자 소설가인 알랭 드 보통은 잠잘 때의 뇌가 깨어 있을 때 놓쳤던 것을 되짚고, 손상된 부분을 치유도 하며, 정말 원하는 일을 한다고 말한다.(보통, 2015) 꿈 역시 우리가 우리의 완전한 주인이 아닌 경우다.

클로드 드뷔시의 피아노곡 《꿈》, 가브리엘 포레의 가곡 《꿈꾸고 난 후》는 달콤하며, 음악의 관점에서 볼 때 논리적이다. 베를리오즈의 《환상 교향곡》 5악장에는 〈안식일 밤의 꿈〉이라는 제목이 있는데, 여기서 이 작곡가는 음산하고 격렬하면서도 장대하고 멋진, 그러나 역시 논리적인 세계를 보여준다. 이 음악들이 논리적이라는 것은 화성진행이 임의적이지 않고 관습적이며, 음악적 선율 혹은 동기의 변화 및 발전 과정이 그럴듯하다는 의미다. 꿈의 세계는 기본적으로 비논리적이다. 개꿈이 압도적으로 많다. 프랑스 작곡가들의 음악은 비논리적 꿈의 세계를 제대로 그리지 못했다. 드뷔시와 포레의 음악은 신기하지도, 이상하지도 않다.

우리가 마음의 완전한 주인이 아닌 경우는 이외에도 많다. 그런 경우 마음은 비자발적이거나 무의식적이다. 본능도 종종 우리를 습격해 우리를 곤란케 만드는, 내가 나의 주인이 아님을 말해주는 마음처럼 보인다. 하지만 우리는 본능을 의식할 때가 많다. 항상 비자발적인 것으로 생각하지도 않는다.

본능을 의식하지 못할 때도 있다. 우리는 종종 어떤 일에 집중하며 배고픔을 잊는다. 잊힌 배고픔은 다른 방식으로 표출될 수 있다. 일 효율의 저하나 짜증. 배고픔을 잊고 사는 이들은 장기적으로 자신의 육체에 해를 끼친다. 배고픔을 잊는 것은 자신의 마음은 물론 몸의 주인이 되는 방식이 절대 아니다.

배고픔이 종종 잊히는 것처럼 성욕도 잊히거나 의식되지 않는 경우가 있을 것이다. 오스트리아의 정신분석학자 지그문트 프로이트는 1905년에 쓴 성욕 이론에 관한 논문 세 편에서 리비도, 즉 다양한 형태로 표출되는 성적 충동이 무의식적 정신생활을 추진하는 주된 본능이라고 말한다.(재인용 : 칸델, 2014A) 여기서 무의식적 정신생활은 보통 적나라한 성적 충동과 거리가 있어 보이는 것들, 이를테면 사랑, 유대, 애착의 감정으로 표출되거나, 미술, 음악, 과학, 문화, 문명으로 승화될 수 있다. 음악을 비롯한 예술과 문명을 만들어내는 마음의 저 깊은 곳에 성욕 같은 본능이 있다는 이야기다. 프로이트 말대로 성적 본능이 종종 의식되지 않은 채 음악으로 승화되었다면, 그런데 음악을 들으며 예술가의 성적 본능을 우리가 탐지하지 못한다면, 우리는 음악을 온전히 이해한 것이 아닐 수 있다. 그것은 누군가 어떤 이야기를 했는데 행간의 뜻을 알지 못한 경우와 같다.

에릭 칸델에 따르면 1890년에서 1918년에 이르는 기간 동안 오스트리아의 수도 빈에서 활동했던 프로이트를 비롯한 의사들은 인간 마음에 대한 모더니즘적 관점을 제시했다. 그림을 통해 이 관점을 제시한 화가 클림트, 실레, 코코슈카 등과 함께 말이다. 이 관점은 인간의 행동 결정에서 무의식적 본능이 맡은 역할을 강조한다. 이 관점을 이론적으로 잘 고안한 빈 의대의 의사들은 인간의 모든 정신 과정은 — 모든 정신 질환들을 포함해 — 뇌의 생물학에 토대를 둔다고 주장했으며, 그 의사 중 한 사람인 프로이트는 인간 행동의 상당수가 비합리적이며 무의식적인 정신 과정에 토대를 둔다고 말했다.(같은 책) 프로이트는 이후 무의식적 정신 과정을 지배하는 성적 본능을 의식하는 것이 인간을 이해하는 길이자 치료하는 길이라고 말한다. 프로이트에게 정상적 정신생활과 정신 질환은 연속체를 이루며, 정신 질환은 정상적 정신 과정의 과장된 형태다.(같은 책)

성욕만이 음악과 예술의 기저에 있을까? 다른 본능들, 다른 무의식들도 역할이 있지 않을까? 의식적 사유도 음악과 예술의 토대일 수 있다. 나는 이 책의 부제가 말해주는 것처럼, 지식과 과학 같은 합리적/의식적 마음을 음악이 반영한다고 말한다.

음악의 토대인 본능이나 무의식은 의식되면 좋다. 본능에는 우리 삶에 있어 중요한 것을 전달하는 정보 혹은 지식이 있기 때문이다. 무의식도 중요한 정보 혹은 지식일 수 있다. 어쨌거나 우리가 의식하지 못했던 것을 의식하는 일에는 의미가 있다. 작곡가가 자기 음악의 토대인 본능과 무의식을 의식할 경우 그는 자신의 표현적 마음의 완전한 주인이 되는 데에 한 발짝 더 다가선 것일 수 있다. 그것은 표현적 마음과 무의식의 연관성을 의식하는 일이며, 우리 마음의 통합성을 의식하는 일이다. 어떤 음악의 토대로 작용했던 작곡가의 본능과 무의식을 감상자인 우리가 의식할 경우 우리는 그 작곡가의 음악과 그것을 낳은 통합적 마음을 온전히 이해하는 데에 한 발짝 더 다가선 것일 수 있다.

이것이 어떻게 가능할까. 음악에 대해, 음악을 하는 우리 마음에 대해 성찰하고 체계적으로 사고하면 가능할 수 있지 않을까. 우리가 어느 정도는 무의식적 정신 과정을 의식하고 통제할 수 있음을 생각해보자. 비록 논란이 있지만 프로이트도 정신의학적 치료를 통해 무의식적 정신 과정을 의식하고 통제할 수 있다고 보았다.

일상에서 우리의 무의식적 정신 과정을 우리가 의식하고 통제하는 드문 상황이 또 있다. 꿈인 줄 알면서 그 꿈을 즐기고 통제하는 경우다. 우리가 꿈속에서 어느 정도 우리 자신의 주인이 되는 마음 상태를 자각몽自覺夢이라 한다. 미국 앨버타 대학 토마스 스나이더 박사팀의 1988년 논문「자각몽에 관한 개인 차이」에 따르면 보통 사람들의 50% 이상이 평생 적어도 한 번 이상 자각몽을 꾼다. 심지어 응답자의 약 20%는 자각몽을 자주 꾼다고 답했다.(재인용 : 이동훈, 2015) 이 논문에 따르면 우리가 우리의 무의식적 마음 과정을 의식하고 통제하는 경우는 생각보다 많다.

자각몽은 그것을 꾸는 사람lucid dreamer의 어떤 지적 능력을 증언해주는 것으로도 인식된다. 영국 링컨 대학의 패트릭 버크 박사가 이끄는 연구팀은 자각몽을 경험한 이들의 25%는 자각몽을 경험하지 않은 이들에 비해 현실을 더 빨리 파악하고 문제를 해결하는 통찰력을 더 많이 가진다고 발표했다.(같은 글) 무의식적 마음으로서의 꿈에 대해 상대적으로 더 의식적이며 주체적인 이들이 있고, 그들이 더 영리하다는 연구 결과다.

2015년 1월 독일 막스플랑크 정신의학 연구소와 막스플랑크 인간개발 연구소도 비슷한 결론을 도출했다. 자각몽을 꾼다는 이들이 자각몽 무경험자들보다 자기반성에 관여하는 뇌의 전전두피질 영역이 더 크다는 연구결과였다. 연구팀을 이끈 엘리사 필레비치 박사는 "꿈을 자각하는 이들이 현실에서도 자기반성의 성향이 강하며, 때문에 사고과정과 문제해결 과정을 조절하고 점검하는 초인지metacognitive 능력이 상대적으로 더 뛰어나다."고 말했다.(같은 글)

미국 신경과학회지에 게재된 예일대 스티븐 노벨라 박사팀 논문도 비슷한 결론을 제시했다. 연구팀은 자각몽을 자주 꾸는 이들과 그렇지 않은 이들의 회백질의 양을 분석했다. 잦은 자각몽 경험자들의 회백질이 눈에 띄게 많았다. 노벨라 박사는 자각몽을 꾸는 이들이 그것을 꾸지 않는 이들에 비해 뇌의 자기반성 기능이 뛰어나다는 평가의 근거로서 이 분석결과를 제시했다.(같은 글) 회백질은 뇌세포의 다른 이름으로, 생각의 동력이 되는 물질이다.[1]

---

1. 자각몽의 통제 효과는 물론 자각몽 자체를 부정하는 이들도 있다. 이들은 수면과 자각의 양립이 불가능하다고 말한다. 이들에 의하면 자각몽 경험담은 판타지나 과장, 기껏해야 하찮은 술책이다. 보스턴대학의 신경학자 패트릭 맥나마라는 이렇게 말한다. "꿈 연구는 아직도 뉴에이지에 가까운 시도로 간주되고, 완전히 존중할 만한 연구로 받아들여지지 않아요."(재인용 : 랜들, 2014) 맥나마라에 의하면 자각몽의 존재 증거는 경험자들의 말뿐이며, 자각몽 경험담을 과학적으로 검증할 방법이 없다. 자각몽을 반(半)각성상태에서 경험한 백일몽으로 말하는 이들도 있다. 이들은 자각몽 경험자가 꿈과 현실을 혼동하는 일종의 해리성 수면장애 환자들이며, 꿈에 관한 기억이 왜곡돼 자신이 꿈의 내용을 통제했다는 가짜 기억이 형성됐다고 설명한다.(재인용 : 이동훈, 2015) 수면과 자각의 양립이 불가능하다는 논리는 수면과 수면으로부터의 깸 사이, 즉 무의식과 의식의 논리적이며 현실적인 연속성을 부정하는 주장이며 그래서 적절치 않다. 수면과 자각의 양립은 경험적으로도, 논리적으로도 가능하다. 그렇지 않다면 '잠결에', '비몽사몽', '몽롱한' 같은 표현은 실체가 없다. 우리는 이런 단어들에 해당하는 상

나는 이 연구들의 결과가 제공해 주는 뜻이 꿈에만 관련되지 않을 수 있다고 생각한다. 나는 이 연구 결과들을 (감히 위험을 무릅쓰고!) 확대해석하고 싶다. 무의식적이고 비자발적이어서 통제하기 어려운, 꿈이 아닌 마음 상태가 더 있다. 그런 마음 상태를 잘 의식하고 통제하는 이가 있다면 그는 잘 의식하지 못하고 통제하지 못하는 이에 비해 현실을 더 빨리 파악하고 문제를 해결하는 통찰력을 더 많이 가지며, 자기반성의 성향이 더 강하고, 인지 능력도 더 뛰어난 사람일 수 있다.

많은 작곡가들은 악상이 불현듯 떠오른다고 말하는데, 사실 이것은 자신의 음악적 마음을 잘 통제하지 못한다는 고백이다. 1853년에 오페라 《라인의 황금》 중 〈전주곡〉의 음악을 작곡했던 바그너도 자신의 창작 과정을 논리적으로 설명할 수 없었다. 바그너는 어느 날 최면 상태에 빠져 유속이 빠른 물속으로 자신이 점차 가라앉는 느낌을 가졌다고 말했다. 몰아치는 소리가 음악이 되어 내림 마장조 화성으로 울렸고 반복되는 울림이 무한한 의미를 부여하는 듯했다. 그렇게 오케스트라 전주가 바그너에게 불현듯 떠올랐다.(재인용 : 색스, 2007)

바그너의 이런 자기 고백을 불신할 수 있다. 과장이 많은

태를 경험한다. 그 상태에서 수면과 자각은 정확히 50대 50의 관계는 아니더라도 분명히 양립한다. 수면과 자각의 양립이 논리적으로 가능하다는 증거가 바로 꿈이다. 자각몽이 아니더라도 우리는 꿈을 꾸고 그것을 기억한다. 자각하지 않는다면 기억할 수 없다. 물론 수면과 양립하는 자각은 일상생활에서 가지는 자각처럼 자신을 온전히 통제할 정도는 못된다. 어쨌든 우리는 잠을 자며 약한 수준으로 자각하고, 자각몽은 가능하다. 자각몽은 자신의 무의식을 통제하는 한 방식일 수 있다.

사람이었으니까. 어쨌든 우리에게도 악상, 생각, 기억 등이 불현듯 떠오른다. 비록 그것들이 오랫동안 우리 안에 잠재되었다고는 하지만, 어떻게 잠재되어 있었는지, 잠재된 것이 어떻게 드러나는지 우리는 잘 모른다. 알아야 할까. 알면 좋다. 우리 자신에 대해 많이 알수록 우리는 우리를 잘 통제할 수 있다.

전통적 의미의 내성적 성찰로는 도달할 수 없는 우리 마음 특성에 대해, 오늘날 우리는 과학의 도움을 받아 알 수 있다. 극미하거나 극대한 세계를 과학을 통해 알게 되듯이, 우리 몸과 뇌, 마음에 대해서도 과학을 통해 알 수 있다. 나는 이러한 앎의 과정을 과학적 지식 습득에 의한 '인지적 성찰'로 부른다. 인지적 성찰은 내성으로 알 수 없는 무의식과 비자발적 마음을 이해하려는 목적으로 행해지는데, 주로 신경과학적 지식의 습득과 반성적 사유를 연결·조화시켜 행할 수 있다. 성공적인 인지적 성찰은 우리가 가진 다양한 마음 상태를 이해할 수 있게 해준다. 나는 이러한 이해를 넓은 의미의 의식에 포함되는 것으로 본다. 이러한 이해를 통해 어쨌든 우리는 무의식에서 벗어나며, 우리를 더 잘 통제할 수 있다.

다양한 마음과 함께하는 우리네 삶의 패턴을 생각해보자. 우리는 어떤 세상에 살면서 어떤 마음을 먹고 (혹은 어떤 뇌 상태에 있고) 그에 따라 혹은 그와 관련해서 어떤 행위를 한다. 그리고 그 행위의 결과가 발생한다. 작곡도 어떤 마음, 그와 관련된 모종의 행위, 행위에 따른 결과다.

'마음 → 행위 → 결과' 과정에서 되먹임이 있다. 나는 내 행위와 그 결과를 보며 마음을 고쳐먹는다. 음악을 악보에 기재하는 행위는 작곡하는 마음에 영향을 준다. 내 앞 작품도 그것을 만들어내기 전까지 내가 가졌던 마음을 고쳐먹게 만든다. 고쳐진 마음으로 작품을 수정한다. '마음 → 행위 → 결과' 모델은 '마음 ↔ 행위 ↔ 결과' 모델로 수정된다.

마음은 대체로 자극에 반응해 유발되는데, 자극의 최초 수신자는 사실 몸이다. 이를테면 몸에 대한 관능적 자극은 성욕을 느끼게 한다. 마음이 탑재된 뇌도 몸이다. 뇌는 위장이나 성적 기관과 같은 몸과 관련된다. 몸과 마음은 대체로 이유 없이 음식물을 필요로 하지 않는다. 에너지가 떨어진 몸이 공복감을 불러일으킨다. 마음은 또한 무언가에 대면해 생긴다. 모든 심적 활동 혹은 현상은 내용을 가지며 어떤 대상에 향해 있다. 지향성이다. 대면하는 대상 혹은 지향성의 대상은 외부 세계거나 외부 세계에 놓인 자신의 육체적 상태다. 어떤 심리학자들은 기분mood을 특정한 대상을 가지지 않은 마음 상태로 본다. 특히 묘한 기분이 있는 이는 그 느낌의 대상을 무어라 짚어 말하기 어렵다. 어려울 뿐이다. 따지고 보면 그 기분의 대상이 없지 않다. 잠을 조금 부족하게 잔 자기 자신일 수 있다.

마음이 몸과 관련하며 세계와 대면해 생기는데, 작곡하는 마음만 세계를 피할 수 없다. 작곡하는 마음은 아름다운 자연이나 미인, 맛있는 음식 같은 외부 세계를 대면해 생길 수 있고, 그런 외부 세계와 관련해서 발생한, 성욕이나 식욕 같은 자신의 정서나 황홀경, 경탄 같은 감정을 통해 생길 수 있다. 논리적 사고도 작곡하는 마음의 영양분일 수 있다.

자극 없이, 즉 자극을 낳는 세계를 고려하지 않고, 또 자극에 대한 지각과 해석을 통해 얻은 마음 없이, 내 안의 순수한 표현 욕구만으로 작곡할 수 있다고 생각하는 이들이 많다. 틀렸다. 표현 욕구가 있다면 그 원인도 있다. 현재의 자극 없이 작곡하는 마음이 생겼다면 그 마음을 유발한 자극은 과거의 것일 수 있다. 하지만 많은 작곡가는 자신의 순수한 내면적 표현 욕구가 작곡의 동인이었다고 착각한다. 어떤 경우에도 작곡가의 마음은 세계와 그 세계 속 자신을 전제한다. 그 표현 욕구의 원인이 의식되지 못하거나, 표현 욕구가 자발적이지 않을 뿐이다. 세계를 인식하는 마음이라는 원인이 표현 욕구라는 결과를 낳는 데 시간이 한참 걸릴 수 있다.

세계 속 모든 이들처럼 작곡가도 세계와 자신을 인식한다. 세계 인식과 세계 속 자기 인식이 작곡가의 마음을 만든다. 그 마음이 작곡 행위와 작품을 낳는다. 작품과 작곡 행위가 마음에 영향을 줄 수 있다. 피드백이다. 이 중에서 나는 마음에 더 관심을 가질 요량이다. 행위와 결과를 낳은, 배후의 중요한 것이 마음이기 때문이며, 마음이 상대적으로 덜 연구되었기 때문이다. 작품이라는 결과들만을 고려할 때, 결과들은 불연속적 세계에 놓인 다양한 (때때로 혼란스럽고 병렬적인) 사실들로 비쳐진다. 마음을 고려하면 그 결과들은 좀 더 질서 있는 것들로, 연속적 세계 안에 놓여 있는 것들로 비칠 수 있을 것이다. 마음에 더 관심을 가지는 또 다른 이유다.

7
'작곡, 지식과 과학의 반영' 가설

현상적으로 볼 때 작곡가의 마음은 음악적 마음과 삶을 살아갈 때 가지는 인지적 마음으로 양분된다. 화성학 같이 순수하게 음악적인 생각은 현실적 삶을 살아갈 때 가지는 마음과 무관해 보인다. 서로 명백히 달라 보이는 이 두 마음은 연결되어 있다. 세계에 대한 인지적 마음이 작곡하는 마음에 연결되어 있다. 간단히, 작곡은 인식 혹은 인지의 반영反映이다. 이것이 이 책의 기본 가정이다. 서로 연결된 인지적 마음과 작곡하는 마음 말고도, 인간 마음의 여러 다른 요소들 혹은 하위 마음들은 서로 긴밀히 연결되어 통합된다. 기본 가정에서 파생된 또 다른 주요 가정이다.

인지는 세계와 대면하여 세계를 알려는 마음이거나 그런 마음의 특성이다. 그것은 지식을 구하는 지향 혹은 마음이다. 우리에게 가장 익숙한 지식은 '임진왜란은 1592년에 발발했다.' 같은 형식지 혹은 명제지·명시지다. 지식의 다른 존재 방식들이 더 있다. 다양한 방식의 지식을 구하려는 지향이 우리에게 있다. 그 모든 지향을 인지적 마음이라 부르자. 인지적 마음으로 가장 고차원적인 것이 과학적 마음이다. 작곡이 인지의 반영이라는 가정을 '작곡(하는 마음)은 지식과 과학(하는 마음)의 반영'이라는 보다 분명한 가정으로 바꿀 수 있다. 작곡하는 마음을 작곡가의 인지적 마음으로 환원할 수 있다는 가정으로 바꿀 수도 있다.

이 대립가설이 비판하는 통념으로서의 귀무가설은 두 가지다. 작곡하는 마음 즉 작곡가의 음악적 마음과 인지적 마음이 무관하다는 가설과, 작곡가에게 음악적 마음이 인지적 마음보다 더 중요하다는 가설. 첫 번째 가설을 이 책 여러 곳에서 공격할 것이다. 두 번째 가설을 여기서 간단히 공격한다.

두 번째 귀무가설은 요컨대 음악이 삶보다 더 중요하다는 이야기다. 이 가설과 내가 제안한 대립가설은 모두 삶의 세계와 음악적 세계에 연속성이 있다고 가정한다. 삶을 살아갈 때 가져야 할 인지적 마음보다 음악적 마음이 더 중요한 사람들에게 연속성은 독특하게 구현된다. 이들은 삶을 음악적으로 살며, 온종일 음악에 빠져든다. 이들에게 음악은 삶의 전부다. 이들은 음악의 세계에서 삶을 잊는다. 극단적 호모 무지쿠스다.

나는 이런 이들이 가는 길의 반대쪽에 진리가 있음을 주장하기 위해 연속성을 가정한다. 우리가 하는 어떤 음악도 삶으로부터 나왔고 삶을 위한 것이라고. 연속성을 전제로, 나는 음악을 삶의 관점에서 (재)해석해야 하며 삶을 위한 음악을 작곡하고 연주하며 듣고 즐겨야 한다고 주장한다. 이어폰을 꽂고 온종일 음악에 탐닉하는 이들, 음악에 몰입해 현실을 제대로 보지 못하는 이들에게 이 책을 통해 삶을 되찾아주고 싶다. 음악은 삶의 표상이라면서 말이다. 삶이 훨씬 다양하고 아름다우며, 더 중요하다고 말이다. 음악은 삶과 유리되지 않았을 때 더 아름다울 수 있다고 말이다.

음악이 삶을 가리는 방식의 현대적 삶에 대해 이미 많은 이들이 지적해 왔다. 니체는 충분한 비판 능력이 없는 젊은이들이 꿈같은 이야기를 담은 바그너의 오페라에 열광하는 것을 우려하고 경고했다. 그런 오페라에 몰입되어 불편한 현실을 직시하지 못함으로써 관념의 인간이 될 수 있다고 말했다. 그런 관념의 인간이 실제로 있었다. 독일의 독재자 아돌프 히틀러는 12세 때 바그너의 오페라 《로엔그린》을 처음 보았고 단번에 매료되었다.(히틀러, 2012) 히틀러는 이후 돈이 생길 때마다 빈의 오페라 극장에 갔다. 바그너를 향한 소년의 열광은 끝을 몰랐다. 히틀러는 자신만큼 바그너의 정신세계를 잘 아는 이도 없다고 말했고, 자기 삶의 모든 단계에서 바그너에게 의지했다. 영웅적이었던 독일의 과거를 선동적으로 그려냈던 바그너의 민족주의적 오페라들을 보며 히틀러는 1차 세계대전의 패배 이후 참담했던 독일의 현실을 잊었고, 관념의 인간이 되어갔다. 영국 역사학자 이언 커쇼는, 암살의 위협을 딛고 일어선 히틀러가 소명의식을 가지게 된 상황은 바그너 오페라의 주인공을 연상시킨다고 말한다. "목숨을 건진 것은 역사적 사명을 완수하라는 신의 섭리라고 히틀러는 생각했다. […] 이런 심리는 성배를 가진 사람들, 아니, 세상 자체를 재앙에서 지켜줄 수 있는 유일한 영웅으로 바그너의 가극[《파르지팔》]에 나오는 구세주 같은 인물을 연상시킨다. 환생한 파르

지팔."(커쇼, 2011)

 프랑스의 철학자 라쿠-라바르트는 "바그너 자신이 발명한 [음악적] 기술보다 더욱 강력한 기술을 지닌 음악이 [오늘날] 지속적으로 우리 세계를 침범하고 시각예술을 포함한 다른 모든 예술에 대해 우위를 점하게 되었다는 사실, 우상숭배가 떠나간 곳에 '음악숭배'가 자리를 차지했다는 사실"(라바르트, 1995)에 대해 지적한다. 또 다른 프랑스 철학자 알랭 바디우는 음악이 우상이 되면서 중세의 종교적 우상숭배가 떠나간 곳에 자리 잡았고, 이에 대해 바그너가 가장 먼저 책임져야 한다고 말한다. 음악에는 테러리즘의 기능이 있고, 그것은 바그너 탓이다.(바디우, 2012)

 음악 비판자들이 우려하는 대상은 바그너의 음악만이 아니다. 1934년에 영국 작곡가 콘스턴트 램버트는 지금처럼 음악이 많이 울려 퍼지는 시대도 없었고, 그럼에도 이보다 음악경험이 제한되고 빈곤한 시대도 없었다고 말했다. 요컨대 우리는 음의 방탕 시대에 산다.(Lambert, 재인용 : 미슨, 2008) 방탕한 음은 현란한 음향을 만들어내는 다양한 현대적 기술들을 통해 산출된다. 바디우에 따르면 지난 50여 년간 발전된 음악의 대중적 재생산 기술과 1960년대 이래 청소년 집단에서 음악이 정체성의 상징이 되어 음악숭배가 존재하게 된 데에는 연관이 있다.(바디우, 2012)

 스피커와 이어폰을 통해 쉽게 음악을 듣는 일을 잠시 멈추고 음악에 대해, 음악을 듣는 자신에 대해 성찰해보자. 나의 가설과 함께 지적인 길을 탐방해보자. 나는 음악이 삶과 관련되는 것이 삶을 위해서나 음악을 위해서나 좋다고 말한다. 나의 사실 판단이 설사 비논리적이더라도, 나의 가정이 그리는 음악의 모습이 이상적일 것으로 생각한다. 음악이 삶과 관련되고 삶의 여러 측면 중에서 특히 지식과 과학을 반영한다면 음악경험은 분명 가치가 있다. 이 책은 현실의 음악 활동에 대한 비평서이기도 하며 앞으로의 음악 예술이 나아가야 할 방향에 대한 지침도 제안한다. 좋은 예술적 음악은 내 가설이 제안하는 바대로, 인지적이어야 한다. 지식과 과학을 반영하는 음악은 인지적이다. 그런 음악의 감상과 그에 대한 성찰은 우리 마음의 통합성을 제고하여 우리의 수행능력을 강화할 수 있다.

모든 작곡가가 제대로 된 통합적 마음을 장착한 것은 아니다. 지식 및 과학과 무관해 보이는 작품들도 있다. 그런 작품들을 나는 제임스 O. 영의 용어를 빌려 '장식적인 것'으로 폄하한다. 영에 의하면 많은 음악작품이 순수하게 장식적이다. 그것들은 단지 즐길 만한 소리의 패턴일 뿐 예술작품이 아니다. 진정한 음악, 가치 있는 음악은 영에 의하면 인지적 가치를 표현한다.(영, 2013)

영이 말하는 예술은 인간사의 많은 문제를 판단하는 데에 도움이 되는 관점을 제시할 수 있고 그렇게 통찰을 제공할 수 있으며 제공해야만 한다.(오종환, 2013) 미학자 오종환에 따르면 영이 생각하는 예술은 술이나 안락의자가 제공하는 것과 같은 쾌락만이 아니라 인지적인 것도 제공한다. 인지적인 것은 영에게 객관성을 표상한다. 객관성이 있는 인지적 요소를 가지는 예술을 우리는 평가할 수 있다. 즐거움을 주는 예술은 평가하기 어렵다. 즐거움은 상대적이고 측정하기 어렵기 때문이다. 반면 인지적 예술은 쉽게 평가될 수 있다. 우리는 영이 주장하는 인지적 예술과 함께 예술계, 특히 아방가르드적 예술계에 만연한 극단적 상대주의에서 벗어날 수 있다. 극단적 상대주의를 자신들의 비인지적 예술을 변호하는 방어막으로 사용하는 아방가르드 예술은 영에 의하면 없어져야 한다.(오종환, 2013)

예술이 인지적인 것을 제공한다는 영의 주장을 나는 지지한다. 나와 영 사이에는 차이도 있다. 우선 영은 미학적/철학적 관점에서 논의한다. 나 역시 어느 정도는 그렇다. 나는 영이 기대지 않은 진화론과 진화심리학, 신경과학의 도움도 받는다. 영은 그가 높이 평가하는 인지적인 것과 그가 다루지 않는 즐거움 즉 인간의 뿌리 깊은 정서를 연결하려고 하지 않았다. 나는 진화심리학의 도움을 받아 즐거움 혹은 쾌락과 같은 정서가 사실은 매우 인지적임을 주장할 것이다. 정서는 세상에 대한, 그리고 세상에 대면한 인간과 생명체 자신에 대한 인지적 정보들을 제공해준다.

영의 입장은 이후 내가 소개할 엘런 디사나약 같은 진화미학자들의 입장과 대척점에 있다. 디사나약은 아마도 영을 엘리트주의자로 비판할 것이다. 나는 영을 엘리트주의자로 보지 않는다. 나는 디사나약과 영을 조화시키고자 한다. 나는 음악이 문학이나 미술 같은 다른 예술들처럼 인지적인 것을 가지고 있다는 영의 과격해 보이는 주장을 지지한다. 이후 영의 구체적 주장들을 소개하며 나의 관점과 조화시킬 것이다.

영에게 인지적 가치란 형식지와 관련 있다. 나에게 인지적 가치는 세상을 알려주는 다양한 방식과 관련된다. 영은 순수하게 장식적인 작품들이 있다며 그것들을 폄하한다. 엄밀히 말해 그런 작품들은 없다. 지식과 과학을 '분명히' 반영하지 않은 것처럼 '보이는' 음악이 있고, 작곡하는 마음에 인지적 마음이 '약하게' 연결된 경우도 있으며, 그렇게 많은 작곡가가 '제대로 된' 통합적 마음을 장착하지 않았다. 정도의 문제다. 순수하게 장식적으로 보이는 작품들에도 세계에 대한 모종의 지식 혹은 인식이 반영되어 있다. 그 지식이 깊이가 없거나 현실에 대해 적실하지 못할 뿐이다. 나는 인간 종이 지식을 구하는 인지적 마음을 보편적으로 가지고 있다고 말할 뿐, 그 마음 결과로 그들이 가지게 된 다양한 지식이 옳다고, 모든 맥락에서 가치 있다고 말하지 않는다. 세상에는 틀린 지식도 많다.

작곡이 지식과 과학을 반영한다고 할 때 이것과 얼핏 비슷해 보이는 명제가 있다. 캐나다의 심리학자 대니얼 레비틴의 저서 『호모 무지쿠스』에서 제시된 '지식 표현으로서의 음악'이라는 명제다. 레비틴은 노래 가사가 지식을 표현한다고 썼다. 레비틴은 책 5장 「지식의 노래를 부르면」에서 아이들이 알아야 하고 피해야 할 내용을 가사로 한 노래들이 세계 각지에서 보편적으로 불린다면서 음악이 지식 전달 및 기억의 좋은 방법이라고 말한다. 레비틴은 노래 가사를 주로 분석하며, 아이들에게 세상에 대해 알아야 할 사항들이 다양한 가사를 통해 가르쳐지고 있음을 지적한다.(레비틴, 2009)

클래식 음악 애호가들은 레비틴의 주장에 흥미를 갖지 않을 것이다. 클래식 음악에는 가사 없는 기악곡 장르가 있다. 기악곡은 레비틴이 별 관심을 보이지 않았던, 음악 형식과 구조의 다양하고 풍요로운 세계를 보여준다. 나는 근현대 서양의 기악 세계를 주로 다룰 것이다. 오페라도 빠트리지 않는다. 오페라는 가사가 있는 성악이지만 기악이기도 하다. 관현악이 중요한 역할을 하는 오페라가 많다. 20세기의 전자음악·컴퓨터 음악도 다룬다. 가사, 노래, 인성이 없는 전자·컴퓨터 음악을 기악적인 것으로 볼 수 있다. 기악은 악기로 연주되는데, 악기와 컴퓨터는 모두 도구이기 때문이다. 악기musical instrument는 음악적 도구이며 컴퓨터는 보편적 도구universal instrument다. 클래식 성악곡과 가요도 가끔 다룬다.

음악의 형식과 구조는 음악만의 순수한 세계로 인식되고 있다. 순수한 세계로서의 음악은 예술을 위한 예술의 대표적 사례다. 그런 음악은 인간의 자연적/사회적/정치적 삶 및 그 환경이 되는 지구적 생태와 무관한 것으로 여겨진다. 기능적/실용적 용도가 없으며, 그래서 미적 무관심과 초연함을 가지고 감상해야 한다고 여겨진다.

순수의 세계를 표방하면서 음악적 삶은 인간을 소외시킨다. 음악이 순수하며 자율적인 것이라는 인식은 근대에 와서 음악이 종교적 제의나 사회적 기능으로부터 독립하며 보편화된다. 독립된 음악은 자체의 발전 논리를 따라간다. 음악학자 이미경은 이러한 순수음악적 발전에 문제가 많다고 말한다.(이미경, 2009)

나는 자체의 발전 논리를 갖춘 자율적 음악을 작곡하는 마음에서도 인간이 삶을 살아가며 가지게 되는 인지적 마음의 흔적을 확인할 수 있다고 가정하고 그 가정을 옹호할 것이다. 순수하고 자율적인 음악을 더 훌륭하고 좋다고 판단해 다루는 것이 아니다. 내 가정을 옹호하기 적당한 사례이기 때문에 다룬다. 결과적으로 클래식 음악가들과 감상자들이 가지는, 음악이 순수한 것이라는 통념을 비판할 것이다.

사실 이러한 통념은 쉬이 공격받는다. 왜 병원과 무상급식, 경제적 성장 동력에 들어가야 할 돈을 순수하여 효용성이 없는 것을 하는 데 써야 하는가와 같은 질문을 통해서 말이다. 과거보다 더욱 팍팍해지고 고단한 삶을 앞에 두고서 우리가 왜 그런 음악을 하는가와 같은 질문을 던지기만 해도, 클래식 음악계에 널리 퍼진 통념의 타당성은 쉬이 무력해질 수 있다.

이 질문에 대해 내가 준비해둔 답변은 이렇다. 음악은 세계를 인지한 작곡가가 그 인지를 특이하게 표현하는 여러 방식들의 결과이고, 음악에 담긴 작곡가의 세계 인지를 이해하는 일은 인간과 세계, 그리고 음악 모두를 이해하는 일이다. 그것은 음악적 마음과 인지적 마음이 연결됨으로써 우리 마음이 통합적임을 이해하는 일이다. 이해한 당신은 더욱 성찰적/비판적이 될 수 있으며, 그에 따라 더 똑똑해지고 현명해질 수 있고, 마음의 통합성의 정도를 높일 수 있게 되어 더 창조적이 될 수 있다. 간단히, 음악의 이해에는 **교육적·계몽적·성찰적·창조적 가치**가 있다.

작곡하는 마음에 인지적 마음이 연결되어 있음을 그럴듯

하게 옹호하더라도 그 결과로 얻게 되는 것은 단지 작곡하는 마음의 추정적 모습일 뿐이다. 타계한 근현대 서양 작곡가들의 마음과 관련해서는 사실 추정하는 것 이외에는 할 일이 없다. 추정 과정에서 내가 도움을 받는 것은 한편으로는 그들의 음악과 저술이며 다른 한편으로는 세계에 대한 자연과학적이거나 사회과학적인 지식, 그리고 인간의 세계 지각과 인식 과정에 대해 말해주는 인지 과학적 지식이다. 이 지식들을 연관시키면서 작곡가들의 마음을 추정하고 재구성한다. 연관 작업은 순전히 직관적 방식을 통해, 세계에 대한 인식과 음악의 내면적 차원에서의 닮음 또는 동형성, 혹은 유사성을 찾는 것을 통해 이루어진다.

나는 기존 지식을 분석하고 종합한 후 내 가정을 옹호하는 근거들로 사용할 것이다. 나는 또한 악보를 분석하여 죽은 지 수백 년이 지난 작곡가의 마음을 추정한다. 바즈와 게이지에 따르면 인간을 비롯한 포유류들에게는 상대의 자세, 울음소리, 표정 등을 신호로 지각해 상대의 생각, 의도 등을 헤아리고 상대가 가진 감정에 동화할 수 있는 능력이 있다. 인간은 특히 서로를 내적 정신 상태를 지닌 의식적 존재로 이해하며, 이 이해를 통해 상대를 이용하고 조종한다.(바즈·게이지, 2012) 상대의 자세, 울음소리, 표정 등이 마음 읽기의 신호라면, 전혀 본 적이 없는 이가 남긴 단서가 (이를테면 범죄 심리분석관에게) 마음 읽기의 신호라면 악보는 왜 그것을 만든 이의 마음을 읽는 단서가 되지 못하는가. 인도 출신의 의사와 과학자인 아지트 바르키와 대니 브라워는 인간이 동물과 달리 만난적 없는 사람들의 마음마저 인지하고 이해하는 단계에 들어섰다고 말한다.(바르키·브라워, 2015) 악보를 통해 작곡가의 마음을 읽는 작업이 가능한 이유는 우리가 이 단계에 도달했기 때문이다. 그간의 악보 분석자들은 스스로 가지고 있던 마음 읽기 능력을 발전시키지 않았다.

나는 가능한 과학적 환원주의의 정신을 존중하며 내 방식대로 환원주의적인 연구를 한다. 내가 이 책에서 하려는 연구의 방식을 나는 환원주의적 논변이라 부른다. 이것은 가장 큰 가정을 그것을 구성하는 작은 가정들로 나눈 후 이 작은 가정들을 따로따로 차례로 옹호하는 작업을 이른다. 가장 큰 가정은 이 장의 벽두에 제시한 '작곡은 지식과 과학의 반영'이라는 명제다. 혹은 한 사람 안에서 작곡가의 마음이 지식과 과학을 하는 마음 즉 인지적 마음에 영향을 받아 서로 연결되어 있고, 그렇게 통합된 인간 마음을 구성한다는 가정이다. 그렇게 통합된 인간 마음을 가진 모차르트 같은 클래식 작곡가가 호모 사피엔스의 개체라는 가정이기도 하다. 그리고 이 큰 주제들을 구성하는 소주제들은 다음 장부터 제시된 각 장의 제목들이다. 다음 장에서 다루는, 작곡이 인간 뇌의 작업이거나 마음의 작용이라는 명제는 내가 제안했던 가장 큰 가정의 전제 조건이다. 이 하위 가정을 옹호하는 것으로 시작한다.

8

작곡, 인간 뇌와 마음의 작용

 뇌는 생명이 생존을 위해 진화시킨 기관이다. 인간 무뇌아 無腦兒는 생존하지 못한다. 인간과 동물의 뇌가 그들의 생존을 위해 필요하다면 그 뇌에서 발원하는 마음의 대부분도 생존을 위해 필요하다. 뇌와 마음은 원래 작곡과 예술 활동을 위해 마련되지 않았지만 어느 순간부터 그런 활동에 쓰이기 시작했고, 우리는 예술가의 뇌와 마음에 대해 알게 된다.

 신체 일부가 없거나 그 기능에 문제가 있던 작곡가들이 있었다. 말년에 시각을 잃었던 바흐와 헨델, 청각을 잃었던 베토벤이나 가브리엘 포레는 여전히 작곡할 수 있었다. 귀와 눈의 문제는 관련된 대뇌 피질의 문제이기도 하며 시각적 마음과 청각적 마음의 문제이기도 하다. 뇌와 마음의 일부가 망가져도 작곡할 수 있다.[1] 뇌의 대부분 혹은 마음의 대부분에 심각

---

1. 구소련의 작곡가 비사리온 셰발린은 51세가 되던 1953년 처음으로 뇌졸중을 겪었고, 이후 두 차례 더 뇌졸중을 겪은 후 사망했다. 첫 번째의 가벼운 뇌졸중은 이 작곡가의 오른손과 오른쪽 얼굴을 마비시켰고 언어장애를 겪게 했다. 마지막 뇌졸중은 언어능력을 좀 더 심각하게 손상시켰다. 이 무렵 이 작곡가는 다섯 번째 교향곡을 완성했다. 증상을 통해 셰발린의 뇌졸중이 좌뇌에서 일어났을 것으로 추측할 수 있다. 인간의 대뇌는 좌뇌와 우뇌

한 문제가 있을 때 사람들은 작곡하지 못한다.

뇌의 신경세포들을 점진적으로 파괴하는 아주 드문 신경퇴행병인 픽 병을 앓았을 것으로 추정되던 모리스 라벨[2], 정신질환으로 의심되는 증상을 보였던 로베르트 슈만[3], 매독 균이 뇌신경을 침범해 진행성 마비를 가져왔고 그 때문에 조울병을 앓았을 것으로 추정되는 휴고 볼프(문국진, 2012)[4], 뇌종양 때문

로 구성되며 언어신경망은 주로 좌뇌에 있다. 좌뇌는 오른손과 오른발, 오른쪽 눈에 연결되며, 우뇌는 왼손과 왼발에 연결되고, 왼쪽 눈에 많이 편향되어 연결되어 있지만 오른쪽에도 조금 연결된다. 뇌졸중이나 사고를 통해 우뇌에 문제가 생긴 환자는 대상의 왼쪽을 보지 못한다. 셰발린의 우뇌에는 큰 문제가 없었을 것이다. 그렇게 우뇌를 통해 살아가며 작곡했을 것이다. 셰발린의 사례는 뇌가 작곡 작업에 중요한 역할을 맡는다는 나의 가정이 틀렸다는 증거일 수 없다.

2. 《볼레로》와 《죽은 왕녀를 위한 파반》 같은 작품들을 남긴 프랑스 작곡가 모리스 라벨은 1932년 파리에서 불의의 교통사고를 당한다. 이듬해 여름 의사는 라벨이 심한 불면증, 신경쇠약, 실어증을 동반한 부분적 기억상실증과 함께 손발을 잘 쓰지 못하는 운동 장애를 앓는다고 진단했다.(오른슈타인, 2000) 라벨은 이후 생애의 마지막 5년 동안 실어증과 함께 표상과 상징, 추상적 개념, 범주를 처리하지 못하는 증상을 보였다. 그 기간 동안 작곡도 못했다.

3. 1854년 2월 17일 이 독일 작곡가는 천사들이 불러주었다는 음악을 들었다. 그것을 같은 달 26일에 《유령 변주곡》이라는 이름으로 악보에 적는다. 이후 죽기까지 2년 동안 슈만은 어떤 곡도 작곡할 수 없었다. 이 기간 동안 그의 작곡 능력은 언어 능력과 함께 소멸해 갔다. 프랑스의 음악평론가 미셸 슈나이더는 이 작품에 대해 전체적으로 생기가 없고, 주제는 보잘것없으며, 학생의 습작을 연상시키는 부분이 있고, 화음은 진부하며, 곡 전체에 정적이고 얼어붙은 뭔가가 있는데, 이것은 조현병 환자들에게서 보이는 무심함과 공허의 느낌이라고 평한다.(슈나이더, 2014)

4. 《마누엘 베네가스》라는 오페라의 일부를 쓴 해인 1897년, 37세의 볼프는 심한 마비성 발작을 일으키고는 망상에 사로잡혔다. 이후 1903년 죽기 전까지의 5년여의 세월 동안 이 작곡가 역시 작곡을 하지 못했다. 정신질환을

에 의식을 잃고 이상행동을 보이기도 했던 조지 거슈윈[5] 등은 뇌와 마음에 심각한 문제가 있었고, 그 때문에 작곡을 하지 못했을 것으로 추측된다.

작곡가의 뇌에 전극을 꽂고 그가 작곡할 때 뇌에서 어떤 변화가 있다는 것을 확인할 수 있을 것이다. 이 작업 역시 우리의 하위 가정을 옹호해줄 것이다. 5장에서 소개했던 찰스 림의 실험이 이런 작업일 수 있다. 결국 작곡에 대해 알기 위해 뇌와 마음에 대해서도 알아야 한다.

뇌는 무엇이고 마음은 또 무엇일까. 이어지는 두 장에서 나는 각각 뇌와 마음의 세계로 독자들을 인도한다. 뇌와 마음의 세계를 다루는 다양한 책들이 있고 많은 내용이 이미 소개되었다. 내 책에서는 그 모든 논의를 모두 철저히, 공평하게 다루지 않는다. 나의 고유한 가정을 옹호하기 위한 배경을 구성할 뿐이다.

뇌가 마음의 발원지인 점은 과학적으로 증명되었다. 어떤 감각 작용 혹은 정신 작용이 일어날 때, 뇌의 특정 부위가 활성화하는 것을 관찰할 수 있다. 이런 작업을 마음 읽기 mind reading라 한다. 이와 대조적으로, 인간과 실험용 쥐의 뇌의 특

앓기 전의 볼프는 아름다운 가곡들을 다수 작곡했다.
5. 1936년 영화 《셀 위 댄스》의 음악을 작곡한 후 거슈윈에게 이상한 증상들이 나타났다. 이후 거슈윈은 1937년 7월 쓰러져 혼수상태에 빠졌다. 뇌의 우측 두부에 악성 종양이 있었다고 의심했던 의사는 거슈윈을 수술했고 그의 뇌종양을 제거했지만, 작곡가는 마취에서 회복되지 못한 채 다음날 사망했다.(문국진, 2012) 1936년 이후 죽기 전까지 이 작곡가 역시 작곡하지 못했다.

정 부분을 자극해 어떤 마음을 먹게 할 수 있고, 어떤 행위를 유발할 수 있다. 이런 작업을 마음 쓰기mind writing라 한다. 이 두 작업이 실제로 이루어짐을 통해 우리는 뇌의 특정 부위의 활성화와 마음작용에 강한 인과관계가 있음을 추정할 수 있다. 인과관계 용어를 쓴다면 우리는 뇌와 마음이 서로 완전히 같지 않음을 인정하는 쪽에 서게 된다. 그런 입장에서 둘을 같이 다룰 수 없다. 다음 장에서 뇌에 대해 먼저 다루는 이유다. 하지만 마음에 대해서도 종종 다룬다. 뇌와 마음이 서로 완전히 같지 않다는 입장을 견지하는 이유도 소개될 것이다.

9

뇌와 감각기관, 그리고 음악

약 1,450g의 무게에 머리 앞에서 뒤쪽 끝까지의 길이가 고작 14㎝에 불과한 인간의 뇌. 이 작은 용적 안에 약 300억 개의 뉴런 즉 신경세포와 약 1,000조 개의 신경연접[1] 즉 뉴런 간 연결이 있다. 인간의 뛰어난 지능과 복잡한 마음의 원천이다.

1㎜의 길이와 0.1㎜ 정도의 두께를 가진 예쁜꼬마선충이라는 작은 선형동물의 신경계에는 뉴런이 300여개밖에 없다. 이러한 원형 신경계가 더 많은 뉴런과 신경연접이 있는 뇌로 진화해 왔다. 수억 년의 세월 동안 점점 더 많은 뉴런이 뇌에 거주하게 되지만 뇌는 머릿속 두개골 안을 벗어날 수 없었다. 뉴런이 더 많아지려면 뇌와 머리가 커져야 했다. 더 이상 커질 수

---

1. 하나의 뉴런은 나뭇가지들처럼 보이는 수많은 가지의 집합인 수상돌기 및 다른 뉴런 쪽으로 연결된 축색돌기로 구성되어 있다. 축색돌기의 끝 부분이자 다른 뉴런과의 연결부위를 시냅스라고 한다. 축색돌기를 따라 내려온 전류는 시냅스라는 아주 미세한 틈에서 도파민이나 세로토닌 같은 신경전달물질을 방출케 하고, 이것에 노출된 다른 뉴런들은 전류를 점화한다. 이 전류는 그 뉴런들의 또 다른 쪽 시냅스에서 다시 화학물질을 방출케 하여 또 다른 뉴런들을 전기적으로 점화시킨다. 신호 전달과정은 이렇게 화학적이며 전기적이다. 신호전달과정에서 마음이 출현하는 것으로 추정된다.

없을 때 뇌는 두개골 안에서 표면적을 늘려야 했다. 뇌가 주름 투성이가 된 이유다. 길이가 1m인 뉴런도 접히고 또 접혀 뇌 안에 기거한다.

뇌와 마음, 그 관계

뇌와 마음이 같으며 하나라고 보는 일원론자들이 있다. 이들 중 대부분은 마음을 뇌로 환원시키는 뇌 기반 일원론자들이다. 독일 철학자 게르하르트 로트에 따르면 이들은 정신세계와 자연·물리세계 사이의 존재론적 차이를 부정한다. 정신세계를 비롯한 모든 세계가 자연법칙을 따르며, 자연과학 용어와 방법만으로 묘사될 수 있다고 생각하는 이들이다.(로트, 2015) 미국 철학자 오르만 콰인도 일원론자인데, 그에 의하면 의식은 몸 상태, 즉 신경세포 상태다. 정신적 상태나 사건은 인간 또는 동물의 신체적 상태나 사건의 특별한 하위 범주다.(Quine, 1987)

패트리샤 처치랜드와 폴 처치랜드 부부 같은 강경한 일원론자들은 더 나간다. 그들은 정신 상태나 사건이 신체 상태나 사건과 존재론적으로는 물론 현상적으로도 다르지 않다고 말한다. 이들의 '제거적 유물론'에 따르면 마음과 의식은 제거해야 할 통속 심리학적 표현이며 뉴런의 작동에 대한 묘사로 대체되어야 한다.(재인용:로트, 2015)

일원론에 대한 다양한 비판이 있다. 다양한 비판자들은 마음이 뇌라는 물질과 어떻게든 다르다는 관념을 공유한다.

뇌-마음의 극단적 이원론은 자연법칙을 초월하는 비물질적 정신 상태 혹은 육체적 생명으로부터 독립된 영원불멸한 영혼을 가정한다. 이것은 과학도 학문도 아니다. 과학 혹은 학문으로 보이는 이원론에 의하면 마음은 뇌에서 현상된다. 현상이라는 용어가 마음과 뇌의 다름을 묘사한다.

마음은 뇌 상태와 현상학적으로 다르다. 마음과 뇌의 현상학적 다름만큼 심각하고 극적인 것은 없다. 미국의 신경과학자이자 작가인 샘 해리스는 뇌 상태를 관찰하며 의식을 연구할 때, 뇌 상태의 변화와 의식적/경험적 변화를 관련짓는 것이 할 수 있는 전부라고 말한다. 이 둘의 상관성은 매우 높을 것이다. 그렇다고 일인칭으로 경험되는 의식의 [독특한] 측면을 부정할 수는 없다.(재인용 : Jones, 2015)

우리는 우리 뇌 속 뉴런들의 운동을 그 자체로 지각할 수 없다. 감정, 감각, 지각, 의식 등의 마음이 뉴런들의 운동을 대신한다. 뇌가 작동하지만 해당되는 마음으로, 특히 의식으로 현상되지 않는 경우가 있다. 이것도 뇌 상태와 마음 상태가 다르다는 논리의 증거다. 이를테면 배측[2] 시각 흐름은 물체를 손에 넣기 위해 손과 눈이 서로 조율되는 과정을 담당하지만,

---

2. 눈을 통해 뇌의 일차 시각 피질로 전달된 시각 정보는 이후 뇌의 다른 곳으로 이동한다. 여기에는 크게 배측(背側)과 복측의 두 경로가 있는데 배측은 일차 시각 피질에서 두정엽으로 가는 경로이며 복측(腹側)은 일차 시각 피질에서 측두엽으로 가는 경로이다. 이 두 경로로 시각적 정보가 나뉘어 전달되어 처리된다는 '이중 흐름 가설'이 유력하며 이에 따르면 배측 흐름(Dorsal Stream)은 정보가 어디에 존재하는지를, 복측 흐름(Ventral Stream)은 정보가 무엇인지를 파악하는 것으로 알려져 있다.

어떤 노력으로도 이 뇌 영역의 작동을 의식으로 느낄 수 없다.(Goodale et al., 1991) 나는 뇌의 작동 결과 무대 위에 등장하는 것을 마음이라 부르며 뇌의 모든 작동을 마음이라 부르지 않았다. 이제까지 소개한 현상들과 이유들, 그리고 후술할 다른 이유들과 함께, 나는 이원론을 지지한다.

일원론에 대한 가장 강력한 비판은 현상학자들에게서 나왔다. 현상학은 독일 철학자 에드문트 후설이 20세기 초에 창안한 철학이다. 미국 철학자 숀 갤러거와 덴마크 철학자 단 자하비에 의하면 현상학자들은 뇌가 의식을 일으킨다는 점에 대해 관심을 거둔다. 그들이 그 사실을 부정하지는 않는다. 경험에 관심을 기울인다. 뇌의 생물학적 과정이 사람들의 경험일 수 없기 때문이다. 외부관찰자인 과학자들은 뇌에서 일어나는 일을 3인칭 접근방식으로 접근할 뿐이다. 과학자는 사람들의 경험이 아닌 그들 뇌의 특정 상태만을 확인한다. 객관적 과정을 아는 것이 그 과정을 겪는 인간의 마음을 아는 것과 다르다고 현상학자들은 말한다. 경험에 주목하는 한, 현상학은 1인칭 접근 방식을 취한다.(갤러거·자하비, 2013)

마음의 과학인 현상학은 뇌 과학과 다르다. 현상학이 뇌 과학에 관심을 가지지 않을 뿐, 그 연구의 필요성을 부정하지 않는 것으로 이해한다면 뇌 과학자인 일원론자들은 현상학자들과 연대해도 좋다. 실험을 적절히 설계하기 위해서, 실험 결과를 적절히 해석하기 위해서 뇌 과학자들은 피험자의 경험에 관해 관심을 가질 필요가 있다.

대부분의 일원론은 궁극적 실체가 뇌일 뿐이라고 여긴다.

일종의 유물론이다. 궁극적 실체가 마음 혹은 정보라고 여겨도 일원론일까. 철학에는 이러한 일원론이 오래전부터 있었다. 관념론이 그것이다. 현대과학, 특히 양자역학은 철학적 관념론을 지지해주는 것처럼 보이는 증거들을 제시한다. 고대 그리스 이래로 세계를 구성하는 요소들은 물, 불, 흙, 공기에서부터 원자, 분자에 이르기까지 모두 물질이었다. 물질을 계속해서 나누어 더 작은 물질을 찾아 나선 현대 과학자들 중에는 물질의 끝자락에 물질이 없고 정보가 있다고 생각하게 되었다. 이 논리에 따라 우리는 공상과학 영화에서 흔히 볼 수 있는 장면, 즉 인간 마음을 정보로 등치시킨 후 그 마음 정보를 원래 그 마음이 있던 뇌로부터 내려 받아 다른 뇌나 다른 기계에 올리는 장면을 생각할 수 있다.

이런 상황은 어쩌면 가능하지 않거나 아주 먼 미래에나 실현될 것이다. 반면 좀 더 가까운 미래에 궁극적 실체가 마음 혹은 정보임을 다른 방식으로 증명하는 상황이 올 수 있다. 인간 뇌와 다른 것이 인간 마음과 '유사한' 마음을 만드는 상황. 인공지능과 신경망의 연구에서 분명한 성과가 있다면 현재의 뇌 기반 유물론적 일원론은 타격을 입게 된다고 판단할 수 있다. 인공지능이나 신경망이 기반을 두는 것은 생물학적 뇌가 아니기 때문이다. 다른 소재들을 통해 계산과 판단, 추론과 작곡을 할 수 있다면 마음이 인간 뇌로부터 독립적인 상황이 도래했다고 볼 수 있다.

1986년 영국 출신의 과학자 존 그라함 화이트는 상술한 예쁜꼬마선충의 모든 뉴런이 어떻게, 어떤 강도로 연결되었는지에 대한 정보를 전자현미경을 통해 알아냈다. 화이트가 알아낸 이 정보들을 커넥톰이라 부른다. 과학자들이 이 커넥톰 즉 뇌 속 뉴런 간 연결지도에 관한 정보를 컴퓨터 안에 구현한 후 이 컴퓨터를 로봇에 탑재했는데, 이 로봇은 장애물을 피하고 앞으로 나갈 수 있었다. 이 로봇은 외관상으로는 생물체처럼 행동했고, 이것은 예쁜꼬마선충의 지능 혹은 마음이 로봇 안에 구현되었다는 주장의 근거가 되었다.[3] 커넥톰 연구자들에 의하면 나는 내 커넥톰이다. 커넥톰을 연구하는 학문을 커넥토믹스라고 부른다.

이원론은 이러한 도전에 대한 응전을 포기하지 않는다. 창발론은 이원론과 일원론을 조화시키려는 시도처럼 보이기도 하고 아주 독특한 이원론으로 보이기도 한다. 영국 철학자 브로드에 의하면 어떤 계에서 그 계를 구성하는 성분들의 속성과 다른 어떤 속성이 강하게 창발할 수 있는데, 강한 창발은 성분들의 속성으로 설명되지 않는다.(재인용 : 로트, 2015) 영국 철학자 카를 포퍼와 호주 생리학자 존 에클스에게도 마음의 기원은 자연에 있지만, 뇌가 진화하는 동안 출현하여 마음을 구성하는 속성들은 뇌의 속성들과 비교해 완전히 새로워져서

---

3. 이렇게 해서 어떤 마음 상태가 뇌 세포가 아닌, 다른 물질에 의해 구현될 수 있다는 생각이 세상에 빛을 보게 되었다. 이러한 과학적-철학적 생각을 지지해주는 개념이 '다중실현 가능성'이다.(이정모A, 2009) 이 개념은 철학적 기능주의에 연결되어 있다. 이것은 물질이든 마음이든 그것이 어떤 기능을 하는지를 통해 설명되고 이해되어야지, 그것이 어떤 물질로 만들어졌는지를 통해 설명될 수 없다는 생각이다.(같은 책) 기능주의에 대해서는 21장의 마지막 절에서 다시 다룬다.

자연의 물질세계를 초월한다. 마음의 속성들은 물리학 법칙으로 환원할 수 없고 설명할 수 없다.(Popper & Eccles, 1984)

오스트리아의 동물행동학자 콘라트 로렌츠도 이 대열에 동참한다. 그는 인간이 진화하는 동안 마음이 단순한 뇌세포들로부터 도약한 것을 섬광(풀그라쇼fulguratio)이라 불렀다. 이 용어는 원래 중세 신비주의자들과 신학철학자들이 창조적 활동을 표현하려고 만든 용어로 '번개의 섬광'이라는 뜻을 가진다. 생명 창조 같은 복잡한 현상에는 하늘이나 신으로부터의 갑작스런 개입이 있어야 한다는 관념을 표현키 위해 고안된 용어였다. 로렌츠는 이 용어만을 빌려와 전혀 다른 의미를 부여했다. 그는 우선 인간의 뇌세포들이 개별적으로 기능할 때는 아메바나 짚신벌레보다도 더 열등하게 정보를 처리한다고 말한다. 아메바는 외적 자극에 대해 적절한 반응이라도 하지만 신경세포는 단지 언제 흥분해야 하는지를 알뿐이다.(로렌츠, 1999) 신경세포는 사실 그 자체로는 지능이 없다. 고등한 존재의 구성 요소들은 이렇게 무력하고 단순하다. 생명이나 마음 같은 고등한 실체는 단순 요소들이 통합되는 과정에서 나타나는데, 그 요소들은 반대로 보편적 단순화 과정을 겪는다.

로렌츠는 상위의 실체로 통합되는 과정에서 작용하는 단순화된 요소들과 그 상위의 실체 간에는 일방적인 관계가 나타난다고 했다. 하위 체계 자체는 고차적 특성을 잃고 더 단순해진다. 고등한 것은 그것의 단순한 조상 혹은 구성 요소들로 환원될 수 없다. 생명은 물질이나 생명체 내부의 어떤 과정들로 결코 환원될 수 없으며 마음도 뇌세포들로 환원될 수 없다. 진보의 각 단계는 계통 발생적으로 항상 우연적인 특질을 가진, 역사적으로 독특한 사건인 섬광들로 구성된다.(로렌츠, 1999)

마음과 그 기반인 뇌는 존재론적으로, 근본적으로 같지만, 현상학적으로만 다를 수 있다. 하지만 그 다름은 무시할 수 없다. 에릭 칸델의 말마따나 뇌를 찍은 사진이나 영상은 우울증의 신경 징후들을 밝혀낼 수 있지만, 베토벤의 교향곡은 우울하다는 것이 어떤 느낌인지를 드러낸다. 마음을 제대로 이해하려면 존재론적 관점과 현상학적 관점 모두 필요하다. 하지만 두 관점의 결합은 아직 요원하다.(칸델, 2014A)

뇌의 탄생

뉴런들 사이의 신호 전달과정에서 어떤 마음이 형성된다. 이 과정에 앞서는 것이 있다. 일단 세계가 있고, 그 세계를 감각해야 한다. 강한 빛과 같은 감각 입력은 특정 뉴런들의 발화 및 뉴런 사이의 신호 전달과정을 통해 처리되어 눈의 깜빡임과 같은 운동으로 출력되거나 '빛이란 무엇일까'와 같은 고차원적 사유를 불러온다. 이런 일들을 하는 뉴런은 뇌를 구성하는 세포다. 뇌뿐 아니라 인간을 비롯한 생명의 기초단위는 세포다.

지구의 나이는 약 45억 년인데, 최근에 대략 41억 년 전에 단세포 생명이 지구에 생겨났다는 증거가 제시되었다. 단세포 생명의 중요한 특성이 있다. 자발적 운동이 그것이다. 세포 안

미오신과 액틴이라는 단백질 사슬의 상호작용이 이 운동의 원인이다. 단세포 생명의 이런 운동을 미국 신경과학자 이나스는 근원적myogenic 운동성이라 불렀다.(재인용:박문호, 2009) 단세포 생명은 근원적 운동할 뿐만 아니라 사람들이 일상적으로 생각하는 의미의 운동도 한다. 미국의 공학자 정성환은 단세포 생물이 미로에 갇히면 탈출하려고 몸을 구부리거나 공중제비를 돈다는 사실을 확인했다.(정성호, 2015)

최초의 단세포 생명은 탄생 후 20억 년이 넘는 동안 변함없이 살아왔다. 그러다가 다세포 생명이 우연히 등장했다. 단세포 생명의 운동성을 그대로 계승한 다세포 생명은 한 가지 독특한 과제에 직면했다. 모인 세포들의 상호 소통 및 조절이라는 과제였다. 이를테면 먹이를 찾아 같은 방향으로 움직여야 할 세포들이 어떻게 운동할지 조정되어야 했다. 세포 간 소통과 조절의 역할을 담당할 특별한 세포로 진화한 것이 신경세포일 수 있다.

이나스에 따르면 다세포 동물의 중추신경계에 온존하는 근원적 운동성이 진화해 내면화된 것, 이것이 의식 혹은 마음이다.(재인용:박문호, 2009) 움직임은 무엇일까. 우리는 개, 고양이 등을 움직이는 동물로 알며 자작나무, 장미 등을 움직이지 않는 식물로 안다. 마음이 내면화된 움직임이라면 동물은 생각한다. 크루제에 따르면 움직임 없는 생각, 지능, 마음 등이 생성되지 않는다.(크루제 외, 2003) 움직임은 마음을 낳고, 마음을 전제한다. 크루제는 팔다리 움직임을 생각해보라고 말한다. 우리에게 팔다리는 그냥 저절로 움직이는 것처럼 여겨진다. 하지만 이런 움직임이 얼마나 많은 생각과 관련된 것인지는 팔다리가 움직이는 로봇을 만들려고 할 때 알 수 있다. 로봇은 평평하거나 약간 굴곡이 있는 바닥도 어렵사리 걷는다. 단순한 곤충의 동작을 완벽하게 따라 하는 로봇을 만들기는 매우 어렵다.(같은 책) 움직이는 동물들은 대단한 사유를 한다.

단세포 동물의 근원적 운동성을 계승한 식물 역시 운동한다. 미시적이고 근원적인 것 말고도 식물은 가시적으로 운동한다.[4] 움직이는 식물은 생각한다. 단 동물과 다른 방식이다. 식물에겐 중앙신경계, 즉 뇌가 없다. 마음은 있다.

식물은 음악을 듣는가?

식물과 인간은 난청을 일으키는 청각장애 유전자를 공유한다. 인간 모두가 청각장애인은 아니다. 대부분의 사람에게 이 유전자는 활성화되어 있지 않다.(샤모비츠, 2013) 반면 이 유전자가 활성화된 식물은 귀머거리다. 식물은 귀로 음악을 듣지 못한다. 하지만 식물은 소리와 음악을 고유한 방식으로 지

---

4. 미모사는 무언가 닿으면 잎을 오므린다. 자신의 잎을 뜯어먹는 초식동물에 대한 방어 기제다. 파리지옥은 파리 같은 곤충을 먹으려고 포충엽이라는 덫을 놓고 곤충이 걸려들면 덫을 닫아 곤충을 먹는다. 의학자 최현석에 따르면 채송화는 벌이 앉으려는 순간 자신의 수술을 20~30도 구부려 벌이 앉기 쉽게 한다. 인간은 그것을 잘 보지 못한다. 움직임을 기준으로 식물과 동물을 구분하는 것은 인간의 일상적 감각을 기준으로 한 자의적 판단이다.(최현석, 2009)

각한다. 지상에서 소리는 귀와 신경계를 가진 생명이 물체의 진동으로 야기된 공기의 파동에 대해 가지는 느낌이다. 파동은 촉각을 통해서도 감각된다. 아주 강한 소리는 식물과 인간을 강풍 속에 있게 한다. 시끄러운 록음악이 식물의 성장을 방해했다는 연구결과가 있다. 성장의 방해 원인은 공기의 강한 진동, 즉 강풍 때문일 수 있다.

공기는 진동의 매질 중 하나다. 헬륨 같은 기체나 물, 땅도 진동에너지를 전달하는 매질이다. 이탈리아의 식물학자 스테파노 만쿠소에 따르면 식물은 몸의 하반신이 땅에 묻혀 있고 이 하반신은 땅으로 전달되는 진동에 특히 예민하다. 상반신도 진동을 지각할 수는 있다. 식물은 소리를 일종의 촉각인 기계수용채널로 지각하는데, 이 채널은 식물의 온몸에 퍼져있다. 식물에게 음악을 들려주려면 공기 중에서 연주하기보다 땅을 두들기는 방식이 더 나을지 모른다. 만쿠소에 따르면 100Hz에서 500Hz 사이의 낮은 음향은 식물의 발아/생장 등을 촉진하지만, 그 밖의 주파수는 이를 억제하는 효과가 있다.(만쿠소, 2016)

이스라엘의 과학자 대니얼 샤모비츠는 식물이 감각기관과 뇌를 가지고 있지 않지만, 고유한 방식으로 보고 냄새 맡으며 기억[5]한다고 주장한다.(샤모비츠, 2013) 식물의 뿌리는 진동에

---

[5]. 식물은 놀랍게도 학습하는데, 그것은 동물들의 뇌 기반 학습과 다르다. 서호주 대학교 진화생물학센터 연구진은 "식물의 세포 내에는 동물의 기억과정[을 가능하게 하는 뉴런체계들]과 비슷한 정교한 칼슘 기반 신호전달 망이 존재한다."라고 말한다.(재인용 : Nature World News, 2014)

따라 음원 쪽으로 이동할지 아니면 멀어질지를 결정한다.(만쿠소, 2016) 식물은 진동으로서의 소리를 구분하고 기억하며 반응한다.

구분과 반응 능력은 생존율을 높여야 할 필요성에 직면해 진화되었다. 생존 문제에 처한 귀머거리 식물이 바흐의 음악을 좋아한다는 이야기(차윤정, 2009)는 다소 한가롭게 들린다. 한가로운 일이 일어나지 않으리란 법은 없다. 생존 문제가 해결된 식물에게는 일어날 가능성이 더 높아질 수도 있겠다. 미국의 생리학자 재레드 다이아몬드에 의하면 인간에게 사육되는 침팬지, 오랑우탄, 고릴라, 원숭이는 붓과 연필을 이용해 그림을 그린다. 야생 침팬지는 그리지 못한다. 다이아몬드는 그 이유에 대해 야생 침팬지가 먹이를 찾고 경쟁 무리를 막아내느라 여력이 없기 때문이라고 말한다.(다이아몬드, 2015) 다이아몬드에 따르면 예술은 여유가 있어야 할 수 있다.

나는 여유 있는 상황을 만들어내기 위해 생물이 하는 행동, 즉 살아남기 위해 하는 적극적 행동이 생물 종의 고유한 예술일 수 있다고 말한다. 사육되어 여유를 갖게 된 침팬지의 그림 그리는 행위는 그들 고유의 것이 아니다. 그들 고유의, 생존문제에 답하는 예술행위가 있다. 후술할 침팬지의 '비춤'이다. 생존문제에 직면해 고유의 예술과 음악을 진화시킨 생명은 여유 있게 잘 생존한다. 식물이 생존 문제를 푸는 해법으로서 그들만의 고유한 음악을 하는지는 더 연구해야 할 것이다.

감각기관들과 뇌

뇌가 빠르고 다양하게, 지속적으로 움직이는 동물에게 있다면 뇌는 동물적 운동을 만드는 기관이다. 동물은 자신의 생존과 번식을 위해 움직인다. 그들은 먹이가 있는 쪽으로 이동하고 자신들을 먹는 동물을 피한다. 또한 이성 짝을 향해 움직이며 경쟁 상대인 동성을 일반적으로 피한다. 운동을 잘하기 위해 필요한 것이 있다. 올바른 정보들을 입력해 잘 처리해야 한다. 사자를 보지 못한 사슴은 도망가지 않고 잡아먹힐 것이다.

　최초의 동물적 마음은 생존 문제를 해결하기 위해 뇌가 작동한 결과였다. 파충류나 양서류, 어류의 동물에게 마음은 생존이라는 족쇄에 강하게 묶여 있다. 좀 더 진화한 포유류에게 마음은 한결 자유로워 보인다. 포유류 새끼들이 놀고 장난도 치니 말이다. 그런데 장난과 놀이는 지능의 발달을 자극하거나 촉진한다. 상술하였듯이 지능을 포함한 마음이 생존 문제의 해결 수단이라면 지능 발달의 자극제 혹은 촉진제인 장난과 놀이는 생존 문제와 무관치 않다. 예술을 고급의 놀이 혹은 유희로 보는 시각이 있다. 그렇다면 고급의 놀이인 예술도 지능 발달을 자극하고 촉진하는 것일 수 있고, 그런 예술은 그것을 하는 개체의 생존에 도움을 주는 것일 수 있다.

　뇌와 마음은 생존 문제에 잘 대처하거나, 잘못 대처할 것이다. 정보를 제대로 지각하지 못하거나, 제때에 빨리 지각하지 못하거나, 제대로 잘 지각한 정보를 잘못 해석하거나, 적절하지 못한 판단을 하거나, 기타 다양한 방식으로 이런저런 문제가 발생한다. 뇌와 마음은 그것을 가진 개체의 생존을 위해 필요하지만 완벽하지는 않다.

네덜란드의 생물학자 베르나르트 바즈와 동료 연구자 게이지가 말했듯이 감각 경로와 운동 경로는 해부학적으로 분명히 다르지만 항상 상호작용한다.(바즈·게이지, 2012) 우리는 스스로의 [운동으로서의] 발화를 듣는다[감각한다]. 따라서 신경계는 정보를 순환시키며 감각계와 운동계를 계속 동조하게 만든다.(Fuster, 재인용 : 바즈·게이지, 2012)

감각계와 운동계의 동조 및 상호작용은 동물들의 끝없는 진화적 군비 경쟁의 원동력이다. 잘 도망가지 못하면 잡아먹힐 것이고, 후손을 남기지 못할 것이다. 잘 도망가면 살아남을 것이다. 잘 도망치지 못해 잡아먹힌 생명 중에는 감각을 잘하지 못한 친구들도 있다. 은밀하게 다가오는 사자를 감각기관을 통해 지각하지 못한 사슴은 사자에게 잡아먹힐 것이다. 살아남는 친구들은 감각을 잘한다. 그런 그들을 먹기 위해 포식자들은 사냥을 더 잘해야 한다. 동물들의 끝없는 진화적 군비 경쟁에 직면해 우리가 알아야 할 엄중한 사실이 있다. 애초부터 감각과정에는 환상이 불필요하다는 사실이다. 감각기관은 세상의 실체에 부응하는 정보를 적절하게 받아들여야 한다.

대부분의 인간에게 비현실적인 것은 감각이 아니라 감각을 해석하는 뇌와 마음이다. 낭만주의적 예술과 음악이 비현실적 환상을 표현한다면 그것을 만든 예술가의 감각에 문제가 있어서가 아니다. 감각장애인들이나 마약에 취한 사람들이 비현실적 환상을 지각한다.

독일 낭만주의 문인인 요한 볼프강 폰 괴테는 마음의 눈을 통해 본, 자신의 분신에 대해 말한다. "나는 심안心眼을 통해 내 자신이 반대쪽에서 나를 향해 달려오는 것을 보았다. 이 분신은 내가 한 번도 입은 적이 없는 회색과 금색 옷을 입고 있었다. 나는 고개를 들어 미몽에서 깨어났고, 그 영상은 바로 없어졌다."(재인용 : 심스, 2014) 심스에 따르면 괴테는 연인이었던 프레데리카를 만난 후 이 환영을 심안으로 봤다. 환영은 괴테를 등지고 프레데리카 쪽으로 가고 있었다. 그것은 괴테가 다시 프레데리카에게 갈 것임을 의미한다.(같은 책) 환영이 심리적인 한 괴테의 감각기관은 멀쩡했을 것이다.

뇌의 특정 부위에 문제가 있어서 감각 장애가 발생하고 그로 인해 보게 되는 자신의 분신을 도플갱어라고 한다. 괴테는 도플갱어를 보지 않았다. 괴테와 다른 경우로서, 심스가 보고한 LSD 마약 복용자의 사례는 심각한 감각 장애 상황을 잘 보여준다. 이 사람은 문, 테이블과 같은 대상은 물론 방에서 나가는 누군가와 자신이 하나 되는 경험을 했다. 무섭고 두려운 경험이었기에 눈을 감았는데, 이번에는 자신이 해체되는 느낌이었다. 눈을 다시 뜨면 모든 것이 왜곡되고 뒤섞여 보였다.(심스, 2014)

괴테의 환상은 기대로부터 만들어졌고, 소망하는 바를 반영하는 심리적인 것이다. 상술한 마약 복용자의 환상은 감각 기능의 일시적 장애 탓이다. 이러한 감각 장애 기반 환상은 우리의 감각이 보통 때에는 우리가 의식하지 못한 상태에서 잘 작동하고 있다는 사실을 알려준다. 우리는 세상을 감각하고 지각함에 있어 우리 자신과 세계를 분리하는데, 이것은 우리의 감각이 어느 정도 멀쩡하게 작동한다고 볼 수 있는 증거이다. 위에서 소개된 감각 장애자들에게 주체와 바깥세계 사이의 경계는 무너져 있다. 이 경계는 주체가 대상을 감각/인식할 때 필요하다. 마약에 취한 내가 벽이고 테이블이 되었듯이 내가 사자가 된다면 나는 사자에게 바로 잡아먹힌다.

나는 다가오는 것이 사자라는 것을 안다. 사자가 풍기는 냄새를 맡거나, 사자의 모습을 보거나, 사자의 울음소리를 들으면서 말이다. 냄새를 맡는 것과 보는 것, 그리고 듣는 것이 단 하나의 감각기관을 통해 이루어질 수도 있을 것이다. 아니면 이런 일들을 여러 개의 전문적 감각기관에 나누어 맡기는 쪽으로 진화하는 것도 한 방법이다. 빛에 민감한 부위가 눈이 되고 진동에 민감한 부위는 청각이 되는 식으로 말이다. 인간은 분화된 감각기관들을 갖춘 쪽으로 진화한 계통에 속한다. 인간의 주요 감각은 시각, 청각, 촉각, 미각, 그리고 후각이다.

인간을 비롯한 많은 동물은 다수의 감각기관을 가지고 있고, 이 기관들과 연락하며 그것들을 통제하는 뉴런 집단들을 뇌 안에 가지고 있다. 감각기관들에 대면하여 뇌는 통째로 어떤 기능들을 맡는 것이 아니라 뇌의 특정 부위들이 특정 감각을 맡는 식으로 분화 및 전문화된다.

청각기관과 음악

인간의 귀는 크게 외이(바깥귀), 중이(가운뎃귀), 그리고 내이(속귀)로 구성된다. 대부분의 다른 동물에게서도 확인되는 구조다. 동물은 내이부터 장착했고, 이후 중이와 외이가 차례로 장착되었다. 외이를 갖춘 최초의 동물은 중생대 백악기(1억 4천5백만~6천6백만 년 전)가 끝을 향하고 있을 무렵의 양막류 동물이다. 양막류는 발생 초기 단계에서 배아가 양막羊膜을 지닌 네발짐승의 총칭이며, 양막은 포유류, 파충류 등의 태아를 둘러싼 막이다.

물체가 진동해 발생한 공기의 3차원적 진동과 그 파장은 바깥귀의 한 부분인 귓바퀴를 통해 귀의 내부로 받아들여진다. 귓바퀴는 소리를 모으며 소리가 발생한 방향을 쉽게 지각하게 해준다. 귓바퀴는 바깥쪽으로 돌출한 부분으로 거의 모든 포유류에 있다. 인간의 귓바퀴는 다른 사람들이 볼 수 있고 만질 수 있다. 사람마다 다른 형태의 주름이 귓바퀴에 있다. 주름이 없는 귓바퀴를 가진 모차르트 같은 이들도 있다. 주름 없는 귓바퀴를 '모차르트의 귀'라고 부른다. 이런 귀를 가진 이들은 소리가 어디서 나는지 잘 알지 못한다.

귓바퀴를 통해 받은 진동은 외이와 중이 사이를 연결하는 이도耳導로 보내지고, 이도에서 공명한 진동은 중이의 입구에 있는 고막을 좌우로 (혹은 안쪽과 바깥쪽으로) 즉 1차원적으로 진동시킨다. 생물학자 이정모에 의하면 고막은 중생대 트라이아스기(약 2억 5천만 년~2억 년 전)에 파충류와 양막류 동물들에게서 발생했다. 고막은 내이와 바깥 세계를 분리했고, 청각기관에 중이를 추가시켰다. 양막류 동물들은 중이를 통해 공기 속 진동을 훨씬 더 선명하게 감지한다.(이정모 B, 2015)

이것은 귀로 들어오기 전 공기의 진동 에너지보다 무려 10배 정도 증폭된 에너지를 고막의 진동이 만들어내기 때문이다. 고막의 진동은 추골, 침골, 등골의 세 뼈를 차례로 거치며 또다시 증폭된다. 이소골이라고도 불리는 이 세 뼈는 일종의 연쇄적 지렛대 역할을 하며 진동을 증폭시킨다. 중이의 고장근과 등골근이라는 근육은 반대로 강한 진동을 대할 때 이제까지의 연쇄적 증폭 과정을 제어하여 진동 에너지를 감소시킨다. 제어를 통해 중이의 안쪽에 있는 내이는 강한 소리로부터 보호받는다. 중이의 끝에는 난원창이 있다. 이제까지 진행되어 온 증폭과정은 이 뼈의 진동을 거치며 절정을 맞이한다. 고막보다 훨씬 작은 난원창에 단위 면적당 가해지는 힘은 고막에 가해졌던 단위 면적당 힘보다 훨씬 커진다. 난원창을 지나 소리는 내이에 도달한다.

내이 역시 중이와 외이처럼 일종의 관이다. 이 관은 와우각이라 불리는 나선 모양의 뼈 안에 있다. 이 뼈는 돌돌 말린 달팽이 껍질 모양처럼 생겨 달팽이관이라고 불린다. 이 관 바깥쪽에는 외임파액이, 안쪽에는 내임파액이 채워져 있다. 중이 기관들의 진동은 내외임파액을 진동시킨다. 외임파액의 진동은 달팽이관을 위와 아래로 나누는 35mm의 기저막을 진동시키고, 이 진동은 기저막 위 16,000여 개의 유모세포들을 진동시킨다.

헬름홀츠에 의하면 유모세포의 각각은 서로 다른 주파수에 반응한다. 헬름홀츠가 제시한 음고 식별 기제로서의 위치 이론이다. 이 이론에 따르면 기저막의 바깥쪽은 고주파에, 안

쪽은 저주파에 반응한다.[6]

외이로부터 이 유모세포들 이전 단계에 이르는 과정에서 진동은 합해진다. 유모세포들은 합해진 진동, 즉 오케스트라나 피아노가 낸 여러 화음 같은 복합적 진동을 분해한다. 우리 귀가 복합음의 스펙트럼을 구성하는 각 배음들을 하나하나 가려낸다는 것이 옴의 법칙이다. 헬름홀츠의 위치이론은 독일 과학자 게오르크 옴이 주장한 법칙에 기반을 두고 있다.

소리에는 분해가 필요 없는 순음도 있다. 분해가 에너지를 필요로 하는 일이라면 우리 귀는 분해 작용이 딱히 필요치 않는 순음에 대해 더 민감하게 반응할 것이다. 순음은 단진동을 통해 발생하며, 여러 부분음 혹은 배음들의 복합체가 아니다. 더는 나눌 수 없는 음이 순음이다. 자연에는 이런 순음이 드물다. 그래서 그런지 복합음으로 가득한 자연에서 순음은 우리 귀에 두드러진다. 오케스트라 악기 중 가장 작은 악기인 피콜로 소리가 엄청나게 큰 오케스트라의 음향을 뚫고 우리 귀에 잘 들리는 이유는 그 소리가 순음에 가깝기 때문이다.

비슷하게, 분해하기 쉬운 복합음은 분해하기 어려운 복합음에 비해 우리 귀에 더 두드러진다. 분해하기 쉬운 복합음은 그 음을 구성하는 진동들에 모종의 질서가 있는 소리다. 반면

---

6. 이석원에 따르면 위치이론은 주기성 감지이론과 대조적이다. 주기성 감지이론에 의하면 고막의 진동 주기를 감지하며 음고가 지각된다. 오늘날 위치이론과 주기성 이론을 조화시키려는 시도가 있다. 작은 진동수의 소리는 고막의 주기적 박동 빈도를 감지해 그 음고가 지각되고, 큰 진동수의 소리는 기저막의 서로 다른 위치들이 반응해 그 음고가 지각된다는 것이 두 이론을 조화시킨 결과다.(이석원, 2013)

분해하기 어려운 복합음은 그 음을 구성하는 진동들에 질서가 없다. 질서 있는 시각적 현상을 우리가 잘 파악하듯이 질서 있는 청각적 현상 역시 잘 파악된다.

대부분의 소리는 공기의 복진동에 대한 인간의 지각이다. 복진동을 구성하는 각 진동들의 주파수 값들이 (작은 주파수 값에서 큰 주파수 값의 순서로 차례로 배열될 때) 1f, 2f, 3f, 4f… 하는 식의 배수 혹은 정수 관계를 보인다면 이런 진동들의 합으로서의 복진동에 질서가 있다고 본다. 이러한 복진동이 도, 레, 미 같은 음고의 느낌을 강하게 준다. 세계 어디서든 대부분의 음악가들은 음고 느낌을 강하게 주는 질서 있는 물리적 진동현상에 주목했고, 그런 느낌을 주는 소리를 음악적 음으로 여겼다.

귀는 진동들을 구분해 부호화할 뿐이다. 귀와 함께 우리는 아직 온전한 소리 세계에 진입하지 못했다. 내이의 끝자락에 있는 유모세포의 물리적 움직임은 이제 뇌의 말단에 있는 청신경 섬유를 통해 전기적 반응으로 변형된다. 이때 특정 유모세포는 특정 청신경과 연결된다. 청각적 말초 신경계의 세계, 즉 청신경과 연결되기 전까지의 세계에는 어떤 물리적 진동들이 다른 물리적 진동들로 계속해서 변형되는 과정이 있다.

인간의 귀는 물고기의 원시적 귀로부터 진화했다. 물고기의 귀는 양서류와 파충류, 포유류에 와서 더욱 발달한다. 파충류는 달팽이관을 처음 장착했으며, 이후 시간이 지날수록 달팽이관 안의 유모세포가 점점 더 많아졌다. 덕분에 파충류의 소리 감각은 더욱 선명해졌다. 포유류에서의 발전은 더욱 눈부시다. 생물학자 이정모는 포유류에게 일어났던 일들을 잘 정리한다. 지금으로부터 대략 1억 5천만 년 전 쥐라기 후기 시대, 즉 거대한 공룡들이 지구를 장악했던 시대에 라올레스테스라는 포유류가 있었다. 쥐처럼 생겨 작고 보잘것없는 이 동물에게 한 가지 진화적 혁신이 일어났다. 여러 개의 턱뼈를 가졌던 조상들과 달리 이 동물에게는 단 한 개의 턱만 남았다. 나머지 뼈들은 귀속으로 이동해 망치뼈(추골)와 모루뼈(침골)가 된다. 상술했듯이 이 뼈들은 고막을 통해 전달되는 소리를 증폭시킨다. 덕분에 포유류는 높은 소리를 더 잘 들을 수 있게 되었다. 망치뼈와 모루뼈가 없는 파충류와 달리 더 정교해진 속귀를 장착한 포유류는 이제 밤의 세계에 진출할 수 있었다.(이정모B, 2015) 이전까지의 동물들이 주로 빛이라는 정보에 의존해 살았다면 포유류는 이제 소리라는 새로운 정보를 알게 되었다. 포유류는 소리 세계와 함께 더욱 영리해진다. 그 영리함의 한 끝자락이 예술적 음악 활동이다.

청각기관은 우리 인간과 물고기에게 무언가를 듣게 해주며 평형감각도 제공해준다. 인간과 물고기, 더 나아가 많은 다른 생명은 소리가 나는 방향을 지각하는 데에, 그리고 자신이 놓인 공간 및 자신을 구속하는 중력의 방향 등을 지각하며 균형을 잡는 데에 청각기관을 사용한다. 오늘날 우리는 음악을 공간적 예술로도 듣는다. 내 앞 꿩과 뒤의 늑대를 지각했던 귀로 이제 바이올린이 왼쪽에, 첼로가 오른쪽에 있음을 지각한다. 삶에서의 공간 인식이 음악적 마음으로 진화했다.

미국의 생물학자 마크 챈기지는 동물들이 소리의 공간적

특성을 지각하면서 원초적 선율을 듣게 되었다는 흥미로운 가설을 제안했다. 그는 어떤 것이 나에게 다가오면 그것이 내는 소리의 음고는 높아지고 멀어져 가면 낮아지는 지각적 현상을 말했다.(챈기지, 2013) 보편적 물리법칙 혹은 우주법칙인 도플러 효과에 기초한 현상이다.

도플러 효과는 오스트리아의 물리학자 크리스티안 도플러가 1842년에 밝혀냈다. 이 법칙에 따르면 파동의 성질을 가진 모든 것들은 나에게 가까이 올 때 그 파장이 실제로 방출된 것보다 짧게 나타나고, 반대로 내게서 멀어지면 실제보다 긴 파장으로 관측된다.(이석영, 2012) 기차든 하늘 위의 어떤 은하든 내게서 멀어지면 (기차가 일으키는) 공기의 파장과 (은하가 방출하는) 빛의 파장은 길어진다. 길어지면서 공기와 빛의 진동수가 작아진다. 반대로 기차든 은하든 내게 다가오면 (기차가 일으키는) 공기의 파장과 (은하가 방출하는) 빛의 파장은 짧아진다. 짧아지면서 공기와 빛의 진동수는 커진다. 간단히, 도플러 효과는 파동의 원천과 그것을 관찰하는 사람의 상대적 속도에 따라 진동수와 파장이 바뀌는 현상이다.

청각기관은 이 효과를 감지하도록 자연에 의해 선택되고 진화되었다. 공기 파동의 진동수가 커지면 우리는 높은 음을 듣는다. 챈기지에 따르면 도플러 효과를 지각하는 귀에게 음고 변화는 물체 혹은 포식자가 방향전환을 한다는 의미다. 물체 혹은 포식자가 다가오면 음은 높아지고, 멀어지면 낮아진다. 그렇게 동물들에게 원형적이며 조악한 선율이 들리게 되었다.(챈기지, 2013)

동물들이 이미 오래전부터 들어 왔던, 음고 변화의 연쇄가 인간의 음악적 선율의 원형일까. 선율이 상승하면 청자는 대부분 긴장감을 느낀다. 포식자가 다가오거나 친구가 다가올 때 사람들은 각각 부정적이거나 긍정적인 의미의 긴장감을 느낀다. 반면 선율이 하강하면 사람들은 대부분 긴장감이 해소됨을 느낀다. 친구와 포식자가 멀어져 갈 때 느끼는 감정과 비슷하다. 챈기지는 하나의 선율에서 한순간에 한 음만 들린다고 말한다. 물체와 생물도 한 번에 한 방향으로만 움직인다.(같은 책)

동물들이 처음 들었던 선율은 음고 값이 불명료한 음들로 구성되었을 것이다. 자연에서 질서 있는 진동은 드물기 때문이다. 그 선율은 그저 올라가거나 내려가기만 하는, 아주 단순한 윤곽만을 가졌을 것이다. 이런 원형적이며 조악한 음악적 사건에 동물들은 공포감과 기쁨, 안도감과 애절함 같은 감정들을 투영시켰을 것이다. 그 감정들의 인식을 통해 자신이 무엇을 해야 하는지 결정하고 행동했을 것이다.

개체발생이 계통발생을 되풀이한다는 독일의 생물학자 에른스트 헥켈의 반복 발생설이 맞다고 가정해보자. 즉 개체가 성장하는 동안 진화의 제반 단계를 반복해 인간 태아가 어류, 파충류 등의 단계와 유사한 모습을 거쳐 발생한다고 생각해보자. (이 주장의 과학적 진위여부는 가려지지 않았다. 많은 과학자들은 이 주장이 그럴듯하다고 말한다.) 우리는 인간 아이의 뇌에서 청각과 시각이 연결되고 (시각을 담당하는) 망막과 (소리정보를 수용하는) 시상이 연결된 그럴듯한 이유에 대한 설명을 얻었다고 생각할 수 있다. 인간 이전의 생명체들에게 감각기관들은 연결되어 있고 그것을 인간 태아가 반복한다는 것이다. 영유아는 이런 연결을 통해 소리를 보거나 색을 들을 수 있다.

어른이 된 후에도 이런 연결고리가 분화되지 않는다면 그는 아주 드물게 공감각 능력을 갖춘 존재로 남는다. 어른에겐 일반적으로 서로 다른 감각 간의 필요 없거나 과도한 연결고리가 줄어든다. 어른이 되기 전, 우리의 서로 다른 감각들은 같은 자극에 대해 동시에 점화할 수 있었다. 즉 우리는 잠재적으로 공감각자다. 영국의 심리학자 제이미 워드는 한층 더 나아간다. 그에 의하면 여러 감각이 서로 분리되어 있다는 [어른들의] 인식은 오해다. 단지 뇌가 감각들을 분리된 것으로 인식할 뿐이다.(워드, 2015)

공감각자들은 어떤 소리를 들을 때 어떤 색이 보이거나, 어떤 향기가 어떤 맛으로 느껴지는 등 서로 다른 두 개 이상의 감각 융합을 느낀다. 공감각자들의 융합 지각은 비자발적이며 지속적이고, 종종 어떤 감정이 수반된다.

감각들의 융합이 억제될 수 있고 지속적이지 않은 경우에도 공감각으로 볼 수 있을까. '마들렌 효과'는 프랑스 소설가 마르셀 프루스트의 『잃어버린 시간을 찾아서』의 벽두에 묘사된, 주인공이 느끼는 감각 연상을 가리킨다. 소설의 주인공은 차에 적신 마들렌 과자의 냄새와 맛을 통해 오랫동안 잊고 있었던 시간과 경험들, 그 경험들을 구성하는 생생한 감각들을 기억한다. 보통 사람들에게도 이런 식의 감각 융합은 종종 일어난다. 하지만 그들은 융합을 통제하며, 융합이 항상 발생하지도 않는다. 비자발적이며 지속적인 공감각은 일반적으로 병적 증후로 여겨지며 치료가 권고된다. 하지만 공감각자들이 불편해 하지 않고 그들의 세계 인식에 큰 문제가 없다면 그들은 독특한 사람들일 뿐이다.

음악은 원래 춤과 함께 향유되었던 것으로 추정된다. 여러 감각들에 호소하는 것이었다. 고대 그리스의 디오니소스 제의에서 음악은 연극, 춤 등과 어우러졌었다. 디오니소스 제의는 술과 풍요의 신인 디오니소스를 기리는 축제였다. 사람들은 제의에서 함께 춤추고 참여했다. 종합적 입력과 출력이 있었다. 종합 예술이라고 불리는 이유다. 오늘날의 음악회와 다르다.

영국의 언어학자 제인 해리슨 같은 이들은 이러한 제의에서 예술의 기원을 끌어냈다. 해리슨에 의하면 디오니소스 제의가 이루어지던 원형극장의 중심에는 '오케스트라'라고 불리는 원형의 공터가 있었다. 장소를 지칭하는 용어였던 오케스트라에서 춤과 노래가 섞인 코레이아choreia가 이루어졌다. 코레이아는 집단적 춤을 의미하는 코로스choros에서 유래한 용어다.(Harrison, 재인용: 김융희, 2008) 오케스트라는 오늘날 전문적 악기연주자 집단을 가리키는 말로 뜻이 바뀌었고, 집단적 춤을 의미하는 코로스는 합창chorus으로 뜻이 바뀌었다. 고대의 음악은 보고, 듣고, 노래하며 운동하는 것이었다. 즉 음악은 시각적-청각적 입력에 기대며, 노래를 동반한 운동출력이었다. 공감각까지는 아니더라도 감각들의 동시 발화와 그에 따른 종합적 경험이 고대의 음악 소비 과정에 있었다.

고고학자들은 선사시대의 사정도 비슷했을 것으로 추측한다. 프랑스의 이에고르 레즈니코프 같은 음악적 고고학자들은 동굴을 탐사할 때 노래를 부른다. 깊은 동굴에서 노래의 울림이 가장 좋은 곳이 있다. 그곳에서 후기 구석기 시대 조상들이 축제를 벌였을 가능성이 크다. 조상들은 대략 40,000년 전에서 10,000년 전의 기간 동안 동굴에서 많이 살았는데, 동굴 속 노래 울림이 가장 좋은 곳에서 노래만 부른 것이 아니라 그림도 그렸다. 그런 곳에서 벽화 유적이 많이 발견되었기 때문에 내리는 추측이다. 선사시대 축제의 장은 생활의 장이기도 했다. 생활용품으로서의 유적 또한 그곳에서 많이 발굴되었다.(Whipps, 2008)

모듈적 뇌 모델

뇌의 어떤 부위가 어느 감각기관에 관련되는지, 어느 부위에서 어떤 감정이 발원하는지에 대해 사람들은 오래전부터 추측해 왔다. 잘못된 추측의 근대적 사례가 골상학이다. 이 사이비 학문의 창시자인 오스트리아 의사 요제프 갈은 이를테면 두개골의 가장 아랫부분으로서 귀밑에 딱딱하게 불거져 나온 뼈 부위를 성욕을 불러일으키는 곳으로 분류했다. 이 부위로부터 2㎝쯤 위에는 투쟁기관이 있다. 그는 이런 식으로 사람들의 외관을 통해 그들의 뇌의 어느 부위가 더 발달했는지를 알았고 그렇게 사람들의 성격을 추측했다. 갈에 의하면 온화한 성격의 소유자는 투쟁기관이 있는 부위가 평평하다. 카터와 같은 과학저술가들, 과학자들에 따르면 19세기 초반의 골상학은 명백히 틀렸다. 뇌는 유연하고, 뇌에 의해 두개골의 형상이 바뀌는 일은 없다. 갈이 지적한 성애기관이나 투쟁기관도 갈이 가리킨 그 위치에 없다.(카터, 2008)

갈의 주장 중에서 딱 한 가지가 경청할 만했다. 뇌가 '기능별로 나뉘어 있는 부분들의 집합체'라는 발상이다.(같은 책) 뇌는 특정 기능들을 독자적으로 수행하는 부분들로 구성된다. 모듈적 컴퓨터도 이렇게 구성되어 있다. 뇌의 부분들을 컴퓨터의 소프트웨어 또는 하드웨어를 구성하는 모듈들과 유사하다고 보면 뇌의 작동방식도 모듈적인 것으로 모델화할 수 있다.[7]

뇌가 컴퓨터처럼 특정 기능들을 담당하는 모듈들로 구성되어 있다는 발상은 마음의 각 요소가 뇌의 서로 다른 영역에 있다는 관점으로 연결된다. 이 관점을 지지하는 많은 증거가 19세기 중반 이래로 확보되었다. 피니어스 게이지의 사례가 가장 고전적이다. 1843년, 25살의 게이지는 동료들과 함께 미국 버몬트 주의 한 철도 공사장에서 일했는데, 작업 도중에 폭

---

[7] 모듈들은 서로에 대해 기능적으로 분명히 독립되어 있으며 그 상태에서 주어진 업무를 수행할 수 있도록 잘 정의되어 있다.(이상만, 1996) 이러한 모듈들로 소프트웨어나 하드웨어 시스템을 설계할 수 있다. 그렇게 설계되는 시스템 특성을 모듈성이라 한다. 복잡한 대형 소프트웨어를 개발할 때 주어진 프로그램의 복잡한 기능을 세분한 다음 각 세부 작업을 하나의 모듈로 구성해 전체 시스템으로 통합할 수 있다. 이러한 개발 작업을 모듈별 프로그래밍이라 한다.(같은 책) 모듈별 프로그래밍 작업을 통해 설계된 컴퓨터는 기능별로 나뉘어 있는 부분들의 집합체로서의 뇌와 유사하다.

발 사고를 겪었다. 커다란 철 막대기가 왼쪽 뺨에서 오른쪽 머리 윗부분을 뚫고 지나가 버리면서 두개골의 상당 부분과 왼쪽 대뇌 전두엽 부분이 손상되는 끔찍한 상처를 입었다. 우여곡절 끝에 게이지는 머리에 9cm가 넘는 지름의 구멍을 간직한 채 살아남았다. 사고 전후로 게이지의 성격과 행동 양상이 완전히 바뀌었다. 성실하고 긍정적이었던 게이지는 술에 찌든 방탕아가 되었고, 기분이 쉽게 변하며 결정을 잘 내리지 못했다. 무엇 하나 실행하지 못했으며, 자기 조절을 전혀 할 수 없었다. 무모하고 부주의해졌으며, 충동적이고 비속해졌다. 그럼에도 게이지의 일반적 지능은 그의 감각 능력과 함께 온전했다.

게이지의 사례를 통해 사람들은 인간의 뇌를 모듈적인 것으로 모델화할 수 있었고, 대뇌 전두엽 부분이 하는 일들에 대해 알게 되었다. 이 부분의 손상이 게이지의 성격 변화의 원인일 수 있다고 추측하면서 말이다. 색스에 의하면 전두엽은 신경계의 최후 업적으로, 인간에게서만 고도로 발달했다. 전두엽에는 단순하고 쉽게 찾을 수 있는 기능이 없다. 그것은 고차원의 목적 지향적 행동에 필요하다. "목표 찾기, 목표 세우기, 목표 달성을 위해 계획을 세우기, 수단을 조직하여 그 계획을 수행하기, 원하는 대로 목적이 달성될지 그 결과를 예의주시하고 판단하는 것 … 전두엽의 위대한 발달이 인간 뇌에서 일어나지 않았다면 (언어영역의 발달과 더불어) 문명은 태어나지 못했을 것이다."(색스, 재인용 : 바즈·게이지, 2012)

게이지의 사례를 설명하는 방법은 병변 분석이다. 병변病變은 병이 원인이 되어 일어나는 생체 변화다. 외상이나 뇌졸중,

또는 기타 질병들로 인해 뇌 조직이 손상되거나 파열되면 병변이 있다. 이런 병변을 겪고도 운 좋게 살아남은 이들은 그 병변이 발생한 뇌의 특정 부위가 작동하지 않는다. 멈춰진 부위가 그 환자가 겪는 감각, 인지, 운동 장애와 연관이 있다고 추측할 수 있다.

병변 분석은 많은 의학적 성과를 낳았는데, 뇌에서 언어를 처리하는 부위도 병변 분석을 통해 밝혀졌다. 1861년, 파리의 외과 의사였던 폴 브로카는 말을 알아듣지만 할 수는 없었던 특이한 언어장애 환자를 만난다. 유일하게 발음했던 단어가 '탕'이었던 이 환자가 죽자 브로카는 그의 뇌를 분리해 정밀 검사를 한다. 그러고는 '탕'이라 불렸던 이 환자의 언어 표현 장애의 원인이 왼쪽 대뇌반구 전두엽 제3이랑의 손상이었다고 결론을 내린다. 브로카 영역으로 불리게 된 유명한 부위가 이렇게 알려졌다. 말을 알아듣지만 할 수 없는 증후를 브로카 실어증이라 한다. 브로카는 언어 능력의 신경적/생물학적 기반을 밝혀냈다. 근대적 신경과학 연구의 출발점이 구성됐다.

대조적인 언어장애가 베르니케 실어증이다. 독일 신경정신과 의사인 칼 베르니케는 상대의 말을 이해하지 못하면서 무의미한 말을 유창히 하는 언어장애환자가 뇌의 특정 부위에 문제가 생겨 발병했다는 결론을 내렸다. 이후 그 부위는 베르니케 영역으로 불렸다. 이 영역은 뇌의 좌반구(왼쪽 뒤 상측두회)에 위치하며 청각 피질과 시각 피질로부터 전달된 언어정보들을 수렴해 해석한다. 언어 이해가 이루어지는 곳이 여기다.

브로카 영역과 베르니케 영역은 모듈적 뇌 모델을 지지해

주는 사례들이다. 오늘날 많은 연구자들이 이 관점에서 연구를 한다. 자신들의 상황과 무관하게 사람들을 웃게 만드는 부위, 신비로운 느낌을 자아내고 (심지어 신앙심이 없는 사람에게) 영적 느낌을 만들어내는 측두부와 대뇌변연계 영역을 비롯해 많은 모듈들이 확인되었다.

각각의 감각장애와 관련된 뇌의 모듈들이 따로 있다는 사실도 모듈적 뇌 모델을 지지해준다. 환각은 눈과 일차시각영역(V1) 같은 시각 영역과 관련이 있다. 시력 일부를 잃거나 뇌의 V1 부분에 문제가 생긴 사람들의 15%는 환각을 경험한다. 비슷하게, 청각장애를 앓고 있어 정상적 소리 입력을 차단당한 대뇌 청각 피질의 일부는 자발적으로 활성화될 수 있고, 이 경우 환자가 예전에 들었던 소리와 관련한 기억으로 구성된 환청이 발생할 수 있다. 환청은 환각의 일종이다. 심리학자인 원호택과 이훈진에 따르면 환각은 감각 대상이 없고 입력도 없는 상태에서 뇌의 출력이 비의도적으로 방출되는 경우에 가지게 되는 경험이다. 환각은 실존하는 감각 대상과 그에 대한 감각 자극을 잘못 지각하는 것으로서의 착각과 다르다. 밤길에 비닐이 날리는 것을 보고 귀신을 보았다고 생각하면 착각이다. 비닐이 없는데 뭔가를 보았다면 환각이다.(원호택·이훈진, 2013)

환청 중에는 음악 환청이 있다. 음악 환청은 주로 전직 음악가였던 이들이 청각장애를 겪을 경우 발생할 가능성이 크다. 음악 환청이 발생할 때에는 음악을 실제로 들을 때 활성화되는 부위들, 이를테면 측두엽과 전두엽, 기저핵과 소뇌 등이 활성화된다.(색스, 2006) 환청을 통해 듣는 것은 실제 음악에 대한 기억의 재생이다. 종종 그것은 재생을 넘어 재조합되고 개작된다. 이것은 우리 뇌가 외적 입력과 무관하게 자폐적으로, 그러나 종종 창조적으로 활발히 일하는 경우가 있음을 알려 준다.

통제될 수 있는 환청은 매우 강력하고 비자발적으로 떠오르는 음악적 심상과 유사하다. 환청과 심상의 세계에는 연속성이 있을지 모른다. 그 연속성의 기저에는 적극적으로 활동하는, 그러나 막상 우리는 그것에 대해 잘 의식하지 못하는 뇌가 있다.

기억도 감각적이기에 뇌의 해당 모듈들과 관련될 것이다. 미국의 물리학자 미치오 카쿠는 감각정보들의 전달경로와 감각적 기억이 모듈적이라고 말한다. 이를테면 하나의 통합된 기억은 기억을 담당하는 해마에서 여러 조각으로 분리되어야 한다. "해마는 […] 기억을 항목별로 분류해 다양한 피질에 전송한다. 예를 들면 감정과 관련한 기억은 편도체에 저장되고, 새로운 단어는 측두엽에 저장되는 식이다. 시각 및 색상과 관련한 기억은 후두엽에, 촉각과 움직임은 두정엽에 저장된다."(카쿠, 2015)

심상도 감각적이며 모듈적이다. 예를 들어 시각적 심상과 실제 시각은 대부분 같은 신경 장치를 이용한다.(바즈·게이지, 2012) 이 사실은 꽤 오래전부터 알려져 왔다. 철학자 아리스토텔레스에 따르면 시각적 심상은 실제 시각의 약한 복사본이다.(재인용: 같은 책) 캐나다의 신경과학자 로버트 자토레와 안드레아 할페른은 소리를 듣지 않고서 소리를 떠올리는 청각적 심상 과정이 청각 피질에서의 뉴런 활동과 관련이 있다고 말한다.(Zatorre & Halpern, 2005)

모듈적인 모델은 이렇게 뇌의 거의 모든 작용을 설득력 있게 설명했다. 이 대단한 성과는 환원주의적 연구방법을 따른 결과다. 연구자들은 뇌의 여러 기능 영역들을 확인하고 그에 기초해 뇌지도를 작성했다. 뇌지도와 함께 우리는 뇌의 이곳이 얼굴인식 영역, 저곳은 언어 영역, 저쪽은 음악 영역이라고 말하는 학자들과 그들의 논의를 알게 되었다.

지도는 다양할 수 있다. 우리에게 가장 익숙한 지도는 영토지도다. 영토지도가 알려주지 않는 것들이 있다. 영토지도는 19세기에 뮌헨에서 뉴욕으로 이민 갔던 사람들, LA와 서울이 문화적으로 공유하는 것들, 부산사람들의 사고방식에 영향을 준 일본의 방송프로그램 등에 대해 알려주지 않는다. 영토지도는 또한 현재의 국가들의 국제정치적 현실을 잘 묘사하지만, 그 현실의 이유, 그것이 만들어진 역사를 보여주지는 못한다. 현재의 뇌 지도도 그렇다. 더 많은 정보를 연구하여, 다양한 정보가 표현된 뇌 지도들을 만들어야 한다. 뇌의 영역들 사이의 연관성에 관한 정보도 연구되고 알려져야 한다. 이를테면 음악을 담당하는 뇌의 부위와 비음악적인 일들을 담당하는 뇌의 부위 사이에 있을 수 있는 연관성 말이다. 이 연관성에 기초한 것이 이 책의 주제인 마음의 통합이다. 다음 절에서 모듈적 뇌 모델을 이 관점에서 좀 더 특정화하자.

모듈적 청각 피질과 통합적 뇌

귀에서부터 난 청각통로를 따라 올라가면 청각 피질이 있다. 청각 피질은 뇌의 좌/우반구 각각의 측두엽에 있다. 좌/우양 뇌는 신경 집합인 뇌량을 통해 연결되고, 덕분에 청각 피질들도 서로 연결된다. 청각 피질 역시 해부학적으로 그리고 기능적으로 분리된 다수의 하위 영역들로 구성된다. 각 영역들은 소리 처리와 관련한 더 세밀하고 전문적인 기능들을 담당한다. 모듈적 뇌에 대한 각론이다.

청각 피질의 중심은 A1이라 불리는 1차 청각영역이다. A1은 기저막의 각 영역과 대응한다. 기저막 안쪽이 반응하는 저주파는 A1의 안쪽 혹은 앞쪽(머리의 얼굴 쪽)으로 전달되고, 기저막의 바깥쪽이 반응하는 고주파는 A1의 뒤쪽으로 전달된다. 그렇게 전달된 고주파와 저주파 각각이 A1의 각 영역에서 일차로 해석된다.

청각 피질은 여러 곳으로 뻗어 있다. 베르니케 영역 근처의 측두평편부는 방금 들은 소리를 과거의 기억과 비교한다. 비교 분석을 거쳐 듣고 있는 것이 무슨 소리인가를 알아낸다. 소리를 지각하고 인식하는 데에는 사람들이 평생 소리와 관련해 경험하고 배워온 지식 모두가 관여한다. 소리에 관한 거의 무한정의 정보를 배우고 저장하며 회상하는 능력이 뇌에 있다. 이 능력은 소리를 다양하게 범주화하는 능력에 도움을 받는다. 소리를 분류하는 과정에서 통합적 표상들의 도움도 받는다. 통합적 표상은 이를테면 망치질 소리와 망치질하는 모습이 연결되어 구성된다.

　이렇게 청각적 말초신경계와 청각 피질 및 다른 감각계와 다른 감각피질들이 모두 연결되어 있다. 바즈와 게이지에 따르면 청각계는 청각 피질 쪽으로의 상행로와 청각 피질로부터의 하행로, 그리고 청각 피질과 다른 피질 영역 간의 평행로로 구성된다.(바즈·게이지, 2012) 청각계만이 아니라 다른 계, 이를테면 시각계도 이렇게 다중으로 연결되어 있다.

　다중적 연결에 기초해 통합적으로 작동하는 뇌에서 통합적 마음이 현상된다. 뇌의 통합적 작동에는 여러 의미가 있다. 이 절에서만 우리는 세 가지를 확인했다. 좌우뇌가 뇌량을 통해 정보를 교환한다는 것, 말초신경계와 관련 대뇌피질들 사이에서 정보가 오르내린다는 것, 청각계가 말초신경계와 청각 피질은 물론 기타 관여되는 모든 경로들로 구성된다는 것.

　서로 다른 과학자들이 이 세 의미를 다른 시점에 알았다. 폴란드 신경생리학자 코노르스키는 1967년에 위의 두 번째 의미를 알았다. 그에 의하면 구심성 상행로에 정보가 부족하면 역류가 일어나 환각이 발생하고 그 환각과 [실제적] 지각을 생리적으로나 주관적으로 구별할 수 없게 된다.(Jerzy Konorski, 재인용 : 색스, 2006)[8]

---

8. 과학자들은 꿈도 같은 원리로 설명한다. 꿈꾸는 동안 시각기관으로부터 정보가 입력되지 않아 기억의 역류가 일어나고 환각이 생긴다. 물리학자 카쿠에 의하면 환각으로서의 꿈은 기억과 관련되는데, 이는 우리가 잠잘 때 기억을 담당하는 해마가 깨어 있음을 통해 짐작할 수 있다. 정서를 담당하는 편도체와 정서 반응을 제어하는 (전두엽 중심부의) 전측대상피질도 수면 중에 작동한다. 꿈이 대체로 정서적인 이유다. 카쿠는 꿈의 비논리성에 대

환각을 통해 우리가 알 수 있는 것, 알아야 하는 것은 인간은 무언가를 현실 세계로부터 받아들여야 한다는 점이다. 꿈과 환각은 우리가 외부세계로부터 정보를 받아들이지 않거나 덜 받아들일 때 발생한다. 꿈은 치료할 필요가 없겠지만 심각한 환각은 치료해야 한다.

환각은 우리 뇌가 부지런하기에 일어나는 일이다. 우리 뇌는 많은 정보를 정리하는 능력을 선천적으로 가지고 있는 것 같다. 그런 뇌를 가진 우리는 세상의 소음들 속에서 중요한 소리를 추출할 수 있다. 우리는 또한 다양한 주변 소음을 그룹화해 다른 소리들과 분리하고, 분리된 소리들을 다시 결합하거나 반대로 결합된 소리들을 무의미한 것으로 들을 수 있다. 이 모든 것은 피질로부터의 하행경로가 하는 일이다.

하행 경로는 다음과 같은 경우에 작동한다. 당신은 커다란 대형 강의실 교단에 서 있는 교수다. 100여 명의 학생에게 주제를 주고 그룹을 지어 토론을 시킨다. 학생들의 토론이 열기를 더한다. 강의실은 시끄럽다. 당신이 원하는 답을 오른쪽 끝자락에 앉아있는 어떤 학생이 작게 혼잣말로 말한다. 당신은 그 말을 들었다.

피질로부터의 하행 경로는 세계의 일부 측면만을 선별 처

해서도 모듈적 관점으로 설명한다. 꿈꾸는 동안 배외측 전전두피질이 멈추어 논리적 사고를 할 수 없으며, 사실 여부를 확인하거나 오류를 점검하는 안와전두피질이 작동치 않아 물리법칙이 무시되고 상상의 나래가 펼쳐진다. 감각신호와 공간지각을 처리하는 측두두정피질도 작동치 않아 유체이탈 같은 초현실적 현상을 종종 느끼게 된다.(카쿠, 2015)

리하고 나머지는 무시해야 할 필요성으로부터 진화해 왔다. 선별하지 않는다면 당신은 세계를 채운 많은 감각적 정보들의 홍수 속에 파묻혀 정작 중요한 것을 지각하지 못할 것이다. 캐나다의 심리학자 마이클 코벌리스는 세계의 일부를 선별적으로 지각하고 그것에 몰두하는 심적 과정을 '주의'attention라고 부른다. 주의하며 우리 마음은 조정된다. 마음은 생존을 위해 중요한 사건들을 우리가 인지하도록 장착되었다. 주의는 [특별히 중요한 사건들, 이를테면] 아주 시끄러운 소리, 갑작스러운 움직임, 눈부신 섬광과 같은 특이한 사건들을 위험 신호로 받아들일 때 작동한다.(코벌리스, 2013)

    작곡가들은 평범한 감상자들이 일상에서 주의를 기울인다는 점을 알고, 그 마음을 이용한다. 관현악곡이 절정을 맞이할 때쯤 음악은 가장 시끄러워진다. 관현악 총주의 포르티시모 fff 음향이 흐르는 동안 작곡가들은 여기에 결정적 한 방을 더한다. 눈부신 섬광 같은 심벌즈의 강력한 스트로크, 혹은 공이나 탐탐 같은 타악기의 지축을 흔들 것만 같은 소리. 트럼펫의 강력한 금속성 소리도 모든 연주자를 압도할 수 있다. 가장 높은 음을 내는 피콜로는 가장 작은 악기인데, 이 악기가 내는 소리도 모든 연주자의 소리를 뚫고 우리 귀에 도달한다. 이 악기들이 내는 소리가 관현악의 나머지 모든 악기들이 내는 음향보다 물리적으로 크지는 않다. 우리 귀가 그 소리를 압도적으로, 다른 음향을 뚫고 나오는 것처럼 듣는다. 주의를 불러오는 물리적 기반은 독특한 음색이다. 심벌즈와 공, 탐탐은 백색소음에 가까운 소리를, 피콜로는 백색소음과 정반대 특성인 순음에 가까운 소리를 낸다. 백색소음white noise은 가청주파수대 안에 존재하는 모든 주파수 값에 해당하는 소리들이 같은 세기로 제시된 음향 상태다. 트럼펫은 지극히 화려하고 웅장한 음색으로 다른 악기들과 차별성을 보인다. 이렇게 튀는 음색들에 대해 우리는 우리의 오래된 주의하는 마음을 작동시킨다. 튀는 음색이 우리에게 중대한 것들을 직접적으로 혹은 막연하게 연상시키기 때문일 수 있다. 절정의 순간 터져 나오는 심벌즈는 위협적 상황과 닮았을 수 있다. 화산이 폭발하는 상황 혹은 천둥치는 상황.

주의하는 마음, 즉 마음속 경보장치는 아주 작고 미묘한 소리에도 반응한다. 시끄러운 와중에도 몰래 나무 위로 올라와 나의 아이를 덮쳤던 뱀이 내는 은밀한 소리에 조상들이 주의를 기울이지 않았다면 인류는 지금처럼 번성하지 않았을 것이다.[9] 코벌리스에 따르면 여러 명의 아이들 속에서도 내 아이 울음소리는 특히 더 잘 들린다.(같은 책) 우리의 번식을 위해 중요한 문제이기 때문이다.

주변의 큰 소리에 가려질 법한 작은, 그러나 중요한 소리에 대해 우리가 주의하는 능력을 칵테일파티 효과라 부른다. 칵테일파티는 시끄럽다. 칵테일파티 속 중요한 작은 소리를 당신

---

9. 과학자들은 주의하는 마음의 신경적 기반을 추정해 왔다. 최근의 연구는 시상망상핵의 'ErbB4'라는 단백질이 비활성화될 때 쥐의 주의력이 크게 향상되었음을 밝혀냈다.(Ahrens et al, 2015) 이 단백질이 없거나 활성화되지 않을 때에 시상망상핵과 피질 간의 연결성은 강화되고, 이것이 주의력을 높이는 것으로 추측되고 있다.

은 들을 수 있다. 작곡가들은 감상자의 이 능력을 잘 알고 활용한다. 이를테면 작곡가들은 관현악곡에서 독주 바이올린, 플루트, 오보에 등이 가녀린 선율을 연주하게 한다. 이 악기들이 연주하는 동안 다른 악기는 작게 연주하여야 한다. 다른 악기들이 다수라 이 악기들의 소리는 종종 거의 들을 수 없을 정도로 작다. 그럼에도 우리는 선율에 주의를 기울인다. 선율이 우리에게 중요한 것들을 직접적으로 혹은 막연하게 연상시키기 때문일지도 모른다. 내 아이의 울음소리처럼, 속삭이듯 부르는 내 이름 소리처럼 들릴 수 있다.

시끄러운 강의실로 되돌아가 보자. 이번에 당신은 오른쪽 끝자락에 앉아있는 학생과 왼쪽 끝자락에 앉아있는 학생이 당신이 원하는 말을 동시에 같은 용어로 발화하는 것을 들었다. 바즈에 의하면 당신은 두 학생의 발음을 동시 그룹화했다.(바즈·게이지, 2012) 동시 그룹화는 둘 이상의 소리가 시작과 끝을 같이할 경우 청자가 그 소리들에 공통의 속성을 부여하는 마음 기제다. 이 기제가 없다면 당신은 두 학생이 같은 말을 했다는 것을 지각하지 못하며 오케스트라에서 같은 선율을 연주하는 10명의 바이올린 연주자의 소리를 한 성부로 듣지 못한다. 고전과 낭만시대의 오케스트라에서 같은 선율을 한자리에 모여 앉은 10명의 바이올린 연주자가 연주할 때가 많다. 이런 음악을 들을 때 우리는 동시 그룹화를 쉽게 할 수 있다. 반면 현대음악에서는 같은 선율이 서로 떨어진 자리에 앉은 연주자들에 의해 연주되기도 한다. 동시 그룹화가 어려워진다. 앞에서 본 강의실에서의 상황과 근본적으로 다르지는 않다.

강의실에서, 이번에는 오른쪽 끝에 앉아있는 어떤 학생과 왼쪽 끝 학생이 의미는 같지만 서로 다른 용어를 약간의 시차를 두고 발화했다. 당신은 이번에도 동시 그룹화 기제를 작동시켰다. 비슷하게 현대 오케스트라에서 서로 떨어진 두 악기 연주자들이 정확히 같지는 않은, 그러나 내용적으로 같은 선율을 시차를 두고 연주한다. 상황파악은 더 어려워질 것이다. 여전히 동시 그룹화 기제가 작동되어야 할 상황이긴 하다.

바즈와 게이지는 연속적 그룹화에 대해서도 말한다. 당신은 오른쪽 끝의 학생이 하는 말에 특히 집중한다. 이 학생은 중간에 말을 멈추기도 한다. 그가 말을 하지 않는 동안 강의실의 소음은 커진다. 잠시 뒤 그 학생이 다시 말을 계속한다. 당신은 이 학생이 단속적으로 하는 말들을 연속적으로 그룹화한다.(같은 책) 연속적 그룹화는 제시되는 소리들을 연결된 것으로 지각하는 과정이다. 소리들이 어떤 맥락을 구성하기에 연결시켜 지각할 수 있다. 연결 기제가 없다면 당신은 중간에 쉼표들이 들어 있는 음고 연쇄를 선율로 듣기 어렵다.

작곡가들은 이 지각 기제에 대해 본능적으로 안다. 그런 그들은 선율을 작곡할 때 중간이 크게 비지 않도록 애쓴다. 이것은 20세기 이전까지의 작곡가들이 기본적으로 잘 준수했던 지침이었다. 20세기 작곡가 안톤 베베른은 이 지각 기제를 의도적으로 뒤흔든다. 이 오스트리아인의 음악을 들으면서 선율을 좇아가는 일은 매우 어렵다. 그는 대단히 불친절하게 하나의 음악적 단위로서의 음렬을 여러 악기에 배분시키고, 중간에 빈틈을 집어넣는다. 그의 음렬 자체가 전통적 선율과 많이 다른데도 불구하고 이런 일을 한다. 그의 음악은 우리를 훈련시키는 것 같다.

이상의 모든 것은 우리가 복잡한 세상에서 특정한 대상에 주의를 기울인다는 이야기다. 어떤 이야기는 음악적이고 어떤 이야기는 일상적이다. 음악적 주의 기제는 일상의 주의 기제에 비해 우리 마음속에 나중에 터 잡았을 것이다. 일상의 주의 기제는 매우 오래되었고, 최근의 음악적 주의 기제로 응용되고 확장되었을 것이다. 두 기제의 분명한 닮음이 이렇게 말할 수 있는 근거다.

코벌리스는 당면한 과제에 대한 집중과 주위 환경에 대한 지각 사이의 섬세한 균형이 주의 과정에 필요하다고 말한다. 게임에 몰입하느라 방에 불난 것을 인지하지 못해서도 안 되고 너무 산만한 나머지 집중해야 할 과제를 완수하지 못해서도 안 된다.(코벌리스, 2013)

작곡가 역시 이 원칙을 고려해 작곡하며, 감상자도 그렇게 감상해야 한다. 선율에 대해 주의해야 하지만 그것의 반주에 대한 지각도 요구된다. 종종 이 균형이 깨질 때가 있다. 일단 반주가 선율보다 과도하게 강조된 음악이 있다. 어리석은 지휘자는 원곡의 균형을 파괴하는 쪽으로 지휘할 수 있다. 아마추어 피아니스트는 왼손 반주를 더 크게 친다. 코벌리스가 말한 균형감각은 작곡가에게, 지휘자를 비롯한 연주자에게, 감상자에게, 그리고 적절한 주의를 기울이며 무언가를 하는 이들 모두에게 필요하다.

모듈은 어떻게 작동할까

 어떤 시각적 대상은 색, 밝기, 선의 방향, 모서리, 운동 방향과 같은 상대적으로 단순한 특성들을 가지고 있다. 이 특성들 각각이 전문화된 모듈들에 의해 감각된다. 감각 자극들은 이후 결합해 하나의 전일적 대상으로 지각된다. 청각 과정도 이와 같다. 우리는 어떤 소리를 전일적인 것으로 지각하지만 사실은 무의식적 세부 과정이 있다. 소리의 특성들을 분석하도록 전문화된 각각의 모듈들이 우선 작동하며, 그 결과는 음고, 음가(음의 길이), 음의 강약, 음색 등으로 쪼개진 단순 특성들로서의 감각 입력들이고, 이후 이것들이 빠르게 결합해 의식적 청지각이 된다. 대상에 대한 감각적 분해와 종합의 과정을 우리는 의식하지 못한다.

 감각적 특성들을 재결합시키는 부위, 즉 종합의 기능만을 특화해 담당하는 모듈이 있을까? 캐나다의 신경심리학자 도널드 헤브는 1949년에 '같이 발화하는 뉴런들은 서로 연결된다.'라는 유명한 헤비안 학습 개념을 제안했다.(Hebb, 1949) 헤브의 관점을 취하면 어떤 대상의 특성들 각각을 감각하는 모듈들은 그저 같은 시간대에, 다 같이 활성화될 뿐이다. 바즈와 게이지도 비슷한 의견이다. 이들에 따르면 사물에 반응하는 많은 모듈의 활동 그 자체가 그 사물에 대한 이미지다. 바즈와 게이지는 뇌가 거대한 병렬기관이며 뉴런들은 제각각 독립적으로 작동한다고 말한다. 모든 뉴런 각각이 할 일을 지정하며 명령하는 중앙 사령부는 없다. 대신 뉴런들이 조정되는 여러

방식들이 있다.(바즈·게이지, 2012)

모듈들은 균일할까?

인간 대뇌피질의 90%를 차지하며 고차적 기능을 담당하는 신피질은 미국의 신경과학자 버논 마운트캐슬에 의하면 겉모습 및 구조 차원에서 매우 균일하다.(Mountcastle, 1978) 뇌의 구성단위들, 즉 뉴런들이 레고처럼 같다는 관점이다. 이 관점에 따르면 모든 피질 영역들은 서로 유사하며 공통의 기능, 공통의 알고리즘을 수행한다. 이 알고리즘은 어떤 특정 기능과 별도로 독자적으로 수행된다. 이 알고리즘 때문에 피질이 귀에서 오는 신호를 처리하는 방식과 눈에서 오는 신호를 처리하는 방식, 운동을 출력하는 방식은 모두 같다. 결국 피질은 모든 종류의 감각계와 운동계에 적용될 수 있는 보편적 활동을 한다. 인공지능 연구자 제프 호킨스는 이 주장을 혁명적인 것으로 평가했다. 호킨스에 의하면 마운트캐슬의 논문은 다양한 능력을 단지 병렬적으로 살펴봐 왔던 이전의 모든 시도가 가진 오류를 드러냈다.(호킨스·블레이크슬리, 2010)

마운트캐슬의 주장에는 찬반이 엇갈린다. 그의 주장을 지지해줄 수 있는 증거로 신피질의 배선이 대단히 가변적이라는 사실을 거론할 수 있다. 막 태어난 족제비의 시각 정보를 청각 모듈에 연결하면 족제비는 청각 모듈로 세상을 본다. 선천적 청각 장애인들은 대개 청각 영역에서 시각 정보를 처리한다. 선천적 시각장애인은 시각 담당 피질의 가장 뒤쪽 부위를 점

자를 읽는 데 사용한다.(같은 책)

이상을 포함한 많은 증거들은 신피질이 천 가지 문제에 대한 천 가지 해답을 미리 지니고 있는 것이 아니라 극도로 유연한 체계라는 사실을 말해준다. 그 유연성 덕분에 인간 뇌는 온갖 새로운 환경을 배우고 그것에 적응할 수 있다. 신피질의 유연 체계 모델을 모듈적 뇌 모델을 보완하는 것으로 이해할 수 있다.

뉴런들이 서로 연결됨으로써 신피질이 유연해진다. 한 뉴런에서 다른 뉴런으로 신호를 전달하는 지점인 시냅스가 없다면, 하여 뉴런 간 연결이 없다면 인간 뇌는 지금보다 더 많은 뉴런을 가지고 있어야만 한다. 우리는 끊임없이 새로운 상황에 직면해 그 상황을 헤쳐 나가야 하는데, 기존 뉴런이 특정 과제 해결에 전문화된 모듈일 뿐이라면 새로운 과제의 해결을 위해서는 새로운 뉴런이 있어야만 한다. 새로운 뉴런에 기초해 인간 마음의 요소도 끊임없이 많아져야 한다. 그렇지 않다. 새로운 뉴런을 만들어내는 방식이 아닌, 기존 뉴런을 연결하는 경제적 방식이 택해졌다. 음악적 모듈과 비음악적 모듈도 연결될 수 있지 않을까.

음악 처리 체계?

음악인지과학은 인간의 음악 영역 특성화 모듈을 연구한다.(이석원, 2013) 여러 연구자가 이 모듈을 확인하고 연구했다. 미국 텍사스 대학의 로렌스 파슨스가 이끄는 연구팀은 각기

다른 음악적 상황 속에 처한 감상자들의 뇌를 PET로 찍어 화성, 선율, 리듬이 뇌의 어느 부위에서 각각 처리되는지를 확인했다. 연구팀에 따르면 선율은 양쪽 대뇌반구를 같은 정도로 활성화하지만 화음은 왼쪽 반구를 더 크게 활성화했다. 리듬은 소뇌와 그 밖의 몇몇 부위들을 활성화했는데, 리듬이 소뇌를 활성화한 정도는 선율과 화음이 소뇌를 활성화한 것보다 더 강했다. 모든 음악 요소가 전두엽을 활성화했지만 중심부위는 달랐다. 리듬에서는 전두엽 위쪽이 가장 강한 활성을 보였다. 선율은 아래쪽이었고, 화성은 그 중간이었다. 이상의 연구 결과를 종합하면, 음악을 처리하는 신경망 즉 음악 처리 체계는 뇌에 폭넓게 분포하는 것으로 보인다.(Parsons, 2003)

다른 체계들에도 비슷한 이야기를 할 수 있다. 미슨에 따르면, 사람들이 질문을 이해하고 적절한 대답을 잘하려면 베르니케 영역과 브로카 영역만 잘 작동한다고 되지 않는다. 두 영역을 연결하는 신경망이 필요하다. 두 영역만 강조하는 것은 단순한 설명이다. 언어 처리 체계는 모듈적이지만 이 전문적 모듈들은 뇌 전체에 광범위하게 퍼져 있다.(미슨, 2008)

청취자의 뇌를 설명하는 것으로 제안된 파슨스 식 모듈적 모델이 작곡가의 뇌를 설명할 때도 타당할까. 작곡가가 선율을 생각해낼 때도 양쪽 대뇌반구가 활성화되고 화성을 만들 때는 왼쪽 반구가 활성화되며, 리듬을 작곡할 때에는 소뇌가 주로 활성화될까. 나는 이와 관련된 실험을 하지 않았고, 실험 결과가 어떨지 모르겠다. 어떻게 나오든 그 결과는 작곡가의 마음을 이해하는 데에 결정적 도움이 되지 않을 것 같다.

인간의 언어 능력은 여러 단위 능력들의 총합이다. 우리는 읽는 능력, 말하는 능력, 듣는 능력, 이해하는 능력, 쓰는 능력 등을 언어 능력을 구성하는 능력들로 구분할 수 있다. 이 능력 중 일부에 문제가 있을 수 있다. 브로카의 환자 '탕'처럼. 말하는 능력도 여러 능력의 총합이다. 단어 구사 능력[10], 구문 능력 등. 이 모든 것이 다 있어야 언어를 유창히 구사할 수 있다. 이 모든 능력의 신경적 기반, 즉 언어 모듈들이 있을 것이다.

작가로서의 톨스토이나 발자크의 마음은 이상의 능력들이 모두 제대로 갖추어지면 작동할까? 유창하게 말을 잘하는 이가 훌륭한 소설가가 된다는 보장은 없다. 작가의 마음은 언어 능력만으로 구성되어 있지 않다. 작가는 이야기를 만들어 내는 사람인데, 비록 그 이야기가 완전한 허구이거나 환상적인 표현물 즉 판타지물이라 하더라도 이야기다워야 한다. 그러려면 이야기는 있을 법하고 그럴듯해야 한다.

아리스토텔레스 이래로 극작의 기본은 드라마의 그럴듯함을 만드는 일이다. 그럴듯하다는 것은 이야기의 전개과정, 등장인물들의 대화 등에서 나름의 논리성이 엿보인다는 것을 의미한다. 있을 법한 이야기는 비록 허구지만 현실성을 갖추었다. 작가는 화려하지만 무의미한 말들을 쏟아내는 작화증 환자가 아니다. 모종의 문제의식을 가지고 세계를 인식하며 그것에 기

---

10. 이름못대기증이라고 불리는, 명칭 실어증이 있다. 특정 분야의 명칭에 대해서만 말을 못하는 증상이 있다는 것은, 뒤집어 말하면 평범한 이들에게는 그런 특정한 능력이 있다는 이야기가 된다. 그런데 우리는 그런 독립된 능력을 잘 의식하지 못한다.

초해 자신만의 고유한 문학적 세계를 창조하는 사람이다.

독문학자 김누리에 의하면 미문^{美文}은 좋지만 그것을 다듬는 일이 문학의 본령은 아니다. 미문으로 유명한 헤르만 헤세보다 투박한 문장을 만들어낸 프란츠 카프카가 더 위대한 이유는 카프카가 인간과 시대를 더 날카롭게 꿰뚫는 눈을 가졌기 때문이란다. 김누리에 따르면 카프카의 『변신』과 헤세의 『데미안』의 문학적 수준을 가늠하는 것은 성찰의 깊이다. "위대한 문학은 시대의 흐름을 예리하게 읽어내는 예지적 정신이지, 아름다운 문장을 지어내는 수공예적인 기예가 아니다."(김누리, 2015)

헤세의 팬들은 헤세에 대한 김누리의 저평가가 적절치 않다고 생각할 것이다. 헤세도 세계에 대한 나름의 문제의식을 느끼고 있었던, 꽤 훌륭한 작가다. 카프카의 작품은 말할 나위가 없다. 문학작품은 모종의 문제의식을 가지고 세계를 인식하는 능력에 기초해야 한다.

파슨스와 음악인지과학자들의 연구방식이 작곡가의 마음을 이해하는 데에 결정적 도움이 되지 않는 것은 인간의 언어 능력에 대한 인지적/뇌 과학적 연구 결과들이 카프카의 마음을 이해하는 데에 큰 도움이 되지 않는 것과 같다.

작가에겐 세계의 어떤 측면을 제대로 파악할 수 있을 능력과 그에 기초해 세계를 논리적으로 사유하고 모형화·표현하는 능력이 있어야 한다. 작가의 마음에서 언어 능력이 전부가 아닌 것처럼, 음악 처리 체계가 작동할 때 현상되는 마음만으로 작곡가의 마음을 구성할 수 없다.

김누리가 말한 인간과 시대의 심연을 더듬는 능력이 더 필요하다. 동의하지 않는 이들이 있을 것이다. 음악은 즐기는 것이라고 말하는 이들, 내 주장을 엘리트주의적인 것으로 비판하는 이들, 문학과 음악은 같은 것이 아니라고 말하는 이들, 문학조차도 순수한 미문을 통해 만들어지는 것이라 말하는 이들. 음악과 문학이 그런 것들일 수 있다.

이 이상의 문학과 음악도 있다. 문학이 순수한 미문만이 아닌 것처럼 음악도 순수한 화음진행을 넘어서는 것일 수 있다. 작곡은 음악적으로 무언가를 표현하는 일인데, 표현 과정에서는 선율이나 화음, 리듬 같은 요소들을 쓸 수 있다. 그 과정에서 파슨스의 음악 처리 체계가 작동할 수 있다. 그런데 무얼 표현할지 고민하는 과정 역시 작곡이다. 그 과정에서 작동하는 모듈들이 따로 있을 것이다. 그것들 역시 음악 영역 특성화 모듈일 수 있다. 세계에 대한 인식 능력 및 그에 기초해 세계를 논리적으로 사유하는 능력, 인간과 시대의 심연을 더듬는 능력도 작곡하는 마음이며, 이 능력들의 신경적 기반도 음악 처리 체계에 포함될 수 있다.

예를 들어 슬픈 음악을 작곡하는 어떤 작곡가가 슬픈 감정을 느낄 때 작동하는 모듈들이 있을 것이다. 이 모듈들도 음악 영역 특성화 모듈로 볼 수 있다. 그런데 감정을 한슬리크가 말한 것처럼 비음악적인 것 혹은 음악 외적인 것으로 본다면 감정 처리 체계는 음악 영역 특성화 모듈이 아니다. 하지만 감정을 가지고서 작곡하는 경우는 흔하다. 작곡가가 작곡할 때 감정 모듈들과 파슨스의 음악 처리 체계가 모두 작동할 수 있다.

14장에서 나는 자연과학 개념인 엔트로피 법칙을 표현한 음악을 소개하려고 한다. 이 음악을 작곡하는 과정이나 그것을 감상하는 과정에 엔트로피 법칙의 이해는 중요한 열쇠로 작용할 것이다. 그 법칙을 이해하지 못한 채 이 음악을 작곡하지도, 듣고 이해하지도 못한다. 엔트로피 법칙을 이해하는 과정에 작동하는 모듈 혹은 영역이 있다면 이것 역시 음악 영역 특성화 모듈일 수 있다. 엔트로피 법칙을 표현한 음악이 있는 한.

음악적 요소들은 반복, 변화, 변용, 병존, 분리, 융합될 수 있다. 음악은 또한 슬픔, 회한, 우울함, 고독, 애절함, 죽음에 대한 동경, 희망, 기쁨, 명랑함, 감정적 변덕, 그리움, 사랑, 초연함 등의 감정을 표현할 수 있다. 음악의 표제도 고려해보자. 라벨의 《스페인 광시곡》, 랠프 본윌리엄스의 《종달새의 비상》, 얀 시벨리우스의 《투오넬라의 백조》, 파울 힌데미트의 《백조 고기를 굽는 사나이》 등. 차이코프스키의 《1812년 대 서곡》과 같은 음악은 역사적 사건을 표현했다. 나폴레옹 군에 대한 러시아의 승리. 음악은 자연현상도 표현할 수 있다. 음악 영역 특성화 모듈은 음악이 표현하는 이 모든 것들에 대한 지각과 이해를 담당한다.

음악은 많은 것들을 표현할 수 있고 많은 것과 관련될 수 있다. 한슬리크는 음악이 음악 외적인 것을 표현하지 못한다고, 그런 것을 표현한 음악에는 가치가 없다고 말했다. 그의 신봉자들인 음악인지과학자들에게 음악 영역 특성화 모듈은 선율, 화음, 리듬을 지각할 때 활성화된다. 하지만 음악인지과학자들 모두가 한슬리크의 신봉자는 아닐 것이다.

아마도 환원주의적이며 과학적인 관점에서 연구하는 음악인지과학자들이 음악 영역 특성화 모듈 중 현 단계에서 쉽게 고려할 수 있는 것들부터 하나씩 확인해나가는 중일 것이다. 그리하여 언젠가 그들도 내가 위에서 말한 특성과 개념들이 음악적으로 표현되고 인식될 때 작동하는 모듈을 음악 영역 특성화 모듈 범주에 포함해 연구할 것이다.

엔트로피 같은 개념을 처리하는 과정에서 작동하는 모듈들을 음악 영역 특성화 모듈이라 부르는 것이 지나쳐 보인다면 음악 관련 모듈이라 부를 것을 제안한다. 음악 관련 모듈은 음악을 작곡할 때, 그리고 그 음악을 접할 때 작동하는, 작동할 수 있는 모든 모듈이다.

음악 영역 특성화 모듈 혹은 음악 관련 모듈은 선험적으로 정해지기보다 논의를 통해 받아들여지거나 구성되며 의식되어야 한다. 엔트로피를 표현한 음악이 만들어지기 전에 엔트로피 개념을 이해하는 데에 필요한 모듈은 음악 관련 모듈이 아니었다. 그런 음악이 나오면서 혹은 엔트로피와 무관한 것으로 이해되었던 음악을 엔트로피 개념으로 이해하면서 우리는 이 개념을 음악적인 것으로 받아들일 수 있다. 이 개념을 이해할 때 작동하는 모듈들도 음악 영역 특성화 모듈이 되거나 관련 모듈이 된다.

음악 관련 모듈 개념은 예전에는 음악적이라고 미처 생각하지 못했던 것들이 음악적일 수 있음을 알려준다. 이 개념은 음악이 삶과 연관됨을 알려준다. 또한, 우리 뇌의 어떤 부분들이 다중의 쓰임새를 보일 수 있음도 알려준다. 비음악적 쓰임새와 음악적 쓰임새.

독일 라이프치히 막스 플랑크 연구소의 부르크하르트 매스와 그의 연구팀은 언어 처리 체계가 음악 처리 체계로도 쓰이는지 알고자 했다. 이 연구를 위해 먼저 언어와 음악의 각 영역에서 고유한 어떤 처리 방식들이 있다고 보아야 했고, 그것들 중 일부를 서로 유사하고 서로에 상응하는 것으로 보아야 했다. 이를테면 언어에 통사론이 있다면 음악에도 비슷한 것이 있는데, 조성지식이 그것이다. (이것은 어떤 음이 주어진 음의 앞뒤에 놓일지 예측케 해준다.) 이상을 바탕으로 매스와 그의 동료들은 언어에서 문법적으로 부적합한 표현을 조성적으로 부적합한 화음진행에 상응하는 것으로 생각했다. 매스는 서양음악의 규칙에 맞지 않는 엉뚱한 화음진행을 사람들에게 들려주고 이들 피험자의 뇌 활동 변화를 MEG 영상을 이용해 측정했다. 엉뚱한 진행을 접한 뇌의 어떤 영역이 이전보다 더 활성화한다면 그곳이 음악어법을 처리하는 장소일 것이다. 실험결과 활성화된 곳은 놀랍게도 브로카 영역이었다. 매스는 브로카 영역이 언어적 활동에만 관여하는 것이 아니라 복잡한 규칙을 바탕으로 정보를 두루 처리하는 데에 관여한다고 추측했다.(Maess, 2001) 브로카 영역은 다중적인 쓰임새를 보이는 모듈들의 집합일 수 있으며, 음악 관련 모듈일 수도 있다.

매스의 결론을 언어적 뇌와 음악적 뇌의 교집합을 확인해주는 근거로 생각할 수 있다. 그 교집합, 즉 브로카 영역은 언어와 음악 모두가 가지는 논리적 특성을 처리한다. 브로카 영역은 복잡한 규칙을 바탕으로 정보를 두루 처리하는 곳이다.

언어적 뇌와 음악적 뇌의 교집합이 브로카 영역이라는 관점을 확장해보자. 우선 논리적 특성만이 아닌 언어와 음악의 공통 특성이 더 있을 수 있다. 이 특성들의 발원지가 언어와 음악의 공통적 마음일 수 있다. 그 마음의 신경적 기반들, 처리 체계들이 있을 수 있다. 다음으로, 인간에게 언어적 마음과 음악적 마음 이외에 다른 마음들이 더 있다. 그리고 그 마음들의 신경적 기반들, 처리 체계들이 있을 것이다. 매스가 했듯이 우리 뇌에 탑재된 전통적 음악 처리 체계와 비음악적 처리 체계 간 교집합을 찾을 수 있다. 교집합의 존재는 음악적 마음과 비음악적 마음이 예전에는 크게 다른 것이 아니었고 (마치 언어적 마음과 음악적 마음이 한때 미분화 상태였듯이[11]) 비음악적 마음들과 음악적 마음의 공통 조상이 한때 존재했다는 가정을 할 수 있게 한다.

이를테면 자연사 지능과 기술 지능, 사회 지능과 음악적

---

11. 미슨에 의하면 네안데르탈인은 한때 언어와 음악을 혼동해 사용했고, 이후 둘을 분화시켰다. 미슨이 가정한 언어와 음악의 공통 조상은 '흠'(Hmmmm)으로, 전일적(Holistic), 다중적(Multi-modal), 조작적(Manipulative), 음악적(Musical) 특성의 의사소통 체계다. 음악과 언어의 '공통 전구체'(precursor/前驅體)인 이 체계로부터 언어와 음악이 분화되어 발전되었다.(미슨, 2008) 조상들에게 음악과 언어가 같은 것이었다고 말한 이들이 더 있다. 스위스 철학자 장 자크 루소에 의하면 "말하는 것과 노래하는 것이 예전에는 같았다."(Rousseau, 1970) 우리 마음에서 언어와 음악이 한때 미분화되었다면, 우리는 한때 마음 요소 간의 원시적 융합 상태를 경험했었다. 그 상태에서 현재의 분화된 상태로 진화되어 왔다. 이 상태는 부분적으로는 분화되었지만 전체적으로는 연결되어 통합되어 있다.

마음/지능의 공통 조상이 있지 않았을까. 공통 조상의 신경적 기반이 있지 않았을까. 그것은 브로카 영역처럼 체계들의 교집합이지 않을까. 그 교집합은 오늘날에도 여러 지능 영역을 다중적으로 뒷받침하지 않을까. 예를 들어 이런 지능들의 현대적 양상으로서 수학적 마음 혹은 과학적 마음이라는 것이 있다면 수학적 마음이나 과학적 마음이 어떤 때에는 음악적으로도 작용하지 않을까. 그리고 그런 마음의 신경적 기반인 특정 모듈들이 어떤 때는 수학적으로, 어떤 때는 음악적으로 작동하는 것은 아닐까. 즉 뇌의 모듈성이 가변적이고 문맥 의존적이지는 않을까.

이 가정을 지지해주는 것으로 해석될 수 있을 연구결과들이 있다. 프랑스의 신경심리학자 로랑 코엥과 그의 동료는 병변 연구를 통해 좌반구 뒤쪽 좌측 두정엽이 계산 능력과 관련이 있음을 알았다.(재인용: 블랙모어·프리스, 2009) 두정엽은 사물이 어디 있는지를 표상하는 데에도 중요한 역할을 한다. 이 부위가 담당하는 공간 표상 능력이 없다면 물건을 집거나, 주변을 돌아다니거나, 물건이 어디 있는지를 기억하거나, 주변의 특정 부분에 주의를 기울이는 일을 하는 데에 어려움을 겪는다.(같은 책) 영국의 음악인지학자 로렌 스튜어트는 실험을 통해 사람들이 악보 읽기 기술을 새로이 습득하고 나서 그 기술을 사용할 때도 두정엽이 활성화됨을 확인했다.(재인용: 블랙모어·프리스, 2009) 두정엽은 원래 공간 표상 능력을 담당했는데, 이후 계산 능력을 담당하는 쪽으로 이용되더니, 악보 독해 능력을 개화시키는 데에도 이용되었다! 수학적 모듈 중 하나가 음악적 모듈 중 하나일 수 있음이 분명해졌다. 이제 이런 식으로 연구를 계속하면 비음악적 영역에서 작동하는 모듈들이 음악 영역에서도 어떤 역할을 한다는 점을 알 수 있을 것이다. 이것은 앞 절에서 지적한, 서로 연결되는 신피질의 유연 체계 모델을 지지해주는 이야기일 수도 있다.

이 절에서의 결론은 이렇다. 무언가를 표현한 음악을 감상하는 마음은, 단지 선율과 리듬, 화음 등의 순수한 복합체인 음악을 듣는 감상자의 마음과 다를 것이다. 그 마음의 신경적 기반은 우리 뇌 속 '새로운' 음악 처리 체계다. 새로운 음악 체계를 구성하는 모듈은 원래 다른 용도를 위해 쓰였다. 모듈들의 다중적 쓰임새를 통해, 그리고 연결되는 모듈들을 가진 유연한 뇌를 통해 이 순간에도 마음의 새로운 통합이 계속되고 있다. 통합은 우리네 삶의 역동성을 반영한다. 우리에게 엄청난 도움이 된다.

음악 처리 모듈을 찾아내는 일은 환원주의적이며 신경생리학적인 연구다. 처치랜드 같은 이는 뉴런 수준에서 뇌가 작동하는 방식이 모두 이해되면 궁극적으로 인지이론이 사라지게 될 것이라 말하며 환원주의의 깃발을 높이 들었지만, 심리학자 신현정에 따르면 이는 타당해 보이지 않는다.(신현정, 2000) 신현정은 뇌의 특성을 신경생리학적으로 설명하는 것과 인지적으로 설명하는 것이 다르다고 말한다. 컴퓨터를 전자공학적인 관점으로 설명하는 것과 정보처리적인 관점으로 설명하는 것이 다른 것처럼 말이다. 뇌를 뉴런 수준에서 충분히 이해했어도 뇌의 총체적 작동을 설명하기 위해서는 정보처리적인 설명이 필수적이다.(같은 책) 통합적으로 작동하는 뇌에 대한 이야기가 정보처리적인 설명일 수 있다.

컴퓨터와 뇌, 그리고 컴퓨터의 도움을 받는 작곡

모듈적 뇌 모델은 뇌를 이해하려고 고안된, 뇌가 컴퓨터와 비슷하다고 보는 관점이다. 뇌와 비슷한 컴퓨터는 인간 뇌보다 뛰어날 수 있을까? 인간 뇌보다 더 훌륭한 컴퓨터를 기대하는 이들, 대단한 기계 지능이 인간 삶의 질을 더 높여주길 바라는 이들이 있다. 인간의 마음보다 훨씬 더 이성적이고 진보한 기계 지능의 학명은 인공지능이다.

인공지능은 디지털 컴퓨터와 함께 탄생했다. 디지털 컴퓨터의 관념은 영국 수학자 앨런 튜링의 범용 연산 개념으로부터 나왔다. 중앙 처리 장치CPU라 불리는 튜링의 처리 상자는 이론적으로는 마음이나 지능을 가지는 일을 포함해 우주 안에서 정의할 수 있는 모든 일을 할 수 있다.

많은 과학자들이 컴퓨터에 지능을 구현하고자했다. 러시아의 인공지능 프로그램 유진 구스트만은 2014년 튜링 테스트를 통과했다. 튜링이 1950년에 제안한 이 테스트에 의하면 저쪽 방에 있으면서 이쪽 방의 지성적 심사위원들과 채팅을 하는 쪽이 인간이라고 심사위원들의 30%가 판단하면 저쪽 방 컴퓨터는 지능을 가진 것으로 판단될 수 있다. 유진의 성과와 컴퓨터의 여러 성공담은 많은 이를 놀라게 했다. 1997년 IBM의 인공지능 슈퍼컴퓨터 딥블루는 당시 체스 세계 챔피언을 체스 경기에서 꺾었다. 딥블루에는 2억 개의 행마를 계산하는 기능과 지난 100년간의 주요 체스 대국에 대한 정보가 저장되어 있었다. 딥블루와의 경기에서 체스 챔피언들은 이후 이기지 못했다.

 인간 마음의 일부가 작동해야 해결될 일들을 컴퓨터가 현재 해결하고 있다. 컴퓨터가 인간의 복잡한 마음의 일부를 서서히 갖추어가는 중일 수 있다. 크루제는 인간과의 경기에서 승리한 체스 프로그램이 과정상의 지능을 가지고 있다고 말한다. 이 지능의 배후에는 내용상의 지능이 있다. 이것은 게임 프로그램을 개발한 이가 가진 지능이다. 개발자는 체스 게임에서 상대를 이겨야 하는 문제에 대한 새로운 해결 방법을 찾아낸다. 2003년의 크루제에 따르면 앞으로도 오랫동안 컴퓨터 프로그램은 내용상의 지능을 가질 수 없다.(크루제 외, 2003)

 2016년 3월, 구글의 인공지능 컴퓨터 알파고는 바둑 세계 챔피언인 이세돌을 이겼다. 방법을 찾은 주체는 알파고를 개발한 데미스 하사비스가 아니라 자기주도 학습을 하는 (것으로 추정되는) 알파고다. 상대를 이기는 해법을 찾는 이는 내용상의 지능을 갖추었다. 알파고는 크루제가 말한 내용상의 지능을 갖춘 것으로 강력히 추정된다. 크루제의 예언은 빗나간 것 같다.

 인간의 관점에서 볼 때 알파고는 바둑을 두는 과정에 집중하지도, 바둑을 즐기지도 긴장하지도 않았을 것이며, 바둑에 참여하고 있음을 의식하지 못했을 것이다.(이상욱, 2016) 알파고에는 감정과 의식이 없는 지능이 구현되었을 것이다. 인간적 마음 작용 중 일부, 특히 계산적 마음을 컴퓨터가 흉내 낼 수 있다. 알파고가 갖춘 (것으로 추정되는) 특정 영역에서의 지능은 인간이 가진 다양한 마음작용으로부터 추상되어 작동한다. 그렇게 비인간적인 것이 오히려 기계의 장점일 수 있다. 적어도 바둑 대국과 관련해서는.

인간의 지능들 혹은 마음 요소들은 서로 연결되어 있지만 그 연결고리를 없애 지능들을 분해할 수 있다. 모듈적 뇌 모델에 부응하는 이 생각에 기초해 심리학자들은 다양한 지능 영역을 확인했다. 그 영역들 중 특정 영역을 컴퓨터가 따로 흉내낼 수 있다는 발상도 세상에 등장했다. 흉내 내기 적합한 일부 요소를 컴퓨터는 먼저 갖출 것이다. 그 결과가 알파고 같은 컴퓨터다.

작곡가가 작곡할 때에 동원하는 마음도 분해할 수 있다. 우선 특정 차원에서의 계산적·형식적 마음이 있다. 이를테면 전통적 화음들을 만들어 연결하는 일은 상당 부분 정해진 절차를 대체로 따르는 일이다.

계산적 마음 이외의 것들도 있다. 작곡가는 특정한 감정 상태에 처해 있을 수 있고 그런 감정이 그의 계산적 마음을 채색할 수 있다. 감정은 컴퓨터와 바둑을 둘 때는 중요치 않겠지만 작곡에는 대개의 경우 중요하다. 작곡가는 또한 음악에 대해 생각하며 작곡의 새로운 개념을 만들 수 있다. 작곡과 관련한 감정 영역이나 추상적 사유·개념화 영역에서 컴퓨터의 역할은 아직 없다. 반면 인간에 의해 주어진 음악적 개념을 단순히 구현하는 계산적 작업을 컴퓨터가 수행할 수는 있다.

어떤 작곡가들은 개념과 감정이 없는 컴퓨터처럼 작업했다. 누군가 만든 개념을 무비판적으로 받아들이고, 그 개념을 구현하는 과정에 필요한 계산적 지능만을 작동시키는 작곡가들이 있다는 이야기다. 계산적 지능은 화음을 구성하는 방법을 알려주거나, 어떤 음 다음에 어떤 음이 나와야 함을 지정해주거나 제약하는 것으로, 형식적 절차 혹은 알고리즘으로도 부를 수 있다. 음악에서 알고리즘 용어는 현대음악가, 특히 컴퓨터 음악가들에 의해 본격적으로 회자되었는데, 알고리즘이 의미하는 바는 음악가들의 무의식에 이미 탑재되어 있었다. 알고리즘과 함께하는 작곡은 오래되었고, 그것은 오래전부터 작곡가들에게 계산적 마음이 있었다는 증거다.

중세 이탈리아의 이론가 구이도 다레초의 '조사 도표'에서부터 20세기 작곡가 크세나키스의 확률적 작곡에 이르기까지 다양한 형식적 절차와 그런 절차를 구상할 수 있게 한 개념적 마음이 있었다. 다레초는 11세기경 선율 작곡을 위한 형식적 기술을 발전시켰는데, 이것은 주어진 가사의 모음들 각각에 어떤 특정 음고를 자동으로 할당하는 절차다. 그렇게 선율이 자동적으로 산출될 수 있었다. 각각의 모음과 음고 들 간의 임의적 매핑mapping을 정리한 것이 조사 도표다.(Schwanauer & Levitt, 1993)

이러한 절차에 따른 음악은 컴퓨터 없이, 그러나 마치 오늘날의 컴퓨터가 작곡하는 것과 비슷한 방식으로 인간에 의해 작곡되었다. 이러한 절차를 좇아 컴퓨터도 작곡할 수 있다. 즉 형식적 절차는 컴퓨터에 구현되기에 아주 적절하다. 이미 인간이 컴퓨터적인 마음으로 작곡해 왔고, 컴퓨터 개발자는 이제 숟가락 하나만 더 올려놓으면 되는 상황이었다.

미국 작곡가 힐러의 《현악4중주를 위한 일리악 모음곡》과 동시대 미국 작곡가 아이작슨의 《컴퓨터 칸타타》는 미국 일리노이 대학의 과학자들이 1955년에 제작한 일리악 컴퓨터를 통해 만들어졌다. 이 작품들을 구성하는 음을 산출하기 위해 작곡가들은 다양한 음악적 스타일에서 확인되는 제약을 형식적으로 정의한 후 컴퓨터에 구현했다. 컴퓨터는 제약을 만족하는 음들을 생성했다. 그 음들로 작품이 만들어졌다.

작곡가들은 이후 다양한 작품을 컴퓨터를 이용해 만들어 냈다. 우선 음악을 분석해 얻어지거나 임의적으로 작성된 작곡의 규칙·절차가 컴퓨터에 구현되었다. 규칙이 구현된 컴퓨터에 작곡가는 종자 정보를 입력한다. 종자 정보seed data란 작곡가가 만들고 싶은 음악의 특성에 맞는 재료다. 종자 정보는 작곡의 규칙·절차와 함께 그 음악의 특성을 창출하는 역할을 할 것이다. (이것은 미역으로 곰탕을 만들 수 없는 것과 같다.) 컴퓨터는 입력된 종자 정보들을 규칙에 따라 처리해 출력한다. 규칙 기반 작곡이다.(김진호, 2008) 《일리악 모음곡》이 규칙 기반 작곡의 결과다. 규칙이 우리의 발화 과정을 제약한다는 점을 고려하면 규칙 기반 작곡을 쉽게 이해할 수 있다. 이를테면 적절한 곳에서 목적어를 사용해야 하는 규칙이 있다. 이 규칙이 입력된 컴퓨터는 "나는 그녀는 좋아한다."라는 문장에서 "그녀는"을 제약을 만족하지 못한 발화로 평가한다. 그래서 "나는 그녀는 좋아한다." 같은 문장을 출력하지 않는다. 비숫하게, 컴퓨터는 특정한 선율이나 음렬을 출력하지 않는다.

규칙을 정의하기 위해 음악을 분석해야 하는데, 분석은 인간이 할 수도 있고 컴퓨터가 할 수도 있다. 컴퓨터가 주어진 음악을 분석해 형식적 정보를 스스로 얻고, 이 정보를 작곡의 출발점으로 삼는 방식이 있다. 미국 작곡가 데이비드 코프의 작업은 이 방식을 따른다.(Cope, 1991) 코프는 자신이 개발한 'EMI'Experiments in Musical Intelligence 컴퓨터 프로그램으로 하여금 바흐 스타일의 인벤션, 모차르트 스타일의 알레그로 소나타, 쇼팽 스타일의 마주르카 등을 작곡하게 했다. 코프가 궁극적으로 바라는 것은 기존 스타일을 성공적으로 흉내 낸 후 그로부터 이탈해 새로운 스타일을 창조하는 것이다.(같은 책)

코프가 1990년대에 작업한 결과들은 실망스러웠다. 인터넷에 소개된 이 작업들에 대해 사람들은 "감동이 없다."느니 "알츠하이머에 걸린 쇼팽이 작곡한 것 같다."느니 하는 댓글을 달았다. 코프는 이후 '에밀리 하우웰'Emily Howell이라는 상호작용적 인터페이스를 개발해 문제를 해결했다. 작품을 접한 청취자의 의견이 이 인터페이스를 통해 EMI 프로그램에 제공될 수 있었다. 코프에 의하면 이러한 되먹임은 이 프로그램을 가르쳤다. 학습하는 EMI 프로그램은 기존 작곡가들이 원래 보여주었던 고유한 스타일에 기초한 작품들을 만들어냈다.[12]

---

12. 《바흐 스타일 합창》을 들을 수 있는 사이트 : https://goo.gl/FNtKkH. 쇼팽 스타일의 마주르카 《Chopin style Mazurka 2 Emmy Cope》를 들을 수 있는 사이트 : https://goo.gl/d3106v. 이외에도 EMI 컴퓨터의 여러 작품은 현재 인터넷에서 누구나 찾아서 들어볼 수 있다.

여기서 잠시 음악사가 기억하는 황당한 사기 사건을 살펴보자. 1933년 프랑스의 바이올리니스트이자 작곡가인 마리우스 카사드쉬는 모차르트가 10세라는 어린 나이에 작곡해 프랑스 왕 루이 15세의 장녀였던 마리 아델라이드에게 헌정했다는, 그러나 그 이후 사라졌다는 악보를 자신이 우연히 발견했다며 그 악보를 모차르트 작품으로 출판해 관련 법적 권한을 소유했다. 바이올린을 위한 《아델라이데 협주곡》은 이후 한동안 모차르트의 작품이라 믿어졌고 정식 작품 번호를 할당받았다. 세계적인 바이올리니스트 에후디 메뉴인은 이 작품을 모차르트의 작품으로 알고 녹음했다. 오늘날에도 적지 않은 이들이 이 작품을 모차르트의 작품으로 믿고 있다. 하지만 이것은 모차르트 스타일로 사기꾼 카사드쉬가 작곡한 곡이었다. 비슷한 사기가 더 있었다. 20세기 초의 바이올리니스트 겸 작곡가였던 크라이슬러는 타르티니, 비발디 같은 이탈리아 바로크 거장들의 스타일에 따른 음악을 작곡한 후 그들의 작품이라 속여 연주했다.

카사드쉬와 크라이슬러는 기존 작곡가들의 악보에서 확인되는 스타일을 인식하고 그에 따라 작곡했다. 스타일이란 작품의 특성들의 총합이며 특정한 마음이 표현된 결과다. 카사드쉬와 크라이슬러는 선배 작곡가들의 작품 특성과 스타일을 인식했고, 그 스타일을 선배들의 마음을 읽는 신호로 사용해 그들의 마음을 어느 정도 읽는 데 성공했다.

연구자들은 기존 작곡가의 스타일을 따르는 음악을 컴퓨터를 통해 만들려고 노력한다. 언젠가 그들이 상당히 그럴듯한 성과를 낼 수 있을 것이다. 즉 그들의 컴퓨터 작품들을 사람들이 바흐나 모차르트의 작품으로 판단할 날이 올 것이다. 그들의 성과는 카사드쉬와 크라이슬러의 성과에 상응한다. 연구자들의 컴퓨터는 음악적 튜링 테스트를 통과한 셈이다. 그런데 튜링 테스트에 가해진 비판을 이 작품들을 듣고 인간이 작곡했다고 판단하는 이들에게 그대로 전할 수 있다. 당신들은 속았다고, 속지 않는 사람들도 있다고.

사실 튜링 테스트에 대한 다양한 논란이 있다. 튜링 테스트에 대한 비판 역시 논란에 휩싸였다. 무엇이 옳은지 판단하기 어렵다. 속는 사람이 있으면 속지 않는 이들도 많은 것이 세상이다. 사람들도 다른 이들을 속이듯이 컴퓨터도 우리를 다양하게 속인다. 컴퓨터가 흉내 낸 바이올린 소리를 듣고 사람들은 속는다. 자신들이 들은 것이 진짜 바이올린 소리라고. 오늘날 대부분의 영화나 드라마의 배경음악은 컴퓨터로 만들어낸다. 사람들이 잘 모르는 사실이다. 컴퓨터를 통해 전통적 악기 소리들을 만들어내는 일을 소리 합성이라 하는데, 애초에 이 일이야말로 사람을 속이는 일이었다. 프랑스 작곡가 장 끌로드 릿세에 따르면 (가장 교과서적이고 오래된 소리 합성의 한 방식인) 가산 합성은 악기 소리의 물리적 등가물이 아닌 지각적 등가물을 만들어낸다.(Risset, 1991) 사람들에게 들려주고 이게 진짜 바이올린 소리인가 아니면 컴퓨터 소리인가, 라고 묻고 진짜다, 라고 답하는 이들이 많으면 가산 합성은 성공한 것으로 평가받았다.

바이올린 소리를 컴퓨터를 통해 잘 만들어서 사람을 속이는 일은 소리에 대한 청취자의 지각적 마음을 고려해야 한다. 모차르트 스타일의 음악을 흉내 내어 모차르트가 썼다고 사람들을 속이는 일은 작품에 대해 사람들이 가지는 마음을 고려해야 한다. 소리 지각과 작품의 경험은 서로 다르다. 전자는 상대적으로 단순한 경험이고 후자는 복잡한 경험이다. 소리 합성 분야에서는 성과가 있었다. 질 좋은 신디사이저가 계속 만들어지고 있다. 복잡한 경험을 고려해 수행하는 일, 즉 컴퓨터의 도움을 받는 작곡 혹은 자동 작곡 분야에서는 아직까지 큰 성과가 없다.

소리 합성 분야와 자동 작곡 분야의 연구는 인간의 소리 지각에 대해, 그리고 작품을 감상할 때 갖게 되는 마음에 대해 알려준다. 소리 합성의 첫 번째 목표는 기존의 전통적인 어쿠스틱 소리를 컴퓨터를 통해 만들어내는 것이며, 두 번째 목표는 기존의 소리를 잘 흉내 내는 것에 기초해 이제 새로운 소리, 즉 기존의 악기가 낼 수 없는 소리를 창조하는 것이다. 컴퓨터를 통해 작곡하는 분야도 비슷한 두 목표를 가진다. 즉 비싼 작곡가 대신에 내 책상 위 컴퓨터가 그럴듯한 작곡을 하는 일, 이를테면 모차르트 같은 고전음악가의 작품을 흉내 내거나 영화음악이나 드라마 음악의 그럴듯한 샘플을 작곡하는 일이 첫 번째 목표이며, 인간이 미처 생각하지 못한 새로운 작품을 컴퓨터가 창조하게 하는 일이 두 번째 목표이다.

첫 번째 목표에는 그런대로 도달할 수 있다. 지금 당장은 아니더라도 언젠가는 좋은 컴퓨터 프로그램이 만들어질 수 있다. 누구라도 그것을 이용해 쉽게 작곡할 수 있을 것이다. 드라마 제작자들과 영화감독들이 특히 환호할 것이다. 창의적이지 못한 드라마 혹은 영화음악 작곡가들은 실업자가 될 것이다. 사실 컴퓨터는 그동안 음악가들을 실업자로 만들어 왔다. 드라마음악과 영화음악의 작곡가들은 오래전부터 컴퓨터와 작업했고, 그로 인해 연주자들의 일이 엄청 줄었다.

두 번째 목표에 대해 따져보자. 새로운 스타일, 새로운 개념을 고안하는 일은 창의적이며 어렵다. 그런 일을 한 사람들은 역사에 남는다. 수많은 작곡가의 등수를 매기는 일은 어리석다. 하지만 그들 중 누군가를 새로운 개념을 제안한 창의적 작곡가로, 누구는 남이 제안한 개념을 그대로 받아들인 작곡가로 평할 수는 있다. 음악사는 대체로 창의적 작곡가를 높이 평가한다. 인간에게 힘든 이런 일이 컴퓨터에게는 쉬울까. 뇌 과학자 김대식은 정신과 자아를 만드는 방법에 대해 인간은 모르지만 인공지능은 알아낼지 모른다고 말한다.(김대식, 재인용:이지영, 2016) 김대식은 스스로 학습하여 내용상의 지능을 갖춘 컴퓨터를 염두에 두었을 것이다. 그런 컴퓨터가 인간도 잘 얻지 못하는 창의성을 보일 수 있다.

그런데 컴퓨터 작품의 창의성 수준을 어떻게 인정하고 평가할까. 첨단의 창의적 개념을 구현한 음악을 인공지능이 작곡했어도 사람들이 감동하지 않는다면 어쩔 셈인가. 사실 이것은 컴퓨터 작곡만의 문제는 아니다. 인간이 그런 음악을 작곡했는데 감상자들이 감동하지 않을 수 있다. 그런데 음악은 감동 혹은 감흥을 꼭 주어야 할까. 감동 혹은 감흥은 무엇일까.

알파고와 같은 프로그램을 평가하는 일은 쉽다. 바둑기사를 이기느냐의 잣대로 평가한다. 작곡하는 프로그램에 대한 평가는 어렵다. 작곡가를 이기느냐의 잣대로 평가할 수 있을까. 모차르트를 꺾는다는 것이 무엇인지 정의내리기 어렵다. 사람들이 모차르트의 음악보다 컴퓨터가 작곡한 음악을 더 좋아한다면 그 컴퓨터는 모차르트를 꺾었을까. 그런 논리라면 비틀즈는 모차르트를 이미 꺾었다. 비틀즈 팬의 수가 더 많고 더 열성이지 않은가. 하지만 비틀즈의 승리를 말하기는 이르다. 비틀즈와 모차르트, 베토벤을 평가하고 논할 수는 있다. 누가 누구를 꺾었다고 단정하긴 어렵다.

작곡과 감상은 우리 마음의 여러 요소들을 모두 동원하는 일이다. 개념 작용이 필요하고 창의성도 요하지만 감동과 감흥 역시 불러 일으켜야 한다. 현재의 인공지능 컴퓨터는 이 책이 제안하는 이상적 작곡가의 임무를 이해할 수 없을 것 같다. 자연과 사회 속에서 살아가며 사랑하고 번식하는 작곡가가 가지는 인지적/성찰적/감정적 마음을 음악에 반영하는 일. 통합적 마음을 가지는 일.

그럼에도, 작곡 분야가 컴퓨터가 절대 잘할 수 없는 분야라고 단언할 수는 없다. 알파고를 개발한 이가 현재 컴퓨터 음악을 연구하는 연구자들보다 더 똑똑해 성과가 있는 것일 수도 있다. 알파고 개발에 투입된 금액이 훨씬 크다는 점도 감안해야 한다.

우리는 현재의 컴퓨터가 아직 흉내 내지 못하는 인간 마음의 나머지 부분에 대해 알아야 한다. 이 작업은 다음 장에 할애한다. 다음 절에서 뇌가 컴퓨터와 어떻게 다른지 다른 관점에서 다룬 후 다음 장으로 넘어가자.

뇌와 컴퓨터, 그 차이

2017년 봄, 현재까지 뇌는 생명이 생존을 위해 장착한 고도로 유연하고 가소성이 있는 생화학적 기계다. 현재까지 마음은 생명이 뇌를 작동시킬 때 발생한다. 뇌는 생존문제를 해결하기 위해 작동해 왔다. 컴퓨터는 생존문제와 무관하게 작동하는 물리적 기계다. 컴퓨터는 이제 많은 것을 스스로 학습하여 지능을 키울 수 있으며, 그렇게 인간 마음의 일부분을 흉내 낼 수 있고 일부 지능은 인간보다 높다. 그런데 컴퓨터의 학습 과정 혹은 지능 형성 과정의 동력은 놀랍게도 생존본능이 아니다. 이점은 문제가 되기도, 장점이 되기도 한다.

생명은 생존과 번식을 위해 애쓴다. 현재의 컴퓨터는 생존하려고도, 번식하려고도 하지 않는다. 컴퓨터가 어느 정도의 지능을 가지고 있다 하더라도 그 지능이 작동하려면 인간이 컴퓨터를 켜야 한다. 요컨대 현재의 컴퓨터에는 자발성이 없다. 반면 어떤 하등 동물도 자발적으로 삶을 산다.

컴퓨터가 자신을 파괴하려고 다가가는 인간에게 모종의 조치를 취하도록 프로그래밍 될 수 있다. 그러한 프로그래밍이 생명의 생존본능과 다를까. 생명의 생존본능도 프로그래밍된 것으로 볼 수 있다. 그렇다면 생존본능과 컴퓨터 프로그래밍 사이의 공통점과 차이를 살필 수 있다. 컴퓨터와 인공지능에 대한 연구 성과가 쌓여 컴퓨터 방식의 자발성, 컴퓨터 방식의 생존의지가 구현될 수 있다. 그 경우 생존본능과의 차이를 알아보는 일이 무의미해질 것이다.

뇌에는 있고 현재의 컴퓨터에 없는 중요한 특성이 가소성이다. 이것은 고체가 어떤 힘을 받아 형태가 바뀐 뒤 그 힘을 없애도 원래 모양으로 돌아가지 않는 성질이다. 뇌 과학에서는 손상된 신경망이 새로운 신경망으로 대체되어 훼손된 기능이 회복되는 경우를 묘사하는 용어로 쓰이거나, 연습을 통해 어떤 기능을 맡는 신경망이 만들어졌을 때 웬만해선 그 신경망이 훼손되지 않는 사실을 묘사하는 용어로 쓰인다. 가소성을 가진 뇌 안의 모듈들은 상황에 따라 다양하게 결합한다. 미국의 심리학자 제프리 잭스가 말했듯이 뇌는 좀 더 잘 작동하기 위해 시간 흐름에 적응한다. 즉 감각계와 운동계 뉴런들의 계층구조는 늘 변화한다. 특히 시냅스는 적응을 통해 뉴런 상호 간 영향을 증감^{增減}시킨다. 이러한 것이 가소성이다.(잭스, 2014)

다양하게 변화하는 환경에 행동을 적응시키며 생존하려면 그 행동을 낳는 뇌는 가소성을 가져야 한다. 가소성은 생명이 뇌에 요구하는 과제를 뇌가 수행할 때 뇌가 처한 상태 혹은 뇌의 한 특성이다. 잭스에 의하면 우리는 가소성 덕분에 다양한 행동들을 할 수 있고 학습할 수 있다.(같은 책) 우리는 컴퓨터를 가소성이 없는 경직된 기계로, 그 내부 세계에서 적응이 없는 것으로 볼 수 있다. 컴퓨터의 모듈들이 주어진 임무만을 맡을 수밖에 없다는 지적이 있다. 하지만 컴퓨터가 문제 해결의 인공적 지능을 스스로 가지게 된다면, 컴퓨터 방식의 가소성을 말할 수 있다. 가소성이란 결국 문제 해결 능력이기 때문이다. 현재까지 생명에게 문제는 생존이다. 반면 현재까지 컴퓨터에게 문제는 인간이 부과한 과제를 해결하는 일이다.

뇌는 급속히 변화하는 정보 흐름을 처리한다. 정보 흐름에는 보통 낮은 곳, 즉 감각기관과 시상 쪽으로부터의 순방향뿐 아니라 그쪽으로 가는 역방향도 있다. 인간 뇌 속 정보 흐름은 되먹임 된다.(호킨스·블레이크슬리, 2010) 정보의 되먹임 처리 과정이 과거의 컴퓨터에는 없었다.

하지만 1980년대 이래 등장한 기계학습의 방법들은 이러한 되먹임에 비견할 만한 과정에 접근했다. 1980년대 이전에는 컴퓨터의 저장장치에 인간이 지식과 정보를 저장하고, 이 정보를 통해 상향식으로 결과를 구현했다. 딥블루의 방식은 이쪽에 가까웠다. 이 방식에서 결과의 수준은 저장된 정보의 양과 질에 의존한다. 정보의 입력이 없다면 컴퓨터는 결정할 수 없다. 기계학습은 상황을 완전히 다르게 만들었다. 컴퓨터는 이제 경험과 창조적 학습을 하는 인간을 한층 닮아간다. 기계학습 기반 컴퓨터는 정보 속에서 스스로 어떤 특성을 추출해 학습한다. 전원이 꽂혀 있고 인터넷에 연결되면 정보의 바다 속에서 알아서 패턴을 찾아내 상황을 인식하고 결정을 내릴 수 있다. 빅 데이터 즉 방대한 양의 데이터에 접근한 컴퓨터는 그 속에서 자기주도 학습을 더욱 많이 하게 되며, 더욱더 영리해진다.

현재의 컴퓨터가 몸이 없다는 지적이 있다. 수억 년의 세월이 생명의 몸에 내장시킨 지식을 컴퓨터가 가지고 있지 않다는 주장이다. 미치오 카쿠에 의하면 컴퓨터로 구현된 고양이 뇌에는 기억과 본능이 빠져 있고, 그래서 쥐를 잡을 수 없다.(카쿠, 2015) 쥐를 잡도록 프로그래밍된 기계가 기억과 본능을 통해 작동되는지 내장된 명령에 의해 작동되는지는 중요치 않다. 몸이 외부의 정보를 받아들이는 것과 컴퓨터가 정보를 입력받는 것은 다르지만, 정보의 입력이 있다는 것에는 차이가 없고, 입력된 정보가 처리되어 지식이 된다는 점에도 차이가 없다. 물론 컴퓨터가 받아들이는 정보와 몸이 받아들이는 정보가 성격이 다를 것이다. 그 다름은 심각하지만, 문제점을 없앨 방법이 아예 없지는 않을 것이다.

컴퓨터는 궁극적으로 뇌와의 차이를 없애거나, 더 좋은 쪽으로 발전할 것이다. 컴퓨터는 생명과 다른 동기를 가지고 다른 방식으로 정보를 모으고 처리한다. 결과는 뇌를 가진 생명이 가져다준 결과보다 더 좋거나 덜 좋다. 덜 좋은 차원에서 문제점을 해결해 결과를 더 좋게 하면 된다. 컴퓨터와 뇌의 차이에 대한 논의가 인간 뇌의 위대성을 소박하고 신비하게 포장하는 쪽으로 진행되어서는 안 된다. 뇌에 대한 진실과 뇌를 보완하여 우리를 돕는 인공지능에 대한 진실에 다가가는 논의여야 한다.

10
마음과 음악

인간 뇌의 여러 영역이 작동하여 다양한 심적 결과를 낳는다. 감각, 지각, 정서, 감정, 기분, 느낌, 인지/인식, 의식, 무의식, 생각/사고, 기억, 운동 통제 등이 그 결과다. 이 모든 심리적 작용이 마음mind이다.

마음을 여러 가지를 포괄하는 것으로, 즉 넓은 의미를 가지는 것으로 정의하는 이들이 있다. 로트도 그중 하나다. 로트에게 마음은 의식되는 경험이라는 좁은 의미만을 가지지 않는다. 마음은 단순 학습에서부터 통찰, 문제 해결, 지식 귀인 knowledge attribution, 상징적 표상, 사고–처리에 이르는 인지 기능 전체를 아우른다.(로트, 2015) 하지만 로트의 정의도 내가 마음에 부여한 정의보다는 좁아 보인다.

포괄적 마음은 우리를 모순적 존재로 만들었다. 미국 과학자 에드워드 윌슨의 말마따나 "우리는 석기시대의 정서, 중세의 제도, 신과 같은 기술을 지닌 채 스타워즈 문명을 구축해 왔다. […] 우리는 동물적 본능의 요구에 좌지우지되는 [놀라운] 지능에 의존해 살아가는 진화적 키메라다."(윌슨, 2013) 인간이 모순적이고 복합적인 이유는 인간 마음의 구성 요소가 서로 매우 이질적이며 종종 상호 충돌하기 때문이다.

길버트 라일 같은 심리철학자가 1949년에 마음을 '외현 지능적 수행들'이라 정의했다면(Ryle, 1994) 그는 상술한 모순적 마음 상태와 조화되지 않는 개념을 주장한 셈이다. 외현 지능적 수행들과 함께 그는 인간 마음을 1950년대 이후에 등장한, 중요한 인지과학 개념인 계산으로 환원한다. 인지주의자들처럼 마음을 계산과 인지로 환원하거나 (형식적 뉘앙스가 강한) 정보 처리 과정으로 설명하거나, 지능으로 바꾸어 말할 수 있다. 계산 개념과 함께 인지주의는 마음의 내면적 부분들, 특히 무의식이나 정서, 감정 등을 소홀히 다루는 것처럼 보인다.

마음 대신 지능을 말할 수 있다. 지능이라는 용어를 씀으로써 우리는 우리 마음이 매우 편향적이라는 사실을 종종 간과한다. 우리는 다양한 인지편향을 가지고 산다. 예를 들어 우리는 처음 접하는 정보에 지나치게 좌우되는 심리적 경향을 보인다. 연봉 협상을 할 때 처음 제안된 금액의 범위 내에서 협상이 이루어지곤 하는 것은 우리가 기준점 편향을 보이기 때문이다. 지능이라는 용어는 다양한 편향을 가진 채 비합리적으로 살아가는 우리 모습과 잘 어울리지 않는다. 우리의 심적 상태를 지능으로 묘사한다면 기준점 편향 지능 용어를 써야 할 판이다. 그 지능은 낮을수록 좋다. 어색한 상황이다.

지능 개념은 특정 능력의 측정이 가능하다는 생각에서 고안되었다. 측정이 가능하려면 측정의 영역이 분명해야 하며, 그 영역 내에서 측정의 분명한 잣대가 필요하다. 분명한 영역과 잣대가 존재하는 경우도 있지만 그렇지 않은 경우도 있는 것 같다. 대부분의 경우 사람들의 지능은 여러 문항을 풀면서 측정되는데, 각 문항은 분명한 영역에 속해 있고, 분명히 맞거나 틀린 답을 가진다. 지능 평가에 동원되는 문항과는 달리, 세상일은 여러 영역에 걸쳐 있고, 맞고 틀리는 것이 분명하지 않을 때가 많다. 삶의 다양한 차원에서 우리 인간과 다른 많은 생명은 수많은 문제에 직면해 다양한 방식으로 대처한다. 이때 어떤 대처가 가장 지능적이었는지 판단하기 어렵다. 세상일엔 정답이 없는 문제들이 많지 않던가. 지능은 다양성을 낳는 진화 과정을 거친 생명의 특성을 묘사하기에 부적합하다. 생명은 다양한 상황에 적응하면서 다양한 몸과 뇌, 그 뇌의 다양한 작동 방식을 가지는 쪽으로 진화했다. 지능은 이러한 다양성을 묘사하기보다 현대 사회에서 살아가는 인간의 심적 특성을 묘사하기 위해 고안된 측면이 크다.

이런 의미의 지능이 중요한 것은 맞다. 그런데 지능이 높은 사람만 살아남는 것이 아니다. 지능이 낮은 이들도 살아남아 왔고, 미국의 인류학자 헨리 하펜딩이 말했듯이 종종 지능이 높은 이들이 오히려 진화적으로 익숙한 문제에서 대단한 무능을 보이기도 한다. 고도의 지능은 심지어 생물학적 적합성을 희생시킬 수 있다.(하펜딩, 2012) 하펜딩이 말한 지능, 특히 고도의 지능은 뇌 전체를 작동시켜 현상시키는 모든 심리적 작용의 전체를 포괄하지 않는다. 일부에 해당한다. 나머지 작용들을 묘사하는 용어가 필요하다. 인간뿐 아니라 많은 다른 생명이 그 나머지 작용들을 보여준다. 마음이라는 용어는 인간과 다른 생명의 연속성에 주목한다.

복잡한 인간성, 특히 다른 생명과도 공유하는 어떤 특성들을 가능한 있는 그대로 이해하려 한다면 마음이라는 용어를 쓰는 것이 더 낫다. 복잡하고 모순적이며, 다양한 답안을 떠올리게 해주는 마음, 계산처럼 분명한 과정만은 아닌 마음은 그리스어인 'Nous'의 번역어다. 종종 지성 혹은 지능과 동일시되는 Nous를 미국인들은 '누스'로, 영국인들은 '나우스'로 발음한다. 이것은 무엇이 참이고 실제적인지를 이해하는 데에 필요한 지각적/인지적 능력이다. 마음에 포괄된 뇌의 모든 작동은 어느 것 하나 세계에 대한 지각적/인지적 능력과 무관치 않다. 정서/감정, 기분/느낌, 직관, 무의식도 세상에 대해 알려주는 바가 있다.

뇌의 대부분의 작동은 세계에 대한 진실하며 실제적인 지각과 인지를 가져오는 데에 봉사한다. 세계에는 세계 속 나 자신도 포함된다. 정서와 감정은 세계와 대면하는 또 다른 세계로서의 자신에 대한 인지다. 감각과 지각도 어느 정도는 그러하다. 우리는 세계를 감각하고 지각하며 세계를 알 수 있고, 세계에 대면해 어떤 정서와 감정을 느끼면서도 세계를 알 수 있다. 수억 년 전부터 생명은 오늘날의 인간이 가진 고도의 지능을 갖추지 않은 체 감각과 지각, 정서와 감정만으로도 잘 살아 왔다. 고등한 뇌를 가진 일부 영장류와 인간은 생각과 사유까지 하며 세계의 실제에 더 다가갈 수 있다. 무의식도 우리에게 세계의 실제를 알려준다. 그리고 이 모든 것들은 우리의 생존에 도움을 준다. 모두 마음이다.

감각, 지각, 정서, 감정 등은 마음의 하위 요소 혹은 하위 마음에 해당하며, 인식, 의식, 생각 등은 마음의 상위 요소 혹은 상위 마음에 해당한다. 이 모든 마음작용은 대부분 서로 연결되어 있다.

예를 들어 감각은 지각의 기반이고 지각은 인식과 생각의 기반이다. 감각 정보를 처리해 지각하고, 지각을 통해 인식하며 생각한다. 이것이 마음의 상향식 경로다. 한편 지각 및 생각에는 감정이 수반되고, 생각과 감정은 지각에 의해 유도되며, 지각과 생각, 감정 등은 대부분 신체 기능을 전제로 하거나 일으킨다. 자신에게 해를 끼칠 존재를 알지 못할 때 생명체에게 두려움은 생기지 않는다. 디사나야의 말마따나 분노나 사랑은 자유롭게 떠다니는 감정이 아니라 특정 맥락에서 지각되고 평가된다. 질투나 두려움 같은 감정은 그 상태를 생성하는 대상이나 경우에 관련된다.(디사나약, 2009)

미국의 심리학자 루이즈 페소아는 우리 뇌를 '인지적-감정적 뇌'로 모델화하며, 이런 뇌 안에서 감정과 인지가 상호작용하여 통합된다고 말한다.(Pessoa, 2014) 페소아는 감정을 주로 처리한다고 알려진 소뇌의 편도체가 전통적 견해와 달리 감정 처리 이상의 기능을 보인다는 점, 감정과 인지의 상호작용이 전전두엽 피질 안에서 다양하게 일어난다는 점을 말한다. 통합의 결과 지각과 인지는 정서적이며 동기적인 내용이 채워진 정보들에서 직접적인 영향을 받는다. 뇌 구조에 대한 이러한 연결망 관점에서 볼 때 감정과 인지는 단지 편의를 위해 지어진 이름에 불과하다. 그것들을 서로에게 영향을 전혀 주지 않는, 구획된 뇌 조각들로 여길 수 없다.(같은 글) 연결된 마음의 요소들 각각을 간략히 다루어보자.

감각-지각-인식 경로

『창세기』에는 지식의 열매를 따먹는 아담과 이브의 이야기가 있다. 『성경』이 기술한 최초의 감각적 행위다. 아담과 이브는 먹음직스러운 열매를 먹고 오랜 잠에서 깨어났다. "이들의 눈이 열렸으며, 자신들이 벌거벗었다는 사실을 알게 됐다." 세계를 보고 스스로를 인식하여 감정을 느끼게 된 시발점, 즉 인지의 시발점은 감각을 깨우는 일이었다.

외부 세계를 파악하고 알아가는 과정에서 인간은 감각하고 지각하며 인식한다. 이 세 용어는 세계에 대한 인간의 앎이라는 복잡한 하나의 과정을 구분 짓고 각 구분을 묘사하기 위해 동원되었다. 이 용어들에는 분명한 차이가 있을까. 구분될 만할까. 용어들을 구분함으로써 혹시 연속적이며 불가분한 앎의 과정을 오해하는 것은 아닐까.

외부 대상의 자극을 최초로 받아들이는 곳이 눈이나 귀 같은 감각기관이다. 감각기관은 공기나 빛의 진동을 생명체의 내적인 생리적 에너지로 바꾸는 데, 이것이 곧 감각^{sensation} 과정이다. 감각 과정의 끝에서 일어나는 일, 이를테면 청각기관의 말단에 있는 유모세포들의 물리적 움직임은 뇌의 말단에 있는 청신경 섬유를 통해 전기적 반응으로 변형된다. 지각^{perception}의 세계가 개시된다. 나는 이런 설명을 '감각-지각 구분을 위한 위치 관점'이라 부른다. 이 관점에 따르면 감각은 감각기관에서, 지각은 뇌에서 진행된다.

감각은 뇌에서 느끼는 것이기 때문에 위치 관점은 틀렸다는 주장이 있다. 치통을 주로 느끼는 곳은 뇌의 전방대상피질이다. 치통 때문에 먹는 진통제가 효력을 발휘하는 곳이기도 하다. 영국의 신경과학자 워드는 감각을 뇌의 작용으로 보는 근거로 환상 촉각을 말한다.(워드, 2015) 다리를 잃은 사람들은 절단된 다리 부위에서 여전히 가렵고 아프며 쥐가 나는 느낌을 가지는데, 이런 경험이 환상 촉각이다. 감각기관인 다리가 없음에도 감각을 느끼는 경우다. 환상 촉각 역시 감각을 느끼는 부위가 뇌라는 사실을 알려준다. 마취 또한 뇌의 중요성을 알려준다. 마취되어 수술을 받을 때 아픔의 감각은 없거나 완화된다. 하지만 감각기관에는 분명한 변화가 발생한다. 이런 점들을 고려하면 감각은 감각기관에서 실제 일어난 일이 아니다. 발생한 사건에 대해 뇌가 가지는 어떤 느낌이다.

뇌는 현재의 감각 정보에만 의존하지 않는다. 과거 경험에도 기초해 세상을 파악한다. 베르그손처럼 경험에 기초한 앎을 지각으로 부르는 이들이 있다. "아무리 순간적이라 하더라도 지각은 많은 상기된 요소들로 이루어진다. 모든 지각은 이미 기억이다."(베르그손, 2014)

지각을 구성하는 요소들이란 과거 경험에 대한 표상으로서의 기억과 현재의 경험이다. 음악학자 이석원은 감각기관을 통해 들어오는 정보를 '순수한' 감각 정보라 하면서, 순수하다는 것이 "감각기관의 생물학적 구조와 생리학적 기능에 의존하되, 이미 학습된 요소, 즉 사전 경험과 관련되지 않는" 의미라고 말한다. 이것은 현재의 경험이다. 이석원에 따르면 지각은 그러한 감각적 정보를 축적된 [과거] 경험과 연관 짓는 과정이다. 탁구공을 처음 보는 이는 둥글고 하야며 그리 크지 않다는 점들을 감각할 수는 있어도 그 감각들을 종합해 탁구공이라고 지각할 수 없다.(이석원, 2013) 연관을 지을 축적된 경험이 없기 때문이다.

축적된 과거 경험에는 구체적·일화적episodic 기억만 있지 않다. 구체적 기억 정보들에 관련되되 그로부터 다소 독립적이며 추상적인 일반화된 정보 체계도 있다. 탁구공에 대한 구체적·일화적 기억이 있다면 탁구공을 보았을 때 '둥글고 하야며 그리 크지 않으니 내가 아는 탁구공에 해당하겠지.'라고 판단할 것이다. 마음속에 일반화된 정보 체계만 있다면 '이것은 둥글고 하얀데 그리 크지는 않네.'와 같은 현재의 느낌을 가지면서도 '어느 경기에 쓰일지는 모르겠으나 공의 한 종류일거야.'라고 추측할 수 있다. 이 추측이 곧 지각일 수 있다. 지각은 현재의 경험을 과거의 경험 체계 어딘가에 귀속시키는, 분류 행위일 수 있다. 곰브리치에 의하면 분류할 수 없다면 지각할 수도 없다. 곰브리치에게 지각은 결코 순수하지 않으며 '순수한 눈'은 없다.(재인용:칸델, 2014A)

'어느 경기에 쓰일지는 모르겠으나 공의 한 종류일거야.'와 같은 추측성 분류는 일종의 가설의 제기이다. 이러한 가설은 과거의 문화적 경험뿐 아니라 자연선택을 통해 유전되고 뇌 안에 저장된 내재적·본능적 지식으로부터도 만들어진다. 기억은 개체의 경험이고 본능은 개체를 넘어서는 유전자의 기억일 수 있기 때문이다.[1] 제기된 가설은 확립되거나 기각될 것이다. 이에 대해서는 잠시 뒤에 후술하자.

물리적 자극은 최소한의 에너지를 가져야 감각을 불러올 수 있다. 8ℓ의 물에 한 숟가락 이하의 설탕을 타면 우리는 그 물을 설탕물로 느끼지 못한다. 즉 달다는 감각을 못 느낀다. 그럼에도 그 물을 선호할 수 있다. 선호의 이유를 의식하지 못한 선호, 즉 지각을 식역하 지각이라고 부른다. 논란이 있는 이 개념은 의식되지 못한 감각을 기반으로 하는 지각이다. 감각 중에는 이처럼 의식되지 않는 것도 있다.

지각은 감각 작용들을 통합하는 과정일 수 있다. 정신 병리학자 크로이플 테일러는 여러 감각으로 이루어진 감각영역만이 실재적 경험의 내용을 형성할 수 있다고 말한다. 내가 나의 주위 환경을 인지한다는 것은 내가 서로 다른 여러 감각을 동시에 인식하는 것이다. "나는 이 책의 활자를 본다. 동시에 이 책 자체도 보며, 아래층에서 문이 쾅 닫히는 소리를 듣고,

---

[1] 마취 상태에서 수술 받을 때 느끼는 불편함을 생각해보자. 이것은 마취가 불완전해서 생기는 느낌일까, 아니면 우리 몸이 칼로 찢긴다는 사실을 인지한 뇌가 제공하는 느낌일까. 지각에 연결된 경험에 본능을 포함시키지 않는다면 수술을 받아본 적이 없는 이가 느끼는 불편함의 원인으로 우리는 불완전한 마취만을 거론해야 한다. 마취제가 더 좋아지면 우리는 수술 받을 때 불편함을 전혀 느끼지 않을 것이다. 하지만 마취제가 아무리 좋아져도 수술받기를 즐기는 사람은 없을 것이다. 우리 마음에 깊게 새겨진, 우리 몸이 찢긴다는 것에 대한 본능적 불편함 때문이 아닐까. 지각은 개체가 지금 이 순간에 느끼는 경험을 넘어선다. 지각 주체는 내 조상들의 일부가 그 안에서 여전히 살아 활동하는 내 마음과 몸이다. 본능은 내 안 조상들의 마음이다.

의자가 딱딱하다는 것도 인지한다. 나는 결코 따로 떨어진 하나의 감각만을 인지하지 않는다. 이 모든 감각이 다양한 정도로, 하나의 감각영역을 형성하는 과정에 기여한다."(Taylor, 재인용: 심스, 2014)

테일러가 말한 감각영역이 통합적 지각의 대상이다. 통합적 지각 관점에 따르면 어떤 대상에 대한 지각은 그 대상의 여러 측면에 대한 감각들을 온전히 통합할 때 가능하다. 신경과학자 정수영은 우리가 사과를 둥그스름한 형태, 붉은 색상, 놓여 있는 위치 등의 나열로 지각하지 않는다고 말한다.(정수영, 2009) 사과는 이러한 감각 특성들이 결합된 온전한 하나의 사과로 지각된다. 놓여 있는 공간과도 통합되어 지각된다.

감각 특성들이 통합되지 않고서 우리에게 의미를 주는 경우가 있을까. 있다. 날아오는 공을 보고 즉각적으로 피한 당신은 그것에 대해 온전히 지각하지 못했다. 당신은 무언가가 날아오고 있다는 사실만을 알았을 뿐이고 그 앎만으로 적절한, 생존에 도움이 되는 행동을 했다. 일단 피한 당신은 당신을 비껴가서 저만치 떨어진 것의 크기, 색상, 모양 등에 대해 감각하고 그 감각적 앎을 종합해 그것이 푸석한 사과였다고 지각한다. 사과가 날아오는 순간에도 당신은 지각했다. 나에게 위험을 줄 수도 있는 어떤 것이 빠르게 날아온다는 지각. 이 경우 지각은 꼭 통합적이지만은 않다.

어떤 한 음악적 음에 대한 지각도 이와 비슷하다. 주기적 진동이 만들어낸 하나의 음악적 음이 천천히 연주될 때 음악적 훈련을 적당히 받은 이들은 이 음의 여러 특성들을 통합한 것으로 음을 지각할 수 있다. 음의 높낮이(음고), 음의 길이(음가), 음의 강도, 음색, 소리 형태(엔벨로프)의 값들 혹은 특성들의 통합. 대단한 음악전문가가 아니면 오케스트라의 여러 악기가 빠르게 연주하며 제시하는 여러 음의 연쇄 속에서 각 음의 여러 특성 모두를 통합해 지각하기가 어려울 것이다. 아마도 음고 특성에 주로 집중할 것이다. 반면 음악전문가는 많은 감각 특성들을 거의 놓치지 않고 들을 수 있다. 이것은 자신에게 날아오는 공에 대해 뛰어난 야구선수와 일반인이 달리 지각하는 것과 유사하다. 맥락에 따라, 지각하는 주체의 능력에 따라 통합적 지각이 쉽기도 하고 어렵기도 하며 불가능할 수도 있다.

지각은 감각들을 통합한 앎이지만 그 통합은 온전치 않을 수 있다. 즉 감각으로 수용된 것 중 어떤 것들이 지각될 때 그 지각이 아직 어렴풋한 것일 수 있다. 책상 위 사진을 보는데 그 사진 오른쪽에 황금색의 직사각형 모양을 갖춘 어떤 것이 있음을 어렴풋이 안다. 나는 일단 사진에 집중하지만, 오른쪽 그 어떤 것의 대강의 특성들(황금색, 직사각형 등) 각각에 대해서도 대충 감각하고, 심지어는 그 특성들을 통합해 그것이 어떤 과자일 것이라고 짐작도 한다. 이 짐작이 지각의 다른 이름일 수 있다. 이제 오른쪽으로 고개를 돌린 나는 이전까지 어렴풋하게 감각되고 지각된 것을 분명히 알게 된다. 프랑스 과자 마들렌이다.

주의를 기울인 대상이라고 해서 우리가 그것에 대해 전부를 아는 것도 아니다. 위의 경우 주의를 기울여서 대상이 마들렌인 것을 바로 알았다. 이와 달리 어떤 이가 주의를 기울여 대상의 대강의 모양과 색깔, 특성들에 대해 통합적으로 지각했음에도 여전히 '저게 뭐지?'라고 자신에게 묻는다면, 그는 온전한 앎에 도달하지 못했다. 마들렌이 보통의 마들렌과 많은 점에서 다르거나 내가 마들렌에 대해 금시초문이라면 나는 순간 이게 마들렌인가 아니면 다른 무엇인가, 이게 도대체 무엇인가 고민할 것이다. 나는 아직 문제의 대상에 대한 온전한 앎에 이르지 못했다.

내가 알고 있는 모습과 다른 마들렌은 조금 주의를 기울이면 알 수 있다. '이것도 결국 마들렌이군.' 최현석에 따르면 지각 과정은 재인recognition 과정을 수반해야 대상에 대한 온전한 앎의 상태, 즉 인식에 도달할 수 있다. 재인 과정을 통해 지각된 대상은 뇌가 기억하는 특정 범주 중 하나에 배정된다.(최현석, 2009)

재인과 인식을 구분하지 않아도 좋을 것 같다. 재인 용어는 인식 과정의 어떤 특징을 강조한다. 인식 과정이 과거 경험에 기초한다는 점. 인식은 기본적으로 인식 주체의 경험, 그 역사와 연관된다. 인식은 이미 기억과 경험에 연관된 지각에 다시 새로운 의미가 부여되어 얻어진 대상의 구성적 표상이다. 다중의 의미 부여가 가능하다. 세계에 대한 다중의 앎과 현재 얻은 지각을 계속해서 연관 짓는다는 면에서, 인식은 지각에 비해 더 문화적이며, 계속해서 변할 수 있고 구성될 수 있다.

인식과 감각 및 지각의 관계에 대한 서로 다른 두 철학적 관점이 있다. 먼저 인식, 사고, 지식과 같은 고차원적 마음이 감각과 지각과정에 영향을 준다는 관점이 있다. 철학적 반토

대론이다. 반토대론에 따르면 우리가 생각을 달리하면 감각과 지각도 달라진다.(오브라이언, 2011)

토대론에 의하면 세상 사람들 누구나 사고와 무관한 감각 및 지각 경험을 가진다. 영국의 철학자 오브라이언은 고전음악 전문가와 고전음악에 대해 전혀 알지 못하는 사람이 있을 때, 이 두 사람이 비개념적 경험의 공통 핵을 공유한다고 말한다면 토대론을 피력한 것이며, 두 사람의 음악적 경험, 즉 감각 및 지각 과정 자체가 아예 다를 수 있다고 말하면 반토대론을 피력한 것이라 요약한다. 반토대론자들에 의하면 어린아이와 아마추어는 물리학자가 보는 것을 볼 수 없고 전문음악가가 듣는 것을 들을 수 없다.(같은 책) 우리는 아는 만큼 보고 듣는다.

일견 반토대론이 맞는 것 같다. 반토대론은 우리의 직관에 잘 어울린다. 하지만 토대론이 말하는 것처럼 어린아이와 아마추어도 전문가들과 같은 것을 듣고 보지만 단지 그것을 의식하지 못하는 것일 수 있다. 반토대론적 관점에서라면 인식과 사유가 우리의 감각 및 지각 과정에 영향을 준다. 토대론자들이라면 영향을 주는 것이 아니라 우리가 이미 제대로 감각하고 지각하는 바들을 분명하게 의식하도록 우리의 인식이 단지 돕고 있다고 말할 것이다.

반토대론자들의 말처럼 지각과 감각에 영향을 주는 인식이 있다면, 그것은 문제의식 혹은 추측일 수 있다. 기억과 같은 과거 경험이나 본능에 기초할 수 있는 문제의식 혹은 추측. 문제의식 혹은 추측을 통해 감각과 지각을 조정하고, 조정된 감각과 지각은 문제의식 혹은 추측이 제기한 가설을 검증하거나 기각하여 대상을 제대로 재인식한다.

칸델은 예술작품의 감상도 이렇게 복합적이며 되먹임이 있는 과정으로 설명한다. 우리는 예술작품을 지각하고 감상할 때 그 작품에 대해 추론하고 그 추론을 위해 창의적 모형을 구축한다.(칸델, 2014A) 이것은 작품에 대해 문제의식을 가지는 일이거나 추측하는 일일 수 있다. 가설을 확립하는 일이기도 하다. 만들어진 가설 혹은 모형은 우리가 작품을 지각하고 감상하면서 검증하거나 기각한다. 그 결과가 예술작품에 대한 인식이다.

칸델은 우리가 예술을 대할 때 즉각적으로 추론하며 모형을 만든다는 점에서 선천적 과학자이며, 과학적 태도를 가지고 예술을 감상한다고 말한다. 칸델에 따르면 곰브리치 역시 예술을 관람할 때 동원하는 무의식적 추론과 과학자가 [과학적 연구를 할 때] 동원하는 의식적 추론 간에 유사성이 있음을 간파했다.(같은 책) 과학자에게 가설 확립과 그 검증 및 기각은 연구를 위한 필수적 방법이다. 우리는 예술작품이나 기타 대상을 바라볼 때도 과학자의 가설 확립과 비슷한 과정을 거친다. 과학자와 예술을 대하는 감상자는 다른 대상을 지각하고 추측하며 인식하는 보통의 사람과 크게 다르지 않다.

이상의 논의는 소리 및 음악에 대한 지각과 인식의 과정을 설명하는 데에도 유용하다. 우리는 어떤 소리를 들을 때 가설을 수립하는 과정('이 소리는 옆집 아기 울음소리일 거야.')과 소리 자체에 대한 정보들과 과거 경험, 그리고 수립된 가설을 관련지어 추론하는 과정을 밟는다. 가설은 검증되거나('옆집 아기 울음소리 맞네!') 기각된다('고양이 울음소리네!'). 내 안의 과학자를 나는 일상적 소리를 들으며 불러온다.

선율을 들을 때도 우리는 과학자다. 어떤 선율이 들릴 때 우리가 그 선율을 예전에 들었다면 그 기억을 현재의 청취과정에 관여시키며 가설을 세운다. '이 선율 예전에 들은 것 같은데.' 처음 듣는 선율인데 어디선가 들은 것 같다면 기억이 가물가물한 경우이거나, 실제로 처음 듣는 선율이지만 그 선율의 어떤 특성을 어디선가 들은 바 있는 다른 선율의 특성과 관련지어 듣는 경우다. '이 선율 예전에 들은 어떤 선율과 비슷한 것 아닌가?' 이렇게 어떤 특성의 존재를 가정해 가설을 세우며, 가정된 특성과 현재 듣는 선율을 연관 지어 가설을 검증하거나 기각한다. '맞아, 예전에 들은 어떤 선율과 비슷해.' '비슷한 것 같은데 아니네.' 과학자가 틀릴 수 있듯이 우리의 가설 검증이나 기각도 틀릴 수 있다.

당신이 어떤 선율을 처음 들을 때 그 선율이 익숙하고 들어본 것 같으며 심지어 그 선율이 어떻게 전개되어 어떤 음으로 끝날지조차 예측할 수 있고 그 예측이 맞아떨어진다면, 당신은 가설 수립과 가설 검증 과정에 기초해 선율 지각을 잘했다. 놀라운 능력을 갖춘 당신은 처음 듣는 선율을 잘 예측하고 지각하는 만큼 기억도 잘할 것이다. 선율 기억 능력은 선율 지각 능력에 기초하고, 선율 지각 능력은 선율 기억 능력에 기초한다.

두 능력은 은밀하게 서로를 도와 우리 마음속 노래방 레퍼토리를 채운다. 우리는 이 능력들이 작동하는 것을 의식하지 못한다. 이 상황은 게슈탈트 심리학의 핵심개념을 떠올리게 한다. "당신이 보고 듣는 것은 그 대상의 어떤 특성들뿐 아니라 그 대상에 대한 당신의 과거 경험에도 의존한다."(칸델, 2014A) 과거와 현재가 서로를 돕는 것은 음악적 영역을 넘어서는 보편적 현상이다.

게슈탈트Gestalt는 독일어로 '형태'라는 뜻의 명사다. 그래서 게슈탈트 심리학을 형태 심리학이라고도 부른다. 칸델은 우리가 대상이나 장면, 사람, 얼굴 등을 지각할 때 부분보다는 전체에 먼저 반응한다는 사실을 게슈탈트라는 용어가 가리킨다고 말한다. 칸델에 의하면, 이렇게 반응하는 이유는 전체가 부분들의 합보다 훨씬 더 큰 의미가 있도록 부분들이 서로 영향을 미치기 때문이다. 게슈탈트 운동은 20세기를 전후해서 독일의 수도 베를린에서 시작되었다. 여러 학자들 중 크리스티안 폰 에렌펠스는 형태 심리학의 출발점일 수 있는 논문「형태질에 관하여」(1890)에서 선율은 개별 음들로 구성되지만 각 음의 합을 넘어선다고 썼다. 우리는 같은 음들을 결합해 전혀 다른 선율을 만들어낼 수 있다. 이 사실은 선율이 그 구성음들로 환원될 수 없는 실체임을 알려준다. 우리는 선율을 부분들의 합이 아니라 하나의 전체로 지각한다. 우리는 그런 지각 능력을 타고났다. 음 하나가 빠졌어도 우리는 여전히 그 선율을 알아차린다.(Ehrenfels, 재인용: 칸델, 2014A)

오늘날 이 관점은 많은 지지를 받는다. 형태 심리학은 우리 마음속 어떤 구조 혹은 형태가 있고 우리가 그것의 도움을 받아 세계를 지각하고 인식한다는 주장을 펼친다. 구조 혹은 형태는 그것의 구성 요소들로 환원될 수 없다. 형태 심리학은 일반적으로 환원주의적 관점 혹은 원자론적 관점과 배치된다. 원자론적 관점은 세상을 알기 위해 세상을 구성하는 최소 단위를 확인해야 한다고 말한다.

게슈탈트 이론은 개체의 과거 경험의 중요성을 알려준다. 열심히 노력해 다양한 경험을 접한 이들은 그렇지 않은 이들에 비해 정보의 이해와 기억을 도와주는 게슈탈트를 더 많이 가지게 된다. 이를테면 독서를 많이 한 이들은 어려운 분야의 책을 쉽게 이해하게 해주는 개념 틀로서의 게슈탈트를 점점 더 많이 가지게 되고, 독서를 덜한 이들은 그러한 개념 틀을 덜 가지게 된다. 이러한 개념 틀을 덜 가진 이들이 곧바로 독서 능력의 저하를 경험하게 된다고 말할 수는 없다. 하지만 새로운 사유 체계를 구성하는, 점점 더 어려워지는 책들이 계속해서 세상에 나온다고 했을 때, 퇴보하지는 않았지만 멈춰 있는 독서 능력을 가진 이들은 이 책들을 잘 이해하지 못할 것이다. 새롭게 주어지는 책들에 대한 이들의 독서 능력은 저하될 가능성이 크다. 음악과 관련해서도 같은 이야기를 할 수 있다. 음악을 쉽게 이해하게 해주는 개념 틀을 가지게 된 이는 그것을 통해 음악을 더 쉽게 이해할 수 있다. 반면에 새로운 음악이 쏟아져 나오는 현실에서 개념 틀을 덜 가진 이들은 새로운 음악을 점점 어려워할 것이다.

이 상황은 『마태복음』의 한 구절을 떠올리게 한다. "무릇 있는 자는 받아 충족하게 되고 없는 자는 그 있는 것까지 빼앗기리라." 이 구절은 오늘날 "가진 자는 더 많이 갖게 되고 덜 가진 자는 점점 더 적게 가지게 된다."는 의미로 해석되며, 사회과학자들이 말하는 부익부 빈익빈 현상을 묘사하는 구절로 인용된다. 이 현상은 미국의 사회학자 로버트 머튼에 의해 '마태 효과'로 불리게 되었는데, 보통 마태 효과는 경제적 차원에서만 작동되는 것으로 알려져 왔다. 놀랍게도 인지 차원에서도 작동한다.

마태 효과는 무섭게 들린다. 다행히 반전이 있다. 점점 더 많이 가져서 더는 가질 수 없을 정도의 부를 거머쥔 이들의 폭주를 가로막는 요인들이 세상에 있다. 급진적 개혁 혹은 혁명. 혁명은 기존 틀의 붕괴와 새로운 틀의 수립이다. 새롭게 구성된 틀 속에서 기존의 출발점 위에서 작동하는 마태 효과는 무용해진다. 새로운 마태 효과가 이제부터 시작될 것이다. 비슷하게, 선율 경험을 많이 한 이들은 다른 선율들에 대해 점점 더 좋아지는 지각 및 인식 능력을 갖추게 된다고 했지만, 이것도 영원하진 않다. 전혀 다른 틀에 기초한 선율 혹은 음악이 나오면 기존의 틀을 기초로 한 마태 효과는 더는 작동하지 않는다. 사람들은 당황해하고, 새로운 스타일의 음악을 좋아하지 않게 된다. 그런 음악을 사람들은 더 이상 듣지 않고, 이것은 새로운 스타일의 음악에 대한 지각 및 인식 능력의 발전을 막는다.

실제로 사람들은 평균 33세부터 더는 새로운 음악을 듣지 않는다. 이 판단은 가입자가 4,000만 명에 이르는 세계 최대의 온라인 음원 스트리밍 서비스 회사인 스포티파이spotify의 빅데이터를 분석해 얻은 결과에 따른다.(Ajay Kalia, 재인용 : Bonner,

2015) 이 결과를 해석해보자. 사람들이 평균 33세가 넘으면 그 이전까지 가지고 있던 음악적 마음 구조(게슈탈트)가 더는 변화하지 않게 되는데, 세상은 이 마음 구조로 인식하기 어려운 특징들을 갖는 새로운 노래들로 가득해진다. 새로운 노래를 듣지 않게 되는 이유다. 사람마다 시대에 따라 다른 마음 구조를 가지고 살아간다는 이야기다.

미국의 젊은 작가인 조나 레러는 이러한 보수적 마음 구조의 신경학적 기반에 대해 말하면서 아울러 문제 해결을 위한 과감한 대안도 제시한다. 그것은 충격적이며 실험적인 새로운 스타일의 음악을 듣는 것이다. 레러가 지목한 신경학적 기반은 마음의 하향식 경로일 수 있는 피질원심성망 혹은 피질푸가계다. 레러에 의하면 이것은 우리가 새로운 패턴들을 무한히 배우도록 하지만, 동시에 우리 경험을 제한할 수 있다. 레러에 의하면 우리의 청각 피질은 전에 들어본 적이 있는 옛날 노래들을 더 잘 듣고 더 들으려고 하며, 알지 못하는 어려운 노래들을 무시한다. 이에 대해 레러는 질문하고 답한다. "새로움의 세상을 싫어하게끔 우리를 설계한 신경학적 덫에서 어떻게 벗어날 수 있을까? 예술이 그것을 가능케 한다. 예술가는 우리 뇌의 [보수적] 양성되먹임 고리에 부단히 저항하며, 이전에 아무도 경험하지 않았던 경험을 창조하려고 몸부림친다."(레러, 2007) 그런 예술로 레러는 스트라빈스키의 《봄의 제전》을 권한다. 이 작품은 "우리를 안일함에서 깜짝 놀라 뛰쳐나오게 만든다. 말 그대로 마음을 열어놓게 만든다. 아방가르드의 어려움이 없다면, 우리는 이미 알고 있는 것만을 숭상

할 것이다."(같은 책)[2]

이미 만들어진 인식 구조가 지각에 영향을 주는 경로 즉 마음의 하향식 경로는 세계의 지각에 도움을 주지만, 보수적인 틀로 바뀔 때가 있다. 우리는 일상에서 도대체 새로운 이야기를 들으려고 하지 않고, 듣는다 하더라도 자신이 이미 가지고 있는 생각과 신념을 강화하는 쪽으로 새로운 정보를 해석하는 사람을 자주 본다. 인간에게 감각에서 지각으로, 지각에서 인식과 사유로 올라가는 상향식 경로뿐 아니라 인식의 영향을 받는 지각 및 감각 작용으로서의 하향식 경로도 필요한데, 하향식 경로는 보수화될 수 있다. 보수화는 새롭게 변해가는 현실에 대한 생명의 적응도를 낮춰 궁극적으로 생존율을 낮춘다. 우리는 살아남기 위해서라도 창의적이어야 한다. 새로운 것들, 이를테면 레러가 언급한 《봄의 제전》과 같은 작품에 대한 경험이 창의성을 키우는 데에 필요할 수 있다.

음악적 청지각도 순수하고 고립된 것이 아니다. 하향식 경로의 간섭을 받을 수 있기 때문이다. 여러 하향식 경로들이 있다. 우선 상당수의 사람들이 악보를 본다는 점을 고려하자. 악보에 제시된 정보는 시각을 통해 지각된다. 선율이 기재된 악보에 대한 시지각은 그 선율을 듣는 과정에서 강력한 우군이다. 감상자의 마음속에 저장된, 론도 형식이나 소나타 형식 등에 대한 음악적 개념들도 있다. 비음악적 개념들과 그에 따른 논리적 사유체계도 음악 감상의 우군일 수 있다. 반토대론에

---

2. 《봄의 제전》에 대해서는 423쪽과 424쪽을 참조할 것.(###)

따르면 개념들을 아는 만큼 음악이 잘 들린다. 토대론이 타당하다면 개념 이해에 기초한 성찰은 그간 무의식적으로 흘려보낸 것들을 의식하게 만든다.

이 모든 것을 고려하면 인간의 음악 감상은 순수한 귀와 고립된 청지각을 통한 것만이 아니다. 음악 감상은 우리의 모든 가용 수단을 총동원하는, 온갖 행위들일 수 있다. 음악을 감상하며 우리는 세계 전체와 만나며, 그 순간 우리의 모든 역량이 총동원될 수 있다. 음악을 들으면서 우리는 우리 자신을 세계 속에서 총체적으로 훈련할 수 있다.

감각기관이 받아들이는 정보가 충분치 않은 상태에서 받아들여진 감각 정보들을 뇌가 해석할 때 사람들은 착각한다. 착시는 특히 놀랍다. 우리를 놀라게 하는 다양한 착시 그림들이 있다. 착시란 뇌가 해석한다는 증거다. 착시는 매우 활성화된 추론/해석 작용에 기초한 지각이다. 많은 경우에 우리가 아는 것은 감각 입력 자체가 아니라 그것에 기초하여 추론/해석 작용에 노출된 우리의 지각과 인식, 즉 출력이다. 우리는 사물 자체에 도달할 수 없는 것은 물론 사물에 대한 감각 입력에 대해서도 잘 모른다.

청각적 착각도 있다. 해석적 뇌의 또 다른 증거다. 교활한 심리학자인 작곡가들은 작품 속에 누구나 착각할 만한 음악적 부분들을 적절히 사용해 효과를 보았다. 그들이 청중을 착각에 빠뜨리게 하는 조치들을 취한 데에는 여러 이유가 있을 것이다. 제한된 자원으로 원하는 효과를 얻기 위해서가 가장 일반적인 이유다. 특별한 이유 없이 했을 수도 있고, 즐거움을 위한 일종의 놀이로, 혹은 귀가 좋은 청중들에게 퀴즈처럼 제시하여 그들에게 흥미를 제공해 주려는 의도를 가지고 했을 수도 있다. 인간의 지각과 감각의 기제를 연구하기 위한 과학적 태도를 가지고 하는 경우도 더러 있다.

릿세는 컴퓨터를 위한 모음곡 《리틀 보이》 중 두 번째 곡 〈추락〉에서 흥미로운 음향을 들려준다. 보통의 주의력을 가진 청자에게 2분 50초 동안 지속되는 〈추락〉은 음이 계속해서 내려가는 것으로 들린다. 이것은 착각이다. 음이 계속해서 내려가는 것으로 들리려면 주파수가 계속해서 작아져야만 하는데, 실상은 그렇지 않다.

주파수보다는 지속적으로 하강하는 외양(엔벨로프)의 음향에 청자가 주의를 기울이게 되어 착각이 발생한다.(Pierce & David, 1996) 엔벨로프는 소리의 외적 형태다. 모든 소리는 특정 형태를 가졌다. 소리를 들으면 그 특징을 지각할 수 있다. 이를테면 점점 커지는 소리, 점점 작아지는 소리, 커졌다 (급격히 혹은 완만히) 작아지는 소리 등이 있다. 〈추락〉은 음이 계속해서 내려가는 것처럼 들리는 외양을 가진 소리로 만들어졌다.

'리틀 보이'는 1945년 8월 일본 히로시마에 투하된 원자폭탄의 이름이었고 〈추락〉의 하강하는 소리는 히로시마 상공에서 이 원자폭탄을 투하했던 미군 조종사의 악몽을 표현한다. 원자폭탄인지 몰랐던 이 조종사는 투하 이후 악몽을 자주 꿨다고 한다. 자신이 하늘에서 끊임없이 떨어지는 꿈. 뛰어난 청각계와 주의력이 있는 일부 사람들은 〈추락〉에서 릿세의 의도와 달리 음이 계속해서 하강하지 않는다는 것을 간파한다.

프랑스 소설가 앙드레 지드는 "나는 감각을 통해 느낀다. 고로 존재한다."(André Gide, 2005)라고 말했다. 아마도 데카르트의 "나는 사고한다. 고로 존재한다."라는 진술에 대조되는 취지의 말을 하려 했던 것 같다. 두 사람 다 맞고 동시에 두 사람 모두 부족하다. 우리는 감각하고 지각하며, 인식하고 사고하면서 존재한다. 정서와 감정을 느끼면서도 존재한다.

정서-감정-인식 경로

정서는 쾌-불쾌의 느낌, 공포감, 식욕, 성욕 같은 느낌이며, 일차적 감정으로도 불린다. 감정 혹은 이차적 감정은 정서보다 고차원적이다. 동물학자 마크 베코프에 의하면 정서 반응은 신체 반응과 연관되고, 감정은 뇌에서, 생각과 관련되어 일어난다.(베코프, 2008) 베코프의 말은 혼동을 불러 올 수 있다. 정서가 신체와 연관되지만 뇌에서 느껴진다는 점에 주의해야 한다. 정서와 감정의 경계가 분명치 않다. 누군가에게 정서는 다른 누군가에게는 감정이다. 대체로 감정은 정서보다 덜 직접적이며, 덜 즉각적이고, 더 잘 참아낼 수 있거나 더 잘 통제될 수 있고, 좀 더 복잡하다.

배고픔과 같은 정서는 중요한 인식이다. 그것을 느끼는 사람의 몸에 에너지가 필요하다는 독특한 인식이다. 배고픔이 없는 사람은 굶어 죽을 수 있다. 배고픔이라는 인식을 거부하는 이도 굶어 죽는다. 다른 정서나 감정도 중요하다. 공포감은 지금 내 앞의 상황이 매우 위중하다는 나의 인식이다. 성욕은 내 유전자가 복제될 필요가 있음을 알린다. 리타 카터는 감정의 본질이 위험에서 멀어지고 이익이 될 만한 것에 다가가려는, 생존을 위한 기제라고 말하는데(카터, 2008), 이 정의는 정서에도 들어맞는다.

정서 혹은 일차적 감정은 대뇌변연계, 특히 편도체에서 주로 만들어져 행동을 이끈다. 대뇌변연계는 대뇌피질의 가장 아래에 위치하며 진화의 역사상 가장 먼저 만들어졌다. 생명체는 고피질과 구피질로서의 대뇌변연계를 먼저 장착하고 살아가다가, 수억 년이 흐른 후 일부 파충류와 포유류가 대뇌피질의 가장 윗부분에 신피질을 새로이 장착하도록 진화했다.

이렇게 오랜 진화사를 가진 대뇌변연계에서 발원하는 공포 같은 정서는 아주 근원적이며 즉각적이고 압도적이다. 많은 사람들은 정서에 친숙하며, 무의식적으로 정서와 감정이 알려주는 바에 따라 행동하도록 프로그래밍 되어 있다. 인간에게 특정 자극이 가해졌을 때 감정 및 정서 신경계는 바로 활성화될 것이다. 정글에서 마주친 사자는 즉각적으로 우리에게 공포감을 불러일으킨다. 대뇌변연계는 이런 경우에 활성화되도록 진화되어 왔는데, 음악을 듣고서도 대뇌변연계가 활성화될 수 있을까. 음악은 인간의 감정 및 정서 신경계를 직접적으로 활성화하는 포식자와 같은 자극일 수 있을까?

많은 음악은 감정/정서 신경계가 활성화되어 감정을 느낀 작곡가가 만든다. 그런 음악을 접할 때 감상자의 감정/정서 신경계도 활성화될 수 있고 덕분에 감상자는 감정을 느낄 수 있다. 어떻게 된 일일까. 제임스 O. 영에 의하면 음악에 대한 감상자의 경험은 감상자 자신에게 친숙한 정서 및 감정의 경험과 매우 닮았다. 닮음에 기초해 음악이 감정을 환기시킬 수 있다. 영의 논리에 의하면 음악적 자극은 감상자의 감정을 즉각적으로, 직접적으로 불러일으키는 포식자 같은 자극은 아니다. 영은 음악 청취 경험과 감정 경험이 다음의 세 방식을 통해 유사할 수 있다고 말한다.(영, 2013) 하나씩 살펴보자.

(1) 영에 따르면 음악은 감정과 관련 있는 신체적 운동을 하게 하거나 떠올리게 함으로써 감정 경험과 유사한 경험을 제공한다. 즉 음악은 간접적으로 감정 경험을 환기시킨다. 헨델의 오라토리오《사울》중 〈장송행진곡〉은 청자에게 장중한 동작의 느낌을 자아내고 그 음악의 감상은 장중하게 움직이는 무언가에 대한 경험과 유사하다. 이 경험은 절제되고 위엄 있는 애도의 경험과 유사하다. 우리가 베토벤의《영웅 교향곡》2악장 〈장송행진곡〉을 들을 때도 이 행진곡에 맞추어 움직이는 것을 상상할 수 있고, 덕분에 쓰라린 슬픔 같은 것도 느낄 수 있다.(같은 책)

이러한 논의는 장송행진곡 같은 음악이 환기하는 슬픔에 대한 설명으로 적절해 보인다. 일반적으로 장송행진곡 악보에 기재되는 그라베Grave는 매우 느리면서 규칙적으로 곡을 연주하라는 지시어다. 우리는 일상에서 이렇게 아주 느리면서 규칙적으로 움직이지 않는다. 장송행진곡은 비일상적 운동성을 표현하며, 장중하고 엄격하며 절제된 애도 감정을 환기시킬 수 있다.

모든 슬픔이 장송행진곡의 아주 느린 규칙적 운동성과 관련된 것은 아니다. 하지만 모든 슬픔은 운동성과 관련이 있다. 모든 생명은 운동하는데, 슬픔은 그 운동성을 종국적으로 약화시키기 때문이다. 빠른 속도의 음악이 분노를 표현하는 경우는 많이 있다. 슬픔을 표현하는 경우는 많지 않다. 슬픔과 분노는 서로 다른 운동성과 관련 있다. 음악은 '템포'라고 불리는 속도차를 통해 다양한 운동성을 표현한다. 서로 다른 속도의 운동성은 음악의 다른 요소들과 어우러져 서로 다른 감정을 환기하는 신체적 운동 상태를 떠올리게 하거나 그러한 상태를 경험하게 할 수 있다. 예를 들어 매우 느린 속도의 운동성을 보이는 음악은 느린 신체적 운동 상태를 떠올리게 하거나 그런 상태를 경험하게 할 수 있고, 그런 경험이 슬픔 같은 감정을 환기시킬 수 있다.

(2) 영에 의하면 음악의 특정한 형식적 속성에 대한 청자의 음악적 반응은 감정 경험과 유사할 수 있다. [이를테면 대부분의 조성음악은 관례적 화음진행을 보이며, 조성음악의 청자는 그 관례적 진행에 익숙해져 있다. 음악을 들으면서 어떤 기대를 가지는 이유다. 기대와 다른 진행을 보이는 음악은 청자를 놀래게 만들 수 있다. 반대로 관례적 음악은 청중을 진정시키거나 뻔한 느낌을 가지게 한다.] 특히 음악의 끝에서는 관례적 화음진행을 따르는 경향이 크다. 있어야 할 음들 중 어떤 음이 빠진다면 청자는 부재감을 경험하고 부재감은 슬픔의 한 내용이다. 20세기 독일 작곡가 파울 힌데미트의 《애도의 음악》은 영국 왕 조지 5세의 죽음을 애도하기 위해 쓰였는데, 이 곡의 4악장은

많은 음악에서 확인되는 5도(V)-1도(I) 화음 진행[3]이 아닌 III7-I의 진행[4]이라는 예상 밖 방식으로 끝난다. 마땅히 있어야 할 화음진행을 듣지 못한 청중들은 부재감을 경험하며, 이 부재감은 망자에 대한 슬픔의 경험과 유사하다.(같은 책)

이런 관점에서 영은 헨델의 칸타타 《아폴론과 다프네》 중 한 아리아 〈나의 발은 달리네〉가 다른 아리아와 달리 세도막 형식으로 작곡되지 않았음도 지적한다. 청자는 'A→B→A''의 세도막 형식을 기대하지만 음악은 그 기대를 저버리는 음악, 즉 'A→B'의 과정을 들려준다. 관례에 따라 청자는 일반적으로 A'의 출현을 기대한다. 하지만 A'는 나타나지 않고, 이로써 청자는 놀라움과 좌절감을 느낀다.(같은 책)

영의 이 논의는 적절해 보이지 않는다. 우선 단조성의 수많은 가요가 보이는 관례적 화성진행에서도 사람들은 슬픔을 느낄 수 있기 때문이다. 관례적이지 않은 화성진행이 감상자에게 부재감을 경험하게 할 수는 있지만 꼭 슬픔을 환기시키는 것은 아니다.[5] 'A→B→A''의 세도막 형식으로 쓰인 많은 음

---

3. 다장조의 경우 '솔, 시, 레'의 화음이 '도, 미, 솔' 화음으로 바뀌는 진행.
4. 다장조의 경우 '레, 파, 라, 도'의 화음이 '도, 미, 솔' 화음으로 바뀌는 진행.
5. 베토벤의 《교향곡 9번》 1악장의 벽두에서 2개의 음으로만 구성된 완전 5도 화음 혹은 음정이 제시된다. 이것은 당시의 모든 음악과 오늘날의 대부분의 대중음악에서 보편적으로 사용되는 3화음이 아니다. 3화음은 세 개의 음들이 3도씩 쌓아올려져 구성되며, 오늘날 많은 이들에게 아주 익숙하다. 베토벤의 음정을 듣고서 사람들은 부재감이나 특이함을 느낄 수 있다. 슬픔을 느끼는 이들은 많지 않을 것이다. 이 교향곡은 웅장하며 격렬하다는 평이 일반적이다.

악 역시 슬픔을 표현한다. 'A→B'의 아리아 형식을 듣는 이들이 내심 'A→B→A''의 세도막 형식을 기대한다는 것은 청중이 관례적 형식의 특성을 인식하고 있다는 이야기다. 헨델 시대의 귀족들은 인식했었을 수 있다. 오늘날의 평범한 많은 이들에게 세도막 형식은 관례적이지 않다. 힌데미트와 헨델의 작곡은 감정을 표현하고 환기하는 보편적 방식이 아니다. 상징적/엘리트주의적 방식으로, 효과가 크지 않다.

(3) 영에 의하면 음악과 정서적 반응 사이의 관례적 연관성은 음악 경험에 정감적 요소를 줄 수 있다. 이를테면 트럼펫, D장조, 2/2박자는 군대와 연관된다. 이 요소들을 갖춘 음악을 들으면서 사람들은 군인다운 열정 같은 무언가를 경험할 가능성이 크다. 군인다운 열정에 대한 경험은 인상, 즉 생생하고 강력한 지각일 수 있다. 음악 경험은 청자에게 그런 열정에 대한 관념을 환기하고, 그것은 덜 생생한 지각이다.(같은 책)

영의 논의를 요약하면, 음악을 들을 때 청자는 어떤 운동적 상태나 정황을 연상하며, 그 연상이 청자의 감정 경험에 영향을 미친다. 음악은 즉각적 공포와 혐오감을 불러일으키는 참혹한 시체가 아니며, 우리를 잡아먹으려고 맹렬히 달려오는 맹수도 아니다. 그런 것들을 보거나 들을 때 느끼는 감정 경험과 유사한 경험을 느끼게는 할 것이다.

트럼펫의 웅장한 음향이 청자에게 군인다운 열정을 연상시킨다고 할 때, 트럼펫의 음향을 작곡가에 의해 설정된 일종의 조건으로, 청자가 거의 즉각적으로 떠올리는 군인다운 열정을 청자의 반응·반사로 볼 수 있다. 이것은 파블로프 식 조건반사 이론을 떠올리게 한다. 이 이론은 동물의 학습을 설명하려고 고안되었다. 이 이론의 기저에는 거의 모든 동물이 연합 학습을 한다는 사실이 자리하고 있다. 과학자들이 고안한 실험실 속 쥐는 지렛대를 누를 때 먹이가 나온다는 것을 알아차린다. 지렛대 누르기와 먹이 출현의 연관성을 쥐는 쉽게 학습한다. 미국의 신경과학자 진 월렌스타인에 따르면 연합 학습은 거의 모든 학습을 가능케 하는 토대다. 일반적으로 연합 학습은 진화상의 주요 변수와 관련될 때 가장 쉽게 이루어진다.(월렌스타인, 2009)[6]

지렛대 누르기는 쥐에게 다소 새로운 일이지만, 먹이는 쥐에게 가장 중요하다. 쥐는 컴퓨터 자판 'F9'를 누르면 선택한 한글에 해당하는 한자가 제시된다는 것을 배울 수 없을 것이다. 반면 인간은 트럼펫의 웅장한 음향을 군인다운 열정과 연결시킬 정도로 영리하다. 인간은 이것보다 훨씬 복잡한 연결·연합 능력도 가진다. 트럼펫의 웅장한 음향은 전투적 장면과도, 왕과 같은 권력자의 권위와도 연결될 수 있다. 지렛대 누르기와 먹이의 출현은 일대일의 연합이다. 하나의 선율이나 음향은 다양한 것들을 떠올리게 한다. 일대다의 연합이다. 다양한 연합이 가능하다. 무한하지는 않다. 트럼펫의 웅장한 악구는 자장가를 연상시키기 어렵다. 상대성 이론과 연합하는 일도 어렵다. 자장가는 보통 조용하며, 상대성 이론의 내용은 사람들에게 잘 알려져 있지 않다. 연합이 어려운 이유다.

---

6. 진화에 대해서는 12장과 13장에서 자세히 다룬다.

과학자들은 정서와 감정이 의식과 생각의 세례를 받을 수 있다고 말한다. 베코프에 의하면 다분히 기계적이고 즉각적인 정서 혹은 일차적 감정과 달리, 이차적 감정은 우리가 생각할 수 있고, 해석할 수 있으며, 대처할 수 있다. 의식적 사고와 이차적 감정은 우리가 일차적 감정을 일으키는 상황에 영향을 미칠 수 있다.(베코프, 2005) 감정과 관련해서도 마음의 하향식 통제는 가능하며, 필요하다.

음악 경험은 이 하향식 통제 혹은 경로에 의존할 수 있다. 웅장한 트럼펫과 함께하는 오케스트라의 격렬한 음향을 들으며 쉽게 전투적 장면을 떠올리고 덩달아 몰입하여 흥분하는 감상자가 있다. 전투적 장면을 떠올리되 덜 흥분하는 감상자도 있다. 쉽게 흥분하는 이는 어쩌면 마음의 하향식 통제력이 약해 조건반사적 반응을 보이는 사람일 수 있다. 이런 사람은 음악의 관용적 표현효과에 민감하다. 보통은 이런 이를 감수성이 풍부하다고 말한다.

아예 전투적 장면을 떠올리지 못하는 이들도 있다. 웅장한 트럼펫이 포함된 관용적 음악을 많이 접하지 않은 이들이다. 이들에게 연합은 아직 형성되지 않았다. 연합 능력이 없어 형성하지 못한 이들도 있을 것이다. 뇌의 연결성이 부족한 이들일 것이다. 음악 감상은 연결된 뇌와 그로부터 현상되는 통합된 마음을 필요로 한다.

마음의 하향 통제는 대뇌변연계와 대뇌피질 (혹은 신피질) 사이에서 정보가 교환될 때 가능하다. 통제를 받을 경우 정서와 감정은 의식적 정신에 의해 처리되어, 더 복잡한 감정 혹은 고도의 인지 구성체가 된다. 복잡하게 교차하는 감정, 이를테면 '지금 내가 수치심을 느껴야 하는가?'와 같은 질문을 자신에게 던진 후에 얻어지는 수치심 같이, 어떤 판단에 따른 감정, 예측을 통해 얻어지는 감정이 이러한 인지 구성체다.

가장 단순하며 즉각적인 정서인 쾌와 불쾌의 느낌도 통제될 수 있다. 물론 그 통제는 오랜 세월에 걸친 경험에 의한다. 대부분의 동물은 일단 자신에게 즐거움을 주는 것을 더 좋아하는 편이다. 인간에게도 즐거움을 주는 것은 대부분 우리에게 필요한 일일 가능성이 크다. 우리는 우리에게 필요한 일에 대해 즐거움을 느끼도록 진화해 왔다. 디사나약에 의하면 인간의 예술 활동은 쾌를 추구하는 성향, 즐거움을 느끼는 것을 더 좋아하는 성향으로부터 발전되었다.(디사나약, 2009) 예술 활동이 인간에게 쾌감을 준다는 사실은 예술이 생물학적 이익일 수 있다는 이야기다.

쾌감은 중뇌의 복측피개영역에서 만들어지는 신경전달물질인 도파민이 뇌간, 측중격핵, 전전두피질, 배측선조체, 편도체 등을 따라 분비될 때 생명체가 느끼는 정서다. 뇌간을 중심으로 한 이 경로를 쾌감 회로라 부른다. 이 회로는 금붕어에서 인간에 이르기까지 다양한 종에 장착되어 있고, 다양한 종의 뇌 발생기에 형성되어 출생 직후부터 작동한다. 과학자들은 우리의 동기나 의욕 또는 충동이 쾌감 및 보상 회로를 통해 주어지는 도파민이 일으키는 현상이라고 설명한다. 천연 마약인 도파민이 분비되면 우리는 쾌감을 느낀다. 동기나 의욕, 성취욕은 쾌감을 느끼고 싶은 이가 가지는 것이거나 쾌감으로부터 복잡하게 진화한 것일 수 있다.

생존과 번식에 도움이 되는 일을 할 때 우리는 일반적으로 쾌감을 느낀다. 허기진 뒤의 식사, 편안하게 누워있기, 따뜻한 햇볕 쬐기, 사랑하는 사람과의 성관계 등은 우리에게 쾌감을 준다. 우리 종은 이런 일들을 아주 오래전부터 즐겁게 해 왔다. 덕분에 호모 사피엔스는 오늘날 번성했다. 이런 일들을 통해 쾌감을 느끼는 것, 이런 일들을 하길 좋아하는 것은 인간의 보편적 성향이다. 생존과 번식에 해를 끼치는 행위를 하며 쾌감을 느꼈다면 우리 종은 일찌감치 멸종했을 것이다.

오늘날 우리는 다양한 것들에서 쾌감을 느낀다. 미국 의사인 데이비드 린든은 인간이 운동, 명상, 자선 기부 및 추상적 관념에 대해서도 쾌감을 느끼도록 진화해 왔다고 말한다. 린든은 이 주장을 옹호하기 위해 이선 브롬버그 마틴과 오키히데 히코사카가 행한 실험을 소개한다. 이 연구자들은 목마른 원숭이들 앞에 비디오 화면을 놓았다. 그러고는 화면의 오른쪽과 왼쪽에 각각 하나씩, 두 개의 표적들을 보여주었다. 원숭이들이 어떤 표적을 선택하면 몇 초 후 다음에 나올 물의 양을 알려주는 기호가 화면에 떴다. 반면에 다른 표적을 선택하면 [물의 양에 대해 알려주지 않는] 무의미한 기호가 무작위로 나타났다. 원숭이들 모두는 곧바로, 매번, 정보를 주는 표적을 선택했다. 원숭이들의 복측피개영역과 흑질의 개별 도파민 뉴런들에서 나온 측정기록은 원숭이가 큰 물방울을 예고하는 기호를 보면 그 뉴런들의 점화율이 잠시 상승하고 작은 물방울을 예고하는 기호가 나오면 점화율이 잠시 약화하는 것을

보여주었다. 원숭이들은 정보로부터 쾌감을 느꼈다.(재인용 : 린든, 2013)

원숭이들은 자신들이 본 기호의 의미를 인지한 것으로 보인다. 그들이 좋아한 것은 기호 자체가 아니라 기호의 의미였다. 그 의미는 목마른 원숭이들에게 생존 가치가 있는 큰 물방울이다. 생존 가치와 관련된 기호를 인지할 때 원숭이의 쾌감 회로가 작동했다. 어떤 기호의 의미가 인지되지 않을 때와 인지되더라도 그 의미가 생존 및 번식의 가치와 무관할 때에 기호를 접한 영장류의 뇌 속 쾌감 회로는 작동하지 않을 수 있다. 원숭이는 물론 인간도 모든 종류의 추상적 관념과 기호에 대해 쾌감을 느끼지 않는다.

기호를 인지한 원숭이의 쾌감 회로가 작동하는 것은 어쨌든 놀랍다. 이런 일들은 영장류와 고래 등을 포함한 인간의 최근 계보를 제외한 다른 동물들에게 일어나지 않는다. 어떻게 된 걸까. 뇌는 경험으로 수정된다. 특정 뉴런 영역을 지속적으로 사용하면 그 영역은 어떤 기능적 체계가 될 수 있다. 이 사실을 묘사하는 용어가 가소성이다. 가소성을 갖춘 인간 뇌는 경험을 통해 쾌감 회로를 수정했다. 경험이 촉발한 이 변화들은 보통 쾌감 회로에서도 일어나고, 뇌 전체에서도 발생한다. 음식 같은 자극물에 의한 단순하며 선천적인 쾌감 체계가 다양한 경험과 만나며 훨씬 더 복잡한 인간적 쾌감 인지 체계로 진화할 수 있었다. 복잡한 정신과정도 쾌감 회로에 연결된다. 어느새 '이 기호를 유쾌하게 받아들여야 하는가?' 같은 사고과정 자체가 쾌감을 주는 경험으로 받아들여질 수 있었다. 린든은 이렇게 쾌감 회로에 장기적 변화를 불러오는 경험의 힘 덕분에 임의적 보상과 추상적 관념은 즐거운 것이 되었고, 이 현상은 궁극적으로 인간의 행동과 문화를 탄생시킨 중요한 기초가 되었다고 말한다.(같은 책)

음악은 먹이나 음식처럼 직접적 생존 가치를 주지 않는다. 음악으로 음식을 먹을 때의 즐거움을 표현할 수는 있다. 음악을 통해 공포감을 낳는 대상을 실제로 물리칠 수도 없다. 공포감을 환기시키듯이 공포감을 완화해줄 위로나 환상을 환기시킬 수는 있다. 혹은 공포감을 낳는 대상에 맞서는 데 필요한 사회적 연대를 끌어낼 수 있다. 힘난한 삶에서 위로와 환상, 연대감은 필요하다. 이런 정서와 감정을 표현하는 것으로 음악이 진화해 왔을 것이다. 그런데 그 이상의 역할을 생각할 수는 없을까?

개념작용, 사고와 의식, 그리고 무의식

어떤 대상에 대한 앎은 기억과 연결될 수 있다. 내 기억 속 사과를 눈앞에 있는 어떤 대상의 중요한 특성들과 연결해 그것이 사과임을 바로 알고 나서 눈앞의 사과가 가진 세목을 나중에 감각하고 지각할 수 있다. 새로이 직면하는 정보를 기억을 토대로 선택적으로 받아들이고 판단하는 하향식 원심성 신경 경로가 있다. 이 경로의 존재는 우리가 기억을 일화적인 episodic 형식 이상의 것으로, 일회적이지 않은 것으로 가지고 있음을 암시한다. 일화를 넘어서는 기억이 개념이다. 인식은 특수한 것들, 다양한 사례들을 보편적인 개념에 포함되는 것으로 이해하는 일이다. 개념으로서의 기억에 내 앞의 특수한 대상을 형태 맞춤하는 일이기도 하다.

인식을 하는 많은 생명은 의식적이건 무의식적이건 개념을 가진다. 많은 생명의 기억이 일화를 넘어서기 때문이다. 일화적 기억이나 그것을 넘어선 개념 작용에도 신경적 기초가 있다. 심리학자 신현정은 개념이 지식체계의 기본단위이고, 이 체계의 형성은 장기기억과 밀접한 관련이 있다고 말한다. 장기기억은 다중체계이며 각각의 하위 체계들은 저마다의 신경적 기반을 가진다.(신현정, 2000)

개념 작용은 뇌가 현재에만 주의하지 않는다는 사실, 현재에만 속박되지 않는다는 사실을 말해준다. 뇌는 감각이 입력된 시점과 무관하게 감각정보를 처리할 수 있다. 어제 겪었던 경험을 오늘 처리할 수 있다. 어제의 경험을 그 이전의 경험에 기초한 개념과 연관시킬 수 있다. 개념 작용에 따른 경험 처리는 사고 작용thinking을 불러일으킨다.

개념들에 기초한 사고는 의식적으로 처리되는 경향을 보인다. 감각과 지각이 무의식적으로 이루어지는 것과는 대조적이다. 전두피질은 사고 작용을 하는 동시에 자신이 무엇을 하는지 감시하고 반성한다. 카터에 의하면 [그 과정이 의식되지 않는] 지각은 의식에 떠오를 뿐이지만 개념에는 그것이 어떻게 완성되는지에 대한 지식도 함께 수반된다.(카터, 2008)

사고는 필연적으로 자의식 혹은 반성과 연관된다. 사고와 연관된 자의식은 인간에게 전에 없던 길을 가게 했다. "자의식은 수동적이고 반응밖에 할 줄 모르는, 그저 있을 뿐인 존재가 될 것인지, 자신의 의지로 무언가를 하는 존재가 될 것인지를 결정하는 의식이다."(같은 책) 자의식은 또한 우리가 어떤 지각, 어떤 인식, 어떤 개념작용을 스스로 하고 있음에 대한 의식 혹은 자각이다. 깨어 있음에도, 어떤 일을 잘 수행함에도 내가 무엇을 하는지 모른다면 의식은 없다. 칸델에 의하면 "의식은 자각, 즉 깨닫고 있음에 대한 깨달음이다. 다시 말해 의식은 단순히 쾌락이나 고통을 경험하는 능력을 가리키는 것이 아니라, 그 경험에 주의를 집중하고 우리의 즉각적인 삶과 우리 삶의 역사의 맥락에서 그 경험을 반성하는 능력을 가리킨다."(칸델, 2014B) 이런 의미의 의식을 현재까지의 인공지능은 갖추고 있지 못하다. 대부분의 어린아이들, 사고 능력이 부족하며 반성적이지 못한 성인들, 자신의 작품에 대해 설명하지 못하는 예술가들 역시 이런 의미의 의식이 부족하다.

이러한 의식은 영국 심리학자 니콜라스 험프리가 말한 '높은 등급의 반성적 의식'이다. 이 의식은 우리의 정신 상태에 대한 논리적 판단이나 반성에 관련된다.(Humphrey, 1999) 가려움이나 색, 소리 등의 지각과 같은 낮은 등급의 의식 혹은 일차적 의식은 동물의 대부분도 가지고 있을 것이다. 그런 의식은 지각의 대상과 분리될 수 없다.

미슨에 따르면 호모 사피엔스는 높은 등급의 의식을 가졌고 네안데르탈인은 가지지 않았다. 미슨은 우리가 다른 탑승자와의 이야기에 빠진 상태에서 자동차를 운전할 때 느끼는 것과 같은 의식을 네안데르탈인 같은 초기 인류가 도구를 만들 때 경험했을 것으로 추측한다.(미슨, 2001) 이야기에 빠진 바람에 운전을 어떻게 했는지 의식과 기억이 없는 경우가 있다. 이런 운전자처럼 네안데르탈인은 나름대로 정교하고 복잡한 도구 제작 과정은 숙련되게 잘 이끌어나갔지만, 정작 그 과정에 대한 자각과 의식이 없었을 것으로 추정된다. 이런 네안데르탈인의 의식을 미슨은 "빠른 기억상실과 함께 흐르는 의식"이라 불렀다.(같은 책) 어떤 일에 대한 자각과 의식이 없다면 그 일을 타인에게 효율적으로 전수하고 가르치기 어렵다. 어떤 성찰적 네안데르탈인은 이렇게 말했을 것 같다. '내가 하는 일 나도 잘 모르는데, 어떻게 타인에게 가르쳐줄 수 있겠는가. 그냥 내가 하는 걸 보고 적당히 따라해.' 문화와 문명은 전수되고 가르쳐져야 퍼지고 발전한다. 네안데르탈인은 문명과 문화를 잘 전수하지 못했고 충분히 발전시키지도 못했다. 그들이 멸종한 하나의 원인일 것이다.

에델만도 비슷하게 말한다. 일차적 의식은 기껏해야 수초 정도의 시간에 단위 장면을 경험하는 것이다. 그것은 기억된 현재다. [다른 학자들이 작업 기억이라고 말하는 것에 해당할 수 있다.] 네안데르탈인을 포함해 일차적 의식을 가진 동물은 비록 진행 중인 사건을 지각하지만 지각하는 상태를 의식하지 못하며, 과거, 미래, 또는 지명가능한 자기self라고 이름 붙일 만한 관념을 가지고 있지 않다.(에델만, 2009)

험프리에 따르면 호모 사피엔스는 집단 내 다른 구성원들의 사회적 행동을 예측케 해주는 인식적 책략으로 의식을 진화시켰다.(Humphrey, 1999) 의식이 사회적 지능의 일부로 진화되었다는 이 주장은 호모 사피엔스가 네안데르탈인보다 더 사회적인 동물이었다는 주장 혹은 네안데르탈인이 호모 사피엔스보다 덜 사회적이었다는 주장과 어울려야 한다. 네안데르탈인은 호모 사피엔스보다 정말로 덜 사회적이었을까. 구석기 시대 호모 사피엔스 사회는 약 150명의 구성원으로 구성되어, 약 144명으로 구성된 네안데르탈인의 사회와 규모에서 큰 차이가 없었다. 이 정보를 토대로 미슨은 네안데르탈인을 포함한 초기 인류가 현생 인류인 호모 사피엔스와 같은 수준의 사회적 지능을 가지고 있었다고 추정한다.(미슨, 2001) 그러니까 호모 사피엔스가 험프리 말대로 사회적 지능의 일부로 의식을 진화시켰다면, 그런데 네안데르탈인도 호모 사피엔스만큼이나 발달된 사회적 지능을 갖추었다면, 네안데르탈인 역시 의식을 진화시켰어야 했다. 하지만 네안데르탈인은 의식, 특히 높은 등급의 의식을 충분히 진화시키지 못했다고 알려져 있다. 그렇다면 의식의 진화에는 다른 동력이, 다른 계기가 있어야 했다. 이 관점은 구석기 시대의 우리 종보다 더 큰 규모의 사회를 구성해 살아가는 동물 종들을 생각하면 특히 타당해 보인다. 고등 영장류의 한 종인 겔라다개코원숭이의 사회는 500여 개체로 구성된다!

나는 미슨의 방법을 좇아, 사회적 지능을 단초삼아 진화되기 시작한 의식이 기술과 자연사 지능에서도 쓰이며 더욱 발전되지 않았을까 추측한다. 우리는 스스로 무언가를 만들 때, 즉 기술 지능을 동원할 때 자신을 의식할 수 있다. 우리는 또한 자연을 관찰하는 우리 자신을 의식하고 성찰할 수 있다. 험프리의 말이 타당하다면 이런 일을 할 때 우리는 우리를 의식할 수 없다. 험프리의 주장은 최소한 보완되어야 한다. 사회적 지능의 일부로 진화되었던 의식이 이후 기술 지능 및 자연사 지능의 일부로도 진화되었다는, 지능들이 연결되었다는 내용이 추가되어야 한다.

어떻게 연결되었을까. 언어의 도움을 받아 지능들이 서로 연결되면서 의식이라는 마음 상태가 더욱 발전될 수 있지 않았을까. '도끼는 이렇게 만드는 거란다.'와 같은 문장을 발화하면서 발화자는 자신이 하는 일을 더 잘 의식하게 되었고, 그 말을 들은 타인도 상대방이 하는 일에 대해 더 잘 의식하게 되었다는 이야기다. 의식은 마음이 통합된 결과다. 네안데르탈인은 통합에 이르지 못했던 것으로 추정된다.

의식에 대해 잘 이해하려면 무의식에 대해 알아야 한다. 프로이트 이후 현대 신경과학 연구의 한 흐름은 무의식적 정신과정의 존재를 일관되게 지지해 왔다. 무의식은 우리 마음속에서 우리가 자각하지 못하는 수많은 복잡한 인식과정이 진행됨을 묘사한다. 무의식은 내적 성찰을 통해 인식될 수 있을까. 그런 것도 있고 아닌 것도 있다. 네안데르탈인에게 무의식인 경험이 호모 사피엔스에게 의식적일 수 있다. 같은 호모 사피엔스 개체 중에서도 무의식적 삶의 심연에서 사는 이들이 있는가 하면 보통 사람보다 훨씬 더 의식적인 이들도 있다. 그런가 하면 누군가에게 어느 순간 무의식인 것이 다른 순간에는 의식일 수 있다. 의식과 무의식의 경계는 분명하지 않고 공고하지도 않다.

우리의 성찰과 집중, 자각, 그리고 통합된 마음을 통해서도 끝내 의식화하지 못하는 무의식 과정이 있다. 이 상황의 구원투수가 있다. 우리는 현대적 과학의 도움을 받아 무의식 과정의 실체를 결국에는 알게 될 것이다. 그렇게 도달하는 우리 자신의 상태에 대한 개념적 앎은 의식과 자각을 통해 다다르는 앎과 분명 다르다. 하지만 결국 알게 된다는 점에서는 같고, 안다는 것은 의식하는 것이다. 과학은 세계에 대한 지식을 우리에게 주어 왔다. 도저히 알 수 없던 우리 자신의 무의식적 과정의 실체를 신경과학과 마음의 과학을 통해 우리는 알게 되었다. 그렇게 얻어진 우리 자신의 참모습에 대한 우리의 앎을 나는 '개념적 의식'이라고 부른다. 6장에서 말한 지식 습득에 의한 인지적 성찰을 통해 이 의식에 도달할 수 있다.

개념적 의식과 함께 우리가 모르는 우리 마음속 과정은 많이 사라진다. 개념적 의식은 뇌와 마음을 과학의 발달을 동반한 사회적 환경과 상호작용하는 것으로, 즉 일종의 개방계로 보고 제안되었다. 뇌와 마음은 그것들이 자리하고 있는 몸, 몸이 놓여 있는 사회 및 자연 생태와 관련해 고려되어야 한다. 여기서 사회는 과학이라는 문화를 탑재한 인간들의 구성물이자 인간의 행동과 마음을 제약하는 환경이다. 자연 생태 역시 인간사회와 개체를 제약하는 환경이다. 이렇게 의식 개념을 나는 사회적·문화적 수준으로 상승시킨다. 개인적/전통적 성찰이 한계에 부딪힐 때 인지적 성찰과 그 결과물인 개념적 의식이, 사회와 문화가 우리를 도와주며 인도한다.

미슨은 사람들이 무의식 속에서 목적 있는 활동을 성공리에 수행하는 경우를 소개한다. 뇌간 위쪽 부분의 기능이 상실되어 소발작을 겪는 이들은 의식적 경험을 상실하지만 여전히 자신들의 활동을 계속할 수 있다. 그들은 운전할 수 있고 피아노를 칠 수 있다.(미슨, 2001) 평범한 이들에게도 무의식적 과정은 보편적이다. 우리는 말을 이해하기 위해, 그리고 말하기 위해 사용하는 과정들에 대한 의식적 자각이 없다. 우리는 매일 말을 할 때 사용하는 수많은 어법을 의식하지 않는다.(같은 책) 주의할 것은 "자신의 사고 과정에 대한 의식적 자각이 없다는 것이 그런 사고 과정이 일어나지 않는다거나 복잡한 행동양식을 낳을 수 없다는 뜻은 아니라는" 점이다.(같은 책) 우리는 무의식적 심연 속에 산다.

우리 마음의 많은 부분이 여전히 무의식 상태지만, 그래도 동물들보다는 의식 상태에 더 많이 처해 있다고 봐야 한다. 상술한 통합적 마음과 인지적 성찰 덕분일 것이다. 이런 것들을 가지고 있지 않은 많은 동물의 마음의 기본 값이 무의식적일 것이다. 무의식적 마음이 큰 비중을 차지하는 동물적 마음으로부터 그 비중이 점점 줄어드는 인간적 마음으로의 진화과정이 있었다. 사회문화적 과정도 최근에 추가되었다. 덕분에 이 순간에도 높은 등급의 반성적 의식과, 개념적 의식이 끊임없이 인간의 무의식을 의식화하고 있다. 즉 인간 마음의 진화는 현재진행형이며, 우리는 점점 더 우리 자신을 알게 되는 쪽으로 진화하고 있다.

의식적 마음은 뇌의 모든 부위가 소통한 결과 발생하며, 특정 뇌 영역의 개별적 작용으로 환원할 수 없다. 미국 테네시

10 마음과 음악

주의 밴더빌트 대학교의 연구자들이 이 사실을 알아냈다. 연구자들은 우선 실험참여자들 각각이 화면에 잠시 반짝이다가 사라지는 영상에 집중하는 동안 그들의 전체 뇌의 각성 상태를 관찰했다. 연구자들은 fMRI를 통해 참여자의 뇌 기능을 측정하는 한편, 참여자가 영상을 봤다고 확신하는 정도를 측정해 '높은 자신감 수준'과 '낮은 자신감 수준'으로 분류했다. 연구자들은 화면에 나타난 영상을 실험참여자들이 인식할 때 뇌 부위들을 연결하는 네트워크가 유달리 활성화되지 않았음을 확인했다. 참여자가 영상을 인식했다고 '보고했을 때' 뇌 전체가 기능적으로 좀 더 강하게 연결되었다. 서로 다른 뇌 부위들이 주의 집중이나 언어, 자기 조절 능력 등 의식에 포함되는 여러 특성들을 조절한다는 사실을 보여준 과거의 실험들이 있었지만, 이들 특성 중 어느 하나만을 가지고는 우리가 의식 경험이라 부를 만한 것을 만들어내지 못했다는 것이 새로이 확인되었다. 연구를 주도한 더글러스 고드윈은 뇌 전체에 걸쳐 광범위하게 퍼진 교차-네트워크 소통이 이러한 의식 경험의 신경적 기반이라고, 교차-네트워크 소통은 의식을 단일한 것으로 통합하는 기제라고 말한다.(재인용 : Jones, 2015)

현실에서 우리는 의식을 잘하지 못한다. 우리 마음은 종종 국지적이며 분열적이다. 우리가 고도로 분업화된 사회에서 지극히 단순한 일들에 얽매여 있기 때문이다. 국지적/분열적 마음은 고도로 분업화된 공정 사회에서 기계부품처럼 일하는 이들의 마음이다. 이런 마음의 발원지인 뇌는 혹사당하고 있다. 그런 뇌는 창의성의 터전이 아니다. 미국의 과학저술가 앤드류 스마트는 여가를 즐기며 뇌를 쉬게 해서 잠재력을 발휘하라고 말한다.(스마트, 2014) 혹사당하고 과부하가 된 뇌로는 정보를 처리하지 못한다. 차라리 멍한 상태의 뇌가 더 나을 수 있다. 멍한 상태에 있을 때에, 혹은 잠을 자는 동안에 우리 뇌는 정보를 소화하고 이해한다. "문제를 안고 잠이 들었다가 답을 안고 깬다."라는 속담이 맞을 때가 있다. 이 속담은 사람들이 무의식을 높이 평가하는 논리로 작용한다.

캐나다의 저널리스트 말콤 글래드웰은 '영리한 무의식' 개념을 제안했는데, 이 개념의 골자는 "인간의 행동은 무의식적으로 떠오른 생각이나 동기에 의해 시동이 걸린다."는 문장으로 요약된다. 글래드웰에 따르면 복잡한 의사결정을 내려야 할 사람이 크로스워드 퍼즐 풀기 같은 일에 몰두하면 좀 더 나은 성과를 얻을 수 있다. 중요한 의사결정을 앞두고 다른 행위를 한 사람이 무의식적 사고의 수혜자가 된다.(글래드웰, 2005)

심리학계는 이 개념을 옹호하는 이들과 비판하는 이들로 나뉜다. 무의식적 사고가 이점이 있다고 해석될 수 있는 문장을 다시 살펴보자. 모차르트가 악상을 떠올리는 과정에서 다른 행위를 한 것으로 해석될 수 있는 문장, 그것이 도움이 된 것으로 해석될 수 있는 문장이다. "내가 기분이 좋고 쾌활한 상태거나, 마차를 탈 때나 좋은 식사 후에 산책할 때, 혹은 잠 못 이루는 밤중이면 내 마음 속에는 수만 가지 상념이 몰려들어온다. 어디에서 어떻게 오는 것일까? 나는 알지도 못하고 또 나의 의도와는 상관이 없다. 그들 중 나를 기쁘게 하는 것들은 머릿속에 남겨 두고 이를 콧노래로 불러 본다."(재인용 : 펜

로즈, 1997)

  모차르트의 경우를 생각하면 무의식적 사고의 이점은 존재하는 것 같다. 모든 무의식적 사고가 항상 이점을 제공해준다고 일반화하긴 어렵다. 이점을 제공할 무의식적 사고는 해결해야 할 문제와 어떤 식으로든 관련되어 있을 것이다. 무의식적 사고의 이점이 있다고 해서 그것만을 기대하는 것은 요행을 바라는 태도다. 무의식의 효과를 더욱 높이고자 한다면 우리는 우리의 무의식은 물론 무의식이 관련된 문제에 대해 더 많이 알아야 한다. 우리 자신과 세계에 대해 더 많이, 그것도 통합적으로 알아야 한다.

마음의 핵심적 특성, 인지

  통합은 구성요소들의 연결을 필요로 한다. 연결된 것들은 연결 고리를 가진다. 페소아의 인지적-감정적 뇌를 기억하자. 이런 뇌를 가진 이들은 감정을 느끼면서도 인지 능력이 있다. 인지 능력은 감정적 뇌에서도 발원한다. 인지 능력이 통합적 마음의 연결 고리다.

  마음작용의 특수한 방식 혹은 마음의 상위 요소인 인식 recognition을 감각 및 지각과 다른 것으로 구분했고 정서와 감정과도 구분했다. 이런 의미의 인식은 협의의 인지에 해당한다. 넓은 의미의 인지cognition는 감각 및 지각, 정서와 감정, 사유, 무의식 등 모든 마음작용에 내재된 특성이다. 그것은 생명이 가지는, 세상을 알려는 다양한 방식의 지향이다.

협의의 인지 개념이 표현하는 마음 영역은 높은 수준의 지능으로 이루어졌다. 크루제는 인지에 이 핵심적 부분과 함께 감정이나 의식적인 지각 능력과 같은 마음 현상 모두가 포괄되어야 한다고 말한다.(크루제 외, 2003) 크루제가 말한 '모두'에 무의식, 직관, 동물들의 전前이성적인prerational 지능도 포함될 수 있다. 이것들도 인지적이다. 인지란 세계와 자신을 알고 그에 따른 반응을 기획하는 능력이다. 그것은 주어진 상황에서 문제를 해결하는 능력이기도 하다. 생명에게 문제는 생존과 번식이고, 생명은 이 문제들을 해결하기 위해 인지적이다. 무의식과 직관, 정서도 세상에 대해 알려주고 이 문제들의 해결에 도움이 된다면 인지적이다.

기계에게 문제는 생존이 아니다. 주어진 과업이다. 기계가 과업을 수행하면 기계는 기계 방식으로 인지적이다. 사람들에게는 의식적인 것만을 인지로 생각하는 경향이 있다. 가장 분명하게 의식이 없어 보이는 것이 기계다. 단순 자동장치는 주어진 자극에 적절히 반응하고 출력한다. 이런 기계가 자신이 하는 일을 주관적으로 체험하며 의식한다고 보기 어렵다. 무척 단순하여 기계적인 생명도 의식과 자각, 높은 수준의 지능을 가지고 있지 않을 것이다. 하지만 기계적 생명도 꼭 해야 할 일들은 잘하는 편이다. 크루제는 사막개미의 뇌에 자신의 집으로 되돌아갈 때 작동되는 [인간이 생각하는 의미의] 인지적 지도가 없다고 말한다. 하지만 개미는 집으로 돌아간다.(같은 책) 우리는 개미의 문제 해결 방법을 우리가 모른다는 이유로, 인간이 생각하는 의미의 인지적 능력이 개미에게 없다는 이유로 개미의 인지적 능력을 부정할 수 없다.

사실 아주 단순한 기계조차도 놀라운 능력을 발휘할 수 있다. 크루제에 의하면 인간이 만든 수많은 기계는 이미 주어진 정보의 미세한 차이를 인지하며, 그런 인지 능력에 따른 일반화 능력을 갖추었다. 이런 대단한 능력을 갖추기 위해 반드시 복잡한 신경조직이 필요한 것은 아니다.(같은 책) 차이 인식 능력과 일반화 능력을 갖춘, 주어진 정보들을 가려 반응하는 기계는 인지적이다. 인간마저 기계적 상태를 보일 때가 많다는 점을 생각하자. 인간은 종종 무의식 상태에서 주어진 자극에 적절히 반응하고, 복잡한 일을 한다. 그런 인간이 그 순간에 인지적 능력이 모자란다고 말할 수 없다. 무의식적 인간이 인지적이지 않다고 말하는 이들은 의식, 자각, 체험과 같은 마음 작용과 인지를 혼동한다. 우리는 인지 능력에 대한 인간 중심적-의식 중심적 쇼비니즘을 버려야 한다. 독일 철학자 라인하르트 브란트의 판단은 적절하다. "동물은 생각하지 못한다. 적어도 인간의 방식처럼은 말이다."(Brandt, 재인용 : 후버, 2011) 동물은 동물 방식으로 인지적이며, 생각한다. 그렇다고 하여 동물 방식이 인간의 방식과 전적으로 다르진 않은 것 같다. 이를테면 동물도 개념을 가진다고 추정된다.

결국 인간 및 모든 생명과, 기계의 마음이 공유하는 핵심 기능에는 인지적 특성이 있다. 그런 특성을 가진 마음으로 인해 생명은 세상 및 세상 속에 놓인 자신에 대해 알며, 자신의 생존을 위해 할 일을 한다. 감각, 지각, 정서, 감정, 사유, 의식, 무의식 등은 (현재까지는) 생명적 인지의 하위 항목들이며 생존 지향적 인지의 다양한 변화상들이다. 인지적 특성을 가진 기계는 현재까지는 인간의 생존율을 높이기 위해 마련되었다.

인지적 마음은 매우 오래됐고, 보편적이며, 본능적이다. 이 마음은 일상에서 소소하게, 무의식적으로, 아이들에 의해서도 표현된다. 월렌스타인에 따르면 유아들에게는 자장가를 인지해 선호하는 선천적 능력이 있다. 심지어 수화만으로 소통하는 청각장애자 부모 밑에서 자란 정상적 유아들에게도 이런 능력이 있다. 이런 점을 고려해 월렌스타인은 우리에게 특정한 청각적 자극을 [좀 더 잘 인지하는 성향과 그것을] 선호하는 선천적 성향이 있을 것으로 추측한다. 부모의 자장가가 독특한 음향 특성을 가지는 이유는 유아의 이런 인지적 마음이 표현되고 부모[라는 작곡가 혹은 가수] 역시 그 마음을 인지해 자장가에 반영했기 때문이다. 유아가 부모를 피드백을 통해 훈련시킨다. 훈련 결과가 자장가다.(월렌스타인, 2009)

유아마저 가지는 무의식적 인지적 마음을 작곡가가 가지지 않을까. 인간인 작곡가는 당연히 가지고 있다. 작곡가로서 작곡을 할 때도 인지적 마음을 작동시킬까? 예술을 위한 예술, 삶으로부터 초연한 순수한 예술을 생각하면 인지적 마음과 작곡하는 마음은 무관한 것처럼 보인다.

인지적 마음과 표현적 마음

인간으로서, 생명으로서 가지는 인지적 마음과 작곡가로서 가지는 표현적 마음이 서로 무관하고 이 후자가 전자로부터 자유롭다면, 이유가 있어야 한다. 작곡가의 표현적 마음이 인지적 마음에 대해 가지는 무관함과 자율성은 (그런 것들이 있다면) 이 두 마음의 궁극적 연관성과 그에 기초한 마음의 통합성에 비해 왜소하다. 작곡가의 마음은 인지적 마음과 유관하고, 그로 환원되며, 그에 속박되어 있다. 왜 그런지 생각해보자.

우선 표현과 인지는 한 사람에게서 일어난다. 우리 몸은 통합되어 있다. 우리 몸의 어느 부위도 섬처럼 다른 부위로부터 독립되고 고립되어 있지 않다. 하나의 대륙과도 같이 통합된 몸속 마음은 분리되어 있을까. 정글에서 사자를 만나면 우리는 도망간다. 도망가는 행위는 공포심의 표현이다. 공포심은 사자에 대한 인식과 유관하고, 도망치는 행위 즉 표현은 사자에 대한 공포심과 유관하다.

우리 마음속에도 표현이 있다. 우리는 모두 세계를 인식하는 과정에서 실제를 어떤 심적 상(像)으로 대체한다. 우리 밖의 실체가 우리의 감각-지각-인식 경로를 통해 어떤 심상으로 대체되면 그게 바로 표현이다. 우리 밖의 실체가 우리의 정서-감정 경로를 통해 어떤 정서나 감정으로 대체되면 (정서나 감정을 느끼면) 그것도 표현이다. 심적·내적 표현이다.

외부세계를 고유한 방식으로 재구성하는 뇌의 작업이 인식이다. 지각하고 인식하는 당신은 마음속으로 표현한다. 당신은 실제 A를 (보통 앎 혹은 인식으로 알려진) 심적 표현 A′로 대체한다. 이것이 표현이다. 정서 및 감정도 실제의 표현이다. 실제 B를 대체한 공포감 B′는 B의 표현이다.

어떤 대상에 대한 현 시점의 인식·표현을 나중에 소환해 다룰 수 있다. 즉 사고 차원에서도 우리는 표현한다. 심스는 지각의 재현 즉 기억을 공상fantasy이라 부른다.(심스, 2014) 지각의 예상도 공상이다. 중요한 만남이나 사건이 있기 전 우리는 상상imagination 속에서 말과 행동을 다듬고, 그 일이 끝난 후 또다시 공상 속에서 자신의 말과 행동을 재연해보고는 더 잘할 수 없었는지를 평가한다. 현실로부터 도피하거나 현실을 부정하는 것도, 현실을 좀 더 잘 견딜 수 있게 하고, 뜯어고칠 필요성이 덜한 것으로 바꾸어주는 것도 공상이다. 사고의 유형 중 하나인 공상적 사고다.(Frank James Fish, 재인용 : 심스, 2014)

우리는 모두 마음속에서 인식함으로써 표현하고, 그 인식·표현을 다룸에 있어 즉 사유함에 있어 공상과 상상을 동원한다. 공상적·상상적 사고는 현실 인식의 재구성이며 또 다른 마음속 표현이다. 한 사람의 마음속에서 일어나는 세계 인식과 사유 모두 일종의 표현이며, 그 사람의 행위는 이러한 표현을 몸으로 재차 표현한 것이다.

사람들 사이의 소통은 마음속 표현을 언어 등의 수단을 빌어 다시 표현하고 상대의 그런 표현을 인식·표현하는 일을 통해 이루어진다. 누군가가 당신에게 안동소주가 깔끔하다고 말하는 것은 그 소주에 대한 그 사람의 내적 인식·표현을 외부적으로 다시 표현하는 일이다. 그는 종종 몸짓과 강조된 음률을 통해 표현한다. '정~말 깔끔하다니까!' 안동소주에 대한 어떤 시와 음악이 있다면 그것은 사람들의 일상적 표현을 더 특수하고 복잡하게 연장하고 치장하며 발전시킨 결과다.

안동소주를 표현한 시나 그림에 대해서도 우리는 심적·내적으로 인식·표현representation한다. 그런 우리들 중 누구는 이런 인식·표현을 행동이나 (음률이 담긴) 일상적 언어로, 누구는 춤, 음악 같은 다른 장르의 예술로 재차 표현expression한다. 누군가는 안동소주를 과학적으로 분석해 그 특성을 과학적 언어로 표현한다. 세계에 대한 마음속 인식·표현과 그 인식·표현을 예술로, 일상의 언어로, 과학적 언어로 표현하는 일은 세부적으로는 다르지만 궁극적으로는 모두 같은 일이다. 어떤 것을 있는 그대로 가져오는 것이 아니라 다른 어떤 것으로 대체하는 일. 대체과정에서 대체되는 것과 대체하는 것 사이에 모종의 상응성, 연관성이 존재한다.

세계는 이 순간에도 우리에게 인식되는 것처럼 우리 마음속에서 표현되고 있다. 우리는 **표현적 종**種이다. 예술가의 표현 expression은 인류가 다양한 맥락에서 행하는 표상·표현representation의 하위 범주다. 그런데 예술가의 작품 표현은 유독 독특한 경우가 많다. 이 사실은 예술가가 세계를 인식한다는 점을 잊게 만든다. 그렇지 않다. 예술작품의 독특한 표현에는 이유들이 있다.

원래 예술작품은 에델만이 '제2의 자연'이라 부른, 사람들의 마음을 표현한다. 사람들의 마음 자체가 예술작품이 되지 않는다. 마음을 작품으로 표현할 때 예술의 고유한 프레임에 구속된다. 작곡은 기쁨을 표현하기 위해 그저 웃는 일이 아니라 특정한 화음진행을 고려해야만 하는 일이다. 이런 특수한 과정을 거쳐 창조된 예술작품은 제3의 자연이다. 예술작품이 독특해진 이유, 자연과 세계로부터 멀어진 것처럼 느껴지는 이유는 예술작품이 고유한 프레임에 따라 창조된 제3의 자연이기 때문이다.

제3의 자연은 제4의 자연, 즉 또 다른 예술작품을 낳는다. 누군가 세계를 시나 소설로 먼저 표현하면 음악가나 화가는 그 시나 소설을 음악이나 그림으로 재차 표현한다. 시와 소설이 표현하려는 세상이 아니라, 그 세상에 대한 시인의 마음이 아니라, 그 마음으로부터 추상화된 시와 소설 그 자체를 인식하고 표현한다. 예술가들에게는 예술세계가 곧 세계다.

이탈리아 문인인 단테의 『신곡』이 보티첼리 같은 여러 서양화가들의 그림으로, 리스트의 《단테 교향곡》으로 표현되었다. 《단테 교향곡》은 제4의 자연이다. 제1의 자연인 13세기의 진짜 자연 혹은 사회가 있고, 이것에 대해 철저하게 과학적이지 않았던 13세기 사람 단테의 마음 즉 제2의 자연이 있다. 이것은 제1의 자연에 대해 에델만이 말한 것처럼 자유로이 부유한다. 제2의 자연을 예술작품으로 표현할 때 자유로이 부유하는 특성은 강화된다. 고유한 예술적 프레임 때문이다. 최초의 예술작품 즉 제3의 자연을 추상적으로 인식해 표현한 제4의 자연 즉 또 다른 예술작품에서 예술가 마음의 자유로이 부유하는 특성은 날개를 단다.

단테의 세계 인식은 과학적이지 못했을 것이다. 그런 인식을 통해 표현된 그의 문학 세계는 비현실적이다. 지옥, 연옥, 그리고 천국. 하지만 현실세계의 몇몇 특성을 단테는 분명 인식했고 그것을 당대의 문학적 스타일에 기초해 『신곡』으로 표현했다. 단테가 그린 지옥은 당대의 정치적 상황에 대한 그의 부정적 인식의 표현이다. 아쉽게도 리스트는 단테가 『신곡』을 통해 가졌던 세계 인식의 한 특성, 이를테면 진지한 정치적 문제의식을 가지지 않았다.

근대 이후 많은 서양 예술가들은 충분하게 의식적으로 정치적이며 과학적인 관점으로 세계를 보지 않아왔다. 많은 예술가들은 비논리적이고 부유하는 마음을 가지고 산다. 그들이 표현하는 바는 꿈같은 세계다. 일부 위대한 예술가들은 미몽에서 벗어나 자연과 세계에 대해 인식하려 한다. 하지만 이들조차 세계에 대한 온전한 인식에 도달하지 못했다. 그들 시대의 문화적/사회적 한계다. 그들은 문제 있는 인식을 표현했다. 예술가의 독특한 표현에는 사실 문제가 있다. 다양한 그들의 인식·표현은 보편적 인식·표현의 돌연변이다. 세상을 다르게 보기. 진화생물학은 많은 변이들 중 극히 일부가 진화적 혁신을 가져온다고 알려준다. 비슷하게, 일부 돌연변이 인식·표현만이 혁신적 의미가 있다.

독특해 보이고 희한하고 괴팍한 인성을 가지며, 꿈같고 반사회적이며 자폐적인 작품을 창작하는 예술가 전형은 낭만주의자와 그 계승자일 수 있는 인상주의자 및 표현주의자일 것이다. 낭만주의자, 인상주의자, 그리고 표현주의자 들은 대놓고 독특하게 세계를 인식·표현해간다. 세계로부터 자유로이 부유하기로 작정한다. 낭만주의와 인상주의는 대중적으로 잘 알려진 예술 사조다. 사람들은 낭만주의와 인상주의 예술관에 경도되어 예술은 자유로이 부유하는 것이라는 인식을 갖는다. 주의해야 할 점이 있다. 세계는 우리 모두에게 같고 감각

과정은 인간이라면 대체로 같다는 점 말이다. 독일과학자 요제프 라이히홀프가 말했듯이 우리는 기본적으로 같은 세계에 산다.(라이히홀프, 2012) 내 앞에 장애물이 있으면 내 애완견에게도 장애물이 있다. 같은 세계에 대해 우리 모두 유사한 감각을 가진다. 바나나는 건강한 인간 누구에게나 노란색으로 보인다. 같은 현상에 대해 서로 다른 표현이 가능한 이유는 감각이 다르기 때문이 아니다. 감각의 해석으로서의 인식이 다르기 때문이다.

해석적 인식 과정을 특히 중시하는 인상주의 화가들에게 회화는 자연의 있는 그대로의 모사가 아니다. 독특한 인식의 우산을 자연에 씌우는 일이다. 사실 있는 그대로의 모사라고 우리가 착각하는 모든 것은 실제에 대한 어떤 해석적·상상적 인식에 기반을 둔 특정 표현일 뿐이다. 인상주의자들과 표현주의자들이 사람들에게 좀 더 특별하게 여겨지는 이유는 그들의 인식과 표현이 상대적으로 좀 더 유별나서 그런 것뿐이다. 그들은 대놓고 마음의 자유로이 부유하는 특성을 강조한다.

곰브리치에 의하면 인상주의 화가는 "나무를 푸른색으로 그리고 잔디를 붉은색으로 그리고서, 남이 뭐라 하면 '난 그렇게 보인단 말이오.'하고 쏘아붙이는 사람"(곰브리치, 2003)이다. 인상주의자들이 '난 그렇게 보인단 말이오.'라고 말하는 것은 (그들이 정말로 그렇게 혹은 그런 식으로 말했다면) 적절치 않다. 그들을 포함한 모든 인간의 감각은 대충 같기 때문이다. 인상주의자들이 잔디를 붉게 그린다면 그들의 감각이 유별나서가 아니다.

인상주의자들은 '난 그냥 그렇게 표현하고 싶단 말이에요' 라고 말하거나, '나는 그렇게 인식 혹은 상상한단 말이오.'라고 말했어야 했다. '내 마음은 자유로이 부유하오.'라고 말했어야 했다. '난 그렇게 보인단 말이오.'라는 말은 '난 그렇게 감각한단 말이요. 내 시각은 당신들과 다르단 말이오.'라고 들릴 여지가 있다. 다름과 유별남의 여지는 인식 즉 상상의 과정에 있다. 그 다르고 유별난 인식이 다르고 유별난 표현의 원인이다.

운동 출력과 감각 입력 과정이 되먹임이 될 수 있다고 말했다. 비슷하게, 또 다른 출력일 수 있는 예술적 표현과 (세계에 대한 입력일 수 있는) 감각 과정, 그리고 (처리 과정일 수 있는) 인식 과정은 되먹임 관계를 맺는다. 인식으로부터 표현으로 연결되는 경로만 있는 것이 아니다. 표현도 인식에 영향을 줄 수 있다. 다른 사람들과 다르게 표현하는 이는 자신의 인식을 알게 모르게 다른 이들의 세계 인식과 다른 것으로 만들어간다. 이를테면 바나나를 검게 그리는 따위의 예술적 표현 작업은 대상에 대한 확증편향을 가져온다. '바나나를 검게 그리니 그런 것이 있을 것만도 같구나.' 검은 바나나 같은 것들로 뒤덮인 세계에 예술가들이 살게 된 이유다.

외부적 표현이 (내적 표현으로서의) 인식에 영향을 준다는 것으로 해석될 수 있을 연구결과가 있다. 2만 명의 형제자매를 대상으로 지능을 측정한 독일 라이프치히 대학 연구진의 연구에 따르면 한 가정에서 첫째 아이의 IQ가 대체로 둘째보다 평균 1.5가 높고 둘째 아이의 IQ는 셋째보다 평균 1.5가 높다. 여기에는 우선 양육과 환경의 변수가 중요하게 작용했다.

일단 둘째가 태어나기 전까지 부모는 첫째를 양육하며 온전한 관심을 기울이지만, 둘째는 태어나는 순간부터 부모의 관심을 첫째와 나누어 가진다. 여기에 덧붙여 첫째는 둘째에게 종종 자신의 지식을 전수하는데, 이것이 본인의 IQ를 향상하는 한 요인이 된다. 연구 책임자 줄리 로러에 의하면 "자신의 지식을 다시 떠올리고 이를 구조화시켜 동생에게 말하는 과정이 자신의 지적 능력을 향상시킨다."(재인용 : 하선영, 2015)[7]

첫째가 자신의 인식을 동생에게 표현했다. "지식을 떠올리고 구조화시켜 말한다."는 부분이 인식의 표현이다. 표현은 표현되는 내용, 즉 첫째의 인식에 영향을 미치며 그 되먹임 과정이 첫째의 지적 능력을 향상한다. 표현과 표현되는 내용 즉 인식은 이렇게 되먹임 관계를 구성한다. 만약 당신이 어떤 것을 알고 그것을 누군가에게 설명한다면, 즉 그것을 표현한다면 당신의 표현은 당신의 인식에 영향을 준다. 당신의 표현은 당신의 인식을 정당화하거나 기각한다. 당신은 친구에게 설명하는 와중에 '내 말(표현)이 맞아!'라고 확신하며 당신의 인식을 더욱 강화하거나, 당신이 좀 더 성찰적이라면 당신은 어느덧 '내 표현이 과연 옳은가?', '이렇게 말해도 되나?', '이 용어가 적합한가?' 등의 질문들을 자신에게 던질 것이다. 질문들은 이제 '내 인식이 정말 옳은가?' 같은 질문으로 이어지고, 이것은 '내가 사실은 잘못 알고 있었구나!'와 같은 인식으로 이어질 것이

---

7. 첫째의 IQ가 둘째와 셋째의 IQ보다 높다는 것이 첫째가 꼭 공부를 더 잘하고 사회적으로 성공한다는 보장이 되지 않는다. 다른 요인들이 차이를 충분히 상쇄한다.

다. 표현과 인식이 다르더라도, **표현**과 **인식**은 불가피하게 연관된다. 표현이 기존의 인식을 강화하거나 수정하는 기능을 가진다면 표현은 인지적이어야 한다.

표현과 인식은 언어적일 수도, 시각적일 수도, 청각적일 수도 있다. 작곡으로서의 음악적 표현도 우리의 보편적 인지를 반영하거나, 인지와 피드백(되먹임) 관계를 구성한다고 볼 수 있지 않을까.

인지의 결과로서의 지식과 과학, 그리고 음악

인지 혹은 인식은 세계에 대면해 작동 중인 마음이거나 그 마음의 가장 중요한 특성 및 지향을 가리키는 용어다. 지식은 인지 작용의 결과로 얻어진 내용이다. 인지와 인식도 마음 작용의 결과로 사용될 수 있다.

인지와 인식, 지식은 생명의 삶을 위해 중요하다. 생존 문제에 대해 크게 고민하지 않았던 이들 중에도 지식의 중요성을 부정하지 않았던 이들이 있었다. 종교학자 배철현에 따르면 신학자 아우구스티누스의 관점에서 인간의 불행은 무식無識에서 온다.(재인용:배철현, 2015) 중세 기독교의 스콜라 학풍에 지대한 영향을 미쳤던 아우구스티누스의 철학적/종교적 입장은 '이해를 추구하는 신앙'으로 요약될 수 있다.

지식은 논리적 인식 혹은 생각의 결과로 알려졌다. 협의의 지식이다. 광의의 지식은 모든 인지적 마음 작용의 결과다. 여기에는 대상에 대면하여 생명이 느끼는 정서 혹은 감정, 본능과 우리 유전자 안에 박힌 선지식先知識(이에 대해선 후술한다.), 그리고 무의식 등도 포함된다.

인식 대상은 인간의 인식으로부터 독립해 존재하는 객관적 세계와 인간 자신이다. 인간 자신이 인식 대상일 때 인간은 자각하거나 반성·성찰한다. 이 경우 인식의 결과물은 의식이다. 객관적 세계에 대한 협의의 지식은 주로 과학자들이 추구해 왔고 반성적·내성적 지식은 철학자들과 종교인들, 예술가들이 추구해 왔다. 내성적 지식은 지식의 반열에 오르지 못한 것으로 평가받아 왔다. 최근에는 그 과학적 가치가 인정되고 있다.

특정 지식은 마음의 한 상태 혹은 형식이다. 마음은 특정 시간대에 특정하게 존재한다. 즉 항상 특정한 마음 상태를 구성한다. 마음 상태로서의 특정 지식 상태는 뇌 속 특정 뉴런들과 시냅스들의 활성화와 관련 있다. 뉴런들과 시냅스들의 활성화는 재현 가능하며 반복적일 수 있다.

지식은 그것을 처리하는 마음, 즉 지식의 상위에 존재하는 생각을 필요로 하면서 동시에 생각을 구성한다. 지식을 사용하는 일은 "지식과 관련된 시냅스들의 조합을 활성화한다는 뜻이고 다양한 조합들의 연속적 변화가 생각이다."(김성호, 2011) 즉 지식으로부터 생각이 파생될 수 있다. 지식은 구체적이고 영역 특이적이며 생각은 다소 추상적이며 일반적이다. 지식으로부터 생각으로의 상향 경로를 따른 이행이 있다. 생각을 다른 지식을 정리하고 처리하는 데에 적용한다면, 생각으로부터 지식으로의 하향 경로를 따라가는 셈이다. 우리는 생각을 만들어내려고 지식을 공부한다. 생각이 새로운 지식을 창조할 수 있는 동력이기 때문이다. 즉 과거의 지식을 공부하고 그로부터 생각하는 방법을 얻어 새로운 지식을 만들어낸다. 우리가 지엽적 지식을 단순 암기하는 것에 대해 부정적인 이유는 단순 암기된 지엽적 지식이 생각으로 발전하지 못하기 때문이다. 지엽적 지식을 다른 지엽적 지식과 관계 지어 생각을 만들어낼 수 있고, 생각 혹은 사유를 많이 하는 이들의 사유 능력은 향상될 것이다. 이런 이들은 또 다른 지식을 남들보다 더 빨리 이해하고 기억할 수 있다. 지식의 마태 효과다.

세상을 구성하는 요소들이 물, 흙, 공기, 불이라는 아리스토텔레스의 말은 타당하지 않은 지식이지만, 세상을 더 작은 단위로 분해하려는 그의 방법은 기본적으로 옳았고 그래서 계승되고 발전될 수 있는 생각이다. 지식은 맞거나 틀린 것을 판단하기가 상대적으로 수월하며 생각에 대해서는 그런 판단을 내리기가 상대적으로 어렵다. 태양이 지구 주위를 도는지 아닌지는 맞거나 틀릴 수밖에 없는 지식이다. 생각은 현 시점에서 현실적이거나 비현실적이다. 오늘 비현실적인 것이 내일 현실적이 되면, 비현실적 생각이 틀린 것은 아니다. 공화주의 이념은 프랑스 대혁명 이전까지 비현실적인 생각이었다.

지식은 은유적인 의미에서도, 실질적으로도 (뇌 안에서) 모종의 안정적인 공간을 차지한다. 생각은 상대적으로 다양하고 변화무쌍하며 종종 모호하다. 생각은 지식의 단면들, 즉 더 이상 나눌 수 없는 최소 수준의 지식을 거의 제한 없이 결합/변형/처리할 수 있다. 그 결과 생각은 종종 현실로부터 멀어질 수 있다. 반면에 지식은 항상 현실을 설명하려는 지향과 함께

해야 한다. 우리에게 '지식의 나래'라는 표현보다 '생각의 나래'라는 표현이 더 익숙하다면 이런 점을 고려한 것이다.

생각과 지식이 항상 쉽고 분명하게 구분되지는 않는다. 양자의 구분은 현실적으로 어렵다. 지식의 조합이 새로운 지식을 만들고, 그 조합을 가능케 하는 것이 생각이라면, 생각은 지식에 대한 지식 즉 상위 지식 혹은 메타 지식이다. 개별 지식, 특히 단면적 지식은 부적절하게 결합해 진실을 감추는 논리적 오류 혹은 이념이 될 수 있다. 이념이 된 지식을 비판적으로 흔들어서 그 문제점들을 지적하는 것이 메타 지식으로서의 생각이다.

작곡이 지식의 반영이라고 할 때 지식은 이제껏 설명했던 모든 종류의 것이다. 그것은 단면적인 개별 지식일 수도 있고 이념, 즉 이데올로기일 수도 있으며, 개별 지식을 성찰하고 뒤흔드는 창의적 생각인 메타 지식일 수도 있다. 선지식, 무의식, 본능, 감정·정서 지식일 수도 있다.

사람들은 체계적 지식으로 문자나 기호 등을 통해 표현되어 문서로 작성된 지식을 생각한다. 일본의 경영학자 노나카 이쿠치로는 이런 지식을 형식지로, 형식지가 사람들의 머릿속 지식으로 변화된 것을 암묵지로 불렀다. 형식지와 암묵지는 많은 사람들에 의해 상호 변환되어 이쿠치로가 말한 지식 창조 과정이 일어난다.(김성호, 2011) 악보는 문서로서 비언어적 형식지를 담는다. 악보를 창조한 마음 혹은 악보를 분석해 얻어진 마음은 암묵지에 해당한다. 과학 영역에서 작동했던 암묵지 혹은 형식지가 변환되어 음악적 암묵지가 될 수 있고, 이것이 음악작품이 될 수 있다. 음악의 창조과정은 지식 창조 과정이다.

체계적 지식이 항상 진실하지는 않다. 천동설과 점성술 같이 나름대로 체계적이었던, 틀린 지식이 있었다. 반면, 처음 등장한 지동설은 덜 체계적이었고, 정보들을 다룸에 있어 순진했다. 노회한 천동설은 쉽게 무너지지 않았다. 과학자가 그러하듯이 작곡가도 틀린 체계적 지식을 가질 수 있고 종종 그런 지식을 작품으로 표현한다.《행성》의 작곡가 홀스트처럼 말이다.

암묵지도 체계적일 수 있다. 암묵지에도 언어적인 것과 비언어적인 것이 있다. 체계적 지식이 꼭 언어적이어야 하는 것은 아니다. 프랑스의 수학자 아다마르는 생각할 때 단어들이 완전히 사라진다고 했다. 단어들은 탐색을 끝내거나 포기한 후 의식 속에 재등장한다.(Hadamard, 1975) 생각의 비언어적 특성이다. 지식을 설명하는 데 있어서도 아다마르의 진술은 의미가 있다. 아다마르는 또한 아인슈타인의 사유 세계가 언어적인지 시각적인지를 물었는데, 이 물리학자는 마음속에서 모호한 상들이 서로 유희를 하듯 관계를 맺으며, 여기에 논리적 개념들에 이르려는 욕구가 가세하여 사유가 추동된다고 답했다.(Einstein, 재인용 : 루프너, 2010)

다양한 현상에 관한 지식들을 논리적으로 체계화한 것, 서로 연관시켜 어떤 보편적 이론 혹은 법칙을 찾아내는 지적 활동이 과학이다. 이론 혹은 법칙을 추구한다는 점에서 과학은 고대 그리스인들이 해 왔던 것과 같은 전근대적 경험과학을 넘어선다. 과학자들이 이론 혹은 법칙을 정립하는 데에 미치지 못할 때도 많다. 과학은 문제의식과 가정을 제시하고 그

가정을 증명하기 위해 어떤 대상을 관찰이나 실험 등을 통해 조사하여, 믿을 만하고 재연이 가능한 어떤 결과를 얻고, 그것을 해석하고 이론화하는 활동이거나, 그런 활동을 무리 없는 것으로 받아들이는 마음일 수 있다. 이런 활동을 하면서 꼭 법칙에 도달하는 것은 아니다.

최근의 일부 과학자들은 과학을 좀 더 다양한 방식의 지적활동으로 본다. 과학자 이중원에 의하면 이들은 과학을 우리의 다른 지식과 근본적 차이가 없고 과학자 공동체도 다른 사회적 공동체와 별 차이가 없다고 생각한다. 1970년대 후반에 등장한 사회구성주의 과학사회학의 관점이다. 이에 따르면 과학자 사회에서도 타협, 갈등, 이해관계 같은 특성들이 있다. 심지어 자연과학 역시 확실하지도, 객관적이지도, 보편적이지도 않으며, 사회적으로 구성된다. 이런 주장은 과학을 포함한 모든 지식이 사회적으로 만들어진다는 생각에 닿아 있다.(이중원, 2007)

이것은 독일의 사회과학자 칼 만하임과 막스 셸러의 지식사회학이 제안하는 생각이다. 이 학문은 '지식의 사회적 피제약성'을 연구한다.(이을상, 2011) 이 학문은 "여러 관점 중에서 하나의 관점이 하필이면 왜 이런 형식으로 나타나며 또한 과거와 동시대의 다른 형식과는 왜 다르게 나타나는가?"와 같은 문제의식에서 출발한다.(같은 글) 이 문제의식은 음악적 지식을 포함한 여러 지식, 여러 관점을 검토할 때 차용될 수 있다.

과학은 근대유럽사회의 산물이며 과학혁명이라 불리는 사건들을 통해 시작되었다. 이 혁명은 16세기 르네상스 직후에

싹터서 17세기가 시작될 때에 결정적 전환을 맞이한다. 그 이후 오늘날까지 다양한 과학적 작업들이 있었고 다양성 덕분에 작업들 속 통일성을 찾는 것이 점점 더 어려워졌다. 아인슈타인이 한 여대생에게 썼던 편지대로라면, 과학의 모든 노력은 '모든 사건이 자연법칙으로부터 결정된다는 사고'에 기반을 둔다.(Einstein, 재인용 : 패터 피셔, 2006) 모든 사건에 창작도 포함될까? 그럴 수 있다. 모든 사건을 결정한다는 "자연법칙은 그에 대해 더 이상의 질문을 던져서는 안 되는 확답이라기보다는 우리에게 주어지는 가능성을 조망하는 데 필요한 제안"(같은 책)일 수 있기 때문이다. 사람들은 감각할 수 없는 것, 형이상학적인 것, 혼란스러워 보이는 것, 질문을 던지기가 주저되는 신비한 현상을 체험하고 이해하기 위해, 삶을 살아가며 통찰을 얻기 위해 과학이라는 도구 혹은 창문을 이용해야 한다. 신비해 보이는 음악과 그것을 낳은 작곡가의 마음도 과학을 이용해 살펴볼 수 있다.

우리 인지 구조의 많은 부분은 [선천적으로 정해져 있다는 의미에서] 발생적으로 제약을 받는다.(폴머, 2011) 마음은 그 인지 구조에 기반을 둔다. 과학과 지식은 생물학적으로도 제약받는다. 칠레의 인지생물학자들인 움베르토 마뚜라나와 프란시스코 바렐라에 따르면 우리는 세계의 공간이나 색깔을 보는 것이 아니라 우리의 [독특한 인지 구조로서의] 시야와 색채 공간을 체험한다.(마뚜라나·바렐라, 2007) 비슷하게, 공기의 진동은 3차원적이지만, 이 진동이 귓속 고막을 때릴 때 고막은 귀의 안쪽과 바깥쪽의 1차원으로만 진동한다.(이석원, 2014) 마뚜라나 식으로 말하면 우리는 소리의 진동이 아닌 고막의 진동을 체험한다. 폴머 식으로 말하면 우리의 음악적 인지 구조의 많은 부분이 발생적으로 제약받고 있으며, 그 인지 구조에 우리의 음악적 마음, 지식과 과학이 기반을 둔다.

세계와 마음 사이에는 고막이나 뇌와 같은 인간의 고유한 인지 구조가 터 잡고 있다. 인지 구조를 통하는 만큼 세계가 곧 마음일 수 없다. 세계는 많은 경우 마음을 야기(惹起, 이끌 야, 일어날 기)하기보다 유발한다.[8] 마음은 세계와 인지 구조 모두에 빚을 지고 있다.

고막이 소리를 특정 방식으로만 듣게 해주는 기관임을 고려하면 이상이 이해가 될 것이다. 고막이 아닌 더 진화된 혹은 덜 진화된 어떤 기관으로 소리를 듣는 존재를 생각해보자. 동물학자들에 따르면 인도양 세이셜 섬의 가디너 개구리는 겉귀만 없는 다른 개구리들과 달리 중이와 고막도 없다. 1cm의 이 개구리는 입으로 소리를 듣는다.(Boistel et al., 2013) 동일한 공기 진동에 대해 이 개구리와 우리는 다른 소리를 들을 것이다. 이 개구리의 청각 시스템은 고대 동물의 것이다. 고대 동물들로부터 고막을 포함한 내이가 장착된 육상의 네발 동물들이 진화되어 왔고, 그때가 중생대 초로 약 2억 년 전이다. 2억 년 후까지 누구라도 살아남아 진화된 귀와 청각 피질을 가진다면

---

8. '유발'(誘發, 꾈 유, 쏠 발)이라는 단어가 사용된 문장은 이렇다. '그 약은 암을 유발할 수 있다.' 이 문장은 반드시 암에 걸린다는 이야기가 아니다. A가 B를 유발할 경우 A와 B 사이에 명확한 인과관계가 성립되어 있다고 보기 어렵다.

그의 듣는 방식과 음악적 마음은 달라질 것이다.

우리의 인식을 제약하는 생물학적 인지 구조의 가장 큰 단위는 뇌를 포함한 우리 몸 전체다. 몸이라는 인지 구조에는 특정 지식이 탑재되어 있다. 몸 인지구조는 또한 새로운 지식을 터득하고 체득한다. 모두 몸과 관련된 지식이다. 우선 타고난 육체적 성향으로서의 본능이 몸 관련 지식의 첫째 범주다. 식욕, 성욕, 수면욕, 공포감, 혐오감 같은 정서로서의 본능은 우리로 하여금 무언가를 하게 떠밀거나, 어떤 대상을 회피하게 한다. 그렇게 우리의 생존율 및 번식률을 높인다. 우리의 생존 및 번식에 필요한 것들을 알려주는 본능적 지식이 작동하는 독특한 방식이다.

본능적 지식에는 정신적인 것도 있다. 발달심리학자들에 의하면 아이들은 지적 모듈들을 갖춘 채 태어나고, 성장 및 발달 과정에서 이것들이 작동해 풍부한 본능적 지식을 갖추게 된다. 수백만 년에 이르는 수렵채집생활 기간 동안 진화된 모듈들에 기초한 본능적 지식은 선사시대의 현실을 잘 반영하며, 덕분에 그 시대 아이들의 생존율을 높이는 데에 도움이 되었다. 아이들은 언어, 심리학, 물리학, 생물학 영역에서 세계에 대한 직관적·직각적直覺的 지식을 가진 것처럼 보인다.(미슨, 2001) 뇌의 모듈들이 우리의 세계 인식에 방해가 될 수도 있다. 인간은 어릴 때부터 시간이 흘러가버리는 것으로 경험하지만 상대성 이론은 시간의 흐름이 우리의 환상일 수 있다고 말한다.

몸 관련 지식의 세 번째 범주에는 다양한 영역에서 몸을 이용한 직접적 경험을 통해 자연스레 형성되는 암묵지 혹은 방법적 지식이 있다. '어떻게 하는지 아는 것'에 관련된 대표적 암묵지로 자전거 타는 법을 들 수 있다.(오브라이언, 2011) 암묵지는 대체로 설명이 쉽지 않다. 자전거 타는 법의 설명이 그렇다. 장 피아제는 암묵지가 학령기 이전의 아동들에게 특히 필요하다고 말했다. 이후 그들이 성장해 배울 형식지 혹은 명제지를 이해하는 데에 도움이 되기 때문이다.(Piaget, 재인용 : 긴스버그, 2006)

몸 관련 지식의 네 번째 범주는 우리 몸 그 자체다. 혹은 몸에서 확인되는 지식이다. 우리 몸의 각 부위를 통해 우리는 특정 행동들을 할 수 있다. 그 행동들과, 그것을 가능하게 하는 몸의 부위들은 특정 지식과 관련된다. 자신의 몸이 특별히 진화되어 조형되는 것을 통해 표현되는, 생명체의 이러한 타고난 지식을 '선지식'先知識이라 부른다. 캥거루에게는 독특한 특성을 가진 발이 있고, 그 발은 '껑충껑충 뛰기 지식'의 선천적 표현이다. 인간이나 사자는 그런 몸과 그런 몸으로 표현된 선지식이 없어 캥거루처럼 뛸 수 없다. 과학철학자 카를 포퍼에 의하면 "가장 단순한 유기체들도 아무런 지식 없이 세상에 태어나는 것이 아니라 [귀 속] 평형석 체계와 같이 [몸으로 체화된] 선지식을 갖고 태어난다."(Popper, 재인용 : 알트, 2003) 서로 다른 몸을 가진 생명은 서로 다른 선지식을 가진다.

평형석 체계를 비롯해 생명이 저마다 가지는 특이한 몸은 유전자에 담긴 유전적 명령, 즉 고도로 정해진 정보와 지식이 표현된 결과다. 영국의 과학자 리처드 도킨스는 피부, 근육, 뼈 등을 표현형으로 부르며 그 배후에 유전자가 있다고 했다.(도킨스, 2011) 유전자는 마음, 즉 특정 성향 혹은 능력의 기반이기도 하다. 특정 상황에 대한 자동적 명령체계인 한에서 유전자는 지식을 포지抱持한다. 유전자는 이 지식을 몸으로 표현한다. 몸뿐 아니라 특정 성향과 능력도 유전자의 표현형일 수 있다. 성향과 능력의 결과물도 그렇다. 수달처럼 생긴 설치류 비버는 나뭇가지들을 가지고 와 하천에서 댐을 만드는데, 도킨스에 의하면 댐을 만드는 궁극적 주체는 비버의 유전자다. 비버의 몸과 행동이 유전자의 표현형이면 그 행동의 결과인 댐은 유전자의 '확장된' 표현형이다. 새둥지나 거미집도 확장된 표현형이다.(도킨스, 2011) 인간의 보편적 마음/행동인 한에서 음악도 유전자의 확장된 표현형일 수 있다.

지구에 처음 등장한 원시적 생명체는 단세포 생물이었다가 지금으로부터 약 15억 년 전쯤에 진핵생물로 진화했다. 즉 핵이 없는 전핵前核 단계에서 진핵眞核 단계로 진화했다. 이제 많은 정보와 지식이 유전자에 담긴다. 생명의 진화는 더 많은 정보와 지식의 육체적 저장 및 전달에 기반을 둔다. 의식 형태 이전의 선지식이다. "몸속에 체화된 선지식과 함께 인식의 모험이 시작된다. 이것이 곧 진화사다. […] 인식의 발달은 생명의 생존 능력을 강화해준다."(알트, 2003)

지식을 갖춘 생명이 자연 선택됨으로써 지식과 인식이 발달된다. 생명에게 지식은 자신과 자신을 잡아먹을 포식자들 및 먹고 먹히는 무대인 자연세계에 대한 고려다. 독일 철학자 위르겐 알트에 의하면 인식 발달과 더불어 유기체는 단순히 자연 선택되는 수동적 대상이길 멈춘다. 이런 관점에서 [진화의 동력인 돌연변이는 보통 우연히 발생하는 것으로 알려져 있지만 알트는 생명에게 돌연변이 능력이 더 강화된다고 말하며 이 능력 및 능력의 강화를 생명의 인식 발달과 연계시킨다.(같은 책)

돌연변이는 어떤 선지식의 최초의, 우연한, 무의식적인 표현일 수 있다. 많은 생물학자들은 생명이 돌연변이를 목적의식적으로 발생시킨다고 말하지 않는다. 우연히 등장해 주어진 상황에서 어떤 적응 능력을 보이며 살아남고 번식한다고 말한다. 알트의 말처럼, 어떤 상황에서 생명이 생존하려고 (무의식적이며 우연하게) 어떤 지식을 구현한 결과가 돌연변이일 수 있지 않을까. 돌연변이의 다수는 종의 생존 및 번식과 관련해 해롭다. 그들은 시행착오를 보인다. 소수의 돌연변이만이 생존과 번식에 이득을 준다. 그런 돌연변이가 많이 살아남아 해당 종의 또 다른 표준이 된다. 많은 생물학자들은 특정 돌연변이가 표준이 되는 과정을 인지와 연관시키지 않을 것이다. 알트라면 종 표준이 될 돌연변이는 세계에 대해 어떻게든 더 잘 아는 개체였을 거라고 말할 것이다.

생명은 생존을 위해 세상을 알아야 했다. 그런 생명이 우연히 (혹은 무의식적이나마 어떤 지식을 구현함으로써) 발명해내어 진화시킨 것 중 하나가 귀다. 귀는 진화를 한층 빠르게 했던 감각기관이고, 그것을 통해 생명의 세계 인식은 결과적으로 한 단계 끌어올려진다. 물고기가 처음으로 장착했고, 동물들이 뒤를 이었다. 귀를 갖춘 수많은 물고기로 넘쳐났던 바다에서 전투도 넘쳐났고, 이에 일부 종들이 육지에서의 삶에 도전했다. 지구는 귀를 갖춘 양서류와 파충류를 알게 된다.

생명에게 어느덧 선지식을 넘어선 경험적 지식이 필요했다. 환경과 맞부딪치면서 알게 된 지식. 관찰과 모방의 학습 과정이 있게 된 이유다. 알트에 의하면 학습 과정은 임의로 아무렇게나 진행되는 것이 아니라 어느 정도 구조화되어 있다. 미리 구조화된 학습 과정은 대체로 생명이 아직 어린 시기에 진행된다. 여기서 얻어진 지식은 훗날 거의 수정되지 않는다.(같은 책) 어쨌든 생명은 이제 학습을 본격적으로 하여 더 똑똑해졌다.

파충류 중에서 공룡이 대략 2억 년 전부터 지구를 지배했다. 생명의 음악사에 큰 공헌을 남긴 공룡이 있었다. 우리 인간보다 세 배 이상 크고 무게가 3톤이나 나가는 파라사우롤로푸스는 대멸종 직전까지 생존했던 공룡으로, 콧구멍에서 머리 뒤까지 1.5m가 넘는 아치 모양의 관을 갖고 있었다. 이 관의 정체에 대한 다양한 논의들을 뒤로 하며 이제 우리는 이 관을 지구에서 최초로 등장한 일종의 조악한 트럼펫으로 알게 되었다. 이 공룡은 왜 트럼펫을 지고 다녔을까. 캐나다의 저술가 로베르 주르댕에 따르면 사회적 동물인 파라사우롤로푸스는 동료를 부를 때 큰 소리를 낸다. 큰 소리는 멀리서도 들리며 남을 위협할 수 있어서 좋다.(주르댕, 2005) 큰 소리를 내는 악기로 트럼펫이 적당하다. 파라사우롤로푸스는 이 사실을 아마도 암묵적으로 알고 있었을 것이다. 그 지식은 몸으로 된 트럼펫으로 구현된다.

트럼펫과 같은 악기들은 큰 소리를 효과적으로 내는 수단이다. 큰 소리는 에너지를 소비해야 낼 수 있다. 에너지를 많이 소비하지 않고도 소리를 멀리 보낼 수 있는 가장 효과적인 방법은 에너지를 한 음에 집중하는 것이다. 우리가 일상에서 많이 듣는 소리는 하나의 소리로 들리지만, 사실 복진동이 만들어낸 수많은 소리로 구성되어 있다. 하나로 들리는 어떤 소리의 구성적 소리들 모두가 우리 귀에 들리지는 않지만 우리는 그 소리 모두를 발음하느라 에너지를 소비한다. 구성적 소리들 중 특정한 한 음에 에너지가 집중되면 하나로 들리는 소리는 더 클 수 있고, 덕분에 훨씬 멀리 갈 수 있다. 또한 한 음에 에너지가 집중된 소리는 자연에서 찾기 어렵기에, 자연환경에서 매우 유별나게 들릴 것이다. 사람들은 그런 소리를 자연에서 흔히 들을 수 있는, 에너지가 여러 음들로 퍼진 소리와 다르게 듣는다. 파라사우롤로푸스도 다르게 들었을 것이다. 그렇지 않다면 이 공룡이 그런 특별한 소리를 낼 이유가 없었을 테니까. 어떻게 다르게 들릴까. 그런 소리는 특별한 음고로 들리는 경향이 크다. 반면 바람 소리나 물소리와 같은 소리를 통해 우리는 음고 느낌을 거의 얻지 못한다.[9]

일상에서 들었던 자연적 소리와 에너지가 한 음에 집중된 소리를 서로 달리 들었을 파라사우롤로푸스는 이 후자가 멀리까지 잘 전달된다는 것도 알았을 것이다. 그래서 그런 소리를 냈다. 내는 방법도 알았다. 그 앎이 가장 오래된 음악적 선지식 혹은 본능 중 하나였을 것이다. 파라사우롤로푸스는 이 지식을, 지식의 구현인 몸 트럼펫을 자손에게 상속시켰을 것이

---

[9]. 소리와 음고 느낌에 대한 자세한 설명은 졸저 『매혹의 음색』의 1장과 2장을 참조할 것.

다. 과학자들이 이 공룡이 냈을 법한 소리를 시뮬레이션했다. 그 소리를 인터넷에서 들을 수 있다.[10] 조악한 호른이나 트롬본 소리처럼 들린다. 자연에서 그동안 듣기 어려웠던 유사 음악적 소리다.

하나의 음에 에너지를 집중하면 여러 면에서 효과적일 수 있음을 인간도 결국 알게 되었다. 대부분의 인간은 그 소리를 구성하는 여러 음 중 한 음(주로 근음)에 에너지가 집중되어 강한 음고 느낌을 불러일으키는 음들을 사용한 음악을 좋아했다. 강한 음고 느낌을 불러일으키는 음들은 어느새 인간의 문화에서 악음, 즉 음악적 음으로 여겨졌다. 대부분의 문명에 음악이 있고, 그 음악은 음고 느낌이 강한 음악적 음을 사용해 만들어졌다. 공룡이 내는 음과 비슷한 소리를 사람들이 음악에 사용했다. 인간과 파라사우롤로푸스, 그리고 공룡의 후손으로 알려진 일부 명금류 새들은 음고 느낌이 강한 소리에 대한 선호를 공유한다.

인간이 이런 음악적 음을 내기 위해서는 (울대를 가지고 노래하는 명금류 새들과 달리) 긴 후두와 성대를 가지는 쪽으로 진화해야 했다. 두 발 보행이 이런 진화의 출발점이었다. 과학자들은 약 500만 년 전에 살았을 영장류 아르디피테쿠스 라미두스가 비록 위태로웠지만 처음으로 두 발 보행했을 것으로 추측하며, 이후 약 250만 년 전에 출현한 사람 속(屬)이 능숙하

---

10. 공룡 파라사우롤로푸스의 추정된 울음소리 ① https://goo.gl/vvwgkd ② https://goo.gl/eLZTyX

게 두 발 보행했을 것으로 추측한다.

두 발 보행은 여러 이익과 선택압을 원인猿人에게 주어 그들이 인간으로 되어가는 데에 중요한 역할을 했다. 미국의 음악인지과학자 리타 아이엘로에 의하면 두 발 보행은 우선 새로운 감각운동 제어 능력을 요구했고 이 제어 능력을 행사하는 뇌를 크게 하는 선택압으로 작용했다.(Aiello, 1996) 두 발 보행이 제어 능력을 요구했음은 두 발 보행이 사실 위태로운, 몸의 균형을 잡기 어려운 걸음걸이라는 것을 의미한다. 두 발 보행은 고난이도의 암묵지였다. 이 지식을 체득한 우리 조상은 좀 더 똑똑하게 되었다. 두 발 보행은 또한 손을 해방해서 도구를 만들게 했다. 도구 지능을 발달시키는 원인이었다. 호모 사피엔스의 언어가 손짓으로부터 진화되어 왔다고 주장하는 과학자들에 의하면 두 발 보행은 언어의 기원일 수도 있다. 이 모든 것이 인간을 똑똑하게 만들었고, 똑똑하게 된 인간이 음악을 했다. 음악은 두 발 보행의 먼 결과다.

두 발 보행은 여러 독자적 행위들을 동시에 수행하면서도 그것들을 조화시켜야 할 필요성을 유도했다. 영국의 심리학자 트레바든은 우리의 걸음이 다양한 동작들의 어우러짐이라고 말한다. "우리는 걸을 때 몸을 돌리고 꼬고, 시선을 좌우로 움직이고, 입으로는 말을 한다. 이 모두는 유려한 리듬에 맞춰 조화롭게 제어된다. 이 움직임들은 수많은 반半 독립적 충동을 지니는데, 이것은 [인간 종에게서] 여러 리듬이 조화를 이룰 가능성이 다른 어떤 종보다 크다는 뜻이다."(Trevarthen, 1999~2000)

이 문장은 다수의 반^半 독립적 선율들이 각자 자율적으로 진행하면서도 전체적 조화를 이루는 음악양식인 다성음악 polyphony 혹은 그 양식을 가능하게 하는 방법으로서의 대위법에 대한 설명으로 손색이 없다. 두 발 보행하는 우리 몸은 여러 독자적 리듬들을 조화시킨다. 우리 몸은 다성적 현상 혹은 다성적 특성을 확인할 수 있는 장소다. 다성음악도 다성적 현상이다. 다성음악의 다성성은 두 발 보행의 다성성과 닮았다. (두 발 보행은 다양한 소리들을 방출한다는 점에서도 다성성을 가진다.)

혹시 두 발 보행의 다성성에 대한 의식이 음악적 마음에 흘러들어온 것은 아닐까? 음악적 마음이 두 발 보행의 다성성을 반영한 것은 아닐까? 다성음악은 근대 서양의 인위적 발명품이다. 나는 그것이 우리 자신에 대한 지각 및 인지의 결과를 음악에 반영한 결과가 아닐까 생각해본다. 우리 몸의 다성성에 대해 귀 기울인 결과로 작곡가들이 다성음악에 대한 직관을 가지게 된 것은 아닐지 추측해본다. 이 추측이 맞는지 여부를 과학적 방법으로 판단하기 어렵다. 나는 그저 다성음악과 우리 몸에서 들을 수 있고 확인할 수 있는 다성성이 내면적으로 닮아 보인다는 점을 지적할 뿐이다.

두 발 보행은 인간의 후두를 목구멍보다 더 낮은 곳에 있게 해 성도를 늘였다. 늘어난 성도 덕분에 인간은 훨씬 다양한 소리를 낼 수 있었다. 후두는 밸브구조의 모습을 띤다. 이것은 이전보다 덜 탁하면서 분명한 소리를 낼 수 있게 해주었다.(미슨, 2008) 두 발 보행은 인간의 언어와 (예쁜 목소리로 부르는)

노래의 발전에 영향을 미쳤다.

이렇듯 인간의 몸은 음악의 직/간접적 배경이었다. 또한 음악은 인간 몸의 상태, 몸의 특성, 몸에서 발생하는 현상들을 닮고 반영한다. 마크 챈기지는 사람이 움직일 때 독특한 리듬, 음높이 변화, 음량 변화가 일어난다는 점에 착안해, 사람의 동작음이 음악에 대해 보이는 의미심장한 유사점들을 42개나 제시한다. [이 유사점들을 고려하면서, 음악이 인간의 동작음을 본뜬 것으로부터 시작되어 진화되었다고 주장할 수 있다.] 인간 뇌는 일상적으로 몸이 만들어내는 동작음에 익숙하고, 동작음을 본뜬 음악은 뇌에 익숙하다.(챈기지, 2013)

유사점 몇 가지를 소개해보자. 인간은 보통 규칙적으로 1초에 1~2번 발걸음을 반복한다. 음악의 박도 1초에 1~2번 반복하는 경우가 많다. 발소리는 인간이 걸으면서 내는 다른 음들보다 에너지가 높다. 비슷하게, 정박의 음은 대체로 엇박음보다 큰 소리다. 사람의 팔다리 소리가 발소리 사이에 소리를 낸다면 음악에서는 그런 팔다리 소리를 닮아 박 사이의 음들, 즉 엇박이 있다. 요약하면 "박은 발소리이며 리듬은 팔다리 접촉음들이 만들어내는 패턴이다."(같은 책) 인간은 자신의 동작이 만들어내는 소리를 일상적으로 듣는다. 그 소리 패턴에 관한 암묵지를 가지고 있었을 것이다. 그것이 작곡하는 마음에 반영된다는 가정은 무리하지 않다.

반영, 사회학적 문예이론과 심리학의 교차점

음악가도 세계를 인지한다. 그렇지만 순수한(!) 음악적 표현을 위해 음악가가 세계를 철학자나 과학자처럼 인지한다는 관념은 다른 문제다. 이것은 사람들에게 생소한 관념이었다. 음악은 설명이 잘 되지 않는 무의식적 과정을 통해 창조되는 것처럼 보였다. 이런 상황에서 음악가가 목적의식적으로 세계를 인지한다고 말하기보다, 음악이 세계를 은연중에 반영한다고 말하는 편이 더 적절해보였다.

예술이 세계를 반영한다는 생각의 뿌리는 깊다. 플라톤은 가변적이고 불완전한 현실 세계가 궁극적 실재인 이데아의 세계를 모방한다고 말했다. 문학은 이런 문제 있는 현실 세계를 다시 모방한다. 모방한 것을 모방함으로써 문학은 거짓으로 사람들을 오도한다. 플라톤이 원하는 이상 국가에서 문학은 통제되어야 한다. 플라톤은 사람들을 도덕적으로 고양해 선한 삶을 살도록 이끌어주는 예술을 주장했다. 그의 예술관은 현대적 사회주의 리얼리즘에 커다란 영향을 미쳤다.

플라톤의 후배인 아리스토텔레스에게 문학은 궁극적 실재인 자연을 바로 모방한다. 문학은 구체적 자연에 없는 통합된 의미와 완결성을 작가가 만들어낸 결과다. 아리스토텔레스는 모방이라는 용어를 쓰지만 20세기의 미학자 루카치의 용어인 반영에 더 가까운 이야기를 했다. 아리스토텔레스에 의하면 반영작업을 하는 시인은 필연적인 것에 관심을 가진다.

헝가리의 사회주의자 루카치는 사회주의 운동을 위해 문학적 반영이론을 제안했다. 그는 플라톤과 아리스토텔레스의 모방 미학과 맑스의 사회주의 이론을 결합해 당위적 이론을 제안했다. 루카치 이론은 사회적 존재가 의식을 결정한다는 맑스주의 관념에서 출발한다. 사회적 의식에 속하는 예술은 현시대의 경제적 토대 혹은 하부구조인 자본주의적 존재에 의해 결정된다. 결정되는 예술은 결정하는 사회적 존재를 반영한다. 반영 작업은 아리스토텔레스가 말한바 통합된 의미와 완결성을 만들어내는 일에 가깝다. 루카치는 객관적 현실의 총체적 과정을 반영하는 예술을 제안했다. 총체적 과정은 스스로를 폐지하며 새로운 혁명적 체제의 씨앗을 내적으로 키워가는 동태적/필연적 자본주의 과정이다. 루카치에게 현실은 우리가 매일 보는 비루한 일상성으로 가득한, 있는 그대로의 단순한 현실이 아니다. 객관적으로 존재하고 발전하는 역사 법칙의 필연성을 현실화시키는 사회적 혁명의 원동력이, 폐지해야 할 대상과 함께 모순적으로 결합해 있다. 모순은 필시 해결되어야 한다. 해결은 자본주의의 폐지다. 루카치의 예술은 자본주의 폐지의 필연적 과정을 반영한다.

루카치의 반영이론은 부정적 면모를 드러냈던 현실 사회주의 및 끈질기게 살아남은 자본주의와 함께 이상주의적이며 단순한 것으로 여겨졌다. 루카치가 환생한다면 "올바른 반영을 담은 예술이 없고 단순한 현실만을 모방하거나 초현실적 예술이 넘쳐남으로써 사람들의 혁명적 의식의 발전이 방해받고 있다!"라고 강하게 항변할지도 모른다.

총체적/역동적/능동적/정치적/목적의식적/변혁적 반영이 있다면 파편적/정태적/기계적 반영과 변혁에의 의지가 없는 불완전한 모방·반영도 있다. 반영이론을 수동적이고 기계적이며 단순한 것으로 비판하는 이들이 있다. 반영이론을 비판할 수는 있겠으나, 반영이론으로도 어쩌지 못하는 비판받을 만한 예술적 반영은 편재한다. 그것은 철저하게 과학적이거나 목적의식적이지 못한 인간의 마음 탓이다.

혹자들은 이러한 비판받을 만한 반영이 자연주의 리얼리즘이라 말할 것이다. 자연주의 리얼리즘에서 인간은 환경에 따라 변화하지만 그 변화는 단순 반응에 불과하다. 자연주의 리얼리즘이 그리는 예술 세계에서 인간은 수동적이며, 이 세계에서는 환경결정론이 작동한다.

자연주의 리얼리즘을 비판할 수 있다. 비판을 넘어 탄압하고 검열했던, 그다지 좋지 않았던 역사적 기억이 있다. 총체적/역동적/능동적/정치적/목적의식적/변혁적 반영을 예술가에게 강제했던 구소련의 사회주의 리얼리즘. 구소련의 문예정책이었던 사회주의 리얼리즘의 관점에 따라 공산당 서기장이었던 이오시프 스탈린과 그의 관료들은 쇼스타코비치의《교향곡 5번》을 지지했다. 웅장한 이 교향곡은 어떻게 작곡되었을까. 사회주의 리얼리즘에 대해 수용적이었던 젊은 쇼스타코비치는 1932년 이 예술관에 충실하다고 그가 판단했던 오페라《므첸스크의 맥베스 부인》을 작곡하여 발표했는데, 그의 예상과 달리 심각한 비판에 직면하게 되었다. 당국은 표면적인 외설적 측면과 실험적 무조성에 주목하여 이 오페라를 부르주아 취향의 형식주의 작품으로 비난했고, 그 대응으로 쇼스타코비치가 작곡했던 것이 바로《교향곡 5번》이었다. 이렇게 이 작곡가는 구소련 당국의 지지와 비판을 교대로 받아가며 생을 보냈다. 그 기저에 사회주의 리얼리즘이 있었다.

루카치는 주로 문학에서 자신의 이론을 펼쳤지만 음악도 다뤘다. 오희숙에 따르면 루카치는 현실 사회에 대한 반영으로 인간의 내면세계에 수집되고 축적된 내면적 감정을 음악이 [재차] 반영한다고 말했다. 루카치에게 음악은 현실의 이중 반영 혹은 간접 반영이다.(오희숙, 2009) 즉 음악 속에서 외부 세계는 직접적으로 나타나지 않고 감정을 통해 간접적으로 나타난다.(S. Bimberg, 재인용 : 오희숙, 2009)

독일 철학자 테오도르 아도르노는 '미메시스'라는 용어를 사용했다. 흔히 모방으로 번역되는 미메시스는 관찰자의 입장에서 사회를 단순 재연하는 일을 떠올리게 한다. 그런 작업이 아니다. 오희숙은 아도르노의 음악적 미메시스를 사회와 동화되어 닮아가면서 사회 현상에 숨겨진 내재적 모습을 드러내는 것으로 정리한다. 사회를 미메시스하는 음악은 사회의 진실한 모습을 반영한다. 그런 음악은 사회에 대한 저항일 수 있다.(같은 책)

루카치와 아도르노의 반영대상은 사회다. 개인과 집단의 무의식을 반영하는 문학에 대한 논의도 있다. 반영이론은 다양한 스펙트럼을 보인다. 음악의 반영대상도 매우 넓을 수 있다. 세계의 다양한 차원이 작곡하는 마음에 반영될 수 있다. 우선 사회현상, 사회현상에 대한 인식으로서의 사회과학 이론, 시대정신, 사회 분위기가 작곡가의 마음에 반영될 수 있다. 자연현상 그 자체와 자연현상에 대한 인식으로서의 자연과학 이론도 반영될 수 있다. 자연에 대한 초자연적, 비과학적 사유체계인 종교, 점성술도 반영될 수 있다. 이 모든 것이 작곡가에 외재하는 것이면, 작곡가에 내재하는 생물적 특성, 즉 본능과 몸에 구현된 선지식도 반영될 수 있다. 사회와 자연에 대면해 느끼는 감정도 반영될 수 있다. 사회와 자연에 대한 피상적 느낌, 모호한 무의식도 반영될 수 있다. 다양한 반영을 인정함으로써, 루카치와 달리 건강하지 못한 반영도 있다고 이 책은 주장한다.

루카치와 아도르노의 반영은 문예이론 용어다. 이것을 심리학과 뇌 과학의 맥락으로 옮겨와 살펴보자. 우선 반영이라는 용어의 사전적/어원적 의미를 살핀다. 반영은 맑은 물이나 거울을 떠올리게 한다. 우리 마음을 세계를 비추는 거울이나 투명한 물과 같은 것으로 생각할 수 있다. 반영의 독일어 단어 'Widerspiegelung'을 살펴보자. '…에 반대하여, 거슬러'의 뜻을 갖는 전치사 'Wider'와 '반사, 반영'이라는 뜻의 'Spiegelung'이 결합해 만들어졌는데, Spiegelung에서 'Spiegel'은 '거울, 거울 같은 수면' 등의 뜻을 가지며 'ung'는 어떤 동작이나 동작의 결과를 가리키는 접미사다.

거울 속 내 왼손은 거울 앞 나의 오른손이다. 우리 뇌가 거울 속의 상(像)을 우리 자신으로 바꾸어 놓으려 한 결과다. 뇌는 우리 자신을 마음속에서 180도 회전시켜 거울 속으로 밀어 넣는다. 해석하는 우리 뇌가 거울 속의 상을 좌우로 바꾼다.(클래그, 2013)

이렇듯 반영에는 거울과 같은 반영 수단과 반영 대상, 대상의 상에 대한 우리 뇌의 해석 과정이 있다. 거울에 반영된 상에 대한 해석 능력을 대칭 인지 능력이라 한다. 이것은 거울을 통한 자기 인식 능력이기도 하다. 인간은 대략 2살이 되면 이 능력을 갖춘다. 침팬지, 보노보, 오랑우탄, 붉은 털 원숭이는 며칠 동안의 경험과 학습을 통해 거울 속 자신을 알아본다. 고릴라, 비비, 그리고 원숭이 대부분은 잘 알아보지 못한다. 영장류를 제외한 다른 동물도 그렇다. 최근의 연구는 거울을 통해 자기 인식을 하는 동물의 범위를 늘려가는 추세다.

바즈와 게이지는 거울을 통한 자기 인식 능력을 갖춘 붉은 털 원숭이가 상대의 특정 행동에 반응하고 모방하는 능력 및 그 행동의 의도를 인식하는 능력 역시 가진다고 추정한다. 이 모든 능력이 붉은 털 원숭이 같은 동물에게만 있고 일부 능력만을 가진 종이 없거나 드물다면, 이 능력들 간 모종의 상관관계를 추측할 수 있다. 붉은 털 원숭이의 이 능력들의 신경적 기반으로 거울뉴런체계를 지적할 수 있다.(바즈·게이지, 2012)

거울뉴런은 이탈리아의 신경과학자 자코모 리촐라티와 동료 연구자들이 처음으로 발견했다. 리촐라티는 원숭이가 땅콩을 집어 먹는 등 정교한 행동을 할 때와, 다른 원숭이와 사람이 땅콩을 먹는 모습을 지켜볼 때에 그 원숭이의 두정엽 쪽 복측전운동영역의 뉴런들이 발화한다는 점을 알아냈다. 이 세포들이 단순한 운동 명령 뉴런이 아닐 수 있다는 이야기다.

과학자들은 인간에게서도 비슷하게 활성화되는 뉴런들을 찾아냈다. 전두엽과 두정엽에 존재하는 이 뉴런들을 '전두두정거울뉴런체계'라고 부른다. 이 체계를 통해 사람들은 타인들의 행동뿐 아니라 정서도 모방할 수 있고 학습할 수 있다. 감정과 정서의 모방을 미국 심리학자 마르코 이야코보니는 사

회적 반영이라 부른다.(재인용 : 바즈·게이지, 2012)

거울뉴런체계와 모방 용어는 인간 마음에도 거울처럼 반사 혹은 반영하는 것이 있음을 암시한다. 마음속 거울은 현실의 거울과 당연히 다르다. 거울은 대상을 가리지 않고 반사한다. 마음속 거울은 어떨까?

인간은 사회적 존재다. 선사시대부터 타인의 행동을 따라함으로써 이득을 보아 왔다. 심리학자 전우영은 인간에게 사회적 반사가 주는 이득에 대해 말한다. 전우영에 따르면 상대의 의도와 동기를 빠르고 정확히 파악하는 이는 그렇지 않은 이보다 미래 상황을 좀 더 정확하게 예측하여 적절한 대비를 더 잘할 수 있다. 그 결과, 상대방과의 상호 작용을 성공적으로 이끌 확률은 더 높아지고 생존 확률도 높아진다. 거울뉴런은 [뇌의 다른 부분과 함께] 이러한 사회적 예측과 파악을 담당한다. 그것은 "타인의 행동을 모방한 결과를 상대의 의도와 목표에 대한 해석을 담당하는 뇌의 인접 영역에 전달"하여 타인의 행동을 통합적으로 이해하는 데 도움을 준다.(전우영, 2012) 거울뉴런이 온전한 해석기관이 아니라는 이야기다. 거울뉴런은 현실의 거울처럼 인간의 온전한 해석을 기다리고 있다.

해석하는 뇌와 거울뉴런을 가진 인간은 상대의 의도와 동기를 파악하고 그의 행동을 모방할 수 있다. 이런 능력 덕분에 인간을 마키아벨리 영장류라고 부른다. 마키아벨리가 파악하기 어려운 것이 있다. 자연의 의도. 사실 자연에는 의도가 없기에 그것을 파악하는 것은 애당초 불가능하다. 폭풍우 같은 자연을 맨몸으로 따라 하기도 어렵다. 그런데 폭풍우 같은 자연

현상을 자연의 행동이라고 생각해보자. 그런 행동의 배후에 자연의 의도가 있다고 생각해보자. 자연을 의인화하는 능력 혹은 자연의 배후에 인격적인 신이 존재한다는 관념을 발명했던 조상들은 인간화된 자연 혹은 신의 의도를 파악하려 노력해 왔다. 그런 마음을 가진 베토벤은 《교향곡 6번 전원》의 4악장을 통해 폭풍우를 자연이 성난 것으로 표현했다.

오늘날 자연의 작동원리가 과학적으로 연구되고 있다. 인간은 거울뉴런체계를 통해 과학을 연구할까. 체계라는 용어를 통해 알 수 있듯이 거울뉴런은 단일 세포가 아니다. 거울뉴런은 붉은 털 원숭이 뇌의 다른 영역에서도 발견된다. 이야코보니는 브로카 영역이 거울뉴런기능을 가지며 특히 손과 팔의 행동들을 표상하는 데에 관여한다고 말한다.(재인용: 바즈·게이지, 2012) 브로카 영역은 복잡한 규칙을 바탕으로 정보를 두루 처리한다고 추정된다. 이러한 처리가 곧 인지적 혹은 과학적 마음이다.

리촐라티와 아르비브는 거울뉴런의 활동을 상징행위로 본다. "우리는 상징행위를 통해 행동을 모방하고 이해할 수 있다. '이해'란 타인이 어떤 행동을 하고 있다는 사실을 알고, 관찰된 행동을 다른 행동과 구별하고, 이 정보를 이용해 적절한 행동을 취하는 능력을 뜻한다. 따라서 거울뉴런은 수신자와 송신자를 연결시키며 […] 모든 형태의 의사소통에 필수적인 전제조건[으로 작동한다.]"(Rizzolatti & Arbib, 1998)

인간은 자연의 특정 양상을 모방할 수 있다. 새소리와 다른 동물들의 소리 정도는 쉽게 맨몸으로 모방할 수 있었다. 그런 모방 본능이 고전음악에서도 개화되었다. 새소리는 악기를 통해 모방되는 대표적 대상이다. 폭풍우처럼 조금 더 복잡한 자연현상도 오케스트라를 통해 모방할 수 있다. 음악은 또한 루카치 말대로 다양한 감정을 반영한 것일 수 있다. 그런데 인간은 지식도 수집한다. 새소리는 정보이며 지식이다. 음악은 지식도 반영한다.

거울과 물에 비친 자신의 모습을 보면서 우리는 성찰할 수 있다. 거울이나 물과 같은 물리적 수단에 도움을 받지 않고도 성찰할 수 있다. 이런 성찰 역시 해석에서 자유롭지 않다. 반영은 세계와 사실이 저기 바깥에 있고 그것을 그냥 반사하는 것, 그것을 통째로 가져다 그대로 머리에 넣으면 되는 것이 아니다. 모든 반영은 필연적으로 해석이다. 인간의 마음은 세계를 반영·해석한다.

신경생리학적 맥락이 아니더라도 예술이 세계를 반영한다는 논의는 루카치와 아도르노 이후 계속해서 제안되었다. 오스트리아의 맑스주의 작가 에른스트 피셔는 모든 예술은 시간에 의해 제약받고 특정한 역사적 상황의 필요와 요구에 상응하는 인간성의 표현이라고 말했다.(Ernst Fischer, 재인용:홍석기, 2010) 피셔에 의하면 인상주의는 자본주의의 특성을 반영하지만 동시에 그 체제를 향한 예술적 반항이기도 하다.

예술이 사회를 반영한다는 논지가 맑스주의자들만의 의제인 것은 아니다. 영국의 화가인 줄리언 벨은 미술의 역사가 세계의 역사를 우리에게 되비춰주는 하나의 프레임이라고 말한다.(Bell, 재인용:홍석기, 2010) 사회학자 홍석기에 따르면 미술

사는 시간과 공간의 흐름 속에서 변화하고 발전해온 인간 사유의 변천사다.(홍석기, 2010) 음악사도 같다.

반영은 예술가가 창작할 때 그가 가진 인지적 마음과 창작하는 마음을 연관시켜 마음의 통합을 이루는 모든 방식의 마음 과정·마음 특성이다. 예술가는 인지적 마음에 따른 개념이나 지식 혹은 세계상, 정서나 무의식, 그의 몸 특성 등을 창작 과정에서 막연히 고려할 수 있고, 창작 과정의 지침으로 혹은 방법론으로 쓸 수 있으며, 의식적으로 표현할 수 있으며 해석이 동반된 모방을 할 수 있다. 개념과 그것을 표현한 작품의 관계가 대응하는 특성을 강하게 보인다면 작품은 개념의 구현이다. 이 모든 이야기가 반영 용어 안에 포함될 수 있다.

생명과 함께하는 마음

마음은 이제까지 생명 현상이었다. 인공지능과 함께 생명 현상과 무관한 마음 현상이 나타날 수 있다. 인공지능이 더 발전한다면 우리는 마음에 대한 이제까지의 생명 편향적 사고로부터 자유로울 수 있을 것이다.

대부분의 생명은 자신을 죽이려는 존재에 저항하거나 그로부터 도피하며, 그런 행위들을 하도록 부추기는 마음을 갖는다. 그런 마음을 가지고 그런 행위들을 한 생명은 살아남아 다시 그런 생명을 낳고, 그렇게 생명은 죽음을 회피함에 있어 점점 똑똑해졌다. 그럼에도 생명은 지금까지는 필멸이며, 그렇기 때문에 후손을 낳으려고 이성 상대에게 구애하고 그와 짝짓기 한다.

　많은 생명은 죽음을 앞두고 슬퍼한다. 죽음의 문턱까지 갔다 온 생명은 그때 느꼈던 공포와 슬픔을 또렷이 기억할 것이다. 그 감정들은 생명으로 하여금 죽음에 대처하도록 부추길 것이다. 잡아먹히는 원숭이가 내는 끔찍한 비명은 주변의 다른 원숭이에게 의미가 있다. 그 무서운 소리는 '메멘토 모리', 즉 죽음을 기억하고 경계하라는 정보 혹은 신호로 기능한다. 신호를 수신할 수 있었던 영리한 원숭이들은 포식될 가능성을 줄이는 데에 노력을 기울일 것이고, 그렇게 그들의 생존율이 높아질 수 있다.

　35살, 죽기 직전에 쓴 《레퀴엠》은 자신을 죽음으로 이끄는 과정을 인지하고 슬퍼했던 모차르트의 애절하기 짝이 없는 작품이다. 많은 작곡가가 삶의 마감을 앞두고 찢어지는 마음을 작품에 표현했다. 오스트리아 작곡가 구스타프 말러의 《교향곡 9번》의 4악장 벽두에 제시된 유례없이 강력한 불협화음도 이런 마음의 극적인 표현이다. 죽음을 알리는 소리에 대해 공포심과 경계심을 가졌던 영장류의 후손들은 이제 음악을 듣고 공포심과 경계심을 가질 수 있고 더 나아가 성찰할 수 있게 되었다. 성찰도 우리의 생존율을 높일 수 있다.

　현재의 기계는 자신의 파괴를 인지하거나 슬퍼하지 못한다. 슬픈 음악의 특성들을 기계가 인지하고 그에 기초해 슬픈 음악을 만들 수는 있다. 이것은 슬픔을 느끼지 않은 작곡가가 슬픈 음악을 작곡하는 것과 비슷하다. 보는 이로 하여금 공포감을 느끼게 만드는, 화가 난 것처럼 연기하는 연기자의 상황과도 비슷하다. 이런 일들은 슬픔이 인지될 수 있어서 행해졌다. 그런데 슬픔은 공감되기도 한다. 현재의 기계는 인간의 슬픔을 인지할 수는 있어도 스스로 슬퍼하거나 슬픔에 공감할 수 없다. 그런 기계가 작곡한 슬픈 음악은 인간의 관점에서 볼 때 부족할 것이다.

죽음을 두려워하고 그에 저항하는 마음을 어리석게 보거나 혐오하는 이들도 있다. 석가모니 같은 위대한 종교인들, 죽음이 사실은 마음속 환상일 뿐이라고 말하는 과학자들, 자연적 마음이 과도하게 이기주의적이고 그래서 한 사회의 보편적 이익에 저항하는 보수주의의 근원이라고 생각하는 급진주의자들은 생명을 탐하는 자연적이며 이기적인 마음에 대해 부정적이다. 인류 역사에서 죽음을 두려워하지 않고 타인을 위해 목숨을 내놓은, 훌륭한 마음의 소유자가 적지 않다. 일신의 죽음을 슬퍼하지 않고 자신을 죽이려는 원수마저 사랑하자고 설파한 예수 그리스도, 일신의 죽음을 두려워하지 않고 제국주의적 억압에 맞서 민족의 독립을 위해 투쟁하는 세계 각국의 독립운동가들, 독재와 반인륜에 맞서 두려움 없이 싸워나갔던 여러 나라의 민주주의자들, 위험에 처한 누군가를 돕기 위해 자신의 안위를 고려하지 않는 선한 이들. 이들의 마음은 개인적 죽음을 두려워하고 그에 저항하고 슬퍼하는 자연적 마음보다 훌륭해 보인다.

바흐의 《마태수난곡》은 신약성서 마태 복음서를 기초로 한, 예수의 고난을 표현한 음악이다. 로자 룩셈부르크와 함께 투쟁하다 사형당한 독일의 공산주의자 칼 리프크네히트는 마태 수난곡에 대해 "이보다 더 달콤하고 부드럽고 감동적인 것은 없다."[11]고 썼다. 스웨덴과 독일의 침략자들에 맞서 싸워 조국 러시아를 구했던 알렉산더 네프스키는 러시아 정교회에서 성인으로 추대되는 등 국민 영웅으로 칭송받았는데, 러시아 작곡가 프로코피예프는 칸타타 《알렉산더 네프스키》를 통해 그를 칭송하고 표현했다. 이 작곡가는 러시아 영화감독 에이젠슈테인의 동명의 영화의 배경음악으로 곡을 처음 작곡했다가, 이후 독립적 칸타타로 개작했다. 오래전의 드라마 《불멸의 이순신》의 배경음악으로도 쓰였다.

고전음악에서 민주적 가치와 민족해방의 대의를 표현한 음악은 적다. 프랑스 혁명기의 소재를 음악으로 표현했던 작곡가들은 오늘날 높이 평가되지 못하며 잊혀졌다. 많은 서구 국가가 19세기 말 본격적인 제국주의 행보를 보일 때 양식 있는 서양 작곡가들이라면 타국에 대한 자국의 억압적 식민통치를 비판하며 음악으로 표현할 수도 있었다. 일본의 가혹한 무단통치를 겪었던 한국인들이 식민통치 현상에 대해 철저히 무심했던 서구 작곡가들의 음악에 열광한다. 음악은 음악일 뿐이라며. 정작 서구 작곡가들은 자기 조국 혹은 자기가 사는 나라가 침략 받은 것에 대해서는 항의하거나 기억하는 음악을 많이도 썼다. 쇼팽의 《혁명 연습곡》, 차이코프스키의 《1812년 대 서곡》, 오네게르의 《화형대 위의 잔 다르크》 등.

마음은 생명 현상으로 시작했다. 앞으로는 인공지능과 같

---

11. 칼 리프크네히트의 마태 수난곡에 대한 발언: https://goo.gl/naMQ42

은 무생명도 마음을 가질 수 있을 것이다. 대부분의 과학자들이 동의하는 바로서의 생명은 수소, 산소, 탄소 같은 무생물 성분의 특정한 배열이나 조직에 기초한다.(Alberts et al., 재인용: 로트, 2015) 사실 생물체가 가진 특별한 원자는 없다. 원자 수준에서 본다면 생물과 무생물은 같다.(김웅진, 2015) 생물보다 복잡한 무생물도 많다.

과학 저술가 브라이언 클레그에 따르면 생명은 생명을 구성하는 부분들보다는 그 전체적 시스템, 즉 유기체 수준에 관련된다.(클레그, 2013) 구성성분들의 특별한 내적 상호작용을 통해 철저히 새로운 속성들이 창발하며 유기체로서의 생명이 탄생한다. 속성들은 자연에 존재하지 않는 모종의 질서 상태를 만들어내고, 이 질서는 한동안 유지된다. 이 속성의 요소들은 계속 생산되어야 하고, 그러려면 요소들은 올바른 방식으로 결합되어야 하며, 요소들과 속성들에 기초한 상위 질서가 계속 유지되어야 한다. 이런 맥락에서 독일 철학자이자 뇌 과학자인 게르하르트 로트는 생물의 중요한 속성으로 "자기 성분의 생산, 이 성분의 올바른 조립, 끊임없는 자기 질서 수리 및 자기 존재의 유지"를 제안한다.(로트, 2015)[12]

생명이 만들어내는 질서는 물리학적으로 드문 상태다. 로

---

[12] 이것들을 항상성 유지 활동으로 부를 수 있다. 월렌스타인에 따르면 단세포 동물조차 화학적 농도에 반응해 영양이 풍부한 환경으로 이동하는 주화성(走化性) 또는 화학주성을 보인다. '동기화된 행동'이다. 이 행동을 통해 유기체는 환경에 반응해 체내 또는 체외 조정을 한다. 조정을 통해 생명은 항상성을 유지한다.(월렌스타인, 2009) '동기' 용어가 곧 마음이다. 원형적 마음이자 마음과 마음이 아닌 것의 중간 항.

트에 의하면 생명의 질서 상태는 주위 환경을 희생시키고 그로부터 질서를 도입해 실현된다. 생명은 외부 물질과 에너지를 약탈해 자신에게 공급한다. 생명은 제국주의적이다. 원래 어떤 계 안에서 질서가 증가하면 그 계 밖에서는 질서가 감소한다. 유지되어야 할 어떤 질서 상태로서의 생명의 능력은 에너지를 주변 환경으로부터 수탈하는 능력의 다른 이름이다. 이 능력은 주변 환경의 정보를 수집하고 처리하는 능력 및 그 능력을 생명 자신의 행동과 연결하는 능력을 필요로 한다.(같은 책) 이 능력들이 마음을 구성한다. 마음은 환경 파괴적이며, 정보처리박스이고, 행위를 만들어낸다.

마음의 요소들, 특성들 혹은 징후들 모두를 분명히 제시하기 어렵다. 그것들이 모두 나타나야 마음 현상이 있다고 말하기도 어렵다. 그 징후 중 최소한 몇 가지가 나타나야 마음인지 말하기도 어렵다. 마음은 다음 절에서 다루는 것처럼 불완전하고 부분적일 수 있다. 마음 현상에는 감각, 지각, 정서, 감정, 인지, 정신, 의식, 생각/사유, 반영, 무의식 등이 더불어 나타나니 이것들을 마음의 징후 혹은 요소라 부를 수 있는데, 이 모든 징후 혹은 요소를 동반하지 않아도 마음은 있다. 하위 마음만 가지고도, 분열된 마음들을 가지고도 생명은 그럭저럭 생존한다.

불완전한 마음, 단순한 마음

마음 요소들 중 일부가 없는 이들이 있다. 청각장애인 베토벤, 시청각 장애인으로 미국의 작가 겸 교육가였던 헬렌 켈러[13], 공감 능력이 없는 사이코패스[14] 등에게 마음의 일부 요소들은 없다. 이들은 그런 마음으로도 살았다. 애초에 어떤 마음이 없거나 있던 마음을 버린 동물들도 있다. 이를테면 일부 뱀에게 시각적/청각적 마음은 없다. 이런 마음을 불완전하다거나 단순하다고 평할 수 있다. 인간의 관점에서 나온 평가일 수 있다.

20대 중반부터 청력 상실을 경험했던 베토벤은 나이가 들어 거의 들을 수 없었다. 새로운 청각 정보가 입력되지 않았고, 세계에 대한 청각적 지식이 베토벤의 마음에서 사라져갔다. 바깥세상으로부터 자기 자신으로 침잠했다. 그의 최후 작품들 중 일부는 초기 및 중기의 정열적이며 격렬한 작품들과 많이 다르다. 초연한 감정세계를 보여준다.《현악4중주 14번 올림 다단조》와《피아노 소나타 32번 다단조》는 자신에 대해 깊이, 과도하게 성찰하는 사람의 음악이다. 나이가 들어 성숙해졌지

---

13. 헬렌 켈러는 생후 19개월에 성홍열과 뇌막염에 걸렸고, 이후 평생 시각 장애와 청각 장애를 안고 살아갔다. 어린 시절 그녀는 말도 할 수 없었다. 복합 장애인 켈러는 특수 교육을 받고 이후 대학을 다녀 학위를 얻었다. 장애인으로서는 세계 최초였다. 5개 국어를 하고 사회활동을 했으며, 다수의 저작을 쓰고 사회주의 정치활동도 했던 그녀가 생각이 없고 마음이 없는 사람이었다고 말할 수 없다.
14. 사이코패스들에게 없는 것은 공감 능력이다. 공감은 "타인이 생각하거나 느끼는 것을 파악하고 그들의 사고와 기분에 적절한 감정으로 대응하는 능력"(배런-코언, 2013)이다. 심리학자 코언은 사이코패스들이 단지 마음의 일부가 망가졌거나 애초부터 작동하지 않는 사람일 뿐 마음의 나머지 부분은 정상적으로 작동한다고 말한다.

만, 다른 한편으로 지인들로부터 고립되어 마음고생이 심했으며, 타인의 의견을 받아들이지 않으면서 고립을 자초했던 베토벤이 심각한 청력 상실을 겪으면서 쓴 음악들이다. 생생한 느낌이 없는, 그럼에도 여전히 훌륭한 후기 작품들은 불완전한 마음으로 작곡했던 베토벤을 잘 드러내준다.

동물도 마음을 가졌다. 자극과 그에 따른 아주 단순한 반응만을 하는 하등 생명체는 어떨까. 7억 년 전, 벤도비온트라는 하등동물은 바닷물 속에서 위아래를 구분하고 자신이 있어야 할 적당한 위치를 유지해야 했다. 이 생명체는 햇볕으로 먹고살기에 햇볕이 닿지 않는 바다 밑 깊은 곳으로 내려가지 말아야 했지만, 동시에 얕은 바닷물에까지 떨어지는 치명적 자외선을 피해야 했다. 당시의 지구에는 오존층이 아직 형성되지 않았다. 오존층은 생명체에게 해로울 수 있는 단파 자외선을 흡수한다. 알트에 의하면 이 생명은 생명의 긴 역사를 인식과 지식의 역사로 보게 해준다.(알트, 2003) 바다 속 적당한 위치에 자리 잡았다는 점은 이 생명이 영리한 인식, 즉 마음을 가졌다는 근거일 수 있다.

몸과 마음, 그 애매한 경계

마음에 대한 몸의 역할이 있다. 그런데 마음과 몸의 경계가 불분명하다. 정신의학자 심스의 말을 들어보자. "[마음과 관련해] 시야의 중심에 놓인 것은 분명하나 가장자리로 갈수록 모호해진다. 우리는 마음이라는 경계 안에 정확히 무엇이 놓

여 있는지 말할 수 없다. 우리는 신체와 마음의 경계를 구분할 수 없다."(심스, 2014)

구분하기 어려운 여러 이유들이 있다. 우선 몸으로서의 감각기관에 고유한 사유과정이 내재해 있다. 심리학자 루돌프 아른하임은 단순한 것으로 여겨지는 지각과정에 이미 사유과정이 있다면서 '지각적 사고' 개념을 제안한다.(아른하임, 2010) 그에게 감각기관, 특히 시각에는 사고력이 있다. 아른하임에 의하면 시각에 존재하는 사고력만으로도 동물들은 지각적으로 사고한다.(같은 책)

과학저술가 이인식에 의하면 1980년대 후반부터 몸을 뇌의 단순한 주변장치로 간주하는 견해 혹은 몸이 뇌와 마음에 결정적 영향을 주지 못한다는 견해에 도전하는 이론들이 제기되었다. 몸 감각이나 행동이 인지기능에 영향을 준다는 '신체화된 인지' 이론이다.(이인식, 2013) 이 이론은 서양 주류 철학이 그간 철저히 무시해 왔던 몸을 마음 안으로 되돌려 놓는 시도이며, 마음이 몸에 메인 것일 수 있다고 주장한다.(같은 글)

'육체적 지능' 개념은 더욱 급진적인 방식으로 신체와 마음의 경계를 불분명하게 만든다. 크루제는 독일 철학자 메칭거가 제안한 이 개념을 소개하며, 지능과 관련해 두뇌와 다른 육체적 기관들을 분리해 생각하는 것이 어렵다고 말한다. "대부분의 경우 육체의 물리적 특성들은 전체 시스템이 지능적 행동을 하는 데 본질적 기여를 한다."(크루제 외, 2003)

몸 특성이 달랐던 작곡가들, 이를테면 건강한 작곡가들과 질병에 시달렸던 작곡가들은 서로 다른 특성의 음악을 작곡하지 않았을까. 1860년 오늘날의 체코 지역에서 태어나 오스트리아에서 활동했던 말러는 56세에, 1864년 독일의 뮌헨에서 태어났던 리하르트 슈트라우스는 85세에 타계했다. (1900년까지 인류의 평균수명은 대략 40세에서 45세 사이였다.) 말러의 많은 음악들은 애절하고 슬프다. 슈트라우스는 매우 외향적인 작곡가로 활기 넘치는 작품들을 많이 썼다. 이 작곡가는 젊었을 때 알프스 산을 거침없이 등산했고 맥주를 좋아했다고 한다. 건강의 차이가 작품의 차이를 가져온 한 이유일지 모르겠다. 30대에 사망한 슈베르트와 쇼팽의 작품들도 애잔한 편이다. 1685년에 태어나 65세에 타계했던 바흐에게는 애절한 음악이 거의 없다. 상술했던 《마태수난곡》과 《나단조 미사》 같이 그리스도의 수난을 표현했던 작품들 이외에는 말이다. 신학자 강일구에 따르면 바흐는 그런 바로크 시대의 루터교 신자였고 그래서 경건하지만 삶을 충만한 것으로 즐겼다. 바로크 풍의 사람들이 주장했던 '삶은 축제다.'라는 말처럼, 바흐 역시 축제를 즐겼다.(강일구, 2012) 요컨대 바흐가 활동했던 바로크 시대는 감정 표현에 인색하지 않았던 시기였다. 바흐는 그런 시대에 걸맞은 외향적 작곡가였다. 수명이나 건강함, 기타 몸 상태가 작곡가의 마음에 끼친 영향에 대한 보다 진지한 연구를 기대해본다.

11

몸과 마음의 무대인 세계, 그리고 음악

> [오페라인] 《후궁으로부터의 탈주》를 쓰게 되어 매우 기쁩니다.
> 극 중 배경은 초연될 때의 시대상황과 연관이 있습니다.
> 그로 인해 나의 영혼은 너무도 밝아져서 커다란 기쁨을 가지고 작업을 합니다.
> — 모차르트, 1781년 8월 1일의 편지 —

말러는 박해받았던 유대인이었고 슈트라우스는 그 유대인들을 핍박했던 독일인 중 한 사람이었다. (슈트라우스가 말러를 박해하지는 않았다.) 두 사람의 건강 및 마음의 차이가 국적을 비롯한 환경의 차이에 기인한 것은 아닐까. 마음과 뇌, 그리고 몸은 물리적/사회적 세계 속에 있기에 세계의 영향을 받을 수밖에 없다.

우선 영장류의 뇌 용적이 커지는 데에는 세계의 변화무쌍한 상태변화가 큰 영향을 미쳤다. 지구 공전의 타원 궤도가 극대화되어 날씨가 극심하게 변덕스러워질 때 조상들의 뇌가 쑥쑥 커졌고, 그에 따라 지능이 향상되었다는 주장이 있다. 호모 에렉투스, 호모 헤이델베르겐시스라고 불리는 하이델베르크인, 그리고 호모 사피엔스는 각각 이전 조상들의 뇌보다 엄청 커진 뇌를 가지게 되었는데, 여기에 상술한 기후 변화가 중요한 한 원인으로 작용했다는 것이다. 조상들은 극심한 기후 변화에 따른 엄청난 양의 정보에 직면하면서 뇌를 키웠을 것이다.

세계에 직면해 커진 뇌를 가진 인간은 다양하고 신기한 상상을 한다. 외부 세계와 전혀 무관해 보이는 상상이나 공상은 현실을 반영하며, 세계에 대한 경험과 지각, 세계에 부여된 의미 등을 재배치하거나 변형시켜 만들어진다. 세계가 없다면 상상도 없다. 마음의 궁극적 원천은 외부 세계다. 프랑스 철학자 메를로-퐁티가 말했듯이 "세계는 나의 모든 사고와 나의 모든 분명한 지각의 자연스러운 배경이며 환경이다."(메를로-퐁티, 2002) 우리는 우리의 사고와 지각, 즉 마음을 알기 위해 세계를 알아야 한다.

호모 사피엔스를 비롯해 인간을 가리키는 여러 고대 용어들에도 이 점이 암시되어 있었다. 배철현에 의하면 라틴어 '호모'는 흙이라는 뜻을 가진 '후무스'humus에서 비롯됐다. 고대 히브리인들은 인간을 '아담'이라 불렀는데, 아담은 붉은 흙이라는 뜻의 '아다마'adamah에서 유래했다. 한편 고대 그리스인들은 인간을 '안트로포스'anthropos라 불렀는데, 여기에는 하늘을 보는 존재라는 뜻이 있다.(배철현, 2015) 호모와 아담이라는 용어는 우리가 흙으로부터, 즉 자연으로부터 만들어졌다고 말한다. 마음을 알려면 인간을 만든 흙에 대해, 인간이 보는 하늘에 대해, 즉 세계에 대해 알아야 한다. 음악적 마음을 알기 위해서도 세계를 알아야 한다.

세계 속 몸과 마음

세계 인식의 필요성을 괴테는 단호히 피력한다. 그의 말을 들어보자. "나는 '너 자신을 알라'고 하는, 워낙 중요하게 들리는 과제가 사제들의 음모일 것으로 의심해 왔다. 그들은 외부 세계에서 활동하는 이들을 꾀어내어 […] 사람들을 거짓된 내면 성찰로 끌어들이려 애쓴다. 인간은 세계를 아는 정도만큼만 자신을 안다."(재인용:크르즈나릭, 2014, 필자 강조)

외부 세계로부터 독립해 변화무쌍하고 아직 알려지지 않은 영혼을 표현하는 것이 예술가의 소임이라 주장하는 버지니아 울프, 제임스 조이스, 쇤베르크 같은 이들도 있다.(오희숙, 2004) 이런 이들에게 세계는 알지 않아도 되거나, 최소한 인간 자신보다 덜 중요하다. 오희숙에 따르면 쇤베르크는 '예술가 자신의 표현'을 가장 높은 가치로 평가하는 낭만주의 감정미학의 계승자다. 이런 쇤베르크는 자기 자신의 내면을 표현했던 작곡가 말러를 가장 위대한 예술가로 치켜세웠다.(오희숙, 2004)

내면을 성찰할 필요는 있다. 세계를 지운 채 내면만을 성찰하고 표현한다면 문제다. 괴테의 관점에 따르면 그런 성찰은 거짓이다. 세계 속 예술가가 세계를 고려치 않고서 스스로를 표현할 수 있다고 말한다면 그 진술은 틀렸거나, 최소한 편향적이다.

세계를 알기 위해서도 우리 마음을 알아야 한다. 세계를 알아가는 과정이 세계를 우리 마음의 어떤 상으로 표현/산출하는 과정이기 때문이다. 세계 인식은 우리 마음에 의존한다. 그 인식 과정에서 우리는 우리 마음과 그 기반으로서의 뇌에 대해서 알 수 있다. 미국 심리학자 제임스 깁슨은 "외부 자극의 수용에는 고유 수용성 감각이 수반되며, 세계를

지각할 때는 지각하는 자신과 세계를 함께 지각한다."고 말한다.(Gibson, 1979)

깁슨은 지각에 대해 말했지만 우리는 조금 더 나아갈 수 있다. 우리는 세계에 대해 배우는 동안 자신에 대해서도 배우고, 이 두 배움은 분리할 수 없다. 즉 우리의 마음, 뇌, 몸, 몸이 놓인 환경에 대해 모두 알아야 한다. 영국 철학자 앤디 클라크와 그의 동료는 이 모든 것들을 통해 마음을 제대로 알 수 있다며 '확장된 마음' 관점을 제안한다.(Clark & Chalmers, 재인용 : 이정모A, 2009) 심리학자 이정모는 뇌, 몸, 환경 자극의 세 요소가 불가분의 통합된 단위로 엮어지는 것으로 이 관점을 설명한다. "마음이나 인지는 뇌의 신경 과정으로만 생각해서는 부족하고, 몸이나 몸이 내재해 있는 환경을 통해 행위로 구현되는 과정적 신체(뇌-몸-행위-환경의 총체)로서 이해해야 한다."(이정모A, 2009)

예술가 자신의 표현을 가장 높은 가치로 평가했다던 쇤베르크도 자신만의 방식으로 세계를 인식했고 그에 따라 표현했다. 쇤베르크에 따르면 "작곡가는 이 세상의 가장 내면적인 본질을 보여준다."(Schönberg, 재인용 : 오희숙, 2004) 작곡가가 세상을 표현한다는 점을 쇤베르크는 부정하지 않았다. 세상의 내면적 본질이 무엇인지 구체적으로 언급하지는 않았다. 대부분의 표현주의적이며 내면적인 예술가들은 1인극이자 단막 오페라인 《기대》의 작곡가 쇤베르크처럼 세계가 반영된 자아를 표현하거나, 《절규》를 그린 노르웨이 화가 에드바르 뭉크처럼 자아가 반영된 혹은 투영된 세계를 표현한다.

《기대》에는 불안정하고 날카로운 느낌의 소리들이 가득하다. 악기들이 아주 높거나 낮은 음역에서 매우 빠르고 위험스럽게 연주되어 격렬하고 폭력적인 느낌을 주는 작품이다.(Dufourt, 1991) 전례 없이 강렬한 이 음악은 음악이 받쳐주는 오페라의 이야기에 잘 어울린다. 내용은 숲속에서 자신의 애인을 기다리다가 애인이 죽은 것을 발견하는 주인공 여성의 독백에 따른다. 이름을 알 수 없는 이 여성은 연주시간 30여 분 동안 공포, 연인에 대한 사랑, 절망, 불안, 증오, 질투심 등의 감정이 담긴 가사를 정신없이 노래하다가 애인의 죽음을 발견하곤 애인을 죽인 한 여성을 지목하는데, 그 여성이 진짜 범인인지 실존하는지는 모호하며, 그렇게 모든 면에서 그럴듯해 보이지 않는 가사를 노래한다. 오히려 주인공이 남자를 죽인 것이 아닌가 하는 의심스런 상황도 암시된다. 정신 나간 여성의 광기 어린 가사에 붙여진 절규와 단말마적 외침 같은 노래에 연결된 강렬한 오케스트라는 표현주의적 음악의 최고 수준을 보여준다. 이러한 《기대》의 음악은 인간의 깊은 무의식을 표현했다. 독일의 음악학자 베로니카 베치에 의하면 이 음악은 프로이트의 정신분석 연구에 대한 대응물일 수 있다.(베치, 2009)

프로이트는 작곡가인 쇤베르크와 동시대의 같은 곳, 즉 빈에서 살았고 무의식 탐구로 유명한 의학자였다. 프로이트는 동료 의사 요제프 브로이어와 함께 『히스테리 연구』를 썼는데, 브로이어는 이 책에서 안나 오$^{\text{Anna O}}$라는 가명의 환자를 소개한다. 이 환자는 다양한 공포증과 히스테리 장애를 앓고 있었고, 그의 증상을 설명하며 브로이어와 프로이트는 정신분석학적 용어들을 대거 제시했다.(프로이트, 2003) 안나 오는 베르타 파펜하임이라는 빈의 상류 사회 여성으로 추정되며, 그녀의 친척이었던 마리 파펜하임이 바로《기대》의 대본 작가였다. 마리는 쇤베르크와 친했고, 당시 여성으로서 드물게 의대를 다녔으며, 덕분에 프로이트의 정신분석학을 잘 알고 있었다. 마리의《기대》는 정신분석적 리브레토(오페라 대본)였다. 쇤베르크는 지적인 사람이었기에 프로이트의 관점을 어떻게든 알고 있었을 것이다. 특히 마리와의 교분으로 프로이트를 접했을 수 있다.《기대》를 기울어가는 오스트리아 제국의 모더니즘 분위기 속에서 싹튼, 정신분석적 관점을 반영한 작품으로 볼 수 있다.

나는 많은 쇤베르크의 후기 작품들에서 그가 인지한 세계를 확인한다. 그 세계에서 유대인인 이 작곡가는 나치 독일에 대해 저항한다. 베치는 이 작곡가의 저항적 작품들을 소개한다. 1947년 미국에서 초연된 칸타타《바르샤바의 생존자》에서는 유대인 수용소에서 죽어갔던 홀로코스트 희생자의 증언이 낭독되며 그 낭독을 둘러싼 관현악의 음향은 강렬하다. 오페라《모세와 아론》은 미국으로 망명한 유대인으로서 작곡한 곡이다. 유대인들에게 특히 중요한 구약의《출애굽기》에 바탕을 두고 작곡가 자신이 대본을 썼으며, 이 대본에 붙여진 음악 역시 대단히 강렬하다. 수많은 학살과 약탈이 있었음에도 젊은 유대인들이 살아남는다는, 유대인의 영광을 그린 음악이다.(같은 책) 쇤베르크는 세계와 무관한 적이 없었다. 항상 세계를 인지했고 표현했다.

예술가가 인지하는 세계는 어떤 것일까. 예술가를 포함한 인간의 감각과 지각은 인간적 비율과 척도의 세계를 다루도록 진화해 왔다. 우리의 마음은 구체적 지구의 어떤 세계 내에 맞춰 작동한다. 그것은 생물학자 야콥 폰 윅스킬과 철학자 폴머가 말한 '중간세계'다. 이들 독일학자들에 의하면 인간이 지각하고 경험하며 행동하면서 적응하게 된, 실제 세계의 한 단면이 중간세계다. 이 세계는 광대와 극미의, 억겁과 찰나의 중간에 존재한다. 중간세계에 결박당한 우리 인간에게 태양은 항상 동쪽에서 떠오르고, 변함이 없다. 우리의 절망은 억겁의 세월 뒤에 소멸할 태양에 대한 것이 아니다. 미취업에 대해, 다락같이 오르는 전세 값에 대해 절망한다.

윅스킬에 따르면 모든 유기체는 자신의 고유한 인지적 지위 또는 환경을 가진다.(재인용: 폴머, 2011) 폴머는 인간의 인지적 지위가 중간세계라고 말한다. 우리의 인식장치는 중간세계에 적응해 왔다. 이 세계는 감각과 운동으로 확증되며, 고유한 크기와 한계영역을 가진다. 우리의 직관과 지적 개념들, 지각과 경험 대부분이 중간세계와 관련되고, 그것에 알맞다. 과학적 인식은 중간세계를 넘어 매우 작거나 큰 것으로 그리고 매우 복잡한 것으로 나아갈 수 있다. 이때 직관은 우리를 떠난다.(폴머, 2011) 많은 예술가들의 인지적·표현적 지위 역시 중간세계이다.

세계와 인지 기관, 그리고 인지적 마음의 상응성과 동형성

우리는 중간세계를 지각/인지하여 세계와 닮은 어떤 상^像으로서의 지식을 산출한다. 폴머는 지식과 세계 사이에 존재하는 우리의 인지 구조에 대해 말한다. 폴머의 인지 구조는 감각기관과 그에 연결된 뇌의 총칭이다. 폴머에게 인지 구조와 세계는 특수한 관계를 가진다.

> 우리의 인지 구조와 [그것을 통해 인지하는] 알려진 대상의 구조 사이에는 특수한 적합성이 있다. 인지와 지식은 그런 조건에서만 가능하다. […] 인식은 외부 대상을 [마음속에서] 적합하게 재구성하는 것이다. […] 객관적 구조[로서의 세계]와 주관적 구조[로서의 인지 구조들]이 서로 적합하며 […] 이들이 함께 인식을 [생성한다.] […] 이러한 상응성 없이 인식은 존재하지 않는다. […] 상응성은 유기체의 적응성을 높인다. […] 주관적 구조들은 객관적 구조에 상응하며, 나아가 객관적 구조와 일치하기까지 한다. 구조[들 간의] 일정한 동일성, 즉 부분적 동형성이 존재한다."(폴머, 2011)

우리의 인지 구조와 세계와의 상응성에 기초해 인지 구조에 담긴 인식·지식과 세계도 서로 상응하며 동형적일 수 있다. 이런 주장은 오스트리아의 신경생물학자 루드비히 후버에 따르면 정신의 근원을 자연에서 찾으려는 철학적 흐름에서 나왔다. 로렌츠와 카를 포퍼, 오스트리아의 동물학자인 루페르트 리들 등이 주도한 진화인지론이 이 흐름을 형성했다. 진화인지론은 다윈의 관점으로 돌아가려고 하며, 이러한 정신의 계

보학은 많은 철학자들을 충격에 빠트렸다.(후버, 2011)

인지 구조와 세계의 상응성, 그리고 그것에 기초한 인식과 세계의 상응성·동형성과, 생명의 몸 구조과 환경 간의 더 큰 차원에서의 상응성을 고려할 만하다. 로렌츠에 의하면 "[생명체와 환경 사이에는] 눈과 태양, 지느러미와 파도의 움직임과 같은 관계가 존재한다."(로렌츠, 1999) 이빨과 태양은 큰 관계가 없다. 이빨은 먹이의 특성에 상응한다. 사자는 거대하고 날카로운 이빨로 뜯어 먹기에 적합한 먹이를 먹는다. 생명이 비생명에 대해 가지는 보편적 상응성은 왜 생겼을까. 로렌츠식 진화론이 답해준다. "적응은 [생물체와 환경의] 상응성이 생겨나는 과정이다."(같은 책) 크고 딱딱한 열매가 많은 섬에는 큰 부리 새가 많고, 작은 열매가 많은 섬에서는 작은 부리 새들이 많다. 몸과 마음 차원에서 세계와의 상응성을 많이 구성한 생물의 생존율은 그렇지 못한 생물의 그것에 비해 더 높다.

보편적 상응성은 생명이 자신의 인지적이거나 행동적인 결과를 환경과 맞추어 보면서 가장 적합한 것을 유지하려는 과정에서 구성된다. 세계에 대한 인지적/행동적 적합성과 상응성은 유일무이하지 않다. 개체들은 적합성·상응성의 다양한 모습들을 추구하며 구성한다.

상응성이 구성되는 방식이 개체마다 다르지 않다. 상응성의 구성과정에서 생명이 보편적으로 행하는 시도는 형태맞춤 pattern matching이다. 로렌츠는 말한다. "유전체genome처럼 인간은 자신이 만들어낸 가설과 외부 세계가 서로 적합한가를 검토하면서 마음속 생각을 비교하고, 그렇게 진보한다. 유전체

와 인간이 지식을 획득하는 기제는 같다. 그것은 상응성 구성을 위한 형태맞춤이다."(같은 책)

작곡가 역시 세계와의 대응성·상응성 혹은 동형성을 구성하려 노력한다. 그의 인지적 마음에 연결된 작곡하는 마음 역시 세계에 대한 적합한 음악적 표현이 무엇인지를 검토하며 세계와의 대응성·상응성 혹은 동형성을 구성하려 노력한다. 세계와 음악작품 간의 대응성·상응성 혹은 동형성을 찾아보자. 이 마지막 주장이 좀 더 그럴듯해질 것이다.

세계를 낳은 빅뱅과 음악과의 상응성·동형성

마음이 놓인 몸을 낳은 세계, 우리 자신을 알기 위해 이해해야 하는 세계, 음악을 이해하기 위해 알아야 하는 세계는 일차적으로는 중간세계다. 중간세계는 거대세계의 한 단면이다. 독일 물리학자 베르너 하이젠베르크에 의하면 전체 속에 부분이 있고, 부분 속에도 전체가 있다.(하이젠베르크, 2013) 부분인 중간세계에서 전체인 거대세계의 가장 중요한 특성이 확인될 수 있다. 중간세계를 잘 알기 위해서 거대세계도 알아야 한다.

중간세계를 포함한 거대세계, 중간세계의 가장 중요한 특성들을 확인할 수 있는 거대세계는 137억 년 전의 사건인 빅뱅에서 유래했다. 빅뱅 이후 우주의 역사는 거대사Big History다. 거대사 속에서 우주의 모든 것과 함께 음악도 등장했다. 거대사의 원인인 빅뱅과, 빅뱅의 결과인 거대사를 알지 않고서는 우리 마음도, 우리의 음악적 마음도 알기 어렵다. 이런 맥락에서 빅뱅에 대한 체계적 가정으로서의 빅뱅 이론이 그리는 우주의 특성들과 음악과의 상응성 혹은 동형성을 살핀다. 빅뱅의 어떤 특성들과 음악의 어떤 특성들이 유사하다는 주장, 혹은 작곡하는 마음에 빅뱅 혹은 빅뱅 이론이 반영되었다는 주장을 옹호해보자.

어쩌면 빅뱅론도 우리에게 스쳐 지나갔던, 무수히 많은 천지창조 관련 인식 중 하나일 수 있다. 빅뱅론을 상대화하고 부정하는 이들도 있다. 물리학자 조용민은 앞으로 우주론이 어떻게 바뀔지 아무도 장담할 수 없다면서 빅뱅론을 믿지 않는다고 말한다. "이 우주가 136억 년 전에 태어났다면 어디서 태어났단 말인가? 그리고 그 이전에는 시간도 없었다는 것인가? 이것은 마치 고대 인간이 이 우주를 받치고 있는 기둥이 어디에 세워진 것인지 설명을 못하는 것과 마찬가지다. 정말로 우주론도 갈 길이 멀다."(조용민, 2015) 빅뱅론의 문제점 때문에 빅뱅론과 함께 과학적 태도를 거부하는 것은 욕조 안의 아기를 물과 함께 버리는 일이다. 빅뱅론은 과학적 관찰과 수학적 계산에 의해 구성되었고, 종교적 천지창조론과 비교하면 우주 탄생의 실체에 상대적으로 더 가깝게 다가섰다.

빅뱅이론은 벨기에의 가톨릭 사제이자 천문학자인 조르주 르메트르가 1927년에 처음으로 제안했고 이후 많은 과학자에 의해 지지되며 증명되었다. 이 이론에 의하면 지금으로부터 약 137억 년 전에 한 에너지원이 폭발해 우주가 시작되었다.

빅뱅 직후 1초에서 3분 정도 되는 초기 우주에서 이후 은

하를 구성할 가벼운 원소들, 예를 들어 대부분의 수소와 헬륨이 만들어졌다.(이석영, 2012) 이후 우주가 팽창하며 그 안에서 거대한 기체 구름, 그곳에서 태어난 별들, 별 주위를 도는 행성들, 별과 행성이 수천억 개씩 모여 있는 은하가 생겨났다. 태양계와 지구가 생겨났고 생명도 생겨났다. 독일의 과학저술가 하랄트 레슈와 차운에 의하면 우리는 모두 빅뱅과 그에 이어 등장한 별들, 특히 태양의 자식이고 무수한 초신성이 폭발할 때에 우주에 내던져진 별의 먼지들을 몸에 지닌다. 우리 몸의 70%를 구성하는 물의 주원료인 수소는 거의 전부가 빅뱅 이후 초기 3분간에 만들어졌다. 우리 몸을 이루는 원자와 분자는 빅뱅 직후 존재했던 수소와 헬륨에서 생겨난 또 다른 작은 별들이다.(레슈·차운, 2010) 물리적 차원에서 인간 안에는 문자 그대로의 별, 즉 빅뱅의 결과물이 있다. 천문학자 이석영에 따르면 우리 몸은 우주 탄생의 비밀을 아는 최후의 증인이다.(이석영, 2012)

마음과 음악도 생겨났다. 음악은 인간의 감각과 지각의 대상이자 작곡가의 뇌 작용에 따른 어떤 마음을 표현한 것인데, 우리의 감각기관과 뇌는 빅뱅 이후 137억 년 동안 우주의 모든 곳에서 항상 일관되게 작동하는 자연법칙에 따라 진화해 왔다. 그러니까 빅뱅은 자연법칙을 낳고, 그 법칙에 따라 별과 생명이 탄생하고 진화했으며, 진화과정을 통해 감각기관과 뇌가 생명에 탑재되었다. 감각기관과 연결된 뇌의 작동이 마음을 출현시켰고, 그 마음의 결과 음악이 무대 위에 오른다. 빅뱅에서부터 음악까지는 매우 복잡하지만 분명한 인과관계의 연쇄가 있다. 이 인과의 사슬을 요약하면, 빅뱅은 음악을 낳은 음악적 마음을 출현시킨 뇌를 진화하게 한 자연법칙이 작동하는 우주를 낳은 궁극적 원인이다. 빅뱅 없이 음악 없다.

우리 몸 안에 빅뱅의 물리적 흔적이 있듯이 우리의 인식과 지식에는 빅뱅의 어떤 특성이 흔적을 남기지 않았을까. 우리의 인식과 지식을 표현/반영하는 음악에도 빅뱅은 흔적을 남기지 않았을까. 빅뱅과 음악과의 대응성·동형성을 확인할 수 있지 않을까. 생명이 세계에 대한 인지적 적합성과 상응성을 추구한다는 앞 절의 논리에 동의한다면 이 질문들에 대한 답변은 '그렇다'일 것이다.

빅뱅론이 발표되기 이전의 음악가들은 빅뱅론을 몰랐을 테니 그들의 인식과 그들의 작품에 빅뱅론의 흔적이 있다고 말하기 어렵다. 우리의 인식과 지식에, 작곡가들의 음악에 빅뱅의 흔적이 있다면 그것은 빅뱅의 물리적 흔적을 가지는 우리가, 작곡가들이, 무의식적으로 빅뱅에 대해 아는 어떤 것이 아닐까.

빅뱅론에 따르면 빅뱅과 그 이후의 우주는 모종의 비인격적 특성들을 보인다. 우리가 빅뱅과 그 이후의 우주에 대해 무의식적으로 아는 것은 바로 이 특성들이다. 이제부터 살피겠지만 이 특성들은 우리네 삶과 음악에서도 확인된다. 세계와의 대응성·상응성 혹은 동형성을 구성하려는 작곡가들의 인지적 무의식은, 빅뱅에 대해 몰랐었을 때조차 우주의 비인격적 특성들의 음악적 대응물을 만들어냈다.

기독교적 천지창조론을 비롯해 여러 나라의 천지창조론

도 음악적 마음에 깊은 영향을 미치긴 했다. 오스트리아의 고전주의자 하이든의 《천지창조》는 기독교적 천지창조론을, 프랑스의 현대음악가 다리우스 미요의 《세계의 창조》는 브라질 원주민들의 천지창조론을 표현했다.

전체 연주시간이 1시간 50분에 해당하는 대작 《천지창조》를 잠시 살펴보자. 이 곡의 도입부에서 오케스트라는 천지창조 이전의 혼돈을 장중하게 표현한다. 오케스트라의 연주가 끝나면 첫 번째 성악곡이 담담하게 노래된다. 신이 천지를 창조했다고 천사 라파엘이 전하는 노래다. "태초에 신이 하늘과 땅을 창조하셨다. 땅은 무정형이었고 비어 있었다. 심연은 깊은 어둠으로 덮여 있었다." 합창이 곧바로 등장해 신이 빛을 창조했다고 노래한다. "그때 신의 정신이 파도 위에 작용했다. 신이 말했다. 빛이 있으라. 빛이 존재했다." 처음에는 잔잔하게, 그러다가 점차 고조되는 음향이 여기에 동반된다. 하이든의 이 음악은 많은 기독교 신자가 사실이라고 믿는 바를 가사를 통해 전한다. 노래와 연결된 관현악은 모종의 감정을 표현한다. 그 감정은 대체로 축하, 찬양, 기쁨 같은 것으로 인지된다.

하이든의 곡에는 천지창조의 순간에 대한 어떤 표현도 없다. 천지창조 전의 상태가 도입부에서 관현악에 의해 연주되었고, 이후 연주되는 첫 번째 곡에서 베이스가 "하느님에 의해 천지가 창조되었다."라고 짤막하게 선언할 뿐이다. 천지창조의 순간이 그 이후의 우주적 전개과정에 미친 영향도 표현되지 않았다. 연주되는 모든 곡들은 병렬적이다.

빅뱅론은 세상사가 병렬적이라고 말하지 않는다. 이 이론은 후행하는 것에 대한 앞선 것의 영향력을 가정한다. 앞선 것과 후행하는 것 사이에 인과관계가 있다고 가정한다. 가장 앞선 것이 빅뱅이다. 이후의 우주는 빅뱅의 결과다. 빅뱅의 인과론이 우연을 배제하지는 않는다. 빅뱅론은 인과론, 우연성, 에너지의 폭발, 역동성, 팽창과 수축 같은 물리학적이며 철학적인 용어들을 우리에게 소개한다. 이 개념들은 빅뱅론이 등장하기 전부터 세계와 인간 삶을 설명하는 데에 역할을 해 왔다. 우리는 이 개념들과 함께 살아왔고, 이 개념들은 세계에 대한 우리의 인식론을 구성해 왔다. 적어도 근대 이후 사람들은 이 개념들로부터 초연한 삶을 살 수 없다. 오래전부터 사람들의 삶과 세계를 설명해주었던 개념들로부터 작곡가의 마음이 자유로울 수 없다. 빅뱅론이 공표되기 전이라고 해도 말이다.

빅뱅은 현존하는 모든 것의 제1원인이다. 현존의 궁극적 원인을 추적하면 우리는 빅뱅에 도달한다. 빅뱅론은 우주가 어떻게 시작되었는지에 대한 이론이자, 우주의 모든 현존이 빅뱅이라는 과거 사건을 원인으로 둔다는 주장이다. 빅뱅론은 곧 논리학이다. 현존을 그 원인과 연계시키는 방식 혹은 현존이 원인으로부터 전개된다는 생각은 체계적으로 발전한 서양 논리학의 가장 중요한 특징이자, 인간 사고의 보편적 특성이고 방식이다. 사람들은 의식하지 못하는 상황에서도 현상의 원인을 어떻게든 알려 하고 어떤 원인을 제시하려고 한다. 논리적 마음은 현상을 그 원인으로 설명하려는 인과에 대한 지향인 한 인간의 보편적 마음이다. 그 마음은 인간에게 엄청난 이익을 주어 왔고, 지금도 그렇다.

어쩌면 그런 마음이 빅뱅론을 구성한 것일 수도 있다. 원래 우주의 시작과 그에 이은 지금까지의 우주는 그리 인과적이고 논리적인 것이 아닐까. 그럴 가능성은 적다. 우주가 보여주는 인과적 과정을 본뜬 것, 그 과정에 상응하는 것 혹은 그 과정과 동형적인 것이 우리의 논리적 마음일 가능성이 크다. 그런데 우리는 어떤 결과의 원인이 분명히 존재한다는 인식을 가질 뿐이다. 원인이 몇 개인지, 복수의 원인이 어떻게 상호작용하여 결과를 유발하는지 혹은 야기하는지에 대한 정교한 생각은 우리가 본능적으로 가지는 원형적인 논리적 마음을 고도로 가공한 것일 수 있다. 정교한 생각이 다듬어지기 이전에도 우리는 원인을 찾으려 해 왔다. 생명의 생존에 도움이 되는, 본능적인 논리 마음이 없다면 농부는 씨를 뿌리지 않을 것이고, 악어는 늪에서 매복하지 않을 것이다. 논리적 마음은 자연에 존재하는 인과적 과정의 결과로 만들어졌고, 마음과 자연은 논리성 혹은 인과성이라는 특성을 통해 서로 상응하며 동형적이다.

인간의 논리적 마음은 서양의 고전 및 현대음악에서도 작동하고 있다. 이를테면 서양의 많은 예술적 고전음악에서 음악의 시작 부분에 처음 제시되는 어떤 음악적 사건은 그 이후 음악적 전개의 출발점으로 기능한다. 많은 음악은 처음 제시된 것을 통해 음악을 발전시키겠다는 마음으로 작곡되었다. 그런 마음은 빅뱅이론이 가정하는 빅뱅과 그 이후의 우주적 전개과정을 닮았다. 많은 음악작품들은 소우주처럼 보인다.

많은 음악작품들의 첫 사건은 다짜고짜 제시된다. 그것은 구성되는 것도, 형성되는 것도, 진화된 것도 아니다. 그저 제시된다. 기악음악에서 온전히 완성되어 제시되는 첫 음악적 사건을 보통 제1주제라고 부르는데, 이것이 제시되는 이유는 적어도 악보를 통해서는 알 수 없다. 제시된 사건은 그 이후 벌어지는 음악적 사건의 원인이지만 자신의 원인은 알지 못한다. 성악곡에 처음 제시되는 선율에 대해서도 같은 이야기를 할 수 있다.

이런 점들은 빅뱅론에서도 확인될 수 있다. 빅뱅의 이유를 우리는 모른다. 특히 빅뱅 이전에 무엇이 있었는지 모른다. 빅뱅은 어떤 것들이 모여 조립되고 구성된 것, 형성된 것이 아니다. 어떤 것이 진화된 것도 아니다. 그것은 찰나의 순간 초고도로 응축된 에너지가 폭발한 것이다. 그 폭발을 우리는 일종의 사건 제시로 볼 수 있다. 음악의 첫 사건과 빅뱅은 그 제시의 이유를 우리가 알기 어려운, 온전히 완성되어 제시된 어떤 사건들이며, 그 이후의 사건 전개를 각자의 영역에서 논리적으로 책임지고 있다. 빅뱅이 음악을 닮은 것이 아님은 분명하다. 음악과 음악적 마음이 빅뱅을 닮았다고, 음악과 음악적 마음이 빅뱅과 상응한다고 할 수밖에 없다. 혹은 빅뱅이 보이는 특성을 음악에서도 확인할 수 있다고 말할 수 있다.

세계는 빅뱅으로 표상되는 우주적이며 거대한 자연적 세계만은 아니다. 감각 대상일 수 있는 자연적 세계와 사회적 세계, 즉 폴머가 말한 중간세계가 우리 마음에 더 큰 영향을 미쳤다. 중간세계에 대해 우리는 더 알아야 한다. 이 절은 중간세계에 대해서 다루지 않았다. 중간세계에 대해선 후술한다. 여기서는 마음이 그 안에 있는 세계를 반영한다는 명제를 제시하고 그것을 극적이고 과장되어 보이는 사례를 통해 변호했다. 거대세계와도 상응성과 동형성을 보여주는 음악이니 독자들은 기대해도 좋을 것이다.

중간세계는 물론 거대 및 미시세계 모두 변한다. 인간의 몸과 마음도 변화한다. 시간에 따른 세계의 변화를 진화라 부르고 진화과정에 특정한 내용과 원리를 채우는 이들이 있다. 진화론자들이다. 이들이 제안한 이론이 진화론과 진화심리학이다. 다음 장에서 나는 진화론과, 진화론에 기초한 마음과 뇌의 과학인 진화심리학에 대해 간단히 다룰 것이다. 우리 논의의 배경 지식을 이해할 필요가 있기 때문이다. 진화론과 진화심리학에 대한 12장의 일반적 논의는 진화론과 진화심리학의 관점에서 개진되는 미학과 음악학에 대한 13장의 논의로 이어진다. 그렇게 논의는 일반적인 것으로부터 특수한 것으로 이행한다. 작곡하는 마음을 몸이 진화되어온 인간이 가지는 진화된 마음으로 보기 때문에 이러한 논의가 필요하다.

12

마음의 새로운 이론, 진화심리학

현재의 진화심리학은 인간 마음의 보편적 특성에 관심을 둔다. 보편적인 것을 먼저 충분히 이해하고 그것을 바탕으로 개인 간의 심리적 차이 및 사회집단 간 문화적 차이에 대해 나중에 논의하자는 제안이다. 인간의 보편적 마음을 가정하지 않은 채 개인의 다양한 심리적 차이를 설명하려는 시도는 성공할 수 없다. 개인적/문화적 차이에 대한 피상적 이해만을 가져오기 때문이다. 이것은 과학적 법칙을 고려하지 않고 세상의 다양성을 있는 그대로 묘사하는 작업이 성공적일 수 없는 것과 같은 이치다. 보편적 마음에 관심을 두자는 진화심리학의 제안은 타당하다.

식욕이나 성욕, 공포감 같은 보편적 정서는 우리 마음속에 견고히 뿌리박혀 있다. 우리는 이런 정서를 내면적으로 프로그래밍을 한 존재처럼 행동한다. 이를테면 좁은 길에서 굶주린 호랑이를 만난 이들은 즉각적으로 공포감을 느낀다. 이렇게 상황이 압도적으로 확실한 영향을 미치고, 프로그래밍이 된 정서나 감정을 그에 따라 즉각적으로 느낄 때가 있다. '강력한 상황'이다. 강력한 상황에서 모든 인간이 자동적으로 공포와 같은 본성을 가지게 되기까지는 오랜 세월이 필요했다.

진화심리학은 지난 600만 년 동안 우리 인류가 야생적이고 자연적인 환경에서 범주화된 몇몇 강력한 상황들을 접하며 비슷하게 살아왔고, 최근에서야 특정 사회의 개별적 문화와 접했음을 강조한다. 정착해 농경하고 그에 따라 국지적으로 서로 달라진 문화를 접했던 약 1만 년이라는 짧은 시절에 비해 수렵채집생활을 해 왔던 오랜 나날이 우리 마음에 더 깊은 영향력을 미쳤다. 그 기간에 일어난 일들이 우리의 가장 깊은 본성과 가장 강렬한 감정들을 조형했다.

아주 최근에야 우리는 문화적 다양성에 노출되었고, 그 다양성은 인간 종의 보편적 특성이라는 저 깊은 토대 위에 자리 잡은, 피상적 외피다. 진화심리학은 600만 년 이상의 긴 세월이 조형한 인간 본성을 무시하는 것은 어리석다고 말한다. 인간 역사를 1만 년 정도로만 잡아 연구하는 일이나, 인간을 문화적 존재로만 보고 연구하는 일도 어리석다.

이 긴 세월 덕에 모든 인간의 마음은 이미 상당한 정도로 동일하게 조형되었다. 1만 년 전 인간과 18세기의 모차르트, 그리고 오늘날의 한국인들은 모두 비슷한 마음의 소유자다. 이들 모두는 숲과 나무, 맛있는 식사를 본능적으로 좋아하며, 이것들을 싫어하도록 교육받아봐야 아무 소용이 없다. 몸에 대한 이야기가 진화론이고 음식 따위를 좋아하는 마음과 그 마음의 발원지인 뇌에 대한 이야기가 진화심리학이다. 진화심리학은 "진화론의 관점에서 사람의 마음과 뇌 기제를 이해하는 새로운 과학"이다.(버스, 2012) 진화심리학은 진화론을 인간 뇌와 마음에 적용했다.

 진화론 역시 세월의 무게를 고려한다. 어떤 생물 종의 무수히 많은 세대가 태어나고 번식하며 죽어가는 동안 어떤 특성들은 그 생물 종에서 존속하고 다른 특성들은 사라진다. 유전자의 영향을 받는, 존속하는 어떤 특성은 특정 환경에서 그 특성의 소유자인 생물 종의 생존 능력을 높여준다. 예를 들어 새의 날개는 새를 따뜻하게 해주고 날게 해주어 새의 생존 능력을 높여준다. 새와 함께 날개라는 특성이 존속한다. 반대로 소유자의 생존 능력에 기여도가 낮은 특성은 감소해 사라진다. 그 특성을 가진 개체들이 그 특성 때문에 생존하지 못하기 때문이다. 크고 딱딱한 열매가 많은 섬에 사는 새 중에서 작은 부리를 가진 새들이 잘 먹지 못해 생존하지 못하면, 그 새들과 함께 작은 부리라는 몸 특성도 감소하다가 사라질 수 있다. 반대로 작은 열매가 많은 섬에서는 큰 부리를 가진 새들이 멸종할 수 있다.

 개체들을 생존하게 해주는 특성들은 우연히 발생한다. 개체들은 원래 서로 다르며, 개체 간 차이가 그들의 생물학적 성공과 실패의 원인이다. 이를테면 빛에 예민하게 반응했던, 원래 눈이 없던 부위에 원시적이고 조악한 눈이 처음 생겨 발달한다. 우연히 이런 원시적 눈을 가지게 된 돌연변이가 눈이 없는 개체들에 비해 더 잘 생존하게 된다. 포식자를 더 잘 피하고, 먹잇감을 더 잘 찾을 수 있어서다. 덕분에 돌연변이의 후손이 늘어나고, 그 후손은 계속해서 눈을 가지며 그것을 더욱 고등한 것으로 진화시킬 수 있다. 변이 중 생존과 죽음을 가르는 중요한 원인으로 작용하면서 자손에게 유전되는 것만이 진화과정에서 역할을 할 수 있다.

어떤 특성을 가진 변이가 그 특성 덕분에 살아남고 이성에게 선택되어 후손을 낳으면 후손들에게 그 특성들은 상속된다. 세대가 무수히 많이 흐르고 이 생존특성들이 까마득한 후대에 전달되면 그 특성은 이제 한 종의 적응adaptation 혹은 적응특성이 된다. 이러한 적응들을 창출해내는 과정이 진화과정이다. 미국의 생물학자 조지 윌리엄스에 따르면 적응은 주어진 환경이 제기하는 문제들을 해결하는 해법으로 "생명체의 생식적 성공에 직간접적으로 도움을 주는 기제"다.(윌리엄스, 2013) 생식적 성공에 도움을 우연히 준 것, 즉 이로운 효과를 준 어떤 것이 바로 적응일 수는 없다. 이로운 효과로 인해 그 어떤 것이 널리 퍼져야 그것을 적응이라고 볼 수 있다. 그런 적응은 독특한 기능을 가진다. 눈은 분명하게 이로운 효과를 주었고, 그 효과로 인해 생존하게 된 개체들이 많아졌다. 눈이 널리 퍼지며 진화했다. 적응으로서의 눈에는 세계를 보게 해주는 기능이 있다.

분명한 기능을 가지는 적응을 창출한 생물 종은 주어진 환경에 대한 높은 적응도를 갖는다. 이 종은 자연에 선택되어 살아남을 가능성이 크다. 적응도가 낮은 생물은 선택되기 어렵다. 원래 생물 종이 선택되는 자연, 즉 주어진 환경에는 먹이, 은신처와 같은 자원에 제한이 있다. 생명의 삶은 경쟁의 장場에 놓인다. 그 장에서 개체들은 살아남기 위해 고군분투한다. 고군분투가 창의성을 낳는다. 눈이나 날개, 어쩌면 음악적 마음.

모든 필멸의 생명이 자신 혹은 자신의 유전자를 영속화하려면 증식하거나 번식해야 한다. 원래 암수동일이었던 생명은 자가 증식하다가 우연히 성sex을 발명한다. 암컷과 수컷으로 나뉜 개체들은 짝을 짓고 성행위를 하여 후손을 낳는다. 다른 성의 개체를 선택하는 행위 혹은 다른 성의 개체에게 선택당하는 행위가 생명에게 또 다른 중요한 문제다.

성 선택은 동성 간 경쟁(성내 경쟁)과 이성 간 선택(성간 선택)을 통해 이루어진다. 경쟁에서 패하거나 상대 이성에게 선택받지 못한 개체는 자손이 없다. 성 선택을 받아야 할 개체는 대체로 웅성雄性을 가진 수컷이며, 이들은 자성雌性을 가진 암컷을 강간하거나 암컷에게 구애한다. (자연계의 강간을 말하며 인간의 강간을 합리화할 수 없다.) 강간을 위해서는 힘이 세야 할 것이고, 구애를 위해서는 구애 수단을 가져야 한다. 커다란 뿔, 큰 덩치, 공작새의 화려한 날개, 구애 상대에게 필요한 먹이를 가져다주는 행동, 감미롭게 들리는 노래 등.

유혹 혹은 구애의 수단은 성 선택의 주체에게 통해야 한다. 성 선택 주체가 성 선택 대상에 대해 기대하는 바가 애초에 있을 수 있다. 기대하는 바를 성 선택 주체의 선천적 선호 성향으로 볼 수 있다. 유혹자, 즉 성 선택 대상자는 '수신편향'(Ryan, 1998)이라고도 불리는 이 선호 성향을 고려해야만 한다. 이 성향의 많은 부분이 생물학적임을 강조하는 학자들이 있다.[1] 서로 다른 문화권 내의 여러 사람들이 이상적 이성 상

---

1. 미국의 심리학자 디벤드라 싱은 여러 문화의 많은 사람들이 매력적으로 느

대에 대한 보편적인 어떤 성향을 가진다는 이야기다.

이 성향을 고려치 못하거나 안한 유혹자 즉 성 선택 주체에게 안 통하는 유혹 수단만을 가진 유혹자는 독신으로 죽을 가능성이 크다. 그 유혹 수단도, 마음도, 그 신경적 기반과 그것을 발생시킨 유전자도 모두 난파한다. 자연선택과 성 선택의 결과로 후세에 전달되는 것이 유전자인지 화려한 날개와 같은 겉으로 드러난 표현형인지에 대해 이견이 있다. 도킨스는 처음엔 생명이 유전자의 운반자vehicle라고 말하며 유전자가 전달된다고 했다가(도킨스, 2010) 이후 자연선택이 작용하는 것이 유전자 표현형의 결과라고 말하며 세계를 새롭게 해석한다.(도킨스, 2011, 10장 참조)

다윈은 구애 수단의 진화가 주로 자성에 의해 선택된다고 말했다.(다윈, 2012) 자성의 보편적 수신편향에 맞추어 웅성의 수컷이 자신을 장식하고 특별한 마음과 행동을 발명하여 진화시킨다는 이야기이다. 인간을 제외한 동물계에서 대체로 구애 수단의 진화 과정은 암컷의 수신편향을 인지하고 고려한 수컷이 몸과 마음, 행동의 차원에서 구애 수단을 발명하고 혁신하는 과정이다. 이 과정을 보편적 자성은 전반적으로 규율한다.

끼는 여성의 '엉덩이 대비 허리둘레 비율'(WHR : Waist-Hip Ratio)이 비슷한 값(0.7)을 보이고 있음을 확인했다.(Singh, 1993) 오늘날 'WHR'은 다양한 건강 상태를 잘 보여주는 지표로, 특히 여성의 생식적 건강을 추정할 수 있는 신뢰할 만한 지표로 여겨진다. 0.7의 WHR 값이 이상적 여성에 대해 남성들이 가지는 수신 편향들 중 하나다.

암컷의 마음을 사로잡을 유혹 수단을 가진 수컷은 짝짓기에 성공해 자손을 낳을 것이고, 자손들에게 성공의 원인을 전달할 것이다. 어떤 새가 노래를 잘해 이성상대를 꾀어 자손을 낳거나 낳게 하면, 그 자손 역시 노래 잘하는 능력을 타고 날 가능성이 크다.(이 능력이 꼭 꽃을 피운다는 보장은 없다.) 노래 잘하는 능력도 적응기제일 수 있다.

애초에 적응기제는 생명체의 몸과 마음으로 구현된다. 서로 다른 크기의 부리, 날개, 날카로운 이빨 등은 몸의 적응이다. 상대에게 필요한 먹이를 가져다주는 구애 행위는 상대를 배려하는 마음에서 나왔고, 이 마음은 심적 적응기제다. 노래하는 마음도 구애 행위로 표현되어 성과를 보이고 덕분에 많은 개체들에게 퍼져 보편화되면 심적 적응기제이다.

미국의 진화심리학자 가나자와 사토시에 의하면 진화론자들 중 상당수가 한때 진화가 인간의 목 아래까지만 작동한다고 믿었다. 반면 진화심리학자들에게 뇌는 적응으로서의 손과 위장처럼 하나의 신체 부위이며, 수천만 년에 걸쳐 진화하면서 손과 위장이 서서히 특정 기능을 수행할 수 있게 된 것처럼 뇌도 진화 과정을 통해 특정 기능을 수행하게 되었다. 뇌는 생명의 신체 부위들의 기능과 작동을 조정/통제하며 감각입력을 처리한다. 뇌가 이러한 일들을 하며 작동될 때 현상되는 것이 마음이다. 마음 역시 뇌와 더불어 다양한 적응 문제들에 직면한다. 인간 및 다른 생명체의 신체 부위에 진화법칙이 적용/작동되면 인간 뇌와 마음에도 같은 법칙이 적용/작동된다.(사토시, 2012) 진화심리학은 세계의 통일성 및 세계를 설명하는 과학의 통일성을 주장한다.

　모든 생명이 가지는 보편적 마음의 설계자는 결국 자연선택과 성 선택이다. 이 과정들을 통해 적응적 마음들이 인간과 동물에게 본성들로 뿌리박힌다. 생존에 도움이 되는 다양한 능력과 이성 상대를 유혹하는 다양한 능력들이 만들어졌고 계속 만들어지고 있으며, 앞으로도 그러할 것이다.

　인간과 동물은 자연선택과 성 선택의 공통 관문을 통과해 왔기에 많은 본성을 공유한다. 동물인 인간의 몸은 물론 뇌와 마음도 생존과 성 선택 문제에 처음부터 맞추어져 있었다. 뇌가 아무것도 적혀 있지 않은 백지상태, 즉 빈 서판이 아닌 이유다. 백지상태라면 양육과 교육이 가장 중요한 일이 되겠지만, 그렇지 않다면 양육과 교육은 이미 상당하게 프로그래밍이 된 인간 본성을 고려해 이뤄져야 한다. 진화심리학은 인간 본성을 읽고, 그 앎에 기초하여 효율적 양육과 교육에 대해 고민한다.

　대부분의 진화심리학자들에 의하면 호모 사피엔스의 마음은 이미 구석기 시대에 완성되었다. 인간 마음과 몸의 진화는 5만 년 전에 끝났다는, 진화론자들에게 널리 퍼진 주장이 있다. 이것은 진화가 이루어지기 위해서는 매우 큰 단위의 시간대가 존재해야만 하다는 주장이다. 즉 어떤 생명체에게 없던 어떤 것이 생겨나 그 생명체가 속한 개체군의 모든 개체들에게 그것이 보편적으로 퍼지려면 아주 긴 기간이 필요하다는 주장이다. 진화는 기본적으로 대진화macro-evolution여야 한다는 주장이다.

인간은 수백만 년에 걸쳐 두 발 보행을 발명하고 진화시켰다. 공포감과 식욕을 탑재하게 된 것, 심장이나 위장, 췌장, 뇌, 귀, 코 등을 장착하게 된 것은 인간의 시간대를 넘어선다. 그것들은 인간이 그로부터 진화되어온 다른 동물 종들의 더 오랜 세월에서 유래했다.

진화론과 진화심리학은 최근에 와서야 예술의 설명원리로 차용되었다. 이 책도 이런 선행연구에 뿌리를 내린다. 다음 장에서 선행연구의 대강을 살핀다. 진화심리학은 다른 심리학처럼 인간에 대해 통계적으로 의미 있을 예측을 하려 할 뿐이다. 물리학과 같은 경성과학hard science과 달리 연성과학soft science인 심리학은 인간이 언제 무엇을 할지 정확히 예측하려 하지 않는다.

13

진화론과 진화심리학의 도움을 받는 미학과 음악학

빵을 주는 이를 위해 노래하겠다.
— 오스트리아 비인의 속담 —

진화론의 창시자 다윈은 1859년 출판된 저서 『종의 기원』에서 진화론을 처음 제시했다. 많은 작곡가와 예술가들은 다윈보다 먼저 태어나서 죽었다. 다윈에 대해 들어본 예술가들은 다윈을 자신들의 분야와 전혀 무관한 사람으로만 알고 있을 것이다. 20세기 후반에 등장했던 진화심리학 역시 음악가와 예술가에게 영감의 원천으로 작용하지 않은 것은 물론, 한동안 음악과 예술을 설명하는 이론으로 받아들여지지 않았다. 20세기를 얼마 안 남기고부터는 상황이 조금씩 달라졌다. 나는 다윈에서부터 최근의 진화론자들과 진화심리학자들의 음악과 예술에 대한 논의들을 소개하며 내 주장을 개진한다. 논의의 내용들은 서로 연관되어 있다. 앞 절에서 소개된 이야기가 뒷 절에서 재차 인용되는 이유다.

구애 행위로서의 노래와 예술

다윈은 많은 동물 수컷이 발정기에 선율처럼 들리는 기묘한 울음소리를 낸다는 사실을 확인했고, 그 소리를 암컷의 마음을 사로잡으려는 유혹의 장치로 보았다.(다윈, 2013) 새들의 노래는 특히 다윈의 관심을 끌었다.(다윈, 2012) 다윈은 인간 조상도 구애의 음악을 했다고 생각했다. "서로 간에 느끼는 사랑을 분명한 언어로 표현할 줄 아는 능력을 습득하기 전에 인류의 선조는 남성이든 여성이든 혹은 둘 다든, 모두 음악적인 음들과 리듬으로 서로를 유혹한 것으로 보인다."(같은 책)

음악과 예술에 대한 진화론적이거나 진화심리학적인 연구의 대부분은 다윈의 이 관점, 즉 음악이나 예술이 구애의 수단으로 발명되어 진화했다고 보는 관점을 따른다. 학자들은 동물의 많은 예술적 구애 행위를 보고하며 예술적/음악적 행동과 그 심리적 기반일 수 있는 (예술과 음악을 좋아하는) 성향이 짝을 유혹하는 수단으로서 발전되었다고 주장했다.

이런 주장은 음악과 예술이 직접적 생존 이익을 주지 않는다는 논리로 발전되기도 한다. 제프리 밀러의 견해다. 밀러의 관점에서 노래는 포식자와 경쟁자들을 유인해 노래하는 개체의 생존을 위협할 수 있고, 더 실용적인 일을 하는 데 개체가 쓸 수 있는 시간과 에너지를 음악에 낭비하게 한다.(Miller, 2000)

자연선택에 어떤 도움도 안 되는 것으로 보이는 행동들을 하는 종들이 있긴 하다. 자연선택에 어떤 도움도 안 되는 것처럼 보이는 해부학적 구조들을 가진 종들도 있다. 날지 못하는 수컷 공작새의 긴 꼬리가 대표적이다. 수컷 공작새가 펼쳐 보여주는 화려한 꼬리는 다윈을 고민하게 했다. 이 큰 꼬리[1]는 수컷 공작새에게 생존 이익을 주기는커녕 일종의 장애handicap다. 날지 못하는 이 새를 포식자의 눈에 잘 띄게 해줄 뿐이다. 핸디캡임에도 불구하고 존재한다면, 존재의 이유가 있을 것이다.

이스라엘의 동물생태학자 자하비 부부는 수컷 공작새의 화려한 꼬리가 암컷 공작새에게 선택될 가능성을 높이는 기관일 수 있다고 생각했다. 수컷 공작새의 화려한 꼬리와 같이 자연선택 과정에서는 직접적 가치가 없고 방해만 될 뿐인 어떤 육체적 기관이나 마음, 그것에 기초한 행위들이 성 선택 과정에서 어떤 가치를 보이고, 그렇게 그 존재 이유가 있다고 설명하는 이론이 있다. 핸디캡 이론이다.(Zahavi & Zahavi, 1996)

암컷 공작은 왜 더 화려한, 즉 더 핸디캡이 큰 수컷과 굳이 짝짓기하려 할까. 핸디캡 이론은 화려한 수컷이 더 건강하기 때문이라고 말한다. 그런 수컷의 새끼를 임신하여 낳을 때, 화려하고 건강한 수컷 자손들은 건강할 수 있다. 암컷 자손들은 화려하지 않으면서도 건강할 수 있다. 암컷 공작새는 이 모든 것들을 알고 있다고 추정된다.

핸디캡 이론을 통해 성 선택 과정은 자연선택 과정에 연계될 수 있다. 암컷 공작새는 아름다운 건강함 혹은 건강한 아름다움을 선호하며, 수컷은 암컷의 이러한 선호를 인지해 화답한다고 추정된다. 공작새들은 아름다움을 가지고 모종의 저울질을 하며 서로 소통한다고 추정된다. 암컷은 '화려한 날개를 보고 싶어. 그게 있다면 건강할 것이고, 내 아이의 아빠가 될 수 있을 거야.'라는 마음을 가지며, 수컷은 그 마음을 인

---

1. 공작의 꼬리로 알려진 것은 사실 허리에 나있는 깃털이다. 날개로 알려져 있기도 한데, 사실이 아니다. 공작이 허리의 장식 깃털을 활짝 펼치면 그 아래에 아주 짧은 꼬리 깃털이 보인다.

지해 '나는 매우 큰 날개를 가질 정도로 건강해.'라고 화답한다는 이야기다. 영국의 생물학자 윌리엄 해밀턴은 화려한 날개와 같은 장식물이 유전적 적응도를 나타내는 훌륭한 지표라고 지적했다.(Hamilton, 1982) 적응도라는 용어는 삶에서의 역설을 보여주는 개념일 수 있다. 돈을 펑펑 써대는 이는 현상적으로는 소모적이고 비용을 발생시키지만, 실제로도 돈이 아주 많기에 그렇게 써대는 사람일 수 있다. 돈이나 육체적 에너지를 소모하는 개체는 그만큼의 돈과 에너지를 가지고 있는 경우가 많다. 광란의 파티를 밤새 벌이며 노래를 질러대는 이들은 그만한 에너지를 가진 젊은이들이다. 노래를 비롯해 비용을 치루는 이들은 적응도를 가지고 있을 것으로 추정된다.

수컷의 화려한 날개는 암컷과의 의사소통 과정에서 쓰이는 상징이다. 그것은 날개가 화려하면 건강하다는 지식을 표현한다. 그 표현은 암컷에 의해 인지되는 경향이 있다. 수컷의 예술적 표현은 난해하여 이해하기 어려운 것이 아니다. 암컷의 수신편향을 고려한 것일 수 있다. 수컷 공작새는 감상자를 고려하는 친절한 예술가다. 감상자인 암컷 공작새는 수컷의 예술을 볼 줄 아는 안목이 있으며, 또한 똑똑하다. 그의 수신편향에는 세상에 대한 인식이 반영되어 있다. 건강과 화려함이 유관하다는 인식. 수컷의 예술 행위는 암컷의 이러한 인식을 고려하여 반영한 것일 수 있다.

인간 남성은 수컷 공작새보다 훨씬 똑똑하다. 여성을 유혹해야 하는 처지는 같다. 여성도 유혹 행위를 평가한다는 점에서, 사전에 평가의 틀 즉 수신편향을 가지고 있다는 점에선 같다. 여성의 수신편향은 암컷 공작새의 그것보다 더 폭이 크며 문화적 요인에 의해 영향 받는 측면이 크다.

많은 생물 종에서 구애를 위한 적응 형태들은 성적으로 동종 이형의 특성을 보인다. 즉 적응 형태들은 한쪽 성에 치우쳐 과장되어 있다. 수컷 공작새의 화려한 날개가 대표적인 예다. 남성도 유혹을 위해 수컷 공작새처럼 과시적이고 표현적이어야 한다. 노래가 과시적이며 표현적인 구애 수단일 수 있다.

주요 음악사전에서 수천 곡을 임의로 선정해 조사한 밀러는 남성의 음악 제작이 여성의 그것보다 약 10배 많고, 남성이 음악을 가장 왕성하게 제작하는 시기는 30세경으로, 이는 짝짓기 활동이 최고점에 달하는 시기라고 말한다.(Miller, 2000) 밀러의 이 연구결과는 음악가 집단에서의 분명한 하나의 경향을 지적한다. 점점 많아지는 여성 작곡가 및 여성 가수들과, 노년에까지 왕성한 활동을 했던 남성 작곡가들의 존재를 부정하지 않는다. 이들의 수가 상대적으로 적었다고 말할 뿐이다. 전문 음악인이 아닌 일반인들의 세계에서도 30대의 남성들이 주로 음악을 하는지에 대해 밀러의 연구는 알려주는 바 없다. 별도의 연구가 필요한 것은 사실이다. 음악은 밀러가 말하고 싶었던 것처럼 구애 수단일 가능성이 크다. 음악의 다른 기능들이 더 있다는 점을 부인하지 않는 한 밀러의 논리는 공격받아야 할 이유가 없다.

밀러는 우리가 타인에게 우리 자신을 과시하고 광고한다고 말한다.(밀러, 2010) 광고하고 과시하는 것들은 자연선택 과정에 도움이 되는 좋은 특성들과 형질들, 이를테면 건강, 적응도, 번식력, 젊음, 매력 같은 몸의 형질들과 지능이나 성격 같은 마음의 핵심 형질들이다. 광고와 과시는 무의식적으로도 이루어진다.(같은 책) 생명은 치명적 병균이나 잔혹한 반사회적 습성이 아닌, 개체들이 가짐으로써 그들의 자연선택 확률을 높이는 것들을 주로 과시하고 광고한다. 이것은 생명이 자연선택 과정에서 가지는 의식적/무의식적 인식을 성 선택 과정에서 의식적/무의식적으로 고려한다는 이야기다. "생명은 유전적 적응도와 관련된 주요 특성들을 배우자 선택을 위해 탐지하고 이용할 줄 안다."(월렌스타인, 2009)

이성애자인 인간은 동성에게도 광고·과시한다. 그렇게 해서 사회적 도움을 받아 생존율을 높일 수 있다. 인간 사회에서 선택되려면 자연선택 관점에서 가치 있는 것들을 가지고 있다고 사회에 알려야 한다. 내가 건강하고 힘이 센 남자이며 저 친구도 남자라면, 나는 저 친구와 한 여성을 사이에 둔 경쟁 상대일 수 있지만, 공동의 먹이를 같이 사냥하여 저 친구의 생존율을 높여주는 벗일 수도 있다. 따라서 나는 저 친구에게 내가 그의 유능한 벗일 수 있음을 과시·광고할 수 있다. 그렇게 동성에게까지 광고/과시하는 것 중에는 나의 음악 취향이 좀 고급이라 말하는 것도 있을 수 있다. 그런 음악을 좋아한다고 말하는 것이 자신의 지능이나 취향의 수준을 과시하는 일일 수 있다. '광고·과시'는 '유혹'보다 더 포괄적인 개념이다.

음악이 우리 조상들에게 좋은 형질을 광고·과시·표현하는 수단이라면 음악은 핸디캡 이론이 설명하는 바에 어느 정도 부합한다. 음악은 현상적으로는 성 선택 과정에서 작동하는 구애 행위로 출발했지만, 내면적으로는 자연선택 과정에서 이익이 될 만한 형질, 특성들, 성향들을 표현하는 수단일 수 있다. 음악이 이런 특성들의 일부 혹은 전부를 표현할 때에 음악적 행동이 구애 행위 및 광고·과시 행위로서 효력이 클 것이다.

이런 특성들과 형질들을 표현하는 개체는 그것들을 가진 개체일 가능성이 크며, 가지지 않고 표현하지 않는 개체와 비교해 더 큰 생존 가능성을 가진다고 추정할 수 있다. 사회에서 성공할 가능성도 크다. 음악은 이제 좋은 형질을 포함해 개체가 가지는 모든 장점을 이성과 동성에게 광고·과시하는 수단으로 그 쓰임새가 확장되었다.

음악이 자연선택 과정에서 가치가 있는 형질들과 특성들의 일부 혹은 전부를 표현한다고 해서 다가 아니다. 그 표현을 지켜보는 이들이 음악으로 구애하는 이성상대가 그런 형질들과 특성들을 가지고 있고, 하여 높은 생존 가능성을 가진다고 판단해야 한다. 그 이성과 함께해 얻을 나의 후손이 오래 생존할 가능성이 크다는 것도 인지해야 한다. 노래하는 이성에게 내가 성적으로 끌린다는 것이 내가 이상의 사실들을 아는 특별한 (아마도 무의식적인) 방식일 수 있다. 동성 친구에게 내가 (친구로서) 좋은 감정을 가지는 것도 비슷하게 설명할 수 있다. 노래를 잘하는 그 혹은 그녀가 사회적으로 성공할 가능성이 크다는 것을 내가 알고 있고, 그런 그 혹은 그녀를 내 친구나 공동사업자로 둘 수 있음을 나는 어떻게든 안다.

건강하고 젊은 사람이 노래를 잘하고 늙고 병든 이들이 노래를 잘하지 못한다는 점을 생각해보자. 음악이 건강함, 젊음,

매력 등 자연선택 상의 가치가 있는 특성들과 형질들을 표현한다는 주장에 동의할 수 있다. 그런데 건강함은 음악을 통해서만 표현되지 않는다. 우리 주위에는 건강한 음치들이 꽤 있다. 그들은 다른 방식으로 건강함을 표현하며 구애할 수 있다. 우리는 한 가지 수단만으로 구애하지 않는다. 오늘날의 사람들에게 구애와 자기광고 및 과시 수단은 실로 다양하다. 특히 재력과 권력, 학벌 등은 강력한 구애 및 광고 수단이다.

지금 우리는 아주 오래전 선사시대의 구애에 대해서, 그로부터의 진화과정에 대해 알아보고 있다. 당시를 상상해보자. 지금 사람들처럼 재력과 권력, 학벌로 무장한 이들이 없었다. 건강한 몸 이외에 자랑할 만한 것이 사냥기술, 도끼를 잘 만드는 능력, 따뜻하고 안전한 동굴을 잘 찾아내는 능력과 함께 음악적 능력 정도였을 것이다. 음악적 능력은 지금보다 선사시대에 더 자랑할 만한 것이었으리라. 그럼에도, 당시에 우리 조상이 과시와 구애를 한다면, 음악만이 수단은 아니었을 것이다.

140만 년 전부터 우리 조상들이 많이 사용한 주먹도끼 중에는 대칭적인 것들이 많았다. 대칭성이 주는 매력 덕분에 주먹도끼는 최초의 미술적 공예품으로도 불린다. 주먹도끼는 왜 대칭적이었을까. 대칭적 도끼가 그렇지 않은 도끼에 비해 고기를 잘 베고 잘 뜯어내는 것을 가능하게 했기 때문은 아니다. 스티븐 미슨과 진화생물학자 머렉 콘은 인간(특히 여성)이 대칭적 주먹도끼를 사용하는 이성(특히 남성) 상대에게 성적 호감을 느꼈을 것이고 그래서 사람들은 대칭적인, 즉 섹시한 주먹도끼를 만들어 냈다고 가정한다. '섹시한 주먹도끼 가설'이다.(Kohn & Mithen, 1999) 이 가설에 의하면 대칭적 주먹도끼는 잘 떼지는 돌로 만들 수 있는데, 이런 돌을 잘 찾아내는 능력 즉 자연사 지능이 있어야 이런 도끼를 만들 수 있다. 돌을 통해 도끼를 만드는 데 있어 계획을 잘 세우고 추진하는 능력 즉 기술지능도 있어야 했다. 건강함과 신체 제어 능력도 가지고 있어야 했다. 미슨은 말한다. 대칭적 주먹도끼 제작 능력은 자손에게 물려주고픈 여러 특성과 형질을 갖고 있다는 지표로 여겨졌다고.(미슨, 2008) 대칭적 주먹도끼 제작 능력에는 상대가 대칭성과 건강함, 신체 제어 능력을 좋아한다는 것을 아는 능력, 즉 상대의 마음을 읽는 능력도 포함된다. 모른다면 만들 수 있어도 만들지 않았을 테니까.

대칭적 도끼는 그 자체로도 섹시해 보인다. 왜? 인간을 비롯한 많은 건강한 동물들이 좌우 대칭적이다. 대칭적 도끼는 생물적 건강성을 표현한 것일 수 있다. 건강함과 섹시함이 온전히 같은 것은 아니지만, 전적으로 무관하지도 않다. 일반적으로 병든 이와 노인은 섹시하지 않아 보인다. 인간은 오래전부터 대칭성을 좋아해 왔다. 섹시해보여서 좋아할 수도 있고, 다른 이유 때문일 수도 있다. 다윈에 따르면 눈은 대칭 또는 규칙적 형상을 좋아하며, [그런 눈을 가진] 원시인조차 [대칭적이거나 규칙적인] 패턴을 장식에 사용했다. 대칭은 성 선택을 통해 발전했고, 인간뿐 아니라 일부 동물의 장식에도 이용되었다.(다윈, 2012) 우리는 아주 오래전부터 시각적 대칭과 비례, 균형 등을 좋아하는 수신편향을 가지는데, 그러한 선호 성향은 시각피질의 뇌 세포들에 [오래전에 이미] 프로그램화되어 있다.(월렌스타인, 2009) 빈 서판 개념은 틀렸다.

대칭적 주먹도끼는 그것을 만든 이가 다양한 좋은 형질들을 가지고 있음을 표현한 결과다. 그것은 노래와 다른, 자기표현 및 자기광고의 결과다. 대칭적 주먹도끼는 만든 이의 세계 인지와 그에 따른 세계 표현일 수도 있다. 제작자였던 원시인에게 세상은 수많은 대칭적 대상들로 가득했었고, 그는 그가 아는 세계의 대칭성을 도끼를 통해서 구현했을 수 있다. 대칭적 도끼가 이렇게 다중의 의미를 가진다는 것은 상대를 유혹하는 일이 만만한 일이 아니라는 것을 의미한다. 외관상 건강해 보인다는 이유만으로 상대를 선택하는 이들은 그때나 지금이나 많지 않다.

제작자의 입장에서 섹시한 주먹도끼를 만들 줄 알려면, 그리고 감상자의 입장에서 그것을 만든 이의 다양한 능력들이 그 도끼로 구현되었음을 알려면 제작자나 감상자 모두 지능이 높아야 한다. 주먹도끼가 인간이 처음 만든 도구는 아니었다. 약 240만 년 전 지금의 아프리카 탄자니아 올두바이 계곡에서 조상들은 대칭적이지 않은 투박한 도구들을 만들었다. 이 도구들은 현재까지 세계에서 발견된 가장 오래된 구석기 문화인 올두바이 문화를 구성한다. 이 문화의 창조자는 호모 하빌리스로 추정되며, 이들의 뇌 크기는 대략 700cc였을 것으로 추정된다. 이 크기는 현생 인류의 뇌 크기인 1,300cc와 침팬지의 뇌 크기인 400cc의 중간쯤에 해당한다. 섹시한 주먹도끼로 표현되는 예술적 마음은 침팬지는 물론 호모 하빌리스의 뇌를 통해 만들어질 수 없었다. 예술적 마음은 인간의 경우

일정한 지능과 그 지능의 기반으로서의 큰 뇌가 있어야 했다.

선사시대의 피리 혹은 플루트도 주먹도끼처럼 다양한 지능들이 서로 연결된 상태에서 만들어졌을 것이다. 일단 어떤 재질로 악기를 만들어야 소리가 잘 날지에 대해 아는 능력과, 그 좋은 재료를 잘 찾아내는 능력 즉 환경을 이용하는 인지 능력이 있어야 한다. 미슨이 말한 자연사 지능이다. 플루트를 만들려면 적당한 위치에 구멍을 뚫어야 하는데, 이것 역시 넓은 의미의 자연사 지능에 속하는 음향학적 지식을 요구한다. 플루트 제작은 재료를 가지고 어떤 일을 어떻게 해야 할지 계획을 잘 세우고 추진하는 능력도 요구한다. 이것은 그런 일을 하는 신체 제어 능력만이 아니라 도구 지능 혹은 (미슨이 말한) 기술 지능이 있어야 되는 일이다. 마지막으로, 플루트를 통해 연주할 때 상대가 좋아한다는 것을 아는 능력, 즉 상대의 마음을 읽는 능력이 필요하다. 미슨이 말한 사회적 지능이다.

오늘날의 클래식 음악가는 선사시대 음악가에 비해 어떤 면에서 음악 활동을 편하게 한다. 플루트를 만들기 위해 자연을 돌아다닐 필요가 없고, 자연에서 얻은 재료로 직접 플루트나 바이올린을 만들지 않아도 되니 말이다. 자신의 음악을 상대가 좋아할지에 대해서도 그리 예민하지 않다. 오늘날 돈 많은 클래식 연주자는 음악회장을 쉽게 대관해 제자와 지인을 불러들인다. 웬만하면 음악회장에서 사람들은 박수를 친다.

오늘날의 음악 활동에는 선사시대 음악가들에게 요구되었던 상술한 능력들이 오히려 덜 요구되고 있다. 그래서 어쩌면 오늘날의 음악가들이 선사시대의 음악가들에 비해 덜 매력적인 존재일지 모른다. 선사시대에 직업적 전문화가 없었다면 선사시대의 음악가들은 사냥꾼이기도 했을 것이다. 반면 오늘날의 음악가들은 고도로 전문화된 음악적 능력 이외에 할 줄 아는 것이 별로 없다. 우리가 고려해야 하는 것이 있다. 선사시대의 예술은, 아니 아마도 오늘날의 이상적인 예술은 디사나야이 말한바 "도구 제작 같은 과학 기술이나 농업 같은 제도의 발달만큼이나 자연을 개화하고 제어하는 확실하고 기본적인 방법"(디사나야, 2009)이라는 점.

오늘날의 음악도 여전히 이러저러한 능력들을 갖춘 이들이 행한다. 짧지 않은 노래를 잘 부르는 이에 대해 우리는 그의 건강함은 물론 선율에 대한, 가사에 대한 그의 기억력을 높이 평가할 수 있다. 선율을 구성하는 각 음을 정확히 틀리지 않게 불렀다면 그는 음정을 잘 맞추는 등 음악적 능력을 갖추었다. 그는 음악을 잘 표현하기도 했다. 작곡가의 마음을 잘 추정했고, 듣는 이들의 마음을 잘 읽었다. 즉 사회적 지능이 있다. 밀러는 그의 관점에서 음악가들의 적응도를 후하게 쳐준다. "불안감은 음성 조절을 포함해 섬세한 운동 조절을 방해한다. 따라서 조화로운 가창력은 자신감, 지위, 외향성 등의 증거가 된다. 리듬은 복잡한 동작을 연속해서 안정적으로 수행하는 뇌의 능력과 패턴 생성 중추들의 효율성 및 유연성을 드러낸다. […] 악기의 연주는 연주자가 운동 신경을 잘 협조하고 있음을, 학습된 복잡한 행동을 자동적으로 수행하는 능력이 있음을, 연습을 한 시간적 여유가 있었음을 드러낸다."(Miller, 2000)

이 모든 것들은 가수와 연주자의 높은 적응도를 잘 드러낸다. 그걸 아는 우리는 연주자에게 호감을 품는다. 노래 잘하는 이에 대한 우리의 호감은 그가 보편적으로도 어느 정도 영리하며, 잘 살아갈 수 있는 한 개체일 것이라는 우리의 (의식적/무의식적) 판단으로부터도 나왔을 수 있다.

살아가는 데 건강함과 지능을 비롯한 좋은 특성들이 중요하고, 그것들을 과시하고 그것들로 구애하는 일이 중요하다는 것은 선사시대나 오늘날이나 같다. 우리는 같은 과제에 대면해 기본적으로 같은 마음을 가지고 산다. 그런데 구애 행위는 노래일 수도, 주먹도끼 제작에서 시작된 미술활동일 수도, 사냥일 수도 있다. 사냥만큼 건강함과 신체 제어 능력, 환경 인지 능력, 지능, 추진력과 끈기 등을 잘 표현하는 것이 또 있을까?

선사시대에도 음악적 행위와 마음은 다른 행위들 및 마음들과 적절한 구애 수단의 자리를 두고 경쟁해야 했을 것이다. 오늘날도 마찬가지다. 오늘날 당신은 경제력이 있는 이성보다 노래만을 잘하는 이성을 더 좋아하는가? 대부분의 사람들은 경제력이 있는 사람을 더 따를 것이다. 경제적 능력은 자본주의 환경에서는 물론 어떤 정치경제적 환경에서도 노래보다 더 적응적일 수 있다. 경제력이 있는 이를 택한 이들은 현명하다.

혹시 우리는 호모 무지쿠스였다가 자본주의 사회에서 노래보다 경제적 능력을, 돈을 더 좋아하는 종으로 진화했을까. 호모 무지쿠스의 본분을 되찾기 위해서라도 자본주의 타도를 외쳐야 할까. 혁명의 구호는 '호모 무지쿠스를 되살리자!'여야 할까. 폐지된 자본주의를 대체할 체제는 음악을 가장 중시하는 사회여야 할까.

호모 무지쿠스 개념은 신화가 아닐까. 우리가 아주 오래전부터 노래를, 음악을 좋아하긴 했다. 그런데 우리는 그것보다 더 오래전부터 성 선택과정에 처해서 일반적으로 짝을 구해 왔고 그 과정에서 자연선택 과정에 도움이 되는 특성들, 형질들, 능력들을 갖춘 이성들을 좋아해 왔다. 그런 과정에서 우연히 등장한 음악을 (자연선택에 도움이 되는 특성들과 능력들을 표현하는 것으로서, 그리고 구애 수단으로서) 좋아하게 되었다. 현대 여성들의 다수가 노래만 잘하는 남자보다 경제력이 있는 남자를 더 선호하는 것처럼, 선사시대 여성들의 다수도 음악가와 사냥꾼 사이에서 사냥꾼에 더 끌렸을지 모른다. 그런데 선사시대에는 전문 음악가가 없었을 것이다. 그런 상황에서 노래하는 사냥꾼과 노래 못하는 사냥꾼을 놓고 선사시대 여성들이 고민했을 수는 있다. 마치 현대 여성들이 이왕이면 노래도 잘하면서 경제력이 있는 남자를 더 선호하는 것처럼.

인간성을 이해하는 데에 있어 호모 무지쿠스 개념은 자연선택과정과 성 선택과정을 겪어야 하는 호모 사피엔스 개념을 대체할 수 없다. 음악은 삶을 대체할 수 없다. 호모 사피엔스로서의 삶은 여전히 먹고살며 번식해야 하는 문제를 해결하는 과정이다. 나는 이런 보편적 이야기로부터 자유로운 소수의 금수저들에 대해, 그들의 호화로운 취향으로서의 음악에 대해 이야기하지 않는다. 음악은 삶과 관련되어 왔었고 앞으로도 그럴 것이다. 호모 무지쿠스는 호모 사피엔스의 한 하위 특성을 가리키는 말로, 호모 사피엔스 용어를 보완할 수는 있다.

모든 생명은 자연선택 과정에 도움이 되지 않을 특성들도 갖추었다. 그리고 그런 특성들을 가진 상대를 성적으로 선택할 수 있다. 사실 모든 생명은 멸종을 향한 쪽으로도 진화할 수 있다. 20세기 초까지만 해도 많은 진화 생물학자가 종의 멸종을 막는 방향으로 생물이 진화할 것으로 생각했다. 하지만 핸디캡 원리만 해도 생물 종들이 자신을 멸종으로 이끌 수도 있을, 치명적이면서 화려한 축제를 벌인다는 사실을 알려준다. 수컷들이 암컷들을 유혹하기 위해 화려함의 경쟁을 벌이면 생물 종은 멸종으로의 경향을 회피할 수 없다. 조금 더 화려한 수컷들이 더 많은 암컷을 유혹할 수 있고, 이에 따라 수컷들은 더욱더 화려해진다. 하지만 이 화려함 때문에 수컷들의 전체적 생존율은 낮아진다. 실제로 매우 화려한 조류들이 멸종에 취약하다. 결국 "모든 적응도 지표가 쾌감 본능에 의해 창조된 수신편향과 일치하지는 않는다."(월렌스타인, 2009)

멸종 과정에 생물학적 화려함이 있다는 사실은 놀랍다. 이 사실은 이제 비생산적이며 사치스러운 문화적 화려함이 사회적 풍조가 되어버린 국가가 멸망의 길을 밟았던 역사적 사례들을 떠올리게 한다. 1차 세계대전이 일어나기 전, 전범국 오스트리아의 음악적 상황은 다른 나라에서는 볼 수 없는 극도의 화려함이라는 용어로 묘사될 수 있었다. 말러의 《교향곡 8번》(1906)은 부제가 '천인의 교향곡'이다. 대략 천여 명의 연주자가 필요한 음악이기에 이런 부제가 붙었다. 이 교향곡은 세기말 오스트리아와 독일 작곡가들이 보여준 한 경향, 즉 거대주의gigantism의 사례다. 연주자의 수가 점점 많아지는 관현악단이 점점 더 긴 연주시간의 곡을 연주하는 것, 이것이 거대주의 경향이다. 인구 2억이 넘던 오스트리아-헝가리 이중 제국의 마지막 시기에 고전음악은 역사상 유례없을 화려함의 극치를 보여주었고, 이후 전쟁이 일어났다. 양차 대전 모두에서 전범 국가였고 두 차례 패전을 거듭했던 오스트리아는 오늘날 인구 8백만의 소국이다.

생물학적 화려함과 문화적 화려함은 다른 이야기다. 공통점은 있다. 화려함은 어느 경우든 비용이라는 것. 비용 대비 이익이 많지 않다면 비용으로 나가는 화려함은 그 화려함이라는 특성이 작용하는 개체에게나 사회에게나 모두 부담이다. 생물학적 화려함이라는 부담을 안고 살아가는 개체들의 집합인 특정 종과 문화적 화려함이라는 부담을 안고 유지되는 사회는 멸종과 멸망의 문이 크게 열려있는 길을 간다. 문화적 화려함이 기울어진 운동장에서 벌어지는 허구적 쇼의 특성이라면 더욱 그렇다. 우리는 적응도 지표와 우리의 음악적 쾌감 본능을 조화시켜야 한다.

사실 종의 보존이라는 방향으로 진화가 일어난다는 낙관적 생각은 전혀 근거가 없다. 그것은 국가가 망하지 않는다는 생각만큼이나 부적절하다. 도킨스에 따르면 자연선택은 눈먼 상태에서 일어나며, 미래를 보지 못한다.(도킨스, 2004) 어떤 특성이 지금 당장 생존 및 번식 경쟁에서 유리하면 그 특성은 그저 진화한다. 그 특성의 비용에 대해 생명은 알지 못한다. 멸종으로 이끄는 과정을 막을 기제는 없다. 진화는 완벽하지 않다.

감정 표현 수단으로서의 음악

감정은 진화심리학적 관점에서 적응이다. 동물과 인간 개체는 감정을 느낌으로써 세상과 자신에 대해 인지한다. 해야 할 일과 하지 말아야 할 일을 알게 되며, 해야 할 일을 즐겁게 하고 있고 하지 말아야 할 일을 거부감을 가지고 하지 않는 자신을 알게 된다. 감정을 느낄 줄 아는 동물과 인간의 생존율이 높은 이유는 감정이 독특한 방식으로 세계와 자신을 알려주기 때문이다. 감정의 이익은 동물과 인간의 사회 수준에서도 작동한다. 감정은 표현되고, 상대에게 읽히며, 공감된다. 공감을 통해 동물과 인간은 사회적으로 결속하고, 결속한 종은 결속하지 않은 종보다 생존을 더 잘할 수 있다. 음악은 감정 표현 수단으로 가장 적합하다. 겉으로 드러난 음악은 지적이기보다 감정적이다. 감정이 심적 적응이면 감정을 가장 잘 표현한 음악에 대한 선호도 인간의 종적 본능이고 적응이다.

동물 특히 포유동물도 감정을 가지고 있을 것으로 추측된다. 포유동물은 감정을 적절하게 잘 표현한다. 다윈은 "포유동물은 불안, 슬픔, 우울, 절망, 기쁨, 사랑, 따뜻한 느낌, 심술, 부루퉁함, 단호함, 증오, 분노, 경멸, 모욕, 혐오, 죄책감, 자만심, 무력감, 참을성, 놀람, 경악, 두려움, 공포, 부끄럼, 수치심, 겸손 등 갖가지 감정을 경험한다."고 하면서 "무리를 지어 생활하는 동물은 더 긴밀한 사회적 유대 관계를 쌓기 위해 감정을 진화시켜 왔다."고 말하고 "감정이야말로 이 세상 모든 사람, 나아가 지구 위의 모든 존재와 우리를 연결해 왔다."고 주장한

다.(다윈, 2014)

어떤 동물의 감정 표현은 심지어 유사 음악적이다. 동물학자 마크 베코프는 동물원의 책임자, 동물보호소에서 일하는 동물 행동주의자들이 보고하는 흥미로운 이야기들을 소개한다. 이들은 죽은 당나귀의 무덤가에 모여 밤새도록 '울부짖는' 당나귀들이나 죽은 친구를 위해 밤샘하며 크게 '울부짖는' 고릴라들, 친구의 죽음에 대해 가장 애절하고 심장을 후벼 파는 것 같은 소리로 역시 '울부짖는' 늑대들, 한 녀석이 쉬거나 뒤처져서 보이지 않게 되어 불안해하는 야마(아메리칸 낙타)들이 내는, 꽤나 울리는 백파이프 같은 소리를 보고한다.(베코프, 2008)

동물들의 원原/proto음악적 혹은 유사 음악적 감정 표현은 그들 사이의 의사소통 수단이며, 그들의 결속력을 높이는 데에 도움이 될 것이다. 미슨은 네안데르탈인도 소통과 협력을 용이하게 하는 수단으로 음악을 사용했을 것으로 추측한다.(미슨, 2008) 이 경우 음악은 음악적 언어 또는 언어적 음악이었을 것이다. 감정적 언어이기도 했을 것이다. 감정적이며 음악적인 언어는 오늘날에도 여전히 우리 마음속에 남아 있다. 같은 말을 할 때 부드럽고 예쁘게, 운율적으로 표현하면 상대방의 마음을 훨씬 더 잘 움직일 수 있다. 그저 묵묵히 들어주고 상대를 위해 울어주며 걱정해줄 때 소통과 협력이 더 잘 이루어질 수 있다. 연인들 사이에서의 과장된 발음, 아기에게 노래하듯 강조하는 발화들[2]을 생각해보자.

자신을 위해 울어주는 동료가 있다는 것을 아는 개체들은 그 사회에서 잘할 것이고, 덕분에 그 동물사회의 전체적 생존율과 개체의 생존율도 덩달아 높아질 수 있다. 개체들의 생존율이 전반적으로 높아지면서 원음악적 마음이 상속되고 진화될 가능성도 커진다. 동물들의 음악적 성향이 상속되고 진화되어 인간의 구슬픈 감정 표현의 노래가 되었을까.

독일의 음악학자 크리스티안 레만은 동물들이 감정 표현을 위해 하는 행동과 비슷한 행동을 인간도 한다고 말한다. 노래 부르듯 아픔을 토해내며 우는 행동은 인간에게 꽤 보편적이다. 이런 고통의 표현은 주로 여인들이 한다. 그들은 죽은 사람을 두고 호곡號哭하며, 그밖에 좋지 않은 일들 혹은 슬픈 일들에 대면해 통곡한다. 통곡과 호곡은 축축 처지는 선율로 표현된다. 이처럼 북받치는 감정을 음악적으로 담아내는 울음은 인간 문화 전반에 걸쳐 볼 수 있는 현상이다.(레만, 2012)

이런 행위가 일상적이지는 않다. 감정의 표현을 음악적 방식으로 하는 행태는 남몰래 조용히 우는 행태와 확실히 다르다. 혼자 우는 행위는 대체로 특별한 방식을 거치지 않으며, 딱히 음악적이지도 않다. 혼자 가지는 감정과 다른 사람에게 드러내는 감정이 표현 방식에서 다를 수 있다. 타인에게 드러내는 감

---

2. 오늘날 우리들의 언어생활에도 여전히 남아있는 유아어(IDS : Infant-Directed Speech)는 어른들이 아이들에게 발화하는, 약간의 음률을 간직해 보통의 언어와 다른 특이한 말이다. 한국인들에게 잘 알려진 '오르르 까꿍' 같은 표현이 이것인데, 이런 유아어의 대부분이 유사 음악적 감정 표현일 수 있다. 유아들에게 '오르르 까꿍'을 발화하면 유아들은 대개 즐거워한다. 유아들은 본능적으로 유아어를 즐기며 유아어를 발화하는 어른들과 교감한다. 유아어는 전 세계적으로 존재한다.

정은 의사소통의 한 방식이자 그 내용이며, 이 경우 호소력이 있는 조치들이 동반되면 좋다. 음악이 그러한 조치일 수 있다.

사람들에게 호소하는 일은 그들의 행동을 내 뜻대로 조작하려는 일이다. 사람들의 마음을 움직이게 해 그들의 어떤 행동을 유발하는 일은 대체로 차분하고 냉정하게 이루어지지 않는다. 그런 일은 많은 경우 선동적으로 이루어진다. 감정 표현에 동반되는 음악을 포함해 대부분의 대중적 음악이 차갑고 냉정하며 이성적인 느낌을 주지 않는 이유다.

차갑고 냉혹하며 초연하고 이성적인 느낌을 주는 음악은 음악이 감정을 표현하는 수단으로 탄생했다는 주장을 기각하는 적절한 사례가 되지 못한다. 초연함, 냉정함 혹은 잔혹함도 특별한 감정들이다. 냉정함은 하고자 하는 행동을 위해 다른 것들을 고려치 않고 목표에 집중하는, 고도로 감정적인 상태다. 초연함은 세계와 삶에 대한 관조적인 감정이다.

이런 감정을 담은 음악을 대부분의 사람들은 그다지 좋아하지 않는다. 그런 음악이 표현하는 차갑고 냉혹한 감정이 싫은 것인지도 모른다. 차갑고 냉혹한 포식자 동물들에게 거의 매번 당하고 살아왔던 기억이 우리에게 남아 있기 때문일까. 초기 인류는 자존심 상하는 삶을 살았다. 포식자가 사냥해 뜯어먹고 남은 짐승의 잔해를 하이에나와 독수리의 뒤를 쫓아 청소했다는, 청소부 가설이 초기 인류의 곤궁한 삶을 묘사한다. 이후 사냥을 해서 좀 먹고살 만하던 인간은 농경 생활과 함께 계급사회를 경험한다. 오늘날까지 지속하는 계급사회에서 인간 대다수는 새롭게 등장한 소수의 인간 지배자들에게 지배받고 억압받는다. 지배자들을 제외한 인간 대다수는 차갑고 냉혹한 이들이 못 된다. 그들에게 친숙한 감정은 뜨겁고 열정적인 것들이다.

지배자들은 열정적 음악으로 이들을 선동하여 자신들이 원하는 방향으로 사람들을 조작한다. 감정을 가장 잘 표현한 음악이 더 이상 적응적이지 않을 수 있는 경우다. 아인슈타인은 선동당하는 이들을 비판한다. "음악에 따라 줄 맞추어 행진하기를 즐기는 사람은 경멸할 가치도 없다. 명령에 복종하는 영웅주의, 몰지각한 폭력, 가증스럽고 허풍스러운 애국심 ― 이런 것을 나는 어찌나 열렬하게 경멸하는지! 전쟁은 천박하고 경멸스럽다."(아인슈타인·칼라프리스, 2015) 사람들은 음악을 들으며 줄 맞추어 행진하지 않는다고 생각할 것이다. 행진해야만 선동당하는 것은 아니다. 고전음악을 비롯해 일상의 수많은 대중가요, 드라마와 영화의 강력한 배경음악은 우리를 무비판적 몰입의 세계로 유도한다. 영화《내일을 위한 시간》에서 감독 다르덴 형제는 음악은 물론 효과음도 거의 쓰지 않는다. 음악의 선동적 효과를 싫어했을까. 덕분에 사람들은 영화 속 인물들을 냉정히 지켜볼 수 있다. 다르덴 형제는 영화 속 인물 중 어느 한 편을 쉽게 악으로 규정하고 선동하지 않는다. 이런 영화는 흥행하지 않는다. 흥행한 영화의 대부분에는 인상적 배경음악이 있다. 음악은 영화 흥행의 결정적 요인은 아니다. 영향을 미치기는 한다.

인간은 포유동물의 보편적 감정 표현 기제를 상속받아 더 나아갔다. 두 발 보행으로 길어진 후두를 가지게 된 인간은 훨씬 좋은 질의 소리를 낼 수 있게 되었다. 이전보다 덜 탁해진 소리는 감정을 노래 비슷한 것의 발화로 표현할 수 있게 해주었다. 기도 위쪽 끝의 후두를 비롯한 발성 기관이 음성을 통한 감정 표현의 신체적 기제다. 이 기제가 갖추어지면 그것을 사용하게 되고, 뇌의 통제 기제가 더불어 진화된다. 감정을 음악적으로 표현하는 신체적, 신경적, 심리적 기제가 탑재되고 진화했다.

인간처럼 후두를 가진 새들도 소리를 만들어내고, 거기에 의사소통의 메시지를 담았다. 그 메시지는 감정적인 것으로부터 진화되어 왔다. 다윈은 이 점을 분명히 했다. "새들이 발화한 소리는 인간 언어에 가장 가까운 유사점을 보인다. 그 이유는 같은 종의 모든 구성원이 그들 감정의 표현적 외침을 본능적으로 발화하기 때문이며, 노래 능력을 갖춘 모든 종은 이 능력을 본능적으로 행사하기 때문이다."(다윈, 2012) 다윈의 이 언급은 새들의 노래뿐 아니라 인간의 초기 언어도 감정 표현이 동반된 의사소통 체계였고 그래서 노래다웠다는 주장일 수 있다.

인간의 초기 언어에서 확인되었던 감정적이며 유사 음악적인 특성은 어떻게 오늘날의 언어에서 약화되었을까. 2013년 MIT의 언어학자 시게루 미야가와와 그의 동료들은 인간의 언어를 동물 왕국에서 확인되는 두 가지 의사소통 체계가 접목한 결과로 보았다. 이 두 체계는 우리가 흥얼거리며 음조를 만들 때 사용하는, 새의 노래에서 가장 전형적으로 확인되는 '표현적 체계'와 침팬지 같은 유인원이 단어를 생성해낼 때 쓰는 '어휘 체계'다. 인간은 이 두 체계를 접목해 함께 작동시키면서 단어들을 어떤 패턴으로 정렬시켰다. 즉, 인간은 노래하는 능력을 먼저 갖추었고, 그 후 특정 어휘 요소들을 이 능력에 통합시켰다. 단어들을 노래 속에 집어넣어 문장으로 발화하며 언어를 진화시켰다.(재인용 : Galvis, 2015) 인간이 노래하는 능력을 먼저 갖추었다는 주장은 기원 시절의 노래가 처음에는 표현적 체계, 즉 감정 표현 수단이었다는 앞의 논의와 조화된다. 감정적 메시지를 주로 노래를 통해 표현하다가 어휘 체계로서의 언어가 만들어졌다. 미야가와는 접목을 이야기했지만, 내가 생각하기에 그는 표현적 체계를 어휘 체계가 압도하고 대체하는 과정에 대해 말했다. 호모 사피엔스의 언어는 표현적 체계가 가지는 특성을 상당 부분 잃었다. 표현적 체계와 접목된 어휘 체계를 발화했던 인간 속의 다른 종은 네안데르탈인이었다. '흠'Hmmmm이 그것이다.(9장의 '음악 처리 체계?' 절 참조)3 이와 달리 호모 사피엔스의 어휘 체계는 표현 체계를 압

---

3. 새들도 두 체계를 접목했다. 조류학자 피터 마를러는 『음악과 언어의 기원』에서 새들이 다른 새의 노래를 듣고 그것을 각 분절로 나누며, 이후 자신의 노래로 새롭게 구성한다고 보고한다.(Marler, 2000) 두 체계를 접목, 즉 통합한 새들이다. 사브리나 엥게세르와 그의 동료들도 두 체계를 통합한 새에 대해 보고하고 있다. 연구팀은 아무 의미 없는 여러 소리를 조합해 의미 있는 새로운 단어를 만들어내는 호주의 한 새를 살폈다. 호주 오지에 사는 밤색머리꼬리치레는 소리를 재배열해 새로운 의미를 전달했다!(University of Exeter home page, 2015) 이 새의 의사소통은 의미를 가진 단어를 배열하는 방식이다. 연구팀은 이 새가 특정 행동을 할 때 'A'와 'B'라는 기본 음성들을 조합해 의미를 가진 울음소리를 내는 것을 알았다. 비행할 때 이 새는 나무 사이를 날아다닌다는 의미로 'AB'라는 울음소리를 내고, 둥지의 새끼 새들에게 먹이를 줄 때는 신속히 먹을 준비를 하라는 의미로 'BAB'

도했고, 압도당한 체계는 이후 언어와 분리되어 독자적인 음악적 마음으로 진화했다.

호모 사피엔스는 네안데르탈인의 생존방식이나 새의 생존방식과는 다른 방식으로 살았다. 더 복잡한 방식이었다. 더 많은 인지적 정보를 처리해야 했던 삶이었다. 그런 삶을 살아야 했던 우리 인간은 한때 발화했던 '노래-언어'를 버리고 노래와 분리된 언어를 진화시켰다. 또한 언어와 분리된 전문적 음악을 했다. 이유가 무얼까. 추측되는 이유에 대해 후술할 것이다.

노래이자 언어인 '노래-언어' 발화나, 그 이후 분기되어 진화되어온 음악은 감정과 무관할 수 없었고 현재도 상당 부분 그렇다. 나는 음악이 감정 표현 수단으로 탄생했다는 이상의 주장을 반박하지 않는다. 하지만 음악을 만들고 좋아하는 마음이 구애 행위를 통해서 진화되어온 것만은 아니듯이, 음악

의 울음소리를 냈다. 공동연구자 앤디 러셀 엑스터대 교수에 의하면 "새로운 하나의 소리를 만들어내는 것보다 기존의 두 소리를 조합하는 것이 더 빠르기에 이 방식을 택한 것으로 보인다."(같은 글) 새끼 새들은 조합되어 만들어진 울음소리의 의미를 이해했다. 이처럼 단어 혹은 소리를 배열하고 조합하면서도 이 새는 그 배열과 조합의 결과를 노래했다. 표현적 체계가 인간의 언어에서처럼 완전히 사라지지 않았다. 밤색머리꼬리치레의 경우를 통해 새들의 상태를 일반화할 수는 없다. 하지만 인간이 발견하지 못한, 인간처럼 표현적 체계와 어휘 체계를 다 가지고 그것들을 통합한 다른 새들이 더 없으리란 보장은 없다. 결국 새들은 우리가 생각하는 것 이상으로 똑똑하며, 노래도 잘한다. 똑똑하다는 것은 일부 새의 노래에 언어적 특성이 있다는 것을 말한다. 즉 새들은 노래를 통해 의사소통한다. 순수하게 노래를 좋아해서 그럴까? 그럴 수 있다. 생존해야 했고 그러기 위해 대화해야 했던 새들, 메시지를 감정에 담아 노래하듯이 전달하는 것이 효율적인 대화임을 그들도 알았을 것이다.

을 감정 표현 수단으로만 고려할 수 없다.

흥분과 쾌감을 주는 예술과 음악

누군가에게 표현하기 위한 정서가 아니라 자신을 위해 느끼는 정서가 있다. 어떤 감정이나 정서는 단지 그것을 느끼는 것만으로도 만족스럽다. 흥분이나 쾌감 같은 정서는 그것을 느낀 이에게 의미가 있고, 그래서 그러한 정서나 감정을 느끼려는 행동이 예술 및 음악을 진화시킨 동력일 수 있다. 디사나약에 따르면 대부분의 생명은 쾌감 같은 정서를 좋아하고, 그런 정서와 감정을 느끼게 해주는 행위를 하도록 진화했다. 인간의 예술 활동도 그런 행위로 시작되어 발전되었고, 그래서 지금까지도 예술적 경험이 감각적으로 좋게 느껴진다.(디사나약, 2009)

예술의 실상은 이렇게 감각적이어서 좋게 느껴지지만, 디사나약에 의하면 안타깝게도 기분 좋게 하는 예술을 설명하는 데에 도움이 되지 못하는 정신적 경향이 서양세계에 오래 전부터 있었다. 그것은 예술을 비롯한 인간의 여러 경험에 동반되는 감각적이며 육체적인 반응을 불신하고 비난하는 정신주의적 경향이다. 최근의 포스트모더니즘을 비롯해 미적 무관심성을 강조하는 19세기 모더니즘 엘리트주의, 육체성을 경시하고 육체를 떠난 추상 세계를 더 높이 평가하는 플라톤주의, 플라톤 철학의 기반 위에 있는 기독교적 세계관 등이 이런 경향을 보인다.(같은 책)

이러한 오랜 서양 전통은 감정적이고 감각적인 경험들이 인간 삶에서 가지는 중요성을 무시한다. 디사나약이 지지하는 예술은 그동안 무시되어 왔던 감정적이고 감각적인 경험을 지원해주는 것으로, 우리가 해야 할 일들 중 하나다. 디사나약에 따르면 예술은 그것을 할 경우 기분이 좋아지는 행동이다. 그것은 우리가 그것을 충족시키기를 원하는 타고난 생물학적 욕구다. 예술적 욕구의 충족은 만족과 쾌감을 주고 그에 대한 부정은 치명적 박탈감을 낳는다.(같은 책)

그런데 쾌감은 무엇일까? 불쾌감과 쾌감은 어떻게 다를까? 두 가지 사이에 연속성은 없을까? 불쾌감과 쾌감을 느끼는 우리 뇌가 우리의 생존을 위해 과연 잘 작동하는가? 오늘날 많은 사람이 달고 기름진 음식을 좋아한다. 그런 선호는 선사시대에 우리 몸이 특히 필요로 했던 것들, 즉 에너지원으로서의 당분과 지방의 요구에 대한 우리 뇌의 판단에 기초한다. 다양한 먹거리가 부족했고 가장 기초적인 에너지원인 당분과 지방마저 구하기 어려웠던 선사시대에, 뇌는 당분과 지방에 대한 필요 이상의 선호를 보였다. 우리 마음에 탑재된 당분과 지방에 대한 선사시대의 선호가 각종 성인병으로 고생하는 현대인들이 많은 지금도 여전히 작동하고 있다. 물론 식품 기업의 과도한 광고가 이 선호를 더욱 부채질하는 측면도 있다.

달고 기름진 맛에 대한 선호를 학자들은 '과거의 적응'이라 부른다. 미국의 진화심리학자이자 인류학자인 도널드 시먼스에 의하면 과거의 적응은 환경 변화 때문에 더는 적응이 되지 못한다. 단맛과 지방을 좋아하는 형질은 과거 수렵채집인 시절의 적응이었고 그래서 여전히 오늘날의 우리에게도 쾌감을 주지만, 실제로는 더 이상 적응이 아니다.(Donald Symons, 재인용: 랠런드·브라운, 2014)

이런 점을 고려하면 생명이 쾌감을 주는 행위를 하는 쪽으로 진화했다면서 오늘날에도 여전히 우리가 쾌감을 좇아 행동해야 한다고 말하는 것은 적절치 않을 수 있다. 쾌감을 주지 않는 것 중에서 영양가가 풍부한 먹거리를 생각해보자. 시금치, 브로콜리, 지방이 없어 팍팍한 닭 가슴살 등. 비린내 나는 고등어, 매운 마늘, 쓴맛 나는 나물들을 좋아하지 않는 사람도 있다. 불쾌감마저 주는 홍어 같은 음식도 있다. 이런 먹거리를 선호하는 마음은 그것들을 잘 먹는 사람의 생존율을 높일 것이다. 하지만 그 마음은 아직 자연선택의 관문을 통과하지 못했다. 그 먹거리들을 싫어하는 사람도 많고 그들의 생존율이 특별히 낮은 것도 아니기 때문이다. 브로콜리에 대한 선호를 적응이 아닌 '적응적'이라고 부르는 이유다. 브로콜리 섭식 행위는 생식 성공률을 증가시키기는 하나 적응의 반열에 오르지 못했다. 과학자들은 브로콜리와 같은 먹거리의 선호를 굴절적응이라고도 부른다. 적응적인 것 혹은 굴절적응과 달리 적응은 특정 역할을 효과적으로 수행함으로써 생식 성공률을 충분히 증가시켰고, 해서 자연선택의 관문을 예전에 통과했던 형질을 말한다.

쾌와 불쾌는 각각 우리가 해야 할 일과 하지 말아야 할 일을 가리키는 강력한 지표였고 지금도 상당 부분 그렇다. 특히 복잡한 상황에서 쾌감과 불쾌감은 빠른 판단을 할 수 있게 해준다. "쾌감은 [좋은 곳으로 인도하는] 자연의 지름길이다."(월렌스타인, 2009) 불쾌감은 나쁜 것을 막는 효과적 방어책이다. 우리는 구더기가 끓는 음식을 좋아할 수 없다. 역겨움과 악취 때문이다. 이 느낌은 그것을 유발하는 대상을 피해야 한다는 신호다. 신호는 매우 효율적으로 작동하여, 우리는 오랫동안 구더기가 끓는 음식이 가져올 문제점에 대한 과학적/의학적 지식을 알지 않고도 잘 살아왔다. 구더기가 끓는 음식에 직면한 것과 같은 강력한 상황에서 쾌와 불쾌를 달리 생각할 여지는 거의 없다.

강력한 상황이 아니면 쾌감과 불쾌감에 대해 생각하고 성찰하며, 인식과 지식을 통해 쾌-불쾌의 작동 경로를 간섭할 수 있다. 하향 통제는 가능하다. 어떤 음악, 예술이 우리에게 즉각적으로 쾌감을 주지 않는다고 해서, 더 나아가 불쾌감을 준다고 해서 그런 음악을 듣지 말자고 주장하는 것은 처음 김치를 접한 외국인이 김치를 불쾌한 먹거리라고 판단하는 것만큼이나 어리석다. 예술과 음악이 비록 출발점에서는 감각적 쾌를 좇는 동물적/인간적 성향으로부터 발생해 진화됐다고 하더라도, 오늘날의 모든 예술과 음악마저 감각적 쾌를 좇는 인간 행동으로 판단하는 일은 어리석다. 한 인간의 감각적 체계는 가변적일 수 있고, 문화적 인식과 사유에 간섭받을 수 있기 때문이다. 문화적 시야가 넓은 외국인들이 김치를 좋아하게 되는 것처럼 말이다.

하향 통제를 통해서도 쾌감으로 바뀌지 않을, 불쾌감을 의도적으로 유발하는 현대예술도 있다. 포스트모더니즘 예술과 현대음악 일부가 그렇다. 그런 예술과 음악을 접하면서 쾌감을 느끼려는 의도는 부적절하다. 그런 예술과 음악은 그것을 접할 때 느껴지는 불쾌감 혹은 충격을 통해 사람들에게 무언가를 알리려거나 비판하거나 고발하거나, 경종을 울리는 역할을 한다. 비틀즈의 1966년도 음반《어제와 오늘》의 원본 표지에는 목이 잘리는 등 파괴된 아기 인형들과 고깃덩어리를 안은 비틀즈 멤버가 보인다. 섬뜩한 느낌을 주는 이 '도살표지'에 대해 폴 매카트니는 "베트남 전쟁에 대한 우리의 논평"이라 말했다. 이 음반의 음악 일부도 불쾌하다. 그 음악들은 베트남전에 대한 조롱과 불쾌감을 표현한다. 비틀즈의 음악은 불편한 진실을 표현함으로써 인간에게 이익일 수 있다. 음악을 통해 불쾌감을 느낀 사람들이 어떤 식으로든 (불의한) 전쟁을 지지하지 않을 가능성이 있고, 반전 의지는 인간의 생존율을 높일 수 있기 때문이다.

미국의 현대 작곡가 조지 크럼의 현악4중주《검은 천사》는 현대음악에서 드물게 베트남 전쟁에 대한 작곡가의 느낌을 표현했다. 크럼은 이 작품에 대해 "사물들이 뒤집혀 있다. 대기 중에는 끔찍한 것들이 있었다. 그들은 검은 천사들을 향한 그들의 길을 찾았다."라고, 알쏭달쏭하게 말했다. 곡이 작곡된 1970년은 1960년에 시작되어 1975년에야 끝난, 미국의 베트남 침공 전쟁의 와중이다. 음악의 일부는 강렬함과 불쾌함을 의도적으로 표현한다. 불쾌감은 특히 첫 번째 곡 〈애가〉에서 많이 느껴진다. 전자 현악기들로 연주되는 이 곡은 듣는 사람 누구든지 기겁하게 할 정도로, 눈살이 찌푸려질 정도로, 소름이

끼칠 정도로 불쾌하다. 불쾌함 때문인지 이 음악은 이후 유명한 공포영화 《엑소시스트》의 배경음악으로 사용되었다. 가사가 없어 무엇을 표현하는지 구체적으로 알기 어렵지만, 끔찍한 베트남 전쟁에 대한 작곡가의 불쾌한 마음을 표현한 곡이 맞는 것 같다.

독일의 현대 작곡가 헬무트 락켄만은 전통적 악기들을 아주 희한하게 연주하도록 했다. 전통적 악기로 발음되었다고 상상할 수 없는 새로운 소리가 만들어졌다. 락켄만은 이렇게 대단히 낯선 음향들을 제시하고는 그 낯선 소음 속에서 가끔 친숙한 음향들을 드러낸다. 부르주아 사회에 저항했던 좌파 락켄만에게 세상은 제대로 돌아가고 있지 않다. 낯선 음향들은 그런 세상에 대한 정치적/음악적 저항의 표현이며, 친숙함은 타도하고 싶은 기존 질서에 동화되어 가는 (자신을 포함한) 세상 사람들에 대한 조롱이다.(김진호, 2014A) 락켄만을 불쾌하게 듣는 이들 중엔 정치적 우파와 음악적 보수주의자가 있을 것이다. 기존 질서에 부끄럽게 동화되어 가는 이들도 있을 것이다. 자신을 부끄러워하는 이들은 락켄만의 음악을 들으며 각성할 수 있다. 락켄만이 원하던 바다. 비틀즈와 크럼, 락켄만은 각자 자신의 방식으로 불쾌한 음악의 사회적 유용성을 보여주었다.

이들의 선배는 19세기의 대표적인 앙팡 테리블 작곡가 베를리오즈다. 베치에 의하면 루이 엑토르 베를리오즈가 활동하던 시절은 1830년의 혁명이 빚어낸 폭동과 학살, 퇴폐, 타락의 시기였고, 이러한 사회적 특성들은 그 시절의 예술작품들에 그대로 투영되었다. 그런 예술들은 극단을 추구했고, 순수한 전원적 삶이 아니면 짐승처럼 잔인한 광경을 묘사했다.(베치, 2009) 베를리오즈는 파리 청중이 끔찍한 상황에 위로가 되는 가볍고 듣기 쉬운 음악을 원한다는 사실을 알았지만, 그들을 배반했다. 그에게 진실한 음악은 충격을 주고, 선동적이며, 흥분을 유발한다.(같은 책) 강렬한 오케스트레이션이 백미인《환상 교향곡》의 4, 5악장도 선동적이지만, 베치에 의하면 칸타타《사르나다팔러스》의 마지막 부분은 특히 지옥과 같은 음향을 보여준다. 이 칸타타는 탐욕적 왕이 권력을 잃자 자살을 결심하며 자신의 궁전에 있던 첩들을 모두 잡아 죽이는 그리스 신화를 노래한다. 첩들을 죽이는 마지막 장면에서 공포에 떠는 여자들의 울부짖음, 대담한 호색한의 외침, 활활 타오르는 화염 한가운데에서 벌어지는 죽음에 대한 저항, 그리고 호화로운 궁전이 붕괴하는 과정에서 발생하는 굉음이 표현된다.(같은 책)

이 작품을 비롯한 베를리오즈의 몇몇 작품들은 당시 보수적 정부를 지지하는 이들에게는 불쾌감을, 혁명을 추억하며 준비하는 이들에게는 환호를 불러일으켰다. 혁명의 시기에, 혹은 문제가 있는 불평등한 나라에서 누군가에게 불쾌감을 주는 예술은 다른 누군가에게는 쾌감을 준다. 쾌감을 느끼는 측은 선동적 흥분으로 가득한 혁명과 그런 혁명을 어떻게든 반영하고 표현하는 강렬한 음악이 인류를 구원할 것으로 생각했을 것이다. 혁명을 우리가 사는 사회 속 개체의 생존율을 높이는 일이라고 판단한다면 혁명은 해야 하며, 혁명에 앞장서는 일과 그것을 찬양하는 일, 혹은 혁명적 분위기가 반영된 음악을 듣는 일 모두는 쾌감을 줄 수 있다. 반대로 혁명에 저항하는 보수주의자들에게 혁명과 관련된 일 모두는 불쾌감을 줄 수 있다. 이렇게 본능적 기제였던 쾌감 및 불쾌감 회로가 사회적 맥락에서 하향 통제될 수 있다. 음악 역시 하향 통제에 더 기댈 수 있다.

이타성과 호혜성의 표현으로서의 음악

인간과 동물이 쾌감을 추구하는 쪽으로 진화했다는 앞 절의 명제는 쾌감을 좇는 개체의 이기적 성격을 강조한다. 이 관점에 의하면 모든 개체는 자신에게 가장 이익이 되는 것을 추구하도록 진화했다. 호혜성과 이타적 마음에 대해 잘 알지 못했던 초기 진화론이 가정하는 이기적이면서 합리적인 생명의 모습은 생명의 공격성과 갈등, 생존경쟁 같은 황폐한 측면을 부각시켰다.

이타성도 본능이며 진화심리학적 관점으로 설명된다. 우선 현대 유전학은 어머니가 자식에게 보여주는 이타적 행동의 물리적 근원이 어머니와 자식이 공유하는 50%의 유전자라고 설명한다. 생명의 본질이 유전자에 있다고 보는, 도킨스의 관점이다. 자연선택 및 성 선택의 단위는 다윈이 생각했듯이 개체가 아니라 개체를 구성하는 유전자일 수 있다. 유전자의 눈으로 보면서 많은 것들이 새롭게 해석될 수 있었고, 특히 유전적으로 가까운 부모-자식 간, 친척들 간의 이타적 행동들이 설명될 수 있었다.

 자식에 대한 어미의 이타적 마음은 자장가로 표현될 수 있다. 호모 사피엔스의 먼 조상인 호모 하빌리스 혹은 호모 에렉투스는 그 이전의 원숭이나 침팬지와 다른 몸을 서서히 가지게 되었다. 이들은 점점 털이 빠졌고, 서서히 두 발 보행했으며, 두 발 보행은 호모 에렉투스 여성의 산도를 좁게 만들었다. 좁아진 산도에 직면한 태아는 예전보다 더 빨리 출산해야 했다. 갓 태어난 영아들은 이전의 원숭이 새끼들보다 훨씬 무능했고 그래서 더 많은 관심과 양육을 필요로 했다. 원숭이 새끼들은 어미의 털을 잡고 매달려 있었지만, 영아들을 데리고 종종 채집을 하러간 호모 에렉투스 여성들의 몸에는 영아들이 잡을 털이 없었다. 영아들에겐 잡을 능력도 없었다. 이런 상황에서 아이를 어딘가에 내려놓고 작업을 해야 했던 호모 에렉투스 여성은 내려놓은 아이에게 정서적 안정감을 줄 수단을 발명해야 했다. 자장가가 그 수단으로 태어났다는 가설이다. 자장가를 노래함으로써 선사시대 여성이 포식자에게 노출될 수 있음을 고려해보자. 자장가를 노래했던 여성은 자기희생적이었다.

 부모와 자식 간 사랑이 이성에게 투사되어 이성 간 사랑으로 발전했다는 가설도 있다. 이 가설이 타당하다면 이성 간 사랑의 노래도 자장가에서 파생된 것일 수 있다. 자장가가 모든 음악의 원천이라는 말은 이 모든 것을 고려한 주장이다.

 오늘날의 진화론자들은 혈연적으로 먼 개체들 사이에서의 이타적 행동에 대해서도 연구한다. 그들에 의하면 이타적 행동은 호혜적 행동으로부터 발전되었을 수 있다. 호혜적 행동이란 장기적 이익을 염두에 둔 상태에서 행하는, 단기적으로는 상대에게 이익이고 나에게 비용인 행동이다. 그것은 다음과 같은 마음에서 우러나온다. '내가 이번에 이만큼 너에게 잘 해주었으니, 너도 다음번에는 나에게 그만큼 잘해주길 바라!' 박쥐는 굶주린 친구에게 먹은 피 일부를 토해준다. 호혜적 행동의 수혜자가 신뢰할 만하다면 그는 언젠가 빚을 갚을 것이다. 박쥐는 그걸 잘 알고 호혜적 행동을 하는 것으로 추정된다.

원숭이 사회에도 그루밍grooming 같은 호혜적 행동이 있다. 손이 닿지 않는 등 쪽 무성한 털 속에 자라는 이를 상대가 대신 잡아주는 것이 그루밍 즉 털 고르기인데, 내가 그루밍을 해준 상대도 언젠가 내게 그루밍을 해줄 것이다. 털 고르기는 원숭이 사회의 호혜적 행동의 원형이다. 그런데 그루밍이 시간을 소비하는 일이라, 일정 시간 동안 그루밍 해줄 수 있는 원숭이의 수는 제한될 수밖에 없었다. 원숭이가 진화하고 그 후손인 원인의 사회 규모가 커지면, 한 원인이 그루밍으로 모두와 호혜적 관계를 맺기는 더 어려워진다. 원인의 털이 빠지면서 그루밍도 할 수 없게 된다. 이런 상황에서도 호혜적 행동은 여전히 필요하다. 묘책이 요구된다. 노래가 이런 묘책일 수 있다. 영장류의 노래는 동시다발적이며 무차별적인, 강력한 대안적 그루밍이 되었을 것이고, 인간에게도 전승되었을 수 있다. 노래의 기원에 영장류의 호혜적 행동과 이타적 마음이 있었다는, 영국 생물학자 던바의 주장이다.(던바, 2015)

유희, 배움, 경험, 지각과 사유의 훈련으로서의 예술과 음악

디사나약에 의하면 인간은 중요한 것을 특별하게 처리할 때 쾌감을 느낀다. 유희와 제의, 예술이 그런 중요한 행위다.(디사나약, 2009) 예술의 핵심에 쾌감 추구라는 생물학적 동기가 있다는 주장은 예술이 유희와 제의로부터 발전되어 왔다는 전통적 주장을 넘어선다. 이를테면 고대 이집트 왕조의 조각상과 그림, 비석에는 연주자이자 작곡가인 성직자들이 그려져 있다. 이것을 음악이 제의와 연관되어 발전했다는 인문학적 주장의 근거로 여길 수 있다. 음악이 생물학적 특화 행동이라는 근거는 되지 못한다.

디사나약은 인간의 특화 행동의 뿌리가 동물에게 있다고 주장하며 예술이 유희의 파생물이라는 비교적 잘 알려진 주장을 동물행동학적 관점과 연결한다. 많은 동물이 일상적 행동과 구분되는 특별한 행동을 하고 그 연장선상에서 인간도 그런 행동을 한다. 어린 사자들은 형제들과 장난 혹은 유희로서의 싸움을 한다. 영장류 전문가 제인 구달에 따르면 침팬지 수컷들은 비가 오면 '비춤'을 춘다. 이것은 나무 흔들기, 두 발로 뛰어다니기, 발 구르기, 헐떡거리는 소리를 내며 땅바닥 두드리기 같은 행동들이 결합한, 느리고 율동적인 춤이다. 디사나약은 침팬지의 이러한 과시적 춤이 공들이기, 특별화하기의 동물적 예라고 말한다.(디사나약, 2009)

이처럼 많은 동물 종이 배우지 않고 선천적으로 유희한다. 유희는 무익해 보인다. 에너지를 소모하며, 상처가 날 수 있다. 포식자를 끌어들일 수도 있다. 겉으로의 유희는 생존 가능성을 외려 감소시킨다. 하지만 디사나약에 따르면 유희 속에는 에너지 소모와 위험 비용을 능가하는 생존의 이익이 숨겨져 있다. 실생활에서 동물과 인간은 불확실성을 되도록 피하려 하지만, 유희를 통해서는 진기함과 의외성을 추구한다. 유희는 창조성을 키우는 계기다. 유희를 통해 동물들은 실생활에 필요한 일들을 연습하고, 서로 잘 어울리는 법을 배운다. 유희하는 개체들의 생존율은 높다. 동물들에게 유희는 삶에 이익이 되는 다양한 배움이다. 예술은 유희로부터 발달했다. 사자의 유희나 침팬지의 과시적 행동처럼 예술도 특별히 윤색된 것, 삶을 보완하는 것이며, 진짜가 아니라 하는 척하기다.(같은 책)

예술을 통해 인간이 여러 가지를 배운다는 논리는 미국의 교육철학자 존 듀이에 의해서도 제안되었다. 듀이에 의하면 원래 인간의 일상적 경험 중 하나였던 예술이 예술을 위한 예술이 되어 박물관으로 들어가면서 일상생활과 유리되었다. 예술은 일상과 자연의 영역으로 되돌아와야 한다. 돌아온 예술은 배움의 중심이 된다.(듀이, 2003) 듀이에게 교육은 배움이며 경험을 통한다. 특히 예술적 경험은 훌륭한 배움이다. 미학자 김연희에 의하면 듀이에게 순수예술은 배움을 제공하는 좋은 경험인데, 이것은 예술이 특히 지각을 훈련시켜 주기 때문이다. 순수예술은 첨단의 지각적 실험을 통해 창조된다.(김연희, 2012)

선사시대의 조상들에게 지각을 훈련하는 일은 특히 중요했다. 잘 듣지 못하는 조상들은 조용히 뒤에서 다가오는 호랑이에게 잡아먹혔을 것이다. 오늘날의 우리도 다양한 지각 훈련을 받을 필요가 있다. 예술은 결과적으로 이러한 필요에 부응한 것일까. 애초에 그 필요를 고려해 만들어진 것일까. 더 나아가 그 필요를 고려해 만들어져야 할까.

교육자들은 예술을 이용해 학생들의 지각을 훈련시킬 수 있다. 예술가들은 창작함에 있어 교육적 요구에 대해 크게 고려치 않을 것이다. 예술이 결과적으로 지각을 훈련시킨다면 예술가들은 자기 의도와 무관하다고 생각하면서도 나쁜 소식으로 받아들이지는 않을 것이다. 자기 작품의 사회적 쓸모가 있다는 이야기니까 말이다. 반면 누군가 예술이 배움으로서의 유희로부터 비롯되었다고 말하면, 지각 훈련 같은 교육적 필요로부터 비롯되었다고 말하면, 신경질적인 반응을 보일 것이다. '그래서 어쩌라고!' 만약 예술이 여전히 그런 배움의 기회여야 한다면, 지각을 훈련시키는 것과 같은 배움의 필요를 고려해 예술을 만들어야만 한다고 말한다면 이제 예술가들은 상당히 불편해 할 것이다. 부담되는 요구를 받은 셈이기 때문이다.

월렌스타인도 예술가들에게 부담을 주는 편에 선다. 음악은 인간 개체의 발달상의 어떤 필요에 부응키 위해 마련되었고, 그 필요성이 음악을 발달시키고 진화시켰다고 말한다. 우리가 음악에 끌리는 이유는 평생 진행되지만 특히 생후 20년 동안 중요하게 진행하는 정상적 뇌 성장과 발육을 위해 여러 종류의 청각적 자극을 경험해야 한다는 발달상의 필요성 때문이다.(월렌스타인, 2009)

'음악이 인간 개체의 발달상의 어떤 필요에 부응키 위해 마련되었다'는 논리는 목적론적인 이야기처럼 들린다. 발달적 필요성을 먼저 가정하고 그 필요에 맞추려고 음악이 만들어졌고 이후 인간과 함께 공진화했다고 말하는 것 같다. 사과의 존재 이유가 비타민 C를 섭취해야 할 우리 몸의 필요성에 부응하려는 데에 있다고 말하는 것과 비슷한 논리다.

소리 자극과 함께 선사시대 인간 개체의 청각 피질이 성장하고 발달했을 것이다. 오늘날엔 음악도 도움을 준다. 그런데 음악이 긍정적 역할을 하게 된 상황은 우연히 조성되었다. 음악의 교육적 효과가 있는 것은 분명한데, 그것은 일종의 부작용이다. 선사시대의 음악은 발달적 필요성에 부응하려고 만들어진 것이기 보다 감정 표현 기제로서, 구애 수단으로서 만들어진 측면이 더 큰데, 그 이후 우연히 교육적 효과마저 본 것일 수 있다.

우리 몸은 비타민 C를 필요로 한다. 청각 피질 영역도 발달상의 필요성에 노출되어 있다. 이 필요성들에 부응하는 방식이 쾌감을 느끼는 것이다. 우연히 쾌감 체계를 장착해 우연히 발견된 사과를 달고 상큼한 것으로 먹었던 이들의 생존율이 높았을 것이고, 쾌감 체계가 미비하여 사과를 달게 느끼지 않아 먹지도 않았던 이들의 생존율은 낮았을 것이다. 비슷하게, 우연히 음악에 대한 쾌감 체계가 장착되고 덕분에 음악에 대한 수신편향을 가졌던 이들이 음악을 하며 생존율을 높였을 것이다. 음악은 청각 피질의 비타민이었다. 필요성 때문에 사과와 음악이 존재했던 것은 아니지만, 사과와 음악은 우연히 필요성에 부응했다. 월렌스타인의 말한 '우리가 음악에 끌리는 이유'에 대한 논의는 타당해 보인다.

이제 또 다른 우연이 음악적 경험의 새로운 유용성을 낳았다. 음악은 지각을 훈련시키는 효과를 넘어 사유의 훈련도 유도할 수 있다. 우리는 사유 훈련의 필요성에도 노출되어 있다. 지식과 과학을 반영하는 음악에 대한 청취 경험이 성찰과 독서의 경험과 연결될 때 음악은 사유의 조련사 역할을 할 수 있다. 그런 음악 역시 사유 훈련의 필요성에 부응하기 위해 만들어진 것은 아니다. 통합적 마음을 가지게 된 작곡가가 필연적으로 쓸 수밖에 없었다. 지각 훈련에 적합한 음악은 쾌감을 줄 수 있다. 사유 훈련은 쾌감이라는 동력만으로 추동되기 어렵다. 사유는 생소하거나 불편하며 충격적인 진실을 알아가는 과정일 수 있다. 사유 훈련에 적합한 음악은 조화로운 음들만으로 채워진 음악이 아닐 수 있다.

듀이는 엘리트주의적 순수예술론을 비판했다. 이 이론은 순수예술을 삶과 떨어졌지만 무슨 이유에서인지 대단히 권위 있는 것으로 평가한다. 듀이는 민주주의자, 교육 개혁가였다. 그는 일상의 미학 혹은 삶의 미학을 주장하며 관람자 중심의 수용미학을 아울러 제안한다. 그렇게 "절대적이고 투명한 지식을 거부하고 지식의 상대성과 가변성을 인정하는 포스트모던 인식론을 예견했다."(김연희, 2012) 그런데 예술이 배움의 경험이라고 할 때 반드시 관람자 중심의 수용미학을 통해야 하는지는 의문이다.

포스트모더니즘은 순수예술론을 비판한 후 도달하는 유일한 목적지일 수 없다. 억압적 절대주의에 대한 포스트모더니즘의 해방적 기능이 있다. 오늘날 듀이가 비판했던 엘리트주의적 순수예술론이 여전히 강력한 입지를 가지고 있으니 듀이의 관점은 우리에게 여전히 도움이 된다. 하지만 포스트모더니즘의 지독한 상대주의가 인간의 여러 경험, 특히 예술적 경험들에 대한 보편적 논의를 막고 있음에 주의하자. 포스트모더니즘의 상대주의가 기존의 권위를 깰 뿐 새로운 권위를 구성하려는 데에 게으르다면, 듀이에 머물러서는 안 될 것 같다.

새로운 예술적 권위는 예술이 인류의 자연적/사회적 생존의 문제에 통찰과 영감을 줄 때 구성되고 부여된다. 오늘날 예술가들과 예술학자들은 힘든 삶의 무게에 짓눌려 있는 이들에게 예술의 진정한 이익과 가치를 옹호해야 할 처지에 있다. 이들은 엘리트주의적 순수예술에 별반 감동을 받지 못하지만 포스트모더니즘의 도발과 조롱, 불친절에 대해서도 큰 위로와 통찰을 얻지 못한다. 이런 상황에서 국가는 이러저러한 사업들이 필요하다며 이들을 설득하고 선동하며, 종종 불필요한 사업들에 나랏돈을 써댄다. 그 돈이 예술 부문에 쓰일 수 있음에도 말이다. 선동당하며 힘든 삶의 무게에 짓눌려 있는 이들에게 예술의 가치와 권위를 설득하지 못하면 예술의 사회적 입지는 급격히 위축될 것이다. 예술의 가치와 권위는 힘든 삶을 표현하고 그 삶을 더 나은 쪽으로 변화시킬 수 있는 무기로서의 통찰을 제공할 때 성립된다.

고단한 인간, 부정본능을 가지고 치유와 승화의 음악을 발명하다

디사나약이 말하는 유희와 예술의 또 다른 기능은 치유

다. 예술과 유희는 "실생활에서 거부되거나 터부시되는 숨겨진 욕망의 승화 또는 충족을, 다시 말해 환상을 허용한다. 사랑하는 여인을 얻지 못한다면 그녀를 얻는 꿈을 꾸거나 상상하거나 소설을 쓰거나 그림을 그린다."(디사나약, 2009) 혹은 그녀를 예술적 상상 속에서 죽일 수 있다. 그런 예술을 창조하고 감상함으로써 작가와 감상자 모두 심리적 치유 효과를 얻을 수 있다.

베를리오즈는 1827년 프랑스에서 공연 중이었던 셰익스피어의 연극 『햄릿』을 관람했다. 극의 여주인공 오필리아로 분했던 영국 여자 배우 해리엇 스미드슨에게 곧바로 사랑을 느꼈던 이 작곡가는 편지로 사랑을 고백했다. 사랑이 받아들여지지 않아 상심한 이 미치광이 같은 20대 후반의 작곡가는 심한 정신적 고통을 겪다가 《환상 교향곡》을 작곡했다.

이 교향곡의 각 악장에서 베를리오즈가 사랑했던 스미드슨을 표현하는 선율이 지속해서 연주된다. 1, 2, 3악장에서는 우아하고 아름답고 상대적으로 느리게, 4악장에서는 선율의 일부만이 창백한 느낌으로 스쳐 지나가듯이, 5악장에서는 선율 전체가 빠르고 경박하며 우스꽝스럽게 연주된다. 어떤 사람 혹은 대상을 교향곡의 서로 다른 악장에서 이렇게 지속해서 표현하는 선율을 음악 용어로 고정관념이라 한다. 고정관념에 의해 여인은 1, 2, 3악장까지는 아름답고 사랑스런 대상으로 그려진다.

하지만 4악장에서 작곡가는 여인을 죽인다. 그러고는 살인 혐의를 받고 사형장으로 끌려간다. 음악의 마지막에서 고정관념의 일부가 짧게 소개된다. 이승에서 사라져버린 여인을 온전히 표현할 수 없다. 〈단두대로의 행진〉이라는 제목의 4악장이 이렇게 끝난다. 강력한 타악기들과 낮고 어두운 음색의 금관악기 오피클라이드를 사용해 얻어진 강렬한 음향은 치명적 살의를 표현한다. (오피클라이드는 튜바의 조상이다.) 이 네 번째 악장을 작곡하는 마음의 기저에는 얻고 싶지만 얻지 못하는 여인을, 암컷을, 수천만 년 동안 강간하거나 죽여 왔던 더러운 수컷들의 야만성이 있다.

〈안식일 밤의 꿈〉이라는 제목의 5악장에서 작곡가는 자신의 행위를 후회하고 자신을 비난하는 독특하고 참담한 방식을 보여준다. 자신에게, 동시에 자신을 받아들이지 않은 여인에게 징벌을 내린다. 요란하며 기괴한 마녀의 축제에 두 사람이 참여하는 징벌. 참으로 뻔뻔하다. 마녀의 축제에는 가해자만이 참여해야 한다. 피해자까지 참여한다는 것은 작곡가의 마음속에서 가해자와 피해자가 동급으로 취급되고 있음을 말해준다. 앞의 악장들에서 사랑하는 여인을 표현했던 선율은 여기서 빠르고 경박하며 우스꽝스럽게 연주된다. 피해자를 조롱하고 있다! "네가 행실이 그 모양이니 남자들에게 강간당하는 것 아니니!"라고 말하는 이들의 심리상태가 느껴진다. 남성들과 그들에 동화된 이들의 뿌리 깊은 악마성이 엿보인다.

1990년대 초의 미국 영화 《적과의 동침》의 감독은 이 음악을 잘 알고 있었다. 여주인공으로 분한 미국 배우 줄리아 로버츠는 영화상에서 남편에게 상습적으로 구타당한 직후에는 꼭 성폭행 당했다. 남편은 성폭행할 때마다 이 5악장을 튼다.

도망쳤던 그녀를 다시 찾아낸 광기의 남편은 그녀가 홀로 사는 집에 몰래 들어가 5악장을 다시 튼다! 여성을 얻지 못해 죽이고 싶은 남성들에게 차라리 이 교향곡을 듣고 마음을 승화시킬 것을 권유한다. 하지만 이런 승화가 항상 성공적으로 일어난다는 보장도 없다. 과도하게 감정적이며 공상적인 예술과 음악이 그것을 누리는 이들을 더욱더 병적이고 공격적으로 만들 수도 있다. 효과가 의심스러움에도, 어쨌든 예술적 치유 혹은 승화는 필요하다. 삶이 고단하기 때문이며, 삶의 문제가 현실에서 해결되지 못할 때가 많기 때문이다.

조상들의 삶도 꽤나 고단했을 것이다. 그들에게도 해결될 수 없는 문제들이 있었을 것이고, 치유 혹은 승화의 수단이 필요했을 것이다. 조상들은 교향곡이 아니라 제의를 발명했다. 예술적 치유와 승화가 삶의 실체에 다가서는 것이 아닌 것처럼 제의 역시 삶으로부터 분리된다. 디사나약은 그런 제의로부터 치유와 승화의 예술이 진화했다고 말한다.

제의와 예술이 삶으로부터 분리될 수 있는 것은 인간이 평범하고 자연적이며 세속적인 질서, 영역, 분위기, 존재 상태를 비일상적이거나 초자연적인 질서, 영역, 분위기, 존재 상태와 구별할 수 있기 때문이다.(디사나약, 2009) 디사나약에 의하면 동물들도 평범하여 자연적인 것과 비일상적이어서 초자연적인 것을 구분하여 인식할 수 있다.(같은 책)

인간은 이러한 구분 능력에 더해 가상적이거나 가정적인 현실을 창조하는 선천적 경향도 가지고 있다. 인간은 어떻게 이 능력을 얻었을까. 디사나약에 따르면 다른 동물들은 현재에 살지만 인간은 점차로 과거와 미래를 고통스럽게 의식할 정도로 뇌를 키웠고, 그런 뇌 속에 복잡한 마음을 탑재한 인간은 일상과 비일상을 구분하고 특별함을 알아보는 동물적 능력을 더욱더 발달시켰다. 여기에 과거에 대한 고통스런 기억과 미래에 대한 공포로 추동된, 사전에 계획하기 혹은 원인과 결과에 대해 평가하기 같은 고차원적 인지 능력들이 결합한다. 크고 복잡해진 뇌를 가진 인간에게 특별하고 불확실하며 우발적인 상황에 대처하는 능력이 생겼고, 그 능력을 통해 비일상적인 세계, 즉 예술을 창조하는 것이 가능해졌다.(같은 책)

비일상적 세계는 아지트 바르키와 대니 브라워가 제안한 '부정본능'을 통해 창조될 수 있다. 바르키와 브라워는 인간이 동물과 다른 진화의 길을 걷게 된 것이 인간만이 가졌던 현실 부정 능력 덕택이라고 말한다. 여기서 부정이란 의식하게 되면 참을 수 없는 사고, 감정 또는 사실들을 인정하지 않음으로써 불안을 누그러뜨리려는 무의식적 방어기제다. 현실부정이고 자기기만일 수 있는 부정하는 능력이 오히려 현실에서 긍정적 구실을 한다. 부정하는 능력의 수혜자들이 살아남아 번식해 후대에 [그 능력과 관련한] 신경학적 기제와 유전적 흔적을 남겼다.(바르키·브라워, 2015)

이런 주장들은 오늘날 우리가 일상적으로 보는 수많은 자기기만과 현실부정의 사례들을 잘 설명해준다. 부정본능이 전형적으로 발현된 것이 종교와 예술일 것이다. 영화나 드라마를 통해 신데렐라 콤플렉스의 무한 변주가 이루어진다. 잘생긴 재벌가의 후계자가 볼품없는 (아마도 자신과 동일시될 수 있는) 여인을 순정적으로 사랑해주는 헛된 이야기를 보며 현실의 암울함을 날려버리는 사람은 부정본능을 가지고 있다. 멋있고 달콤하고 웅장하며 영웅적인 음악도 현실을 잊는 데 조력할 수 있다.

현실을 부정하는 성향이 능력일 수 있다. 과거에도 그렇고 지금도 그렇다. 새로운 것을 만들어내는 창의적인 이들을 추동한 것도 이 능력 혹은 본능일 수 있다. 이 성향은 재앙을 몰고 올 수도 있다. 대규모의 환상적 이야기를 담은 바그너 오페라들은 영화가 아직 대중화되지 않았을 시기의 블록버스터였다. 오늘날 오페라는 블록버스터의 지위를 영화에게 뺏겼다. 대중음악의 감상은 여전히 현실을 부정하는 강력한 경험으로 남아있다. 스트레스의 원인을 해결하려 하지 않고 노래방에 가서 질러대는 사람들이 많다. 어쩔 수 없는 경우라면 노래하는 행위는 승화 혹은 치유다. 해결할 수 있음에도 노래방에 가는 이들은 현실에서 도피한다.

고단한 삶, 공동체 의식을 점화하는 제의-음악을 발명하다

고단한 삶을 사는 인간은 아득한 옛날부터 슬픔을 달래야 했다. 제의를 통해 달랠 수 있었다. 제의는 기껏 잊고 지내던 이들에게 슬픔을 환기하는 유형화된 프로그램이기도 하다. 디사나약에 의하면 제의에서 비롯된 예술 역시 슬픔을 잊고 지내던 이들에게 오히려 슬픔을 환기해주는, 감정의 용기容器 또는 주형鑄型이기도 하다.(디사나약, 2009) 사람들이 음악을

듣고 갑자기 오열하는 경우가 오늘날에도 많다.

디사나야을 계속 인용하면, 제의와 예술은 감정을 불러옴에 있어 비일상적 방식을 취한다. 스리랑카의 장례식에서는 고풍스럽고 시적인, 즉 특이한 언어를 읊조리거나 노래하듯이 발음한다. 이렇듯 제의는 대부분 양식화stylization되어 있다. 양식화된 '제의-예술'은 그것에 참여한 대부분의 사람이 비슷하게 유형화된 감정을 느낄 수 있는 공통의 계기다. 그 속에서 사람들은 개인적 자아를 초월하는 경험을 가진다.(같은 책) 공동체 의식은 개인적 자아를 초월한 상태에서 얻어졌고, 공동체 의식에 집중할 때 우리는 몰입된다. 부모의 죽음에 대처하는 것처럼 개인이 해결하기에 너무 벅찬 상황에 공동체가 나설 경우 상주의 감정적 문제가 해결될 수 있다. 공동체는 사냥이나 전쟁과 같은 구체적 문제에서도 새로운 해결 주체로 등장했고, 초보적 복지를 구성원들에게 제공했다.[4] 공동체 의식은 새로운 주체에 개인을 맡김으로써 형성된다. 공동체 의식과 함께 공동체의 문제 해결 능력은 강화된다. 문제 해결 능력이 있는 공동체는 번성하고, 그 공동체에 속한 개인의 생존율은 더불어 높아진다.

공동체 의식은 개인 간의 호혜적 행동과 이타적 마음을 훨씬 큰 규모로 확장한 것일 수 있다. 어떤 집단에서 이타적 마

---

[4] 공동체 안에서는 어쩌다 먹이를 찾지 못해도 타인에게 먹이를 얻어먹을 수 있었다. 포식자가 나타나도 내가 아닌 다른 개체가 잡혀 먹힐 가능성이 있었다. 고마워야 할 공동체, 계속 꾸려나가야 할 공동체에 대한 애착 및 생각, 감정이 공동체 의식이다.

음에 기초해 구성원들 사이에 협동과 조화의 행동들이 퍼질 때, 음악은 그런 행동들의 기저에 있는 협동 지향적 마음과 조화 지향적 마음을 표현하여, 그런 마음과 행동을 만들어내고 퍼트리는 데에 역할을 할 수 있다. 오늘날 우리는 교가와 사가, 애국가, 찬송가, 특정 지역과 관련된 대중가요를 부르며 개체 간의 이기심을 녹이고 (다른 집단에 대해서는 배타적인) 하나의 집단으로 거듭난다. 하나 된 집단에서 개인은 자아를 초월해 집단의식에 몰입한다. 음악은 집단정신을 만들어내는 강력한 인간행동이며, 집단정신의 기반인 이타적 마음 혹은 공동체 의식을 점화시키는 자극이다.

많은 사람들이 이 점을 오래전부터 알고 있었다. 베치는 마치니와 스탈린을 소개한다. 이탈리아 철학자 주세페 마치니의 저서 『음악철학』에 의하면 민중은 공동의 음악을 요구하며 음악은 개별 영혼들에 영향을 끼치고 군중을 동원한다. 한 세기 후 구소련의 공산당 서기장이었던 스탈린 역시 민중의 공동체 의식을 강화할 수 있을 작곡가의 능력과 책임을 강조하며 "작곡가는 영혼의 기술자"라고 말했다.(재인용 : 베치, 2009)

그런데 몇몇 광기 어린 집단이 국가, 민족, 인종, 종교 등의 이름으로 된 공동체를 내걸고 개인의 자유를 억압하며 전쟁을 벌이는 등 악행의 역사를 저질렀다. 그런 집단을 구성하고 강화하는 과정에서 보여준 음악의 역할도 있었다. 음악학자 이경분에 따르면 히틀러의 나치 정권은 2차 세계대전 동안 많은 독일인들이 가지고 있었던 라디오를 통해 독일의 고전음악과 대중음악을 매일 20시간씩 송출했다.(이경분, 2009) 나치

치하에서 독일 음악은 나치 이념에 기초한 정치적 공동체를 구성하고 유지하는 과정에서 중요한 역할을 했다. 이런 정책이 효과가 있으려면 독일은 애초에 음악의 나라여야 했다. 나치 선전부 장관 괴벨스는 말했다. "온 민족이 음악을 즐기는 가운데, 바흐, 모차르트, 베토벤, 바그너 같은 위대한 예술적 천재가 탄생했고 이들이야말로 음악적 천재의 최고봉이라 해도 과언이 아닙니다."(Susanna Grossmann-Vendrey, 재인용: 이경분, 2009)

괴벨스와 히틀러 같은 나치 주역들은 독일적 음악을 진심으로 좋아했고 전폭적으로 지원했다. 나치 독일의 사회 통합의 한 축은 독일 고전음악이었다. 괴벨스의 말마따나 독일은 음악의 나라였는데, 그런 독일이 가공할 침략과 살육의 나라였다는 것을 고려하면 인간이 음악적 종이라는 진화심리학적 주장은 인간과 이성에 대한 모욕일 수 있다. 독일 고전음악과 대중음악은 2차 세계대전 전과 전쟁의 와중에 독일인들을 무비판적 공동체 의식에 몰입시키는 효과적 선동 도구로 작동했다.

음악은 나치의 정치적 제의의 수단이기도 했다. 뉘른베르크는 나치 정당의 발원지였던 독일 남동부의 도시인데, 이 작은 도시에서 열렸던 나치당의 정치집회에 대한 다음의 보고는 집회가 거의 제의수준에 이르렀고, 음악이 정치적 제의에 중요한 역할을 했음을 잘 보여준다.

> 히틀러의 도착은 매우 극적으로 처리되었다. 그 이전까지 연주하던 밴드는 연주를 멈추었다. 홀 안에 가득 찬 3만 명이 넘

는 사람들 사이에는 침묵만이 있었다. 그때 밴드가 바덴바일러 행진곡을 연주하기 시작했다. 히틀러가 긴 중앙복도로 내려올 때, 사람들은 거수경례를 했다. 그것은 종교적 의식이었다. 그때 거대한 관현악단이 베토벤의 《에그몬트》 서곡을 연주했다. 사람들의 비판적 능력은 그 순간 멀리 날아갔으며, 그 이후 선언된 모든 거짓말들은 진실로 받아들여졌다.(1934년 뉘른베르크 정치집회의 기록, 재인용 : 이경분, 2009)

히틀러는 1930년대 독일인들의 지지를 통해 집권했고, 이후 전체주의의 길을 열었다. 이 과정에서 독일인의 유별난 음악 사랑이 역할을 했다고 토마스 만은 말한다. 음악을 좋아하는 독일인은 내면적이며 "독일적 내면성은 사상적으로, 예술적으로는 매우 대담하지만 정치적으로는 조잡하고 미성년적인 측면을 드러낸다. 내면성을 너무 존중한 탓에 정신적 자유와 정치적 자유를 구별하는 이원론에 빠져, 정치적으론 노예상태에 있으면서도 정신적으론 자유롭다."(재인용 : 이경분, 2009)

토마스 만이 말한 것처럼 독일인들의 정치적 마음에 기본적으로 문제가 있었다. 선동적이거나 지나치게 내면적인 음악은 문제를 더 악화시켰다. 필요했던 것은 건전하고 비판적인 정치적 마음과 그런 마음을 독려해주는 건강한 음악적 마음이었다. 그런 마음에 따른 정치적 행위와 음악작품도 필요했다. 비판적인 정치적 마음은 사회를 제대로 인지하려는 마음, 즉 사회적 지능이다. 작곡하는 마음에 정치적으로 비판적인 마음이 스며들어 사회적 세계를 제대로 인식하고 표현했던 작곡가가 좀 있었더라면, 그런 작곡가의 음악을 독일인들이 좋아하여 성찰했더라면 어땠을까.

이상의 논의는 디사나약이 했던 다음의 말과 다르다. "삶과 분리된 제의가 없다면 그 사회 집단은 생존하기가 상대적으로 더 어려울 것이다. 그 사회 집단의 구성원들은 개별적이고, 파편적이고, 분산적이고, 그래서 궁극적으로 그다지 만족스럽지 못한 방식으로 역경에 반응할 것이기 때문이다."(디사나약, 2009) 디사나약은 선사시대를 염두에 두고 이 말을 했다. 그녀에게 공동체 의식과 그로 인한 몰입은 모두 긍정적이다. 그럴 만도 했다. 냉혹한 자연에서의 생존문제에 더 신경 쓸 수밖에 없었던 시절이 상당히 길었고, 그 오랜 시절 인간에게 공동체는 생존을 위해 매우 중요했으며 공동체 의식은 개체의 생존 확률을 높이는 마음이었다. 이런 점에서 개인이 가졌던 이타적 공동체 의식과 그것을 점화했던 음악적 마음은 당시엔 적응이거나 최소한 적응적일 수 있었다.[5]

---

5. 이런 식의 논의를 집단선택설에 기초한 것으로 볼 수 있다. 이 이론은 자연선택 단위가 집단이라고 주장한다. 진화론자들은 자연선택의 단위를 놓고 이견을 보인다. 생물학자 최재천은 이를 잘 정리했다. 우선 다윈은 개체를 자연선택 단위로 보았고, 윌리엄 해밀턴과 조지 윌리엄스 같은 현대 진화론자들은 유전자를 그 단위로 보았다. 이들은 집단선택설을 공격했다. 선택되는, 즉 살아남는 집단에서는 이타적이며 희생적인 숭고한 개체들이 있다. 에드워드 윌슨은 최소한 사회성의 진화와 관련해선 집단선택이 훨씬 중요했다고 말한다. 집단선택설 주장자들 중에서는 유전자가 선택 단위임을 부정하지 않는 이들도 있다. 다중수준 선택 이론 제안자들이다.(최재천, 2012) 호모 사피엔스가 집단이면 그 집단은 선택되었고 네안데르탈인 집단은 선택되지 않았다. 호모 사피엔스가 선택되는 과정에 공동체 의식을 강화해주는 음악이 있었을 것이다. 집단선택설의 비판자들은 이타적 개체들

디사나약의 말은 그때는 맞고 지금은 틀린다. 공동체 의식 및 그것을 표현하는 음악적 마음이 조상의 생존율을 높였다면 과거의 적응이다. 오늘날 민족주의와 지역주의를 비롯해 학연, 지연, 혈연, 종교 등에 기초한 다양하지만 배타적인 공동체 의식과, 그런 공동체 의식을 표현하는 음악적 마음은 위험하며 퇴행적일 수 있다. 이 사실을 인지한 독일 정부는 전후 50여 년 동안 학교 수업에서 합창을 금했다. 합창이 수업시간에 다시 허용된 것은 2000년대 이후 이야기다.

공동체 의식과 공동체적 음악의 위험성은 교육과 언론을 통해 알려져야 한다. 하지만 그렇게 되지 못한 경우가 많다. 여기에 덧붙여 우리 정서의 저 깊은 밑바닥에 존재하는, 공동체에 대한 집착이 있다. 우리는 뼛속 깊이 공동체 인이다. 조상들은 수백만 년 동안 공동체에 속해서 살아왔고 그것을 당연히 여겨 왔다. 공동체에 속하지 못함으로써 포식자에게 잡아

이 많은 집단에서 일부 이기적 개체들이 이득을 보며 집단 내에서 선택될 수 있다는 점을 지적한다. 윌렌스타인은 선사시대의 공동체에 개인이 소속되는 것이 그의 생존율을 높였다는 것에만 초점을 맞춘다면 공동체 내의 소통과 협력을 용이하게 하는 수단으로서의 음악에 대한 논의는 집단선택설과 무관하게 진행될 수 있다고 말한다.(윌렌스타인, 2009) 윌렌스타인의 논의는 디사나약의 논의에 맥이 닿아 있다. 디사나약의 논의에 집단선택론의 혐의가 엿보인다. 음악이 공동체를 강화하는 수단으로 예전에 쓰였고 지금도 그렇다면, 공동체 의식을 점화하는 음악적 마음은 예전엔 적응일 수 있지만 오늘날엔 아니라는 것이 내 주장이다. 심지어 해악일 수도 있다. 나치 독일에서 독일음악에 비판적이었고 나치 공동체에도 비판적이었던 일부 독일인은 일부 유대인과 함께 미국으로 망명했다. 그들은 공동체의 배신자였다. 이기적 배신자인 그들이 살아남았다. 배신자 효과다. 이타적 독일인들의 다수가 당시에 죽었다.

먹힐 가능성은 커지고, 무언가를 사회로부터 얻어먹을 기회는 사라진다. 공동체는 우리에게 중대한 이익을 주는 삶의 방식이었고 그렇게 인식되었다. 그러한 인식이 박힌 우리에게 공동체로부터의 배척은 고통 그 자체다. 미국의 심리학자 나오미 에이젠베르거는 우리가 배척을 당했을 때 활성화되는 뇌의 부위는 신체적 고통을 경험할 때 점화되는 뇌 부위와 같다고 말한다.(Naomi Eisenberger et al., 재인용: 사토시, 2012) 배척을 싫어하도록 프로그래밍이 된 우리는 공동체에 포함되는 것이 손해이고 배척당하는 것이 이득이어도 여전히 배척을 싫어한다.(Ilja van Beest et al., 재인용: 사토시, 2012) 공동체에 대한 본능적 집착이 애국심과 애교심, 애사심, 지역감정, 종교적 열정 등으로 구현된다. 애국가를 부르며 눈시울이 붉어진다면 당신은 선사시대의 조상으로부터 물려받은 공동체 선호 성향과, 그 성향을 강화하는 음악적 마음을 확인한 셈이다.

나치 독일의 예를 들며 모든 종류의 공동체가 위험하다고 말할 수 없다. 떨리는 마음으로 애국가를 부른 우리는 위험한 쪽으로 가고 있는가. 판단은 상황에 따라 달라질 것이다. 강대국이 아닌 약소국의 민족주의, 민족해방투쟁을 벌이는 나라의 공동체 의식은 달리 봐야 한다. 그런 경우의 공동체 의식은 필요하며, 그런 의식에 몰입하게 해주는 음악도 필요하다. 약소국들의 민족해방투쟁이 지지될 필요가 있기 때문이다. 하지만 주의해야 한다. 1차 세계대전(1914~1918)을 일으킨 독일도 1871년 통일 독일제국이 되기 이전엔 오랜 봉건적 상황에 시달리는 약소국이었다.

1806년 나폴레옹의 공격을 받아 중세시대 이래 독일과 오스트리아, 스위스, 일부 이탈리아 땅에 있었던 보수적인 신성로마제국이 붕괴한다. 이후 19세기 독일의 지식인 대부분은 독일민족에 의해 통일된 독일국가라는 정치적 상황을 기대했었다. 바그너의 민족주의적 오페라 《로엔그린》은 이런 상황에서 작곡되었다. 헝가리의 침공을 받았음에도 여전히 단결하지 못하는 중세 독일의 실제 상황에 대한 안타까움과 통일된 독일에 대한 갈망을 이 작품은 웅장하게 표현한다. 실존 인물이었으며 오페라의 등장인물이기도 한 하인리히 1세 왕은 독일 남성들에게 독일이 침략을 받고 있다고 말하며 전투부대를 보내라고 외친다. 신화 상의 인물이며 오페라의 주인공인 로엔그린도 이렇게 노래한다. "위대한 왕이시어. 그대 순수한 자에게 위대한 승리가 주어질 것이오. 동쪽의 무리는 먼 훗날에도 독일로 감히 침범하여 성공하지 못할 것이오!"

〈결혼행진곡〉으로 잘 알려진 《로엔그린》이 초연된 1850년 당시의 바그너는 허약하고 갈기갈기 찢긴 자신의 조국이 20년 후에 통일되어 당시의 강대국 프랑스를 침략하고는 그로부터 50년도 안 되어 1차 세계대전을 일으킬 정도로 강대해지고 공격적이 될 것을 전혀 예측하지 못했다.

몰입을 통해 현실을 가리는 예술

많은 예술가들은 다양한 예술적 몰입 상태를 묘사한다. 홀림, 무아지경, 자기 초월적 상태, 시간이 멈추는 느낌, 춤이 춤을 추고 음악이 음악을 연주하며 내가 그 활동이나 경험의 도구가 되는 느낌, 뒤섞임의 느낌 즉 자신과 타자 사이의 경계가 소멸하는 느낌, 과다호흡과 교감의 각성 등을 보고한다.(디사나약, 2009) 많은 예술가가 최고의 예술적 경험으로 보는 이러한 상태를 보통 사람들도 추구한다. 미국의 인류학자 부르기뇽에 따르면 많은 사람들이 이런 경험을 느끼고 존중하며, 삶의 이유로 여긴다.(Erika Bourguignon, 재인용 : 같은 책)

이런 경험에 생존 가치가 있을 수 있다고 디사나약은 주장한다. 인간에겐 이미 이런 몰입 상태에 빠져들었던 오래전의 제의 경험이 있었고, 그 경험은 공동체를 강화시키는 데에 도움이 되었다. 강화된 공동체에 소속된 개체의 생존율은 높아진다. 제의에서의 몰입과 자기 초월적 상태를 긍정적으로 평가할 수 있는 이유다.

그런데 예술적 몰입상태는 제의 경험으로부터 발원했지만 이제 그것을 잊은 예술가들과 감상자들의 경험이 되었다. 제의 및 공동체와 무관한, 예술적 맥락에서의 자기 초월적 상태 혹은 몰입 상태를 좋게만 평가해야 할까. 현실을 잊게 하는 마음 상태 아닌가. 디사나약에 따르면 제의는 사람들에게서 불안을 덜어 준다. 비슷하게, 몰입시키는 동화 속에서 선녀, 도깨비, 요정 등은 근심과 스트레스를 일소한다. 불안을 없애려는 이런 성향은 세계의 불확실성을 [감정적으로] 처리하려는 인간의 성향으로부터 발생했고, 종종 예술적이다.(같은 책)

예술이 이런 성향을 통해서만 시작되었다고 하더라도 오늘날의 예술까지 여전히 그런 성향에 기초해야만 할까. 현실적 해결방법을 가질 수 있는 이들이 예술을 통해 현실을 잊고 승화한다면 유감이다. 그런 예술은 사람들이 직시해야 마땅할 현실을 가리며 사람들에게 추상화된 몰입과 근거 없는 기쁨을 준다. 민중의 아편이다.

현실을 가리는 예술적 음악의 뿌리를 19세기 초반의 비더마이어Biedermeier 시대(1815~1848)로 볼 수 있다. 'Biedermeier'라는 용어는 정직한, 성실한 등의 긍정적 의미와 우직한, 완고한, 고루한 등의 부정적 의미 모두를 가지는 독일어 형용사 'bieder'와, 가장 흔한 독일 남자 이름인 'Meier'가 결합해 만들어졌다. 비더마이어는 정직하고 성실하기보다 완고하고 고루한 독일 남자로 의인화된 시대였다.

비더마이어는 소시민적 생활양식을 지칭하는 용어로 등장했다. 이후 1815년에서 1848년 사이의 예술과 생활방식을 가리키는 용어가 되었다. 이 시기는 오스트리아의 재상 메테르니히가 통치하던 시기다. 프랑스 혁명의 이념을 유럽 전역으로 전파하려 했던 나폴레옹을 패망시킨 메테르니히는 유럽을 1789년 이전 시기로, 즉 프랑스 대혁명 이전 시기로 되돌렸다. 복고와 반동의 시대였다. 프랑스 대혁명이 사람들에게 안겨준 자유와 평등에 대한 희망이 위축되었다. 민중에 대한 억압과 검열, 탄압이 있었다. 사람들은 환멸감과 정치에 대한 무관심을 가지고 이 암울한 시대를 살아갔다. 1848년 프랑스에서 다시 혁명이 일어나면서 이 시대는 끝난다.

슈베르트는 이 시기의 대표적 작곡가인데, 그의 대다수 작품 속 고독과 슬픔은 이런 시대와 무관해 보인다. 그의 고독과 슬픔, 무력감, 암울함은 개인적 감정으로 인식되며, 심지어 달콤하게 들린다. 베치는 이러한 슈베르트의 모습이 편향적이며, 우리에게 주입되었다고 말한다. 슈베르트가 정치적 상황을 잘 알고 있었다는 여러 증거들이 있다. 그런 상황에 대한 거부감을 표현한 것이 그의 작품일 수 있다는 증거이기도 하다.

베치에 의하면 슈베르트는 많은 시대 고발적 시들을 가사로 작곡했다. 그리스 독립전쟁에 투신해 약탈당한 자유를 향한 열망과 고통을 증언하는 〈그리스의 노래〉를 썼던 빌헬름 뮐러, 유대인 저항시인이었던 하인리히 하이네, 진보적이며 저항적이었던 독일 시인들인 실러, 괴테, 그릴파르처, 클로프슈토크 등이 시대 고발적 시인들이다.(베치, 2009) 일단 이들을 택했다는 사실이 슈베르트가 정치적으로 나름의 의식을 가지고 있었다는 추측의 근거일 수 있다.

이 오스트리아인이 시대에 무심한 작곡가가 아니었다는 또 다른 증거로 베치는 뮐러의 시에 음악을 붙인 가곡집 《겨울 여행》 중 〈봄의 꿈〉 같은 노래를 소개한다. 베치에 따르면 뮐러의 시와 슈베르트의 노래에서 꿈같은 달콤함과 그것을 극적으로 부인하는 현실의 시련이 표현된다. 베치의 분석을 들어보자. "나 꿈속에서 오색 만개한 꽃을 보았네. 저 화창한 오월처럼. 나 꿈속에서 푸른 들판 잔디를 보았네. 새들이 지저귀는." 첫 부분의 이 가사는 적당히 경쾌하고 생기 있는 가장조 선율로 노래된다. 꿈같은 달콤함의 세계다. 한 단락이 끝나면 가수는 이제 외침 같은 낭독 조의 선율을 거칠고 **빠르게** 내뱉는다. 피아노 반주는 불협화음을 선율 중간마다 삽입시켜 강렬한 느낌을 준다. 낮은 음역의 트레몰로는 음악을 긴박하게 몰아가다가 가단조 조성으로 끝을 낸다. "닭이 울어 잠에서 깨어보니 어둡고 추운 밤. 지붕 위의 까마귀 소리쳐 울고 있네." 이 부분의 가사다. 달콤한 꿈이 깨진 후의 차가운 현실을 표현했다. 세 번째 부분에서 음악은 매우 느리고 체념하는 분위기의 음악을 들려준다. 절뚝거리는 것처럼 들리는 피아노에 의해 불편한 세계가 그려진다. 조성은 모호한데, 이것은 시에 적힌 의문부호의 음악적 표현일 수 있다. "유리창에 꽃잎을 그린 건 누구였을까? 그대는 한겨울 품은 꽃의 꿈을 비웃었나?" 당대의 정치적/사회적 현실에 대면한 환멸과 냉소의 음악이다.(같은 책)

베치의 해석이 지나쳐 보일 수 있다. 슈베르트는 의식적 혁명가가 아니었다. 현실의 슈베르트는 혁명가들의 세계와, 반동적 정치 질서를 묵인·방조했고 그로부터 도피했던 소시민적 세계의 중간 어디쯤 살았을 것이다. 어쨌든 그는 세계를 인지했고 그 인식을 표현했다.

이러한 진실을 알지 못한 채 슈베르트 음악에 빠지는 것은 부정적 의미에서의 몰입일 수 있다. 사람들은 연극이나 영화를 보며 몰입하고, 몰입은 관객을 등장인물에 동화시킨다. 몰입과 감정이입이 관객에게 허황된 환상을 불러일으키고 현실을 잊게 만들기에 문제일 수 있다는 것을 20세기 초의 예술가들 일부가 알았다. 몰입과 환상, 감정이입을 깨는 연출기법이 연극에서 개발되었다. 독일의 극작가이자 연출가였던 베르톨트 브레히트가 발전시킨 '소외효과' 혹은 '소격효과'다. 연출가 서연호는 소격효과를 잘 설명하고 있다. 객석에 불을 켜 놓은 채 무대를 세우는 과정을 그대로 보여주거나, 배우들이 연극을 준비하는 모습을 그대로 노출시키는 등 관객들로 하여금 연극에 대해 일정한 심리적 거리를 유지하게 하는 조치들이 이 연출기법의 이름으로 취해진다.(서연호, 2006)

1928년 브레히트는 1782년 영국 런던에서 공연되어 물의를 일으켰던, 영국 극작가 존 게이의 《거지 오페라》를 패러디해 《서푼짜리 오페라》라는 희곡을 만들고 발표한다. 게이의 원작도 당대의 풍자였는데, 브레히트는 이 원작에 추악하게 묘사되는 거지 떼들을 대거 등장시켜 20세기 초의 독점자본주의가 보이는 폭력성을 표현했다. 이 오페라에 음악을 붙인 이는 유대계 독일인으로 미국으로 망명한 쿠르트 바일이었다. 바일은 원작의 작곡가인 페푸쉬의 조잡스런 음악 일부를 수정해 사용하거나, 당대 영국의 우아한 궁정 음악으로 쓰였던 헨델의 오페라를 패러디하는 등, 몰입을 방해하는 음악을 선보였다. 그렇게 이 오페라는 비현실적인 고대 그리스 신화를 소재로 하며 역사에 처음 등장했던 17세기 초 이후의 오페라 전통에 도전한다.

몰입을 하지 말아야 할까. 몰입 없이 무슨 재미로 오페라나 영화를 즐길까. 사실 오늘날 많은 오페라와 고전음악에는 잘 몰입되지 않는다. 사람들은 영화나 드라마, 대중소설, 대중음악, 게임에 더 몰입한다. 몰입을 우리가 하지 않기는 어렵다. 우리 뇌는 가상현실과 현실을 잘 구분하지 못한다. 몰입하고 즐기면서 동시에 혹은 사후에 의심하고 성찰하는 수밖에 없다.

지각적 특별함을 선호하는 수신편향, 예술적 마음과 예술을 낳다

조상들에게 몰입은 의미 있는 마음 상태였다. 몰입을 위해 조상들은 비현실적·비일상적 세계, 즉 제의를 창조했다. 디사나약은 설득, 광고, 수사, 치장, 향상enhancement, 장식adornment, 미화beautification와 같은 방법으로 이 세계가 창조된다고 말했다. 이것들은 필요한 어떤 것에 손을 대고 보강하며 더 잘하려고 특별한 의미를 부여하는 일들이다. 비일상적 예술은 특별하고 비범하다. 특별화하기인 예술은 꾸미고, 과장하며, 유형화하고, 병렬하며, 모양 짓는다. 특별한 예술에 대해 우리가 관심을 가지는 성향은 사물의 지각적 현저함과 진귀함에 우리가 잘 사로잡히고 흥미를 느끼며 자극받는 성향으로부터 진화됐다.(디사나약, 2009)

디사나약은 인간에게 즐겁고 흥미롭게 느껴지는 사물 혹은 대상의 특성들이 있다고 말한다. 매끄러움이나 광택 같은 특성들.6 자연히 생기는 이런 특성들을 원原미학적인 것으로

---

6. 건강함과 젊음 및 생명력의 시각적 증거들을 갖춘 대상들에는 매끄러움, 광택, 따뜻하거나 밝고 순수한색, 깨끗함, 고움, 흠의 부재, 동작의 활기, 정확성, 말쑥함, 매력적인 형태 같은 특성들이 있다. 민첩함, 지구력, 우아함과 같은 춤동작도 이러한 특성들이며, 울려 퍼짐, 생생함, 운율적이거나 음성적인 메아리 등을 갖춘 언어, 소리에서의 공명과 힘 등도 디사나약이 제시한 특성들이다. 이 모든 특성들과 함께 대상은 지각적으로 현저하고 진귀하며 특별하다. 풍부하고, 번들거리고, 반짝거리고, 불같이 뜨겁고, 맹렬하고, 빛나고, 화려한 것들도 있다.(디사나약, 2009)

볼 수 있다. 반대 특성들도 있다. 둔감함, 무미건조함, 얄팍함, 거침, 광택이 없는 특성들.(같은 책) 디사나약은 인지 기능에 쾌감을 주는 특성들도 지적한다.[7] 우리는 이런 특성들을 선호하는 선천적 성향, 즉 수신편향을 가지고 있다.

디사나약의 논의를 뒷받침해주는 음악적 수신편향에 대한 과학적 연구가 있다. 캐나다의 인지음악학자 쉘렌버그에 따르면 생후 4개월이 된 아기들은 안어울림 음정보다 어울림 음정을 더 선호한다.[8] 어울림 음정은 아기들을 진정시키기도 한다. 어울림 음정을 선호하는 아기들의 성향은 [선천적인 것으로 추정되며] 안정적이다. 아기들은 또한 어울림 음정을 포함한 선율을 더 잘 구분하고 좋아했다. 어울림 음정의 선호는 여러 문화에서 관찰되었고, 음악에 노출된 정도가 서로 다른 아기들에서도 비슷하게 관찰되었다.(Schellenberg & Trehub, 1996) 디사나약이 말한 지각적 현저함과 진귀함, 특별함의 특성을 갖춘 것이 어울림 음정일 수 있다. 아기들의 이런 성향이 어른들의 음악적 성향의 발판일 수 있다.

어떤 특성들을 자연으로부터 감각하고 인식하는 일이 좋게 느껴진다면, 이제 그런 특성들을 만들려는 것도 좋게 느껴질 것이다. 즉 어떤 것들을 특별하게 만들려는 욕망은 생물

---

7. 반복, 유형, 연속성, 명료성, 솜씨, 주제의 정교화 또는 변주, 대조, 균형, 비율 등이다. 이 특성들을 가진 대상을 사람들은 좋게 인식한다.(같은 책)
8. 어울림 음정에서는 음정을 구성하는 두 음의 주파수 값들이 '2:1'이나 '3:2', '4:3'과 같은 작은 정수비를 이룬다. 옥타브 음정과 완전 5도, 그리고 완전 4도 음정이 이에 해당된다. '45:32' 같은 큰 정수비를 보이는 증4도 음정은 안어울림 음정이다.

학적 쾌감 본능이다. 이 본능은 자연의 좋은 특성에 상응한다. 자연을 닮으려는 이런 욕구에 기초해, 좋게 느껴지는 상술한 특성들을 이용해 어떤 것을 특화하는 원형적 예술 작업이 발생하고 진화한다. 결과는 예술의 특정 장르들과 방식들이다. 요약하면, 인간은 특별화한 예술 장르들을 가지는데 이것은 특화하려는 마음 혹은 특별함을 만들어 표현하려는 마음으로 환원되고, 이 마음은 특별함을 지각하는 마음에 뿌리를 둔다. 이 마음들 모두는 쾌감 본능의 하위 범주일 수 있다. 월렌스타인은 말한다. 쾌감이 인간에게 부여된 이래 우리 인간은 그것에 대해 성찰해 왔고, 오늘날 우리는 그것을 이용하고 통제한다고. 우리가 불과 돌을 이용하고 통제해 왔듯이 말이다.(월렌스타인, 2009)

디사나약이 말한 특화하려는 마음을 (디사나약은 그렇게 말하지 않았지만) 자연의 좋은 특성에 상응하려는 우리의 지각적/표현적 본능으로 이해했다. 그렇게 하며 나는 예술적 표현들에 메시지가 있다고 말한다. 대체로 예술적 메시지는 자연의 좋은 특성들, 특히 생명의 생생함을 상징한다. 이런 메시지를 접한 이들이 쾌감을 느낀다. 디사나약이 보기에 오늘날의 서양예술에서는 미적 쾌감과 메시지가 쉽게 분리된다.(디사나약, 2009)

제의와 같은 특화하는 대상은 조상들의 생존과 관련해 중요했다. 고삐 풀린 뇌 덕분인지, 대단히 풍요롭고 쾌락주의적인 문화가 압도적인 현대 사회의 예술에서는 중요하지 않은 것들도 특화된다. 디사나약 말마따나, 그것은 현대사회에서 흥미로운 것은 삶과 관련해 더는 중요하지 않고, 반대로 삶과 관련해 중요한 것은 더는 흥미롭지 않기 때문이다.(같은 책) 그런 현대사회를 예술이 반영하기에, 오늘날의 예술은 중요하지 않은 것들도 특화한다. 그런데 정말로 현대사회에서 생존이 더는 중요치 않을까. 사람들은 충분히 생존할 수 있어서 순전히 정신적인 것들을 혹은 순전히 중요하지 않은 것들을 특별화한 것에 관심을 가질까. 그렇지 않다. 생존은 우리에게 여전히 중요하다. 후진국에서는 물론 선진국에서도 그렇다. 잘못된 예술관과 그에 따른 예술이 우리를 생존문제에 대해 눈감게 만들 뿐이다.

미적 공들이기에 치중하는 감정적/감각적 예술에 머물러야 할까

디사나야에 의하면 인간은 제의와 같은 특별한 행위를 할 때 대체로 미적 형태를 창출한다. 디사나야이 미적 공들이기로 부르는 이 작업의 일환으로 인간은 오래전부터 원, 직사각형, 삼각형, 대각선, 수평선, 수직선과 같은 기하학적 형태들을 만들었다. 인간은 이 구성물들 혹은 초^{super} 질서를 어렸을 때부터 자연스럽게 받아들인다. 이 구성물을 창조하는 일은 공간에 형태를 부여해 공간을 [주관적으로] 제어하는 한 방식이다. 반복과 율동적 변주는 시간에 대해 같은 일을 한다. 리듬은 반복의 피할 수 없는 결과다. 시공간에 형태를 부여해 제어하는 일, 즉 질서를 창조하는 일은 인간에게 감정적 만족과 평

온을 준다.(디사나약, 2009)

앞 절에서의 논의대로라면, 이것은 자연의 질서 혹은 특별함을 지각하고 좋아하는 마음으로부터 유래한다. 이 마음은 무질서와 평범함이 존재하는 자연에서 질서와 특별함만을 특별하게 추출하는 성향일까? 아니면 자연의 모든 측면을 질서정연한 것으로 보는 성향일까? 자연이 무질서하지 않다고 보는 관점도 있을 것이다. 그것보다는 자연의 질서정연한 측면에 특별히 끌리는 인간적 성향을 지적하는 것이 더 설득력이 있을 것이다.

아른하임은 이러한 성향의 기반이 우리의 시지각이라고 말한다. 시지각은 세계의 다양성으로부터 질서를 만들어낸다.(아른하임, 1995) 인간은 대상의 여러 복잡한 성질 중 생존과 관련해 중요한 성질들만을 지각하고 그것들에 반응하는 쪽으로 진화했다. 이 과정에서 시지각의 질서 창출 능력이 인간에게 탑재되었다. 아른하임에 따르면 특정한 지각 범주들 또는 개념 도식schemata을 탑재한 인간은 사물의 주요 특성들을 놓치지 않고 사물을 단순화시킬 수 있다. 세계를 잘 조직된 형식으로 이해하려는 선천적인 지각적 경향에 예술이 기초한다.(같은 책) 아른하임은 지각에 대해, 디사나약은 감정적 인간에 대해 말하며 자신들의 주장을 펼쳤다. 아른하임과 디사나약의 주장과 달리, 예술적 마음은 세계를 불규칙한 것으로도, 질서와 구조가 없는 것으로도 표현한다. 이것은 지각과 감정이 아닌 사유에 기초한 일일 수 있다.

가장 오래된 미적 공들이기의 결과인 기하학적 형태들은

[인간 삶과 관련해서] 의미가 있고, 인간 경험의 구체적 양상들을 나타낸다.(디사나약, 2009) 이 주장을 옹호하는 사례들을 디사나약은 소개한다. 호주 중부 원주민 부족들의 '원과 선과 사각형의 예술'은 동물과 새들의 흔적 또는 물웅덩이와 야영지 같은 사물들을 양식화하거나 세련되게 다듬은 사례다.(같은 책) 이러한 인류학적 사례들은 예술의 기원에 대한 논의로 적합하다. 많은 인류학자들은 원시 부족들의 삶을 연구하는데, 그 이유는 그들의 삶이 수만 년 전 조상들의 삶과 비슷하다고 생각하기 때문이다. 실제로 많은 고고미술사학자들에 따르면 인류 최초의 미술은 추상미술이었는데, 이 사실과 추상미술을 하는 앞서의 호주 원주민들에 대한 이야기는 부합하는 것처럼 보인다. 놀랍게도, 동물들 역시 추상적 미술을 한다. 인간의 추상미술은 동물의 그것으로부터 진화한 것일 수 있다.[9]

---

[9] 질서는 동물들에게도 만족과 평온을 주는 것 같다. 일본의 사진작가인 우카타 요지는 몇 년 전 일본 남단의 수심 25미터 해저의 모랫바닥에서 직경 1미터 80센티미터의 동그라미를 발견했다. 확장된 지문처럼 보이는 중심부의 원반에서 두 개의 동심원 파문이 방사상으로 퍼져나갔다. 기하학적 서클의 작가는 작은 수컷 복어였다. 복어는 장시간 동안 한쪽으로 헤엄치면서 가슴지느러미 하나를 빠르게 흔들어 모랫바닥에 홈을 파 걸작을 완성했다. 또한 중간에 도형의 정확성을 확인하면서, 물고 있던 작은 조개껍질을 잘게 부숴 홈 속에 뿌림으로써 그림을 장식했다. 다른 수컷 복어들의 그림들도 발견되었다. 이 [추상적] 그림들의 가장 중요한 기능은 암컷을 유혹해 동그라미 안에 알을 낳게 하는 것이다. 모래 위에 패인 홈은 알이 해류에 휩쓸려 굴러가는 것을 막고, 그 속에 뿌려진 조개껍질 부스러기는 그 기능을 강화하는 동시에 알을 위장하는 기능을 겸하는 것으로 보인다. 동그라미를 정교하게 그릴수록 짝짓기에 성공할 가능성이 높아, 수컷들은 훌륭한 예술가로 진화할 수밖에 없었다.(밸콤, 2017)

추상적이며 기하학적인 예술은 예술이 상징적일 수 있음을, 인류가 아주 오래전부터 상징을 이해했고 생산했음을 알려준다. 상징을 지각하고 생산하는 능력과 함께 예술이 인지적이라는 주장도 개진될 수 있다. 디사나약은 예술이 감정적이고 감각적임을 부인하지 않는 한에서, 혹은 그런 측면이 더 우선한다는 점을 인정하는 한에서 예술이 인지적일 수 있다고 말한다.(디사나약, 2009) 예술의 인지적 측면을 옹호하기 위해 디사나약은 아이들의 그림이 형태와 패턴 만들기로 발전하고, 그런 다음 점차 의미를 획득하는 과정을 소개한다. 하지만 거기까지다. 디사나약에 의하면 아이들의 노래와 춤은 비록 모양을 갖추고 정교해지더라도 어떤 것도 상징하지 않는다. 마찬가지로(!) "인간의 예술적 행동 역시 상징을 제시하려는 의도적 행위로서가 아니라 보다 근본적이며 [그래서] 현실적이지 않고 지적이지도 않은 활동 결과로 발생되었을 것이다."(같은 책)

아이들은 이후 상징적 단계로, 보다 현실적이며 지적인 단계로, 의도적 단계로 넘어가지 않던가? 인류의 예술적 의식도 이런 이행, 즉 진화 과정을 보인다. 보다 현실적이고 지적인 단계에 대해 논의해야만 한다.

디사나약은 상징적 예술에 대해 논의하지 않는다. 그녀에게 예술은 근원적이며 생물학적이고 전前 상징적presymbolic이다. 기하학적 예술의 인지적 상징성도 중요하지만 그보다는 기하학적 패턴들이 인간에게 좋은 느낌을 주어 불안을 줄여준다는 점이 더 중요하다. [해저의 동그라미가 복어에게 아마도 좋은 느낌을 주었듯이 말이다.] 사람들이 좋은 느낌을 추구하고

자 자연에 기하학적 패턴을 부과하는 행위, 즉 미적 공들이기가 더 중요하다. 그런 행위가 생물학적 적응도를 높일 수 있다는 점이 더 중요하다.(같은 책) 공들여서 만든 예술의 표상적 의미보다 더 만족스러운 것은 특별화하기, 모양 짓기, 꾸미기, 반복하고 공들이기 그 자체다.(같은 책)

디사나약은 왜 상징적 예술에 대한 논의로 나아가지 않을까. 그녀는 상징적인 것과 인지적인 것을 같은 것으로 본다. 그리고 상징적 예술을 서구적이고 엘리트주의적인 것으로, 즉 최근에 등장한 것으로 본다. 상징적 예술에 대한 논의는 디사나약 방식의 진화미학에 어울리지 않는다. 그녀가 가정하는 인간은 불안을 줄여주고 좋은 느낌을 얻는 등 마음을 제어하는 과정에서 (세계를 제어하는 데에 쓰이는) 인지적 지식을 무용하게 여기며, 상징적이며 인지적인 예술을 심적 제어 과정에 받아들이지 않는다.

상징적인 것과 인지적인 것은 다르다. 인지적이지만 상징적이지 못한 동물들이 있다. 인지적 마음은 모든 생명이 가지고 있다. 그런 마음을 갖는 인간이 공들여서, 특별한 행동을 해서 모양을 짓고 예술을 한다. 이때 인지적 마음이 어디로 증발하지 않는다. 그것은 모양 짓기, 미적 공들이기에 반영된다. 이 사실을 부인하며 감각적/감정적 인간이 인지적 인간보다 더 근원적이라면 (동의하기 어렵지만) 그렇다고 치자. 우리는 근원에 머물러있는가? 딱 한 걸음만 더 나아가면 광대한 세상에 대한 다양한 인지적 상(像)과 의미를 얻을 수 있을 텐데, 그것들에 도달하지 않으려고 오히려 무던히 애쓰는 것만 같다. 공들이기가 인간의 근원적이고 본질적인 감정을 만족시켜주는 것은 맞다. 디사나약은 그 사실에만 집착하는 것은 아닐까. 디사나약의 미학적 인간은 감정적/감각적 인간이다. 디사나약 말대로 상징적 예술은 최근의 것으로 인지적이다. 우리의 마음은 감정으로부터 상징으로 이행할 수 있다. 우리는 전두엽을 가졌다. 상징적이고 인지적인 예술이 근원적이지 않다고 말하는 것은 찬란한 문명의 발상지인 전두엽을 부정하는 일이다. 전두엽의 예술적 역할을 부정하는 일이다. 우리가 (앞서의 각주에서 소개한) 복어와 공유하는 마음을 가지고 있는 것도 사실이지만, 복어와 다른 것도 사실이다.

디사나약은 인간 마음의 통합성을 근원적-감정적 마음의 이름으로 부인한다. 인간이 감정적이고 감정 경로가 근원적이라고 치자. 덜 근원적인 감각-지각-인식-사유 경로가 감정 경로를 통제할 수 있다. 최소한 영향을 줄 수 있다. 사실 이 경로가 덜 근원적인지도 의문이다.

디사나약에 의하면 인간은 특별화하기 행동을 30만 년 전부터 해 왔다. 붉은 황토, 적철광 파편들이 주거지가 아닌 곳으로부터 주거지로 옮겨져 왔다는 증거가 있다. 그것들로 인간은 몸과 가사 용품에 색을 입히고 표시를 했는데, 이것이 근원적인 특화 행동이다.(같은 책) 그런데 훨씬 더 오래전부터 인간은 감각-지각-인식-사유 경로를 작동했었다. 인간의 조상들조차 이미 인지적이었다. 인지적 마음도 근원적이며, 적응이다.

디사나약의 특별화하기는 문제를 지각하거나 해결하는 것과 다르며, 일상적인 것을 취해 그것을 비일상적인 것으로 만들어 감정 효과를 높이는 일이다.(같은 책) 위 각주에서 소개한 복어가 하는 일도 이러한 일일 것이다. 디사나약은 모양 짓기와 미적 공들이기가 감정적으로 위로가 되고 만족을 준다면서 인간을 스스로 위로하는 특이한 동물로 여긴다. 복어의 사례는 인간만이 특이하지 않다는 사실을 알려준다.

인간은 왜 감정적으로 자신을 위로하고 자기만족을 추구할까. 디사나약 방식으로 말하면 인간은 주어진 세계의 무자비함에 대해 '동물들과 달리'(?) 심리적/감정적으로 제어해 왔고 덕분에 더욱 잘 생존할 수 있었다. 그 제어가 공들이기, 특화하기다. 세계의 무자비함과 참담함을 가감 없이 인지해 '현실적으로 제어'하고 세계를 바꾸어나가는 적극적 인간상을 고려하자. 디사나약의 미학적 인간상에서는 그러한 적극성이 빠져 있다. 간단히, 그녀의 미학적 인간은 세계를 인지하고 바꾸려 하지 않는 수동적 존재다. 하지만 인간은 물론 개미와 같은 사회적 동물조차 세계를 인지하고 바꾸고 경작한다. 황무지를 개간해 씨를 뿌리고 경작하는 농민은 어떻게 먹고살지에 대한 자신의 불안감을 실제적으로 제어한다.

디사나약의 논의는 틀리지 않지만 예술적 현실을 설명함에 있어 부족하다. 현실을 인지해 현실에 개입하는 인간도 있지만 그저 공들이기만을 취하는 감정적 인간도 있긴 하다. 그런 인간이 행하는 것이 치장, 향상으로서의 예술이다. 예술의 근원이 그런 것들일 수 있다. 오늘날에는 세계를 인지하고 사유하는 이들의 예술과 음악도 있다.

모양 짓기와 공들이기를 중시하는 이들은 세계에 대한 특정한 인식을 무의식적으로 가진다. 세계를 바꾸기 어렵다는 인식. 디사나약은 부정하겠지만 그의 미학적 인간은 세계에 대한 이런 인식을 전제한다. 디사나약의 미학적/감정적/근원적 인간은 보수적이다. 나는 인간의 진보를 말하며, 세계에 대한 명징한 인지가 진보의 동력이라 믿고, 음악과 예술도 그러한 인지의 길에서 유용한 수단으로 사용될 수 있다고 말한다. 음악이 인지와 무관해 왔다고 백 보 양보하자. 이제부터라도 새로운 음악을 할 수 있다. 그런 음악이 이제부터의 인간 삶에 적응적일 수 있다. 과거의 음악도 인지와 무관치 않았다. 보수적 감정 미학이 그 사실을 은폐해 왔다.

진화론과 진화심리학의 관점에서 본 예술과 음악에 대해 대강 알아보았다. 나는 이상의 선행 연구와 다른 길을 간다. 구애수단으로서의 음악, 감정 표현 수단인 음악, 공동체 의식을 점화하는 음악, 쾌감을 주는 음악, 지각적 특별함을 선호하는 성향에 기초한 음악은 호모 무지쿠스로서의 인간이 하는 것으로, 명백한 생존 이익을 주고 분명하며 독특한 기능을 가졌다. 그래서 인간 사회에 널리 퍼졌다. 이 장에서 다룬 특성을 보이는 음악과 음악적 마음이 진화심리학적 관점에서 적응이었다. 과거의 적응 말이다.

오늘날 세계는 극적으로 바뀌었다. 지배자에 의해 조종되는 공동체는 빈번히 위험한 길을 가며, 위험한 공동체에서 **빠**지거나 그에 저항하는 것이 오히려 사람들의 생존율을 높이는 행동일 수 있다. 이런 상황에서 공동체 의식을 점화하는 음악은 우리를 위험하게 할 수도 있다. 사람들 사이의 소통과 협동은 좀 더 복잡한 체계 속에서 이루어지고 있다. 감정 표현 수단으로서의 음악이 더 이상 감당할 수 없을 지경이다. 우리의 동기와 의욕은 쾌감 회로의 보상만을 요구하지 않는다. 우리는 매우 복잡하게 진화한, 뇌의 다른 부위와 연결된 쾌감 회로를 장착하게 되었다. 불쾌한 일도 해야 한다. 우리 뇌를 채우는 것은 지각적 특별함을 선호하는 성향만이 아니다. 우리 뇌는 성장기에 주로 발달하지만, 이후에도 발달할 수 있고 해야 한다. 발달의 내용은 지각적 수준을 넘어 사유의 수준과도 관련된다. 음악을 진화심리학적 관점에서 설명하려는 모든 시도가 아직까지 다루지 않은 것이 바로 사유와 인지다. 우리는 인지하고 사유하는 존재로서 음악을 한다. 인지와 지식, 과학, 사유와 같은 고차원의 마음 작용이 음악을 작곡하고 감상하는 마음에 연결되는 것을 부정해야 할 아무런 이유가 없다.

    7장에서 제시한 가정을 이제 본격적으로 다룬다. 이를 위한 초석 다지기가 8장 이후 지금까지의 논의였다. 10장에서 제안한 '보편적인 인지적 마음' 관념도 초석들 중 하나다. 세상을 모르면 생존할 수 없다. 그것을 받쳐주는 것이 진화론과 진화심리학이다. 다음 14장에서는 인지적 마음을 가진 작곡가들과 그들의 작품을 소개한다. 보편적인 인지적 마음이 작곡하는 마음과 연결된 실제 사례들을 제시한다. 15장 이후부터는 이 사례들에 대한 체계적이고 이론적인 논의를 진행한다.

14
지식과 인지적 음악

작곡이 지식과 과학을 반영한다는 가정을 살펴보자. 나는 이 가정을 7장에서 제시한 후 바로 옹호하지 않았고 긴 우회로를 거쳤다. 구체적 사례와 함께 바로 옹호할 수 있었다. 그랬다면 단지 음악의 한 경향을 소개하는 일을 했었을 것이다. 나는 보편적 이야기를 하고 싶었다.

나는 음악이 인지적이라 말하며 음악의 가치를 옹호한다. 우선 모든 생명에게 인지적 마음이 있으며, 그 마음은 적응이라고 말한다. 작곡하는 마음은 보편적인 인지적 마음에 연결되어 있다. 혹은 작곡하는 마음에 인지적 지향이 내재해 있다. 작곡이 지식과 과학을 반영한다는 주장은 이 연결과, 연결에 의한 통합적 마음을 논리적으로 옹호하는 일이다. 다음 장에서 이 일을 한다. 여기서는 인지적 음악, 즉 지식과 과학을 반영하는 음악의 사례를 소개하는 일과 관련된 논의를 한다.

'작곡이 지식과 과학의 반영'이라는 명제는 쉽게 말해 '작곡을 잘하려면 공부해야 한다.'는 의미로 해석될 수 있다. 작곡가는 화성학이나 대위법 같은 과목들을 공부해야 한다. 이런 과목들 말고 작곡가가 알아야 할 다양한 지식과 과학이 있다. 사람들은 화성학 같은 과목보다 사회적/과학적 지식이 삶을 살아가는 데에 대체로 더 이익이 된다고 생각할 것이다. 맞다. 그런 지식을 음악이 표현하거나 반영한다면 음악은 사람들에게 더 큰 이익을 제공할 것이다. 화성학 같은 음악적 지식에도 이익이 없지 않다. 일단 음악을 창작하고 설명하는 데에 도움이 된다. 하지만 그 이상이다. 화성학 역시 삶과 세계를 반영한다. 이에 대한 구체적 이야기는 다음 기회로 넘긴다.

현대적 개념에 기반을 둔 작곡

다양한 지식이 다양한 음악작품에 표현되거나 반영되었다. 현대적 지식을 의식적으로 표현했던 20세기의 음악작품도 꽤 있다. 작곡이 지식과 과학의 반영이라는 주장을 가장 그럴듯하게 지지해주는 사례는 이런 20세기 작품들일 것이다. 아래 도표에 제시된 현대음악 작품들을 도표 오른쪽 칸에 소개된 개념의 음악적 표현 혹은 구현으로 볼 수 있다. 작품의 작곡가들도 인정했다. 도표 속 작품들은 임의로 골랐다.

작곡가	작품명	작품의 주요 개념
릿세	《남쪽》(Sud, 1985)	교차합성(cross synthesis)
사아리아호	《이오》(Io, 1987)	음색과 화음 간 내삽(interpolation)
사아리아호	《수련》(Nymphéa, 1987)	다양한 반향과 여과(filter) 탐구
달바비	《역치》(Seuils, 1991)	융합적 음색을 분열된 것으로 지각하는 역치에 대한 연구

도표 1. 현대 음악과 그 기반인 지식 개념들

고전음악에 익숙한 청자에게는 이런 개념들이 생소할 것이다. (개념들에 대한 자세한 소개는 여기서 하지 않는다.) 이 작품들의 미적 특성은 개념적 특성과 혼재되어 있다. 작품이 표현하려는, 혹은 기반을 둔 주요 개념은 작품의 이해에 결정적으로 중요하다. 개념은 작곡가의 인지적 마음에 의해 구성되었고, 작품은 이 인지적·개념적 마음을 표현한다. 이런 작품을 감상자는 자유롭게 즉 개념과 무관하게 들을 수 있겠지만, 개념을 표현한 것으로 감상하는 쪽이 더 낫다. 3장에서 음악 감상은 작곡가의 마음 세계로 인도하는 일이라고 했다. 작곡가가 개념을 말했다면 그것을 무시하고 감상하는 일은 현명하지 못하다.

과학 개념처럼 개념도 명백하게 정의되고 이해될 수 있다. 더불어 음악도 분명하게 이해될 수 있다. 이런 작품들을 잘 설계된 일종의 실험으로도 생각할 수 있다. 적당한 설명을 들은 감상자가 특정 개념이 표현된 음악을 감상하고 나서 그 개념을 잘 인지하는지에 대한 실험 말이다. 작곡가는 특정 개념에 기초해 작곡하며 사람들이 그 개념을 잘 인지할 것으로 가정하고, 가정이 맞는지는 실험 대상으로서의 사람들이 음악을 접하고 나서 문제의 개념을 잘 인지하는지 여부로 판단한다. 실험은 재연 가능해야 한다. 언제 어디서 연주되더라도 청중은 개념을 인지할 수 있어야 한다. 음악으로 표현된 개념이 청중에게 제대로 인지되는지는 작품의 성공 여부를 판단하는 객관적 근거다. (개념을 표현한 음악에 끌리는지 여부는 주관적 판단이다.) 개념의 인지가 어려운 작품에는 문제가 있다. 그 개념이 음악적으로 표현되기에 적합하지 않거나, 개념을 작곡가가 제대로 이해하지 못했거나, 제대로 이해했지만 음악적으로 잘 표현하지 못했거나 하는 따위의 문제가 있을 것이다.

이런 작품들과 함께 작곡은 가설을 세워 실험이나 관찰을 통해 증명하는, 지적이며 과학적인 활동일 수 있게 되었다. 실험과 관찰이 없더라도 작곡을 일종의 연구로 볼 수 있다. 프랑스의 현대 작곡가 피에르 블레즈는 말한다. "나는 이론에 기대 연구하거나 [이론적 가설을] 작곡이나 연주를 통해 증명하면서 다음과 같은 문제들을 연구한다. 지식과 재료를 보다 진전된 방식으로 사용하려면 어떻게 해야 할까, 확장된 지식과 재료를 어떻게 창조적 작곡에 통합할까."(재인용: Heinrich, 2003)

위 도표 속 작곡가들도 블레즈와 같거나 유사한 문제의식을 가졌을 것이다. 가정, 관찰, 실험, 증명, 고찰, 이론화 등의 작업이 작곡의 이름으로 이루어질 수 있다. 자유로운 예술적 표현으로서의 작곡을 생각하는 이들에게는 당혹스러울 이야기다.

이런 이야기들은 "과학과 예술의 공통 속성은 정보의 전달"이라는, 에드워드 윌슨의 말을 떠올리게 한다.(윌슨, 2008) 학문 간 통섭을 주장했던 이 미국 과학자는 정보를 말했고 도표 1의 작곡가들은 개념들에 기초했으며, 블레즈는 이론, 지식, 재료를 언급했다. 정보, 개념, 지식과 재료, 모두 인지적 마음의 결과이며, 인지적 마음의 구성 요소일 수 있고, 작곡하는 마음과 관련될 수 있다. 나는 이제 가장 기초적이고 보편적인 과학이론인 엔트로피 이론과 그것을 표현한 음악을 다룸으로써, 윌슨의 말과 '지식과 과학의 반영으로서의 작곡'이라는 나의 가정을 동시에 옹호하려 한다.

엔트로피 개념을 표현한 음악작품

자신의 작품이 특정한 과학적 개념에 기초해 작곡되었다고 명시적으로 말하는 작곡가들이 20세기 후반에 등장한다. 현대 프랑스 작곡가 트리스탄 뮤라이는 작품 《기억/침식》이 엔트로피를 표현했다고 말했다. 이 작품이 표현한다는 엔트로피 개념에 대한 이해가 필요하다.

엔트로피는 물리학의 한 분과인 열역학의 용어로, 어떤 체계 내 무용한 에너지의 총량을 가리킨다. 열역학은 에너지로서의 열과 일work 및 물질의 상태량을 다룬다.(유주식, 2014) 열역학에는 전부 4개의 법칙이 있는데 엔트로피 법칙은 그중 제2법칙이다. 제2법칙은 제1법칙을 전제한다. 제1법칙에 따르면 우주 안의 모든 에너지는 불변하여 보존되기에 창조될 수 없고 소멸하지도 않는다. 형태만 바뀐다.

제2법칙과 제1법칙은 우주 속 모든 곳에서 적용되고 작동한다. 자발적 과정이 일어나는 우주는 우리가 알고 있는 가장 큰 고립계다. 고립계 혹은 폐쇄계에서는 외부로부터의 영향이 없다. 자발적 과정은 어떤 외부영향도 없이 자력으로 진행되는 과정이다. 태양계나 지구는 고립계가 아니다. 태양으로부터 에너지를 유입하는 지구에서는 비자발적 과정이 일어난다. 제2법칙은 우주 안에서 불변하는 총량을 가진 물질과 에너지가 한 방향으로만 변한다고 말한다. 우주의 총 엔트로피가 항상 증가하는 방향. 태양계 같은 개방계에서도 자발적 과정이 주로 일어난다면, 즉 외부 에너지의 유입이 미미하다면 엔트로피는 증가하는 경향이 있다. 이 경향은 에너지가 한 상태에서 다른 상태로 옮겨갈 때마다 유용한 에너지가 손실되는 것으로 구체화한다. 즉 쓸모없는 에너지는 증가한다. 쓸모없다는 용어는 일로 변환할 수 없다는 의미다. 예를 들어 컵에 물과 얼음이 같이 있고 얼음이 녹으면 물만 남는다. 컵에 남은 물은 어떤 일로 변환되기 어렵다. 이런 상황을 흔히들 무질서의 양이 증가한다고 해석한다. 어떤 계가 무질서해지는 방향으로 자발적으로 움직이는 이유는 무질서한 상태가 정돈된 상태보다 일어날 가능성이 크기 때문이다.

어떤 계 내에서 무질서의 양이 증가하는 과정을 자연의 여러 비가역적 과정들 중 하나로 생각할 수 있다. 다른 열역학적 주장들도 비가역적 과정을 설명해준다. 비가역적 과정들을 통해 시간의 비가역성을 설명할 수 있다. "시간은 우리 세계에서 엔트로피가 증가하는 쪽으로 점점 나아가며"(패터 피셔, 2006) "어떤 체계와 그 주위의 미시적 무질서, 즉 엔트로피가 저절로 줄어드는 일은 절대 없다."(Angrist & Hepler, 1967)

이렇게 이해된 열역학의 법칙들, 특히 제2법칙은 영국의 천문학자 아서 에딩턴의 말대로 "전 우주를 통틀어 최상의 형이상학적 법칙"이며 아인슈타인의 말대로라면 "모든 과학에 있어 제1법칙"이다.(재인용 : 리프킨, 2012) 이 법칙은 과학의 모든 법칙이 그러하듯이 우주의 모든 곳에서 항상 작동한다. 보편적이며 필연적이고 피할 수 없는 법칙이다. 헬름홀츠에 의하면 폐쇄계로서의 우주는 쇠락해 마침내는 엔트로피 극대점 상태에 이른다. 이 상태는 우주의 모든 유용한 에너지가 소진되는 열 죽음 상태다. 엔트로피 용어의 창안자인 독일 물리학자 클라우지우스도 "우주의 엔트로피는 최대치에 이르는 경향이 있다."고 말했는데, 이것은 우주 안의 모든 곳이 질서상태에서 점점 더 무질서한 상태로 비가역적으로 이행해 종국에는 우주의 소멸에 이른다는 끔찍한(!) 사실을 알린다.

일상적 상태들도 엔트로피 개념으로 설명할 수 있다. 우리는 일상에서 어떤 특정 질서 상태와 그것이 해체된 상태를 볼 수 있다. 영국의 물리학자 펜로즈에 따르면 테이블 위 온전한 컵에 채워진 물, 안 깨진 생달걀, 블랙커피 속 아직 녹지 않은 설탕 덩어리는 특정 질서 상태 혹은 특별히 정리된 상태이며, 깨진 컵과 엎질러진 물, 퍼진 달걀, 달콤한 커피 등은 이 질서가 해체된 혹은 덜 특별히 정리된 상태다. 여기서 특별히 정리된 상태는 엔트로피가 낮아 보이고, 덜 특별히 정리된 상태는 엔트로피가 높아 보인다.(펜로즈, 1997)

보편적인 엔트로피 개념으로부터 작곡의 지침을 얻을 수 있다. 《기억/침식》은 음악적 질서 상태가 점차 침식·부식되어 무질서한 백색소음으로 바뀌는 과정을 제시하며, 작품의 작곡가는 이것을 엔트로피의 증대 과정으로 설명한다. 먼저 음악의 벽두에 호른이 한 음을 반복해 연주한다. 주기적 리듬이 구성된다. 특정한 질서 상태다. 음들은 한편으론 기억을 표상하며 다른 한편으론 생명력을 담은 씨앗으로 은유된다. 음악은 이 씨앗이 심어지고 싹트고 발전하는 과정을 보여준다. 서서히 이 음들을 다른 악기들이 시간을 두고 따라함으로써 카논, 즉 돌림노래가 형성되는데, 어느덧 다른 악기들은 호른이 냈던 음과 다른 음들을 냄으로써 돌림노래를 서서히 변화시킨다. 음악은 점점 복잡해지고, 복잡해진 음향 속 호른의 음들은 계속 연주되지만 점차 잘 들리지 않는다. 호른의 음들이 구성하는 특정 질서 상태가 점차 침식·부식되어간다. 은유적 침식·부식 과정을 통해 질서 상태는 무질서 상태로 점차 바뀐다. 이 과정을 호른의 음들을 더 이상 들을 수 없게 되는 망각의 과정으로, 기억의 침식 과정으로, 엔트로피가 증대하는 과정으로 생각할 수 있다. "[음악은] 궁극적으로 엔트로피에 의해 정복된다. 작품의 끝에 가서 완전히 미분화된 백색소음만이 남는데, 이것이야말로 최고의 무질서 상태다."(Murail, 1980)

영국 작곡가 줄리안 앤더슨도 이 작품에서 시간의 축을 따라 침식되는 비가역적 이행 혹은 변형을 볼 수 있다고, 이 이행 혹은 변형이 엔트로피의 증대 과정이라고 말한다.(Anderson, 1989) 뮤라이와 앤더슨은 백색소음을 덜 특별히 정리된 음향 상태로서 엔트로피 값이 최고치인 상태이자 무질서의 정도가 가장 높은 상태로 본다. 비교적 명백한 방식으로 표현된 엔트로피 증대 과정을 《기억/침식》에서 지각할 수 있다.

개념의 세계, 음악의 세계

이상의 논의는 당혹스럽다. 음악은 그냥 듣고 감동하는 것 아닌가. 음악을 마음으로 듣지 지식으로 듣는가. 음악이 어찌 개념과 지식으로 단순히 환원될 수 있느냐고 항변할 수 있다. 영국 철학자 브라이언 매기는 예술과 개념이 설령 긴밀히 연결되었더라도 두 가지가 서로 혼동될 수 없다고 말한다. 그에 따르면 바그너에 비판적이었던 니체의 저작들을 통해서는 바그너의 작품을 이해할 수 없다. 니체의 글들이 바그너의 작품을 예술작품으로 상대하지 않았기 때문이란다. 니체는 바그너의 작품들을 단지 개념적 사고의 차원에서 다루며 예술적 고려를 하지 않는다. "마치 그 작품들이 우선적으로 이념 전달의 수단인 것처럼."(매기, 2005)

니체가 정말로 음악작품을 이념 전달의 수단으로 생각했다면 아마도 철학적이거나 인문학적인 개념을 생각했을 것이다. 무엇이 되었든 예술작품들을 개념적 사고의 차원에서만 다루면 문제일까? 매기가 말한, 개념적 차원을 통해 도달할 수 없는 '[바그너의] 작품에 대한 이해'란 무얼까. 순수한 '예술적 고려'란 또 무엇일까.

나는 개념적 사고의 차원으로부터 독립된 순수한 예술적 고려의 차원이 존재한다고 생각하지 않는다. 하지만 잠시 서로 구분되는 것처럼 보이는 이 두 차원의 존재를 가정하고 이 둘을 이념적으로 구분해볼 필요는 있다고 본다. 두 차원이 연결된 현실을 이해하기 위해서다. 엔트로피 개념을 잘 아는 당신은 뮤라이의 설명이나 그의 작품을 듣고서 엔트로피 개념이 음악을 통해서도 표현은 된다는 사실에 더 주목할 수 있다. 작곡가가 개념을 이해하고 있음에, 혹은 그의 무지에 관심을 가질 수 있다. 당신은 '개념의 표현'에서 개념에 더 방점을 둔다. 이런 당신을 예술적 고려를 덜 하는 이로 여길 수 있다. 표현에 더 방점을 두는 이들도 있을 것이다. 예술적 고려를 상대적으로 더 많이 하는 사람들일 수 있다.

엔트로피 전문가들에 의해 이 개념을 잘 이해했다고 평가받은 100명의 작곡가가 각자 자신의 작품을 통해 엔트로피를 표현했다고 치자. 소나타 형식에 대해 잘 아는 100명의 작곡가가 서로 다른 소나타를 작곡할 수 있듯이 말이다. 엔트로피 개념을 잘 이해하는 감상자들이 서로 다른 이 100개의 음악작품을 듣고서 그중에서 어느 작품이 엔트로피 개념을 가장 잘 표현했는지 판단할 수 있다. 어느 소나타가 가장 원형적인지를 판단할 수 있듯이 말이다. 엔트로피 개념을 모르는 이도 그것을 전형적으로 표현한 음악을 듣고 엔트로피 개념을 대충 이해할 수 있다. 그렇게 음악작품의 표현적 능력과 교육적 효과를 판단할 수 있다. 이 감상자들도 여전히 개념 영역에 있다. 하지만 이 개념은 이제 더 이상 비음악적이지만은 않다. 많은 사람들이 음악의 흐름 혹은 전개 방식을 엔트로피 개념에 부응하는 것으로 판단할 수 있다. 이 경우 엔트로피는 음악적 개념일 수 있다.

이제 어느 작품이 엔트로피 개념을 잘 표현하면서도 감상자에게 가장 멋있는지, 혹은 아름다운지, 끌리게 하는지 등을 평가할 수 있다. 이때 개입되는 것을 매기가 말한 예술적 고려로 판단할 수 있다. 중요한 것은 여기서 예술적 고려가 엔트로피 개념으로부터 자율적일 수 없다는 점이다.

엔트로피건 다른 무엇이건, 음악적 마음을 일관성 있게 정리한 개념이 작곡 과정의 기저에 깔리지 않는다면 예술적 고려는 혼란에 빠질 수 있다. 개념은 예술적 표현을 제약하는 만큼 지원한다. 개념이 이렇게 중요함에도 예술가들은 그것을 종종 무시한다. 창작과정에서 본인들이 사용하며 의존하고 심지어 표현하는 개념을 의식하지 못할 때가 많기 때문이다.

개념은 의식될 수 있다. 의식적 개념이 20세기 중반 이전의 음악에서는 근대적 지식 및 과학과 거리가 있는 것들이었는데, 20세기 중후반에 와서는 근대적 지식 및 과학과 관련이 있게 되었다. 작곡가들은 이제 지식 및 과학 관련 개념들을 음악적으로 표현한다.

이것이 생경하다면 과거의 작곡가들이 음악적 형식에 기반을 두고 작곡했음을 생각해보자. 소나타, 론도, 변주곡 등의 음악적 형식들. 음악에 붙은 표제도 생각해보자. 베토벤의 바이올린 소나타 5번《봄》, 드뷔시의 피아노곡《어린이의 정경》 중 〈춤추는 눈〉, 무소르크스키의《전람회의 그림》중 〈키예프의 대문〉 등. 작곡가들은 이런 표제 음악을 통해 표제가 가리키는 대상의 어떤 특성을 음악적으로 표현하려고 노력했다.

봄과 같은 표제나 소나타 같은 형식 대신 엔트로피 같은 과학적 개념들을 표현하면 문제일까. 음악은 어떤 생각을 받아들임에 있어 항상 다른 예술보다 늦는다. 고전주의나 낭만주의 등이 문학과 미술, 건축 등에서 철지난 현상이 되어버리면, 뒤늦게 음악에서 꽃을 피운다. 러시아에서 출생해 미국에서 살며 활동했던 유대인 과학자 아이작 아시모프는 500여 권에 이르는 과학서적과 SF소설들을 썼는데, 그의 소설《최후의 질문》은 1956년에 이미 엔트로피 법칙을 표현했다. 아시모프는 영화《아이로봇》의 원작인 동명의 소설을 쓴 작가이기도 하다.

소나타 같은 음악 형식은 분명하게 확인될 수 있고 묘사될 수 있는 어떤 특성들을 가리키는 용어인데, 이런 형식들로 작곡된 음악들을 이해하라고 할 때 매기는 뭐라고 말할지 궁금하다. 혹시 베토벤의《열정 소나타》를 들려주며 소나타 형식에 관해 설명하는 음악학자들에 대해 "그들은 베토벤의《열정 소나타》를 예술작품으로 상대하지 않는다. 그들은 작품을 단지 소나타 형식의 차원에서만 다루며, 예술적으로 고려하지 않는다. 형식을 구현하는 수단으로서만 작품을 고려한다."라고 비난할까.

음악 형식은 곧 개념이다. 〈키예프의 대문〉 같은 표제 역시 그렇다. 우리는 다양한 개념에 기초해 세계를 인지한다. 개념들은 복잡한 현실을 잘 이해하도록 도와주고, 잘 설명해준다. 개념의 중요성을 주장하는 일은 현실에서 일어나는 일들의 구체성을 무시하는 일이 아니다. 대체할 수 없는 구체적 세계는 개념이 관여치 못하는 영역이 아니다. 기존 개념에 담을 수 없는 구체성이 넘쳐나면 새로운 개념을 고안하면 된다.

20세기에 와서 작곡가들은 그들의 선배들이 무의식적으로 해 왔던 일들을 이제 의식적으로, 본격적으로 하고 있을 뿐이다. 새로운 음악적 개념을 고안하고 그에 기초해 작곡하는 일. 20세기 작곡가들은 과거 음악사의 한 경향을 좀 더 분명히 하고 있다.

매기가 말한 예술적 고려조차도 개념으로 설명될 수 있다. 만약 당신이 100곡의 서로 다른 소나타 중에서 프란츠 리스트의 《피아노 소나타 나단조》를 가장 좋아한다면 당신은 '거대한 한 개의 악장으로 구성된 소나타, 처음 제시되는 제1주제가 다른 작곡가들의 소나타와 달리 금세 끝나지 않고 그 주제의 다양한 변주가 여러 차례 진행된 후에야 2주제가 비로소 제시되는, 주제 제시부 자체가 하나의 변주곡을 구성하는 특별하며 장대한 소나타'를 좋아하는 사람이다. 즉 당신은 리스트의 《피아노 소나타》와 함께 '극단적으로 발전된 변주 소나타' 혹은 '소나타 안에 포섭된 거대한 변주'라는 개념을 좋아한다. 당신이 세자르 프랑크의 《바이올린 소나타 가장조》를 좋아한다면 당신은 이 소나타 1악장의 제1주제가 나머지 악장들에서도 계속 쓰이는, 순환형식 개념을 좋아한다. 혹은 순환형식이 음악 전체에 가져다주는 통일성과 견고함을 좋아한다. 당신이 이 소나타의 1악장을 특히 좋아한다면 앞서 리스트의 《피아노 소나타》와 정반대의 개념을 좋아하는 것일 수 있다. 이 소나타에선 통상 있어야 할 발전부가 매우 짧으며 나머지 부분도 짧다. 변주와 발전의 개념을 확인하는 일은 어렵고, 생략과 간결함, 절제의 개념은 쉽게 확인된다.

리스트와 프랑크의 작품들은 어쨌든 모두 소나타다. 소나타는 두 작품의 근본 개념이다. 하나의 작품을 뒷받침해주는 이념 혹은 개념으로서 가장 근본적인 것, 가장 궁극적인 것,

가장 기초적인 근본 개념이 있다. 이 개념을 기반으로 중간 수준의 개념들이 있고, 다시 그 위에 소소한 세부적 개념들이 음악의 작곡을 뒷받침해준다. '극단적으로 발전된 변주 소나타'와 '생략되어 간결한 소나타'는 이 작품들의 중간 수준의 개념들이다. 가장 소소한 세부적 개념들은 어쩌면 디사나약이 말했던 치장, 향상, 장식, 미화 등의 구체적 방식 혹은 내용일 것이다.

프랑크 소나타의 4악장에서 치장, 향상, 장식, 미화의 한 방법은 돌림노래다. 4악장을 좋아하는 당신은 피아노에 의해 먼저 제시된 주제가 바이올린에 의해 한 마디 뒤에서 그대로 제시되면서도 서로 충돌되지 않고 잘 조화되는, 신기神技에 가까운 카논, 그것도 19세기 후반의 화려한 화성 배경 위에서 작동하는 카논을 좋아한다. '19세기 후반의 화려한 화성 배경 위에서 작동하는 카논'은 분명한 하나의, 소소한 세부적 개념이다. 카논은 원래 바로크 시대의 대위법적 작품들에서 자주 사용되었다. 프랑크는 과거의 작곡가들과 달리 세련된 19세기적 화성진행과 카논을 조화시켰다. 카논이 하나의 개념이면 19세기적 화성진행과 조화된 카논은 그 하위 개념이다. 이것보다 더 소소한 수준의 개념들도 많다. 음악의 기본 재료 혹은 기초 단위인 음악적 음조차도 특정 개념을 구현한다. (이에 대해서는 후술한다.) 음악작품은 다양한 층위에 존재하는 여러 개념들의 중층적·유기적 결합의 결과다. 개념들 각각을 사람들은 종종 의식하지 못한다.

개념 층위 중에서 특히 소소한 세부적 개념들을 중시하

는 시대와 그 시대에 활동했던 작곡가들이 있었고, 그렇지 않았던 시대와 작곡가들이 있었다. 후기 바로크 시대의 로코코 스타일로 쓰인 음악작품들에는 특히 소소한 치장·장식의 수단으로 장식음이 많았다. 반면 로코코 양식을 대체한 고전주의 시대에 장식음은 적었다. 20세기 작곡가 안톤 베베른도 치장이나 장식이 전혀 없는 절제된 음악을 선보였다. 그가 절제된 음악을 선보이기 전인 19세기 말의 후기 낭만주의는 로코코와는 다른 이유로, 그리고 다른 방식을 통해 화려한 치장과 과장된 음악이 득세했다.

로코코 양식의 음악엔 왜 장식음이 많았을까? 예술사가 아르놀트 하우저는 로코코 예술 특성의 사회적 배경을 지적한다. 이 독일계 헝가리 학자에 의하면 정신활동의 모든 영역이 프랑스의 태양왕 루이 14세의 비호를 받던 시절, 유럽 예술의 대부분은 그의 웅장한 베르사유 궁전을 본받아 장려취미를 보여주었다. 절대왕권의 장대함과 화려함을 과장되게 표현한 바로크 예술이 득세했다. 침울할 만큼 장중하고 고집스럽게 경건한 분위기 속에서 루이 14세는 근대적 중앙집권 국가의 건설에 매진했다. [중앙집권 국가의 적이었던] 귀족들을 압박했던 루이 14세가 죽자 바로크 예술이 후퇴하고 로코코 양식이 등장한다. 새로운 권력자는 어린 루이 15세의 아버지이자 루이 14세의 조카였던 오를레앙 공 필리프 2세였는데, 1701년부터 시작된 오를레앙 공의 섭정은 선대 왕 루이 14세의 [귀족에 대한] 정치적 압박을 중단시키며 귀족들의 옛 취향을 복권시켰다. 그로 인해 쾌락주의와 자유 방종이 유행했고, 바로크의 기념비적이며 장엄하고 권위주의적이고 격정적인 취향은 우아하며 친근하고 인습적이며, 경박함 속에서 화려한 색채와 섬세한 장식이 많은 로코코 예술로 대체되었다.(하우저, 2011③, 필자 강조)

'수다스러운 양식'이라는 뜻의 갈랑 양식은 프랑스 로코코 음악의 대표적 흐름이었다. 장-필립 라모나 프랑스와 쿠프랭 등이 치장과 반복이 많은 이 음악 양식의 작곡가들이었다. 비슷한 시기 독일과 이탈리아, 스페인 등에서도 장식적 음악이 득세했다. 도메니코 스카를라티 같은 작곡가의 짧은 길이의 피아노 소나타들은 별 내용 없이 많은 장식음들을 선보인다. 바흐의 많은 피아노 모음곡들, 특히 춤곡들도 이러한 경향에서 벗어나지 않는다. 이 시기에 세상은 귀족들의 마지막 치세를 확인했다. 그들은 춤추며 파티를 즐겼다. 바로크 시대 파리는 국제적 도시로, 여러 나라에서 온 외교관과 귀족들이 모여 바흐를 비롯한 여러 작곡가들의 춤곡을 향유했다. 모두 음악에 세상을 반영했던 작곡가들이다.[1]

---

1. 하우저는 로코코 이후에 대해서도 예술 사회학적 관점으로 설명한다. 그에 의하면 바로크와 로코코는 서로 달랐지만 크게 보아 궁정예술이었다. 궁정예술은 필연적으로 해체된다. 새롭게 역사의 무대에 등장하는 혁명적 시민들 혹은 부르주아지 계급에 의해서 말이다. 시민들은 궁정의 화려취향에 반대하며 청교도적 생활 태도의 단순함과 진지함이라는 이상을 내세운다.(같은 책) 로코코를 대체한 고전주의에 대한 이상의 설명은 프랑스 문학과 미술에 관련된 이야기다. 하이든, 모차르트, 베토벤 등의 오스트리아 고전주의 작곡가들을 설명함에 있어 이상의 논의는 적절치 않다. 하이든은 생애 대부분을 보수적 신성로마제국을 구성하는, 헝가리 지방의 지역 영주 에스테르하지의 궁전에서 음악적 하인으로 살았다. 모차르트는 자신이 태

엔트로피 법칙과 그 인문학적/정보적/예술적 차용

열역학 제1법칙과 2법칙은 평범한 사람들의 일상적 언어로도 표현된다. 사람들은 이 법칙들을 격언과 속담의 형태로, 혹은 암묵지로 안다. "하늘 아래 새로운 것은 없다."와 같은 표현이 1법칙과 관련된다면 "세상에 공짜는 없다.", "엎질러진 물을 도로 담을 수 없다."와 같은 표현은 2법칙과 관련된다. 이런 상황에서 인문학자나 사회과학자, 그리고 예술가가 이 법칙들에 대해 관심을 두지 않는 것이 오히려 이상하다. 결국 엔트로피 법칙은 인문학과 사회과학, 그리고 예술 영역에 수용되었다.

수용과정에서 종종 오해가 생긴다. 아른하임에 따르면 제

어난 잘츠부르크를 지배했던 대주교로부터 독립해 제국의 수도 빈에서 정치적으로는 자유롭게, 경제적으로는 성공하지 못한 프리랜서 작곡가로 살았다. 역시 프리랜서였던 베토벤은 모차르트에 비해 경제적으로 성공했다. 하지만 이들 중 누구도 귀족사회로부터 완전히 자유롭지 못했고, 부르주아지 계급의 전폭적 지지를 받지도 못했다. 오스트리아의 부르주아지는 프랑스의 부르주아지만큼 강력하지도, 진보적이지도, 혁명적이지도 않았다. 오스트리아의 음악적 고전주의가 전형적 의미에서 고전주의적인지 의심이 가는 대목이다. 여기서 전형은 프랑스 문학과 미술이다. 어쨌든 오스트리아의 음악적 고전주의자들에게 로코코적인 치장과 장식 개념은 중요치 않다. 대신 간결하고 절제된 형식미가 돋보인다. 이것이 음악적 고전주의의 개념이다. 이 개념은 그 시대를 반영한다. 당시 오스트리아의 계몽 군주는 비교적 정치를 잘했다. 오스트리아의 부르주아지는 계몽 군주와 함께 낭비하지 않고 검소하게 살았다. 무덤이 발견되지 않은 모차르트의 이야기는 무덤에 대해 대단히 검소했던 당대의 풍습과 관련한 이야기일 수 있다. 상술한 음악적 하인이나 성공하지 못한 프리랜서 작곡가 같은 용어 역시 고전주의 작곡가들의 음악을 이해하는 데에 도움이 되는 사회학적 개념들이다. 작곡가들은 이 개념들이 묘사하는 삶을 살았고, 이들의 작곡은 개념들에 의해 구속되었다.

1법칙과 2법칙은 지난 세기 동안 정치적 함의를 가지는 것으로 받아들여졌다. 제1법칙, 즉 에너지 불변의 법칙은 19세기 말의 보수주의자들에게 아무리 세찬 정치적 변혁이 일어나더라도 모든 것이 전과 다름없을 것이라는 위안을 주었다. 대조적으로, 제2법칙은 동시대인들에게 종말론적 두려움을 가지게 했다. 증대한다는 엔트로피와 함께 세계는 비관적으로 보였고, 세기말 사람들의 도덕적 타락은 괜스레 두드러져 보였으며, 예술적 실험들은 조화로운 전통적 예술의 참담한 붕괴로 받아들여졌다. 불안과 공포, 우려가 사회에 퍼졌다.(아른하임, 1996)

1948년 미국의 통신 공학자 클로드 섀넌은 정보량을 수학적으로 표현하다가 정보가 엔트로피와 똑같은 수학적 표현을 지닌다는 사실을 발견했다. 그것은 객관적 사물 속에 들어 있다고 생각되는 질서 개념과 사물에 대한 우리의 지식에 해당하는 정보 개념이 사실상 같은 것일 수 있다는 발견이었다. 섀넌과 더불어 노베르트 위너, 워렌 위버 등의 정보 이론가들은 상징적 메시지로 채워진 체계 내의 정보량에 관심을 가졌다. 이들의 이론에서 엔트로피는 어떤 상징적 메시지 혹은 체계에 담긴 정보, 무작위성, 무질서의 측정값이다. 이런 정보는 해석되고 소통될 필요가 없다. 그것은 단지 발화자에서 수용자로 전달된다. 기계적 정보이론에서 메시지는 불연속적 의미 단위들의 연쇄다. 정보이론은 이후 레너드 마이어, 리처드 핑커튼, 그리고 아브라함 몰 등의 음악학적 연구에 영향을 끼쳤다.

미국의 경제학자 제레미 리프킨은 저서 『엔트로피』를 통해 엔트로피 법칙을 사회를 분석하는 데에 사용하고 그 분석에 기초해 우리가 살아가야 할 대안적 방법을 제시했다. 대단한 반향과 격찬을 받았던 『엔트로피』는 동시에 자연과학자들의 비난의 대상이 된다.[2] 이 용어를 함부로 자연과학이 아닌 다른 영역에 도입해 사용하는 것이 무모할 수 있다는 이야기다. 우리는 좀 더 신중하게, 학제 간 연구를 진행해야 한다.

음악학에서의 엔트로피 개념

열역학 개념인 엔트로피가 20세기의 정보학에서는 정보량으로 이해된다. 섀넌에 의하면 정보량은 어떤 상황에서 어떤 사건들이 일어날 확률이며(Shannon, 1948) 정보량의 측정 단위는 비트bit아. 정보량 개념은 음악학자들에게도 받아들여졌다. 미국의 음악학자 핑커튼은 도, 레, 미, 파, 솔, 라, 시의 음고들을 정보학자들이 말한 사건들로 여겼고, 이것들 각각이 어떤 곡에서 출현한 확률을 정보량으로 보았다. 핑커튼은 여러 곡을 선택해 그 곡들에서 7개의 음고들 각각의 출현 횟수를 세고 그 결과 값을 정해진 공식으로 계산해 곡들의 정보량을 산출해냈다. 핑커튼에 따르면 7개의 음고들 각각의 사용빈도가 완전히 동등할 경우 정보량은 가장 많고 비트 값도 가장 크며, 각 음의 사용빈도가 차별적이라면 비트 값은 작아진

---

2. 화학자 이덕환은 「열역학을 벗어나 버린 엔트로피」라는 제목의 글에서 리프킨의 저서에 대해 비판한다.(이덕환, 2000) 리프킨의 저서에 엔트로피 개념에 대한 부분적 몰이해가 있는 것은 사실이다.

다.(Pinkerton, 1956)

핑커튼이 단순한 노래들의 정보량을 계산했다면, 그리고 도, 레, 미, 파, 솔, 라, 시 7음의 사용빈도를 세어 계산했다면, 레온 크노포프와 허친슨은 고전 및 낭만시대 작곡가들의 좀 더 복잡한 여러 작품에서 정보량을 구했다. 그것도 도, 도#, 레, 레#, 미, 파, 파#, 솔, 솔#, 라, 라#, 시의 12음고의 출현 횟수를 세어 계산했다. 그 결과, 작곡가들의 작품의 정보량 즉 비트 값이 계산되었다. 모차르트 3.009bits, 멘델스존 3.039bits, 슈만 3.048bits, 리하르트 슈트라우스 3.397bits.(Knopoff & Hutchinson, 1983) 크노포프와 허친슨은 작품들이 현대에 쓰일수록 비트 값이 커짐을 확인했다. 나는 안톤 베베른의 12음음악인 《관현악을 위한 변주곡 작품번호 30》에서 각각의 12음고들의 출현 횟수 데이터를 구했고 이에 기초해 엔트로피 값을 계산했는데, 그 값은 3.58bits였다.(김진호, 2006) 크노포프와 허친슨의 연구결과는 모차르트보다 멘델스존이, 멘델스존보다 슈만이, 슈만보다 슈트라우스의 음악이 더 반음계적일 것이라는 음악가들의 직관을 뒷받침했다. 나의 연구도 이러한 직관을 확인해주었다. 현대로 올수록 작곡가들은 더 반음계적인 작품을 썼고, 그것은 더 높은 비트 값으로 표현되었다. 가장 현대적인 베베른의 12음음악이 다른 음악작품들과 비교해 가장 반음계적이며 가장 높은 정보량을 보여주었다.

음고들 각각의 출현 횟수가 거의 동등한 음악, 하여 가장 높은 비트 값과 정보량을 갖는 음악, 가장 높은 엔트로피 상태를 보여주는 12음음악은 가장 반음계적이다. 음악작품에서의 음고 관련 엔트로피 개념은 반음계주의의 정도를 알려준다. 어떤 작품이 음고와 관련해 작은 비트 값을 갖는다면 그 작품은 그만큼 온음계적이다. 저엔트로피 상태라고도 할 수 있다.

1923년에 쇤베르크에 의해 처음으로 쓰인 12음음악은 한 옥타브를 구성하는 12개의 서로 다른 음들 모두를 평등하게 사용하자는 취지에 따라 제안되었다. 쇤베르크는 12음음악을 12음의 민주화로 형용했다. 12음 각각을 공평하게 사용하는 음악적 경향 혹은 현상을 음악학자들은 반음계적인chromatic 것으로 본다. 반대로 12음 중 (특정 조의 7음음계 구성음들인) 도, 레, 미, 파, 솔, 라, 시의 음들을 많이 쓰는 경향과 현상을 온음계적diatonic이라 형용한다. 매우 온음계적인 음악에는 음고 요소들과 관련해 대단히 위계적이며 불평등한 특성이 확인된다. 도#, 레#, 파#, 솔#, 라#의 음들이 잘 사용되지 않기 때문이며, 도, 레, 미, 파, 솔, 라, 시의 음들 모두도 평등하게 사용되지 않기 때문이다. 일부 음들, 즉 도, 미, 솔의 음들만이 특히 많이 사용된다. '온음계적 정도'라는 개념이 있다면 한 옥타브 내의 12음고들 중 몇몇 음들, 이를테면 도, 미, 솔과 같은 음들이 특히 많이 사용되는 정도, 즉 다른 음들이 덜 사용되는 정도를 가리킬 것이다. 이것은 '반음계 정도' 개념과 쌍을 이룬다. 반음계 정도가 높은 음악에는 요소들의 출현과 관련해 평등한 특성이 강하게 확인된다.

서양음악사는 대체로 현대로 올수록 반음계적 경향이 점차 강해짐을 보여준다. 중세시대의 음악에 비해 르네상스 시대의 음악이, 그 이후의 바로크 음악이, 고전주의 음악이, 낭만주의 음악이, 현대음악이 대체로 더 반음계적이다. 12음음악은 현대로 올수록 점차 강화된 반음계적 경향의 궁극적 귀결이다. 점점 더 강화되는 반음계주의의 경향을 통해 하나의 음악작품에서 12개의 음고들 모두는 점점 더 평등하게 사용되었다. 현대로 올수록 더 반음계적 경향이 우세해지는 예술적 음악들에서 점점 더 많은 정보량과 큰 비트 값이 확인된다. 엔트로피 법칙에 대해 알지 못했던 작곡가들의 마음도 엔트로피 법칙에 따라 작동했을까.

정보량이 많은 음악에서 음악을 구성하는 사건들은 거의 동등하게 출현한다. 엔트로피 법칙은 아주 간단히 표현할 경우 평등화의 지향이다. 밀폐된 방 한구석에서 누군가가 담배를 피운다. 담배 연기는 처음에 방 한구석에만 존재한다. 시간이 흐를수록 연기는 방의 모든 구석구석에 퍼진다. 엔트로피 법칙으로 설명할 수 있는 가장 간단한 현상이다. 담배 연기는 시간이 흘러가면서 평등하게 퍼져나가며, 인위적 방식을 통하지 않고는 그 퍼져나감을 되돌리기 어렵다. 세상에 공짜가 없다는 말이 나온 이유다. 세상 모든 것은 담배 연기처럼 퍼져나가는 경향을 보인다.

쇤베르크가 12음의 민주화를 주장한 것은 영국 철학자 버트란트 러셀이 엔트로피를 '민주화를 향한 경향'(Russel, 재인용: 리프킨, 2012)이라 묘사한 것을 떠올리게 한다. 어떤 계의 요소들이 재배치되어 민주화 혹은 평등화가 될 경우 엔트로피 값은 커진다. 사실 모든 계는 불가피한 평등화 과정을 밟는다.

불가피한 평등화 과정은 시간이 우리 세계에서 엔트로피가 증가하는 쪽으로 점점, 반드시 나아간다는 사실과 부합한다.

사람들은 대중음악을 거론하며 현대음악의 엔트로피 경향에 대해 반론을 펼칠 수 있다. 대부분의 대중음악은 현대음악과 달리 온음계적 특성을 보이기 때문이다. 하지만 대중음악의 역사에서도 반음계적 음악의 입지가 점점 강화되고 있다. 과거의 대중음악에 비해 오늘날의 대중음악은 일반적으로 더 반음계주의적이다.

엔트로피, 마이너스 엔트로피, 질서, 생명, 죽음, 그리고 음악

어떤 체계 내의 엔트로피 증가는 궁극적으로 그 체계의 죽음을 유도한다. 체계의 쇠락과 죽음을 미룰 방법이 있다. 체계 밖으로부터 마이너스 엔트로피를 흡수하면 된다. 마이너스 엔트로피는 어떤 체계에서 그 양이 많을수록 좋다. '네거티브 엔트로피' 혹은 '네겐트로피'negentropy라고도 부른다. 이것은 고립계에서는 항상 감소만 있을 뿐 절대 증가할 수 없는 매우 소중한 질서의 양이다. 오스트리아의 물리학자 어빈 슈뢰딩거는 모든 생물이 주변 환경으로부터 네겐트로피를 지속적으로 흡수해 살아가며, 네겐트로피야말로 생명의 양식이라고 말했다.(재인용: 리프킨, 2012)

생명은 네겐트로피를 통해 모종의 한시적 질서를 만들어낸다. 잘 정리된 질서는 요소들의 특이한, 있을 법하지 않은 구성이다. 생명에 있어 엔트로피가 증대하는 상황은 특이한 구

성으로서의 질서가 해체되는 상황이다. 질서가 해체되는, 혹은 해체된 상황이 오히려 흔하다. 생명은 그 구성요소들이 오랫동안 무질서하게 놓여 있다가 특정 시간대에만 아주 우연히 질서를 갖춘 상황이다. 우주가 시작한 이래 현재의 어떤 한 인간을 구성하는 요소들은 생명으로서의 그를 구성하는 기간보다 비교도 할 수 없을 만큼 오랫동안 비생명 상태였으며, 그가 죽더라도 그 구성 요소들은 사라지지 않는다. 비생명 상태가 더 흔하고, 있을 법하며, 생명 상태는 매우 이례적이고 한시적이며 특이하다. 한시적 생명 상태가 보이는 질서마저 항상 해체되어가는 과정에 처해 있다.

해체의 경향에 직면해 어떤 체계는 잠정적 질서 유지 성향을 가진다. 생명 체계가 특히 그러하다. 대부분의 생명은 본능적으로 생명 상태를 계속 지향하고 유지하려 한다. 생명이 환경으로부터 네겐트로피를 갈구하는 이유다. 네겐트로피 개념은 물론 엔트로피 개념도 모른 채 말이다.

음악을 비롯한 예술 대부분은 생명 상태를 동경하고 지향하는 인간적·생물적 마음에 의해 창작되었다. 생명 상태는 질서 상태다. (질서 상태가 생명 상태는 아니다.) 생명의 중요한 속성은 "끊임없는 자기 질서 수리 및 자기 존재 유지"다. 질서 상태로서의 생명 상태를 동경하는 마음과 네겐트로피에 대한 어떤 의식적/무의식적 바램, 동경, 지향은 같다. 그 지향이 음악의 여러 특성들의 근원이다. 나는 여기서 음악의 세 특성을 지적한다. ① 음악을 구성하는 재료 혹은 요소인 음악적 음에서 확인되는 질서 개념, ② 그 음들의 결합에서 확인되는 질서 개념, 그리고 ③ 대부분의 음악작품의 구성 방식에서 확인되는 질서 개념. 하나씩 살펴보자.

앞의 〈개념의 세계, 음악의 세계〉 절에서 '음악의 기본 재료인 음악적 음조차도 특정 개념을 구현한다.'고 했었다. 대다수 문명권의 음악가들에게 음악의 재료는 음악적 음이다. 이것은 주로 피아노나 바이올린, 가야금 같은 악기들이 내는, 음고 느낌이 상대적으로 강한 소리다. 음의 높낮이 느낌인 음고에는 서양음악에서는 도, 레, 미, 파 등이, 한국 전통음악에서는 황, 태, 중, 임, 남 등이 있다.

모든 소리는 어떤 물질이 진동해 발생한다. 진동에는 주기적인 것과 비주기적인 것이 있다. 어떤 진동체가 주기적으로 진동하여 내는 소리를 인간은 음고 느낌이 상대적으로 강한 소리, 즉 음악적 음으로 듣는다. 주기적 진동에는 질서가 있다. 듣는 이들은 그 질서를 조화롭게 느낀다. 상술했듯이, 디사나약은 질서를 창조하는 일도 인간에게 감정적 만족과 평온을 준다고 했다. (13장 '모양 짓기와 미적 공들이기' 참조) 디사나약의 논리가 타당하다면, 음악적 질서로서의 주기적 진동을 듣고 창조하는 일, 즉 음악적 음을 창조하고 듣는 일은 그 자체로 인간에게 감정적 만족과 평온을 준다. 우리는 잘 조율된 피아노의 구슬처럼 영롱한 음 하나, 첼로의 그윽한 음 하나만으로도 쾌감을 느낀다. 호른의 둥글둥글한 듯 풍만하면서도 웅장한 소리는 또 어떤가. 클라리넷의 구슬픈 탄식과도 같은 음, 플루트의 상쾌하면서 은은한 음, 목가적인 오보에의 음, 가야금의 점잖고 정갈한 음 …. 음색의 차이는 있지만 모두 질서 있는 소리 현상이다.

이런 음들을 저엔트로피 상태의 소리로 생각할 수 있으며, 생명이 탐하는 네겐트로피 혹은 생명적 질서를 연상시키는 소리로 생각할 수 있다. 반면에 무질서한 진동의 소리는 고엔트로피 상태에 해당한다. 인간은 무질서한 소리를 음고 느낌이 약한 소리로 지각한다. 20세기의 서양 현대음악에서나 이러한 소음들이 대거 음악에 사용되었다.

대부분의 음악가들은 생명 상태를 동경하고 지향했다. 다만 자신들의 작품을 온전한 질서 상태 일색으로 작곡할지 적당한 무질서 상태를 가미해 질서 상태를 돋보이게 할지에 대한 이견은 있었다. 고전주의자 모차르트는 온전한 질서 상태를 더 좋아했다. 특히 소음을 싫어했다. 그의 편지 속 문장을 들어보자. "열정은 한 번도 추하게 표현되는 법이 없습니다. 등골이 오싹해지는 높은 음으로 된 음악이라 하더라도 그것은 사람의 귀를 괴롭혀서는 안 되고 귀를 즐겁게 해야 합니다."(재인용: 힐데스하이머, 2014) 모차르트가 말한 높은 음도 질서 있는 소리 현상이다. 모차르트의 후배인 베토벤과 베를리오즈는 적당한 소음에 의한 추한 표현도 마다하지 않는다. 20세기 작곡가들은 더 나간다.[3]

20세기 이전까지의 음악에서 화음이란 음들의 조화로운 결합이다. 화음도 음악적 질서의 모습이고, 그것을 만들어내고 듣는 일도 충분히 감정적 만족과 평온을 준다. 선율은 보

---

3. 이 주제에 대해서는 졸저 『매혹의 음색』을 참조하라.

통 화음의 펼친 형태다. 화음은 생명적 특성을 특별하게 닮았다. 생명적 특성은 창발적 특성이다. (10장의 '생명과 함께하는 마음' 절 참조) '도-미-솔' 같은 화음을 이루는 각 음들(도, 미, 솔), 즉 성분들은 지각 과정에서 특별한 방식으로 내적 상호작용을 벌인다. 도, 미, 솔 성분들로 단순히 환원될 수 없는, 철저하게 새로운 속성으로서의 '도-미-솔' 화음의 특성이 창발한다. 화음의 창발성은 '도-미-솔' 화음에서 구성음인 미를 반음 내려 '도-미b-솔' 화음을 얻을 때, 단지 음 하나 바뀌었지만 이 두 화음이 극적으로 다르게 느껴진다는 점을 통해 분명히 증명된다. 창발적인 특성이 발생할 때 우리는 게슈탈트 심리학이 알려주는 바를 확인한다. "전체는 부분의 합을 넘어선다."는. 장3화음인 '도-미-솔' 화음과 단3화음인 '도-미b-솔' 화음은 각각 하나의 게슈탈트, 즉 전체적 형태다. 다른 화음들도 마찬가지다.

창발성을 가지는 화음이 창발적인 생명과 닮았다고 느끼는 것은 아닐까. 화음은 최소한 대단히 있을 법하지 않은 음향 상태다. 그것은 고도의 질서상태, 낮은 엔트로피 상태. 창발적인 특성까지 더해진 음향 질서를 우리가 좋아하는 것은 아닐까. 우리는 단순한 화음 하나에도 만족감과 평온함을 느낀다. 단지 '도-미-솔' 화음만을 오래된 풍금으로 치며 노래 부르던 어린 시절을 생각해보자.

음악에는 창발적인 것들이 많다. 개별 악기들의 수많은 음색의 산술적 합산을 넘어서는 오케스트라의 웅장한 음향을 생각해보자. 잘 조화된 전문 오케스트라가 내는 단 하나의 음에도 우리는 가슴이 설렌다. 전형적인 창발 현상이다.

화음과 오케스트라 음향이 창발적인 데에는 이유가 있다. 홀과 같은 음향학자들에게 서로 다른 주파수 값을 가지는 두 소리가 방출될 때 이 두 소리 이외의 소리가 들린다는 사실은 잘 알려져 있다. 이를테면 두 소리의 주파수 값의 합에 해당하는 소리인 합음, 차이에 해당하는 소리인 차음이 들린다.(Hall, 1990) 합음과 차음을 결합음이라 하고 원래의 두 소리를 발생음이라 한다. 오케스트라는 대체로 두 개 이상의 소리를 낸다. 따라서 엄청나게 많은 결합음들이 들릴 것이다. 물론 개별적으로 들을 수는 없다. 음향의 어떤 질로 들린다. 결합음들 말고도 악보에 없고 연주자들이 내지 않지만 객관적으로 발생하는 소리들,[4] 객관적으로는 존재하지 않지만 감상자가 주관적으로 느끼는 소리들이 엄청 많다. 이런 소리들로 인해 오케스트라 음향은 독특한 아우라를 가진 것으로 들린다. 악보에 적혀 있는 음들로 환원될 수 없는 오케스트라 음향은 창발적이다.

대부분의 음악작품은 모종의 방식으로 구성된다. 음악의

---

4. 좋은 콘서트홀은 악기가 내는 소리들을 다양하게 반사한다. 악기로부터 방출되어 귀에 도달한 소리를 직접음이라 하면 벽에 부딪혀 귀에 도달한 반사음도 많다. 반사된 소리가 재반사될 수 있다. 한쪽 벽의 요철에 부딪혀 반사된 소리가 다른 요철에 재반사되고 다시 또 반사될 수 있다. 엄청난 피드백 효과다. 돌 벽이 있는 동네 목욕탕이나 동굴에서도 이런 피드백 효과를 느낄 수 있다. 조상들이 동굴 속 울림이 가장 좋은 곳에서 축제를 벌였다면 그들은 이런 피드백 효과 혹은 창발적 소리 현상을 인지하고 좋아한 것이다.

구성이란 음악을 질서 있게 만드는 조치들이다. 음악은 우선 작은 단위로부터 구성될 수 있다. 아래에서 위로의bottom-up 구성이다. 선율은 대개의 경우 2마디 단위씩 결합해 만들어진다. 2마디가 결합해 4마디, 8마디, 16마디 등의 특이한, 있을 법하지 않은 시간 질서가 만들어진다. 이러한 질서 역시 만족과 평온을 줄 수 있다. 3부분 형식, 론도 형식, 소나타 형식 등과 같은 음악 형식form들을 통해서도 음악이 구성될 수 있다. 음악 형식이란 음악의 전체적, 거시적 형태를 결정하는 커다란 틀이다. 형식을 통한 음악의 구성은 위에서 아래로의top-down 구성이다. 음악의 다양한 형식들은 서로 다르다. 소나타는 이런저런 점에서 론도와 다르고, 3부분 형식과도, 변주곡과도 다르다. 개별적 차이를 넘어서는 한 가지 중요한 특성이 이 형식들에 있다. 모종의 질서 상태를 보인다는 점. 특정 형식 혹은 구조는 질서 상태라는, 배후의 중요한 개념을 특별한 방식으로 구현하는 수단일 뿐이다. 작곡은 특정한 시간적 질서를 만드는 일이다. 그런 질서를 만들거나 그것에 접하는 일은 인간에게 감정적 만족과 평온을 줄 수 있다.

근대 서양음악의 모든 음악 형식 혹은 구성은 뮤라이의 《기억/침식》과 달리 음악의 끝에서도 질서 상태를 유지한다. 조성음악의 마지막 마디에서 질서 상태는 으뜸화음(장조의 경우 '도-미-솔' 화음)으로 구현된다. 으뜸화음으로 끝을 내는 작곡가들은 세상만사가 종국에는 무질서 상태에 빠진다는 진실을 알지 못하거나, 그것을 부정하고 싶은 이들이다. 아니면 음악 세계만큼은 질서 상태여야 한다고, 즉 음악과 세계는 다르다고 믿는 이들이다. 바흐, 모차르트, 쇼팽, 존 레넌 등에 대해 비판적인 적이 없는 감상자들은 시작과 끝이 질서 상태인 음악을 너무나 당연하게 생각한다. 음악의 끝까지 존속하는 질서 상태는 작곡가들의 특징적 마음 상태, 즉 네겐트로피에 대한 어떤 바램, 동경, 지향을 반영한 것일 수 있다. 혹은 그들이 사는 세상이 어쨌든 조화롭다는 인식의 표현일 수 있다. 20세기 이전 대부분의 서양음악과 오늘날의 대중음악은 "모두가 그 후로도 오래오래 행복하게 살았답니다."로 끝나는 동화의 음악적 상응물이다.

대부분의 서양음악은 죽음과 쇠락, 무질서보다는 에너지와 질서, 생명 상태를 표현한다. 죽음과 쇠락을 표현한 음악들조차 질서 상태에 기초한다. 대부분의 장송행진곡은 3부분 형식으로 작곡된다. 이 형식도 특정 질서다. 장송행진곡은 죽음 자체를 표현하기보다 죽음을 접한 이들을 달래기 위해 만들어졌다. 이런 이유로 질서 상태에 기초한 것일 수 있다.

은유적 의미의 음악적 네겐트로피가 더 있다. 어떤 기악음악이 작곡가와 청자에게 더는 흥미를 유발하지 못할 때 그 음악을 작곡하는 마음은 네겐트로피로 은유될 수 있는 것을 제시한다. 음악의 2주제와 3주제다. 이것들은 그것들이 등장하기 전까지 단지 1주제로만 구성된 폐쇄계에 새로운 활력을 제공한다.

하지만 네겐트로피로서의 음악을 만드는 마음도, 어른거리는 엔트로피 증가의 경향을 완전히 무시할 수 없다. 우선 새로운 에너지의 제공에는 한계가 있다. 하나의 음악 속에 제4주제, 5주제, 6주제… 하는 식으로 서로 다른 주제들을 무한히 제시할 수 없다. 인지 능력의 한계가 있는 인간이 무한히 제공되는 새로운 음악적 요소들을 계속해서 받아들일 수 없기 때문이다. 보통은 두 개 내지 세 개의 주제로 구성된 기악음악이 많다. 작곡가들은 대체로 새로운 주제들을 계속해 제시하기보다는 두세 개 정도만 제시하고 그것을 변화시키는 방식으로 작곡한다. 그런 방식을 통해서도 작곡가들은 음악적 생명력을 충분히 잘 표현할 수 있다.

나이가 들거나 쇠약한 몸을 가지면 생명 상태를 지향했던 마음도 쇠약해진다. 노년의 작곡가들은 보통 생기가 없는 음악들을 남겼다. 70세에 이른 바그너의 마지막 오페라 《파르지팔》이 그런 작품이다. 정신병을 앓고 죽어가는 젊은 슈만도 마지막 작품 《유령 변주곡》에서 생기 없는 음악을 남겼다. 다가오는 죽음을 담담하게 그린 음악들이라 볼 수도 있다. 이 작곡가들의 쇠약한 마음은 이제 꼭 생명 상태를 지향한다고 말할 수 없다.

젊고 건강한 사람도 죽음을 갈구할 때가 있다. 프로이트는 인간이 자신을 파괴하고 생명 없는 무기물로 되돌아가려는 본능을 소유한다고 했다. 그 본능의 이름은 타나토스다. 타나토스는 그리스 신화에서 죽음을 의인화한 신이다. 죽음을 갈구하는 심적 상태가 본능인지 모르겠지만 많은 사람이 삶을 살아가며 한 번쯤은 자살을 진지하게 생각한다는 점을 고려하면, 죽음에 대한 동경은 예술의 매혹적 주제다. 많은 음악가와 예술가가 이러저러한 고통 속에서 죽음을 동경하는 마음으로 매혹적인 예술작품을 창작했다.

바그너는 1848년 유럽을 휩쓸었던 혁명에 가담했고, 지명수배를 당해 오랜 기간 망명생활을 했다. 지독한 경제적 어려움으로 고통 받았고, 힘든 인생의 굴레에서 수년 동안 빠져나올 수 없었다. 망명지인 스위스에서 거처를 마련해주고 경제적으로 도와줬던 사업가 베젠동크 부부가 있었는데, 젊고 아름다운 베젠동크 부인에게 바그너는 다분히 파렴치한, 그러나 본인에겐 매우 진지한 사랑의 감정을 느꼈다. 이 사랑은 이루어질 수 없었고 바그너는 심각한 슬픔과 좌절감, 심지어 염세적인 마음을 느꼈다. 그런 바그너가 쓴 것이 오페라 《트리스탄과 이졸데》였다.

트리스탄은 중세 영국의 전설적인 아서왕의 기사였고, 우연히 이웃 나라 공주 이졸데와 이루어질 수 없는 사랑을 했다. 바그너의 오페라에서 트리스탄은 우여곡절 끝에 죽고, 부리나케 달려온 이졸데 역시 그의 시신 위에 쓰러져 죽는다. 이졸데가 죽기 전에 부르는 아리아인 〈사랑의 죽음〉을 포함해 오페라 전체는 지극히 감미로우면서도 매우 불길한 음향으로 가득하다. 이러한 음향이 죽음에 대한 동경을 잘 표현한 것으로 평가받는다. 불길한 음향을 만들어내는 바그너의 방법은 고도의 반음계주의다. 상술했듯이 반음계적 음악은 높은 엔트로피 상태에 해당한다. 죽음에 대한 동경을 높은 엔트로피 상태의 음악으로 표현했다. 적절해 보인다. 하지만 정작 죽음 그 자체, 즉 음악의 끝은 이 오페라에서 드물게 나타나는 장3화음으로 표현된다. 바그너에게 죽음은 생명의 현실적 소멸이 아니다. 고통에 찬 현세에 대한 피안의 세계, 즉 낭만적 대체물이다.

엔트로피와 비가역적 시간, 그것을 반영하는 우리의 청취 방식

우리가 시간을 경험하는 방식에도 엔트로피 법칙이 관여한다. 우리가 경험하는 시간이 비가역적인 이유다. 시간은 우주 탄생 이후 한 방향으로만 흐른다. 시간의 이러한 방향성은 에너지 상태가 항상 〈유용→무용〉의 구도를 따라 변하기 때문에 발생한다. 이 구도에 따라 우리는 항상 주변에서 발생하는 엔트로피 변화를 인식한다. 늙어가다 죽는 사람들이 그 변화의 분명한 예다. 이런 점들을 인식한 아서 에딩턴은 "엔트로피는 시간의 화살이다."라고 말했다.(재인용: 리프킨, 2012)

우리는 시간이 흐른다는 느낌을 가지고 사는 사람들이다. 시간의 흐름에 대한 경험은 우리에게 너무나 강력하고 당연해 보인다. 그러한 환상적 경험을 만들어내는 우리의 감각 및 인지기관도 비가역적 시간 속에서 진화해 왔다. 시간을 흘러가는 것으로 지각할 뿐 다시 되돌아오는 것으로 절대 지각하지 못하는 인지기관은 음악도 흘러가는 것으로 지각한다. 그런 지각에 기초한 우리의 음악적 기억도 시간의 흐름을 거스를 수 없다.

"세월이 가면, 가슴이 터질 듯한, 그리운 마음이야 잊는다 해도…."라는, 1980년대 후반에 유행했던 〈세월이 가면〉이라는 노래를 생각해보자. 우리는 이 노래를 거꾸로 즉 "도해 다는 잊 야이음마 운리그, 한듯 질터 이슴가, 면가 이월세…"로 기억

할 수 없고 그렇게 노래할 수 없다. 컴퓨터를 통해 원래의 노래를 "도해 다는잇 야이음마 운리그, 한듯 질터 이슴가, 면가 이월세…"로 바꾼 후 그 노래를 열심히 듣고 반복하면 될 수도 있겠다. 하지만 "도해 다는잇 야이음마…"는 원곡과 전혀 다른 곡이다. 전혀 다른 노래를 새로 열심히 듣고 기억하여 부르는 것은 원곡의 시간적 흐름을 거슬러 기억하는 일이 아니다.

레슈와 차운은 자연적 시간의 비가역적 흐름과 그 작동의 특성이 냉정하게, 강철 같은 힘으로 우주를 지배한다고 말한다. 우리의 음악적/시간적 기억의 방식은 이 독재자의 힘을 무시할 수 없다.(레슈·차운, 2010) 우리의 음악적 기억은 자연적 시간의 작동 특성과 닮았다. 음악적 마음이 자연의 특성과 닮았다는 것은 마음이 모든 면에서 자연과 같은 방식으로 작용한다는 이야기가 아니다. 마음은 자연의 복사본이 아니다. 자연법칙의 가장 중요한 특성들을 닮을 수는 있다.

'도→레→미→솔'의 선율을 '솔→미→레→도'로 바꾸는 것처럼 어떤 선율을 끝에서부터 거꾸로 연주하는 '역행'retrograde은 자연적 시간의 흐름을 닮은 우리의 청취지각방식으로부터 상당히 벗어나 있다. ('→' 표시는 시간의 흐름을 표현한다.) 많은 조성음악에서 종종 역행이 확인되며, 12음음악에서는 더욱 더 빈번히, 의식적으로 추구된다. 역행을 통해 하나의 선율을 변화시킬 수 있고, 변화된 선율을 원래의 선율에서 유래한 것으로 생각할 수 있다. 역행을 비롯해 선율을 처리하는 방법들은 하나의 선율에서 변화된 선율들을 파생시키는 것을 가능케 한다. 그렇게 원래의 선율로부터 유래한 선율들을, 원래 선율과 함께 어우러지게 하여 만든 음악에서 견고함coherency과 논리, 다양성 속의 통일성이 확보되었다고 근대 서유럽 작곡가들은 생각했다. 이 생각은 개념적으로만 옳다.

역행은 비가역적 시간에 최적화된 청지각과 조화되지 않는 것처럼 보인다. 역행하는 마음은 지각의 상위 마음, 즉 개념 작용의 결과다. 이런 개념 작용을 낳은 계기는 무엇일까. 일단 역행을 특정한 언어 처리 방법인 회문과 유사한 것으로 봐보자. 바로 읽으나 거꾸로 읽으나 같은 단어 혹은 문장을 회문回文, palindrome이라 한다. '조광조', '다시 합창 합시다' 등이 단순한 회문 예다. 고려의 시인 이규보의 한시 〈미인원〉美人怨은 대표적 회문 시다. 〈미인원〉은 먼저 순독順讀을 제시한다. 이후 그것을 끝에서부터 다시 읽는 회문이 제시된다. 이규보의 시에서 순독과 회문은 미묘한 뜻의 차이가 있지만 전반적으로 유사한 의미를 보인다.

회문과 역행은 세상에 편재하는 공간적 대칭성을 시간 영역에 투영시킨 결과일 수 있다. 즉 시간을 공간화하는 개념 작용의 결과가 회문과 역행일 수 있다. 회문과 역행은 공간 세계에 대한 인간의 대칭성 인식과 선호 및 그에 기반을 둔 예술적 표현 결과일 수 있다. 인식은 공간에서, 그 응용적 표현은 시간에서 행해진 것일 수 있다.

사람들은 공간 속 사물의 대칭성은 쉽게 보고 좋아한다. 시간 속 소리의 대칭성도 잘 듣고 좋아할까. 일반적으로, 인간이 지각하는 정보의 대부분은 시각적이다. 인간의 청각은 시각에 비해 세계를 덜 알려준다. 신경생물학자 존 올먼에 따르면 영장류의 진화와 함께 감각의 지배권은 후각에서 시각으로 이동했다.(Allman, 1999) 시각을 전담하는 뇌 영역들의 크기가 최초의 영장류가 약 6천만 년 전에 등장하면서부터 극적으로 증가했기 때문이다.(월렌스타인, 2009) 청각도 시각보다 못한 역할을 한다. 시간적 흐름 속의 청각적 정보들은 그것이 대칭과 관련하든 다른 질서와 관련하든, 시각적 정보만큼 잘 지각되고 인식되지 않는다. 짧지 않은 길이의 선율을 역행할 경우 비록 역행에 대해 '개념적으로' 이해하더라도 역행된 선율이 원래 선율의 역행이라는 점을 분명히 '지각'하기란 매우 어렵다. 역행이 많이 있는 음악은 악보라는 공간 속에서 작업한 책상물림 작곡가의 작업 결과다. 평범한 감상자들은 악보 공간을 알지 못한 상태에서 음악을 듣는다. 구전문학과 구전음악에서 회문과 역행은 발견되지 않는다.

개념에 기초한 20세기 현대음악 약사略史

현대인은 다양한 개념들을 인지적 마음 작용을 통해 고안하며, 배우고, 적용하며 살아간다. 개별 개념들이 삶에 이로운 효과를 줄 수 있다. 더 중요한 것은 개념들을 고안하고 배우며 그에 따라 사유하는 것을 가능케 하는 고도의 인지적 마음이 많은 사람들에게 널리 개화되며 의식되었다는 점이다. 개념적 사유 능력으로 꽃을 피운 고도의 인지적 마음은 인간에게 상상할 수 없을 정도로 이로운 효과를 주었다. 이 마음이 문명과 문화를 발전시켜 왔다. 유전적 요인을 발판으로 해서 문화적 경로를 따라 이 마음이 널리 퍼졌다.

사람들은 어떻게 해서 고도의 인지적 마음을 가지게 되었을까. 어떻게 개념적 사유를 하게 되었을까. 우선 IQ와 같은 지능이 올라갔다는 점을 지적할 수 있다.(다음 절에서 이것에 대해 후술한다.) 학문, 특히 근대적 과학의 발전이 역할을 했다. 사람들 사이에 퍼진 인지적 문화 및 교육의 역할도 지적해야 한다.

과거보다 더 강해진 통합적 마음 덕분일 수도 있다. 많은 개념이 자연, 기술, 사회에 대한 것들이다. 자연사 지능, 기술 지능, 사회 지능 없이 개념이 고안될 수 없다. 오늘날 기술 지능은 자연을 개조하는 데 많이 쓰인다. 기술 지능은 많은 경우 자연사 지능과 연결된다. 자연적/기술적 개념들은 종종 사회적 쓰임새가 고려되며 그에 따라 고안된다. 기술 지능과 자연사 지능이 사회 지능과 연결된다는 이야기다. 개념들은 언어 지능 없이 고안될 수 없다. 언어를 통해 개념들은 정식화되고 세상에 소개된다.

20세기 작곡가들도 인지적이며 통합적인 마음을 개화시키고 의식했다. 그렇게 교육도 받았다. 문화도 달라졌다. 작곡가들이 고안한 개념들도 자연에 대한 것들이거나 기술, 사회에 대한 것들이다. 그들이 자연사 지능과 기술 지능, 사회 지능을 동원해 작업했다는 이야기다. '당신이 내 작품을 듣든 말든 상관없다.'라고 생각하지만 않는다면, 작곡가들은 음악적으로 표현된 개념들이 청중에게 지각되고 인지되기를 기대할 것이다. 또 다른 의미에서 작곡가들이 사회적 지능을 동원했다는 이야기다. 작곡가들은 언어를 통해 음악적 개념을 정식화하고 사람들에게 설명한다. 이렇듯 음악이 예전보다 더 고도화된 인지적 마음에 기초해 작곡되는 경향, 과거보다 더 강해진 통합적 마음 및 그 결과인 개념들에 기초해 작곡되는 경향이 퍼져나갔다. 이 경향에 직면한 감상자들의 통합적이며 인지적인 마음이 자극을 받을 수 있고, 개화될 수 있을 것이다. 이 경향은 우리 삶에 계몽적 이익을 제공할 수 있을 것이다.

고도화된 인지적 경향 혹은 통합적 마음으로의 경향이 음악에 구현되는 서구적 방식을 이제부터 살펴보자. 20세기 서구 작곡가들과 그들의 주요 작품들, 작곡 연도, 작품들이 표현 혹은 구현하는 개념들, 개념들에 대한 간략한 설명을 이하에서 시대 순으로 제시한다. 소개되는 음악은 주로 개념의 첫 번째 표현 혹은 구현 사례다. 개념을 구현한 다른 작품들도 있고 그것들이 더 훌륭할 수 있다. 소개된 작품에 대한 다른 설명도 가능하다. 이하에서 소개되는 것과 다른 방식으로 통합적 마음이 표현될 수 있다. 이하에서 소개되는 것이 유일하며 가장 이상적인 방식은 아니다. 이하에서는 서유럽과 미국의 작곡가들을 소개하는데, 이들이 천착하는 개념들은 서유럽/미국 중심주의적일 수 있다.

(1) 쇤베르크의 《현악4중주 2번》(1908) : 최초의 무조음악

이 곡의 4악장에서 서유럽 근대 음악의 기본 특성인 조성이 사라졌다. 장/단음계를 사용하는 조성음악에는 사용된 음 사이에 위계가 있다. 적게 쓰이며 덜 중요한 음들은 도, 미, 솔

같이 많이 쓰이며 중요한 음들을 수식한다. 으뜸음 도가 가장 중요해 이 음을 중심으로 음악이 짜이는데, 이것을 조적 특성 즉 조성이라 부른다. 무조음악에는 조성과 위계성이 없다. 어떤 음은 다른 음을 수식하지 않고 단지 그 음으로서의 의미가 있다.

작곡가는 4악장에서 이례적으로 성악을 첨가하며 독일 시인 스테판 게오르크의 시를 가사로 쓴다. 이 시에는 "나는 다른 행성의 대기를 느낀다."라는 구절이 있다. 이석원에 따르면 지구의 중력에서 벗어난 행성의 대기를 시를 통해 상상했던 쇤베르크는 수천 년간 음계에서 기대되어 왔던 [음악의 지각 세계에서 작동하는 은유적 의미의] 중력을 철폐한다. [다른 음들이 으뜸음 도에 이끌리는 느낌, 으뜸음 도가 다른 음들을 끄는 느낌을 중력으로 은유할 수 있다.] 그렇게 "중력으로부터 벗어난 [자연세계를 묘사하는] 가사는 무조성 음악과 절묘한 은유를 이룬다."(이석원, 2010) 중력, 위계, 조성, 무조성의 음악 개념의 기저에는 자연사 지능이 작동한다.

(2) 알렉산더 스크리아빈의 《교향곡 4번 법열의 시》(1908), 《프로메테우스 : 불의 시》(1910) : 통감각적 종합예술

다양한 색의 빛이 오케스트라와 합창단 뒤쪽 무대에 투사된다. 향기가 방출되고 무용도 가세할 수 있다. 서로 다른 감각이 자율성을 유지한 채 서로 어울리기에 공감각적이라 할 수는 없다. 대신 '소리의 교향곡과 빛의 교향곡의 [자유로운] 대위법'이라는 평가가 있다.

다양한 감각 입력에 호소하는 이 작품에서 감각 입력은 서로 어우러져 작곡가가 생각하는 환상적이며 통합적인 세계를 표현한다. 작곡가는 19세기 말 러시아와 미국에 퍼졌던 신지학神智學에 빠져 있었는데, 이것은 신의 본질을 계시가 아닌 이해를 통해 알 수 있다는 인지적 믿음이거나 신비주의와 오컬트가 결합한 밀교이다. 이것은 비록 비과학적이지만 그 자체로 통합적 지향을 드러낸다. 모든 종교, 사상, 철학, 예술, 과학 등의 근본적인 하나의 보편적 진리를 추구하는 목표를 가진다.

(3) 프란체스코 프라텔라의 선언문 「미래음악가 선언」(1910), 루이지 루쏠로의 선언문 「소음들의 예술」(1913) : 소음에 의한 음악 예술

이탈리아인 필리포 마리네트의 「미래주의 선언」(1909)의 영향을 받아 작성된 음악적 미래 선언. 루쏠로는 악기가 내는 음과 다른, 분명한 음고 느낌이 약한 소음을 음악에 사용하기 위해 소음 제조기를 개발했다. 선언문에는 진동, 주파수, 근음과 같은 과학적 개념들이 미학적 원칙과 함께 소개되고 있다.

(4) 쇤베르크의 《달에 홀린 피에로》(1912) : 말노래

쇤베르크는 말과 노래의 중간쯤 되는 발음을 이 성악 모음곡을 통해 제시한다. 가수는 정해진 리듬에 맞추어, 대강의 음높이를 부른다. 음악과 가사전달을 조화시키려는 현대적 문제의식과 그 해법이 제시되었다. 이 문제의식은 사회적 지능과 관련된 것이다.

(5) 이고르 스트라빈스키의 《봄의 제전》(1913) : 복조, 불협화음, 복리듬과 비대칭적 리듬, 원시주의, 현대적 무용음악

서로 다른 조성의 음악이 동시에 제시되는 복조와 강렬한 불협화음, 서로 다른 리듬들이 동시에 제시되는 복리듬, 전통적 음악의 중요한 한 특성인 규칙적 박동을 파괴한 (11/4박자와 같은) 비대칭적 리듬이 원시적 느낌을 준다. 원시주의는 서구적 근대 문명에 대한 예술적 저항이거나 그로부터의 도피, 혹은 단순한 이국취미일 수 있다.

(6) 찰스 아이브스의 《뉴잉글랜드의 세 곳》(1911~1914) : 인용에 의한 콜라주

타인의 작품 일부 혹은 전체를 자신의 음악에 사용하는 음악적 인용은 작곡가의 음악과 조화되기도 하고 의도적 부조화를 초래할 수도 있다. 신문이나 잡지 등의 일부를 찢어내 붙여 만들어낸 미술적·공간적 콜라주 개념이 음악에 수용된다. 찬송가 선율, 군대 행진곡의 음악, 미국의 민속적 선율을 인용한 이 음악을 들을 때 감상자는 미국 동부 뉴잉글랜드의 세 장소에 있는 것 같은 느낌을 받을 수 있다.

(7) 찰스 아이브스의 《소리 길》(1915) : 다음악

아이브스는 고향 뉴잉글랜드의 군악대 행렬을 보고 나서 《소리 길》을 작곡했다. 이 작품에서는 하나의 오케스트라 내부에서 몇 개의 소그룹들에 의해 독립적 리듬이 연주된다.

(8) 헨리 카우엘의 《역동적 운동》(1916) : 피아노를 이용한 음괴 사용

음괴 혹은 음 덩어리는 세 개 이상의 인접한 음들의 동시 발음이다. 피아노에서 음괴는 양 팔목이나 손바닥으로 연주할 수 있다. 음괴는 새로운 표현적 소리로 20세기 작곡가들에게 주목받았다.

(9) 에릭 사티의 《버려진 쇠로 만든 장식융단》(1917) : 가구의 음악 furniture music

이 작품을 시초로 3개의 세트로 만들어진 음악을 설명하기 위해 사티는 '가구의 음악'을 제안했다. 음악이 가구처럼 있는 듯 없는 듯 존재해야한다는 개념이다. 근대화된 서구 사회에서 음악을 비롯한 예술이 돈과 권력을 가진 사회적 수요층에 의해 소비되고 선호되면서 점차 장대해지고 화려해졌다. 특히 사치스럽게 된 음악은 토마스 만이 말한 "직접 즐기는 일을 대체하는 예술"이며, 보들레르가 말한 "환각제, 인공적 파라다이스로서의 예술"이다.(재인용 : Bosseur, 1996) 사티는 삶을 압도하고 대체하는 독일적 예술이 싫었다. 가구의 음악은 그 대안이다.

(10) 알로이스 하바의 《피아노를 위한 모음곡》(1918)과 《현악4중주 2번》(1920) : 미분음

체코의 작곡가 하바는 평균율로 조율된 피아노의 두 음들 사이의 음들을 사용했다. 도와 도# 사이의 간격을 균분하면 1/4음이 얻어진다. (도와 레 사이의 간격, 즉 음정을 온음 즉 1

로 보면 도와 도#의 음정은 반음 혹은 1/2음이다.) 하바는 위 음악들을 통해 1/4음과 1/6음으로서의 미분음을 유럽음악가로서 처음 사용했다.

(11) 스트라빈스키의 《풀치넬라》(1919), 바르톡의 《놀라운 만다린》(1919), 프로코피예프의 《오렌지 3개의 사랑》(1919) : 신고전주의

실험과 혁신으로 충격이 컸던 20세기 초에 과거 고전주의 시대와 그 이전 바로크 시대의 음악 스타일을 부활시켜 복고적 경향을 보인 작품들이다.

(12) 알반 베르크의 《보체크》(1921) : 사회 비판적인 표현주의적 무조 오페라

이 오스트리아의 작곡가는 짧은 무조적 화음과 악구를 구조적으로 발전시켰고 고전 및 바로크 시대의 기악 형식들을 음악의 틀로 사용했다. 이 조치들을 통해 큰 규모의 무조음악을 작곡할 수 있었다. 19세기 독일 극작가 게오르크 뷔히너의 동명의 대본에 기초한 오페라는 사람들에게 천대받는 가난한 약자가 주위 사람들로 인해 무너지는 과정을 보여준다. 등장인물들 특히 주인공 보체크의 내면세계가 강렬하게 표현되는데, 동시에 사회적 문제에 대한 천착이 엿보인다.

(13) 쇼스타코비치의 《교향곡 2번 나장조 10월》(1927) : 사회주의적 이상의 표현으로서의 소음주의적 교향곡

1917년 러시아에서 발생한 10월 혁명 10주기를 맞이해 작

곡된 교향곡. 오케스트라와 함께 연주되는 공장 사이렌 소리를 통해 진보, 공업화, 삶에 통합된 노동이라는 사회주의적 가치가 표현되었다. 교향곡에 통합된 합창이라는, 베토벤《합창 교향곡》의 전통을 계승한 이 곡에서 사회주의 러시아의 건국자 레닌과 10월 혁명을 찬미하는 노래가 불려진다.

(14) 라벨의 《볼레로》(1928) : 음색 및 음량 변주곡

스페인 춤인 볼레로의 리듬과 함께 특정한 선율과 화음이 음악의 처음부터 끝까지 반복된다. 변하는 것은 선율을 연주하는 악기들. 이로 인한 음색의 다양한 변화상이 핵심이다. 아울러 음악은 단 한 번도 꺾이지 않는 거대한, 점증적 크레센도를 보여준다. 변주곡은 서양음악의 한 형식인데, 대부분의 전통적 변주곡에서 변화되는 요소는 음고 연쇄로서의 주제다. 새로운 변주곡으로서 음색 및 음량 변주곡을 보여준 작품이다.

(15) 안톤 베베른의 《교향곡》(1928) : 12음기법에 의한 첫 교향곡, 점묘주의

이 오스트리아 작곡가는 짧고 간결한 2개 악장의 12음 교향곡에서 되도록이면 여러 악기가 동시에 연주되지 않도록 했다. 여러 악기가 동시에 연주되면 각 음들이 잘 들리지 않게 되어 12음음악의 평등화 원칙이 위협받는다. 이 교향곡에서 음들이 띄엄띄엄 제시되어 음악적 점묘주의 상태를 구성하는 이유다. 점묘주의 인상파 화가들은 선을 거부하고 점들을 사용했다. 베베른 역시 선율 선을 부정했고 각각의 음들을 강조했

다. 작곡가는 음 하나하나 그 자체의 중요성이 부각되길 원했다. 이전의 어떤 작곡가도 음 하나하나에 중요성을 부여한 적이 없다.

(16) 힌데미트의 《학습음악》(1929) : 실용음악

독일 작곡가 힌데미트는 사람들이 쉽게 배우고 즐기는 《학습음악》을 실용음악이라 불렀고 그런 실용음악을 작곡했다.

(17) 에드가 바레즈의 《이온화》(1931) : 타악기만을 위한 음악

서양음악 작곡가가 처음으로 작곡한, 타악기들로만 연주되는 곡. 이온^{ion}은 전자를 잃거나 얻어 전하를 띠는 원자 혹은 분자를 가리킨다. 원자가 이온이 되는 것을 전리^{電離} 혹은 이온화라고 한다. 자연과학적 개념이 바레즈 방식으로 음악적으로 표현된 결과.

(18) 에드가 바레즈의 《적도》(1934) : 전기 악기 테레민의 음악적 사용

러시아의 공학자 레온 테레민은 전기로 작동되는 테레민을 발명했고, 《적도》는 이 악기를 사용한 첫 작품이다. 테레민은 혁명 후 러시아 민중에게 그전까지 쉽지 않았던 음악적 경험을 할 수 있게 해주었다.

(19) 쇼스타코비치의 《교향곡 5번》(1937) : 사회주의 리얼리즘

구소련의 문예 정책인 사회주의 리얼리즘론에 따르면 예술은 현실을 올바르게 묘사해야 하며 현실에 내재한 사회주

의 혁명의 필연성을 표현해야 한다. 스탈린 치하에서 사회주의 리얼리즘의 전범으로 평가된 작품이다.

(20) 존 케이지의 《바카날레》(1938)와 《조작된 피아노를 위한 소나타와 간주곡》(1946~1948) : 조작을 통한 피아노 음향의 어쿠스틱한 변형

피아노 현 위에 테이프, 못, 조개껍데기 등의 물체를 올려놓고 연주하면 현들이 진동하면서 이 물체들과 부딪혀 피아노 소리가 타악기 소리처럼 들린다. 미국인 케이지는 전통적 악기의 음색을 변형시키는 단순하지만 창의적인 조치를 이 작품들을 통해 보여주었다.

(21) 쇼스타코비치의 《교향곡 7번 레닌그라드》(1941) : 반 나치 교향곡

2차 세계대전이 발발한 1941년, 나치 독일에 의해 러시아의 레닌그라드(오늘날의 상트페테르부르크)가 점령당한다. 행진곡풍 리듬과 강렬한 타악기 음향이 전쟁의 잔인함과 그것에 맞서는 의지를 표현한다고 알려졌다. 작곡가는 이 교향곡과 함께 국제적으로 반 나치 전선에서 투쟁하는 인물로 여겨졌고, 사람들을 이 전선으로 모으는 데 교향곡이 역할을 했다.

(22) 피에르 쉐페르의 《철길 연습곡》(1948) : 구체음악

녹음한 자연 혹은 일상의 소리를 다양하게 처리/변화시켜 음악을 만들어낸다.[5]

---

5. 구체음악에 대해서는 졸저 『매혹의 음색』을 참조할 것.

(23) 메시앙의 《음가와 강도의 모드》(1949) : 전음렬주의

　　메시앙은 하나의 음의 여러 감각적 차원들을 음렬적으로 다룬다. 전통적인 12음음악에서 임의의 12음고 연쇄로서의 음렬이 먼저 작성되고 이에 따라 음악이 작곡되듯이, 음가 값들의 임의 연쇄로서의 음가열과 음의 강도 값들의 연쇄로서의 강도열 등이 재료 풀pool로서 사전에 작성되고 이 재료들을 이용해 음악이 작곡된다. 고도로 통제되어 작곡된 음악이다. 통제가 되고 있다는 느낌을 받기는 어렵다. 전음렬주의가 인간의 지각 능력 밖의 작품을 낳는 개념 작용이라는 부정적 평가를 받는 이유다.

(24) 존 케이지의 《상상적 풍경 4번》(1951) : 우연적 콜라주

　　연주자들은 악보가 지정하는 바 12개의 라디오 채널을 정해진 때에 돌린다. 맞춰진 채널들에서는 방송국이 그 시간대에 송신하는 소리가 방출된다. 케이지가 한 일은 방송국에서 송출한 소리의 짜깁기 즉 콜라주다. 콜라주 대상이 여러 다른 채널들의 소리이고 그것들은 우연히 연결된다. 즉, 채널들을 통해 들을 수 있는 소리는 연주 때마다 달라진다.

(25) 존 케이지의 《주역周易의 음악》(1951) : 우연성

　　케이지는 주사위를 던져 나온 결과를 동양철학서『주역』에 묻고 그 답을 토대로 악보를 만들었다. 개인의 취향과 의지에서 자유로운, 우연적 절차에 따라 만들어진 음악이다.

(26) 피에르 쉐페르·피에르 앙리의 《오르페우스 51 혹은 모든 리라》 (1951) : **구체음향과 인성을 결합한 음악 혹은 음악적 연극**

구체음악을 반주 삼아 가수와 낭독자가 각자 노래하고 읊조린다. 여기에 몸짓이나 표정을 더해 연극 혹은 서정적 팬터마임을 한다.

(27) 브루노 마데르나의 《플루트와 테이프를 위한 2차원 음악》 (1952, 1958) : **전자음향과 어쿠스틱 음악이 결합된 음악**

전자적 방식으로 만들어져 자기테이프에 녹음된 음향과 악기가 협연하는 첫 번째 작품.

(28) 존 케이지의 《4분 33초》 (1952) : **음악으로서의 주변 환경 소리, 작곡으로서의 적극적 청취**

무대 위 연주자는 4분여 동안 연주하지 않는다. 대신 청중은 주변 환경의 소리에 귀 기울여 스스로 의미를 부여함으로써 환경의 소리를 음악으로 듣는다. 연주자는 청중이 이러한 새로운 경험을 하는 자리를 마련한다. 작곡가, 연주가, 청중의 구분이 이 작품에서 사라진다. 그간 흘려듣던 주위 환경의 소리들을 의미 있게 듣는 이가 곧 작곡가다.

(29) 슈톡하우젠의 《젊은이의 노래》 (1955~1956) : **전자음향과 인성의 결합**

녹음된 소년의 목소리와 전자적으로 산출된 음향이 결합된 음악.

(30) 슈톡하우젠의 《피아노 작품 XI》(1956), 루토슬랍스키의 《앙리 미쇼의 세 개의 시》(1963) : 작곡의 과정에 통합된 임의적 연주

작곡과정의 전부 혹은 일부를 연주자의 임의적 혹은 우연적 작업으로 대신할 수 있다. 슈톡하우젠의 작품은 한 장의 커다란 악보인데, 여기에는 총 19개의 음악적 단편들이 기보되어 있다. 연주자는 피아노 앞에 앉아 이 단편들 중 하나를 임의 선택해 연주하고, 연주가 끝날 무렵 또 다른 임의적 결정을 통해 악보에 기재된 다른 단편을 연주한다. 작품은 연주마다 달라진다. 열린 형식의 음악이라 불리는 작품이다. 루토슬랍스키는 작품 전체의 대강은 분명히 기보하되 악보의 특정 부분들에서는 연주자에게 임의로 연주하라고 지정한다. 지휘자는 이 관현악곡의 어느 선까지 연주자들의 임의적 연주를 허용하고, 그 선을 넘지 않도록 통제한다.

(31) 슈톡하우젠의 《세 개의 관현악을 위한 그룹》(1957), 《정사각형》(1960) : 음악적 공간성에 대한 연구

프랑스의 음악학자 알랭 루비에에 따르면, 아이브스의 《소리 길》에서 엿보였던, 하나의 오케스트라 내부의 독립적 소그룹이라는 생각이 여기서 독립된 복수의 관현악단이라는 생각으로 발전했다.(Louvier, 1997) 이 작품은 109명의 연주자가 연주하는 거대한 관현악곡이다. 연주자들은 세 개의 작은 관현악들로 분할된다. 청중의 왼쪽과 앞, 그리고 오른쪽에 각각 3개의 관현악단이 위치하며 이들을 위한 3명의 지휘자가 각자 자신의 악단을 지휘한다. 지휘자들은 가끔 어떤 이정표에 서

로 맞출 뿐이다. 악단은 융합되고 중첩되지 않는다. 이웃하는 관현악단의 소리를 가릴 수 있을 소리를 연주하지 않는다. 관현악을 구성하는 악기들을 여러 색깔과 음원들로 분명하게 분리/분배한다는 음렬음악의 오케스트레이션 원칙이 대규모로 실현되었다.

슈톡하우젠은 이 생각을 더 발전시켜 이제 네 그룹의 관현악과 네 그룹의 합창단이 청중을 둘러싼 작품《정사각형》을 완성한다. 네 명의 지휘자들은 서로 사인을 하며 지휘하고, 가끔은 한 지휘자가 나머지 지휘자들을 지휘한다. 루비에에 따르면 "음악은 공간적/내용적 분리의 생각과 총체성의 생각을, 그리고 상호독립의 생각과 하나의 관점에서 수행되는 통제에 대한 생각을 모두 보여준다."(같은 책)

(32) 루치아노 베리오의 《주제 : 조이스에게 바치는 존경》(1958) : 음성을 주요 요소로 이용한 구체음악

조이스의 소설 《율리시스》의 일부 구절을 낭독하게 하고 그것을 녹음한 후 처리해 얻어진 구체음악. 낭독된 말에서 처리된 음악으로의 혹은 음악에서 말로의 점진적 변용 과정이 음악을 구성한다.

(33) 베른트 알로이스 짐머만의 오페의 《군인들》(1958~1960) : 서로 다른 시대의 음악들의 인용에 의한 콜라주, 다원적 음악 양식

옛 음악과 현대음악, 예술 음악과 대중음악 등 서로 다른 시대의 대조적 음악들이 이 작품에서 서로 다른 속도로 인용

되어 여러 진행 층들이 형성되고 중첩됨으로써 포스트모더니즘 경향을 보인다.(오희숙, 2015)

(34) 셀시의 《관현악을 위한 네 악보들》(1959) : 주어진 음의 모든 특성 탐구

음악의 각 악장에서 서로 다른 4개음의 배음렬 및 여타 특성들을 차례대로 부각시킨다.

(35) 마우리치오 카겔의 《무대 위》(1960) : 음악적 연극

정형화된 과거 오페라와 달리 다양하게 구현될 수 있는 20세기 후반의 종합 예술. 아르헨티나 출신 독일 작곡가 카겔에 따르면 연극적 시간의 음악성과 연주의 연극성이 특히 중요하게 고려된다. 오페라에서의 무대 위 성악가에게 부과되었던 역할이 이제 무대 위 악기 연주자들에게 부과된다.(Kagel, 재인용 : Bosseur, 1996)

(36) 펜데레츠키의 《히로시마의 애가》(1960) : 그래픽 악보로 표기된 음괴

피폭된 도시 히로시마의 희생자들을 기리는 이 작품의 악보 벽두에서 펜데레츠키는 연주가에게 연주할 수 있는 가장 높은 음을 연주하라고 지시한다. 사람마다 연주할 수 있는 가장 높은 음이 다르다면 연주자들이 만들어내는 것은 음괴다. 작곡가는 그래픽 악보를 통해 음괴를 기보했다.

(37) 라 몬테 영의 《현악기들을 위한 트리오》(1958)와 《구성》(1960) : 미

니멀리즘

반복적 음악으로도 불리는 미니멀리즘은 단순한 리듬과 결합된 단순한 화성적/동기적 요소를 반복한다. 서양음악의 기본적 신조였던 변화 및 발전의 개념을 의식적으로 부정하며, 의도적 단순성을 추구한다.

(38) 리게티의 《분위기들》 (1961) : 총체적 청취 대상으로서의 융합적 음색

리게티의 이 관현악곡에서 주제, 선율, 음정, 화음, 리듬, 개별 악기의 음색과 같은 전통적 음악 요소들을 더는 들을 수 없다. 구성적 요소들이 지각의 지평에서 융합되어 새로운 상위의 요소, 즉 관현악의 음괴 음향 혹은 융합적 음색이 청취 대상으로 떠오른다. 이것을 들으려는 청취 방식을 총체적 청취라고 작곡가는 부른다. 융합된 관현악의 음괴가 시간 축을 따라 다양하게 변화된다. 총체적 청취는 음악을 구성하는 요소들 각각을 들으려는 분석적 청취 방식과 대조적이다.

(39) 리게티의 《모험》과 《새로운 모험》 (1962) : 기악음향과 인성의 음색 유사성 탐구

작곡가는 가수들이 발음하는 무의미한 다양한 음성과 악기 음색 간 유사성을 탐구한다. 두 세계의 경계는 붕괴하고 연속성의 세계가 구성된다.

(40) 슈톡하우젠의 《순간들》 (1964) : 순간적 구성

프랑스의 음악학자 장 이브 보쉐르에 의하면, 지금, 여기

에 집중하려는 지향이 표현된 음악을 구성하는 방식이 순간적 구성이다. 슈톡하우젠의 작품에서 현 순간에 대한 집중이 시간의 수직적 조각을 만들어내고, 그 조각들은 시간의 수평적 개념을 횡단해 침투하는 것으로 은유된다. 침투의 끝은 작곡가가 영원이라 부르는 비시간성이다. 영원의 순간에 요소들은 끊임없이 자기 자신으로 되돌아온다. 순간에 대한 집중, 즉 순간적 구성에 의한 작곡이 이런 결과를 초래한다.(Bosseur, 1996)

(41) 슈톡하우젠의 《결합음》(1964) : 링 변조기로 변형되는 악기 음색

서로 다른 주파수 값의 두 소리가 동시 발음되면 두 소리의 합음과 차음이 지각된다. 이 독일 작곡가는 관현악, 4대의 신시사이저, 결합음을 전자적으로 발생시키는 4대의 링 변조기를 사용했다. 관현악의 각 악기 및 신시사이저가 내는 소리들은 실시간으로 링 변조기에 의해 처리된다. 그 결과 결합음들이 방출된다. 잘 들리지 않았던 결합음들을 링 변조기를 통해 강조한 음악이다. 음악의 숨겨진 아우라가 부각되었다.

(42) 크세나키스의 《행동에 의한 구성작용》(1966), 《감마 법칙》(1969) :
청중과 음악가들의 공간적 통합

프랑스에서 활동했던 그리스 출신 작곡가 크세나키스는 이 작품들에서, 청중 사이사이에 연주자들이 흩어져 있게 했다. 이 발상은 이제껏 다루었던 관현악법의 모든 전통적 생각을 완전히 무용하게 만들었다. 소리는 모든 곳으로부터 들리

게 되었다.

(43) 존 케이지의《첫 번째 음악서커스》(1967) : 여러 예술적 요소들의 공존

1961년 조지 마치우나스가 창설한 플럭서스 그룹을 통해 새로운 예술 양식인 이벤트가 세상에 등장한다. 새롭고 충격적이며 도발적인 이벤트들 대부분은 다양한 소통 방식들 사이에, 이를테면 시와 연극, 그리고 음악 사이에, 더 나아가 예술과 일상생활의 경계에 자신의 입지를 정했다. 그것은 예술들 사이에 전통적으로 주어진 경계와, 예술과 삶 사이에 주어진 경계를 부정한다. 플럭서스 구성원인 케이지의 이 작품에서 음악을 비롯한 여러 요소가 무정부적 상태로 공존한다. 청중은 이 작품에 참여하며, 각자의 취향과 우연한 선택에 따라 여러 요소 중 어느 하나에 관심을 가진다. 작품의 이슈는 사람들의 관심에 따라 달라진다.

(44) 슈톡하우젠의《일곱 날로부터》(1968) : 직관음악

슈톡하우젠은 7일 동안 여러 시를 썼다. 작곡가는 그가 정한 기준점으로부터 출발하는, 연주자들의 직관에 의한 음악을 원했다. 그 기준점이 15곡의 제목들과 함께하는 작곡가의 시다. 연주자들은 시를 읽고 자신의 내면에 들어선다. 특정한 시의 독해로 자극된 내면적 직관에 기초해 연주가들은 자유로이 노래하고 연주한다.(Stockhausen, 1971)

(45) 리게티의《연속체》(1968) : 속도 감각의 착각

바로크 시대의 건반악기 하프시코드로 연주되는 이 음악에서 연주자는 매우 빠르게 음들을 연주한다. 양손이 연주하는 음들은 서로 다른 길이의 단위를 구성한다. 이를테면 오른손으로 4개의 서로 다른 음들을 빠르게 반복 연주하면 왼손은 5개의 음들을 계속 반복한다. 이때 오른손의 음향은 4개의 음들로 구성된 화음처럼 들리고 왼손은 5개음들로 구성된 화음처럼 들린다. 오른손이 이제 6개의 음들을 반복하고 왼손이 3개의 음들을 반복하면 오른손의 음향은 더 길어져 느려지는 것처럼 들리고 왼손의 음향은 더 짧아져 더 빨라지는 것처럼 들린다. 작품 전체에 걸쳐 양손 각각이 구성하는 단위들의 길이가 줄거나 늘면서 빨라지거나 느려지는 느낌의 음향이 양손을 통해 교대로 제시된다. 어떤 때는 오른손이, 이후에는 왼손이 가속하거나 감속하는 것 같다. 이렇게 성부 각각은 서로 다른 시점에서 가속과 감속의 착각을 유발한다. 해석하는 뇌를 감안한 음악이다.

(46) 리게티의《분기》(1968) : 미분음정, 맥놀이 효과

리게티는 이 작품을 위해 1/4음 차이로 조율된 두 그룹의 현악합주를 지정했다. 두 그룹은 비슷한 음악을 연주하며 그 결과 미분음정이 발음된다. 미분음정들은 맥놀이 효과를 낸다. 맥놀이는 두 개의 서로 다른 주파수에 의해 형성되는 또 다른 주파수가 가지는 진폭의 주기적 변화다. 좁은 음정 간격에 의해 분리된 두 음이 만들어 내는 맥놀이의 횟수는 많고,

넓은 음정에 의해 분리된 두 음이 만들어 내는 맥놀이의 횟수는 적다. 적은 횟수의 맥놀이는 소리에 은은한 활기를 제공해 주고 많은 경우는 불쾌하고 거친 음향을 만들어 낸다. 음악은 다양한 맥놀이를 보여준다.

(47) 장 끌로드 릿세의 《자기테이프를 위한 변조들》(1969) : 가산 합성

가산 합성은 어떤 소리 A를 구성하는 배음들 혹은 부분음들의 일부를 어쿠스틱하게 만들어 내거나, 그 음들의 수학적 표현들을 전자적으로 만들어낸 후 이 음들 혹은 그 수학적 표현들을 서로 결합해 소리 A를 흉내 내는 일이다. 프랑스인 릿세는 컴퓨터를 통해 가산 합성을 한 첫 번째 작곡가이며, 이 작품은 컴퓨터를 통한 가산 합성의 첫 번째 작품이다.

(48) 필립 드로고즈 《아르골 성에서》(1970) : 라디오 드라마 Hörspiel, 독

라디오 드라마는 라디오 방송을 통해 송출되는 혹은 자기 테이프나 CD 같은 미디어에 저장되어 들을 수 있는, 귀를 위한 콘텐츠다. 이것은 음악이 수반된 청각적 연극 혹은 연극적 요소를 담은, 귀로 듣는 음악이다. 아르골 성은 프랑스 브르타뉴 지역의 고성으로, 프랑스 소설가 쥘리앵 그라크의 초현실주의 소설의 배경이기도 하다. 프랑스 작곡가 드로고즈는 이 소설의 내용을 청각적 콘텐츠로 만들었다.

(49) 록버그의 《카니발 음악》(1971) : 합성 예술 ars combinatoria, 라틴어

이 미국인은 다양한 음악들을 인용하되, 변화시키거나 유

연하게 연결하여 음악을 만들었다. 작곡가는 인용 재료들의 다양한 가능성을 탐구했고 재료 간 관계의 가능성을 탐구했다.(오희숙, 2015)

(50) 존 차우닝의 《자기 테이프를 위한 튜레나스》(1972) : 주파수 변조 기법

주파수 변조로 만들어진 첫 전자음악. 주파수 변조는 고유의 알고리즘에 따라 복잡하게 변화하는 소리를 흉내 내는 소리 합성 기법이다.

(51) 그리제이의 《음향적 공간들》(1974~1985) : 스펙트럼 음악 연작

그리제이는 컴퓨터가 아닌 실내악 혹은 관현악을 통해 가산 합성을 했다. 어떤 소리를 분석하고, 그 소리의 배음들 각각을 오케스트라의 악기 각각이 연주하게 하여 분석된 소리를 합성, 즉 흉내 내었다. 스펙트럼 음악은 프랑스 작곡가 그리제이가 처음으로 제안했고, 대표적인 스펙트럼 음악이 이 연작이다.[6]

(52) 트리스탄 뮤라이의 《망각의 땅》(1977) : 화음-음색 연속체

화음과 음색은 현상적으로 다르지만 궁극적으로 같다. "[첼로의 한 음 으로서의] 음색을 서서히 분해해 [그 음을 구성하는 도-미-솔이라는 배음에 의한] 화음 느낌을 얻을 수 있고 반

---

6. 자세한 논의는 졸저 『매혹의 음색』을 참조할 것.

대로 [도-미-솔 같은] 화음을 점차 융해시켜 [도-미-솔 각각의 음들이 들리지 않는] 음색의 느낌을 얻을 수 있다."(Murail, 재인용: Macchover, 1980) '화음-음색 연속체' 개념이다. 《망각의 땅》은 이 연속체를 구현했다. 이 프랑스 작곡가는 어떤 소리를 구성하는 배음들을 하나씩 제시하다가 이후 그 음들의 수직 결합 상태로 점진적으로 이행한다. 이에 맞추어 화음이 서서히 융합적인 음색으로 지각된다. 작곡가는 지각상의 역치 위에서 놀고 있다.

(53) 조나던 하비의 《나는 죽은 자를 애도하며 산 자를 기도로 인도하도다》(1980): 컴퓨터에 의해 합성된 종소리의 음색적 변주곡

이 영국 작곡가는 컴퓨터로 합성된 종소리를 주제삼아 조금씩 변화시키며 일곱 개의 종소리들을 만든다. 종소리 음색 변주곡이다. 8개의 종소리는 모종의 음색적 연속선상에서 점진적으로 진화한다.

(54) 뮤라이의 《곤드와나》(1981): 관현악적 주파수 변조기법 기반 스펙트럼음악

종소리 음향이 트롬본 소리로 점진적으로 변화하는 특성을 보이는 음악. 각 음향은 관현악을 수단으로 주파수 변조기법을 통해 합성되었다.

(55) 장 끌로드 릿세의 《남쪽》(1985): 구체음과 전자음의 결합 및 교차 합성

컴퓨터를 통해 합성된 음고와, 녹음되어 처리된 바닷소리 및 새와 벌레의 소리 즉 구체음이 결합된다. 그 결과로 음고 느낌이 강해진 구체음이 얻어졌다. 이를테면 도로 들리는 벌레 소리가 얻어졌다. 이렇게 서로 다른 두 소리가 교차되어 전자 음악 용어인 교차합성이 실현된다. 도로 들리는 벌레 소리나, 오보에 소리의 앞부분과 피콜로의 뒷부분이 결합된 소리를 음색적 잡종 혹은 잡종적 음색이라고 부른다.

(56) 엠마누엘 누네스의 《모든 것은 변하며 소멸되지 않는다》(1996) : 움직이며 연주하는 연주자들

프랑스에서 활동했던 포르투갈 출신 작곡가 엠마누엘 누네스의 이 작품에서 연주자들과 20명의 여성합창단은 청중 사이를 배회하며 연주한다. 연주자들은 그룹을 짓고, 그룹들은 다양하게 위치를 바꾸며 서로 분할되다가 다시 집결한다. 6명의 타악기 주자들과 2명의 하프 연주자들만이 고정된 자리를 점하는데, 마치 안정적인 음색적 핵 역할을 하는 것 같다. 다른 연주자들은 이 핵을 둘러싸고 배회하는 일종의 자유로운 전자 electron로 은유된다.(Louvier, 1997) 소멸되지 않고 변하기만 하는 세계, 그 기저에 있는 원자와 전자에 대한 지식을 음악에 반영하는 한 방식이다.

이런 작품들의 연주에는 특별한 연주 홀이 필요하다. 작곡가들은 전통적인 프로시니엄 구조를 공격한 셈이다. 이 구조는 우리에게 익숙한 음악회장 혹은 극장의 모습으로, 객석이 있고 객석과 완전히 분리된 무대가 앞쪽에 있다. 예술비평가

이영준에 의하면 르네상스 시대에 안드레아 팔라디오라는 건축가가 이탈리아 북부의 한 작은 도시 비첸차에 올림픽 극장을 건축한 이후 원근법적 공간을 이루는 프로시니엄 구조는 전 세계 극장의 기본 형태가 되었다.(이영준, 2015)

이런 실험들은 우리에게 프로시니엄 구조에 대비되는 '조절 가능한 모듈적 음악 홀' 개념을 제안한다.(Louvier, 1997) 이것은 음악을 매개해 공간을 탐구하는 실험적 작곡가들의 요구이며 이를 수용하는 측은 건축가, 음악 홀의 경영자 혹은 행정가, 실험을 수용할 줄 아는 안목 있는 관객, 음악의 실험을 산업 발전으로 연결할 줄 아는 뛰어난 식견의 예술정책 입안자와 담당자들이다. 이런 실험들을 수용할 수 있는 음악회장은 적다. 파리의 '음악 도시 홀'이 그런 음악회장 중 하나다. 한국에도 2015년 9월 전남 광주에 국립아시아문화전당 예술극장이라는, 전혀 다른 구조를 가진 극장이 건축되었다. 이영준에 따르면 이 극장에는 고정된 무대도 객석도 없다. 커다란 장방형 공간을 리프트들의 높이를 모두 다르게 설정해 모자이크처럼 변형할 수 있다. 객석 역시 연출 의도에 따라 리프트 위에 쌓아 만들어진다.(이영준, 2015) 여기서 실험적 작품들이 연주되길 기대한다.

이제까지 서구 현대음악의 개념적 약사, 통합적 마음이 구현되는 서구의 방식을 살펴보았다. 작품을 이해하고 즐기는 데에 이 개념들의 이해는 중요하다. 작곡가는 먼저 개념을 고안하느라 연구하고 고민하며, 이후 그것을 표현한다는 의식과 함께 작곡한다. 청중은 그 개념을 사전에 이해하고 감상하거나 감상하면서 개념 및 개념을 표현한 음악을 이해할 수 있다.

개념이란 세상의 전체 혹은 한 측면을 인식하는 사람이, 인식한 세상 전체 혹은 일부의 주요 특성들을 정신적으로 재구성한 결과다. 사람들은 개념들을 마음속에 많이 가지고 산다. 개념은 세상을 제대로 재구성한 것이기도 하지만 아닐 수도 있다. 개념이 세상을 제대로 포착한 것이 아니라면 개념은 논의와 비판의 대상이 되어야 한다. 새로운 경향과 흐름을 보이는 세상에선 새로운 개념이 만들어진다. 그 경향이 사라지면 그 경향에 부응하는 개념은 역사적 기록물로 남을 것이다. 어느 경우든 개념은 암기되고 숭배되며 찬양될 것이 아니라 이해되어 논의되고 비판되어야 한다. 개념에 기초한, 개념을 표현/구현한, 혹은 개념을 반영한 음악도 같은 운명이다. 이해와 논의, 비판, 대안제시가 음악을 즐기는 방식이 된다.

앞서 '연주가의 임의성' 개념을 소개했고 슈톡하우젠과 루토슬랍스키의 작품들을 이 개념에 기초했다고 설명했다. 이 개념으로 작곡하는 현대 음악가들이 더는 많지 않다. 이 개념이 실제로 임의적이지 않기 때문이다. 슈톡하우젠의 예에서처럼 작곡가가 다수의 음악적 단편들을 제시한 후 연주자가 알아서 순서를 정해 연주하라고 할 때 가능한 경우의 수가 무한하지 않다. 슈톡하우젠의 작품은 결국 그가 원했던 대로 열린 형식이 되지 못한다. 그는 수학적으로 정해진 경우의 수만큼 작곡한 것이나 다름없고, 경우의 수 중 하나를 연주자에게 정하라고 강요하는 것에 불과하다. 연주자들은 그들대로 슈톡하우젠이 원하는 것처럼 무대 위에서 임의적으로 조합하지 않을 수 있다. 조합을 미리 정하고 그것만을 준비할 수 있다. 무대 위에서 임의적으로 조합했다고 작곡가와 청중을 속일 수 있다. 슈톡하우젠은 작곡가의 임무를 타당한 이유 없이 임의성을 추구한다는 명목으로 연주자에게 양도했다. 결국 '연주가의 임의성'은 불임성 개념으로 판명되었다. 물론 그런 개념이라도 고안하고 고민했던 슈톡하우젠의 예술적, 지적 노력은 평가받아야 한다.

이상에서 소개한 개념들이 비평의 대상이 될 수 있다면 소나타나 론도, 변주곡 같은 형식으로서의 개념도 같은 운명에 처한 것으로 이해할 수 있다. 사실 서양음악사의 흐름 속에서 이 형식 개념들은 이미 그렇게 취급받고 있었다. 낭만주의 시대에 와서 소나타나 교향곡이 덜 작곡되었다면 이것은 낭만주의자들의 상당수가 소나타와 교향곡 개념을 비판했음을 의미한다. 비판이 꼭 언어적으로 진행되는 것은 아니다. 낭만주의자들은 그저 소나타와 교향곡을 덜 작곡했고, 그러한 그들의 행태가 매우 효율적인 비판이었다. 감상자들도 이런 식의 개념 비판을 한다. 오늘날 대중음악이 각광받는다면, 대중들의 고전음악 개념 비판이 사회적으로 진행되는 셈이다.

개념에 대한 비판은 다양한 차원에서 진행될 수 있다. 베치는 음악 장르에 대한 정치적 비판 사례들을 소개한다. (장르도 곧 개념이다.) 베치에 의하면 혁명기의 프랑스와 러시아에서는 오페라가 기피되었다. 오페라는 절대 왕정이 가장 선호했던 장르였는데, 이 사실을 잘 알았던 구소련의 정치가 그리고

리 지노비예프는 "프롤레타리아에게 오페라 하우스는 필요 없다."고 말했다. 레닌과 스탈린도 궁정예술이라는 이유로 오페라를 거부했다. 그럴 만했다. 근대적 오페라는 원래 출발 시점에서부터 궁정과 연관되었으며 귀족들과 왕의 궁전에서, 그들의 결혼식 등의 축하연을 위해 작곡되고 연주되었다. 물론 19세기에 와서 일반 시민들을 소비자로 하는 오페라가 새로 등장했지만, 경직된 소련 혁명가들의 관점에서 볼 때 오페라는 어쩔 수 없는 궁정 예술이었다. 반면 합창이 섞인 관현악 작품은 소련 공산당의 지침에 잘 부합하는 것으로 여겨졌다. 프랑스 혁명가들도 절대음악이나 숭고한 영웅주의를 표현하는 관현악곡을 시민계급의 음악으로 여겼다. 현악4중주도 구소련에서 부르주아 살롱 예술로 여겨져 배척되었다.(베치, 2009)

이런 이유로 쇼스타코비치가 생애 내내 작곡했던 15곡의 현악4중주들은 구소련의 문예정책에 대한 저항일 수 있었다. 그런데 현악4중주는 정녕 부르주아 살롱 예술이었고 앞으로도 계속 그래야 할까. 현악4중주로 혁명을 표현할 수 없는가. 오페라가 노동자계급의 예술이 될 수 없다는 숙명론도 옳지 않다. 제작비가 많이 들어서일까? 제작비를 줄이는 방법은 얼마든지 있다. 오페라 개념의 외연과 내포를 변화시키고 확장할 수 있다. 이렇듯 음악에서 개념작용은 불가피하다. 음악은 물론 작곡가의 마음과 감상자의 마음을 이해하기 위해, 음악의 사회적 향유방식을 창조적으로 변경시키기 위해 우리는 개념들을 이해해야 한다. 세계를 알아야 한다.

지식과 굴절적응으로서의 지능

많은 지식과 개념은 인간에게 다양한 도움을 준다. 인간의 생존에도 도움이 된다. 현대적 의학 지식은 특이한 방식으로 우리의 생존율을 높여주었다. 지난 20세기 동안 평균수명이 괄목할 만하게 늘었고 인구는 가파르게 증가했다. 의학적 지식 덕분에 생존율이 높아진 우리 중 대부분은 의학 지식에 대해 잘 모른다. 우리는 고급의 의학 지식을 본능으로 탑재하지 못했다. 우리가 오래 살게 된 것은 의학 지식으로 무장한 의사들 덕이다. 현대 사회에서 어떤 지식이 우리의 생존율을 높인다고 할 때, 우리는 그 지식을 아는 타인의 도움을 받는다. 의학 지식을 비롯해 고도로 발달한 현대적 지식은 사회를 통해 개인들에게 도움이 된다. 그들은 그 지식을 이해하지 않아도 된다. 현대적 지식을 아는 이만이 자연선택이 되는 것도 아니다. 현대적 지식은 진화심리학적 적응이 아니다.

고도로 발달한 지적 능력, 즉 고도의 인지적 마음도 적응이 아니다. 적응적인 것 혹은 굴절적응일 수는 있다. 미국 생물학자 조지 윌리엄스는 적응과 우연히 효과를 본 형질을 구분하자고 말했다. 미국의 진화생물학자 스티븐 제이 굴드와 고생물학자 브르바는 윌리엄스의 '우연히 효과를 본 형질'을 굴절적응이라 불렀다. 이것은 굴드에 따르면 "현재 적합성을 강화하지만, 자연선택 관문을 통과하지 못한 형질"이다. 고도의 지능이 그중 하나다. 윌리엄스에 따르면 "인간이 보유한 고도의 지적 능력은 (간단한 언어적 지시를 이해하고 기억하는 능력을 위한) 생애 초기의 필요성 때문에 우연히 생긴 것이지, 자연선택에 의해 직접 형성된 것은 아니다." 윌리엄스가 인간의 언어는 적응이지만 고도의 지능은 굴절적응이라고 말한 이유다.(재인용: 랠런드·브라운, 2014)

윌리엄스 같은 이들의 관점으로 보면 지구상의 많은 이들은 상대성 이론을 이해할 지능을 갖추지 못했다. 반론을 펼치는 사람들은 사회적 교육 기회가 주어진다면, 제대로 된 교수법에 따라 설명이 된다면 누구나 상대성 이론을 이해할 수 있다고 말할 것이다. 과연 그럴까. 이런 문제에 대한 과학적 정답은 없다. 현상적으로만 볼 때 현대적 지식이 없고, 그것을 이해할 지능이 부족해 보이는 이들에게도 언어 능력은 있다는 점에 주의하자. 언어유전자가 망가진 일부 환자들을 제외하면 인간 모두는 언어 능력을 갖추었다. 윌리엄스의 논의는 대부분의 인간이 말하지만, 많은 이가 고도의 지능을 현재(!) 갖추지 않았음을 잘 설명한다.

이런 논의에 맥이 닿아있는 것이, 인간의 언어가 출발점에 있어서 사회적 언어였다는 가설이다. 이스라엘의 역사학자 유발 하라리에 의하면 인간의 언어는 세상에 대한 정보를 공유하는 수단이었지만, 전달해야 할 가장 중요한 정보는 사자나 들소에 대한 것이 아닌 사람에 대한 것이었다. 인간의 언어는 소문을 이야기하고 수다를 떠는 와중에 진화했다. 사회적 인간에게 무리 내 누가 누구를 미워하는지, 누가 누구와 같이 자는지, 누가 정직하고 누가 속이는지를 아는 것이 중요했다. 이런 중요한 정보를 전달하는 사회적 언어가 사람들 사이에서 신뢰와 협력을 끌어내고 누군가를 고립시켜 세력을 교체하고 확장했다. 사회의 규모가 더욱 커지고 그렇게 인간 종이 번성했다. 고도의 지능은 조연을 맡았다.(하라리, 2015)

보편적인 인지적 마음은 고도의 지능과 다르다. 보편적인 인지적 마음은 생명 대부분이 탑재하며, 자연선택의 관문을 거쳤고, 적응이다. 그 마음은 생명이 구체적으로 처한 세계에 적합하다. 인간의 경우 이것은 중간세계다. 고도의 지능은 이러한 보편적인 인지적 마음을 배경으로 발달했지만 아직 자연선택의 관문을 거치지 않았다. 이 지능은 미시와 거시세계를 대상으로 하거나, 중간세계에서도 추상적 연관성의 세계를 대상으로 한다. 인간 중 일부만이 이것을 가지고 있어 보이며, 이것을 가지고 있지 않은 이들도 생존하고 후손을 낳는 데에 큰 문제가 없다. 아직까지는 말이다.

현대적 지식도 굴절적응일까? 상대성 이론을 잘 아는 물리학자 부부가 똑똑한 아이를 낳을 수는 있지만 상대성 이론을 선천적으로 아는 아이를 낳을 수는 없다. 사람들은 상대성 이론과 모차르트의 오페라에 대한 지식을 탑재한 채 태어나지 않는다. 그런 지식을 이해할 지능을 상속받아 태어날 수는 있다. 사실 그런 지식을 몰라도 생존하고 짝을 구할 수 있다. 현대적 지식은 굴절적응도 아니다. 굴절적응인 고도한 지능의 결과물이다.

자연계는 고도의 지능이 개체의 생존율에 미치는 영향이 특히 적은 영역이다. 자연에서 진화는 다양성을 낳았다. 자연은 다양한 상황을 생명에게 제시했고, 그에 대해 생명은 저마다의 해법, 즉 다양한 적응을 찾았다. 수학자 이언 스튜어트는 다양한 곳에 서식하는 생물에 대해 이야기한다.

> 분류학자들은 지금까지 150만 종이 넘는 생물들을 분류했다. 크기는 바이러스에서 [평균 25~30m에 이르는] 흰긴수염고래에 이르고, 장소는 대양저의 부글부글 끓는 구멍에서 성층권의 높이 떠 있는 구름에 이르며, 적도의 우림, 사막, 강과 호수, 바다, 동굴⋯심지어 바위에 난 미세한 틈의 몇 킬로미터 아래서도 생명은 나타난다. 생명이 지금까지 모습을 나타내지 않은 단 한 곳이 있다면 화산의 마그마이다. 생각지도 못했던 곳에서 생명이 나타났음을 생각할 때, 많은 과학자들이 그 동안 예측했던 것과는 완전히 반대로 마그마에서도 어떤 괴상한 생명체가 충분히 나타날 수 있을 것이다. 그렇다면 그 생물은 지금까지 지구에서 한 번도 나오지 않았던 종이어야 하며, 이 점은 누구나 동의할 것이다. [⋯] 온 세상을 샅샅이 뒤져서 그렇게 나왔다는 사실도 놀랍지만, 사실 생물은 찾기도 매우 어렵다. 생물이 그렇게 진화해 왔기 때문이다.(스튜어트, 2015)

다양한 적응을 갖춘 종들이 사는 자연에 절대 강자 혹은 절대적 우등생은 없다. 적자생존이라고 했을 때 적자_{適者}는 1등 하는 존재가 아니다. 다양한 상황에 적응하는 다양한 적자들이 있다. 그 다양한 적자들의 등수를 매길 수 없다.

인간 종은 이런 자연의 세계에서 종 다양성을 심각하게,

거의 돌이킬 수 없게 해치고 있다. 인간이 없었다면 생물계는 나름의 생태적 조화와 균형을 보여주었을 것이다. 인간 이전에도 다른 종들을 약탈했던 종들이 있었다. 윌슨에 의하면 개미와 흰개미 무리가 전 세계로 퍼질 때 다른 동물과 식물은 이들의 약탈 행위에 맞서 방어 체계를 진화시켰다. 개미와 흰개미의 진화 속도가 느렸기 때문에 가능한 일이었다. 오늘날 그들이 지배하는 생태계는 균형을 이루고 있고, 지속 가능하다. 심지어 그들에게 의존적이다. 반면 인간 종은 겨우 수십만 년 전에 출현해 지난 6만 년의 짧은 세월 동안 전 세계로 퍼져나갔다. 다른 생물은 재앙을 몰고 온 인간과 공진화할 시간이 없었다. 인간의 대량 학살에 대비할 방법을 갖추지 못했던 그중 다수는 오늘날 멸종했다.(윌슨, 2013) 인간은 특히 자신의 친척들도 학살했다. 호모 사피엔스는 새로운 곳에 갈 때마다 그곳의 토착 인류를 멸종시켰다. 약 5만 년 전에는 호모 솔로엔시스가 멸종했고, 호모 데니소바는 그 직후 사라졌다. 네안데르탈인들은 약 3만 년 전에 사라졌다.

인간 종은 다른 생물들을 대량 학살하는 것으로 모자라 자신의 삶의 방식, 일상적 행동양식과 가치, 문화의 다양성을 스스로 해친다. 결국, 세계화된 지구는 다양한 자연계와 다르다. 우리가 개인과 나라를 열등과 우등의 개념으로 평가하지 않는다고 애써 말하지만 현실에서 그런 유감스러운 평가는 진행 중이다. 일단 IQ를 기준으로 보면 세계 여러 나라 사람들에게 지능의 차이가 있다. 현재 동아시아 공업 국가들이 IQ와 관련해 최상위 수준이며, 북미와 유럽의 선진국들도 상위 수준이다. 반면 중동지역과 일부 남미지역, 아프리카 대륙 전체는 하위 수준이다. IQ로 측정되는 지능의 차이는 대체로 문명화 및 산업화의 차이와 상관관계를 보인다. 동북아, 북미, 유럽은 이미 산업화했거나, 급속도로 산업화하는 나라들이 모여 있는, 잘 사는 지역이다.

'PISA'라고 불리는 '국제학생평가프로그램'의 2012년도 결과를 보면 이 지역 15세 학생들이 읽기, 수학, 과학 세 분야에서 가장 높은 점수를 받았다.(Karlin, 2012) IQ와 PISA의 상관관계는 존재한다. (국제학생평가프로그램은 선진국들의 모임인 OECD(경제 협력 개발 기구)의 과제 중 하나다. 기술과 지식의 정책 지향적 국제 지표의 제공을 목적으로 각국의 15세 학생들을 평가한다.)

높은 IQ로 표상되는 고도의 지능에 기초해 PISA에서 고득점을 받은 학생들이 많은 나라들, 그리하여 현대적 지식을 갖춘 인간 개체들이 많을 것으로 추정되는, 잘사는 나라들의 상황을 살펴보자. 유엔의 보고에 따르면 이 나라들의 신생아 기대수명과 국민 평균수명은 일반적으로 높다. 반면 고도의 지능과 현대적 지식을 갖춘 인간 개체들이 적은 나라들은 낮은 신생아 기대수명과 낮은 평균수명을 보여준다.(UN, 재인용 : 이건희, 2013)/(UN/WHO, 2010) 100위에 오른 아프리카 레소토의 평균수명은 34세인데 반해, 1위인 일본은 82세다. 일본인들이 레소토 사람들보다 2배 이상 오래 산다! 레소토의 1인당 국민소득^{GDP}은 139위로, 세계 최하위 수준이다.

이상의 논의에 대한 다양한 반박이 가능하다. 우선 IQ가 높은 이들이 지능도 높은지 의심할 수 있다. PISA의 결과만으로 현대적 지식을 잘 이해하는지를 판단하는 것도 무리다. PISA의 대상은 15세 학생들뿐이다. 아프리카인들의 낮은 평균수명의 원인이 (신)식민주의적 상황과 내전 상태에 기인한 것일 수 있다. 최장수국가 일본의 고유한 문화가 중요한 역할을 했을 수 있다. 이런 점들을 고려하면 이상의 항목들 사이에 존재하는 것은 인과관계가 아니라, 약한 상관관계일 것이다.

이런 상관관계 속에서 어느 것이 원인일까. 고도의 지능을 굴절적응으로 본다면 고도의 지능이 결과만은 아닐 것이다. 고도의 지능이 경제적 부유함과 높은 평균수명 등에 영향을 주었을 수 있다.

고도의 지능과 현대적 지식은 생존가치가 있다. 사람들은 고도의 지능을 갖추고 지식을 알아야만 할까? 고도의 지능과 지식이 적응은 물론 굴절적응도 아니지만, 지식으로 무장하지 않고 살기에는 매우 어려울 정도로 현대의 사회세계는 급변하며 국제화되고 있다.

현대적 지식과 고도한 지능의 역할이 커지는 세계화된 사회에서, 현대적 지식을 표현하거나 반영한 음악을 이해하는 일은 지능을 높이는 것일까. 이 가정이 참이 되려면 현대적 지식을 표현한 음악을 경험함으로써 우리 뇌와 마음을 자극하면 우리의 지능도 더불어 높아질 수 있다는 논리가 따라주어야 한다. 즉 지능 지수가 후천적인 학습 노력과 여타 경험들을 통해 상승할 수 있다는 것이 참이어야 한다. 아울러 음악적 경험은 이러한 후천적 노력 중 하나로 인정되어야 한다.

태어날 때부터 인간 지능이 대부분 고정되어 불변하며, 사전 결정적이라는, 지능 관련 유전결정론이 있다. 이것과 대조되는 것이 지능의 환경결정론이다. 이에 따르면 인간 지능은 개인이 경험하는 여러 영향, 노력, 보상적 경험, 교육적 매개 등에 의해 변화하고 발달한다.(황정규, 2010) 유전결정론은 그것을 지지하는 결과들이 종종 일반인들에게 곤혹스럽게 비치며, 누군가의 이익에 도움이 되는 이념적 연구로 비판받을 소지가 크다. 특히 인종이라 잘못 불려왔던 인간 집단 간 지능 차이에 대한 연구는 금기다. (많은 생물학자, 유전학자, 인류학자들은 인종 개념을 폐기했다. 한 인종의 특성을 확인하기 어려우며, 누가 어떤 인종에 속하는지 판단하는 것도 어렵기 때문이다. 학자들은 인종 용어 대신 '인간 집단' 용어를 권한다.) 미국의 교육심리학자 아서 젠슨은 미국의 흑인과 백인 사이 IQ의 차이가 있다고 했는데(Jensen, 재인용:황정규, 2010) 오늘날 이 연구는 뜨거운 감자이며 비판 받는다.

이렇게 비판받을 연구결과일 수도 있겠다. 미국의 유전학자와 인류학자인 그레고리 코크란과 헨리 하펜딩은 아시케나지 유대인의 지능이 다른 인간 집단에 비해 높다고 말하면서 그 이유로 아시케나지 유대인이 대대로 지능이 높았고, 그런 그들이 계속해서 지능이 높은 후손을 낳아 오늘날 많은 아시케나지 유대인이 똑똑하다고 말한다. 아시케나지 유대인은 주로 독일과 폴란드에서 살았던 백인 유대인이다. 이들의 평균 IQ는 112~115로서, 유럽인 표준 IQ인 100보다 높으며, 이것은 인간 집단으로서 지구상에서 가장 높은 지능지수다. 저명한 과학자 중 유대인의 수는 미국과 유럽의 인구에서 그들이 차지하는 비율로부터 기대되는 수준보다 대략 10배쯤 많다.(코크란·하펜딩, 2010)[7]

유대인은 분명 평범하지 않은 인간 집단이 되었다. 그들은 유럽사회에서의 전통적인 유대인 박해 정책 때문에 오랫동안 동족결혼을 할 수밖에 없었고, 동족결혼은 그들을 다른 집단과 유전적으로 달라지게 했다. 즉, 아시케나지 유대인은 중세 내내 유전적으로 격리되어 있었다. 이런 상황에서 이들은 지능상의 유전적 이점을 가지고 있었고 이 이점은 이들이 북유럽에 체류하는 동안 화이트칼라 직종에서 성공을 거둔 사람이 자연 선택됨으로써 생겨났다.(같은 책)

흥미로운 주장이다. 이 주장을 받아들여 좀 더 시야를 넓혀보자. 중세를 전후로 짧지 않은 기간 동안 서유럽 사람들은 좀 더 큰 규모에서 동족결혼을 해 왔다. 물론 그 기간 유럽인

---

[7] 1901년 시작된 노벨상의 역사에서 2010년까지 단체와 기구를 제외하고 상을 받은 개인은 모두 806명인데, 그중 184명이 유대인이다. 1/4에 육박하는 수치다. 경제학 분야는 65%, 의학 분야는 23%, 물리학 분야는 22%가 유대인이다.(안진태, 2011) 지적인 유명 유대인은 많다. 예수 그리스도, 크리스토퍼 콜럼버스, 레오나르도 다빈치, 예언가 노스트라다무스, 《돈키호테》의 저자 세르반테스, 철학자 스피노자, 시인 하인리히 하이네, 영국 총리 벤저민 디즈레일리, 칼 맑스, 지그문트 프로이트, 블라디미르 일리치 레닌, 알베르트 아인슈타인, 러시아 혁명가 레온 트로츠키, 터키 대통령 케말 파샤, 프란츠 카프카, 화가 모딜리아니, 찰리 채플린, 경제학자 폴 사무엘슨, 미국 외교관 헨리 키신저, FRB 전 의장인 앨런 그린스펀과 벤 버냉키, (2016년 1월 기준) FRB 현 의장 재닛 루이즈 엘런, 놈 촘스키, 금융인 조지 소로스, 영화감독 스티븐 스필버그, IMF 전 총재 도미니크 스트로스 칸, 프랑스 전 대통령 니콜라 사르코지 등이 유대인으로 알려졌다.(박재선, 2011)

들과 다른 대륙 사람들과의 교류가 없지 않았다. 오늘날과 비교해서 볼 때 상대적으로 적었을 것이다. 그래서 그들 고유의 유전적 특성이 있었을 것이다. 마찬가지로 동북아시아인, 동남아시아인, 서남아시아인, 근동인, 아프리카인, 남미인, 호주원주민의 유전적 특성이 있었을 것이다. 그것은 오랫동안 이어져 온 그들끼리의 결혼을 통해 진화되어 왔을 것이다. 예컨대 한국인은 유럽인보다 당뇨에 취약하다. 지구 위 지역별로 피부색과 같은 고유한 신체적인 어떤 특성들이 있고 그것이 고유한 유전적 이유에 기인한다면, 지능을 비롯해 마음의 어떤 특성과 그것의 신경적/유전적 기반이 지역 별로 없지 않을 것이다. 물론 지역별, 민족별 특성과 그 유전적 기반은 오늘날 국제결혼을 통해 많이 섞인다. 문화교류 역시 인간성과 마음이 섞이는 원인이 된다.

유전자는 생명의 몸 발달의 대원칙을 결정한다는 점에서 중요하다. 하지만 발달의 세부사항을 조정하며 발달과정을 촉발하거나 억압하는 환경적 자극을 인정해야 한다. "발달의 세부사항은 유전자 그 자체가 아닌 유전자 발현 패턴에 있다."(월렌스타인, 2009) 이를테면 유전자는 항상 켜지지 않는다. 특정 유전자가 있고 없음도 중요하지만, 어떤 유전자를 특정하게 발현시켜 주는 환경적/후천적 요인도 중요하다.

지능지수가 유전적 요인에 영향을 받는다면, 후천적 요인에 의해서도 오를 수 있다. 호주의 교육학자 케빈 마요리뱅크는 여러 나이의 아동집단에 대해 사회경제적 지위 변인을 독립적으로 분리해 지능과 상관을 냈다. 결과는 가정의 사회경제적 지위환경이 아동의 지능에 상당한 영향을 미칠 수 있는 것으로 해석되었다.(Marjoribanks, 재인용:황정규, 2010)

지능을 계발시키는 데 기여할 수 있는 보다 적극적이며 역동적인 상호작용이 있을 수 있다. 이를테면 부모와 자녀 사이에 적극적 상호작용의 환경이 있고, 이 상호작용이 극대화된다면 환경의 역할이 상대적으로 커질 것을 연구자들의 연구는 시사한다.(황정규, 2010)

교육학자 황정규는 풍요로운 적극적 상호작용으로서의 환경이 갖추어진다면 유전적으로 열등한 아이도 높은 지능을 갖게 되리라 예측한다. 그러한 예측의 토대로 그는 외국학자들의 쥐에 대한 연구결과를 인용한다.(같은 책) 연구에 따르면 풍요로운 환경이 갖추어진 곳에 사는 쥐들은 그렇지 않은 곳의 쥐들에 비해 미로에서 길을 잘 찾았다. 인간도 쥐와 이 점에서 크게 다르지 않을 것이다. 인간에게 풍요로운 적극적 상호작용은 부모와 자녀 사이에서만 이루어지는 것이 아니다. 학교도 그러한 상호작용이 실행되는 무대다.

지능은 어떤 요인을 통해서건 오를 수 있는 것 같다. 뉴질랜드의 심리학자 제임스 플린은 1981년에 미국 신병 지원자들의 IQ 검사 결과를 분석해 신병들의 평균 IQ가 10년마다 3점씩 올라간다는 사실을 확인했다. 1987년에는 14개국에서 같은 연구를 해 비슷한 결과를 얻었다. 이에 따르면 벨기에, 네덜란드, 이스라엘에서는 30년 만에 평균 IQ가 20점이 올랐고, 13개국 이상의 개발도상국에서도 5~25점이 증가했다. 이렇게 세계적으로 관찰되는 세대의 진행에 따른 IQ 증가 현상을 플린 효과라 부른다.

IQ가 계속 증가한다면 수천 년 후 인류의 IQ는 수백 점을 상회할까? 인간의 육체 성장과 관련한 생체 역학적 한계가 있듯이 뇌의 용량과 성능에도 한계가 있을 것이다. 인류의 지능이 더는 증가하지 않는다는 주장의 근거다. 인터넷이 대중화된 시점인 1998년을 정점으로 16년째 떨어진다는 주장도 있다.

한편, 인류의 지능이 이렇게 증가해 왔다면 100년 전의 조상은 거의 정신지체 상태였을까? 플린은 IQ가 모든 영역에 걸쳐 일관되게 증가하지 않고 몇몇 하위 항목에 집중되어 증가했음을 확인하며 이 질문에 답한다. 일반 지식이나 수학 등의 분야에서는 비슷한 수준이었으나 추상 논리 분야에서 당황스러울 정도로 엄청난 향상이 있었다.(Flynn, 재인용 : 강준만, 2015) 한 세기 전에는 우리가 현재 기본적 추상 개념이라 여기는 것들에 대해 대부분의 사람이 익숙하지 않았다. IQ를 높이는 데 극적으로 일조한 요소는 '전 과학적 사고방식으로부터 과학적 사고방식으로의 문화적 전환'이다. 20세기 동안 과학의 기본 원리들이 서서히 대중의 의식에 스며들어서 우리가 사는 세계를 변화시켰다.(Shenk, 재인용 : 강준만, 2015)

음악은 어떨까. '모차르트 효과'라는 개념이 있다. 성장기 아이들이 모차르트 음악을 들으면 단기적으로 지능이 오른다는 개념인데, 논란이 있다. 지능이 후천적으로 파괴될 수도 복원될 수도 있음을 암시하는 연구를 살펴보자. 모차르트 효과가 맞는지에 대한 간접적 답변을 알려줄 수도 있다. 미국 캘리포니아 대학교의 에드워드 창은 갓 태어난 쥐들에게 백색소음을 지속적으로 노출시켰다. 백색소음의 세기는 쥐들의 청감각 기관에 손상을 줄 수준은 아니었다. 다만 쥐들의 청각 피질이 정상적으로 발달하지 않았다. 연구자들은 이 쥐들을 음악과 같이 잘 조직된 반복적인 소리에 다시 노출시켰다. 청각 피질이 다시 복구되었다!(Chang, 2003) 이 실험은 뇌 발달에 경험이 얼마나 중요한지를 잘 보여준다. 에드워드 창은 "마치 뇌가 계속 발달하기 위해 분명한 패턴을 가진 소리를 기다리는 것 같았다."라고 말한다.(같은 글)

발생기에도 비슷한 이야기를 할 수 있다. 월렌스타인에 따르면 발생기 모든 포유동물의 청각 피질은 경험 기대성 기관으로, 적절한 배선을 위해 특정한 음향 경험이 필요하다. 인간 태아도 포유동물이다. 임신 25주경의 태아의 뇌간에서 세포들이 지속적으로 성장·발육하려면, 그리고 상위의 피질과 시냅스가 형성되려면 청각 자극이 필요하다. 기억 및 감정 발달에 관여하는 해마와 편도체 같은 변연계의 발달에도 청각 자극은 촉진제의 역할을 한다. 결국 태아가 소리를 처음 들을 때를 뇌가 청각적 자극을 가장 많이 필요로 하는 시기로 볼 수 있다. 점점 자라는 태아는 소리에 대해 더 많이 인지하고 반응한다. 임신 마지막 단계에서 태아는 우리가 자장가에서 확인하는 음향 특성을 가진 선율에 가장 많이 반응한다. 끊임없고 천천히 변하며, 다소 과장되고 폭넓은 음조 변화를 가진 선율.(월렌스타인, 2009)

청각회로의 정상적 발달은 10대 후반까지도 계속된다. 월렌스타인은 더불어 많은 청취 기능들이 꾸준히 향상될 것이라고 말한다. 에드워드 창은 이러한 발달이 끝났을 때에 조차 우리 뇌가 분명한 패턴을 가진 소리에 큰 영향을 받는다고 말한다.(재인용 : 월렌스타인, 2009)

　패턴을 가진, 즉 질서 있는 소리를 듣고 잘 발생하고 발달했다면, 성인 역시 음악적 경험을 통해 인지력을 더욱 키울 수 있지 않을까. 음악적 경험이 인지능력과 사유능력을 자극할 수 있지 않을까. 그 능력들의 신경적 기반을 재조정할 수 있지 않을까. 특히 과학적 인식을 표현한 음악을 감상하고 그 음악이 표현하고 반영하는 지식을 이해하려고 노력할 때 성장기 아이 및 어른의 지능이 오를 수 있지 않을까. 과학의 기본 원리들이 서서히 대중의 의식에 스며든 것이 IQ 증가의 가장 큰 원인이라고 했다. 음악적 마음에도 이 원리들이 스며들 것이다. 마음의 통합이다. 스며든 음악적 마음이 낳은 음악을 접한 감상자들의 마음엔 음악적으로 표현된 과학적 원리들이 재차 스며들 수 있을 것이다. 이런 음악적-개념적-과학적 의식이 사람들의 의식에 스며듦으로써 IQ가 증가할 수 있지 않을까.

　다음 장에서는 연주자의 마음과 감상자의 마음에 연결된 작곡하는 마음에 대해 논의한다. 비교적 동의하기 쉬운, 좁은 범위 내 마음들의 연결 혹은 통합이란 관념을 우선 정당화하고, 차차 이 통합의 범위를 넓힌다.

15

작곡가의 마음, 인간의 마음

작곡가가 음악을 만들 때 가지는 마음은 그가 살아가며 가지는 마음들과 연관된다. 그렇게 작곡가의 마음은 통합되어 있다. 통합된 마음과 함께 작곡가는 작곡 기계가 아니라 인간이 된다. 모든 인간의 마음은 여러 영역에서 가지는 다양한 하위 마음들이 연결되어 통합되어 있다.

통합된 음악적 마음

오늘날 음악계의 전문화 추세를 통해 작곡가, 연주가, 감상자는 서로 다른 사람이 되었다. 작곡하는 마음, 연주하는 마음, 듣고 감상하며 즐기는 마음은 서로 다르다. 그런데 이 마음들이 서로 연관될 수 있다. 한 사람에게서 작동한다면.

자기 작품의 감상자인 작곡가는 자신에 대해 성찰하고 비판하며 정당화하고 공감한다. 공감/정당화하는 마음이 더 우세한 작곡가는 자아도취에 빠질 수 있다. 성찰/비판하는 마음이 더 우세한 이는 성공할 가능성이 크다. 그는 끊임없이 자신의 작품을 수정할 것이다. 감상자로서 가지는 마음은 작곡가의 마음에 영향을 줄 것이다. 영향은 연관의 다른 이름이다.

훌륭한 피아노곡들을 다수 작곡했던 모차르트, 베토벤, 쇼팽, 리스트, 브람스, 드뷔시는 뛰어난 피아니스트였다. 이들의 피아노곡들은 피아노곡답다. 이들은 바이올리니스트가 아니었고, 그래서 그런지 바이올린 곡들은 많이 쓰지 않았다. 이들의 피아노곡과 피아노를 잘 치지 못했던 작곡가들의 피아노곡엔 차이가 있다. 뛰어난 혹은 평범한 연주가로서 가졌던 마음이 작곡하는 마음에 영향을 주었을 것이다.

피아노를 잘 치지 못했던 바그너나 베를리오즈 같은 이들은 피아노곡을 거의 쓰지 않았다. 차이코프스키의 《피아노 소나타 사장조》는 텁텁한 음향이 특징이다. 연주하기가 매우 어렵지만 막상 화려한 피아노 기술을 선보이지 않아 연주가 입장에서는 자신의 개인기를 자랑할 기회가 없다. 쓸데없이 공들이는 격이다. 그래서 그런지 많이 연주되지 않는다. 유명한 《피아노 협주곡 1번》은 걸작이지만 당대 최고의 피아니스트였던 루빈스타인은 연주할 수 없다고 혹평했다. 차이코프스키 애호가들은 오늘날 루빈스타인을 선견지명이 없는 피아니스트로 혹평하겠지만, 루빈스타인은 이 곡의 한 특성을 제대로 인식했다. 특히 1악장 서주부분의 웅장한 악구에서 피아니스트가 난폭하게 두들겨대는 화음들이 제대로 연주된다면 엄청난 음향을 발생시키겠지만, 그 제대로가 너무 어렵다. 유명 연주가들 상당수가 이 부분을 얼버무리며 연주한다. 차이코프스키 역시 피아니스트가 아니었다.

최고의 바이올리니스트였던 니콜로 파가니니는 바이올린

곡을 많이 썼고 그의 곡들은 연주하기가 무척 어렵지만 바이올린 곡답다. 브람스의 《바이올린 협주곡》에는 음악 자체로는 매우 훌륭하지만 바이올린의 악기 특성을 잘 고려하지 못한 이가 쓴 곡이라는, 바이올린다운 느낌을 덜 주는 곡이라는 평가가 있다. 브람스도 바이올리니스트는 아니었다.

바이올린 연주를 할 줄 몰라도 바이올린다운 음악을 쓸 수는 있다. 바이올린 연주자가 못되더라도 그의 마음을 추측할 수 있다. 바이올리니스트의 마음은 바이올린과 상호작용하며 만들어진다. 바이올린이라는 도구를 다루는 지능은 그것을 만드는 지능과 다르긴 하다. 하지만 기본적으로 도구적·기술적 지능이다. 작곡가는 바이올린의 특성을 알 수 있고, 이 지능에 다가갈 수 있다. 즉 바이올리니스트와 대화하며 그가 자신의 악기를 어떻게 보고 느끼는지, 어떻게 다루는지 등에 대해서 알 수 있다. 비슷하게, 관현악곡의 작곡가는 관현악의 모든 악기들에 대해 잘 알 수 있고, 그 연주자들의 마음도 잘 알 수 있다. 훌륭한 관현악곡을 쓴 과거의 작곡가들 대부분은 지휘 경험을 가졌다. 이 경험을 통해 여러 연주자의 마음에 접할 기회를 가질 수 있었을 것이다.

누군가에게 피아노적인 음악이 다른 이들에게 그렇지 않을 수 있다. 바이올린다운 것에 대해서도 같은 이야기를 할 수 있다. 하지만 피아노적인 것과 바이올린다운 것에 대한, 한 사회에서 통용되는 상호주관적 공감과 동의의 마음 체계를 전적으로 부정할 수도 없다.

그런 공감 및 동의의 마음 체계를 의도적으로 거스르는 시도가 가끔 있다. 스트라빈스키의 《봄의 제전》의 벽두에는 원래 낮은음을 내는 목관악기 바순이 높은음을 연주한다. 노년의 프랑스 작곡가 생-상스는 이 부분을 듣고서 "바순은 저렇게 쓰는 게 아닌데."라고 혀를 찼다고 한다. 생-상스를 비롯한 이들에게 스트라빈스키는 바순답지 못한 악구를 작곡했다. 스트라빈스키는 바순적인 것에 대한 통념을 거슬렀다. 그를 따라 현대 작곡가들은 바순의 음역을 넓혔다. 바순의 표현적 능력도 커졌다.

차이코프스키와 브람스도 결과적으로 피아노답거나 바이올린답다는 것의 새로운 경지를 개척한 이들일 수 있다. 이들이 피아노답지 못하고 바이올린답지 못한 작품들을 썼다고 말하는 것은 연주자들이 이 곡들에 대해 일반적으로 가지는 느낌을 고려해 내린 평가일 뿐이다. 어떤 악기의 관용적 연주법이 그 악기 연주자들에게 일반적으로 인정되고, 그 연주법은 연주자들이 악기에 대해 가지는 어떤 일반적 느낌에 기초하며, 그렇게 어떤 악기와 관련해 연주자는 어떤 마음을 가진다.

그런 연주자의 마음을 작곡가는 추측할 수 있다. 작곡은 악기의 일반적 특성, 연주자가 악기에 대해 가지는 마음을 고려하며 잠시 그가 되어보는, 그의 입장이 되어보는 과정이기도 하다. 이 사회적 지능은 바르키와 브라워가 말했듯이 인간이 만난 적도 없는 사람들의 마음마저 인지하고 이해할 수 있기에(바르키·브라워, 2015) 가질 수 있다. 작곡은 또한 연주자가 가지고 있는 도구적·기술적 지능을 받아들이는 일도 된다.

모차르트와 베토벤, 쇼팽, 리스트의 피아노곡들은 피아니스트로서의 마음과 감상자의 마음 그리고 작곡가의 마음이 서로 관련됨을 증명하는 사례. 이 마음들이 통합되어 있음을 증명하는 사례. 바그너, 베를리오즈, 차이코프스키를 통해서도 마음들이 한 사람 속에서 연결되고 통합된다는 명제가 그럴듯해진다. 이들의 작품에서 엿보이는, 피아노답지 못하거나 바이올린답지 못한 특성은 이들이 연주자의 마음을 가지지 않았거나 불충분한 연주자의 마음을 가졌다는 데에 그 원인이 있다.

사회적 마음과 생물적 마음이 작곡가의 마음으로 통합된다.

모차르트는 태어난 날부터 엄마 젖을 먹었을 것이고, 대략 두 살 때 두 발 보행했을 것이며, 서너 살 때부터 말을 했을 것이다. 자라면서 독서를 했고, 여행하며 문화유산과 자연을 즐겼고, 사회적 친교 행위를 했고, 인정받으려 했으며, 사랑했고, 성적 관계를 맺었으며, 자식을 가졌고, 질병에 시달렸으며, 경제적 어려움에 고통 받았고 (혹은 경제적 성공을 즐겼고) 어떤 정치적 지향을 가졌을 것이다. 죽음에 대한 공포심으로 고통 받고 삶의 아름다움과 무상함을 느끼다가 죽었다. 이상의 일들은 21세기 사람들도 한다. 경제적 행위와 독서를 뺀다면 10만 년 전 조상들도 했다. 미래의 인류도 이런 일들을 계속할 것이다.

모차르트는 이런 일들을 하며 어떤 마음을 가졌을 것이다. 이런 일들을 하며 가지는 마음을 편의상 비음악적 마음이라 부르자. 비음악적 마음을 가진 모차르트가 작곡가로서의 모차르트와 무관할까. 연주하고 감상하는 마음이 작곡하는 마음과 유관하다면, 비음악적 마음도 작곡하는 마음과 연결되고 통합될 수 있다. 엘리아스 말마따나 "어떤 사람이 [마음의] 한 서랍에 예술가적 특성을, 다른 서랍에는 인간적 면모를 넣어두고 있는 것은 아니다."(엘리아스, 1999)

비음악적 마음을 사회적 마음과 생물적 마음으로 편의상 구분할 수 있다. 모차르트는 18세기 중부유럽의 보수적 신성로마제국에서 살았다. 그렇게 사회적 마음을 가졌고 그 마음의 어떤 특성들을 그 시대 사람들과 공유했다. 모차르트는 또한 인간 종의 한 개체로서 그의 동시대인들은 물론 그의 조상들과 생물학적 특성들을 공유했다. 이 육체적 특성들에 기초한 생물적 마음도 다른 이들과 공유했다.

생물적 마음은 사회적 마음보다 오래됐다. 생물적 마음은 자연에서 살아가는 모든 생물들이 생존하고 번식하며 가진다. 최초의 생명은 탄생한 순간부터 홀로 생존과 번식의 과제에 직면했다. 그러다가 한참 후 일부 생명이 군집하며 사회가 형성되었다. 인간 이전에 사회적 생활을 한 동물들이 많다. 사회적 마음은 사회생활을 하는 동물들이 가진다.

배고픔, 공포감, 수면욕 등은 생물적 마음이다. 신뢰하기, 호혜적 인식, 상대의 마음 읽기 능력, 협잡, 증오, 질투, 연대감과 공동체 의식 등은 사회적 마음이다. 이렇게 어떤 마음은 그것이 생물적인지, 사회적인지에 대해 쉽게 판단할 수 있다. 반면에 어떤 마음에 대해서는 그 판단이 어렵다.

호모 사피엔스는 20만 년 전부터 언어를 발화했다. 언어를 이렇게 아주 오래전부터 사용해 왔다는 점, 모든 인간이 언어를 사용한다는 점, 우리가 언어적 자극을 많이 받지 않고도 언어를 금방 배운다는 점 등을 통해 언어 능력이 우리에게 본능으로 탑재되었다고 주장할 수 있다.

대부분의 다른 본능들처럼 언어 본능도 생물학적이다. FOXP2라는 언어 유전자를 생각하면 더욱 그렇다. 이 유전자가 없는 극소수의 사람들은 말을 잘 못한다. 이 유전자를 비롯해 발화 및 발성 학습과 관련된 50개 이상의 유전자를 가지고 있는 동물은 인간만이 아니다. 앵무새처럼 다른 종의 발화를 배울 수 있는 새들도 이 유전자들을 가지고 있다. 인간이 외국어를 배울 수 있듯이 새들도 다른 새들의 노래 혹은 말을 배울 수 있다. 새들은 여러 언어를 하는 multilingual 생물 종이다.

그런데 언어가 사회적 동물인 인간이 남의 뒷말을 이야기하려고 언어를 만들어내어 진화시켰다면, 언어적 마음은 사회적 마음이기도 하다. 사회적 마음으로서의 언어 능력 혹은 언어 본능은 추상적 논리를 이해하기 위해 장착되지 않았다. 사회적 언어는 내 친구에게 내 장점을 보이기 위해, 그에게 가지는 섭섭함을 말하려고 개발되었다. 언어적 마음은 생물적 마음과 사회적 마음의 구분을 어렵게 한다.

호모 사피엔스는 20만 년 전 지구에 등장하면서부터 사회적 존재였다. 그전의 조상들도 사회를 구성하며 살아왔다. 사회적 마음은 생물적 마음의 연장일 수 있다. 사회적 마음이 생물적 마음과 구분되는 것처럼 보이는 것은 피상적 인식이다.

그런데도 두 마음이 서로 달라 보인다면, 근대 유럽사회에서 서양인들이 새로이 가지게 된 특별한 사회적 마음 때문이다. 그때 이후 인간 사회가 매우 특별해졌기 때문이다.

 작곡가는 자신이 사는 시대와 사회의 시대정신으로부터 자유롭지 못하다. 작곡가의 사회적 마음이 그의 작곡하는 마음에 연결된다는 이야기다. 모차르트는 프랑스 대혁명이 시작되고 3년이 지난 1791년에 죽었는데, 힐데스하이머에 의하면 모차르트가 이 세계사적 격변에 대해 언급한 적은 한 번도 없다. 시대상황이 그의 의식에 도달한 적이 없었다.(힐데스하이머, 2014) 영화 《아마데우스》에 영향을 미친 힐데스하이머의 이러한 디오니소스적/보수적 모차르트 상은 오늘날 의심받고 있다. 오페라 《피가로의 결혼》의 작곡가는 억압받는 하인 피가로에 감정이입을 했을 것으로 추측되며, 귀족을 혼내주는 정도의 불온한 이야기를 담은 이 오페라는 귀족들의 구체제에 대한 모차르트 식 항의 표현일 수 있다. 구체제의 타도가 아닌 온정적 개혁을 희망하는 이가 약간의 풍자를 통해 하는 항의. 이 오페라의 음악은 우아하고 경박하다.

 베토벤의 사회적 마음은 프랑스 대혁명을 이끌었던 역사적, 시대적 정신에 보다 적극적으로 연결되어 있었다. 베토벤은 1789년에 민중과 혁명가들에 의해 시작된 혁명이 군인이자 혁명가이며 시민의 황제이기도 했던 독특한 인물 나폴레옹에 의해 접수되는 과정을 모두 지켜봤다. 나폴레옹은 그가 살던 보수적 오스트리아를 침공해 신성로마제국으로 대표되는 유럽 중심부의 구체제를 파괴했다.

사회적 마음이 작곡하는 마음에 연결되어 작곡됐던 《영웅 교향곡》은 나폴레옹을 칭송하는 음악으로 처음에는 나폴레옹의 이름인 《보나파르트》라는 표제가 붙었다. 그런데 나폴레옹이 황제가 되자 베토벤은 분노하고 실망한다. 작품의 이름도 바뀐다. 이름이 무엇이 되었건 음악에 담긴 젊은 베토벤의 솟구치는 정열을 혁명 지도자 나폴레옹에 대한, 나아가 거대한 세계사적 사건이었던 대혁명에 대한 공감으로 볼 수 있다.

1805년 작 오페라 《피델리오》는 스페인의 폭군에 의해 무고하게 투옥된 남편을 그의 아내가 젊은 남자로 변장해 구출한다는 내용을 보여준다. 베토벤의 자유주의적 지향이 표현되었는데, 이 오페라가 혁명기에 자유를 갈구했던 프랑스 및 유럽의 민중에 공감해서 쓰였는지, 1805년에 빈에 쳐들어온 나폴레옹의 프랑스 군대에 대한 항의의 음악적 표현인지는 불분명하다. 현실 정치의 마키아벨리즘은 종종 혁명의 순수한 이상을 훼손한다. 그런 경우를 필요 이상으로 혐오하는 이들이 있다. 이들은 종종 혐오감 때문에 허무주의적 양비론에 빠지고, 혁명에 반대한다. 베토벤은 그렇게까지 극단적인 사람은 아니었다. 베토벤은 한 번도 민중을 억압해야 할 필요를 느낀 적이 없었다. 법질서 회복을 운운하고 귀족들과 왕에 의한 통치를 정당화하자는 주장을 피력하지 않았다. 그가 싫어했던 것은 혁명의 이름으로 자행되었던 폭력적 현상, 침략, 마키아벨리즘이었다.

《코리올란 서곡》은 노골적으로 나폴레옹을 조롱하는 내용에 기초한다. 1804년 오스트리아 작가 하인리히 콜린은 권력의 쟁취, 압제, 해방의 키워드를 가진 비극《코리올란》을 탈고했고, 이 비극에 감동한 베토벤은 1807년에 동명의 서곡을 작곡한다. 비극의 내용은 이렇다. 공화국 시절 고대 로마에 열렬한 환영을 받으며 개선장군 코리올란이 들어서고 원로원은 그에게 무제한의 군사권을 넘겨준다. 이후 그는 권력을 남용하고 민심을 들먹이며 전제정치를 한다. 나폴레옹의 이야기일 수 있다.《코리올란》같은 주제는 수많은 예술작품으로 만들어졌다. 베토벤도 그러한 시대 의식, 사회적 마음으로부터 자유롭지 못했다.

    1789년에 시작되어 나폴레옹이 패망할 때까지 근 25년 동안 지속되었던 프랑스 대혁명으로부터 자유로울 사람은 없다. 대혁명을 통해 프랑스 시민과 민중은 귀족과 왕, 성직자를 몰아내고 새로운 정치체제를 만들었다. 시민과 민중은 민주주의, 자유, 평등, 인권 등의 가치를 혁명을 통해 구현하려 했다. 배경에는 계몽주의가 있었다. 계몽주의자들은 다양한 계몽적 사상을 펼쳤는데, 사회적 진보 및 발전의 개념은 계몽주의의 핵심이었다. 프랑스의 경제학자였던 튀르고는 1750년 파리 소르본대학의 한 강연에서 "인간은 느리지만 더욱 훌륭한 완전성을 향해 부단히 전진한다."고 말했다. 인류 역사상 진보 관념이 명시적으로 표명된 첫 순간이었다. 비록 튀르고의 진보가 인류의 지적 유산의 부단한 증대와 같은 정신적 과정을 묘사하는 용어로 제기되었지만, 사람들은 이 개념과 함께 어느덧 세상이 구체적으로 더 나아질 수 있다고 인식하며 희망을 품었다.

    피아노 소나타《발트슈타인》같은 작품에서도 혁명과 계

몽주의의 흔적이 보인다.《발트슈타인》의 1악장 후반부에서 음악적 요소들은 차곡차곡 쌓아지며 거대한 상승과 폭발로 이어진다. 발전 혹은 진보 개념을 통해 사람들이 떠올리는 찬란한 감정적 색채가 표현되었다.

튀르고에 의하면 진보는 연결과 축적을 통해 형성된다. "모든 시대는 현재 상태를 그 이전 상태에다 연계시킨다. […] 작은 지식까지도 모두 하나의 공통적 보고를 이루어 마치 각 세기의 발견들로 인해 점점 불어가는 유산과도 같이 세대에서 세대로 전승된다."(재인용: 코저, 1990)《발트슈타인》을 비롯한 베토벤의 여러 음악에서도 음악적 요소들은 이전 시대에 비해 보다 고도로 연결되고 감정은 축적된다. 모차르트의 소나타 1악장의 제시부에서 1주제와 2주제, 그리고 이들 사이에 존재하는 연결구는 각각 짧다. 베토벤의 경우 모두 길어졌다. 보다 긴밀한 연결을 창조하기 위해서다. 1주제의 발전은 그것을 늘임과 동시에 이어지는 연결구에 자연스레 연결되게 했다. 베토벤의 1주제가 물 흐르듯 연결구에 연결됨에 반해 모차르트의 주제들과 연결구는 형식적이며 범주적이다. 모차르트는 불연속적이며 병렬적인 세계에, 베토벤은 상대적으로 연속적인 세계를 보여주었다.

《발트슈타인》의 1악장과 3악장에서 하나의 감정은 악장 전체로 고르게 퍼지지 않는다. 각 악장의 전반과 중반에 쌓인 감정이 후반부에서 폭발한다. 론도 형식으로 쓰인 3악장에서조차 이러한 축적과 폭발이 있다. 당시로선 극히 예외적인 일이다. 반복의 미학을 구현하기에 적합한 론도를 베토벤은 감정과 에너지의 축적과 폭발을 구현하는 수단으로 바뀠다.

하나의 감정을 음악 전체에 고르게 퍼지게 한 요한 제바스티안 바흐의 음악에는 변화가 있다. 발전의 느낌은 미약하다. 하우저에 의하면 바흐 이후 작곡가들에게 하나의 감정이 점진적으로 고양되어 절정에 이르는 과정이 존재한다.(하우저, 2011 ③) 하우저는 베토벤을 딱 집어 지적하지 않았다. 하이든과 모차르트도 하우저가 말한 바에 해당하는 음악을 썼지만 베토벤의《발트슈타인》이후 작품들이 하우저가 말한 바를 가장 잘 표현했다. 이 음악에는 궁극적 상승을 위한 국지적 하강, 폭발로 나아가는 동력으로서의 긴장의 축적과 그것의 일방적 과도함을 견제해주는 이완, 마침내 찾아오는 통쾌한 종결과 함께하는 극적 표현들로 충만하다. 베토벤의 음악은 변화의 음악을 넘어서, 발전 혹은 진보의 느낌을 표현했다.

베토벤보다 한 세대 후의 독일 작곡가인 바그너의 음악은 동시대 독일 철학자들의 사상 및 시대의식을 보다 적극적으로 반영한다. 러시아의 무정부주의자 바쿠닌, 30년대 세대, 독일 철학자 프루동과 포이에르 바흐, 그리고 쇼펜하우어 등이 지적이며 독서광이었던 바그너의 마음을 사로잡았다. 1830년대 독일에서 형성된 '30년대 세대'는 1830년 7월 파리에서 발발했던 시민혁명에 영향 받아 자유의식을 신봉하며 독일의 사회변혁을 주도했다. 이들은 이후 1848년 3월 혁명을 통해 오스트리아의 보수적 재상인 메테르니히를 실각시켰다. 이 세대를 상징하는 시대 의식은 '세계고통'인데, 철학자 이동용에 의하면 이것은 이 세대가 가졌던 비판의식이 [1848년까지는] 어떤 정치적 해결도 보지 못하면서 이들이 가졌던 패배의식을 잘 표현한다. 초기 오페라 《리엔치》는 30년대 세대의 구성원이었던 바그너가 격동적 시대를 보내면서 마음에 품게 된 정치적 이상과 좌절을 표현했다.(이동용, 2012) 비교적 건강해보이고 투쟁적이었던 《리엔치》에서조차 확인되는 이 작곡가의 비관주의와 염세주의는 중후기 오페라에 가서 더욱 강렬해진다. 1850년대 이후 장년의 바그너가 철학자 쇼펜하우어에게 영향을 받았기 때문이다. 바그너는 오페라 《트리스탄과 이졸데》와 《파르지팔》을 통해 이 독일 철학자의 형이상학을 표현했다. 이 주제는 19장에서 다룬다.

인간은 동일한 해부학적 구조의 몸을 토대로 다양한 욕구 및 본능들을 가진다. 일부 사회적 마음을 빼면 모차르트가 가졌던 생물적 마음은 조용필의 생물적 마음과 거의 같을 것이다. 3만 년 전 조상들의 마음과도 같을 것이다. 마음의 보편성에 대한 논의는 '심적 동형(일)설'로 이어진다. 대부분의 진화심리학자들이 동의하는 이 학설에 의하면 모든 인간의 마음은 이미 구석기 시대에 완성되어 더 이상의 큰 변화 없이 어느 정도 같다.

인간의 몸과 마음은 정말 더 이상 진화하지 않을까? 코크란과 하펜딩은 인간이 지금 이 순간 과거보다 100배 빠르게 진화하고 있다고 말한다. 빠른 진화는 인간을 서로 다르게 했다. 이것은 원래 가지고 있던 기능을 버리거나 강화/조정하는 얕은 변화 즉 소진화다.(코크란·하펜딩, 2010) 최신 유전학의 도움을 받아 이 학자들은 인간의 몸과 마음에서 최근에 일어난 소진화 사례들을 소개한다. 상술한 유대인 이야기도 이런 예들 중 하나다. 소진화 개념은 지금 이 순간에도 인간이 여전히 생물적임을 알려준다. 이 개념은 인간이 생물적 차이를 가지도록 현재 진화 중이며[1] 그 차이가 사회적 차이를 낳을 수 있음을 암시한다. 사회적 차이가 생물적 차이를 낳을 수도 있을 것이다.

인간의 하위 마음들은 신석기 시대 말에 이미 상호작용하며 시너지를 일으키고 통합되었다. 통합된 마음이 신석기 시대의 종교와 미술, 음악, 문명을 가능케 했다. 나는 이 순간에도 진행되는 소진화의 한 사례로서 인간의 여러 하위 마음들이 근대 이후 더 강하게 연결되며, 마음은 더욱 강하게 통합된다고 가정한다. 고전 및 현대음악은 '강한' 통합의 증거 사례다. 고전 및 현대 작곡가들이 통합적 마음을 가지게 되어 작곡이 지식과 과학을 반영한다. 그런 작곡을 이해하는 감상자도 통합적 마음을 가졌다. 대부분의 사람들이 통합적 마음을 가졌다. 이 마음이 우리에게 이익을 주기 때문이다. 통합의 강도 차이는 사람마다, 나라마다, 시대마다 다를 수 있다. 차이가 더 벌어질 수도 있다. 교육과 성찰이 차이를 줄일 수 있다.

---

1. 인간은 거주환경에 생물학적으로 적응한다. 예를 들어 히말라야에 사는 티베트인은 고산병에 잘 걸리지 않게끔 유전적으로 진화했고, 사하라 사막 이남의 아프리카인은 말라리아에 저항성을 띠도록 유전자 변이를 일으켰다. 신장에서 독성물질인 비소를 걸러내는 능력이 뛰어난 쪽으로 진화한 아르헨티나 산 안토니오 지역 사람들, 지방을 저장하는 능력이 탁월한 유전자를 가지도록 진화한 남태평양의 사모아 섬사람들도 있다.(Fan et al,, 2016) 모두 소진화의 사례들이다.

16
다양한 상황들 속 인간의 통합적 마음

인간이 분열된 마음을 가지는 것처럼 보이는 상황들도 있다. 그런 상황들에서도 인간 마음이 통합적일 수 있음을 옹호해본다. 통합적 마음에 대한 보다 공격적이며 보편적인 논의다. 음악적이지 않은 맥락에서 옹호된 통합적 마음 개념은 음악적 마음을 포함하는 통합적 마음에 대한 논의를 위한 든든한 배경이 될 수 있다. 한 사람 안에서 일어나는 하위 마음들의 분리 현상들을 하나씩 따져본다.

현실을 반영하는 망상

정신분열증으로 알려진 조현병 환자들은 다양한 망상을 보인다. 어떤 이들은 자신의 머리에 폭탄이 설치되어 있다고 믿는다. 자신이 다른 별에서 왔다고 믿거나 대단히 위대하다고 믿는 과대망상증 환자가 있는가 하면 배우자가 부정을 저지를 것이라고 강력하게 믿거나 누군가가 자신의 음식에 독을 탔다고 믿는 피해망상증 환자도 있다.

세계에 대한 인지적 마음이 망상을 가진 사람에게서 완전히 망가진 경우는 드물다. 망상을 가진 이가 자신이 대하는 모든 세계에 대해 철저히 망상적인 경우도 드물다. 조현병 환자들에게 완전히 망가지지 않은 정상적·인지적 마음과 망상적 마음은 병존하거나 분열된 것일까.

망상은 정상적 생각이 극단화한 것일 수 있다. 심리학자 원호택과 이훈진에 의하면 특정 주제를 가진 망상은 어느 날 갑자기 난데없이 나타나지 않는다. 망상을 가진 이의 처지와 배경, 욕구와 동기 등을 고려하면 어떤 망상도 망상을 가진 자에게 상당한 의미가 있다. 정상적 사고 과정과 망상적 사고 과정은 근본적으로 다르지 않다.(원호택·이훈진, 2013) 마음은 분리된 것처럼 보이지만 사실은 아니다.

정상적 사고를 반영하기에 망상적 사고에는 나름의 현실성이 있다. 그 현실성 덕분에 망상은 종종 문화콘텐츠가 된다. 늑대인간에 대한 관념은 고대의 신화[1]와 근대의 많은 소설, 오늘날의 상업영화에서 주제가 되는데, 이 주제가 사람이 동물로, 특히 늑대로 변한다는, 사람들에게 오래전부터 퍼져있던 망상에 기초한다는 점은 잘 알려지지 않았다. 이러한 망상의 정신의학적 명칭은 낭광증이다.

적지 않은 이들이 스스로를 늑대인간이라 믿고 늑대처럼

---

[1] 그리스 신화에는 늑대가 된 인간의 이야기가 있다. 아카디아의 왕 리카온은 리카이오스 산의 큰 궁전으로 제우스를 불러 그에게 음식을 대접하는데, 제우스 몰래 인육을 섞는다. 사실을 알게 되어 분노한 제우스는 리카온에 저주를 내리고 그를 늑대로 변신시켰다. 고대 그리스에서 리카온은 이후 늑대를 가리키는 용어가 되었다. 오늘날의 리카온은 아프리카 들개로 불리는 개과의 동물이다.

행동했다. 미국의 과학 저널리스트 스티븐 후안에 의하면 중세 시대 종교재판을 통해 무고한 이들이 늑대인간으로 몰려 처형된 경우도 있었다. 1988년 하버드대 정신과 의사들은 그 시점 이전의 14년 동안 한 병원에서 낭광증 사례가 12건이나 있었다고 보고했다. 그들이 보고한 한 환자는 자신을 고양이로 인식해 고양이와 성행위를 하거나 고양이가 밤에 다니는 장소에 자주 갔다.(후안, 2006)

이런 망상의 이유가 있다. 후안에 따르면 인구가 급증해 숲이 사라지기 전의 유럽에서 늑대는 가장 무서운 동물이었고, 현대에 와서 낭광증이 줄어든 것은 이런 생태계 변화과정을 반영한다. 연약하며 억압과 핍박을 받았던 이들, 특히 여성들이 망상에 많이 빠졌다. 이들은 자신들에게 잠재된 공격성을 동물의 가면을 통해 분출하려고 늑대인간이라는 망상적 정체성을 가졌다.(같은 책) 낭광증 망상에 현실이 반영되어 있다는 이야기다. 망상을 가진 이들은 망상적 관점으로 현실을 해석한다. 망상과 현실 인식이 연결·통합되는 독특한 방식이다.

독일 작곡가 칼 마리아 폰 베버의 오페라 《마탄의 사수》의 중간 부분은 늑대의 골짜기가 배경이다. 이 골짜기에서 주인공 막스는 마법의 탄환을 악마로부터 얻는다. 늑대의 골짜기에 막스가 등장하면 음악은 강렬해진다. 불협화음을 스산한 트레몰로로 연주하는 현악기의 음향이 악마가 서식하는 늑대 골짜기를 표현한다. 이 부분이 전형적 낭광증을 표현하는지는 의문이다. 낭광증을 반영해 만들어낸 이야기일 수는 있다.

영국의 현대 작곡가 스티븐 올리버와 독일의 현대 작곡가토르슈텐 라슈는 각자 《말피 공작부인》이라는 오페라를 작곡했다. 원래 영국 극작가 존 웹스터가 1613년에 완성한 동명의 희곡이 있었다. 말피 공작부인은 미망인이 된 후 오빠의 허락을 받지 않고 집사와 비밀리에 결혼한다. 부인의 유산에 관심이 있는 오빠들은 집사에게 그 유산이 가는 것을 우려한 나머지 집사를 죽인다. 말피 부인은 이후 복수에 나선다. 말피 부인의 쌍둥이 오빠 중 한 사람인 페르디난드는 비이성적이고 감상적이며 망상적이다. 종종 자신을 늑대라고 생각한다. 올리버와 라슈의 오페라에는 페르디난드가 부르는 〈낭광증 아리아〉가 있다.[2] 라슈가 작곡한 무조적 아리아는 어둠과 망상의 세계를 불길하면서도 애잔하게, 서정적으로 표현한다.

낭광증을 비롯해 다양한 망상이 현실을 반영하는 점을 고려하면 망상은 세계에 대한 특이한 인식이며 정신적 질환이 아닐 수 있다. 원호택은 말한다. 어떤 이가 바위 속에 혼령이 있다고 믿는 부족의 일원이라면 바위 속 혼령에 대한 생각은 그가 속한 사회에 퍼진 독특한 문화적 시각일 뿐이라고.(원호택·이훈진, 2013) 결국 망상과 망상이 아닌 것 사이에는 연속성이 있고, 망상은 망상적 사고를 하는 이들이 속한 문화와 그 문화의 사고 체계를 반영한다. 그렇게 망상은 세계에 대한 인식과 통합되어 있다.

정상적 사고와 질적으로 다른 망상도 있다. 아무 내용과

---

2. Torsten Rasch의 〈낭광증 아리아〉 : https://www.youtube.com/watch?v=_cdSGm_xE1A

의미가 없는 이런 망상은 세계에 대한 틀린 판단이며, 병적 현상이다.(같은 책) 이 경우 망상은 망상자의 삶을 반영하지 않으며, 망상을 가진 극소수 환자는 망상과 함께 분열된 마음을 가진다. 이들에게는 치료가 필요하다.

해리성 정체감 장애와 마음의 통합

해리성 정체감 장애 혹은 다중 인격 장애는 가장 대표적인 해리解離 장애다. 이 장애인에게는 복수의 독자적 정체감들이 반복되나, 각 정체감들을 아우르는 통합적 자아가 없고, 그래선지 정체감 모두에 대한 기억이 없다. 이 장애는 "다양한 정체감, 기억, 그리고 의식의 측면들을 통합하는 데에 실패가 있음을 드러낸다."(도상금, 2013)

미국정신의학회의 정신장애 분류체계인 DSM-IV[3]는 이 장애를 겪었던 35세의 M에 대해 보고한다. M은 자신이 한 일들을 기억하지 못한다. 그녀의 차에는 100마일을 주행한 기록이 있지만 그녀는 모르는 일이다. 최면요법을 받으며 M은 자신의 본래 목소리와 전혀 다른 목소리로 "이제 나를 알아차릴 때도 됐는데."라고 말했다. A로서의 인격이었다. M의 치료 도중 무려 6개의 서로 다른 인격들이 등장했다. 인격 간에는 상당한 긴장과 반목이 있었다. 의식 위로 나타나려는 인격 간 경

---

3. DSM-IV(Diagnostic and Statistical Manual of Mental Disorder of 4th edition)는 미국정신의학회에서 발표한 정신장애 분류체계다.

쟁이 자주 있었고, 특히 인격 A는 다른 인격들을 두렵게 만들었다.(재인용:도상금, 2013) 이러한 경쟁과 반목은 마음들이 완전히 분리되지 않았다는 반증일 수 있다. 그것은 통합적 마음을 구성하는 특별한 방식일 수 있다. 심한 갈등을 내포한, 아주 느슨한 통합.

소설 속 흥미로운 다중 인격 장애인들이 있다. 다중 인격 장애인의 이야기로 가장 잘 알려진 소설은 영국 작가 스티븐슨의 『지킬 박사와 하이드』다. 소설 속 지킬은 기억이 없는 동안 난폭하고 방탕한 하이드로 행동한다. 인간의 분열된 마음에 대한 고찰일까? 소설의 번역자 박찬원은 지킬이 존경받을 행동과 비난받을 행동, 정의와 방탕, 사회적인 것과 관능적인 것을 완전히 구분하려 했지만 실패했다고 말한다. 박찬원에 따르면 지킬이 상상했던 확고한 구분은 애당초 유지될 수 없었다. 그가 절대적이라 믿었던 차이점들은 뒤섞였고, 혼란이 발생했다. 요컨대 지킬은 결코 하이드로부터 자유롭지 못했다. 하이드 역시 결코 지킬과 지킬이 대표하는 모든 것으로부터 자유롭지 못했다.(박찬원, 2008) 외관상 서로 다르며 독자적으로 보이는 두 마음 혹은 두 자아는 지킬이든 하이드든 한 사람의 마음속에서 연관되어 상호영향을 준다. 심리학자 도상금에 의하면 원래 다중 인격 장애자가 가지는 복수의 정체감들은 환자의 기본적 자아로부터 유래한다. 그것들은 완전히 가공된 것이 아니다.(도상금, 2013)[4]

---

4. 다중 인격 장애를 소재로 소설과 극본을 쓰려는 이들은 이 사실을 알아야

한 나라가 반목과 내전을 겪더라도 두 나라로 쪼개지지만 않는다면 그 나라는 여전히 통합되어 있다. 단, 통합의 정도는 매우 느슨하다. 다중 인격 장애자의 상황을 이런 경우에 견줄 수 있다. 이 장애자의 마음들은 독자적이며 분리된 것처럼 보이고 서로 반목하지만, 여전히 연결의 끈을 놓지 않는다. 도상금에 의하면 해리 장애 환자의 한 인격이 필요로 하는 정보나 자원을 다른 인격이 가지고 있을 때 인격들 사이에 협력이 있을 수 있다.(같은 책) 협력은 연결의 끈이며, 미약한 통합의 증거다.

약한 통합마저 파괴된 이들도 있긴 하다. 이들은 주변 환경을 전체적이고 온전하게 지각하지 못한다. 이들은 대단히 위험스런 상황에 처해 있기에 치료받아야 한다. "치료는 가능하며, 그것은 이 환자들에게서 정신적 외상과 관련해 정체성과 기억, 지각, 의식 등이 비가역적으로 분리되지 않았음을 의미한다."(슈피겔·리, 2002) 분리되기 이전으로 돌아갈 수 있

한다. 2015년 초에 방영된 드라마 《킬미 힐미》의 작가 진수완도 이 사실을 알고 있는 것으로 보인다. 배우 지성이 분한 이 드라마의 주인공 차도현은 평상시 점잖고 온화한 성격의 교과서 같은 남자인데, 공격받아 분노감을 느낄 때 매우 공격적이고 자유분방한 신세기로 변모하며, 다시 차도현으로 되돌아갈 때 신세기로서 행동했던 기억이 없다. 이렇게 서로 극단적으로 다른 두 인격은 종종 비슷한 말을 한다. 야수 같은 신세기는 처음 본 여자 주인공에게 매력적인 나쁜 남자의 모습으로 일방적으로 선언한다. "기억해, 2015년 1월 7일 오후 10시 정각. 내가 너한테 반한 시간을." 점잖은 차도현도 비슷하게 말한다. "기억해요, 2015년 1월 X일 오후 10시 정각." 분열된 마음들의 저 깊은 밑바닥에는 통합에의 흔적이 있고, 그 흔적에 대한 기억은 점차 강화되어 종국에는 문제를 해결한다. 드라마는 마침내 사라지거나 융합되는 인격들을 보여준다.

다는 이야기다. 이것은 인간의 마음이 원래 통합적임을 반증한다.

해리 장애의 원인에 대한 여러 가정들이 있다. 도상금은 프로이트와 힐가드의 가정을 정리한다. 프로이트에 의하면 받아들일 수 없는 힘든 감정들, 이를테면 정신적 외상을 무의식 영역으로 내쫓는 심리 기제를 통해 해리가 발생한다. 이 심리 기제를 억압이라고 부른다. 무의식적 외상과 그것을 알지 못하는 의식 사이에는 억압 장벽이 있다. 이 방어적 장벽은 의식과 무의식을 수평적으로 나눈다. 수평 분할의 은유는 의식을 위에, 무의식을 아래에 있는 것으로 보는 관점을 따른다.(도상금, 2013)

프로이트와 달리 힐가드는 신해리 이론에서 마음이 수직적으로 분할된 관점을 제안하며 그 분할을 위해 해리 장벽을 가정한다. 즉 복수의 마음들 혹은 자아들은 수평적으로 배열되어 있다. 그러한 배열에 따라 존재하는 복수의 자아 간에는 수직적 장벽이 있다.(같은 책)

심리적 장벽은 최면이나 기억의 집중, 성찰을 통해 깨질 수 있다. 기억의 집중을 통해 깨지는 해리는 애초에 주의를 집중하지 않아 생겼다. 이런 해리는 "자기 자신, 시간, 주위 환경에 대한 의식이 [잠시] 단절된 현상"으로(같은 책) 일상에서 누구나 겪는다. 책이나 영화에 몰두해 주변을 잊는 경우나, 옆 좌석 사람과의 대화에 몰입한 채 목적지까지 갔는데 돌이켜 생각해 보니 어디를 지나 어떻게 운전했는지 기억이 잘 안 나는 경우 따위.

이런 해리는 비교적 쉽게 극복할 수 있다. 애초에 약했을 장벽을 깨고 해리를 극복한다면 우리는 마음들을 의식하고, 그 통합에 도달할 수 있다. 책 읽는 것에 전념하느라 의식하지 못했던, 내 다리를 스쳐 지나갔던 고양이에 대해 추후 기억하고, 고양이의 존재를 그때 내가 읽고 있었던 책의 한 구절과 연결할 수 있다. 마음들은 의식되어 연결되고 통합될 수 있다. 강한 장벽, 깨지기가 무척 어려운 장벽도 있다.

작곡가는 책상에 앉아서 가지는 작곡하는 마음과 현실의 구차한 삶을 살며 가지는 마음, 이렇게 서로 다른 두 마음을 가지는 지킬 박사와 하이드 같은 존재인가? 나는 이것을 '예술에 대한 다중 인격 가정'이라고 부른다. 나는 이 가정이 그럴듯하지 않다고 말하며 작곡가가 통합적인 마음을 가졌다는 명제를 이후 그럴듯하게 체계적으로 옹호한다.

무의식은 통합된 마음의 국외자인가?

무의식은 의식으로부터 독립적이고 그래서 무의식과 의식은 분리·해리되어 있다. 무의식과 의식의 해리는 마음의 통합 명제를 위협한다. 다양한 무의식이 있다. 프로이트는 의식, 전의식, 무의식 개념을 저서 『꿈의 해석』에서 제시했다.(프로이트, 2007) 전의식과 무의식은 자각되지 않고 의식과 구분된다. 구분만 된다면 마음은 분열되었다. 하지만 의식과 전의식은 무의식을 조절/검열/억압한다. 분열만 되었다면 조절/검열/억압의 필요가 없다. 조절/검열/억압 과정은 의식과 전의식, 무의식이 서로 연결되어 통합되는 나름의 방식일 수 있다. 조절/검열/억압이 효과적이지 않을 때 사람들은 정신질환을 앓을 수 있는데, 의사는 이 경우 무의식을 의식화해 환자를 치료한다. 치료는 마음의 통합성을 강화하는 일이다.5

통합적 마음은 무언가 빠진 상태에서도 이루어질 수 있다. 러시아의 신경정신병의학자 세르게이 코르사코프는 치료 과정 중 전기 충격을 받은 기억상실증 환자가 자신이 전기 충격을 받았다는 외현기억이 없음에도 전기충격을 주러 오는 의사에게 화를 냈다고 보고했다.(재인용 : 슈타인, 2002) 이 환자는 외현기억과 해리된, 정서가 실린 암묵기억을 가졌을 것이다. 이 환자에게 암묵기억은 중요한 정보를 저장하는 불완전한 방식이다. 암묵기억은 외현기억이 구성하고 저장해야 했던 중요한 정보와 무관치 않다. 암묵기억은 이 정보를 반영한다. 암묵기억만으로 세상을 살아가는 환자들이 보여주는, 기막히고 슬픈 마음 상태다. 마음의 통합은 힘들게 구현되고, 완전한 것이

---

5. 도상금은 압도하는 외상을 마주하여 외상의 원인이 되는 사건을 의식으로부터 해리시키는 경우에 대해 말한다. 그저 잊는 것이 최우선일 경우 사람들은 이렇게 해리 증세를 보인다. 이런 해리는 적응도를 높일 수 있다. 나름의 현명한 전략이다. 해리 증세의 원인이었던 성폭행을 일부러 다시 당함으로써 해리 상황에 대한 면역을 키우는 이들도 있다. 1980년대 미국에서 성폭행당한 여성들 중 일부가 이후 또 성폭행에 노출되었다. 이렇게 반복하는 해리는 잘못된 현실 인식의 결과이며 개체의 적응도를 낮춘다.(도상금, 2013) 병적인 반복성 해리의 존재는 마음의 통합이 심리적으로나 정신의학적으로나 중요하다는 것을 반증한다. 해리가 마음의 통합을 위협한다면 해리는 극복되고 치료되어야 한다. 통합적 마음은 반대로 해리 상태로부터 복구되어 이후 도달되어야 할 상태다. 개인의 적응도를 높이는 통합적 마음이라는 명제가 이렇게 또 다른 근거를 찾았다.

아닐 수 있다. 떨어져 나간 요소들의 흔적과 그 결핍을 부여안은, 비통한 통합인 경우가 있다. 마치 팔 하나 혹은 다리 하나가 없는 장애인의, 여전히 통합된 몸처럼 말이다.

미국의 인지심리학자 존 킬스톰에 따르면 암묵과 외현의 구분은 기억뿐 아니라 지각, 판단, 학습 및 사고에도 유효하다.(재인용: 슈타인, 2002) 킬스톰은 앞서 잠시 언급했던 힐가드의 신해리 이론을 발전시켰다. 킬스톰은 뒤로 미루고 힐가드를 살펴보자. 미국의 심리학자들인 조엘 와인버거와 조슈아 와이스는 중앙 조절 장치라는 기제가 최상위에 있어 위계가 있는 마음으로 힐가드의 이론을 요약한다. 이 장치가 작동하면 사람들은 의식을 가진다. 이 장치는 하위 시스템들을 조절/감시한다. 하위 시스템들은 그들대로 고유한 실행과 감시 기능을 가진다. 이 시스템들에 의식의 흔적이 있는 이유다.(와인버거·와이스, 2002) 힐가드에게서 중앙과 하위 시스템은 해리될 수 있다. 둘 중 하나만을 의식하며 한꺼번에 두 가지 일을 하는 이들 혹은 한 가지 일만을 하는데, 그것을 의식하지 못하는 이들에게서 보이는, 흔한 해리가 이렇게 발생한다.(같은 글)

힐가드의 하위 시스템은 의식되지 않는 사건들을 처리한다. 힐가드가 빚진 프랑스의 심리학자 피에르 자네 역시 비록 내부 성찰로 접근이 가능하지만, 기본적으로 잘 의식되지 않고 그렇게 의식으로부터 해리되는 마음에 대해 가정했다.(슈타인, 2002) 피에르 자네에게 하위 시스템은 의식으로부터 해리되는 마음을 산출한다. 반면 힐가드는 하위 시스템들에 내재한

의식의 흔적을 가정하며 이 시스템들이 통합된 마음에 복무할 수 있음을 암시했다. 이 하위 시스템들에 흔적으로 내재한 의식을 활성화한다면 무의식을 의식화할 수 있을 것이고, 해리는 극복될 수 있을 것이다.

힐가드의 해리 개념은 인지과학에서 이후 등장한 병렬적 분산 처리 과정 개념에 연결된다. 연결주의적 관점으로도 불리는 이 개념은 마음이 병렬적으로 작동하는, 다수의 독립적이고 특성화된 시스템들로 구성되어 있되, 시스템 간의 위계가 있다는 주장을 담는다.(와인버거·와이스, 2002) 이 개념은 우리 마음속에서 많은 것이 동시에 진행되지만 그 모든 것들이 의식되지 않는다고 말한다. "우리는 우리의 모든 병렬적 처리 과정을 의식하고 각성할 수 없다. 사실 대부분은 의식 밖에서 일어난다. 그러한 활동은 자주 암묵으로 언급된다. 암묵 과정이 인지적 무의식을 구성한다."(같은 글) 의식될 수 없는 많은 병렬적 처리 과정, 이것은 보편적 해리이며, 인간의 통합된 마음이라는 주제에 대한 강력한 도전이다.

무의식적 병렬 처리 과정은 자연스런 적응인 것 같다. 모든 것을 의식하는 일은 생존의 관점에서 비효율적이기 때문이다. 빠르게 도망치고 난 후 생각해보니, 자신을 뒤쫓은 포식자가 사자였다는 것만 기억나고 그 사자의 갈기 색이 진했는지 연했는지는 기억나지 않는다. 분명 도망친 원숭이는 모든 것을 병렬적으로 감각/지각했을 텐데 말이다. 상관없다. 갈기 색에 대해 아는 것은 중요치 않다. 뇌의 작동이 생존이라는 제1의 목적에 봉사하려면 세목들 모두가 의식되지 않고 일 처리가 빨리 되어야 한다. 중요한 것만 의식된다. 이렇게 뇌와 마음에서 효율의 원리가 작동한다. 무의식은 생존 지향적 뇌 혹은 인지적 구두쇠인 뇌가 원하는 것일 수 있다.

사정이 이렇다면 모든 무의식을 굳이 의식할 필요는 없다. 의식할 수는 있을까. 하위 시스템들에 흔적으로 내재한 의식이 암묵 과정에서 분명하게 작동하며 중앙 조절 장치가 그 작동을 위로부터 통제하여 의식의 영역으로 소환할 수 있을 것이다. 무의식의 이러한 의식화 가능성은 통합적 마음의 한 기반일 수 있다.

힐가드의 개념을 차용해 작곡가의 마음을 모델링해보자. 중앙 조절 장치는 작곡하는 순간의 작곡하는 마음을 산출하며 하위 시스템들은 작곡가의 인지적-감정적 마음들을 산출한다. 중앙 조절 장치는 선율을 만들고 화음을 붙이는 등 음악가들이 순수한 음악적 고민으로 여기는 작업을 맡는다. 책상에 앉은 모차르트가 이 장치를 통해 작곡하는 동안 그의 과거와 현재에 스쳐 지나가고 영향을 주었던 온갖 잡다한 사건들과 그가 처했던 다양한 상태들에 대한 암묵적 기억, 지각, 판단, 사고가 부글부글 끓으며 작곡하는 마음에 영향을 준다. 하위 시스템들도 작동한다.

음악이 삶과 무관하고 순수하다는 인식은 하위 시스템들의 작동을 모르거나, 그것이 의식화되지 못해 얻어진 단견일 수 있다. 하지만 이 시스템들은 인지적-감정적 무의식을 구성하면서도 의식의 흔적을 가지며, 부분적으로라도 의식적인 한, 작곡하는 마음에 연결될 수 있다. 그렇게 통합된 마음에 복무한다.

모차르트의 천진하고 초월적인 음악은 의식적 삶이 음악에 반영되지 않는다는 '예술에 대한 다중 인격 가정'을 옹호하는 증거로 여겨져 왔다. 최초의 프리랜서 작곡가 모차르트의 가난했고 힘들었던 삶을 고려하면 이 가정은 그럴듯하다. 이 가정은 모차르트를 위대하게 포장해 왔다. 고통에 찬 삶을 살면서도 초연한 음악을 썼다는 포장. 모차르트는 하이든과 베토벤이 쓰지 않았던, 세상에서 가장 슬픈 《레퀴엠》의 작곡가다. 이 사실은 다중 인격 가정을 간단히 무력화한다. 하이든은 귀족의 하인으로 안정적 삶을 살았다. 베토벤은 성공한 프리랜서였다. 《레퀴엠》처럼 애절한 음악을 쓸 마음이 그들에게 없었다. 그런 마음을 가질 환경에 살지 않았다. 모차르트의 작품들 다수가 천진하고 경쾌하며 아름다운 것은 사실이다. 슬프고 진지한 음악을 좋아하지 않았을 그의 귀족 청중을 고려하자. 모차르트가 해탈한 사람이 아니라 힐데스하이머의 표현대로 '복종의 천재'(힐데스하이머, 2014)였다고 생각하는 편이 사실에 가까울 것이다. 대중에 대한 복종은 인기에 대한 고려다. 레오폴드 모차르트가 아들 볼프강에게 1780년에 보낸 다음의 편지는 영향력이 있었을 것이다. 아버지의 말을 대체로 잘 들었던 아들이었으니까.

> 네가 작곡을 할 때, 음악적 재능이 있는 사람과 더불어 재주가 없는 이들도 생각해주기를 바란다. 100명의 청중 중에 10명의 청중만이 뭔가를 좀 아는 사람인 것을 너도 잘 알지 않니? 소위 말하는 인기를 잊지 말아라. 인기는 무식한 사람들의 귀도

간질일 수 있단다.(레오폴드 모차르트, 재인용: 같은 책)

《레퀴엠》은 평생 다른 이들의 여흥을 위해 곡을 써야만 했던 모차르트가 죽기 직전에 자신을 위해 쓴 곡으로, 짧고 고통으로 가득했던 35년의 삶을 지상의 어느 누구도 가지기 어려울, 가장 격렬한 슬픔으로 표현한 음악이다. 《레퀴엠》은 자신이 태어났던 잘츠부르크와 제국의 수도 빈에서 인정받지 못함으로써 이 두 도시들에 대해 평생 씻을 수 없는 원한과 증오감, 좌절감을 가져왔던 모차르트의 민낯이다. 삶은 누구보다도 모차르트에게서 가장 잘 드러나고 의식된다. 그런데 그의 음악을 천상의 아름다움을 표현한 것으로, 마술적 치유력이 있는 것으로 듣는 사람이 많아야 매년 열리는 잘츠부르크 음악축제가 붐빌 것이다.

사실 작곡하는 마음조차 잘 의식되지 않는 편이다. 매기는 바그너가 어떻게 작곡했는지에 대해선 말하지 않았다고 전한다. 말하기 좋아하고 굳이 들으려 하지 않는 이들에게도 자기 행위의 정당성을 강하게 주장해 자신을 이해시키려는 바그너의 기질과 행태로 보건데 이는 정말로 그가 할 말이 없었다는 것을 의미한다. 작곡 과정의 대부분이 의식적인 자기 인식이 닿을 수 없는 영역에서 이루어졌다. 이야기할 수 있었더라면 [바그너는] 분명히 말했을 것이다.(매기, 2005) 바그너가 자신의 작곡에 대해 의식하고 그것에 관해 명료하게 이야기했다면 모두를 위해서 좋았을 것이다. 의식화는 더욱 긴밀한 통합에의 지향일 수 있다. 그것이 가능할까? 무엇을 통해? 언어가 그

한 방법임을 다음 장에서 다룬다.

    작곡하는 마음은 의식과 무의식에 걸쳐 있다. 무의식은 의식될 수 있다. 의식된 무의식은 기존의 의식에 추가된다. 의식은 구성될 수 있다. 통합적 마음은 되찾는 것이 아니라 구성되는 것이다. 통합적 마음속 작곡하는 마음도 의식되고 구성될 수 있다. 의식되고 구성된 작곡하는 마음과 통합적 마음은 의식되지 않고 구성되지 않으며 통합되지 않거나 통합의 정도가 낮은 마음에 비해 더 풍요로울 수 있다. 풍요로운 마음을 가진 작곡가의 작품을 경험하는 일도 풍요로운 경험일 수 있다. 그 경험은 어떻게든 삶에 도움이 될 것이다.

17
언어, 통합적 마음의 형성을 돕다

> 마음에서 언어가 주변적 역할에 머물지 않을지도 모른다. […]
> 말을 못 하는 동물의 마음이 우리의 마음과 크게 다르지 않을 것이라는
> 통념을 무작정 받아들여서는 안 된다.
> ― 데니얼 데닛 ―

매기와 달리 니체는 바그너가 글을 쓰며 작곡하는 본능을 의식화했다고 말한다. 니체에 따르면 바그너의 글은 ― 비록 작곡과정에 대한 언급을 포함하지 않았지만 ― 작품을 만들어내도록 자신을 밀어붙인 본능을 스스로 이해하고, 자기 눈앞에 그것을 펼치려는 시도다. 바그너는 독자들을 위해서도 글을 썼다. 자신의 본능을 [명시적] 지식으로 바꿀 수 있는 것처럼 명시지가 독자들의 마음속에서 [이해와 훈련을 통해] 본능으로 바뀔 수 있다고 생각했기 때문이다.(니체, 재인용: 매기, 2005)

본능을 이해하고 의식하여 지식으로 바꿀 수 있다. 지식을 본능으로 바꿀 수 있을까. 니체는 용어를 잘못 선택했다. 바그너를 작곡으로 몰아간 주된 것은 바그너가 의식화하고 언어화하지 못한 어떤 음악적 생각이다. 그것은 무의식적인 것에 더 가깝다. 본능은 유전자에 탑재된 기억 혹은 정보로, 의식적인 것도 많다.

본능과 지식 사이, 그리고 무의식과 의식 사이에는 연속성과 통로가 있다. 그래서 본능과 무의식을 이해하고 의식할 수 있다. 이 작업을 강력하게 도와준 것이 사회적 언어를 넘어선

'성찰적·개념적 언어'다.

독일 철학자 하이데거에 의하면 언어는 존재의 집이다. 인간의 사유 방식은 그가 사용하는 언어 수준을 넘어설 수 없다. 하이데거의 말은 언어가 인식과 사고를 결정한다는 '사피어-워프 가설'을 떠올리게 한다. 미국인 언어학자 에드워드 사피어와 벤저민 리 워프는 서로 다른 언어를 쓰는 북미 원주민에게 무지개 띠의 수를 물었고 서로 다른 응답 결과를 접했다. 그에 따라 사람들이 언어에 얽매여 세계를 경험한다고 판단했다.

사피어-워프 가설은 언어결정론이다. 언어학자 고종석은 이 가설에 이르는 과정을 다음과 같이 정리한다. 미국인 인류학자 프란츠 보아스는 에스키모인 이누이트 족의 언어에서 눈을 가리키는 단어들이 4개나 된다는 것을 확인했다. 이에 따라 보아스는 언어가 문화나 삶의 방식을 반영한다고 말했다. 보아스에게 언어는 현실의 거울이다. 보아스에 영향을 받은 사피어는 여기서 조금 더 나아가, 언어가 현실과 상호작용한다고 말했다. 워프는 언어 쪽 힘을 더 중요히 여겨 언어가 세계에 대한 인식을 결정한다고 주장하며 스승인 사피어보다도 더 나아갔다. 이렇게 인간의 인식과 사고, 문화 등이 언어 안에 갇힌다는 관념이 형성된다.(고종석, 2007)

오늘날 언어결정론은 비판받는다. 비판자들 중에는 인간의 생각이 (영어나 한국어와 같은) 자연 언어로부터 완전히 독립적이라고 말하는 이들도 있다. 스티븐 핑커에 따르면 인간은 모국어가 아닌 사고의 언어로 생각한다. 사고의 언어는 모든 자연 언어에 선행하며 독립적인 메타언어다. 핑커는 이 추상적 메타언어를 '멘털리즈'로 불렀다. 멘털리즈를 가진 이들에게는 사고와 인식이 더 중요하다. 자연 언어도 사고나 세계관에 분명한 영향을 끼친다. 하지만 자연 언어가 사고나 세계관을 결정하는 것으로 이해할 수는 없다. 우리는 자연 언어의 도움을 받아 세계를 인식하지만, 어떤 상황에서는 자연 언어의 도움 없이도 세계를 인식한다.(같은 글)

언어결정론에 대한 이러한 비판은 의미가 있다. 하지만 멘털리즈 결정론도 문제는 있다. (멘털리즈가 세계에 대한 인식을 결정한다고 주장한다면 멘털리즈 결정론이다. 핑커의 주장을 멘털리즈 결정론으로 몰아가는 것이 옳은지는 의문이다.) 멘털리즈, 즉 사고의 언어는 중요하다. 그것이 구체적 언어보다 더 효율적으로 사고를 조형할지는 의문이다.

사고의 언어를 극단적으로 강조하는 입장에 의하면 자연 언어는 생각의 교도소다. 그렇다면 그것은 불가피하다. 당신에게 자연 언어가 없다고 가정해보자. 당신은 가지고 있는 사고의 언어를 자연 언어라는 교도소에 가둘 것인가, 아니면 교도소가 싫다고 일체의 자연 언어를 배우지 않을 생각인가. 사실 우리의 감각기관도, 뇌도 따지고 보면 모두 교도소다. 멘털리즈라고 교도소가 아닐까. 인간은 인지적 편향들을 가진다. 인간의 사고는 편향들로 가득한 교도소다. 우리는 우리 방식대로 사고할 뿐이고, 미국 철학자 토마스 네이글의 말마따나 박쥐가 된다는 것이 어떤 것인지 절대로 알 수 없다. 우리는 박쥐의 경험을 상상할 수 없고, 박쥐가 될 수 없다.(Nagel, 1974) 박쥐 역시 인간이 된다는 것을 모른다. 존재하는 모든 것은 각자의 교도소에서 산다.

자연 언어는 사고의 언어를 제약하지만 사고를 지원하는 기능 혹은 사고 조형적 기능도 가진다. 우리는 자연 언어로 된 책을 읽고 공부하며, 그런 공부는 우리의 사유 능력을 키워준다. 우리는 자연 언어의 단어와, 그 단어의 결합으로서의 문장을 곱씹고 그것에 대해 고민하며 우리의 사고를 키운다.

자연 언어에 능통한 사람이 그렇지 않은 이들보다 반드시 더 깊은 사고를 하는 것은 아니다. 깊은 사고를 하는 이가 반드시 말을 어눌하게 하고 어휘력이 떨어지는 것도 아닐 듯싶다. 언어 능력의 한계가 사고 능력의 한계와 무관하기도 하지만 유관하기도 하다. 한 인간의 마음속에서 발달된 자연 언어 능력은 사유 능력의 발달을 지원할 수 있다.

언어는 인간의 마음을 발달시키는 강력한 도구였고 지금도 그렇다. 20만 년 전 호모 사피엔스 조상이 인간으로 진화하는 과정에서 언어는 인간의 마음을 만드는 데에 중요한 역할을 했다. 과학자들은 언어본능의 물질적 토대인 FOXP2 유전자가 20만 년 전에 생겨나 그로부터 불과 1~2만 년 동안에 급속히 퍼졌다고 말한다. 미국인 저술가 피터 왓슨은 이 유전자가 조상에게 중대한 진화적 이익을 주었을 것으로 추정한다. 그렇지 않고서야 그렇게 빨리 퍼져나갈 수 없었다.(왓슨, 2010)

미국 인류학자 리처드 클라인은 인간의 소통 능력을 변화시킨 몇 가지 유전적 돌연변이가 인간에게 일어나면서 인간의 문화적 진화가 시작되었다고 주장한다. 언어유전자도 그 돌연변이 중 하나다. 즉 우연적 돌연변이의 결과로 적으면 10개, 많으면 1천 개에 달하는 언어 및 창조성의 유전자가 발달해 새로운 유형의 인간 문화가 만들어졌다.(Klein, 재인용 : 왓슨, 2010)

클라인의 주장은 미심쩍다. 언어유전자가 조상들에게 탑재된 것은 20만 년 전인데, 클라인이 말한 문화적 진화로 가장 적합한 사건은 그로부터 한참 뒤인 6~3만 년 전에 일어났기 때문이다. 학자들은 이 6~3만 년 전 사건을 인지혁명이라 부른다. 비교적 단기간에 갑자기 엄청난 문명적 자료들이 쏟아져 나왔기에 '창조적 폭발'이라고도 불린다. 특히 매우 아름답고 세련되었으며, 현대적인 예술이 이 시기에 갑자기 등장했다.

원시 언어가 인지혁명 이전에, 그것도 한참 전에 발명되어 진화되어 왔음은 언어가 인지혁명의 직접적 원인이 아닐 수 있음을 시사한다. 원시 언어는 사회적 뒷말 언어로 발전했고, 그것을 통해 사람들은 정서와 감정에 대해 말할 수 있었다. 이제 조상들은 정서와 감정의 원인을 인지할 수 있게 된다. '네가 어떻게 그렇게 말할 수 있니? 정말 실망이야!'라는 감정적 발화를 살펴보자. 이렇게 말한 이는 상대의 발화를 나름대로 논리적으로 평가하며, 실망이라는 발화자의 감정은 오로지 그 평가 및 대응으로서 표현되었다. 너의 발화가 나의 감정의 원인임을 표명하는 이 과정을 통해 상황을 인과적으로 해석하는 마음이 발화자 자신에게 의식되고, 듣는 이에게 그 인과성의 그럴듯함이 제안된다. 듣는 이는 그 인과성을 받아들이거나 반박해야 할 상태에 처하게 되고, 결국 무어라 말하면서 또 다른 인지과정이 개시된다. 이렇게 뒷말 언어, 사회적 언어, 감정의 언어는 상황에 대한 인지적, 논리적 마음 작용을 필연적으로 자극했다. 감정이 인지와 연결되고 감정의 인지적 측면을 의식화함에 있어 언어가 역할을 했다. 언어는 마음의 통합이라는 드라마를 개시하고 서서히 발전시켰다. 사회적 언어 개념은 언어 지능과 사회 지능이 이미 연결되었음을 암시한다.

결정적 변화는 언어가 다른 영역 특이적 지능들과 연결되면서 시작되었다. 스티븐 미슨에 의하면 지능은 인간 삶의 여러 영역에 관련된 것, 즉 영역 특이적이다. 인간은 자연사 지능, 기술 지능, 사회 지능, 언어 지능을 가지고 있었고 지금도 그렇다.(미슨, 2001) 이 지능들은 한때 각개 약진했었다. 특히 언어 지능이 자연사 지능 및 기술 지능과 연결되지 않아 마음이 완벽히 통합되지 않았었다. 사회 지능과 언어 지능만이 느슨하게 연결되었을 것으로 추정되는 시기, 즉 완벽하게 통합적이지 않은 시기가 언어가 생긴 20만 년 전 이후부터 인지혁명이 시작되기 전까지의 기간이었을 것이다. 이 기간 동안 언어와 언어 지능은 그 자체로도 대단한 수준이 못되었지만, 다른 두 지능들과 연결되지도 못했다. 따라서 영역 특이적 지능을 넘어서는 통합적·일반적 지능의 강력한 원동력이 되지 못했다.

그런데 그동안 주로 암묵적이고 무의식적이었던 자연사 지능과 기술 지능마저 언어를 만나면서 결정적 변화가 시작되었다. 내가 알던 도끼제작 방법을 타인에게 가르쳐주려고 할 때 언어는 강력한 수단이었을 것이다. 언어가 없었다면 가르침은 행동적 시연과 그것의 관찰을 통해서만 이루어졌을 것이다. 미슨은 추측한다. 언어는 이전에 없던 효율적 가르침의 수단이 되었고, 덕분에 정보는 사람들 사이에서 더 쉽게 퍼져나갔을 것이라고. 언어를 통해 기술과 자연사 지식을 쉽게 설명하는 인간과 그 지인들의 생존율이 높아질 것이다. 지능들은 드디어 연결되기 시작했고 인간 마음은 통합의 길로 치닫는다. 그 첫 결과가 인지혁명이었을 것이다. 결국 인지혁명의 원인은 언어 지능 그 자체가 아니라, 다른 지능들과 결합된 언어 지능 혹은 통합된 마음이다.(미슨, 2001)

자연사 지능과 기술 지능, 사회적 지능 그 자체가 발달하는 데에도 언어 지능은 역할을 했을 것이다. '네가 어떻게 그렇게 말할 수 있니?'와 같은 대화를 통해 사회적 지능이 더 발달할 것이다. 또한 타인의 지식을 언어를 통해 설명 들으면서 자연사 지능 및 기술 지능 수준을 높일 수 있었을 것이다.

언어는 또한 인간의 본능과 무의식을 의식적인 것으로, 암묵지를 명시지로 바꾸는 데에도 도움을 주며 의식의 발전과 구성을 유도했고, 그렇게 마음의 통합을 유도했다. 달리 말하면 언어는 마음의 의식화 과정에 불을 붙였다. 우리는 대화를 나누며 무의식적으로 알고 있던 것을 분명히 의식한다. 우리는 언어를 통해 자신과도 끊임없이 대화한다. 그 과정에서 언어적 답을 구한다. 얻어진 답은 모호하게 알고 있던 것을 분명히 의식한 것일 수 있다. 즉 무의식은 언어적 사색을 통해 의식의 수면 위로 올라올 수 있다. 언어는 여러 하위 마음들의 접착제, 분석기, 조절자, 통제자가 되어 마음을 통합하는 데에 중요한 역할을 했고, 지금도 그렇다.

언어의 눈부신 역할은 음악적 마음의 조형에도 도움을 주었다. 많은 음악적 지식이 예전에는 암묵지였고, 음악이 정서와 감정의 언어였다면, 자연 언어는 음악적 마음에 인지적 세례를 퍼부었다. 근대의 적지 않은 작곡가들은 평론과 논문, 책을 쓰며 자신들의 작곡하는 마음을 가다듬었다. 복잡하고 예술적인 음악을 작곡하는 마음은 가다듬어지고 체계화되어야 한다. 작곡을 배우는 학생들은 그들의 선생에게 언어를 통해 작곡법을 배운다. 기존 음악의 특성을 분석할 때에도 학생들은 언어를 통한다. 언어를 통하지 않고 분석할 방법은 거의 없다. 일부 현대음악을 수학적 기호로 분석할 수는 있다. 수학적 기호 역시 언어의 일종이며, 수학적 기호를 이해하는 데에도 언어는 필요하다. 기존의 음악을 분석하지 않고 작곡하는 마음을 조형하고 키우기 어렵다. 음악적 가르침이 행동적 시연과 그것의 관찰을 통해서만 이루어질 수 있긴 하다. 작곡에 대해, 음악에 대해 말하기 싫어하고 설명하지 않으려는 이는 자신이 만든 도끼에 대해 자식과 친구들에게 설명하지 않는 네안데르탈인과 같다. 근대의 역사는 말하는 자가 적자適者였음을 증언한다. 오늘날 우리는 말하고 독서하며 쓴다. 우리는 음악적 종이 되기 위해서라도 언어적 종이어야 한다.

음악뿐이 아닐 것이다. 언어는 비언어적인 모든 예술적 사유와 경험을 언어적으로 번역할 수 있다. 예술적 경험의 핵심은 여전히 비언어적이라고 말하는 이들이 있지만, 그 경험의 상당 부분은 언어로 번역될 수 있다. 물론 그 번역은 대단히 불충분하다. 우리의 언어는 음악 감상을 하고 난 후 우리가 얻은 퀄리아를 묘사함에 있어 극도로 무력하다. 퀄리아 또는 감각질은 어떤 것을 지각하며 느끼게 되는 개인적인 기분, 떠오르는 심상 따위로서, 말로 표현하기 어려운 특질을 가리킨다. 퀄리아는 일인칭 관점이기에 주관적 특징이 있으며 객관적 관찰의 대상이기 어렵다. 바흐의 음악을 듣고 난 후 얻은 나의 퀄리아는 어쩌면 이 세상 누구의 바흐 경험과도 다를 것이다. 언어가 끝나는 곳에 음악이 있다고 말하는 이들은 이런 퀄리아를 염두에 두었을 것이다. 세상 모든 이의 서로 다른 음악적 경험의 퀄리아는 존중되어야 한다. 그럼에도, 그 사실이 음악에 대한 보편적 이야기를 막지 못한다.

언어가 이렇게 역할 범위를 넓혀 우리 마음에 다양하면서도 강력한 영향을 미친다는 점을 인정하면 언어가 사회적 언어로 진화했다는 명제는 이제 보완되어야 한다. 그런 언어에 영향을 받은 음악도 같은 운명에 처한다. 언어와 음악은 사회적 의사소통수단을 넘어서는 것으로써 인지력의 기본 재료를 공유하며, 궁극적으로 마음을 조형하여 통합적인 것이 되게 하는 강력한 수단이 되었다. 즉 언어와 음악은 이제 인간이 인간을 지향할 때 사용되는 것으로서의 사회적 의사소통수단으로 남지 않고 인간이 세계를 지향할 때도 사용된다. 한편으로 인간에게는 물론 대부분의 생명에게 인지가 더 중요했고 더 오래된 마음기능이기 때문이며, 다른 한편으로 의사소통은 기본적으로 인지적이기 때문이다.

인지는 의사소통보다 더 오래됐고 더 중요하다. 생명에게 의사소통 능력은 없을 수 있지만 인지 능력은 절대로 필요하다. 사회적 동물이 아닌 경우 의사소통은 그 동물의 뇌가 가지는 주요 기능이 아니며, 그 뇌에는 소통 관련 사회적 지능이 없을 수 있다. 생명의 역사는 우선적으로는 (의사소통보다 오래된) 인지의 역사다.

생물의 사회성은 인지 능력보다 나중에 발명되어 진화되었다. 윌슨은 사회적 생물 중에서도 진정한 사회적 조건, 즉 진사회성을 갖춘 생명이 드물다고 말한다. 이런 진사회성 곤충은 매우 오래되었다. 개미는 1억 2천만 년 전 이전인 파충류의 시대 중반에 출현했다. 집단의 구성원들이 여러 세대로 이루어져 있고 분업을 하는 이유로 이타적 행동 경향을 보이는 진사회성 동물들은 이렇게 오래되었지만(윌슨, 2013) 그들도 벤도비온트와 비교해보면 젊다. 벤도비온트는 7억 년 전 생물이다! 벤도비온트 이전의 생물에게도 인지는 있었다. 즉 인지는 사회성과 사회적 소통보다 더 오래되었다. 언어와 음악이 이렇게 중요하고 오래된, 근원적인 인지적 마음과 무관해야 할 이유가 없다.

의사소통은 기본적으로 인지적이다. 의사소통 수단으로서의 언어는 말을 해 내 뜻을 상대에게 알려 호소하고 상대를 내가 원하는 대로 행동하도록 조작하는 것이 궁극적 목적이다. 이 과정에서 인지가 빠지지 않는다. 모든 대화는 세계로부터 독립된 사람들 사이에서 오간 발화일 리 없다. 대화하는 이들은 세계 안에서 살고 그 세계를 어떻게 헤쳐 나가야 하는지 고민한다. 의사소통되는 메시지는 대화하는 이의 특정한 세계 인식이다. 의사소통은 곧 인지적이다. 인지적 마음이 없다면 도대체 무슨 이야기를 할 수 있을까. 인지 없이 소통 없다.

언어적 소통은 소통의 내용이 있을 때 제대로 이루어지며,

그 내용은 궁극적으로 세계에 대한 것, 세계 속 나에 대한 것이다. 내가 내면적으로 원하는 것을 상대에게 말하고 상대에게 나를 인정받고 싶은 마음으로 하는 의사소통도 있다. 여기서 내가 내면적으로 원하는 것이 세계와 무관하지 않다는 점을 다시 한 번 강조한다. 나는 어떤 경우에도 세계 속 나다.

이제까지의 논의를 음악의 영역에 가지고 와보자. 흔히들 음악을 감정의 언어라 한다. 감정의 언어인 음악은 특별한 의사소통 수단일 수 있다. 그런데 그러한 소통의 수단을 만들려고 해도 음악적 지식을 알아야 한다. 언어의 경우 단어, 문법 등을 알아야 한다. 비슷하게 음악적 요소, 요소들을 다루는 관행적 방식 등을 알아야 음악적으로 의사소통할 수 있다.

하지만 더 중요한 것은 음악적 의사소통의 내용이다. 음악적 소통을 위해서도 인지적 마음과 세계에 대한 인식이 요구된다. 세계가 어떤 상태인지를 알고 그것을 표현해야 음악적 소통이 가능해진다. 만약 당신이 세계가 조화롭다고 인식해 당신이 가지는 감정이 (조화로운 세계에 부응하듯이) 과격하지 않고 평온하다면, 세계의 조화로움을 세계가 변화하지 않는 것으로 생각하거나 변화하더라도 큰 격동 없이 완만하게 변화하는 것으로 생각한다면, 그와 관련해 당신이 음악적으로 표현코자 하는 감정이 하나의 음악 안에서 전체적으로 고르게 퍼져야 한다고 생각하고 그렇게 작곡한다면, 당신은 요한 제바스티안 바흐와 같은 작곡가다. 그런 당신의 음악은 세계가 발전하고 진보하며, 그를 위해 종종 혁명과 같은 격동이 세계 안에 있을 수 있다고 생각하는 이들에게, 음악을 하나의 감정이 점진적으로 고양되어 절정에 이르는 과정으로 여기는 감상자들에게 큰 매력이 없을 수 있다. 18세기 청중들이 바흐를 좋아하지 않았던 한 이유다.

하지만 여전히 음악적 소통의 내용이 세계 인식과 무관한 감정이라고 말하는 이들이 많을 것이다. 감정은 세계에 대한 지각과 인지를 통해 얻는다. 즉 감정은 어떤 인지적 메시지다. 세계 없이, 세계에 대한 인식 없이 감정 없다. 세계 없이 감정적 음악 소통도 없다.

음악적 소통의 내용이 감정이라고만 말하는 이들은 세계에 대한 지각 및 인지가 감정과 다르다고 말하는 것 같다. 다르지 않다. 많은 학자들은 감정을 고농축 지식으로 본다. 무의식적으로 우리의 결정을 조종하는 감정 지식이라고 한다. 독일 심리학자 클라우스 페터 지몬에 의하면 정서와 감정은 특별한 인지이고, 그래서 인지와 정서 및 감정이 만약 구분된다 하더라도 두 범주 사이의 연속성과 유동성이 있다.(지몬, 2010) 예를 들어 수치심은 보호되어야 할 자신의 은밀한 부위가 있다는 것에 대한 지식을 전제로 한 감정이다. 질투감은 유전자를 성공적으로 전달하려는 목적에 기여한다. 혐오감 같은 정서 혹은 감정은 어떤 상황, 어떤 썩은 음식 등에 대한 판단 기준으로 작용한다.(같은 책)

혐오감은 그 정서를 불러일으키는 대상을 회피하게 한다. 회피가 정답인 대상에 대해 분노는 무의미하다. 썩은 음식에 분노해봐야 소용없다. 반대로 분노해야 할 대상을 혐오하는 것은 번지수가 틀렸다. 분노는 맞서 싸우고 고쳐야 할 대상에 대해 가지는 감정이다. 기득권층의 이해를 대변하는 정치인들은 자신에게 쏟아지는 대중의 분노감을 혐오감으로 교묘히 바꾸는 데에 천재적이다. 분노와 혐오를 혼동하는 것은 분노와 혐오감의 인지적 메시지를 혼동하고, 정서와 감정을 자유롭게 연상하고 처리하는 것에 다름 아니다. 정서와 감정은 자유로이 처리될 수 없다. 감정의 뿌리인 세계에 대한 인식을 지우는 것은 어리석고 위험하다. 조종당할 수 있어서다. 이를테면 물 타기와 꼼수의 달인인 추악한 독재자들에게.

음악을 듣고 눈시울이 적셔지는 경험을 한다면, 그런데 그 이유를 딱히 알기 어렵다면, 당신은 음악이 환기시킨 감정을 인지적 맥락으로부터 추상화했다. 그렇게 당신은 정서 및 감정이 인지 혹은 지식과 연결되어 있는 통합적 마음으로부터 멀어졌다. 그 이유를 아는 것이 중요하다. 감정의 맥락을 인지하는 것이 중요하다.

독일의 심리학자 칼 뷜러에 따르면 인간의 언어는 '표현, 호소, 묘사'라는 기능들을 가지고 있다.(Karl Bühler, 재인용 : 알트, 2003) 나는 이 기능들이 궁극적으로 같은 것이거나, 최소한 같은 뿌리를 가진다고 생각한다. 언어는 결국 세상의 모든 것, 즉 발화자 자신과 자신에 외재하는 세계를 표현한다. 묘사는 특별한 표현이다. 인간은 세계를 있는 그대로 묘사하기보다는 표현한다. 호소는 표현의 목적이다.

언어의 기능인 표현과 묘사는 관찰과 인지를 전제한다. 언어가 있기 전에도 생명은 세계를 관찰하고 인지했다. 저 앞에 사자가 있다는 시각 혹은 후각에 기반을 둔 인식과 함께 공포감이 있었고, 그 인식과 공포감만으로도 충분히 잘 살아 왔었다. "사자다!"라고 외치는 언어는 사회가 구성된 뒤에 등장했다. 혹은 그런 언어가 사회를 구성하는 데에 일조했을 수 있다. 언어는 이제 사회적 인간이 자신의 인지를 다른 이들과 공유하는 것을 돕는다. 동료의 외침을 듣고 앞뒤 가리지 않고 도망가던 우리 조상은 잠시 뒤 사자가 아니었다는 것을 알고 동료에게 "사자 아니야!"라고 말한다. 그 말에는 주어진 상황에 대한 대안적 묘사, 제대로 보고 말하라는 책망과 질책, 어쨌든 사자가 아니어서 좋다는 안도감 등이 섞여 있다. 왜 자신의 동료가 사자라고 착각했을까, 나는 왜 제대로 보지 않고 동료의 말만 믿었을까와 같은 성찰로도 이어질 것이다. 성찰 과정에서 언어의 묘사·표현기능은 여러 암묵지식을 명시적인 것들로 바꾸는 데에 도움을 준다. 언어는 인지적 마음의 발달을 유도한다.

언어가 이렇게 명시적 지식을 창출하며 우리 마음을 조형해가는 데에 강력한 동력으로 등장하면서 언어 중심적 사회가 형성되어 지금까지 발전되고 있다. 언어 중심적 사회란 마음의 중심에 언어가 있는 이들, 즉 논리적 언술을 잘하는 이들이 지배적 역할을 하는 근대 이후의 사회다. 이 사회는 비언어적 인식과 지식을 배제하지 않는다. 인간의 넓혀지고 강화된 언어적 인식의 위세 앞에 비언어적 인식의 입지가 좁아졌을 뿐이다.

언어 중심적 근대 사회에서 비언어적 인식·지식이 언어적 지식으로 혹은 언어적 지식이 비언어적 인식·지식으로 번역되거나 변형되기 어렵다는 오해가 퍼져 있다. 오해를 퍼트린 이들은 비언어적 인식·지식이 언어적 지식으로 번역될 수 없다는 것을 강조하며 비언어적 인식·지식의 고유성 혹은 배타성을 말한다. 그들은 고유성 혹은 배타성을 핑계로 비언어적 인식·지식이 합리적 논쟁 대상이 되는 것에 반대한다. 결과적으로 비언어적 인식·지식의 건강한 발전이 가로막힌다.

영국의 종족음악학자 존 블래킹의 말은 이러한 오해를 잘 표현해준다. 그에 의하면 "음악에 대한 논의는 본질적으로 비언어적이다. [⋯] 음악은 이해를 넘어선 진리이며 음악에 대한 논의는 형이상학에 속한다."(Blacking, 1984) 이해를 넘어선 진리라니, 무조건 믿으라는 종교적 외침처럼 들린다. 음악을 감각/지각/인지할 수 있다. 음악에 대한 감각/지각에 대해 성찰하고 연구할 수 있다. '이 음악에 대한 나의, 인간의 감각/지각은 왜 이런 느낌일까?' 음악을 들으면서 모종의 정서와 감정도 느낄 수 있다. 그 정서와 감정에 대해서도 성찰/연구할 수 있다. 음악에 대한 이해 과정은 필연적으로 그것을 접하는 나 자신과, 나와 같은 종의 인간이 무엇을 어떻게 왜 느끼는가에 대한 이해에 닿아있다. 음악이 이해를 넘어선 진리라면 그런 음악을 경험하는 인간도 이해할 수 없다.

블래킹의 말은 틀린데다가 유해하다. 이해할 수 없다면 이야기할 수도 없다. 논쟁할 수도 없다. '너는 그렇게 들으렴. 난 내 방식대로 들을게. 왜 음악 듣는 것까지 간섭하고 난리니!' 음악에 대한 논의가 형이상학에 속한다면 우리는 음악에 대한 논의인 음악학을 발전시킬 수 없다. 학문이 곧 진리는 아니지만 그것이 없는 곳은 어둡다. 그곳에서는 이성과 계몽이 없고, 불합리와 부조리한 권력, 권력에 빌붙는 부패가 횡횡한다.

음악과, 그것을 경험하는 인간을 이해할 수 없다는 주장은 위험천만하기까지 하다.

언어 중심적 마음은 음악적 마음과 같은 비언어적 마음이 언어적 마음으로부터 구별되면서 형성되었거나, 그러한 구별을 유발했다. 음악과 언어는 진화 과정에서 서로 떨어져 나갔고, 그러한 분리는 진화론적 맥락이 있어 보인다. 오늘날 언어와 음악은 몇몇 특성을 공유한다. 언어로부터 음악이 유래했거나, 그 반대거나, 혹은 둘의 공통 조상이 있기 때문일 것이다. 음악이 진화와 무관한 '청각적 치즈 케이크'라는 핑커의 주장[1]은 음악의 언어적 성격을 설명하기 어렵고, 사람들의 심금을 울리는 오래된 음악의 놀랍고도 보편적인 능력 역시 설명해주지 못한다. 음악과 언어는 유관하며, 둘 다 인간 되어가기의 진화과정에서 결정적 역할을 했다.

음악과 언어의 공통 조상으로 미슨이 가정한 '흠'Hmmmm을 살펴보자. 이 개념이 그럴듯하다는 한 근거는 다음과 같다. 음악과 언어 둘 다 의사소통수단이며 음색적인 요소들을 특정한 구문론적 지침에 따라 결합해 의미 있는 문장이나 악구를 만든다든지 하는 공통 특성들이 있다는 점. 둘이 공통 특성을 가진다면 음악이 어느 면에서 언어적이거나 언어가 어느 면에서 음악적일 수 있다. 언어가 음악적이라는 것은 언어에 리듬과 운율 등이 있으며 감정적이라는 사실과 관련된다. 음악이 언어적

---

1. 핑커에 따르면 인간은 생존 및 번식 가치를 분명하게 가진 지각적/인지적 능력과 운동 능력 등을 진화시켰는데, 이 능력들을 쓰는 과정에서 자연스럽게 음악성이 부수적으로 출현했다.(핑커, 2008)

이라면, 음악도 언어처럼 세계를 표현하는 기능을 떠맡을 수 있지 않을까. 그런 기능을 가진 음악을 작곡하는 마음은 세계를 인지하는 마음 및 그것을 표현하는 마음과 무관치 않다.

하지만 음악은 인식과 무관하여 감정을 주로 전달하는 의사소통체계로 알려져 있다. 이러한 세간의 통념이 형성된 이유가 있다. 이를테면 바로크 시대 이후의 기악음악에는 효율적인 표현/묘사 능력이 없다. 사람들은 언어를 통해 세상을 쉽게 표현하고 묘사하지만 음악을 통해서는 그렇게 못한다. '서울은 번잡하다.' 같은 간단한 언술 표현을 기악음악으로 대신할 수 없다. 설령 기악적인 표현을 어떻게 창출했다고 하더라도 그 표현이 언어적 표현보다 정보전달력이 더 낫지 않을 것이다.

기악만큼은 아니지만, 성악도 언어보다는 무능하다. 많은 노래들이 지식을 표현한다는 레비틴의 주장은 흥미롭다.(레비틴, 2009) 하지만 레비틴이 소개한, 노래로 표현된 지식에 엔트로피나 상대성 이론과 같은 과학적 지식은 없다.[2] '서울은 번

---

2. 레비틴의 저서 5장의 주요 내용을 길게 인용해본다. "많은 아이가 〈늙은 여자를 알아요〉 같은 노래를 통해 먹이사슬에 대해 처음 배운다. 거미가 파리를 잡아먹고, 새가 거미를 잡아먹고, 고양이가 새를 잡아먹고 등등. (또한, 이 노래를 통해 '어리석은' 같은 어른스러운 단어를 처음 접하는 아이들이 많다.) 집단의 성원들이 살아가는 데 꼭 필요한 정보를 담고 있는 지식의 노래도 모든 문화에서 발견된다. 악의 공격을 경고하는 것뿐 아니라 짙은 녹색 잎을 쓴맛이 나지 않게 요리하는 방법이라든지 이웃 부족의 영역을 침범하지 않고 신선한 물을 얻는 장소를 알려준다든지 하는 정보 차원의 노래들이 많다. […] 인류 역사 초기에는 이런 노래를 통해 먹어도 되는 음식과 그렇지 않은 음식에 대한 지식을 전달했을 것이다. […] 오늘날 가장 잘 알려진 지식의 노래는 알파벳 노래로 서양 문화의 모든 어린이가 이를 배운다. […] 고대 히브리인들은 [구약의 일부인] 토라에 선율을 부여했

잡해서 나는 서울을 뜨고 싶다.'는 평범한 진술을 노래로도 할 수 있지만 굳이 그래야 할까.3

《알프스 교향곡》이 태평양의 웅장함을 다루는 여행 프로그램의 배경음악으로 사용될 수 있다고 했다. 기악곡이 알프스 산을 표현하는 데에도 무능하다는 이야기다. 그럼에도 기악은 세계를 표현한다. 음악이 표현하는 것은 세계의 구체적 모습이기보다 어떤 특성이다. 다음 장의 주제다.

공통 조상으로부터 음악과 언어가 분화되었다면 이유가 있었을 것이다. 음악의 표현적 무능력 때문일 것이다. 조상들은 세계에 대면해 요구되는 인지와 표현, 그리고 그 결과의 전달이라는 압력에 점점 더 직면하며 음악적인 것을 언어적인 것으로부터 혹은 언어적인 것을 음악적인 것으로부터 분리했을 것이다. 분리 없이 문명은 발전하지 않았을 것이다. 세계에 대한 꼼꼼하고 정확한 표현 능력을 갖춘 언어는 무능력한 음악

고, 문자로 적기 전까지 천 년이 넘는 세월 동안 이를 외워서 불렀다. […] 노래는 머릿속에 달라붙고, 꿈속에 등장하고, 예기치 못한 때에 불쑥 튀어나온다."(레비틴, 2009)
3. 오페라의 레치타티보가 재미없다면 노래하지 않아도 될 것을 굳이 노래하기 때문이다. 가슴을 떨게 하는 불멸의 레치타티보는 없다. 오페라에서 어떤 일이 벌어지는지를 설명해야만 한다면 그냥 말로 하면 된다. 나는 모차르트의 《마술피리》가 그의 《피가로의 결혼》보다 더 훌륭하다고 평가한다. 전자에서 식상하고 재미없는 레치타티보가 없고 대신 연극에서처럼 **빠른 대화**가 있기 때문이다. 무슨 일이 벌어지는지 더 잘 설명되며, 무엇보다 이상하지 않다. 지나치게 양식화된 레치타티보는 한마디로 구식이다. 뮤지컬에는 대사가 있고 오페라에는 대사 없이 노래만 있다는 고등학교 음악교과서와 인터넷에서의 설명은 틀린데다가 문제가 있다. 오페라에 대한 설명이 레치타티보 등에 대한 무비판적 묘사로만 구성된다는 점이다.

으로부터 분리되어야 했다. 분리가 없었다면 우리는 여전히 노래하고 있어야 한다. 분리를 심적 적응으로 볼 수 있는 이유다. 적응으로서의 분리가 의미하는 바가 있다. 인식과 표현, 묘사라는 절대적으로 중요한 마음 및 소통 기제 속에 자리 잡으려는 경쟁에서 음악적 마음이 언어적 마음에 패했다는 사실. 이제 음악은 다른 방향으로 길을 틀어야만 했을 것이다.

이 주제에 대해 미슨은 말한다. "음악은 '흠'Hmmmm의 잔재에서 생겨났다. 구성적 성격과 지시의 기능을 함께 지닌 언어가 정보교환의 임무를 모두 떠맡자, 이후 '흠'은 언어가 상대적으로 못하는 일인 감정표현과 집단정체성 확립을 전담하게 되었다. 정보를 전달하고 조작하는 일을 털어버리자 '흠'은 이러한 일들에만 전념할 수 있었고, 우리가 음악이라고 부르는 의사소통 체계로 훨훨 진화의 나래를 펼쳤다."(미슨, 2008)

이때가 언제쯤일까. 대략 180만 년 전에 지구에 등장한 네안데르탈인은 약 25만 년 전에 유럽에 모습을 보였다. 네안데르탈인은 다양한 차원에서 이전의 조상들보다 진화했다. 네안데르탈인들은 모방적 소통 능력을 갖추었다. 캐나다의 심리학자 멀린 도널드는 초기 인류가 존재했던 100만 년 이상을 '미메시스(모방) 문화'라고 규정한다. 도널드에게 미메시스는 유인원의 의사소통과 현대 인류의 그것 사이를 연결하는 다리다. 현대 인류의 여러 문화에서도 모방적인 것들이 남아있다.(Donald, 1991) 도널드의 이 가정이 옳을 수 있음을 증언해주는 인류학자들의 연구결과가 있다. 로나 마셜 같은 이들은 남아프리카 칼라하리 사막의 원시 부족 남성들이 오락거리로, 그리고 음악 행위로 동물을 흉내 낸다고 말한다. 이들은 동물의 행동과 모습에 대한 흉내를 포함해, 동물의 울음소리도 흉내 낸다. 자연 가까이에 사는 전통부족들은 생물에 이름을 붙일 때 의성어를 폭넓게 사용한다. 페루의 열대우림에 사는 왐비사족인들이 사용하는 새 이름의 상당수는 의성어에서 유래했다.(Marshall, 재인용 : 미슨, 2008) 다양한 모방 행위가 의사소통 과정에 섞였다고 말하면서 미슨은 자신의 개념 '흠'Hmmmm을 이제 'Hmmmmm'으로 수정한다. m이 하나 더 붙었다. 추가된 m은 'mimetic'(모방적인)의 첫 글자다.(같은 책)

미슨은 호모 사피엔스의 음악이 'Hmmmmm'의 잔재에서 생겨났다고 말한다. 과학자들은 미슨의 주장을 간접적으로 옹호한다. 지금으로부터 약 3만 5천 년 전에 호모 사피엔스가 했던 음악은 이미 감정의 언어일 것이라고, 즉 표현과 묘사, 인식의 언어가 더는 아니라는 식으로 말한다. 인류 최초의 플루트에 대한 (5장에서 소개된) 과학자들의 말을 기억하자. 그들의 진술은 사회적 통합에 기여하는 음악적 기능을 설명한다. 이것은 이 시대의 음악이 감정을 조작하는 쪽으로 이미 길을 텄다는 이야기일 수 있다.

이것이 옳지만은 않다. 3만 5천 년 전에 조상이 모방적 음악을 했을 수 있고, 오늘날의 고전 및 현대음악에서도 모방적 특성이 있다. 세계에 대한 인지적 마음이 있어야 모방적 음악을 만들 수 있다. 고전음악과 현대음악은 정보를 전달하고 조작하기도 한다. 음악은 언어와 갈라져서 자신만의 길을 갔지만, 여전히 언어가 하는 일들을 자신만의 방식으로 묵묵히 한다. 음악은 겉보기에는 대단히 무력해 보이는 방식으로 언어가 하는 일들을 다 한다. 감정이 인지적이며 정보 전달도 감정적일 수 있기에, 감정적 음악을 하는 이들이 인지적 특성의 통합적 마음을 소유하고 있기에 가능한 일이다. 다음 장에서 모방적 특성을 가진 고전 및 현대음악을 살펴보자. 정보 전달에 대해선 엔트로피 법칙을 표현한 음악을 통해 이미 살폈다.

감정의 언어인 음악. 이것은 하나의 거대한 왜곡이자 신화다. 감정의 언어인 음악을 신봉하는 이들은 독특한 길을 간다. 음악적 마음은 이제 감정을 추상적으로 조작操作/造作하는 능력을 키워갔다. 그것은 언어가 추상적/조작적이 되어간 것과 같은 이치다. 즉 무언가를 묘사하며 언어는 그 무언가와 관련되지만, 동시에 그에게서 벗어날 수 있다. 또한, 언어는 그 발화자로부터 독립적일 수 있다. 알트에 의하면 문자를 통한 설명이나 가설, 이론은 그것을 쓴 사람과 완벽히 분리되었다. 독자는 저자에 대해 전혀 모르는 상태에서 저자의 책을 읽을 수 있다.(알트, 2003)

예술도, 예술이 표현하는 정서와 감정도 추상적일 수 있다. 예술의 대상과 예술을 만든 이로부터 예술이 독립적일 수 있다. 그렇게 추상화된 것을 좋아하는 이들이 있다. 쇼펜하우어도 그중 한명이다. 이 철학자에게 음악은 말로 표현할 수 없는 깊이를 가지며, 그 깊이는 이해하기는 쉬워도 설명할 수는 없다. 이것은 음악이 우리 마음속 가장 깊은 곳의 모든 감정을 재현하면서도 현실로부터 동떨어져 있기 때문이다. "음악은 우리가 살아가면서 겪는 일들의 진수만 표현할 뿐 그 사건들 자체를 표현하는 일은 결코 없다."(재인용: 매기, 2005)

비슷하게, 미국의 예술비평가 수전 손택은 "예술은 무언가에 관한 것만이 아니다. 예술은 그 자체로 무언가 이기도 하다."라고 말한다.(손택, 2002) 그 자체로 무엇인 음악은 쇼펜하우어가 말한 것으로서의 음악과 유사하다. 우리가 살아가면서 겪는 일들을 음악을 들을 때 듣지 않는다. 그 일들의 진수를 표현한 것을 듣는다. 그렇게 들으며 우리는 종종 음악이 표현하는 바가 (어떤 일들의) 진수라는 점을 잊는다. 표현하는 바가 아니라 표현 그 자체를 듣는다. 무언가에 관한 것으로서가 아닌, 그 자체로서의 음악을 듣는다. 음악은 자기 지시적, 자기 표현적인 것이 되었다.《알프스 교향곡》을 그저 웅장하고 멋있는 음향으로 듣는다.

우리가 음악이 표현하는 (어떤 일들의) 진수를 파악하더라도 (그 진수가 그로부터 추상화된) 현실의 사건들 혹은 맥락들을 잊을 수 있다. 이를테면 우리는《알프스 교향곡》을 통해 알프스 산에 투영된 감정으로서의 웅장함을 들을 수 있다.《알프스 교향곡》을 듣고 태평양을 떠올리는 것보다는 낫다. 하지만 슈트라우스가 알프스 산을 오스트리아의 민족주의적 상징으로 표현했다는 사실을 알지 못할 수 있다. 20세기 초 오스트리아의 민족주의가 침략적이고 제국주의적이었다는 사실도 아울러 잊을 수 있다.

베치에 의하면 알프스와 라인 강은 독일인과 오스트리아인, 즉 게르만족의 상징이었다. 게르만족에게 알프스는 힘, 불굴의 의지, 불멸을 의미했다. 라인 강은 민족주의 전설의 발상지였다. 〈로렐라이〉[4]라는 이름의 많은 노래들, 바그너의《라인의 황금》을 비롯한《니벨룽의 반지》연작들, 슈만의《라인 교향곡》과 함께 라인 강을 노래한 수많은 가곡은 독일 민족에게 민족주의적 자의식을 일깨워주었다.(베치, 2009)

19세기 중반의 독일은 강대국이 아니었다. 수많은 공국들로 분열되었고 그래서 근대적 중앙집권국가를 만들자는 지식인들의 열망이 있었다. 19세기의 독일 민족주의는 아직 위험하지 않았다. 위의 음악들은 지식인을 비롯해 애국적 시민, 뜻있는 예술가가 모두 원했고 공유했던 긍정적 시대 의식을 반영했다. 1870년 비스마르크가 이끄는 프로이센이 주도한 전쟁에서 프랑스가 패배한 후 독일은 통일되며 급속도로, 그리고 철저하게 산업화의 길을 간다. 이후 후발 자본주의 독일과 선발 제국주의 국가인 영국 및 프랑스는 아프리카의 거대한 땅을 식민지로 경영하는 것과 관련해 이해관계의 충돌을 보였고, 그 결과가 1차 세계대전이었다.

베치에 의하면 대략 1900년부터 1910년 사이에 라인 강과 관련된 노래들의 작곡이 비약적으로 증가했다.(같은 책) 독일과 오스트리아의 음악가들은 민족주의적·제국주의적 광풍에 휩쓸렸으며, 그런 그들이 음악을 통해 일반 대중을 어리석고 위험한 광풍의 세계로 밀어붙였다. 그런 음악가 중 한 사람이 슈

---

4. 로렐라이는 많은 관광객이 찾는 라인 강 기슭에 있는 큰 바위다. 아름다운 노래로 뱃사공을 유혹하여 난파시킨다는 신화적 요정의 이름이기도 하다.

트라우스였다. 슈트라우스가 《알프스 교향곡》을 작곡했던 1915년에 오스트리아는 이미 1차 세계대전에 참여하고 있었다. 이런 상황에서 이 교향곡은 아름다운 자연에 대한 순수한 찬미라기보다 노골적 민족주의 혹은 제국주의 찬가였다. 오늘날 이 사실을 잊고 이 곡을 웅장하고 아름답게만 듣는 이들이 많다. 그들은 그렇게 3,700여만 명의 사상자가 난 1차 세계대전의 죄악과 끔찍함을 기억할 기회를 차버린다.

음악은 이렇게 이중 삼중으로 현실을 추상화한다. 추상화를 통해 음악은 사람들을 고통스럽고 생생한 현실로부터 점잖게 도피할 수 있게 해준다. 추상화된 음악의 표현 그 자체만으로도 매우 감미롭고 흥미롭다. 이것이 음악을 통해 사람들이 좋은 감정을 느끼는 이유다.

사람들은 현실로부터 추상된 순수한 즐거움에 대해 어떻게 생각할까. 바바라 리 프레드릭슨은 의도적으로 긍정적 감정을 불러내고 키워 삶을 상승시킬 수 있다고 말한다. 명상법 '오픈 하트 연구'를 통해 이 미국 심리학자는 구체적 상황과 인물을 떠올리지 않고 순수하게 좋은 감정만 불러내라고 설파한다.(Barbara Lee Fredrickson, 재인용 : 지몬, 2010) 그렇게 불러내어진 좋은 감정이 우리 삶을 윤택하게 만들 수 있을 것이다. 이것은 이유 없이 웃는 것만으로도 옥시토신 같은 호르몬이 분비되어 우리 몸과 마음이 좋아진다는 주장과 유사해 보인다. 음악은 프레드릭슨이 불러내라고 추천하는, 순수하게 좋은 감정의 전달자일 수 있지 않을까. 그렇다면 그런 음악을 듣는 것은 프레드릭슨의 명상법이 도달하려는 것과 유사한 목적을 갖는 것처럼 보인다.

프레드릭슨의 주장은 받아들일 수 있다. 출처로부터 분리된 순수한 감정들이 우리를 행복하게 해주는지와 관련해 매우 낯선 질문이 있다. 미국 철학자 로버트 노직이 사람들에게 제안했던 사고실험이다. 접속하면 항상 행복한 상태를 유지할 수 있는 체험기계가 있다면 당신은 거기에 접속하길 원하는가? 많은 이들이 거절했다.(노직, 1997)

이유가 무엇일까. 지몬에 따르면 순수한 행복도 그 자체로는 가치가 없기 때문이다. 인간은 행복하길 원하지만, 이유 없이 행복해지길 원하지는 않는다.(지몬, 2010) 사람들은 왜 이유 없는 행복을 원치 않을까. 행복은 세계 속에서 살아왔고 진화해 왔던 인간이 가지는, 이유 있는 감정이다. 굶주린 악어가 끈기 있게 강가에서 기다리다가 자신의 모든 에너지를 한순간에 집중해 사냥감을 낚아채 먹을 때 느끼는 쾌감이 원초적 행복이다. 사냥을 통해 식욕을 해소하며 쾌감을 느끼던 존재로부터 이제 땀 흘려 일하고 정당한 대가로 받은 돈으로 가족들과 맛있는 식사를 함께할 때 행복해지는 인간으로 진화해 왔다. 악어의 세계에서나 인간의 세계에서나 현실과 무관한 순수 행복은 없다. 그것은 환상이다. 이것을 알기에 사람들은 순수한 행복 상태를 유지해주는 체험기계를 거부했을 것이다.

감정 조작자로서의 음악, 현실로부터 추상화된 순수한 음악은 이유 없이 행복해지는 경험이 아닐까? 행복의 진정한 이유를 가리는 것은 아닐까? 순수한 행복을 가져다주는 음악은 험난한 세상을 가리는 감정적 환상은 아닐까? 노직이 말한 체흉기계가 아닐까?

    음악을 듣지 않을 수 없다. 대신 그 음악이 추상시킨 것이 무엇인지, 그 음악이 어떤 삶의 맥락으로부터 만들어졌는지를 알고 듣자. 음악만 계속 듣는다고 알게 되지 않는다.《알프스 교향곡》에 관련된 제국주의 시대의 어리석은 광풍에 대해 알려면 음악 감상과 독서, 토론, 성찰을 병행해야 한다. 이 모든 과정에 필요한 것이 언어다. 언어는 세상과 음악에 대해서 더 잘 인지/이해하게 해주며, 음악에 더 감동할 수 있게 해준다. 언어는 음악에 대해 질문을 던지고 관련 정보들을 구할 수 있게 해주며, 그것들을 종합해 답을 할 수 있게 해준다. 음악 감상은 인지적 마음과 언어적 마음에 기반을 둔 독서 및 성찰과 '항상' 같이 가야 한다.

    언어가 완벽하기 때문에 이런 말을 하는 것이 아니다. 오스트리아의 철학자 비트겐슈타인 말마따나 무어라 말할 수 없는 것에 대해서는 침묵을 지킬 수밖에 없다. 그 침묵이 편치만은 않을 것이다. 음악이 언어가 끝나는 지점에서 고유한 입지를 가진다면 음악은 마음 세계에서의 도전자다. 불완전하고 표현의 한계가 있는 언어적 마음은 강력한 자극제를 만났다. 언어의 응전이 필요하다. 필요한 언어적 응전을 고려치 않고 음악의 영역을 계속해서 형이상학의 세계에 놔둘 수 없다. 그런 일은 음악에게나 언어에게나, 그리고 인간에게나 모두 좋지 않다. 그 실체가 무엇인지 알 수 없는 달콤함을 주는 음악은 니체가 말했듯이 질병이며, 그런 음악에 빠지는 일은 마음의 병에 걸리는 일이다.

18
음악적 표현,
음악이 세계와 만나는 방식

기악곡이 무얼 표현하는지, 어떤 현실로부터 추상됐는지에 대해 책을 통하지 않고서는, 혹은 작곡가의 설명을 듣지 않고서는 쉽게 이해하기 어려운 경우가 많다. 작곡가가 어떤 설명도 남기지 않은, 제목도 없는 기악곡이 많다. 기악곡을 포함해 모든 종류의 음악이 아무것도 표현하지 않는다고 말하는 사람들이 있다. 스트라빈스키에 의하면 "음악은 본질적으로 어떤 느낌이나 마음, 심리, 자연현상 등을 표현하는 힘을 가지고 있지 않다."(Stravinsky, 2000)

스트라빈스키 말대로 음악이 자연이나 심리 상태 등을 표현하지 못한다면, 그런 것들을 자신의 작품을 통해 표현했다고 믿었던 수많은 작곡가와 그들의 작품들을 어떻게 이해해야 할까. 스트라빈스키는 이런 인식을 가진 작곡가들이 전부 틀렸다고 말하는가. 《봄의 제전》, 《불새》, 《페트루슈카》와 같이 표제 붙은 음악을 작곡했던 예전의 자신에 대해 자아비판이라도 하는 걸까.

음악에는 어떤 감정 상태나 행동 양태를 가리키는 '나타냄 말'이 있다. 나타냄 말은 작곡가의 곡이 어떻게 연주되어야 하는지를 지시하고 나타낸다. 사회학자 정윤수는 말러가 특히 다양하고 섬세한 나타냄 말을 악보에 적었음을 확인한다. 경건히 연주하라는 'religioso', 탄식하듯이 연주하라는 'sospirando', 정성을 다해 연주하라는 'spiritoso', 날아가듯이 연주하라는 'volante' 등이 그가 확인한 것들이다.(정윤수, 2015) 이런 나타냄 말들은 말러가 그 말들이 뜻하는 바와 관련한 마음을 가졌다는 증거일 수 있으며, 음악이 그런 말들이 가리키는 바를 표현할 수 있다고 말러가 생각했음을 알려준다.

노년의 스트라빈스키가 음악이 표현하기에 어려운 것으로 든 자연 현상이나 심리 상태 등을 한슬리크는 '음악 외적인'extramusical 것이라고 형용했다. 이 용어는 음악 내적인 것 혹은 순수 음악적인 것과 구분되는 것으로 창안되었다.(한슬릭, 2009) 이 구분은 음악의 두 현상적 차원을 묘사하는 편의적 방법이다. 이를테면 베토벤의 《비창 소나타》에서 우리는 이 음악의 '다단조, 3악장의 소나타, 서주를 동반한 빠른 1악장과 세도막 형식의 느린 2악장, 론도 형식의 3악장' 등 순수 음악적 차원 혹은 측면을 인지할 수 있고, '비극적인'과 같이 심리적이고 감정적인, 즉 음악 외적인 측면 혹은 차원에 대해서도 말할 수 있다. 그런데 순수 음악적 차원에 대한 조금 전 진술에도 잘 생각해보면 비음악적 단어들이 있다. 우리는 영화나 책에서도 사용되는, 서주 혹은 도입으로 번역되는 'introduction'의 용어를 안다. '빠른'과 '느린'이라는 형용사는 어떤가. 악장들에 붙은 1, 2, 3의 숫자는 사물의 순서를 나타내는 서수다. '2악장'은 1악장의 두 배를 가리키는 것이 아니라 두 번째 악장임을 가리킨다. 소나타와 론도 역시 고유한 특성들로 인해 현실과 무관치 않다. 사람들은 이 음악에 대해 좀 더 친숙한 표현을 쓰기도 한다. '다단조, 3악장의 소나타, 서주를 동반한 빠르고 격렬한 1악장과 세도막 형식의 서정적인 느린 2악장, 론도 형식의 3악장'과 같은 표현들 말이다. '격렬한', '서정적인'이 전혀 부적절한 형용사가 아니다. 많은 사람이 그렇게 듣는다. 이 형용사들이 심리적이고 감정적이어서 음악 외적이라고 말하는 것이 부적절한 이유다.

순수 음악적인 것·음악 내적인 것과 음악 외적인 것의 구분은 필요악도 아니다. 그것은 그저 필요 없다. 이익이 있다면 음악선생과 교수가 가르치지 않아도 되는 것, 음악대학 학생이 배우지 않아도 되는 것을 이 구분법이 관습적으로 정해준다는 점이다. 사실 이것은 손해다. 이 구분법과 함께 학생과 가르치는 사람 모두 그들이 선언한 음악 내적인 것의 울타리 안으로 퇴각했기 때문이다. 음악인들에게 울타리 밖 풍요로운 세상은 불온한 곳이며 위험한 곳이 되어버렸다. 그런 음악인들의 음악을 듣고 향유하는 감상자들도 위험한 곳에 대한 관심을 거둔다.

음악은 인간이 하며 삶으로부터 떨어질 수 없다. 음악 내적인 것은 삶으로부터 떨어진 것처럼 보이며 음악 외적인 것은 떨어져 있지 않아 보인다. 이런 구분은 피상적이며 편견에 기초한다. 음악 외적이란 말이 음악가들에게 잘 알려져 있지도 않다. 하지만 많은 음악가는 '그건 음악과 무관해'라며 자폐적이며 자기 지시적인 음악 세계 속으로 숨는다.

음악은 세계를 표현할 수 있다. 작곡가들은 음악의 표현 능력을 알았고, 자신들이 하는 것이 단순 묘사가 아니라 표현임을 주장한다. 모든 인식이 일종의 해석이자 표현이라고 말했었다. 사람들은 주관성으로부터 많이 벗어난 묘사에 대해 집착한다. 묘사는 사람들이 객관적 세계의 실체에 가능한 다가가려는 노력과 염원, 지향을 잘 담아낸 용어다. 묘사라는 용어를 통해 세상에 대한 우리의 어떤 각오가 잘 드러나는 것 같다. 표현은 인식 과정에서 대상의 실체에 인식 주체가 완전히 다가갈 수 없고 그 한계를 상쇄하기 위해 주관성을 어쩔 수 없이 개입시키고 있음을 알려주는 용어다. 세상에 대한 인간의 인식을 기본적으로 표현이라 말하는 것은 그 인식의 한계를 인식해서, 조심하고 신중할 것을 당부하기 위함이다.

표현은 예술가의 임의적 주관성을 아무 근거 없이 정당한 것으로, 때로는 그것에 대한 논의와 비판을 일절 허용치 않는 것으로 여기는 권력적·배타적 작업이기도 하다. 일부 예술가들은 이렇게 말하는 것 같다. '내가 이렇게 표현하겠다는데 당신이 무슨 상관이람?' 바나나를 어떤 화가가 붉게 그렸다면, 그리고 '나에겐 그렇게 보인다니까요.'라고 그가 쏘아붙인다면, 그 그림을 보는 이들이 '저 사람 우리와 달라. 그는 예술가거든.' 하며 수군거리고 만다면, 이 화가가 한 일, 그 화가가 한 일이라고 사람들이 생각한 일은 표현이다. 그의 표현은 예술가의 월권적 자유재량이자, 그가 대중에게 가하는 일종의 협박이 되었다. '따지지 마, 다쳐. 니들이 예술을 알아?' 이런 표현조차 있으니 음악도 표현 능력이 어쨌든 있다고 봐야 한다.

자신의 표현에 대해 예술가는 성찰해야 한다. 사과처럼 둥글고 꼭지가 달린 붉은 어떤 것을 그렸다면, 바나나가 아닌 사과의 표현이다. 바나나의 표현은 그 표현물의 어떤 특성이 우리가 아는 바나나의 어떤 특성과 반드시 일치하거나 최소한 비슷해야 한다. 혹은 우리가 모르는 바나나의 어떤 특성을 구성하고 제안함으로써, 우리의 바나나 인식을 좀 더 통찰력 있게 해주어야 한다. 우리의 인식의 폭을 넓혀주는 등 이익이 없는 자칭 예술가의 희한한 바나나 표현이 무슨 의미가 있을까. 그런 표현이 자동차를 책상이라고 우기는 어린아이의 용어법과 무슨 차이가 있을까. 표현은 대상으로부터 완전히 벗어난 것이 아니며, 대상의 실체와 어떤 식으로든 관련된다. 완전히 무관한 것은 새로운 대상의 창조다. 상상력을 동반한 창조 말이다. 하지만 그런 창조도 기존의 세계 인식으로부터 완전히 자유롭기는 매우 어렵다.

엄밀히 말해 묘사는 없고 표현이 있다고 했다. 이것은 과학 영역에서조차 맞다. 독일 과학자 페터 피셔는 DNA를 묘사하는 이중나선 용어가 사실은 일종의 표현 작업의 결과이며, 과학이라는 예술 영역에 존재하는 창조물이라고 말한다.(페터 피셔, 2006) 와이스버그에 따르면 제임스 왓슨과 크릭은 연구 도중 얻은 정보들을 취합해 처음엔 삼중나선을 제안했었고 삼중나선 모형이 적절치 않다고 판단한 후 이중나선 모형을 제안했다. 두 모형 모두 연구자들이 연구 도중 얻었던 정보에 대한 창의적 반응일 뿐이다.(와이스버그, 2010) 객관적 실체의 발견이 아니다.

이중나선은 DNA의 실체를 온전하게, 있는 그대로 묘사한 용어가 아니다. 언어는 원래 세계를 모호하게 표현한다. 그래도 음악과 비교하면 언어는 덜 모호하다. 사람들은 어쨌든 언어를 통해 세계를 표현하고, 인지하고, 생각을 다듬고, 지식과 과학을 발전시킨다. 언어와의 표현적 경쟁에서 패한 음악은 세상을 향한 시선을 접었을까. 그렇지 않다. 음악가들은 음악을 통해 세계를 표현할 방법을 모색했다.

프랑스의 현대 작곡가 메시앙의 시도들은 음악의 표현적이며 묘사적인 능력을 나름대로 극대화하는 독특한 방법과 그에 따른 성과를 보여준다. 그의 《조류도감》은 다양한 새들의 노랫소리를 작곡가가 직접 듣고 그 음향을 가능한 있는 그대로 받아 적는 방식을 통해 작곡되었다. 이 '전사·옮겨 적기' 轉寫/transcription의 방식도 궁극적으로는 표현작업이다.

연주시간이 무려 3시간가량 되는, 피아노 독주를 위한 이 대곡은 77개의 서로 다른 새들의 노랫소리를 총 7권의 책에 포함되는 13개의 서로 다른 (악장이라고 이름 붙여진) 곡들 안에서 표현한다. 각 악장의 악보 상단에는 음악이 표현하는 새의 명칭과 그 서식지가 적혀 있다. 새들의 울음소리는 물론 서식지의 음향 특성까지 음악적으로 표현되었다. 이를테면 첫 번째 곡은 노랑부리 까마귀의 노랫소리와 함께 이 새가 사는 알프스의 소리 환경도 표현한다. 이 곡들을 통해 메시앙은 새들의 노랫소리의 특징들을 관찰해서 묘사/표현했다고 평가받았다. 메시앙은 세계를 관찰/인지하며 그에 따라 묘사/표현하는 마음을 가졌다.

이 마음의 역사적 뿌리가 있다. 앞장에서 소개했던 멀린 도널드가 말한 바, 호모 에렉투스 이후 조상들이 가졌던 미메시스적 마음이다. 메시앙의 마음은 동물 소리를 흉내 내며 음악 활동을 했다는 칼라하리 사막의 원시 부족 남성들의 마음과도 같다. 메시앙과 칼라하리 사막의 원시 부족 남성들은 새소리에 대한 뛰어난 관찰력과 그에 따른 지식을 가졌던 수만 년 전 우리 조상들의 아주 먼, 모범적인 후손이다.

《조류도감》은 귀로 관찰해 음으로 그려진 음악적 그림이다. 메시앙은 관찰이 눈을 통한 것만이 아님을 웅변적으로 보여주었다. 영국 시인이자 문학평론가인 허버트 리드는 감각기관들과 그에 기초한 관찰은 후천적으로 훈련되고 습득할 수 있다고 말했다.(리드, 2007) 메시앙은 리드가 말한 대로 노력을 통해 청각적 관찰 능력을 키웠다. 미국의 심리학자 루트번스타인에 따르면 메시앙은 상당 시간 동안 야외에 나가 새들의 노랫소리를 관찰했고, 그런 노력 덕분에 한 번 듣는 것만으로 프랑스 텃새 50여 종을 식별할 수 있었으며 주의 깊게 들으면 세계 각지의 새 550여 종의 소리도 구분할 수 있었다.(루트번스타인, 2007)

메시앙의 사례는 여러 가지를 성찰케 한다. 나는 내 자신을 귀가 매우 좋은 편이라고 생각해 왔다. 수십 명의 오케스트라 연주자 중 실수를 한 한 명의 연주자를 찾아내거나 복잡한 화음의 구성음들을 확인해낸다. 이런 귀를 가지고도 새소리는 잘 구분하지 못한다. 메시앙의 귀가 좋은 것도 있지만 관심이 있었기에 새들의 소리를 잘 구분할 수 있었다. 오늘날의 대부분의 음악가, 아니 현대인 대부분은 새의 소리에 큰 관심을 두지 않고 있으며, 새들의 소리를 잘 구분하지 못한다. 음악시간에 선생님과 교수는 새소리를 학생들에게 들려주지 않는다.

새소리만이 아니다. 대부분의 사람들, 특히 음악가들은 좋은 귀를 가지고도 세상의 다양한 소리를 듣지 않는다. 도, 레, 미 등의 음으로 만들어진 음악이 의미 있는 소리의 모든 것이라고 생각하는 음악가들과 그들의 달콤한 음악에 취한 이들은 세계의 소리를 거부한다. 자연과 사회에 대해 무관심한 최상위 포식자 인간의 심각한 생태학적/도덕적 해이다.

선사시대의 인간에게 새소리를 포함한 자연의 여러 소리는 유용한 정보였을 것이다. 오늘날 우리는 자연의 소리를 잘 들으려 하지 않고, 잘 들리지 않는 상태에 산다. 자연의 소리를 들으려면 자연이 우리 곁에 있어야 한다. 하지만 많은 자연환경이 파괴되고 있다. 산이 하나 없어지면 그 산에서 들을 수 있었던 다양한 소리도 못 듣는다. 숲, 들판, 산, 강, 호수, 바다는 자연의 소리를 담은, 살아있으면서 변해가는 박물관 혹은 도서관이다. 유물을 보관하는 박물관과 책을 보관하는 도서관이 하나씩 없어질 때마다 우리의 기억과 지식이 사라지고 인지 능력도 저하되듯이 소리 박물관 혹은 도서관으로서의 자연이 파괴될 때마다 자연의 소리에 대한 우리의 기억과 지식, 청각 능력, 그리고 인지 능력도 저하되고 사라질 것이다.

바그너의 오페라 연작 《니벨룽의 반지》 중 세 번째 오페라 《지그프리트》는 영웅 지그프리트의 일대기를 그린다. 지그프리트는 겁이 없어 용맹하며 뛰어난 무사다. 그런 그가 세계를 지배하게 해주는 황금 반지를 가진 큰 용을 죽이고선 용의 피를 뒤집어쓰는데, 이로 인해 새의 노래의 의미를 알아듣게 된다. 새들은 지그프리트에게 잠자는 숲 속의 미녀에 대해 알려주고, 영웅은 새의 노래가 가리키는 곳을 찾아가 미녀를 구하고 그녀와 사랑에 빠진다. 명백한 동화지만, 새의 노래를 알아들음으로써 즉 자연이 제공하는 신호를 인지함으로써 어떤 이익을 얻는다는 메시지를 읽을 수 있다. 이 오페라에서의 새의 노래는 정보로서 가치가 있는 자연의 소리에 대한 은유일 수 있다. 지그프리트는 그 가치를 안 현인이다.

많은 화가는 눈으로 세상을 보며 관찰하는 것을 그림 그리기의 기초로 삼았다. 프랑스 화가 외젠 들라크루아는 5층에서 떨어지는 사람이 바닥에 완전히 닿기 전에 그를 그려내지 못한 화가는 걸작을 남길 수 없다고 말했다. 화가만이 아니다. 시인 에드워드 E. 커밍스는 자신을 태양 아래 모든 것을 관찰하는 사람으로 규정했다.(재인용:루트번스타인, 2007) 관찰은 과학자의 운명이다. 루트번스타인에 따르면, 오스트리아의 곤충학자 칼 폰 프리시는 움직이지 않고 돌 틈에 몇 시간 동안 누워 생물들을 주시하면 놀라운 세상이 드러난다고 말했다.(같은 책) 평범한 이들도 일상에서 관찰한다. 식당에서 먹는 김치찌개에 라면 수프가 들어가 있는지를 판단하는 일도 관찰이다. 오늘도 김 대리는 부장님의 심기를 살핀다. 세상 모든 이가 세계를 관찰하는데, 음악가들과 예술가들은 세상을 잘 관찰하지 않는다. 그런 그들이 만든 음악과 예술에 접하면서 사람들은 잠시 세상에 대해 잊는다. 예술이 사람들의 삶에 대한 적응도를 낮추고 있다.

어떤 이들은 들라크루아의 언급이 회화에 있어서의 한 사조인 사실주의realism의 지향을 표현할 뿐이라고 말할 것이다. 그들은 세계를 추상하는 그림도 있다고 말할 것이다. 그들에 대한 반론이다. 추상 작업에도 관찰은 필요하며, 세계로부터 완전히 벗어난 추상은 거의 없다.

메시앙 같은 작곡가가 더 있다. 일부 컴퓨터 음악가와 이들의 방법을 기악 영역에 수용한 스펙트럼 음악가이다. 컴퓨터 음악은 20세기 중반 이후 서유럽과 미국에서 본격적으로 발전했고, 스펙트럼 음악은 1970년대 이후 프랑스에서 등장해 서유럽과 미국으로 퍼진 예술적 기악음악이다. 컴퓨터 음악가들과 스펙트럼 음악가들 모두에게 인지하고 관찰해야 할 세계란 메시앙의 경우처럼 소리 세계다.

이들은 과학자의 마음을 가지고서 관심 가는 소리를 음향 분석기 같은 과학 도구로 분석한다. 분석 결과 해당 소리의 내적 구조인 스펙트럼을 얻는다. 스펙트럼은 물체의 복진동 각각이 발생시키는 배음 혹은 부분음들의 총체다. 컴퓨터 음악가는 이 스펙트럼 정보에 따라 가산 합성 작업을 한다. 이것은 어쿠스틱한 배음 혹은 부분음들 각각의 전자적 등가물을 컴퓨터를 통해 만들어내고, 그 등가물들을 결합하는 일이다. 이 작업을 통해 대부분의 어쿠스틱 악기 소리를 성공적으로 흉내 낼 수 있다. 스펙트럼 작곡가는 부분음들 혹은 배음들 각각을 관현악의 각 악기로 연주하게 한다. 기악적 가산 합성으로 불리는 이 작업을 통해 작곡가는 이를테면 파도소리를 오케스트라를 통해 재구성한다. 이렇게 스펙트럼 작곡가는 컴퓨터 음악의 가산 합성을 관현악의 지평에 수용한다.

분석되어 재구성되거나 합성된 파도 소리는 과거 작곡가들이 했던 파도 소리에 대한 임의적 표현과 전혀 다르다. 멘델스존이나 드뷔시는 파도 소리를 듣고 관현악으로 표현했다. 멘델스존의 관현악을 위한 서곡 《핑갈의 동굴》이나 드뷔시의 교향시 《바다》가 이런 작업의 결과다. 드뷔시는 어떤 생각을 했을까. "파도 소리가 찰랑거리는 군. 이걸 어떻게 표현할까···. 해변으로 점점 몰려오는 파도를 위해 음악을 처음에는 작게 시작해서 점점 크게 해야 할 것 같아." 대강 이런 생각을 했을 드뷔시 역시 자신의 시대에, 자기 방식대로 세상을 관찰하고 인지해 그것을 표현했다.

드뷔시와 컴퓨터 음악가들, 그리고 스펙트럼 음악가들은 모두 파도 소리 같은 음악 외적 대상에 관심을 가졌고, 그것을 표현하려 했다. 과거의 드뷔시는 어떤 과학적 도구와 방법론의 도움 없이 나름의 관찰과 직관적 상상력을 동원해 일했다. 반면 컴퓨터 음악가들과 스펙트럼음악가들은 과학적 도구와 방법론을 가지고 대상으로서의 파도 소리 같은 세계의 소리를 분석하고 그로부터 작업했다.

컴퓨터 음악의 가산 합성과 스펙트럼 음악의 기악적 가산 합성을 통해 과학적 환원주의 방법이 작곡에 적용되었다. 이것은 하나의 계를 구성하는 각 요소를 확인하는 분석 작업을 먼저 하고, 분석 과정을 거슬러 올라가는 재조립 과정을 통해 원래의 전체적 계를 만들어내는 작업이다. 여기서 전체적 계란 복잡한 미시적 배음들 혹은 부분음들로 구성된 하나의 소리다.

환원주의는 과학의 원동력이었다. 헝가리의 과학자 알버트 바라바시에 의하면 과학적 환원주의는 자연을 이해하기 위해 우리가 그것의 구성성분들을 해독하는 작업이[거나 그런 작업을 하는 이의 생각이]다. 부분들을 이해하면 전체를 이해하기가 훨씬 쉬워질 거라는 가정이 과학적 환원주의에 있다. 이 관점에서 과학자들은 세계를 이해하려고 원자나 초끈을, 생명을 이해하려고 분자를, 복잡한 인간 행동을 이해하려고 개별 유전자를, 마음을 이해하려고 뉴런을 연구해 왔다.(바라바시, 2002)

과학자에게 원자나 유전자 등이 전체를 구성하는 조각이면 가산 합성과 기악적 가산 합성을 행하는 작곡가에게는 배음 혹은 부분음이 그 조각이다. 이들은 이 조각에 대해 이제 거의 안다. 컴퓨터를 통해 조각들을 재조립하여 어쿠스틱 악기의 소리를 흉내 낼 수 있었다. 어쿠스틱 소리의 음향적 특성에 대해서도 많은 것을 알게 되었다.

가산 합성과 기악적 가산 합성을 하는 작곡가는 환원주의적 연구를 하는 과학자와 유사한 생각을 한다. 2010년 미국 생명공학벤처 크레이그벤터연구소의 연구팀은 미코플라즈마 미코이즈라는 박테리아의 유전정보를 복사해 인공 DNA 조각들을 만들었고, 조각들을 하나로 이어 완전한 유전정보가 담긴 DNA 세트를 완성했다. 그러고는 미코플라즈마 카프리콜룸이라는 박테리아 세포에서 DNA를 **빼낸** 후 그 자리에 완성된 인공 DNA를 집어넣었다. 카프리콜룸 박테리아에서 미코이즈 박테리아의 특성이 나타났다. 카프리콜룸 박테리아가 10억 번 넘게 자가 복제하는 동안 그 안에 장착된 인공 DNA 역시 그대로 발현됐다.(재인용: 구정은, 2010)

연구진들은 미코플라즈마 미코이즈 박테리아의 유전정보를 복사했는데, 이 행위를 어떤 어쿠스틱한 소리의 스펙트럼을 알아내 그 구성성분인 배음을 인위적으로 만들어낸 행위와 비교해보자. 각 분야에서 전체를 구성하는 부분을 인위적으로 만들어냈다는 점에서 두 행위는 같다. 만들어진 배음들과 인공 DNA 조각들은 이후 더 큰 단위들을 구성하는 데에 사용된다. 배음들은 합해져서 어떤 어쿠스틱 음향의 전자적 등가물이 되었고, 인공 DNA 조각들은 하나로 이어져 어떤 생명체의 유전정보가 담긴 DNA 세트를 완성했다. 인위적으로 만들어낸 것을 조합해 더 큰 단위를 만들어냈다는 점에서도 이 두 작업은 같다.

미코플라즈마 미코이즈의 인공 DNA가 미코플라즈마 카프리콜룸의 구성 성분이 되면서 복합적·잡종적 특성을 가지는 생명이 만들어지듯이 종소리 같은 소리의 전자적 부분음들이 또 다른 소리인 트롬본의 전자적 부분음들과 결합되어 복합적·잡종적인 음향이 만들어질 수 있다. 이러한 잡종적 소리가 시간 축을 따라 점진적으로 제시될 수도 있다. 뮤라이의 관현악곡 《곤드와나》에서 제시된 것이 이것이다. 이 곡에서는 종소리로 시작해 트롬본 소리로 이행하는 음악이 제시된다.(D'Albavie, 1991)

쥐와 같은 어떤 생명의 유전자 정보의 일부를 수정해 새로운 특성을 가진 쥐를 만드는 작업도 유전공학의 영역에서 빈번히 행해진다. 이와 비슷한 음악적 작업은 무엇일까. 파도 소리를 분석해 얻은 스펙트럼 정보는 새로운 소리의 창조를 위한 지침으로 쓰일 수 있다. 파도 소리 스펙트럼의 일부를 수정하면 특별한 성격이 부여되거나 수정된 어떤 파도 소리가 만들어진다. 이렇게 작곡가는 어떤 소리에 대한 정보를 조작할 수 있다.

종과 트롬본의 융합을 통해 잡종적인 어떤 소리를 만드는 생각과 미코플라즈마 미코이즈와 미코플라즈마 카프리콜룸의 특성을 모두 가지는 잡종 생명체를 만드는 생각은 궁극적으로 같다. 차이는 있다. 우선 두 생각 각각이 작동하는 영역이 서로 다르다. 다루어야 할 실체도 다르다. 인공 배음 대 인공 DNA. 잡종적 생명을 만드는 일은 윤리적 가치 판단의 대상이 되는 데 반해 잡종적 소리는 자유로이 만들 수 있다.

작곡가는 세계의 모든 면을 인지할 수 있다. 그도 과학자처럼 세계를 관찰하고 분석하고 실험할 수 있다. 그렇게 세계를 인지하더라도 그것을 기악음악을 통해 표현하라고 하면 난감할 것이다. 음악은 언어가 거둔 서술적 차원에서의 표현적 성공에 도달하지 못할 것이다. 작곡가가 표현하는 세계는 그가 인지한 세계와 다를 수밖에 없다. 작곡가의 기악적 표현 대상으로 적합한 세계는 훨씬 추상적/모형적이다. 추상적/모형적 세계는 세계의 주요 특성을 포착하여 재구성해 얻은 세계의 해석/표현이며, 그런 해석/표현을 다시 음악으로 표현한다. 음악에서 세계를 찾기 어려운 이유다. 이 어려운 작업을 언어적이며 인지적인 마음이 도울 것이다.

작곡하는 마음이 세상을 인지하고 표현하는 지향을 가졌음을 다루었다. 작곡가의 마음이 세상을 인지하면서 표현한다면 그는 통합적 마음을 가지고 있다. 다시 17장의 주제와 연결된 논의를 진전시켜보자. 한 작곡가의 마음속에서 내실 있는 통합을 이루어내는, 언어 외의 방법은 없을까? 무의식을 의식화하는 것, 그것을 위해 어떤 의식화의 맥락을 의식적으로 설정하는 방법이 있다. 19장에서 할 논의다.

19

의식, 맥락, 맥락의 연결

16장에서 언급했던 힐가드의 병렬 분산 처리 개념은 베르나르트 바즈의 '전역 작업 공간' 이론으로 발전되었다.(Baars, 1988) 이 이론을 통해 이 네덜란드 뇌 생물학자는 '특성화되고 독립적인 뇌의 모듈들이 어떻게 의사소통하는가?'의 문제에 답하려 했다.(와인버거·와이스, 2002) 와인버거와 와이스에 따르면 바즈가 생각하는 모듈들은 독자적이며 전문적인 어떤 역할들을 맡는데, 그 역할들은 무의식적으로도 잘 수행된다. 그렇기 때문에 이 모듈들을 분산되어 작동하는 것으로, 즉 병렬적인 것으로 볼 수 있다. 바즈는 병렬적 모듈들이 '중앙정보 교환소'와 같은 별도의 의사소통 매개체를 필요로 한다고 보았다. 모듈들이 이 중앙 시스템에 접속해 출력들을 보낸다. 이때 이 시스템에서 의식이 경험된다.(재인용:같은 글)

바즈의 이론에 따르면 중앙 시스템에 보낸 하위 시스템들의 출력들이 의식되려고 경쟁하며, 그 과정에서 단지 하나만이 채택되어 시스템 전체에 공표된다. 하나의 출력은 두 방법을 통해 채택된다. 더 강한 활성화가 그 하나다. 여러 사람이 각자 주장할 때 목소리 큰 사람의 주장이 더 잘 들리는 것처럼 여러 출력 중에서 더 강하게 활성화되는 출력이 더 잘 의식된다. 다른 하나는 특정 맥락 취하기다. 맥락은 마음의 지배적 상태다. 이것은 정보처리 과정을 보호하는 우산이자 처리 과정의 주된 목표다. 맥락에는 기분, 무엇이 되겠다는 목표 등이 있다. 의사가 되려는 이들은 다른 이들에 비해 의학과 관련된 것들을 더 잘 의식한다.(같은 글)

어느 한순간의 의식은 바즈가 말한 대로 하나일 수 있다. 하지만 곧바로 정권교체가 이루어질 수 있다. 출력 간 경쟁이 격심하기에 의식은 요동친다. 경쟁이 격심한 이유는 인간이 받아들여야 할 감각정보가 워낙 많고, 주어진 상황에서의 결정이 쉽지 않기 때문이다.

예를 들어 어떤 음악적 음에 대해 인간은 대체로 서로 다른 네 개의 감각을 얻는다. 음고, 강도, 음가, 음색. 이 감각들을 통합해 지각한다. 통합 과정에서 감각들은 서로 경쟁한다. 감각 중 하나가 특별히 의식될 수 있다. 우리는 하나의 음을 어느 한 순간 솔이라는 음고 출력으로 들을 수 있고 다른 순간에는 피아노의 음색으로 들을 수 있으며, 또 다른 순간에는 2분음표로, 또 다른 순간에는 아주 여린(피아니시모pp) 소리로 들을 수 있다. 네 경우 중 하나로 의식될 때 나머지 감각은 상대적으로 덜 의식될 것이다. 예를 들어 어떤 음이 음고로 의식될 때, 그것의 음색 출력은 잘 의식되지 못할 수 있다. 경쟁 과정 때문이다.

마음속 네 감각 간 경쟁의 결과로 의식에 등장하는, 주어진 한순간의 유일한 그러나 지극히 불안정하고 일시적인 지각. 상술한 의식의 정권교체론이 이 가정이다. 감각 간 경쟁은 신경과학계에 잘 알려진 과정을 따를 것이다. 각 감각과 관련한 뉴런 사이의 흥분결합과 억제결합의 과정. 각 뉴런은 서로를 억제한다. 억제는 지속적이지 못하다. 억제를 뚫고 새롭게 흥분되어 결합한 뉴런들이 다른 지각을 의식하게 한다.

하나의 음에 대한 여러 감각의 불안정한 통합으로서의 지각은 다수일 수 있다. 음고가 전면에 나서고 나머지가 잘 의식되지 않는 지각, 음색이 전면에 나서고 나머지가 잘 의식되지 않는 지각, 강도가 전면에 나서고 나머지가 잘 의식되지 않는 지각, 음가가 전면에 나서고 나머지가 잘 의식되지 않는 지각. 복수의 지각은 경쟁 상황에 놓이지만 그 상황 속 승리는 대체로 임의적 과정에 의존하는 것 같다. 하나의 음을 들으면서 사람들이 의식하는 지각은 임의적일 수 있다. 사실 하나의 음의 서로 다른 지각 중 어느 것이 의식되는가는 중요한 문제가 아닐 듯하다. 마치 네커 정육면체[1]에 대한 이중적 지각 중 언제 어느 것이 의식되는지가 중요한 문제가 아닌 것처럼 말이다.

하지만 여러 음이 엮여 근대의 서양음악이 될 때 이야기는 달라진다. 근대 서양음악의 논리에 의해 부과된 특정한 청취 맥락이 작동되어 각 음의 여러 지각 중 하나가 더 잘 의식될 것 같다. 그 맥락은 선배 작곡가들이 무비판적인 후배 작곡가

---

1. 2차원의 그림인 이 육면체는 3차원의 서로 다른 두 배치 방향을 가지는 것으로 보인다. 두 갈래 배치 방향 중 어느 하나가 처음에 보이다가 이후 다른 방향으로 향해 있는 정육면체처럼 보인다. 몇 초가 지나면 다시 원 상태로 돌아오고, 그림을 보고 있는 한 이런 반전은 되풀이된다. 정육면체에 대한 두 지각 모두 맞다.(도킨스, 2011)

들과 청중에게 은연중에 부과했다. 이것이 음고 맥락이다.

세계화된 오늘날, 많은 사람이 어머니 자궁 속에 있을 때부터 죽을 때까지 서양 고전음악과 대중음악에 노출된다. 음고 맥락은 서양 고전음악과 대중음악이 공유하는, 소리와 음에 대한 특정한 문화적 관점이다. 이 맥락, 관점은 사회적으로 퍼져 다른 대안을 위협한다. 이 맥락은 우리에게 알게 모르게 강요되었고 지금도 그렇다. 일부 대중음악이 음고가 아닌 다른 차원, 특히 음가 연쇄로서의 리듬 차원을 더 중요히 여기는 청취 맥락을 우리에게 요구하긴 한다. 랩 같은 음악이 그렇다. 이런 음악에서 음고 차원은 청취의 주요 맥락이 되지 못한다.

근대 서양음악과 그것의 계승인 한국 가곡 및 대중음악은 음고 맥락을 더 중히 여기게 하는 강한 문화적 압력으로 작용한다. 이 압력에 강제적으로 노출된 우리는 음고를 들으려는 청취 맥락을 강하게 내면화했고, 하나의 음에 대해 음고 출력을 더 잘 의식하는 경향을 드러낸다. 우리는 초등학교 이후 음악 선생님과 함께 어떤 선율에 가사를 붙여 노래하는 것, 그리고 그 선율의 음고를 따라 부르는 음악 교육을 받았다. '솔-솔-미파솔-라-라-솔, 솔-도-미-레도레'(나의 살-던 고향은 꽃피는 산-골). 우리는 '사분음표-사분음표-팔분음표-팔분음표-사분음표-사분음표-사분음표-이분음표….' 등으로 노래 부르지 않는다. 우리는 음고 맥락을 내재화하도록 교육받아 왔다.

하나의 맥락은 다른 맥락과 공존하며 조화될 수 있다. 서양음악과 대중음악의 일반적 관점에서 음고 맥락은 음가 맥락과 음의 강도 맥락, 음색 맥락보다 중요하게 취급되지만, 그렇다고 이 맥락들을 완전히 배제하지는 않는다. 우리는 음고 맥락을 통해 음고 지각을 주어진 순간 의식하지만, 바로 다음 순간 다른 맥락을 통해 음가·강도·음색을 의식할 수 있다. 어쩌면 음가 맥락과 강도 맥락, 음색 맥락은 음고 맥락의 전제적 지배에 대면해 수면 밑으로 잠시 가라앉았을 수 있다. 우리는 의식 세계에서 음고 연쇄로서의 선율을 듣지만, 무의식의 세계에서 음가·음의 강도·음색을 듣는지도 모른다. 이 무의식의 세계가 수시로 수면 위로 올라올 수 있다.

음고 맥락은 강력하지만 절대적이지 않다. 맥락이 바뀔 수 있다. 감상자의 의식적 노력으로, 혹은 작곡가의 특별한 생각으로 말이다. 쇤베르크의 '음색선율' 개념은 서양음악 2천오백 년의 역사 동안 지배적인 것으로 자리매김했던 음고 맥락의 독점 체제를 뒤흔들었다. 쇤베르크는 《다섯 개의 관현악곡들》 중 네 번째 곡인 〈색깔〉을 통해 이 개념을 제시했는데, 이 개념을 통해 우리는 음색의 어떤 연쇄를 선율로, 즉 음악을 이끌어가는 주요 요소로 생각할 수 있다. 원래 선율은 음고의 어떤 연속이었다.

이 혁명적 개념을 제안한 쇤베르크는 우리에게 다음의 질문을 하는 것 같다. "하나의 음에 대해 왜 음고 출력만을 의식해야 하나? 음색 출력은 왜 안 되는가? 왜 음고 맥락만을 가져야 하는가?" 음고 연쇄가 선율이 되는 것처럼 음색 연쇄도 선율적 힘을 얻을 수 있다. 독일 철학자 아도르노도 말했듯이 "악기 음색이 변화한다면 선율로서의 힘을 얻을 수 있다."(Adorno, 1995) 쉽지는 않겠지만, 음색 맥락이 마음속에서 자리를 잘 잡는다면 음색 선율은 실현될 수 있다.

쉰베르크의 개념을 음색 맥락에 대한 새로운 제안으로만 생각할 수 없다. 서로 다른 맥락들이 조화될 수 있다는 논리로도 생각할 수 있다. 독일의 음악학자 칼 달하우스가 말했듯이, 쉰베르크의 개념은 "음고들의 선율과 악기 [음색] 간의 균형을 회복하는 것에 그 목적이 있다.(Dahlhaus, 1997) 쉰베르크의 개념이 아니더라도 우리는 음악을 감상하면서 음고 맥락과 음색 맥락을 조화시킬 수 있다.

좀 더 나아가보자. 비음악적·음악 외적 차원에 대한 맥락을 생각할 수 있다. 비음악적 차원에서 작동하는 맥락과 순수 음악적 맥락을 조화시킬 수 있지 않을까. 사실 우리는 이미 음악을 그렇게 감상한다. 베토벤의 《교향곡 6번 전원》을 들으면서 선율도 듣고 음색도 들으며 전원적이라 할 만한 것들도 듣는다. 베토벤도 음악적 맥락과 전원적이라 할 만한 비음악적 맥락을 조화시켜 작곡했을 것이다.

음악 외적 맥락에는 전원적인 것만 있지 않다. 음악 외적인 것들이 무엇이건, 그것들은 감상자와 작곡가 들에게 의식되지 않을 수 있다. 《교향곡 6번 전원》을 들으면서 선율에만 집중하느라 전원적 특성이라는 출력을 채택하지 못할 수 있다. 어떤 작곡가는 비음악적 맥락을 애초에 설정하지 못하거나 설정을 안 할 수 있다. 이런 작곡가는 작업 과정에서 스스로 생각하기에 순수한 음악적인 맥락만을 설정하고 의식할 것이다.

하지만 무의식적 출력은 의식에 접근한 음악적인 것에 영향을 미칠 수 있다. 무의식은 원래 의식에 영향을 준다. 무의식의 이런 역할이 없다면 우리는 의식만으로 사는 셈이다. 그것은 경쟁력 없는 삶이다. 의식은 무의식을 반영한다. 의식과 무의식은 무의식적으로 통합되어 있다.

감상자에게나 작곡가에게나, 비음악적 맥락이 채택되어 의식될 수 있다. 바그너는 자서전에서 오페라《트리스탄과 이졸데》의 작곡은 부분적으로는 쇼펜하우어의 『의지와 표상으로서의 세계』에 대한 자신의 반응이었다고 말한다.(재인용 : 매기, 2005) 바그너는 비음악적인 출력이었던 쇼펜하우어의 염세주의 철학과, 음악적이긴 하지만 아직 이론적인 수준에 머물러 있던 이 철학자의 계류음에 관한 독특한 관념을 읽고 자신만의 음악적 생각으로 발전시켰다.

쇼펜하우어는 "일반적으로 음악은 욕구를 흥분시키는 화음과 만족시키는 화음의 연속으로 구성되며" 그렇게 "음악은 […] 우리 내면적 삶의 움직임에 대응한다."라고 전제하면서 계류음[2]에 특별한 관심을 보이고는 "[계류음은 일반적으

---

[2] 화음이 바뀔 때 앞선 화음의 구성음이 여전히 남아 새로 바뀐 화음과 어울리지 않는 음향을 만들어낸다. 이때 남아있는 음을 계류음이라 부른다. 계류음은 이후 바뀐 화음의 구성음으로 진행하여 불협화 특성을 해소한다. 불협화음이 그렇게 협화음으로 바뀐다. 화성학 용어로 해결이라 부르는 진행이다. 계류음을 쓰는 작곡가는 화음의 변화 과정을 순탄치 않게 만듦으로써 감상자에게 미묘한 긴장감을 제공해주려는 의도를 가진다. 긴장감과 함께 음악은 조화로움 일색이기보다 부조화와 안 어울림을 통해 조화로움과 평온함이 돋보이는 상태가 된다. 낭만주의 시대, 특히 바그너와 그의 후배들이 계류음을 많이 썼다. 많아진 계류음과 함께 음악은 더 반음계주의적이며 안 어울리는 음향으로 채워졌다. 이런 음향은 더욱 강렬해진 긴장감을 가져오고, 이것은 이어지는 해결을 더욱 극적이게 만들었다. 바그너는 계류음의 해결을 꽤 오랫동안 지연시키거나 아예 해결하지 않기도 했

로는 해결되는데, 마땅히 거쳐야 할 해결과정이] 연기됨으로써 더욱 고조되는 [삶에 대한] 의지의 만족감과 닮은꼴이 된다."(Schopenhauer, 재인용: 같은 책)고 말했다. 매기에 의하면 이 문장을 읽은 바그너는 오페라 전체를 계류음을 활용해 작곡한다는 생각을 하게 되었다. 지속적으로 사용된 계류음은 음악을 불협화음에서 불협화음으로 계속 이어지게 한다. 우리의 귀와 뇌는 계류음 다음에 와야 할, 그러나 오지 않는 해결을 기다린다. 쇼펜하우어에 따르면 이것은 갈망으로 가득한, 만족되지 않은 우리 삶에 대한 음악적 등가물이다. 삶에서 만족은 단 한 가지 방식으로 해결된다. 죽음. 악보 끝의 최종 화음은 주인공의 죽음을 표현할 뿐 아니라, 죽음만이 주인공과 우리 모두의 욕구와 갈망을 끝장낸다는 점도 표현한다. 이 최종 화음에서야 계류음이 제대로 해결된다. "이 모든 것은 [우리의 욕구가 충족되지 못하는] 이 세계에서의 [비극적] 삶이 음악 속에서 발견하는 객관적 상응물이다."(같은 책)

바그너가 한 일은 단지 계류음을 많이 쓴 것이 아니다. 계류음의 연쇄에 의해 불협화음을 연쇄시켰고, 이것을 통해 쇼펜하우어가 생각한 고통으로 가득한 삶, 그 해결이 오로지 죽음뿐인 삶을 표현했다. 이런 일을 할 수 있었던 것은 바그너가 쇼펜하우어의 개념에서 도움을 받아 독특한 비음악적 맥락을 설정할 수 있었기 때문이다. 이 맥락은 그가 그동안 익숙하

다. 바그너의 음악을 포함한 낭만주의 음악은 우리네 감정을 더욱 깊고 격하게 조종하는 쪽으로 진화했다.

게 가지고 있었던 음악적/화성학적 맥락과 연결됐다.《트리스탄과 이졸데》를 작곡하던 내내 바그너는 이러한 연결 상태, 즉 마음의 통합 상태에 처해 있었다. 이 상태는 또한 의식되었다.

바즈의 논의로 되돌아가자. 바즈의 중앙정보 교환소는 힐가드의 중앙 조절 장치와 유사해 보인다. 와인버거와 와이스 그에 의하면 이 두 가지 모두 병렬적이면서도 위계적인 마음의 최상위에 위치하여 의식을 담당하고, 하위의 여러 시스템을 조절하며 그들과 의사소통한다. 힐가드가 가정한 마음의 위계는 유연성이 있고 종종 변환된다.(와인버거·와이스, 2002) 이 변환으로 음악가의 마음을 설명할 수 있다. 음악가는 마음의 맥락을 자주 변환시켜야 한다. 음악을 하다가 구체적 삶의 현장으로 와야 한다. 음악을 할 때 가지는 마음과 그 맥락이 있고, 삶의 현장에서 가져야 하는 마음과 맥락이 있다. 다른 사람들도 그렇겠지만 음악가는 맥락을 특히 급격히 변환시켜야 한다. 급격한 변환이 삶의 마음과 음악적 마음을 해리된 것처럼 의식하게 한다. 이러한 해리는 종종 음악적 마음이 삶으로부터 동떨어져 있는 것으로 생각되게 하고, 삶과 삶의 이익이 되는 지식과 과학에 대해 음악가들로 하여금 저항하게 한다.

마음의 병렬적 처리 모델 혹은 연결주의 관점에 의하면 음악가 특히 작곡가는 삶에 대한 지식을 무의식적으로 얻는다. 미국의 정신과 의사 댄 슈타인은 국소적으로 일어나는 학습에 대한 이해에 [의식이] 접근할 수 있다고 말했다.(슈타인, 2002) 슈타인이 말한 것처럼 작곡가는 매일 (의식을 못할 뿐) 세상에 대해 인지하고 학습한다. 가끔 의식할 수 있을 것이다. 그렇게 얻어진 지식을 작곡하는 와중에 무의식적으로 사용한다. 상술한 암묵 개념이 그 근거다. 미국의 정신의학자 메릴렌 클로이트르에 의하면 인지과학자들의 암묵 개념에 대한 연구들은 의식적 자각이 없는 기억 혹은 인식이 흔하며, 의식에서 이용할 수 없는 경험들이 광범위한 인지 과정과 활동에 영향을 준다는 것을 시사한다.(클로이트르, 2002)

어떤 인지과학자들은 암묵 기억이 어린 나이에 생긴다고 말한다. 암묵기억과 본능 혹은 타고난 성향 및 그 신경적 기반은 국소적인 것이고 전문적인 것이기에, 상술한 연결주의적 관점을 다루어야 잘 이해가 될 것이다. 또 다른 미국의 정신과 의사 슈피겔과 리는 정보처리 시스템으로서의 우리 뇌 혹은 마음을 상향식 설계의 결과로 보면서 연결주의적 관점의 내용을 채운다.(슈피겔·리, 2002) 이것은 지각된 것, 기억, 인식 등을 적절한 범주에 깔끔하게 정리하는 계획적 신도시와 같은 하향식 설계 과정을 배격한다. 설계는 상향식으로 되었다지만, 완성된 뇌에서의 정보처리는 상향식과 하향식 두 방식으로 이루어진다.

상향식으로 설계되고 진화한 시스템으로서의 뇌는 땜빵식이다. 그때그때마다 조금씩 해지거나 뜯어진 곳에 다른 천을 대어 누덕누덕 기운 헌옷을 연상시킨다. 스티븐 미슨은 이러한 상향적 진화과정의 어느 순간에 인간이 통합적 마음을 장착하게 되었고, 이 마음의 장착이 인간으로 진화하는 과정에서의 가장 중요한 사건일 수 있다고 본다. 통합된 마음의 처음 상태는 오래된 지방 국가들의 자율성을 인정하는 토대에서 이루어진 느슨한 연방국가의 그것과 비슷했을 것이다.

20
통합적 마음과 인지적 유동성

　이제까지 다루었던 바, 인지와 연관된 정서와 감정, 지각으로서의 착각과 환각, 무의식을 반영하는 의식, 현실을 반영하는 망상, 다중 인격자의 외관상 분열된 자아들 사이의 연결고리 등은 통합적 마음 개념의 다양한 내용을 구성한다. 연주자와 감상자의 마음이 작곡가의 마음과 연결되어 음악적 마음으로 통합되며, 음악가의 마음이 사회적/생물적 마음과 연결되어 인간의 마음으로 통합되고, 작곡가의 마음속에서 비음악적 맥락과 음악적 맥락이 조화되는 이야기 또한 통합적 마음 개념의 내용이다.

　미슨의 독특한 개념인 통합적 마음에 대해서도 살펴보자. 이 마음은 인간의 마음이고 (마음을 구성하는 여러 하위 마음들이 서로 연결되지 않은) 분열된 마음은 다른 동물의 마음이다. 분열된 마음에서 통합된 마음으로의 진화가 인간으로의 진화과정이다. 이 과정을 다루면서 우리는 분열된 마음과 통합된 마음 모두를 이해할 수 있다. 동물성과 인간성에 대해서도 적잖이 이해할 수 있다.

　통합적 마음은 미슨에 의하면 선사시대 후기에 무대 위로 등장했다. 선사시대란 문헌적 사료史料가 전혀 없는 석기시대와 청동기시대를 말한다. 청동기시대보다 앞선 석기시대는 최초의 석기가 제작되었을 시점까지 거슬러 올라간다. 아프리카 에티오피아의 고나에서 발견된, 대략 270만 년 전의 석기가 인류 최초의 것으로 여겨진다면, 선사시대는 그때부터 대략 1만 년 전 농경 생활이 시작되기 전까지 지속되었다. 이렇게 긴 선사시대에 인간은 수렵채집 생활을 해 왔다. 이 시대의 생활상과 유물들의 변화과정을 마음의 진화사와 결부시켜 연구하는 인지고고학은 다양한 자료를 제공하며 진화심리학적 가설과 이론 들을 정당화시켜 준다.

그런데 오늘날 우리가 알고 있는 인간성은 대략 3백만 년에 이르는 이 시대에 국한되어 만들어졌을까. 많은 학자는 장구한 동물적 시기에까지 빚을 진 영장류의 마음이 사람 속의 여러 종에게 전해져 오다가, 구석기 시대에 와서부터 호모 사피엔스 종의 마음으로 서서히 진화되었다고 본다. 구석기 시대를 지나 완성된 인간의 마음이 지금에 와서도 크게 다르지 않다면 그때 완성된 마음은 현대적modern이다. 미슨에 따르면 이 현대적 마음은 자연사 지능과 기술 지능, 사회적 지능, 언어 지능이라는 영역 특이적 지능들로 구성되는데, 이 지능들이 연결되어 있어 마음은 통합적이다.(미슨, 2001)

호모 사피엔스가 네안데르탈인 같은 경쟁자들을 압도하고 대단한 문명적 성과를 이룬 데에는 통합적 마음의 창조적 능력이 큰 역할을 했다. 홀크 크루제에 의하면 창조적 능력은 별개의 것으로 나누어 저장되었던 정보들 사이에서 모종의 내적 연관성이 생겨남에 따라, 그리고 새로운 조합이 발생함에 따라 얻어진다. 창조적 능력은 그때까지 해결하지 못했던 문제를 해결하게 해준다.(크루제 외, 2003) 미슨의 통합적 마음은 크루제가 말한 창조성의 원천이었다.

마음의 통합은 호모 사피엔스에게서 완성되었지만 생명체의 장구한 진화사에도 빚을 졌다. 조상들의 마음에서부터 인간 마음으로의 진화사는 미슨에 의하면 '분화와 일반화'의 과정을 반복해 왔다.(미슨, 2001) 이 과정을 간단히 정리·요약해보자. 약 5천6백만 년 전까지 인간의 아주 먼 조상이었던 구舊 영장류 푸르가토리우스는 학습보다 유전 기제의 통제하에 행동해 왔다. 유전 기제로 영구히 회로화된 모듈 각각은 전문화된 기능을 담당하며, 특정 영역에 적합한 행동을 하게 했다.(같은 책)

이렇게 영역 특이적 마음을 가진 생명이 이후 3천5백만 년 전까지 서서히 일반적 지능을 가진 개체들로 진화되었다. 이 과정을 통해 인간의 또 다른 먼 조상 이집토피테쿠스는 경험에 의한 학습을 할 수 있는 일반화된 마음을 가지게 되었다. 이집토피테쿠스 제욱시스는 인간과 원숭이와 유인원의 공통 조상으로 추정되며 완벽한 두개골 화석을 남겼다. 이 동물은 고양이만 한 크기에, 완두콩만 한 뇌를 가졌다.(같은 책)

이후 약 10만 년 전까지 일반적 마음은 지능을 다시 분화시키는 쪽으로 진화상의 방향전환을 했다. 지능은 자연사 지능, 기술 지능, 언어 지능과 사회적 지능의 영역들로 분화되고, 이 지능들은 개체 간 경쟁을 통해 더욱 발전되었다. 우리의 방

계 조상인 네안데르탈인은 이렇게 발달한 영역 특이적 지능들을 가지고 성공적으로 생존해 왔다.(같은 책)

네안데르탈인을 비롯해 분화된 지능을 가졌던 조상들과 호모 사피엔스의 운명을 가른 것은 6만 년 전 이후 호모 사피엔스에게서 깊게 진행된, 분화된 지능의 통합과정이었다. 영역 특이적 마음들 및 그 마음들을 전담하는 모듈들이 서로 의사소통했고, 지능과 지식은 서로 스며들어 유동적이 되고 통합되었다. 인간의 의식 세계에 엄청난 유연성과 융통성이 생겨났다. 드디어 마음이 통합되었다.(같은 책)

이 무렵 인간의 문명과 문화가 갑자기 폭발적으로 발달했고, 호모 사피엔스는 사람 속屬의 최종승자가 되어갔다. 정교하며 표준화된 부품들로 구성된 도구의 발명, 맞춤옷, 미술, 종교, 언어 등이 6만 년 전 이후 급속히 출현했다. 문명과 문화의 이러한 폭발적 발전의 원인으로 인간 정신 능력의 고도한 발전 및 그것을 가능케 한 통합적 마음 이외에 다른 무엇을 생각하기 어렵다. 정신 능력의 고도한 발전을 인지혁명이라 하며, 이 혁명과 함께 한 문명/문화의 급격한 발달을 빅뱅 혹은 대도약이라고 부른다.

미국의 신경의학자 라마찬드란은 이 빅뱅이 일어난 것과 관련한 거울뉴런의 역할을 언급한다. 라마찬드란에 의하면 인간은 거울뉴런을 통해 상대 마음을 읽고 모방 학습을 할 수 있었다. 정교한 도구, 미술, 언어 등은 지극히 우연히 만들어졌고, 거울뉴런을 가진 이들에 의해 쉽게 모방되어 세계로 퍼졌다. 라마찬드란이 모방 학습만으로 모든 것을 설명하지는 않았다. 우리를 인간답게 만드는 마음 형질들이 더 필요했는데, 이것들이 추가로 발달할 수 있도록 하는 데에 모방된 문화가 선택압으로 기능했다고 한다. 그런 선택압에 처한 인간 마음은 자가 촉매 과정을 겪으며 현생 인류의 의식을 갖추게 된다. 거울뉴런은 인간 문화 발전의 충분조건이 아닌 필요조건이다.(라마찬드란, 2012)

라마찬드란에게 5만 년 전 문명과 문화는 우연히 발명되었다. 그것들은 우연히 한 장소에서 출현해 [거울뉴런체계 기반 모방 학습 능력을 통해] **빠르게 퍼졌다**. 모방 학습되어 발전된 인류 문화와 모방 학습하는 인간 뇌는 불가분한 상호 기생체로 공진화해 왔다. 거울뉴런체계는 그것대로 더욱 정교하게 됨으로써 인간 뇌의 학습 능력을 높여주었다.(같은 책)

불, 맞춤옷, 대칭형 도구, 미술 같은 발명이 우연적 사건이었다는 주장은 미심쩍다. 이 우연론은 그 이전 조상들도 같거나 유사한 발명들을 했었거나, 최소한 할 수 있었다는 논리를 낳는다. 라마찬드란은 조상들이 더 빨리 이런 것들을 발명했을 수 있지만, 그것들을 확산시켜 주는 거울뉴런체계가 충분히 발전하지 않았을 것으로 추측한다.(같은 책)

복잡하며 창의적인 발명들을 우연히 할 수 있을까. 오늘날에도 미술은 어렵다. 독수리를 잡아 **뼈**의 털을 발라 피리를 만드는 일도 그렇다. 오늘날에도 어려운 일들을 3만 년 전 이전에 우연히 할 수 있었을까?[1]

---

1. 르네상스 시대와 대충 겹치는 시기에 조선이 건국되고 세종대왕의 문화적

자연스레 미슨의 논의에 관심을 두게 된다. 미슨에게 미술은 통합적 마음을 가진 인류가 창조한 것이다. 6만 년 전부터 3만 년 전까지의 시기 동안 미술을 등장하게 한 현대적 마음이 형성되었다. 이 마음은 인간의 여러 지능 영역 사이의 벽에 구멍이 뚫려 지식이 유동적으로 흘러 다니는 상황 즉 '인지적 유동성' 덕분에 형성되었다.(미슨, 2001) 우선 기술적 지능이 있어야 어떤 재료를 이용해 미술품을 만드는 것과 같은 작업을 할 수 있다. 완성된 미술품은 오늘날의 CD처럼 정보저장 매체로 기능했을 수 있다. 즉 조상들이 사냥했던 먹잇감이나 포식자가 그려져 있었다. 당시의 화가가 자연사 지능을 가졌다는 이야기다. 또한 교육적 목적을 가지고 그림에 대해 이야기했었을 수 있다. "이것은 무서운 동물이란다. 이것이 나타나면 나무 위로 올라가 있거나 조용히 아빠 뒤로 오렴." 이것은 의사소통 능력으로서의 언어 지능과 함께 사회적 지능이 있어야 가능한 일이다.

미술이 세상에 선을 보이려면 이상의 영역 특이적 지능들

업적이 빛을 보게 된 점을 생각해보자. 라마찬드란이 말했던 대로 이 시대 인간은 유전적 변화를 겪지 않은 것 같다. 원래 돌연변이 변화는 보통 국지적으로 먼저 시작되어 그 후손들이 세계로 퍼져가며 이루어진다. 비슷한 시기에 유럽과 동양에서 서로 다른 민족에 의해 문명과 문화의 고도한 발전이 있었다. 르네상스는 고대 그리스와 로마 및 중세 이슬람 문명의 부활·재생이다. 대단한 고대 문명에도 선배가 있었다. 이집트 문명과 메소포타미아 문명. 이 문명들과 달리 5만 년 전 문명의 선배는 없었다. 큰 변화였다. 인간의 어떤 유전적 변화를 생각해야만 할 정도다. 미슨은 유전적 변화를 가정했다. 그 변화가 통합적 마음을 낳았다. 우연한 발명 이론은 이 발명품들에 내재한 인지적·통합적 가치를 충분히 설명해주지 않는다.

이 서로 연결되어 작동해야, 즉 통합적 마음이 있어야 했다. 3만 5천 년 전 플루트도 통합적 마음이 있음으로써 제작될 수 있었다. 이런 미술 활동과 플루트를 통한 음악 활동을 누군가 하루아침에 우연히 할 수 없다. 라마찬드란은 어떤 혁신이 어떻게 이루어졌는지에 대해 말하지 않았다.

통합적 마음이 문명적 요소들을 만들었고 거울뉴런이 그 요소들을 확산시키는 데에 도움을 줬을 수는 있다. 과학자들은 일부 영장류가 거울뉴런을 가지고 있다고 말한다. 우리가 그들에게 문명적 요소들을 보여주면 그중 일부가 그 요소 중 일부를 모방한다. 하지만 그 이상의 진전은 없다. 거울뉴런만으로 문명의 발전을 설명하기에는 부족하다는 이야기다.

미슨은 지식이 유동적으로 흘러들어 간다고 했는데, 그렇다면 흘러들어 가는 지식의 양을 생각할 수 있다. 양이 적은 경우 무의식으로 남을 것이고 많은 경우는 의식될 것이다. '흘러들어 간다'는 은유적 표현은 마음에 대한 설명으로 적합하다. 마음의 연결은 뉴런들끼리 새로이 연결되는 것 즉 신경연접이 창출되어 현상되는 것일 수 있다. 창출된 신경연접들이 지식과 지식을 연결하고 마음을 통합할 것이다. 신경연접의 존재가 있음으로 해서 뇌는 구조적으로 특별하게 달라져야 할 필요가 없었을 것이다.

미슨은 흘러들어 가는 지식의 양의 많고 적음에 대해서는 말하지 않았다. 그 양의 차이에 따라 통합의 강도 혹은 통합을 이루는 요소들의 결속력의 강도 차이가 발생할 것이다. 미슨은 또한 통합 상태에서 통합을 이루는 요소들과 통합 그 자체가 의식되는지 여부에 대해서도 말하지 않았다.

서구의 근현대 예술 음악들도 (지금으로부터 대략 3만 5천 년 전일 수 있는) 기원 시절의 음악과 같이 통합적 마음을 통해 만들어졌다. 통합을 이루는 지식의 양이 기원시절보다 많아졌을 것이고, 그 지식의 결속력도 더 높아졌을 것이다. 근현대 예술 음악은 통합이 점점 더 잘 의식되는 마음을 통해 만들어졌을 것이다. 이에 대한 옹호는 뒤로 미룬다.

미슨은 통합을 일회적 사건으로 보는 것 같다. 미슨에게 6만 년 전의 통합된 마음은 지금까지 큰 변화가 없다. 미슨은 이렇게 변화가 없다고 말하면서 전통적인 심적 동일설을 따르는 것 같다. 소진화에 대한 암시를 주지 않으면서 말이다. 나는 6만 년 전 통합된 마음의 기조는 변하지 않았지만, 세부 조정이 있었다고 가정한다. 소진화가 6만 년 전 이후 지금까지 있었고, 특히 근대 이후 서구에서 더 분명해졌다고 말이다.

소진화는 6만 년 전 이미 통합된 마음의 내적 조성의 강화다. 그것은 기존의 유전적/신경적 기반을 그대로 사용하되, 어떤 부분들이 좀 더 활성화되는 변화다. 이런 변화와 함께하는 독특한 서양 문화의 변화가 있었다. 서양인들은 고대 그리스 시절 이래 독특한 문화를 만들었고, 르네상스 시절부터는 그 독특함이 더욱 분명해졌으며, 그에 따라 그들의 사회도 대체로 비서구 사회와 많이 달라졌다.

정치적/사회적/과학기술적 요소들과 예술이 더 적극적으로 결합된 것은 그들이 만든 다른 문화의 한 원인이었다. 이를테면 권력을 잡은 근대적 시민계급이 수학과 자연과학 및 과학기술을 발전시켰고, 덕분에 피아노와 같은 만들기 어려운 악기가 제작될 수 있었다. 피아노 제작 기술은 매우 역동적으로, 빨리 발전했다. 베토벤은 생애 동안 서로 다른 수준의 네 대의 피아노를 접한다. (오늘날에도 과학기술이 고도로 발달한 나라만이 피아노를 제조할 수 있다. 피아노 제조업은 큰 규모의 자본이 투입되어야 하는 장치산업이다. 피아노를 제조할 수 있는 나라들은 그렇지 못한 나라들과 경제/정치/사회적으로 다르다.) 가장 혁신적이어서 오늘날의 피아노와 같은 발음 원리를 장착한 웅장한 피아노를 마주한 베토벤의 감수성은 활활 타올랐고, 그 결과는 《함머클라이버 소나타》와 같은 대작이다. 프랑스 대혁명에 감동했고 그 감동을 반영한 베토벤의 웅장한 작품들은 넓은 음악회장에서 사람들을 감동시켰다. 당시까지 지구상의 어떤 문화에서도 볼 수 없던, 정치-사회-과학기술-문화-음악의 요소들이 상호 관련되며 어우러지는, 강도 높은 통합적 현상이었다.

이와 비교해보면, 인류 최초의 플루트와 함께하는 음악은 '무의식적이며 약한 통합적 마음'의 소산이다. 약한 통합적 마음은 오늘날 보편적이며, 현대의 삶을 살아가는 데에 큰 도움을 준다. 적응이다. 이런 마음에서 우러나온 선사시대의 음악도 적응이다. 이 시대의 음악이 적응인 다른 이유도 있다. 구애 수단과 같은 혹은 공동체 의식을 점화하는 것과 같은 명확한 기능을 가지고 있다는 이유이다.(14장 참조)

반면 근대 서양의 고전음악과 현대음악은 적응이라고 말하기 어렵다. 고전음악과 현대음악을 만들어낸 원동력인, 혹은 고전음악과 현대음악에 반영된 '의식적이며 강한 통합적/인지적 마음'도 적응이라고 말하기 어렵다. 적응적이거나, 굴절적응일 수는 있다. 이것은 고도의 지능 혹은 고도의 인지적 마음이 적응이 아닌 것과 같다. 굴절적응일 수 있는 마음의 표현형인 이 음악들의 이해를 동반한 감상은 계몽적 이익을 줄 수는 있다. 그런 이익을 주는 문화가 있고 그렇지 않은 문화가 있을 수 있다.

음악의 감상을 통해 성찰적/계몽적 이익을 얻을 수 있는 문화는 받아들이고 더욱 발전시켜야 하지 않을까. 문화의 토대가 통합적 마음이라면 더욱 그렇다. 문화상대주의의 이름으로 다른 문화를 강조하는 것은 현명해보이지 않는다. 문화의 다양성을 말하며 음악작품의 구체적 스타일을 서양의 것과 달리 할 수는 있다. 중요한 것은 음악작품이 생산되는 과정에 작동했던 강한 통합적 마음이다. 통합적 마음의 강도 차이, 그 기반일 수 있을 어쩌면 소소한 (어떤 부분들이 좀 더 활성화된 수준의) 유전적 다름, 그리고 그에 따른 문화적 차이를 아예 인정하지 않는 것은 인간의 피부색이 서로 다르지 않다고 말하는 것과 같다. 사람들 사이에 근육의 강도, 피부색, IQ로 측정되는 지능이 다르듯이, 통합적 마음의 세부 조성 차이도 분명 있다. 모든 인간이 같은 피부색이어야 할 필요는 없다. 통합적 마음의 정도 차이는 문화적 경험과 교육 및 성찰을 통해 해소될 수 있고, 해소되는 것이 좋다. 해소될 수 없고 좇아갈 수 없다고 말할 때 인종적/우생학적 관점이 개입된다.

미슨의 통합적 마음에 대한 주장은 다른 심리학자들의 주장들과 대비된다. 다중지능 이론을 제안한 미국 심리학자 하워드 가드너는 전체적 통합보다는 부분적 조합을 말한다. 가드너는 음악 지능, 신체운동 지능, 논리수학 지능, 언어 지능, 공간 지능, 인간친화 지능, 자기 성찰 지능을 제안했는데, 이 지능들은 서로에 대해 독립적이다.(가드너, 2014)

가드너의 지능들은 그가 기대하는 바, 각자의 개성이 꽃피는 다원적 세계를 위해 준비되었다. 가드너의 이론은 "인지와 관련해 분리된 측면을 인식하고, 사람들이 서로 다른 인지적 강점과 상반되는 인지 유형을 지닌다는 것을 인정하는, 마음에 대한 다원론적 견해다."(같은 책) 이 다원론은 마음의 구성 요소 간 혹은 서로 다른 지능들 간의 상호작용과 그에 따른 통합을 가정하지 않는다. 가드너는 말한다. "개인의 지능은 […] 여러 지능의 집합으로 보아야 한다. […] 한 개인의 특정 지능은 뛰어나지 않을 수 있다. 여러 지능이 합쳐서 특정한 조합을 이루면 특정 분야에서 제 역할을 잘해낼 수 있다."(같은 책)

미슨의 영역 특이적 지능들은 서로 연결되어 더 큰 상위의 틀인 통합된 마음을 구성한다. 반면 가드너에게는 이러한 상위의 틀이 가정되어 있지 않다. 가드너는 여러 지능이 합쳐서 특정한 조합을 이룬다고 했는데, 이 논리에 따르면 가드너가 제안한 총 7개의 지능 모두가 조합된 경우도 있고 단지 2개의 지능이 조합된 경우도 있을 것이다. 2개의 지능이 조합되어 작용할 때 그 조합으로부터 제외된 다른 지능은 큰 역할이 없다. 2개 지능만으로 험난한 인생을 살아갈 수 있을까. 인류는 처음에는 2개 지능만의 조합으로 살다가 점차 조합을 이루는 지능 요소들을 늘렸을까. 인류의 진화과정보다 개인의 발달과정에 더 큰 관심을 둔 가드너는 수만 년 전 우리 선조가 어떤 마음의 진화과정을 거쳐 인간화되었는가에 관해 말하지 않는다.

가드너는 여러 지능을 말하는데, 뚜렷한 진화심리학적 관점을 명시적으로 표명하지 않았다. 이 지능들, 특히 음악 지능이 무엇을 위해 인간에게 마련되었는가, 혹은 음악 지능이 무엇에 쓰였는가에 대한 논의는 진행되지 않는다. 그의 논의를 빌린 어떤 음악학자도 음악 지능이 무엇을 위한 것인가에 대해 말하기 어려울 것이다. 가드너는 자신의 여러 책에서 진화 용어를 종종 썼다. 하지만 그의 논의는 일관된 진화론적 관점에 기초하지 않는다. 가드너와 달리 진화심리학자들은 인간의 지능 대부분이 세계에 대면한 인간의 적응도를 높여주는 것들이라고 말한다. 음악적 지능이 적응도를 높여주는 것이 아니라면, 그 존재이유는 무엇일까.

우리 사회에서는 이미 가드너 방식대로, 즉 지능들이 독립적이라는 사실에 방점을 두어 ('사람들은 모두 달라. 서로 다른 이들을 하나의 잣대로 평가하지 마!'라고 하면서) 각 지능을 아우르는 상위의 틀인 통합된 마음에 대해서는 관심을 두지 않은 채 학생들을 교육한다. 음대생들이 다른 학문을 배우고는 있다. 공대생들이 음악을 배우듯이 말이다. 음악과 과학이 어떤 관련이 있는지에 대해 공대생들이나 음대생들은 배우지 않는다. 학생들은 여러 교과목의 접점과 연결지점에 대해 교육받지 않는다. 그렇게 교육할 수 있을 교육자도 없다. 교육은 따로따로 진행되고 학생들은 지식들을 마음속에서 병렬시킨다. 가드너가 말한 지능들의 조합은 물론 미슨이 말한 인지적 유동성을 위한 조치들은 학교를 졸업하고 각자 알아서 취해야 한다. 알아서 하지 못한 이들은 다중 지식 장애자가 된다.

가드너는 인간이 자신에게 고유한 지능을 적성에 맞게 발달시켜 특정 분야에서 제 역할을 잘해낼 수 있다고 말한다. 가드너는 우리 사회의 분업화된 구조를 그대로 받아들이며, 그 구조 속에서의 전문가를 상정한다. 가드너 방식의 다원주의는 보수적이다. 가드너의 주장에는 지나칠 정도로 분업화된 현재의 구조를 개성이 꽃피는 다원화된 사회라는 명목으로 인정하자는 함의가 있다. 가드너가 말하는 다원화된 사회는 서로에 대해 존중하면서도 무심한, 파편적 인간성을 가져오는 분업적 구조다. 물론 개성이 억압되고 다원화되지 않은 사회에서 다원화된 사회를 만들려는 노력에는 가치가 있다. 현재의 사회가 권력과 금력의 불평등한 집중 상태에 기초한 피상적 다원성을 보이고 있는 것은 아닌지 고민할 필요도 있다.

우리 인간의 중요한 특성이 하나 있다. 전문가가 아니라는 점. 독자들은 우리 사회에 다양한 전문가 직종이 넘쳐나지 않느냐고 반문할 것이다. 고개를 들어 시야를 자연으로 돌려보자. 우리가 다른 생물들에 비해 특별히 전문적으로 잘하는 것이 있던가? 과학 리포터 애덤 콜은 우리가 잘 모르는 흥미로운 사실들을 소개한다. 그에 의하면 현역 최고의 달리기 선수인 우사인 볼트는 일부 집고양이보다도 느리다. 최고의 수영선수였던 세자르 시엘로도 청새치, 참치, 문어, 펭귄보다 느리게 헤엄친다. 최고의 멀리뛰기 선수인 마이크 파월도 눈표범보다 적은 거리를 뛴다. 최고의 역도선수였던 레오니드 타라넨코는 265kg의 무게를 두 손으로 들지만 코끼리는 코로 299kg을 들 수 있다.(Cole, 2015)

인간은 동물들이 하는 전문적 일들을 전혀 못한다.[2] 반면 동물들은 인간만이 한다고 여겨졌던 행위들을 조악하게나마 한다. 모든 동물에겐 미슨이 말한 영역 특이적 지능들 각각이 있다. 우선 자연사 지능이 없는 생물은 없다. 생존을 위해 수면으로부터 적당한 깊이에 터 잡은 벤도비온트, 계절이 바뀌면 다른 곳으로 이동하는 철새들, 추운 겨울에 동면하는 개구리 등을 생각해보자. 자연사 지능이 없는 생명은 생존할 수 없다.

---

2. 우리 인간에겐 거북이처럼 딱딱한 껍질도, 사자와 호랑이처럼 날카로운 이빨과 발톱도, 코뿔소의 강력한 뿔도, 초고주파를 들을 수 있는 박쥐의 귀도, 개와 코끼리가 가지고 있는 뛰어난 코도, 코모도왕도마뱀의 강력한 독도 없다. 타조의 눈은 10Km 밖을 인식하고 40m 정도 거리에 있는 개미를 본다. 최고의 권투선수도 맨주먹으로 나무에 구멍을 뚫을 수 없다. 딱따구리는 그 일을 한다. 인간은 토끼와 같은 번식 전문가가 아니며 (토끼는 태어난 지 3개월이 되면 발정하고 교미하여 임신한 지 한 달이면 3~6마리의 새끼들을 한 번에 분만한다.) 스컹크처럼 악독한 냄새를 풍기는 방귀를 뀌지도 못한다. 독수리처럼 썩은 음식을 소화하지 못하며, 파리 같은 곤충을 잡아먹는 식물인 파리지옥처럼 곤충이 좋아할 달콤한 분비물을 만들지 못한다. 도마뱀이나 식물처럼 모듈적인 신체를 가지고 있지도 않다. 식물은 자신의 몸의 일부 혹은 상당 부분이 훼손되더라도 다시 몸을 되살릴 수 있다. 식물의 모듈성이다. 인간은 카멜레온처럼 주위 환경에 맞추어 피부색을 바꾸지 못한다. 폭탄먼지벌레처럼 독성이 있는 물질을 만들어내 터트리지 못한다. 자연에는 온갖 기상천외한 전문가들이 있다. 자연 속 전문가들의 모습은 인간사회의 자칭 전문가들을 한없이 초라하게 만든다.

인간은 대략 250만 년 전에 도구를 만들었다. 프랑스의 고인류학자 파스칼 피크에 따르면 한동안 도구의 제작과 사용은 고고학자들이 고인류를 인정하는 기준이었다. 그런 고고학자들이 고인류로 인정한 대상이 도구적 인간 호모 하빌리스다. 피크는 이 판단이 틀렸다고 단언한다. 진지Zinj라는 애칭으로 불린 오스트랄로피테쿠스 로부스투스가 선사시대에 최초로 도구를 사용했음이 새로이 알려졌는데, 진지는 사람이 아닌 영장류 동물이었다.(피크, 2009) 프랑스의 영장류 연구가 크리스토프 보에슈는 더 놀라운 연구 결과를 보고한다. 그에 따르면 아프리카 침팬지는 단단한 호두를 깨기 위해 커다란 돌을 망치처럼 사용한다.(C. Boesch & H. Boesch, 재인용 : 랑게, 2011) 둥지를 만들기 위해 나뭇가지를 가지고 오는 새들은 도구를 기술적으로 다룰 줄 안다. 인터넷에서 '낚시하는 새'라는 이름의 동영상을 볼 수 있다. 이 새는 물가에서 물고기를 꾀려고 꽃잎을 물 위에 몇 번 던지다가 물고기가 미끼를 문 순간을 놓치지 않는다. 작은 새가 도구를 이용해 기술적으로 낚시를 했다![3] 뉴질랜드의 과학자 개빈 헌트는 도구를 변형시키는 뉴칼레도니아 까마귀에 대해 말한다. 이 까마귀는 무형의 재료에서 특별하게 완성된 형태의 도구를 만들었고, 원하는 용도에 맞게 도구를 변형시킬 수 있다.(Hunt, 재인용 : 랑게, 2011) 미국의 과학저술가 콜린 배러스는 침팬지와 원숭이들 일부가 석기 시대에 진입했다는 과학자들의 말을 전

---

3. 낚시하는 새 동영상 https://www.youtube.com/watch?v=L16Rnb6g_sY

한다. 서아프리카의 열대우림, 브라질의 삼림지대, 태국의 해변 등에서 고고학자들은 이들 영장류가 사용했던 석기들을 파헤쳤다. 이제 영장류 고고학이라는 새로운 학문 분야가 등장했다.(Barras, 2015)

석기 같은 도구를 이용해 자연을 개량하는 영장류는 어쩌면 자연사 지능과 기술 지능을 연결하는 능력을 갖췄는지도 모른다. 도구를 이용한 생산은 인간만이 할 수 있는 것으로 알려졌었다. 19세기 독일의 사회주의자 프리드리히 엥겔스는 『자연변증법』에서 "동물이 도달할 수 있는 최고 수준은 기껏해야 채집일 뿐이지만 인간은 생산한다."(엥겔스, 1989)고 자신 있게 썼다. 최재천에 따르면 과학자들은 버섯을 재배하는 버섯개미와 잎꾼개미를 확인했다. 인간이 1만 년 전부터 농경을 시작했다면 잎꾼개미는 5천만 년 전부터 농사를 지었다. 지구 위 200여 종의 개미들이 농사를 지으며, 그들 중 일부는 농경을 위해 환기시설과 냉난방시설을 갖춘 거대한 지하도시를 건설한다.(최재천, 1996)

과학자들은 인간 이외의 사회적 동물, 특히 원숭이나 침팬지, 보노보 같은 영장류 동물이 자신의 사회에서 때론 마키아벨리처럼 뒤통수를 치고, 때론 사회주의자처럼 연대한다는 것을 알아냈다. 네덜란드의 동물학자 프란스 드 발은 '마키아벨리 지능' 개념을 제안했고, 영장류들도 이 지능을 가진다고 말한다. 이 지능에 대해 드 발은 삶을 살아가며 필요한 대부분을 타인에게 의존하는 인간이 타인의 심리를 이해하고 그것을 자신에게 유리하게 활용하는 능력이라고 정의 내린다. 드 발은

침팬지들이 놀라울 정도로 인간처럼 정치를 한다고 말한다.(드 발, 2004)

피크에 의하면 정치하는 많은 영장류 동물은 사회생활 하며, 집단으로 전쟁한다. 그들은 음식을 공유하며, 위계질서를 지키고, 매춘도 한다. 임신과 무관한 성생활을 즐기며, 정치와 도덕을 가지고 있고, 거짓말을 하며, 공격과 화해, 입맞춤과 중재를 보이고, 상징적 의사소통을 하며, 자의식을 가진다. 그리곤 웃고 운다.(피크, 2009)

마키아벨리 지능은 영장류만이 가지고 있지 않다. 미국 캘리포니아대학교의 케빈 루프 연구원에 의하면 미국에 사는 땅벌 사회에서 여왕벌이 낳은 후손들이 일벌들의 마음에 들지 않을 경우, 일벌들은 여왕벌을 살해하고 새로운 여왕을 옹립한다.(Loope, 2015)

사회적 지능은 의사소통 능력이기도 하다. 많은 동물이 의사소통하며 그 와중에 감정을 가진다. 서로 다른 종 간에도 의사소통은 가능하다. 늑대와 달리 개는 주인과 눈을 맞추면서 해야 할 과제들을 잘 해결한다. 개는 인간과 감정에 기반을 둔 의사소통을 할 수 있는 쪽으로 진화했다. 개의 입장에서 이득이 있었으니 그렇게 진화했을 것이다.

의사소통 능력으로 가장 정교한 것이 언어다. 의사소통하는 모든 동물에겐 나름의 언어 지능이 있다. 하라리는 녹색원숭이가 다양한 울음소리를 통해 의사소통한다고 말한다. 그에 따르면 학자들은 원숭이들의 울음소리에 '조심해! 독수리야' 같은 분명한 뜻이 있음을 확인했다. 녹색원숭이는 '조심해!

사자야'라는 뜻을 가지는 울음소리도 낸다.(하라리, 2015) 새들은 발화를 분절하고 새로 구성하는 능력에 기초해 의사소통한다.(13장 참조) 과학자들은 초식동물이 접근하는 것을 위험으로 인식한 식물들이 휘발성 화합물을 이용해 서로 소통한다는 것을 알아냈다.(Hsu, 2012) 대형 유인원에게 농아들이 사용하는 수화처럼 기호와 상징을 통한 소통 방법을 가르쳐주거나 컴퓨터의 터치를 이용한 소통 방법을 가르쳐주면 이들과 인간과의 의사소통이 무척 잘 된다. 이들이 우리와 유사한 뇌 구조, 즉 언어적 능력이 있는 뇌 구조를 가졌음이 밝혀졌다.(피크, 2009)

동물들은 학습도 다양하게 한다. 동물들은 단순한 연합 학습, 탐구 학습, 통찰 학습, 판별 학습, 범주화와 개념 형성, 실물을 그린 그림에 대한 인식, 배제 원리에 따른 학습을 한다.(랑게, 2011) 동물들은 또한 자기 존재를 인지한다. 오랑우탄은 거울 앞 자신을 인식한다.(Gallup, 1970)

동물들은 영역 특이적 지능들의 일부를 연결하기도 한다. 지능들의 원시적 연결은 통합적 마음의 원형을 예고한다. 지능의 연결이 가져온 것이 문화다. 프랑스의 신경생물학자 장 디디에 뱅상은 이모라 불리는 암컷 긴꼬리원숭이가 모래에 섞여 먹을 수 없게 된 곡식 낱알들을 호수의 물에 담근 후 모래가 가라앉자 떠오른 낱알을 건져냈다는 사실을 소개한다.(뱅상, 2009) 이모는 이 일을 위해 근처 호숫가를 찾아냈다. 자연사 지능이다. 이모가 물을 도구로 이용했다고 해석한다면 그에게서 자연사 지능과 기술 지능은 연결되었다. 이모는 놀랍게도 이 기술을 비롯해 다른 기술을 동료 원숭이들에게 전수했다. 그는 자연사 지능과 기술 지능을 사회적 지능에 연결해 문화를 만들어냈다! 뱅상에 따르면 문화는 사람과 원숭이를 구분하는 본질적 요소가 아니다.(같은 글)

이 모든 혁혁한 성과에도 불구하고 동물은 인간적 문화, 예술, 과학을 발달시키지 못했다. 동물들이 영역 특이적 지능들 각각을 가지지만 그것들 모두를 연결하고 통합하지 못했기 때문이다. 미슨에 의하면 침팬지들은 사회적 전략에서 물질문화를 이용하지 않으며, 도구 제작에 대한 사고를 사회관계에 대한 사고와 통합할 수 없다. [사회적 지능과 연결되지 못했던] 200만 년 전 호모 하빌리스의 기술 지능은 인식의 대약진으로 이어지지 않았다.(미슨, 2001)

물론 인간과 다른 동물과의 다른 차이들이 더 있다. 해부학적 차이는 중요하다. 새들은 인간처럼 두 발 보행하지만 손이 없다. 그들은 손으로 무언가를 쥐어 지능을 발전시키는 대신 날개를 발명시켜 나는 쪽으로 진화했다. 두 발 보행하는 캥거루와 왈라비에게는 손이 있지만, 그 손의 엄지손가락은 나머지 손가락들과 마주하는 구조가 아니다. 인간만큼 잘 쥐지 못해 이들의 도구 지능이 발달하지 않았을 수 있다. 윌슨에 의하면 똑똑한 돌고래들은 불을 사용할 수 없는 바다에 살기에 지능을 더 높이는 쪽으로 진화할 수 없었다. 윌슨은 농사짓는 개미가 너무 작고, 충분한 지능을 탑재할 수 있을 크기의 뇌를 가질 수 없었음도 지적한다.(윌슨, 2013) 마음의 현대적 통합이 가능하려면 영역별 지능들 각각이 충분히 발달해야 했다. 물건을 쥘 수 있었던 현생인류의 조상은 그것을 도구로 이용하였었고, 그렇게 기술지능을 충분히 발달시켰을 것이다.

미슨은 호모 사피엔스가 통합적 마음을 가졌음을 알려주는 연구결과를 소개한다. 이를테면 현생 인류인 호모 사피엔스의 과거 삶에 대한 고고학 증거들은 호모 사피엔스가 한 공간에서 여러 지능을 발휘했음을 강력히 추정케 해준다. 사회적 상호작용, 석기 제작, 도살 등의 활동은 한 공간에서 이루어졌다. 사회적 지능과 기술 지능이 통합되지 않았다면 이루어지기 힘든 일이다. 반면 초기 인류는 여러 활동을 서로 다른 장소에서 했다. 그들에게 지능들이 연결되지 않았다는 고고학적 증거다.(미슨, 2001)

미슨은 남부 독일의 홀레슈타인-슈타델에서 발견된, 3만년 전의 것으로 추정되는 사자 인간상을 호모 사피엔스가 지능들을 연결했다는 증거로 여긴다. 이것은 매머드의 상아를 조각해 만든 사자의 머리를 가진 남성상이다. 인간의 속성을 가진 동물 혹은 의인화된 동물을 창조하는 일을 네안데르탈인은 못했다. 이 일은 사회적 지능과 자연사 지능 간의 유동성이 있어야 할 수 있다.(같은 책) 후기 구석기 시대에는 의인화된 동물을 소재로 한 미술품이 넘쳐났다. 프랑스의 인류학자 레비스트로스 말마따나 인간에게 동물은 먹기에도 적당하지만 사색하기에도 적당하다.(재인용 : 같은 책) 동물뿐이 아니다. 호모 사피엔스는 이제 다양한 존재들을 마구 뒤섞어 초자연적 관념을 만들어낸다. 종교가 탄생했다.(같은 책)

미슨의 결론은 이렇다. 사회적 지능과 자연사 지능이 먼저 결합하면, 기술 지능도 결합한다. 결합의 가장 중요한 동력은 사회적 언어다. 자연사 지능과 기술 지능은 비사회 세계에 대한 지식이다. 이런 지식이 언어 지능과 사회적 지능에 의해 해석되었다. 사회적 언어와 함께 사회적 지능이 비사회적 정보에 침범당하기 시작했다. 이런 침범을 비사회 세계에 대한 지식을 증진하는 데 이용할 수 있었던 개체들은 선택 상 이익을 보았을 것으로 미슨은 추측한다. 구체적으로, 동물의 행동이나 도구를 만드는 방법에 대해 질문을 하면서 대화에 더 많은 비사회적 언어의 단편들을 보탤 수 있었던 개체들은 더 많은 선택 상의 이익을 얻었을 것이다. 이들은 유전된 설계도에서 나타난 무작위적 변화로 인해, 분화된 지능들 사이에 특히 투과성이 강한, [해리 장벽일 수 있는] 벽을 갖춘 개체들이었을 것이다. 말하기를 즐기는 이 개체들은 행동의 관찰에만 의존하지 않고 언어를 이용해 다른 개체들의 비사회적 지식을 이용한다. 그렇게 선택 상의 이익을 얻었다. 그 결과 사회적 언어는 매우 신속하게 다목적 언어로 변해갔다. 미슨은 이 변화가 15만 년 전에서 5만 년 전까지의 기간에 일어났을 것으로 생각한다. 자연선택은 이 기회를 놓치지 않았고, 비사회적 정보는 더욱 많이 교환되어 생식 성공률을 높였을 것이다.(같은 책)

    지능연구자들의 최근 연구결과는 간접적으로 미슨의 통합 개념을 지지해주는 것처럼 보인다. 사토시는 다양한 인지 검사가 인간의 지능을 종합적으로 확인할 수 있다고 말하면서 모든 인지 검사에서 개인이 성취한 결과는 강한 양의 상관관계를 가진다고 말한다. 언어 이해력이 높은 이들은 산술 능력도 높은 경향이 있고, 이런 이들은 다양한 각도에서 3차원의 물체를 시각화하거나 주어진 숫자들을 거꾸로 배열하는 능력도 더 낫다. 구체적인 일을 잘하는 이들은 추상적인 일도 잘한다.(사토시, 2012) 사토시는 영국 심리학자 찰스 스피어먼의 1904년 연구를 소개하는데, 이 연구에 따르면 학생들의 수학 학업 성취도가 고전, 프랑스어, 영어, 음높이 구분력, 음악에서의 성취도와 밀접한 상관관계가 있다. 놀랍게도, 학생들의 음악 학업 성취도는 음높이 구분력과 같은 기능적인 것보다는 수학 능력과 더 깊은 관련이 있었다.(Spearman, 재인용: 사토시, 2012)

물론 반대의 연구결과도 당연히 있다. 세상에는 수학을 정말 못하는 뛰어난 음악가들도 있다. 음치인 훌륭한 과학자도 있을 것이다. 그런데 뛰어난 음악가들이 못하는 수학이 지나치게 전문적인 것일 수 있다. 음악가들이 그들 나름의 수학적 본능과 무의식적 개념들을 잘 알고 있을 수도 있다. 이들이 수학을 못하거나 훌륭한 과학자가 음치가 된 이유가 잘못된 수학 및 음악 교육 탓일 수도 있다. 이 모든 왜곡된 조건에도 불구하고 통합적 마음이 많은 분야 사람들에게 널리 퍼진 상황이 중요하다. 그러한 경향을 바탕으로 음악가들이 갖추어야 할 음악적 지능에 수학적 지능이나 과학적 지능이 배제될 이유가 없다고 말한다. 다른 지능들도 마찬가지다.

사토시가 말한 인지 검사가 문화적으로 편향된 것일 수 있다. 주어진 환경에서 부유하게 사는 이들이 높은 점수를 받을 수밖에 없는 사회적 경향을 간과해서는 안 된다. 최근의 연구는 이러한 사회적 경향을 분명히 확인해준다. 미국의 다나 바치와 그의 동료 연구진은 가난한 집 아이들의 뇌 연결성이 부유한 집 아이들의 그것에 비해 현저히 떨어진다는 연구 결과를 확인했다. 가난할수록 뇌의 부위 간 연결성이 현저히 약해지며, 그 연결성은 개선되지도 않는다.(재인용:최병국, 2016) 이 연구는 마음의 통합성이 선천적인 것만은 아님을 알려준다. 호모 사피엔스 개체라면 누구나 어느 정도 통합된 마음을 가지고 있다. 교육과 환경이 통합성의 정도를 높이거나 낮춘다. 건강한 사회는 이렇게 문제가 있는 사회적 경향이 계속되어 굳어지는 것을 제어해야 한다.

통합적 마음 같은 지능 관련 개념을 말하는 것이 차이를 정하는 기준을 선언하는 일일 수 있다. 그것은 종종 배척의 정당화로 이어질 수 있다. "사람을 정의하는 것은 곧 사람에 대한 폭력일 수 있다."(Daniel Sibony, 재인용:피크, 2009) 우리는 인간 고유의 특성을 정의하며 대단히 신중해야 한다. 신중함은 인간의 자기 이해를 위해 필요하다. 지능 관련 연구는 필연적으로 우생학의 유혹을 항상 받을 수밖에 없다. 우생학은 잘못된 사회다원주의로, 인종차별주의로 귀결된다. 통합적 마음은 인간성을 정의하는 데에 신중하게 고려되어야 할 지침이다.

작곡하는 마음은 인간이 가지는 통합된 마음속에서 홀로 고독하게 존재할까? 다른 모든 지능, 마음은 서로 연결되어 통합을 이루는데 유독 작곡하는 마음만 연결되지 않을 수 있을까? 그럴 가능성은 크지 않다.

어떻게 연결에 대해 말할 수 있을까. 작곡하는 마음이 포함된 음악적 마음을 제5의 영역 특이적 마음으로 고려할 수 있다. 음악적 마음은 자연사 지능 같은 다른 영역 특이적 마음들과 연결되어 인간의 통합된 마음을 구성한다. 혹은 음악적 마음을 영역 특이적 마음들이 음악 영역에 반영되어 투사된 것으로 생각할 수 있다. 음악작품은 좁게는 작곡하는 마음 작용의 결과이지만, 넓게는 인간의 통합적 마음 작용의 결과다. 통합적 마음은 넓은 의미의 작곡하는 마음이다. 좁은 의미의 작곡하는 마음을 살펴보자.

21
세계 속 작곡하는 마음

작곡하는 마음을 고려하지 않고 그 음악적 결과물을 듣고 즐길 수 있다. 많은 사람들이 그렇게 해 왔다. 음악과 인간에 대한 온전한 이해에 도달하지 못할 것이다. 은유적으로 말하면 음악은 손가락이며, 음악을 낳은 마음은 손가락이 가리키는 달이다. 손가락의 멋진 율동에 취해 달을 놓쳐서는 안 된다. 음악을 낳은 작곡하는 마음과, 그 마음을 포함한 인간의 통합적 마음이 중요하다.

작곡하는 마음은 특정한 하위 마음들로 구성된다. 이 마음들로 인해 모차르트, 바흐, 존 레넌 등은 개인적 스타일의 차이를 넘어 서로 연결된다. 작곡하는 하위 마음들은 미슨이 제시한 영역 특이적 지능들로도 작용한다. 이 마음들을 하나씩 살펴보자. 살펴보는 순서는 임의적이다. 여기서 다루지 않는 하위 마음들도 있다.

구성적 마음, 걸러내는 마음, 변형적 마음

작곡가는 작곡한다. 작곡가의 영어 'composer'는 라틴어

'componere'에서 유래했는데 이 라틴어와 영어에는 '특정 요소들을 배열 혹은 조립하는 사람'이라는 뜻이 있다. 서양음악의 주요 요소들은 도, 레, 미 등의 음이다. 작곡가는 이 음들을 배열/조립해 음악을 만든다. 요소들을 배열/조립해 더 큰 단위를 만든다는 점에서 작곡은 구성적compositional이다. 사람들은 다른 분야에서도 기초적 단위들을 조립/결합해 더 크고 복잡한 어떤 것을 만들어낸다. 사람들은 이때 구성적 마음을 가진다.

벽돌을 쌓고 결합해 건축물을 만드는 일, 식재료들을 결합해 요리하는 일, 스마트폰과 자동차를 만들어내는 일 등을 생각해보자. 세부적 차이를 무시한다면 기술 지능의 한 작동 방식은 구성적이다. 벽돌이나 칩과 같은 재료를 결합해 더 큰 무언가를 만들어내는 방식이다.

구성적 마음은 언어활동에서도 작동한다. 우리는 알파벳들을 결합해 단어를 만들고 단어들을 결합해 문장을 만들며 문장들을 결합해 단락, 절, 장, 논문이나 책을 만든다. 구어활동에서도 같은 원리가 작동한다. 구성적 마음은 언어 지능이 작동하는 한 방식이다.

음악에도 알파벳이 있다. 서양음악의 경우 도, 레, 미 등의 음이다. 이 음들을 결합해 대략 한 마디 길이의 음형figure을 만들어낸다. 서로 다른 두 음형이 결합하면 보통 2마디 길이의 동기motive가 만들어지며, 동기들이 결합하면 보통 4마디 길이의 주제theme 혹은 작은악절이 만들어진다. 작은악절이 결합해 8마디 내외의 큰악절이, 큰악절이 결합해 부분 혹은 단락이, 이것들이 결합해 한 악장이, 악장이 결합해 하나의 작품이 만들어진다. 상술한 단위 모두가 꼭 제시되어야 하는 건 아니다. 다른 단위들이 제시될 수 있다. 짧고 단순한 단위들이 결합해 더 길고 복잡한 단위들이 만들어진다. 이상의 구성과정은 시간적·수평적 축을 따라 이루어진 것이다. 음악은 동시성의 차원에서도 구성된다. 음악가들은 이것을 수직적 차원이라고 부른다. 음정과 화음, 음괴가 그 결과다. 음정은 두 음이, 화음은 세 음 이상이 동시적으로 결합해 구성된다. 음괴는 좁은 음역에 존재하는 매우 많은 음이 동시적으로 결합해 만들어진다.

세상 모든 것이 원자 같은 더 작은 단위들로 구성되듯이, 첼로나 피아노와 같은 악기가 내는 한 음, 즉 음악의 알파벳 혹은 음악의 최소 단위도 구성되어 있다. 구성요소는 배음 혹은 부분음이다. 이것을 아는 컴퓨터 음악가들은 컴퓨터나 그 밖의 전자적 수단을 통해 첼로가 내는 한 음을 만들 수 있다. 첼로의 한 음을 분석해 배음들을 확인하고 배음 각각에 해당하는 전자음들 혹은 수학적 사인파를 만든 후 이 전자음들 혹은 수학적 사인파들을 결합한다. 이 작업을 가산 합성 혹은 부가 합성이라 부르는데, 이 작업에 깃든 컴퓨터 음악가들의 마음이 분석적이면서 구성적이다.[1]

---

1. 가산 합성은 다른 방법들과 함께 컴퓨터 음악의 소리 합성 분야를 구성한다. 소리 합성은 모든 종류의 기계적 도구를 이용해 소리를 만드는 방법이고, 가장 많이 쓰이는 것이 컴퓨터다. 하지만 컴퓨터의 등장 이전부터 이 개념에 부응하는 음악 활동이 있었다. 이를테면 대략 15세기쯤 등장한 서양 오르간이 가산합성의 원리를 따른다. 오르간에서 어떤 하나의 음은 여러 관이 내는 다수의 음들이 합해져 만들어진다. 오르간이 하는 것은 어쿠스

자연은 구성된다. 거대세계에서 여러 요소들이 결합하고 배열되어 더 큰 어떤 것들이 만들어진다.[2] 중간 및 미시세계도 그렇다. 중세시대까지 인간은 주로 중간세계에서의 구성에 대해서 잘 알았다. 근대 이후의 인간은 거대 및 미시세계에 대해서도 안다. 이러한 앎의 근원에 자연사 지능으로서의 구성적 마음이 있을 수 있다. 이것은 인간에게 탑재된, 구성적 자연에 대한 앎을 도와주는 선험적 인식 형식일 수 있다. 이런 마음이 건축, 요리, 음악 등의 영역에서 추후에 응용된 것이 아닐까. 아니면 먼저 무언가를 만들고 구성하다가 나중에 자연을 구성적 방식으로 보게 된 것일까. 인간은 여러 영역 특이적 지능들을 가지고 살아왔는데, 어느 쪽이 먼저 작동했는지는 모르겠으나, 지능들 각각은 구성적 방식으로도 작동했다.

구성적 작곡은 인간이 여러 영역에서 가지는 구성적 마음의 특수 형태다. 구성적 마음은 모든 특수 형태의 구체적 구성 작업들을 관통하는 보편적이며 추상적인 마음이다. 보편적으로 작동하는 결합적이며 구성적인 마음이 대면하는 기초적 단위들은 분절적 알파벳이거나 단어들일 수도 있고, 도, 레, 미 등

틱 가산합성이고 컴퓨터가 하는 것은 디지털 가산합성이다.
2. 레슈와 차운에 따르면 초기 우주에서 입자들이 서로 결합해 더욱 조밀한 상태를 만들어내며 작은 구름이 형성됐다. 이때부터 우주의 유일한 연출을 맡게 될 힘, 즉 중력이 작용한다. 분리된 것들은 중력 법칙에 따라 결합된다. 우주에서 가장 규모가 크고 보편적인 힘인 중력은 모든 물질과 에너지 사이에서 작용하며 우주의 모든 물질에 생기를 불어넣는다.(레슈·차운, 2010) 러시아의 물리학자 알렉산드르 프리드먼은 추상적 이야기를 했다. 중력이 물질들의 용기(用器)인 시간과 공간을 조형한다고.(재인용 : 준·유미, 2008) 은유적 의미에서 중력은 우주의 구성적 마음이다.

의 음일 수도, 벽돌일 수도, 식재료일 수도 있다. 저마다 고유한 특성을 가진 이 단위들을 각자의 영역에서 결합해 더 길고, 더 크며 더 복잡한 새로운 단위들을 구성한다는 점이 중요하다.

음악에서 작동하는 구성적 마음과 언어, 건축, 요리 등에서 작동하는 구성적 마음이 세부적으로는 다르다. 이 활동들을 만들어내는, 표면적으로 달라 보이는 여러 복잡한 마음들의 가장 낮은 수준에 주목하자. 음악 영역만 해도 그렇다. 바흐와 모차르트, 베토벤, 쇼팽의 구성적 마음은 세부적으로 다르다. 나는 여러 가지 것들을 만들어내는 마음들의 기저에 어떤 추상적이며 근본적인 공통 특성이 존재한다는 점에 대해 말하고 있다.

18장에서 거론했듯이, 잡종적인 소리와 잡종적인 생명체를 만들 때도 구성적·결합적 마음이 작동한다. 종소리와 트롬본 소리를 결합해 잡종적인 소리를 만들 때 사용하는 재료는 종소리와 트롬본 소리라는 복잡한 음향이다. 화음을 만들 때 사용하는 도, 레, 미 같은 단순한 단위가 아니다. 사자 몸에 사람 머리가 달린 상상 속 동물 스핑크스도 구성적·결합적 마음이 작동해 만들어졌다. 오늘날 유전자들을 특별하게 결합해 유전공학적 키메라, 즉 잡종적 생명체를 만들 수 있다. 과학에서의 구성적 마음이다.

특정 분야에서 작동하는 결합적·구성적 마음은 관련된 요소들 혹은 재료들을 임의로 결합하지 않는다. 기술 지능으로서의 구성적 마음은 특정 논리에 따르는 경우가 많다. 자연과 우주에서 요소들이 결합할 때에는 중력 법칙이 관여한다.

건축가는 건축공법에 따른다. 사람들은 대개 전체적 계획에 따라 무슨 이야기를 할지 고민하며, 구문론을 고려해 말한다. 계획 없이 되는 대로, 문법을 고려치 않고 지껄이는 사람도 간혹 있다. 어느 경우건 단어들이 결합해 큰 단위의 발화가 구성된다는 점에서는 같다. 작곡가도 계획을 가지거나 임의적일 수 있다. 어느 경우든 음들은 결합된다.

구성적 마음과 대조적인 것이 잘라내는 혹은 걸러내는 마음이다. 구성적 마음을 더하는 마음이라고 생각하면 걸러내는 마음은 빼는 마음이다. 조각가는 크고 무정형적인 돌 따위를 끌이나 정 같은 작업도구를 이용해 자르고 파고 갈아 원하는 형상을 만든다. 돌의 잘린 부분은 본체와 분절된다. 이런 상황에서 걸러내는 마음 혹은 분절적 마음이 작동한다.

조각 작업은 기술 지능이 작동하는 분야다. 3만 5천 년 전 인류 최초의 피리를 만들었던 이도 요소들을 붙이고 결합하기보다 독수리 뼈를 독수리 몸에서 뽑은 후 털을 발라내고 뼈에 구멍을 내서 만들었다. 이 피리를 만들었던 이도 조각가 겸 작곡가였다. 초보적인 과(공)학자이기도 했다.

이 책을 쓰며 써놓은 글의 많은 부분을 제거했다. 남겨진 것이 이 책이다. 일상에서 사람들과 대화할 때 내 입 끝까지 올라왔다가 하지 않은 많은 말들을 마음속에 묻는다. 누군가와의 대화가 끝난 후 '그 말은 하지 말았어야 했어.'라고 후회할 때가 있다. 나뿐만이 아닐 것이다. 이 모든 경우는 언어활동과 관련해 걸러내는 마음을 사람들이 가지고 있음을 방증한다. 걸러내고 분절하는 마음은 언어 지능의 하위 마음 중 하나다.

자연에는 걸러내고 분절하는 다양한 기제들이 있다. 가령 지구의 대기는 거대한 선택적 필터다. 그것은 우리가 눈으로 볼 수 있는 가시광선을 제외한 대부분의 빛을 차단한다. 이것은 오늘날의 앎이다. 예전의 앎도 있었다. 예를 들어 우리는 아주 오래전부터 자연적 풍화작용을 통해 조형되는 바위, 산 등에 대해 알고 있었다. 자연의 풍화작용은 물리적/화학적 작용 때문에 암석 등이 작은 돌조각, 모래, 흙 등의 좀 더 작은 물질로 나뉘는 현상인데, 그 과정에서 자연은 기기묘묘한 창작물을 만들어낸다.

조각가의 마음도 우주와 이 세계에서 벌어지는 어떤 과정들과 닮아 보인다. 세계가 걸러내고 분절하고 있다는 앎은 우리의 자연사 지능의 하위 항목을 구성한다. 이 앎으로 인해 우리가 다양한 무언가를 조각하고 걸러낼 수 있지 않았을까. 어쨌든 우리는 수만 년 전 이래로 조각가다.

조각가도 계획에 따라 작업한다. 돌의 한 부분을 잘라내면 돌이킬 수 없기 때문이다. 인류의 조상은 조각가이기도 했다. 돌도끼를 처음 만들 때 돌의 일부를 떼어내서 뗀석기를 만들었다.

조각가의 마음 역시 보편적이고, 음악 영역에서 특이하게 작동한다. 나는 내 음악의 적지 않은 부분을 마음에 들지 않아서, 너무 길어서, 연주하기 어려울 것 같아 버린다. 사람들은 완성된 나의, 모차르트의, 베토벤의 음악을 들을 뿐이지만 나와 이 작곡가들 모두 썼다 지우는 등 조각가의 마음을 작동시켰었다. 조각가의 마음은 괴테와 시정연설을 했던 오바마 대통령, 프랑스의 진짜 조각가인 오귀스트 로댕도 가졌다.

컴퓨터 음악에서의 감합성은 컴퓨터 혹은 전자적 수단을 이용해 어떤 새로운 소리를 만드는 기법인데, 이 기법으로 소리를 만드는 이도 조각가의 마음을 가진다. 감합성이 마치 거대한 돌을 대면한 조각가의, 그 돌로부터 자신이 원하는 형상을 남겨둔 나머지 부분들을 쪼개고 제거하는 작업과 비슷하기 때문이다. 여기서 거대한 돌을 크고 복잡한 성격의 어떤 소리라고 생각해보자. 컴퓨터 프로그램의 여러 기능들을 통해 이 소리의 특정 부분들을 잘라내고 버릴 수 있다. 그 결과로 원하는 소리를 얻는다.

변형적 마음은 또 다른 작곡하는 마음이다. 우선 컴퓨터 음악의 소리 처리가 있다. 녹음된 어떤 소리를 컴퓨터를 통해 처리하여 다양하게 변화시킬 수 있다. 녹음된 기차 소리를 커다란 무정형의 찰흙이라 생각하자. 찰흙 전체를 특정하게 뭉치고 빚어 원하는 어떤 형태를 만들 수 있듯이 기차 소리를 변화시킬 수 있다. 음향의 길이를 늘이거나 줄일 수 있다. 좀 더 화려한 음향으로, 수수한 음향으로 음색을 바꿀 수 있다. 더 높게, 더 낮게 바꿀 수도 있다. 소리 처리는 원래의 복잡한 어떤 음향을 다양하게 변화시켜 내는 방법들의 총체다. 자세한 내막은 서로 다르지만 소리 처리를 할 때나 찰흙으로 무언갈 만들 때나 다 마찬가지로 변형적 마음이 작동한다.

도구를 이용해 어떤 것을 변형시킬 때 우리는 원래의 것에서 적지 않은 부분들을 필연적으로 제거한다. 따라서 대상의 특정 부분이 일절 제거되지 않은 변형은 드물다. 대상의 많은 부분이 제거된 경우와 대상의 적은 부분이 제거된 경우를 우리는 심적으로 구별하며, 전자를 걸러내고 제거하는 분절적 작업으로, 후자를 변형작업으로 부를 수 있다. 변형작업은 도구와 기술을 이용해 이루어진다. 기술 지능이다.

우리는 자연에서 다양한 변형과정들을 본다. 나비는 수개월 동안 볼품없는 애벌레 상태로 지내다가 화려하게 탈바꿈한다. 본질적인 어떤 것이 온존하지만 겉모습이 극적으로 바뀌는 이런 변형은 자연계에 많고, 변형에 대한 인식은 세계를 바라보는 인식론으로 인간에게 주어졌고, 전파되었다. 변형적 마음은 자연사 지능에도 속한다.

변형적 마음은 언어적 지능 혹은 본능의 기저에도 있다. 미국 언어학자 놈 촘스키는 우리가 충분한 자극 없이, 즉 충분한 교육을 받지 않고서도 하나의 문장을 다양하게 변형시키는 능력을 선천적으로 타고 났다고 가정했다. 촘스키의 말과 달리 인간이 후천적으로 이 능력을 습득한 것일 수도 있다. 어쨌든 우리는 "홍길동은 자신의 아버지를 아버지라 부르지 못했다."와 같은 문장을 다양하게 변형시킬 수 있다. "홍길동의 아버지는 홍길동에게 아버지라 불리지 못했다.", "홍길동의 아버지는 자기 아들에게 호형 호부를 허하지 않았다.", "아버지를 아버지라 부르지 못했던 홍길동이라는 사람이 있었다." 등으로.

변형 능력은 치장 능력이자 단순화·환원 능력이다. "홍길동은 자신의 아버지를 아버지라 부르지 못했다."의 문장을 치장해 더 길고 복잡하며 화려하게 변형시킬 수 있다. 치장된 문장들로 숨이 막힐 것만 같은 소설 《1Q84》의 저자인 하루키에게 이 문장을 맡겨보자. 놀라운 문장으로 탈바꿈할 것이다. 변형되어 치장된 문장을 다시 단순화시켜 원래의 짧고 단순한 문장으로 환원할 수 있다. 치장과 환원 모두 변형이다. 우리는 누구나 변형적 마음으로서의 언어 지능을 가졌다. 누군가에게서 다른 누군가에 대한 뒷말을 들었을 A는 이제 B에게 그 이야기를 전달할 것이다. 그 와중에 이야기는 적절하게 변형될 것이다. 그렇게 전달해야 할 필요성이 변형적 능력을 키웠는지도 모른다. 대부분의 사람은 자신이 들은 이야기를 토씨 하나 고치지 않고 그대로 옮길 수 없다. 변형해야만 한다.

어떤 복잡한 음악을 단순화시켜 기본적 화성진행 혹은 기본적 선율로 환원시킬 수 있다. 기본적 화성진행이나 선율을 잡아 늘이고 치장해 작품으로 변형시킬 수도 있다. 오스트리아의 음악학자 하인리히 쉔커는 '(도-미-솔의) 으뜸화음 → (솔-시-레의) 딸림화음 → 으뜸화음'의 진행을 조성음악에서의 근본적 화음진행으로 보았다. 이 화음진행을 배경으로 한 '미-레-도'의 선율을 근본구조로 보았다. 모차르트와 베토벤, 슈베르트 등의 서로 다른 조성음악들 모두 이 근본적 진행 혹은 선율을 치장하고 변형시킨 결과다. 그렇게 쉔커는 다양한 음악적 표면들이라는 관념과, 그 기저에 존재한다고 가정되는 근본구조를 제안했다.(Schenker, 1956)

쉔커의 주장을 틀린 것으로, 설명력이 부족한 것으로 볼 수 있다.[3] 하지만 어떤 문장이 치장되거나 단순화되는 방식으로 변형될 수 있는 것처럼 어떤 악구나 화음진행도, 심지어 리듬진행도 변형될 수 있다는 점, 그러한 변형과정이 음악에 편재하다는 점만큼은 부인할 수 없다. 무엇이 되었건 음악적 요소가 제시되지 않은 음악은 없고, 그것을 변형/변화시킬 수 있는 것은 변형적 마음을 작곡가가 가지고 있기 때문이다.

작곡가의 작품은 기본적으로 다른 사람을 향한다. 대부분의 작곡가는 자신의 작품을 타인이 들어주고 공감하길 원한다. 그런 바람 속에서 작곡한다면 작곡은 사회적 지능을 사용해 하는 일이다.

한 사회는 개체들로 구성되고, 서로 다른 집단들로 나누어져 분할되며, 성격이 다른 사회로 변화/변형된다. 한 사회를 바라보는 인식론으로서의 사회 지능도 구성적 마음과 걸러내는 마음, 그리고 변형적 마음으로 채워질 수 있다. 결국 작곡을 위해 가지는 3개의 하위 마음은 미슨이 말한 4개의 영역 특이적 지능 모두와 관련된다. 철학자 매기가 말한 '세계 안의 삶이 음악 속에서 발견하는 객관적 상응물'일 수도 있다.

원래 인간의 조상대에서 미분화된 구성적 마음을 가지고 있다가 이후 이 마음이 자연사 지능으로, 기술 지능으로, 언어 지능으로, 사회 지능으로, 그리고 음악 지능으로 분화되었을 수 있다. 영역 특이적 구성 지능은 각 영역에서 발전했다. 요리사, 건축가, 작곡가, 유전공학자, 천문학자 등은 각자의 영역에

---

3. 쉔커는 서유럽 고전 및 낭만음악에 주목했다. 중세 및 르네상스 시기의 서유럽 음악과 현대음악에서 쉔커가 가정한 화음진행은 물론 그 진행의 구성 요소인 으뜸화음과 딸림화음을 확인하기 어렵다. 이 음악들을 쉔커 관점으로 분석하기 어렵다.

서 구성적 마음을 발전시켜 오늘에 이르렀다. 오늘날 이 직업들은 서로 무관해 보이는 전문영역들을 표상한다. 이 모든 영역들에서 사람들은 구성적 마음을 가진다. 걸러내는 마음과 변형적 마음에 대해서도 같은 이야기를 할 수 있다. 이 마음들의 분화 및 전문화 과정이 있었을 것이다. 오늘날 세계는 수많은 인간 전문가의 입지를 찾았다. 전문 영역 간의 연결고리와 함께, 영역별 지능의 유동성과 함께, 통합적 마음이 사람들에게 가져졌다. 누군가에게는 빨리, 누군가에게는 느리게 말이다.[4]

띄워올리는 마음과 깎아내리는 마음

작곡가들이 이렇게 일상에서 쓰임이 있는 마음들을 가지고 작곡을 했다니, 영감을 통해 작품을 쏟아내는 작곡가들의 신비한 모습은 다 무엇일까. 분명 작곡가들에게 영감은 중요하다. 작곡가들에게만 중요한 것은 아니다. 영국의 수학자 펜로즈는 과학자도 영감 혹은 섬광처럼 떠오르는 통찰력을 가지고 새로운 아이디어를 만들어낸다고 말한다.(펜로즈, 1997) 영

---

[4] 나는 마음이 '가져지는 것'으로, '작동하는 것'으로 종종 표현했다. 우리가 마음의 주체일 수 있지만 마음이 우리에게 제시된 것, 즉 우리가 마음의 객체일 수도 있다. 자유의지가 없거나 아주 미약할 수 있다. 이런 점을 고려했을 독일 철학자 리히텐베르크는 데가르트가 한 '나는 생각한다.'라는 유명한 말에 대비되는 말을 했다. 그는 '나는 생각이 든다.'고 말했다. 어떤 생각이 든다면, 외부적 이유가 있을 것이다. 마음이 세계 속에서 만들어진다면 마음은 세계를 닮고 반영할 수 있다. 우리가 어떤 마음을 가질 수밖에 없는 처지에 던져진 것일지도 모른다. 자연의 작동 방식의 등가물로서의 마음이다.

감이 보편적이라는 이야기다. 펜로즈는 프랑스의 수학자 쥘 앙리 푸앵카레의 경험을 소개한다. 이 수학자는 푸시앙 함수를 구하다가 벽에 봉착했는데, 우연히 어떤 여행에 참여하며 고민을 잊었고, 그 후 여행지에 도착해 버스에 올라탈 때 갑자기 아이디어가 떠올랐는데, 놀랍게도 그것은 그 이전까지의 고민과 무관했다.(Poincaré, 재인용: 펜로즈, 1997)

푸앵카레의 사례를 통해 펜로즈는 위대한 영감과 통찰력이 생성되는 순간에 무의식적이며 독창적이고 총체적인 영감적 사고가 작동한다고 말할 수 있었다.(같은 책) 비록 영감적 사고에 관여하는 무의식 개념에 대해 충분히 발전시키지 못했지만, 펜로즈는 무의식이 의식과 연결된다고 말했다. 즉 무의식적 사고가 생성되어 순간적으로 통찰을 떠올리게 하는 순간도 있지만, 의식이 중재하는 순간도 있다. 그렇게 영감적 사고에서조차 의식적 선별과정이 존재한다.(같은 책)

무의식과 의식은 무언가를 만들어내는 두 과정에서 각각 쓰인다. 띄워올리기와 깎아내리기 과정. 펜로즈에 따르면 띄워올리기는 주로 무의식적이고 깎아내리기는 의식적인데, 의식적 깎아내리기가 독창성을 결정하는 요소다.(같은 책) 나는 띄워올리기도 의식적이고 인지적일 수 있으며, 독창성을 결정하는 요소라고 본다.

어떤 예술가가 무의식적으로 어떤 복잡한 창조물을 띄워올릴 때 창조물의 요소들을 하나씩 쌓아올렸을까. 띄워올리기의 무의식적 특성을 강조하는 이들은 구성적 마음이 작동하지 않았다고 말할 것이다. 작동했다. 걸러내는 마음과 변형적 마음도 작동했다. 의식되지 않았을 뿐이다.

띄워올리기는 무의식적이며 독창적이고 총체적인 한에서 영감적 사고에 닿아 있다. 띄워올리기와 영감적 사고의 공통 특성인 총체성을 설명함에 있어 펜로즈는 모차르트의 사례를 든다. 펜로즈에 의하면 모차르트는 총체적 특성을 보이는 영감적 사고의 놀랍고 생생한 사례를 증언한다. 모차르트의 말을 이제 모두 들어보자.

> 내가 기분이 좋고 쾌활한 상태거나, 마차를 탈 때나 좋은 식사 후에 산책할 때, 혹은 잠 못 이루는 밤중이면 내 마음 속에는 수만 가지 상념이 몰려 들어온다. 어디에서 어떻게 오는 것일까? 나는 알지도 못하고 또 나의 의도와는 상관이 없다. 그들 중 나를 기쁘게 하는 것들은 머릿속에 남겨 두고 이를 콧노래로 불러 본다. 최소한 딴 사람들이 나에게 그렇게 말한다. 일단 처음 주제가 잡히면 딴 멜로디가 나타나서 작곡 전체의 필요성에 따라 자신을 그 앞의 멜로디에 연결시킨다. 대위법이 이루어지고 각 악기의 파트와 선율의 조각이 합쳐지면서 하나의 곡이 완성된다. 그러면 나의 영혼은 영감으로 타오르기 시작한다. 그리고 이 곡은 차츰 커지기 시작한다. 나는 자꾸 이를 확장하고 마음속에서 차츰차츰 명확하게 다듬어서 결국 그것이 아무리 길더라도 전체의 작품이 머릿속에서 완성된다. […] 이때 나는 이 곡을 연속적으로 듣지 않고 하나의 전체로서 듣는다. 물론 나중에는 이를 순서적으로 생각하며 여러 가지 파트의 자세한 부분을 완성시켜 나가지만.(재인

용: 펜로즈, 1997)

펜로즈는 위의 내용이 자신이 말하는 띄워 올리기/깎아내리기 이론에 부합한다고 본다. 띄워올리기는 무의식적이며('나의 의도와는 상관없다.') 깎아내리기에는 의식적 중재가 가미된다.('나를 기쁘게 하는 것들은 머릿속에 남겨두고…')(같은 책)

모차르트는 창작품 전체를 총체적으로 띄워올려 깎아내리며 다듬는다고 했다. 깎아내리는 작업은 걸러내고 분절하는 조각가의 마음과 관련된다. '나를 기쁘게 하는 것들을 머릿속에 남겨 둔다.'는 말은 마음에 들지 않는 것들을 버린다는 뜻이다. 모차르트는 거론하지 않았지만, 남겨 둔 것들끼리 재결합할 수 있다. 구성적 마음을 통해서. 남겨진 것이 변형될 수도 있다. 변형적 마음을 통해서.

걸러내고 깎아내리는 일은 대상을 요구한다. 그 대상을 꼭 단번에, 총체적으로 띄워올려야 하는 것도 아니다. 모차르트는 자신의 띄워올리기를 무의식적인 것으로 설명했다. 펜로즈도 같은 생각이다. 모차르트는 최초의 악상을 구성주의적 방식으로 만들지 않았다는 식으로 말한다. 요소들을 하나하나 생각해내고 그것들을 결합하지 않았다는 식으로 말한다. 나는 개구리 올챙이 시절 모른다고 말한다. ㄱ, ㅏ, ㅇ, ㅈ, ㅣ 등의 자모를 결합해 어렵사리 '강아지' 단어를 배웠던 어린 시절을 생각해보자. 우리는 그때 구성주의적 마음을 가졌었다. 성인인 우리는 '강아지'를 접하면서 구성주의적 마음이 작동하고 있음을 의식하지 못한다. 일정 길이의 문장과 절의 수준에서 작동하는 구성주의적 마음도 웬만해선 의식하지 못한다.

모차르트는 작품을 하나의 전체로, 상당히 완성된 상태로 일거에 띄워올렸다(고 자랑했다). 그 시대 음악이 단순하고 스타일이 명료하며, 그렇게 명료하게 작곡할 수 있을 제반 조건들이 안정적이었기 때문일 수 있다. 모차르트 이후의 작곡가들은 좀 더 복잡해지고 긴 음악을 쓰게 되었고, 작곡가의 스타일은 작품을 쉽게 찍어내는 것을 허락하는 형판template의 역할을 더는 하지 않았다. 게다가 19세기 중후반에 들어서면서 작곡가 스스로 다양한 스타일을 추구하였다. 작곡을 위한 조건들은 점차 불안정해졌고, 작곡가 스스로도 그러한 불안정성을 더욱 밀고 나갔다.

나는 모차르트의 마음에 아마도 인지언어학에서 말하는 의미 덩어리, 그것도 음악적 의미 덩어리가 넘쳐 나지 않았을까 추측해본다. 어떤 문장의 독해와 관련해 중요한 것이 의미 덩어리인데, 문장에서 의미 덩어리를 직관적으로 끊어 구분하고 그 역할을 직관적으로 빨리 파악하는 이는 독해를 빨리 할 수 있다. 문장의 독해과정에서 의미 덩어리는 사람마다 다르다. 영어를 아주 못하는 이에게 영어 문장에서의 의미 덩어리는 개별 알파벳들이다. 영어를 좀 하는 이에게는 각각의 단어다. 조금 더 영어를 잘하는 이에게는 단어들이 결합한 관용적 표현이 의미 덩어리다. 영어 능력에 따라 의미 덩어리의 크기가 커진다. 최고 수준의 독해 능력자에게 의미 덩어리는 한쪽이거나 수 쪽, 심지어 한 절이나 장일 수 있다.

이런 논의는 악보 독해 능력의 차이를 설명하는 데에도 유용해 보인다. 작곡 능력의 차이를 설명하는 데에도 유용할 수 있다. 마음속에서 덩치가 큰 의미 덩어리를 구상하는 능력상의 차이가 사람들에게 있다. 모차르트는 아마도 그 시대 작곡가 중에서 가장 큰 음악적 의미 덩어리를 빨리 파악하고 아주 잘 기억하며 그에 기초해 새로운 의미 덩어리를 쉽게 구상할 수 있었을 것이다. 모차르트 시대의 음악은 그의 그런 능력에 잘 맞았다.

모차르트가 한 세기 후에 자신의 마음을 그대로 가지고 다시 태어났다면 그의 시대에 비해 훨씬 길고 복잡해진 음악들을 예전처럼 무의식적으로 띄워올릴 수 없었을 것이다. 규모가 작은 모차르트의 음악은 무의식적으로 띄워올릴 수 있지만 연주시간이 5시간가량 되는 바그너의 오페라는 그렇게 띄워올릴 수 없다. 대규모 작품의 창조는 의식적 띄워올리기, 지난한 구성주의적 작업, 각고의 건축가적 마음과 조각가의 마음, 변형적 마음이 있어야 한다. 바그너를 모차르트보다 덜 천재적이라고 결코 말할 수 없는 이유다. 두 사람은 살아가는 세상이 달랐고, 천재성의 내용이 달랐다. 바그너도 작품의 일부는 한 번에 띄워올릴 수 있었다.

지침, 규범, 제약과 함께하는 마음

보수적인 구성적 작곡가는 도, 레, 미 등의 음들을 결합하며 작곡할 때 자신이 규칙이나 법, 혹은 원리를 따른다고 생각한다. 규범 혹은 지침을 따른다고 생각하는 이들도 있다. 이들은 종종 기존 지침을 깨고 새 지침을 만든다. 이런 이들이 보기에 규칙이나 법을 금과옥조처럼 여기고 따르는 보수주의자들은 혁신적 마음과 창의성을 가지고 있지 않다.

작곡이란 지침·규범 혹은 규칙·법을 따르는 음악적 결정들을 연쇄적으로 또 동시적으로 행하는 과정이다. 지침·규범은 그에 따라 행하면 무난한 것과 하지 않아야 바람직한 것에 대해 암시하거나 추천한다. 규칙·법은 해야 하는 것과 하지 말아야 할 것 즉 제약이나 금기를 지정한다.

감상자들도 지침·규범 혹은 규칙·법을 은연중에 내재화한다. 그에 따라 어떤 선율의 진행과정에서 어떤 음이 나올지 예상하거나 나오길 기대하거나, 나오지 않을 것을 예상하거나 나오지 말기를 기대한다.

많은 작곡가가 제약이나 금기와 함께 작곡했다. 르네상스 시절까지 음악가들은 증4도와 감5도 음정을 쓰지 않았다. 기독교 관점에서 악마적 음정들로 여겨졌기 때문이다. 이 음정들의 사용을 금하는 제약은 이후 사라졌다. 바로크 시대 이후 보편화된 전통 화성학은 병행 5도 진행을 금지한다. 병행 5도란 완전 5도를 구성하는 한 음정이 같은 방향으로 진행해 또 다른 완전 5도 음정이 되는 것을 말한다. 모차르트나 베토벤의 악보에서 병행 5도를 찾기란 매우 어렵다. 이들이 대단히 관습적인 작곡가였다는 이야기다. 19세기 말 드뷔시는 병행 5도 사용 금지라는 제약을 포함해 전통 화성학의 여러 금기를 폐지했다. 그의 음악에는 병행 5도 진행이 공공연히 사용되며, 신선하게 들린다. 물론 새로운 맥락 속에서 그렇다.

상상력과 혁신을 방해하는 규칙과 제약은 적을수록 좋다. 하지만 많은 이들이 기존 규칙에서 벗어난 혁신과 그것을 뒷받침해주는 상상력을 의외로 싫어한다. 음악은 대단히 관습적인 감상자를 필요로 하는 분야다. 관습적 감상자에게 감동의 내용은 보통 제약을 충족하는 음악적 흐름이다. 음악적 흐름에서의 제약을 내면화한 감상자는 제약을 충족하는 흐름을 들으며 기대한다. 기대를 충족시키는 음이나 화음이 나오면 감상자는 만족하고, 그렇지 않으면 생소하게 생각하거나 심지어 좌절한다. 많은 경우 음악적 감동은 "그건 왜 안 되지?"라는 의문을 가질 때는 생기지 않는다. 감동을 고대하는 감상자를 대상으로 성공한 작곡가들은 대체로 관습적이었다. 창의적 작곡가들은 당대에 대체로 실패한다. 그들의 작품은 관습적이며 생각하지 않는 감상자에게 생소함과 거부감을 일으킨다. 관습을 타파한 창의적 작곡가의 새로운 생각을 충격 혹은 놀라움으로 받아들이며 새로운 감동으로 받아들일 수 있다.

관습을 버리는 일은 일체의 제약을 폐기하는 일이 아니다. 마음 작용으로서의 작곡은 인간의 청지각적 제약을 고려해야만 한다. 혹은 음악적 본성이 우리의 음악 청취에 부과한 제약을 고려해야만 한다. 혁신과 창조성에 대한 고민이 이러한 고려와 조화될 수 있다. 인간 본성에 어긋나는 것이 아니라면 어떤 제약도 원칙적으로 폐지될 수 있다.

작곡하는 데 고려해야 할, 인간의 음악적 본성으로 옥타브 느낌을 우선 지적한다. 옥타브 음정을 구성하는 아래의 도와 위의 도는 인간과 일부 포유류에게 유사하거나 같은 음고 느낌을 유발한다. 이 느낌의 이유를 물리적으로 설명하는 것은 어렵다. 한 옥타브 관계를 구성하는 두 음들의 주파수 값들은 2배 혹은 1/2배의 관계를 보인다. 가온 라(A4)는 440Hz의 주파수 값을 가지고, 그 음보다 한 옥타브 아래의 라(A3)는 220Hz의 값을 가지며 이 음보다 한 옥타브 아래의 라(A2)는 110Hz의 값을 가진다. 가온 라의 한 옥타브 위 라(A5)는 880Hz이다. 라가 아닌 다른 음들에서도 같은 원리가 작동한다. 220Hz와 440Hz는 서로 다른 주파수 값들이고 두 값들이 의미하는 바 220번의 공기 진동과 440번의 공기 진동은 물리적으로 다른 현상이다. 서로 다른 물리 현상이 같은 느낌일 수 없다.

우리 귀의 어디에서도 옥타브 느낌의 생리적 기반을 찾을 수 없다. 우리 뇌의 어떤 모듈에서도 옥타브 느낌의 지각적 기반을 찾을 수 없다. 서양음악에서는 존재하는데 인도음악에서 존재하지 않는다면 옥타브는 문화적 관습이겠지만 그것도 아니다. 중세시대까지 존재하지 않았다가 그 이후 등장한 것도 아니다. 모든 문명의 음악은 옥타브에 기초한다.

옥타브는 심리적 기제일 가능성이 크다. 옥타브를 마음 작용으로 보는 시각에서 인간 남성의 일반적 목소리의 주파수 값과 인간 여성 목소리의 주파수 값 간에 존재하는 관계가 옥타브라는 사실이 지적된다. 같은 말을 남성과 여성이 하는데 서로 다르게 받아들인다면 곤란해질 수 있다. 남자가 "당신을 사랑합니다."라고 110Hz의 주파수로 말을 할 때 220Hz의 주파수로 이 말을 하는 여성들에게 남자의 말이 "당신을 증오합니다."로 들린다면 문제다. 마음 기제인 옥타브는 이런 상황을 피하게 해준다. 실제로 귀로 듣기에 좋은 남자 목소리는 일반적으로 110~130Hz 대역이며, 여자 목소리는 일반적으로 210~240Hz 대역이다. 많은 음악학자들은 옥타브를 무시할 수 없는 인간 본성으로 보고 있다. 어떤 문화권에서도 사람들은 옥타브를 듣는다. 옥타브는 모든 음악적 활동의 거스를 수 없는 제약이다.

미국 작곡가 존 케이지는 옥타브를 폐지하지 않았다. 대신 옥타브가 작동하는 음악적 맥락, 즉 음고 맥락을 폐기했다. 음고 맥락이 상정되어야만 선율, 동기, 주제가 만들어질 수 있다. 이것들이 만들어져야 그것들을 이후 변화시킬 수 있다. 근대 서양음악은 음고 맥락의 대전제 위에 쌓인 구성적 건축물이다.

케이지는 음고 맥락과 변화 및 발전의 개념을 비롯한 서양 음악의 기본 가정들을 폐기했다. 서양적 세계관에도 부정적이었다. 케이지는 음악이 모종의 논리적 생각에 따라 결합하는 음들의 구성물인 것에 반대했다. 그는 그 이전 모든 작곡가가 음악에 대해 가졌던 구성적 관점에 반대했고, 대신 음악적 사건들이 우연히 제시되기를 주장했다. 이 관점에서 우연성 음악이 제안되었다. 이를 위해 동전 던지기에 의한 단순한 확률적 절차나, 도표에 음고와 리듬 같은 음악의 요소들을 적어놓고 『주역』을 이용해 이 요소들을 선택하는 절차를 고안하고 사용했다.

우연한 세계, 우연한 음악

케이지의 작업은 자연의 작동 방식을 모방하는 일이었다. 케이지가 생각한 것처럼 자연의 작동 방식은 우연할 수 있다.[5] 우주가 오늘의 우주와 달라졌을 가능성도 있었고, 모든 문명과 예술, 음악도 발생하지 않았을 수 있다. 훌륭한 예술작품도 우연히, 어렵사리 창조되었다. 어떤 예술작품이 오늘날 우리가 아는 모습과 달라질 가능성도 있었다. 주르댕은 대영박물관 지하실의 늙은 침팬지가 매일 무작위로 타자기를 두들겨 '죽느냐 사느냐 그것이 문제로다.'라는 『햄릿』의 문장을 쓰려면 수십억 년 동안 계속해 타자를 쳐야 할 거라고 말한다.(주르댕, 2005) 침팬지가 오랫동안 쳐야 우연히 만들 수 있는 문장을 셰익스피어는 순식간에 만들어냈다고 생각할 수 있다. 셰익스피

---

[5]. 자연의 우연적 작동은 근원적이다. 빅뱅은 리허설이 없던 특이한 초연이었다. "우주의 생성은 우주사에서 단 한 번 일어난, 매우 희귀한 사건이다. 우리 우주처럼 유일무이한 것이 생성된 것은 매우 드문 일이고, 그것은 기껏해야 한 번 일어난다." 빅뱅 이후 일어난 사건들도 그렇다. 빅뱅 이후 아주 찰나에 인간이 지각할 수 있는 3차원의 공간과 4차원의 시간이 생성되었는데, 생성된 우주가 4차원에 못 미쳤다면 우주는 존재하지 않았을 것이다.(레슈·차운, 2010) 빅뱅 이후 지금까지 매 순간 우연성이 가득했다. 빅뱅 후 40만 년쯤이 지난 우주는 지금 우주의 1,000분의 1 정도로 작았고 우주 전역은 매우 균일하게 섭씨 3,000도의 초고온 상태였으며, 10만 분의 1 정도의 미세한 온도 차가 있었다. 온도차가 조금 더 크거나 조금 더 작았다면 오늘의 우주는 달라졌을 것이다. DNA 이중나선 구조를 발견했던 물리학자 프랜시스 크릭은 생명체가 자연으로부터 생겨날 확률을 10의 -1,000승으로 보았다. 다양한 생명현상이 아예 없었을 수도 있었다. 진화 과정도 우연성으로 넘쳐난다. 한 번 우연히 일어난 진화는 두 번 다시 동일하게 일어나지 않고, 돌이킬 수 없다. 모든 것이 지금과 달라질 수 있었다. "생명의 씨앗이 다시 뿌려져 생명의 나무가 비슷한 조건에서 자란다면 인류 탄생은 다시 일어나지 않을 사건이다."(굴드, 2002) 우연성은 어떤 사건이, 일어날 아주 낮은 확률에도 불구하고 일어날 때 쓰는 용어다.

어가 수백 년 전 영국에서 태어나 천재로 자라나던 과정이 매우 낮은 확률적 사건들로 가득했음을 생각하자. 호모 사피엔스를 포함해 수십 억 년 동안 살아왔던 그의 동물 조상 중 누구 하나라도 자손을 낳기 전 사망했다면 그는 없었다. 그가 영국에서 아주 우연히 태어났더라도 『햄릿』이 탈고되지 않았을 가능성, 탈고되더라도 그 작품이 알려진 것과 달라질 가능성 역시 충분히 있었다. 『햄릿』은 탄생할 가능성과 탄생하지 않을 가능성의 경계 속에서 매우 우연히 태어났으며, 우리가 아는 『햄릿』과 다른 『햄릿』들의 수많은 경계 속에서 위태롭게 춤추다가 우리가 오늘날 아는 『햄릿』으로 우연히 결정되었다.

음악의 생성과 발전 역시 매우 희귀하며 독특하다. 셰익스피어처럼 모차르트도 태어나지 않았을 수 있었다. 모차르트의 〈터키 행진곡〉도 작곡되지 않았을 수 있었다. 곡의 내용이 달라질 수도 있었다. 음악작품은 그것을 만드는 창작자가 가질 수 있었던, 무수히 많은 다양한 마음의 가능태 중 하나에 의해 지극히 우연히 작곡되었다. 그 마음은 처음에 대강의 가이드라인으로서만 존재했다가, 우연한 과정을 거쳐 구체화되었다.

그럼에도 우리는 우연성을 무시한다. 우리에게는 음악의 흐름, 전개 방식을 필연적인 것으로 듣는 경향이 있다. 그러한 경향과 함께 사람들은 음악이 단 하나의 완성본일 것으로 생각한다. 예술작품을 유일한 것, 고유한 것, 대체 불가능한 것으로 믿는 경향이 있다. 더불어, 주어진 예술작품들을 완전한 것, 수정할 수 없는 것으로 여기고 다른 길들이 애초에 있었지만 그 길들이 창작자에 의해 우연히 차단되었을 뿐임을 알지 못한다.

한 음악작품의 여러 요소들의 제시와 그 연관관계에 엄밀한 필연성은 없다. 그것은 그저 그런 느낌이다. 그저 우연한 과정을 거쳐 완성된, 원 작곡가가 더는 수정하지 못하는 역사적 기록물이 음악작품의 모습으로 우리 앞에 남아 있을 뿐이다.

사람들이 거의 종교적인 믿음을 가지고 그 고유성과 완전성을 믿는 걸작들을 다양하게 바꿀 수 있다. 오늘날 바로크 이전 시대의 음악을 연주할 때 작곡가가 작곡할 당시 사용됐던 악기와 다른 악기로 연주하는 경우가 많다. 하이든과 모차르트, 베토벤의 2관 편성 교향곡들을 오늘날 연주할 때 현악기 연주자들의 수는 이 작곡가들의 시대보다 많다. 오페라의 연출은 특히 많이 달라진 분야다. 클래식을 좋아하지 않는 이들을 위해 듣기 쉬운 클래식을 경음악으로, 팝 양식으로 편곡해서 연주하기도 한다.

이 모든 일들은 원곡을 다른 버전으로 수정해 그 음악을 만들었을 당시 작곡가가 가졌던 마음의 또 다른 가능성을 현실화시키는 일이다. 작곡가의 마음은 결정론적이며 유일무이한 것이 아니다.

생성/증식의 기제와 함께하는 음악

작곡가는 할 수 있는 것의 체계인 규칙 혹은 지침을 받아들여 작업한다. 이 심적 체계는 음악적 음들의 연쇄 혹은 결합의 여러 가능한 경우들의 생성기로 기능한다. 대표적인 것이 순열조합이다. 그런데 순열조합 현상은 다른 영역에서도 확인된다. 이를테면 DNA 세계에서 확인된다.

중요한 유전정보, 이를테면 손가락이 다섯 개여야 함을 지시하는 정보 따위가 DNA 위에 표현된다. A-C-G-T라는 분자들의 임의적 순열조합을 통해서.[6] DNA는 다양한 것에 비교되었다. DNA가 언어와 비슷하며 실제로 언어처럼 행동한다는 주장이 있다. 미국의 과학저술가 샘 킨은 DNA가 일종의 악보처럼 배열된 것은 아닐지, 악보가 DNA를 닮은 것은 아닐지 고민했던 음악가들의 연구를 소개한다. 그런 음악가들이 뇌에서 분비되는 화학물질인 세로토닌의 A-C-G-T 염기 서열을 각각 A, C, G, E(라, 도, 솔, 미)의 음으로 바꾸었다. 짤막한 노래가 만들어졌다. 킨은 이렇게 DNA 정보를 그대로 가져와 작곡에 쓸 수 있다고 말한다. 킨에 의하면 이 작업은 DNA 정보의 음악적 베껴 쓰기다.(킨, 2014)

발상은 흥미롭지만 베껴 쓰기는 아니다. A, G, T, C 문자 각각을 A, G, E, C(라, 솔, 미, 도)의 음으로 바꾸는 일은 임의의 대응이다. A, G, T, C 문자 중 우연히 A, G, C가 서양 음계의 음들인 A, G 및 E와 알파벳이 같고, 때문에 그러한 대응을 음악가들이 생각해냈다. A, G, T, C 문자 각각을 A, G, E, C(라, 솔, 미,

---

[6]. 유전정보는 'AGTTCGTGAAAACTCCG'처럼 분자들의 특정한 병렬을 통해 DNA 위에서 표현된다. A, G, T, C 네 개 문자들이 뒤섞이는 방식. 각 문자는 DNA의 화학적 요소다. A는 아데닌, G는 구아닌, T는 티민, C는 시토신. 생명은 암묵적 기억이나 세계와 자신에 대한 지식을 이 문자들의 임의적 순열조합 처리로 표현한다.

도)의 음이 아닌 다른 음들에 대응해 같은 작업을 할 수 있었다. 노래가 나왔을 수도, 노래답지 못한 것이 나왔을 수도 있다.

악보가 DNA를 닮은 것은 아닌지의 문제의식에 대해 답하는 방식으로, 나는 유전자와 관련된 어떤 보편적 특성과 음악에서의 어떤 보편적 특성을 비교할 것을 제안한다. 그것이 DNA와 음악 모두에 대한 사람들의 관심에 답하는 좀 더 신중하고 현명한 방법이다.

만약 A, G, T, C라는 음들이 있다면 'AGTTCGTGAAAACTCCG'는 선율이다. 이 선율은 4음 음계의 음악이다. 이것을 굳이 음악의 진짜 선율로 바꾸려고 하지 말자. 바꾸는 방식이 한 가지가 아니기 때문이다. 어떤 방식을 택하는 것이 적절한지 답하기도 어렵다. DNA 문자열을 선율이라고 말하는 것 자체가 은유다. 이 은유적 선율을 진짜 선율로 베껴 쓰려는 순간 우리가 어렵사리 확인한 소중한 은유는 사라진다.

은유로 사용될 때 그것이 우리에게 드러내주는 모종의 진실이 있다. DNA의 은유적 선율은 A, G, T, C라는 요소들의 순열조합을 통해 만들어졌다. 음악의 영역에서 순열조합은 선율을 구성하는 음들의 순서를 바꾸는 기제거나, 그렇게 함으로써 주어진 선율을 새로운 선율로 바꾸는 기제다. 어떤 음악적 선율은 순열조합이 허락하는 경우의 수로 변화될 수 있다. 그 변화형 모두를 원형인 선율의 복제 본으로 생각할 수 있다. 대개의 경우 변화형 모두를 다 사용하지는 않는다.

어떤 선율의 마지막 부분이 '라-솔-솔-라-시-도'라면 이 음들을 순열조합 처리해 만든 '라-솔-솔-라-도-시'로 음악을 끝내는 것은 있을 법하지 않다. 대부분의 다장조 음악에서 마지막 음은 대체로 도인 경우가 많기 때문이다. 음악적 순열조합 처리는 음악적 규칙을 따른다. '라-솔-솔-라-도-시'는 중간 부분에, '라-솔-솔-라-시-도'는 끝부분에 쓸 수 있다. '라-솔-솔-라-도-시' 같은 복제본의 쓰임새를 관장하는 제약들 혹은 규칙들이 있다. 대부분 화성학이라는 관습과 관련된다.

유전학에도 문법과 통사론, 즉 단백질 문장을 만드는 규칙이 있다. 문장은 아미노산 단어와 절이 결합해 만들어지며, 세포가 읽는다. 규칙으로 구성된 단백질 문장, 즉 DNA 언어는 의사소통 수단이다. 세포에 전달하는 어떤 의미를 담고 전달해야 한다. 자연언어에서 종종 의미 없는 문장이 있다. DNA 언어도 무의미할 수 있다. 돌연변이 DNA다. 돌연변이가 드물게 유익할 때 생명의 진화는 앞으로 나아갈 수 있다.(킨, 2014) 음악에도 구문론과 의미론이 있고, 그런 한에서 음악도 의사소통 수단이다. 음악적 구문론과 의미론에서 벗어나는 실수, 오류, 새로운 시도가 있고, 그런 것들로 인해 음악은 무의미해지거나 혁신적일 수 있다.

재료와 함께하는 마음

도, 레, 미, 파, 솔, 라, 시의 7음들은 오늘날 음악의 일반적 재료다. 무언가를 만들 때 재료를 쓴다. 집을 짓고 요리할 때 재료를 처리하는 방법들, 즉 건축법과 요리법이 있다. 음악을 작곡하는 데에도 재료와 그것을 다루는 방법이 있다. 감상자에게도 재료와 방법은 지각되고 인지될 수 있다.

근대 서양음악은 조성을 가진다. 이 특성을 가진 조성음악은 도, 레, 미, 파, 솔, 라, 시 같은 7음 음계로서의 장음계 및 이 장음계와 쌍을 이루는 단음계를 사용해 작곡된다. 라, 시, 도, 레, 미, 파, 솔의 단음계를 자연단음계라 하며, 선율단음계와 화성단음계가 더 있다. 장음계와 3개의 단음계를 포함한 4개의 7음 음계가 근대 서양 조성음악의 주된 재료다. 좀 더 정확히 말하면 재료의 가장 중요한 측면이다.

다른 음계들도 많고, 재료의 다른 측면도 있다. 선법이라 불리는 다른 음계들은 근대 이전의 서양문명에서 사용되었거나 다른 문명권에서 사용됐었다. 이 음계들로도 음악을 만들 수 있는데, 이 경우 장/단음계를 사용해 만든 음악과 느낌이 사뭇 다르다. 음색, 음가 등은 재료의 다른 측면일 수 있다. 이 다른 측면이 곧바로 재료인 경우도 있다. 한국의 전통 사물놀이에는 음고가 없다. 여기에는 음색과 (음가 연쇄로서의) 리듬이 재료다.

어떤 재료를 사용하느냐가 만들게 될 음악의 기본적 특성을 결정한다. 이것은 돼지고기와 카레 가루, 당근을 이용해 떡국을 만들 수 없는 것과 같다. 볏짚과 기와, 나무만으로 초고층 아파트를 지을 수 없는 것과도 같다. 작곡가는 어느 경우에도 재료를 무시할 수 없다.

작곡가 대부분은 관습적으로 제공되는 재료들을 관습적 요리법에 따라 요리하는 요리사와 같다. 정해진 방식에 따라 주어진 재료들을 다룬다는 점에서 이 작곡가들과 요리사들은 보수적이며 창의적이지 못하다. 서양음악사가 보통 B급이라고 암묵적으로 평가하는 작곡가들이 여기에 속한다. 이 작곡가들과 요리사들의 작품은 들어줄 만하고 먹어줄 만하다. C급 작곡가와 요리사의 작품은 우리가 보통 기본이 안 되어 있다는 식으로 비평한다. 이들의 작품들은 들어주기 어렵고 먹기 어렵다. C급은 열심히 공부하고 수련하면 B급이 될 수 있다. B급도 열심히 공부하고 수련하면 A급이 될 수 있다. A급은 주어진 재료들을 정해진 방식에 따라 최고의 완성도를 완벽하게 보여준 이들이거나, 적절한 창의성을 발휘해 새로운 방식을 보여준 이들이다.

C급에서 A급까지 근대 이후 서양 작곡가들의 대부분에게 재료는 음고와 그에 따른 음계다. 그들에게 리듬이나 음색은 부차적이다. 작곡을 위해, 그리고 작곡된 음악을 분석하고 설명하기 위해 동원되고 조회되는 음악이론의 대부분도 음고에 관한 것이다.[7]

---

7. 상술한 쉔커의 이론도 그렇고, 촘스키의 보편 문법이론을 음악에 적용해 보편적인 음악문법을 체계화시킨 레이 재켄도프와 프레드 러달의 심리적 음악이론도 그렇다. 미국의 언어학자 재켄도프와 음악학자 러달은 모든 음악이 동일한 음 진행과 공통의 규칙에서 파생한다고 주장했다.(Lerdahl & Jackendoff, 1983) 이들이 제안한 규칙에 의해 규율되는 재료들은 (비록 그들과 그들의 후배들이 이후 음색 등에 대해 연구한다고는 하지만) 음고다. 현재 미국 음악학계에서 압도적으로 인기를 끄는, 음악을 수학적으로 분석하는 집합이론 역시 음고 체계 이론이다. 근대 서양음악은 음고 중심적 음악이다. 음악에 음고만 있지 않다. 20세기의 일부 작곡가들이 이 점에 대해 자각했고, 그들에 의해 새로운 음악이 만들어지고 있다.(김진호, 2014)

냉장고 속 재료들을 기존 요리법과 다르게 요리하는 요리사가 있듯이 주어진 재료들을 가지고 다른 작곡가들과 다르게 다루는 작곡가들도 있다. 베토벤의 웅장한 교향곡들은 하이든과 모차르트도 사용했던 2관 편성 오케스트라로 만들어졌다. 같은 규모, 같은 편성의 음색 재료로 하이든과 모차르트와 달리 매우 웅장하고 표현적인 음악을 작곡했던 베토벤은 A급 창의적 작곡가다. 베토벤은 하이든과 모차르트가 크게 주목하지 않았던 음색을 다만 '적극적으로, 다르게' 고민하여 사용함으로써 음색이 음악의 재료일 수 있음을 제안했고, 그렇게 그의 오케스트라는 강력한 심리적 효과를 창출할 수 있었다. 2관 편성이란 목관 악기들 각각이 2대씩으로 구성된 오케스트라를 말한다. 즉 플루트 2대, 오보에 2대, 클라리넷 2대, 바순 2대가 준비되고, 그 수에 맞게 금관과 현악기의 수도 결정된다.

무언가를 요리하려는데 냉장고 속 재료로 요리할 수 없다면 요리사는 다른 재료들을 구해 와야 한다. 시장에 가서 살 수 있는 재료들이 있다. 자신이 사는 나라 밖의 식재료를 살 수도 있다. 그것들을 가지고 전형적으로 요리하거나, 변칙적으로 요리할 수 있다. 이런 요리사에 비견될 수 있는 작곡가는 어떤 모습일까. 그는 다른 문명권의 음계나 악기를 수용하는 사람이다. 《교향곡 9번》의 4악장에서 그때까지의 다른 작곡가들이 잘 사용하지 않았던 다양한 타악기들을, 유럽인들이 경멸하는 터키풍의 음향 속에 잘 융화시켰던 베토벤이 이런 사람이다. 판하모니콘이라는 희한하고 독특한 악기를 썼던 이도 베토벤이다. 말러는 자신의 교향곡에 소의 목에 다는 방울인

카우벨을 악기로 썼다. 드뷔시는 동양적 음계인 5음음계를 사용했다. 전근대적 음계였던 선법들도 썼다. 그렇게 이들은 자신들의 작업장 바깥에 존재하는 재료들을 구해와 썼다. 창의적 작곡가들이다.

재료와 함께하는, 가장 창의적인 마음을 가진 이들이 있다. 세상에 없던 식재료를 스스로 텃밭에서 가꾸거나 유전자 조작을 하여 만든 재료로 희한한 요리를 하는 이들과, 단지 자신만이 만들 수 있는 소리를 직접 만들어 특이한 작곡을 하는 이들. 바그너는 자신의 이름을 따서 바그너 튜바라는 악기를 만들었다. 이 거대하고 자극적인 악기는 음산한 낮은음을 내면서 게르만족의 신화들을 담은 이 작곡가의 오페라들 속에서 강력한 역할을 했다. 자신만의 독특한 음계를 만들어 작곡했던 메시앙도 창의적이다. 컴퓨터 음악가들은 '새로운 소리 자체를 작곡'했다. 이것은 과거의 전통적 작곡가들이 자신들에게 '주어진 소리와 함께' 작곡했던 것과 매우 대조적이다. 전통적 악기를 희한하게 다룸으로써 전통적 악기가 내는 소리라고 믿어지지 않는 새로운 소리를 만들어낸 작곡가들도 있다.

창의성은 결국 재료의 차원과 재료를 다루는 방식의 차원에서 평가될 수 있다. 두 차원 모두 마음과 관련 있다. 기존의 재료를 구태의연하게 쓰는 마음이 있고, 새로운 재료를 구하고 만드는 마음이 있다. 재료를 관습적으로 처리하는 마음이 있는가하면 아무도 생각하지 못한 방식으로 처리하는 마음이 있다. 가장 창의적인 요리가 가장 맛있지는 않듯이, 가장 창의적인 작곡이 가장 감동적이지 않을 수 있다. 하지만 이런 요리와 작곡은 전인미답의 길로 우리를 인도한다. 우리의 감각과 사유의 폭을 넓힌다.

도, 레, 미, 파, 솔, 라, 시, 도 각각의 음들은 특정 주파수 값들을 가진다. 각 음들의 주파수 값들은 서유럽 강대국의 음악가들과 과학자들이 정했다. 이렇게 정해진 값과 다른 주파수 값을 가지는 도, 레, 미, 파, 솔, 라, 시, 도가 있을 수 있다. 새로운 조율 결과를 기존 조율방식에 익숙해진 우리가 쉽게 받아들이지 못할 수 있다. 음악의 재료인 음계와 관련해 우리는 세계 표준을 따라가는 경향을 보인다.

선사시대 우리 조상의 음악적 재료 중 하나는 독수리 뼈로 만든 플루트였다. 플루트를 독수리 뼈로 만들 때 소리가 좋다는 자연사 지능에, 그 뼈의 특정 부분들에 구멍을 내면 역시 소리가 좋다는 기술 지능이 연결되어 만들어졌다. 아주 오랫동안 음들은 항상 어떤 구체적 악기와 관련되어서만 의미가 있었다. 오늘날 음 재료들은 구체적 악기로부터 추상되었다. 음 재료들을 만들 때 기술 지능과 자연사 지능이 결합된다는 사실도 더불어 잊힌다. 독수리 뼈로 플루트를 만들었던 제작자는 당시의 조율사이기도 했다. 그의 조율이 표준은 아니었을 것이다. 서로 다른 모든 상황에서 악기들은 조금씩 다르게 조율되었을 것이고 그 조율과정에는 당시 청중들의 마음이 반영되었을 것이다. 사회적 지능이 개입되었을 것이라는 이야기다. 오늘날 우리는 우리의 음악적 경험에 선행하는, 조율의 선험적 표준을 따른다. 이 과정에서 사람들 마음을 고려하는 사회적 지능으로서의 조율의 입지가 완전히 없어졌다. 우리의 감수성은 전 세계적 차원에서 통일된, 일방적이며 권력적이고 추상적이며 선험적인 가치체계로서의 서구적 조율 방식에 기초한다. 서구적 조율 체계는 매우 공고하다. 많은 이들이 이 체계에 대해 의심을 거두고 있다. 인류 역사상 문화가, 관습이 지각적 원리가 되어버린 유래 없는 상태를 우리는 경험하고 있다.

변화와 불변의 개념들과 함께하는 작곡가의 마음

세계는 변화하며, 변화하는 현상들 밑에 모종의 불변성이 확인되는 경우가 많다. 변화와 불변성 개념이 자연세계와 사회세계를 보는 관점으로 사용되는 한에서 이 개념들은 자연사 지능과 사회적 지능에 속한다. 작곡가들은 보편적인 이 개념들을 음악 영역에 반영/투사한다. 대부분의 음악이 변화하며, 변화의 내면에는 불변하는 것들이 있다는 인식이 작곡가들에게 있다. 이 음악적 특성을 가장 잘 표현한 것이 변주 개념이다. 이 개념은 음악 형식으로서의 변주곡과, 어떤 음악적 주제나 선율 혹은 동기를 발전시키는 방법으로 구현된다.

변주곡의 작곡가는 하나의 음악적 주제를 제시한 후 다양하게 변화시킨다. 변주곡은 대개《 … 주제에 의한 변주곡》의 이름을 가진다. 변주곡이 보여주는 변화상의 기저에는 처음 제시된 주제가 아른거린다. 오로지 주제를 고려함으로써만 변주할 수 있다. 주제는 처음 제시된 모습 그대로 다시 나타나기보다 변화과정을 규율하는 배후의 불변적 요인으로, 작곡가의 마음속에 존재한다.

주제를 변화시키는 작업은 주제의 여러 특성들 전체나 일부를 인지해 그것들을 자유롭게 개화하고 표현하는 일이다. 변주는 주제와 유관한 표현이다. 주제에 대한 인식은 주관적이다. 하나의 주제에 대해 작곡가마다 서로 다른 인식을 한다. 브람스와 라흐마니노프처럼 동일한 주제에 대해 인식이 다르면 주제를 변화시킨 결과도 달라진다. 이들은 각각 파가니니가 만든 주제를 가지고 《파가니니 주제에 의한 변주곡》과 《파가니니 주제에 의한 광시곡》을 작곡했다. 러시아 작곡가 라흐마니노프의 작품 제목은 광시곡이지만 실제 내용은 변주곡이다.

하나의 주제에는 여러 특성들이 있다. 그 주제를 다르게 볼 수 있는 이유다. 변주곡은 이상적 의미에서 주제의 여러 특성 모두에 주목해 그것들 모두를 체계적으로 변화시키는 작업이어야 한다. 하지만 현실의 변주곡은 주제의 특성 중 일부에만 주목한 이들의 작업결과다.

주제를 변화시키는 일, 즉 주제를 매번 다르게 인식하고 해석하는 일은 창조적이다. 이 창조 과정에서 주제 인식은 이제 주제를 변화시키는 작업에 의존한다. 즉 주제를 변화시키고 해석해가면서 그 주제의 중요한 특성들을 재인할 수 있다. 세계에 관여하면서 세계에 대한 인식을 구성할 수 있는 것처럼 변주들은 주제에 대한 관여이자 주제에 대한 다양한 해석적 인식을 재구성한 것일 수 있다.

이상은 어떤 대상에 대한 인식 작용과 유사하다. 대상에 대한 인식은 한순간에 일회적으로 이루어지는 것이 아니다. 인식 결과는 단일하고 불변한 지식이 아니다. 인식은 지속적 해석 작업들에 의해 구성되는 것이다. 보통 예술가들은 해석이라 말하는 대신 표현이라 말한다. 해석은 창조적이고 그래서 표현이다. 변주곡을 작곡하며 작곡가들은 인식·해석하며, 표현한다. 주제에 대한 최초의 인식에 기초해 첫 번째 변주를 작곡하면, 두 번째 변주를 작곡할 무렵 주제에 대한 최초의 인식은 조금 변해 있을 수 있다. 이어지는 변주들을 작곡할 때에도 같은 이야기가 적용된다. 인식과 표현 혹은 해석은 서로에게 영향을 미친다. 주제와 변주곡의 세계는 주어진 것이 아니라 구성하는 것이다. 연역하는 것이기도 하고 귀납하는 것이기도 하다. 그 세계는 프랑스 철학자 베르그손이 말했듯이 생성되고 창조된다. 철학자 이정우에 따르면 베르그손에게 세계는 소진되지 않는 무한성인데(이정우, 2008), 주제와 변주곡의 세계도 완벽히 그렇다.

소나타 형식의 음악이나 소나타 형식으로 쓰인 관현악곡으로서의 교향곡은 고전시대에 많이 쓰였다. 소나타 형식이 보이는 건축적·구성주의적 특성들을 중세 및 르네상스 시대와 바로크 시대의 작곡가들은 미처 생각해내지 못했고, 자유롭게 음악을 작곡했던 낭만주의자들은 부담스러워했다. 현대 음악가들에게 이 형식은 너무나 근대적이다. 이 형식은 보편적이지 않다. 소나타 형식은 변주보다는 발전 개념에 더 가까우며, 세계가 발전한다는 인식과 동형적이다. 유구한 인간사에서 세계가 발전한다는 관념은 극히 최근에 즉 근대 서구에서 제시되었다. 메테르니히 체제의 복고 반동이나 20세기의 여러 참혹한 전쟁들은 인류의 문명이 과연 발전하는지 회의하게 만들었다. 세계에 대한 발전 관념이 인간에게 보편적이지 않은 이유들이다. 세계에 대한 발전 관념이 보편적이지 않은 것과, 발전 관념을 표현한 소나타 형식이 보편적이지 않은 것에는 — 증명할 길은 없지만 — 상관이 있어 보인다.

대조적으로, 변주곡은 여러 시대에 걸쳐 작곡가들에 의해 선호된 아주 드문 형식이다. 바로크 시대, 고전주의 시대, 낭만주의 시대에는 물론 20세기 초중반에 활동했던 12음 음악 작곡가들에 의해서도 이 형식의 음악이 많이 작곡되었다. 게다가 어떤 음악적 주제나 선율, 혹은 동기를 처리하는 방법으로서의 변주는 서양음악의 어느 시대에서나 찾을 수 있다. 다른 문명권의 음악에서도 그렇다. 변주는 곧 보편적 음악 개념이다.

세계는 많은 이들에게 발전하기보다 단지 변화하는 것으로 인식된다. 특히 생명은 더 나은 쪽으로 발전하지 않는 것 같다. 스티븐 제이 굴드가 말했듯이 생명의 진화는 "어떤 목표 지점을 향해 뻗어 있는 고속도로나 하나의 꼭대기를 가진 사다리가 아니라, 셀 수 없이 무성한 가지들을 가진 나무"(굴드, 2002)로 은유될 수 있다. 생명의 세계에서, 그리고 사회에서 진보와 발전이 있다고 믿는 이들도 있다. 세계가 변화한다고 보는 이들과 진보한다고 보는 이들의 논쟁에는 정답이 없다. 많은 작곡가들은 세계의 진보 관념을 믿지 않는 것 같다. 변주곡과 변주 개념이 보편적인 것을 보고서 하는 이야기다. 드물게 베토벤 같은 이는 변주곡을 통해서도 감정의 고양을 표현한다. 《교향곡 3번 영웅》과 《교향곡 9번 합창》의 마지막 악장의 끝자락에서 음악은 정점을 향해 치닫는다.

어떤 음악적 특성은 변치 않는다는, 변치 않게 처리해야 한다는 일반적 인식도 있다. 변주곡에서의 주제의 어떤 특성 및 흔적, 소나타 형식으로 쓰인 대부분의 음악에서의 조^{key}[8], 12음음악에서의 12개의 서로 다른 음들에 의한 음렬 그 자체 혹은 음렬의 내적 특성 등이 불변한다. 변화하면서도 불변한다는 점에서 음악은 세계와 닮았다.

어떤 것이 변화하려면 일단 무언가가 생성되는 과정을 밟아야 한다. 생성된 것은 천천히 쇠락하다가 사멸한다. 변주곡 작곡가들은 구성과 쇠락, 그리고 사멸 개념을 고려하지 않는다. 변주곡은 이미 완성되어 주어진 주제를 변화시킬 뿐이다. 그것은 마치 태양과 지구의, 생성과 소멸이라는 이름의 변화는 고려치 않고 단지 그 중간 단계에 존재하는 변화만을 고려하는 것과 같다. 작곡가들은 중간세계에 속박되어 있다.

나는 영국 민요 〈한 떨기 장미꽃〉을 주제로 《3인의 인성을 위한 알츠하이머 스타일 변주곡》(2013)을 작곡해 발표했다. 이 곡은 알츠하이머 질병에 걸린 사람이 겪을 수 있을 기억상실 과정을 표현했다. 연주자들은 처음에 〈한 떨기 장미꽃〉 주제 전부를 노래하고 이어서 그것을 반복하는데, 반복할 때마다 원곡의 몇몇 음들을 부르지 않는다. 처음엔 한 두 음을 빼

---

8. 다장조 소나타에서 음악은 대부분 다장조의 조성 상태를 유지한다. 특히 음악의 처음과 마지막 부분은 다장조 조성일 확률이 매우 크다. 이런 음악에서는 원래의 어떤 상태에서 이탈하여 전개되다가 되돌아가는 어떤 상태가 있고, 그 상태가 하나의 조가 가지는 특성, 즉 조성이다. 배후에 있는 조에 의해 지배되는 소나타는 그 조의 특성에 의해 지배되는 조성음악이다. 무조적 소나타는 드물다.

고 연주하다가, 점차 빼는 음들이 많아진다. 공백이 심해지며 선율과 화음이 파괴되어 원곡의 정체성이 심각히 상실된다. 이 작품에서 내가 보여준 주제의 변화는 전통적 변주곡의 변주 개념에서 한참 벗어나 있다. 나는 쇠락과 정체성 상실 과정으로서의 변화를 표현했다.

《헨델 주제에 의한 변주곡》(2012)에서는 독일 작곡가 헨델의 오페라 《세르세》에 나오는 아리아 〈그 어디에도 없을 나무 그늘이여〉Ombra mai fu의 선율을 주제 삼아 바이올린과 피아노, 쳄발로가 연주하는 변주들을 선보였다. 이 곡에서는 주제를 점진적으로 완성해가는 과정을 제시한다. 주제의 흔적과 파편 들을 처음엔 아주 조금씩 제시하며 주제를 희미하게 암시하다가 조금씩 더 많은 음이 제시되면서 주제의 모습을 서서히 갖추어 나간다. 마지막에 가서야 주제의 모습이 온전히 갖추어진다. 이 곡을 통해 나는 《3인의 인성을 위한 알츠하이머 스타일 변주곡》의 반대 과정을 제시했다. 《알츠하이머 스타일 변주곡》은 점진적 사멸의 세계를, 《헨델 주제에 의한 변주곡》은 점진적 생성의 세계를 표현한다. 사멸과 생성은 우주와 자연, 사회, 생명에서 일어나는, 서양 작곡가들과 그들로부터 배운 한국 작곡가들이 생각하지 못한 변화의 방식들이다.

지구 위 생물은 진화한다. 이 진화는 주어진 지구 환경의 어떤 항상성과 상대적 불변성을 전제한다. 지구의 어떤 항상성이 지구 밖의 어떤 외부적 요인 때문에 돌연 파괴될 수 있다. 커다란 유성이 우주로부터 지구에 떨어진다든지, 태양의 어떤 흑점이 폭발한다든지 하는 상황이 있다. 이런 상황은 그간 점진적으로 진화해 오던 생물을 급격히 멸종시킬 수 있다. 지구가 개방계에 속해 있기 때문에 일어날 수 있는 일이다. 변주곡을 작곡하는 서양 작곡가들과 그들로부터 배운 한국 작곡가들은 변화되는 음악적 주제가 폐쇄계에 놓였다고 생각한다. 주어진 안정적 폐쇄계로서의 변주곡에서, 주제는 그 정체성을 상실하지 않고 점진적으로 변화할 뿐이다.

많은 사람들이 다양한 개방계를 안정적 폐쇄계로 생각한다. 여러 이유로 변화보다는 불변하는 것을 더 평가하는 이들이 있다. 자연에 변치 않는 무언가가 있다고 생각하는 이들도 이런 사람들일까. 불변하는 신성화된 자연이라는 낭만주의적 자연관이 있다. 가변적이며 그래서 가볍고 경박한, 자연과의 조화를 깨면서 자연을 황폐화하는 인간과 인간의 문명이 이런 자연에 대비된다. 자연에 대한 천진한 인식은 '자연-인공'의 이분법을 예술가들에게, 그리고 그들의 영향을 받은 이들에게 널리 퍼지게 했다.

서양음악에서 자연은 평화롭고 조화로우며, 늘 푸르고 영원히 불변하는 어떤 것으로 종종 표현된다. 베토벤의《교향곡 6번 전원》도 평화롭고 편안한 악상들로 가득하다. 작곡자 자신이 붙인 표제인 '시골에 도착했을 때 느끼는 즐거운 감정'을 표현한 이 교향곡 1악장도 평화롭고 편안하다. 이 1악장의 중간 부분은 다른 교향곡들의 중간 부분과 사뭇 다르다. 대부분의 교향곡 1악장은 소나타 형식으로 작곡되며 중간 부분은 소나타 형식의 한 구성 부분인 전개부 혹은 발전부에 해당한다. 전개부에서는 앞서 제시된 요소들이 다양하게 전개되고 발전되며 긴장을 쌓아나간다. 이 교향곡의 1악장도 소나타 형식으로 쓰였다. 그런데 중간 부분에서 음악은 변화되고 발전되어 긴장을 쌓기보다 그저 반복된다. 수많은 교향곡의 1악장에서 볼 수 없는, 전혀 새로운 음악이다. 최소주의를 연상케도 하는, 반복적 리듬에 의한 음악은 많은 19세기 사람들처럼 자연을 불변하며 조화롭다고 인식했던 베토벤에 의해 작곡되었다. 인식은 표현에 반영된다.

바그너의 오페라 3부작 《니벨룽의 반지》의 서장인 《라인의 황금》의 앞부분에서도 인간에 의해 아직 오염되고 파괴되지 않은, 불변하며 아름다운 자연이 그려진다. 약 4분 40초의 짧지 않은 시간 동안 단 한 번의 화성 변화도 없다. 내림 마장조의 으뜸화음(미b, 솔, 시b)은 변화되지 않은 채 지속한다. 변화되는 것이 있긴 하다. 처음에 아주 작게 시작된 이 으뜸화음의 음향이 점점 커지며 그러기 위해서 점점 더 많은 음이 연주가 된다. 연주되는 많은 음은 결국 상술한 으뜸화음의 구성음들이거나, 비화성음들일 뿐이다. 비화성음은 현재 연주되는 화성의 정체성에 큰 영향을 주지 않는다. 이 음악에서도 변화되는 것보다는 불변하는 특성이 더 강조된다. 그 특성이 표현하는 바가 자연이다.

이러한 자연이 막이 오른 후 조금 있다가 훼손된다. 탐욕적인 작은이 알베리히가 라인 강 밑바닥에 존재하는 황금을 무단으로 훔쳐가면서 일어난 일이다. 이 황금으로 반지를 만들면, 그것은 그것을 가진 이에게 세계를 지배할 수 있는 권력을 준다. 권력에 눈먼 작은이가 라인의 이 황금을 취하는 순간 무대는 어두워지고(《라인의 황금》 1막 1장의 끝 부분) 이후에 벌어지는 일들은 기나긴 갈등과 투쟁, 협잡과 배신, 전쟁과 파괴 등이다. 음악은 갑자기 불협화음으로 가득한 신경질적 느낌을 표현한다. 알베리히는 이후 황금을 들고 지하세계로 내려가 자신만의 왕국을 건설하고 동족을 착취한다. 지하세계는 뿌연 안개, 유황 냄새, 악취 등으로 가득하며, 사람들이 고된 노동을 하는 곳이다. 아일랜드 출신의 극작가 버나드 쇼에 의하면 알베리히가 지배하는 지하세계는 19세기 초기 자본주의의 비인간적, 반노동적 공장을 떠올리게 한다.(쇼, 2005) 그 지하세계의 음악은 불협화이며 단말마적이다. 자연을 표현하는 데에 사용하는 고요하고 쾌적한 음향으로 노동환경을 표현할 날이 언제일까. 노동이 존중되는 사회에서 작곡된 오페라는 노동현장을 쾌적하게 표현할 수 있을 것이다. 사회가 바뀌면 음악적 개념도 바뀔 수 있다.

미국의 현대 음악가 찰스 아이브스의 《대답 없는 질문》에서도 자연은 영원하고 평안하다. 이 작품은 현악기와 관악기로 구성된 작은 규모의 오케스트라로 연주되는데, 현악기들이 연주하는 음향은 자연을(정확히는 자연을 숭배하는 영국 켈트족의 고대종교인 드루이드교 사제를), 목관악기와 트럼펫의 음향은 자연에 대비되는 인간 문명을 표현한다. 자연을 숭배하는 이들이 편안하고 침착하게 그려진다. 이렇게 표현하는 작곡가에게 자연은 불변하며 조화로운 것이리라. 그런 자연에 대해 인간은 질문한다. 질문은 트럼펫의 악구로 표현된다. 이 악구는 퉁명스럽다. 질문에 대해 자연을 숭배하는 이들은 말이 없다. 작품 제목이 《대답 없는 질문》인 이유다. 자연은 처음 제시되어 끝날 때까지 조용히, 부드럽고 조화롭게 그려진다. 이런 자연은 조성음악으로 표현된다. 인간의 질문은 대조적으로 무조적이다. 인간의 질문에 대해 또 다른 인간들이 종종 빠르게, 수다스러운 느낌을 주는 불협화 악구를 통해 대답하지만 만족스럽지 못하다. 조성적인 음악과 무조적인 음악을 이렇게 병치시키는 것은 그 이전의 어떤 유럽 작곡가들도 생각하지 못한 혁신적이고 창의적인 발상이다.

하지만 이 작품의 기저에 있는 자연에 대한 인식은 전혀 독창적이지 못하다. 베토벤과 바그너, 그리고 아이브스에게 자연은 정글이 아니라 불변하며 조화로운 안식의 장소다. 바그너를 비롯한 많은 사람은 자연이 거대한 이빨과 날카로운 발톱, 3m가 넘는 날개와 온몸을 마비시키는 치명적 독, 다양한 화학물질의 무기를 가진 생명이 살아남기 위해 끔찍한 혈투를 벌이며 적응하는, 생명의 정글이라는 것을 알지 못했다. 자연 자체가 진화한다는 사실 역시 알지 못했다. 바그너와 베토벤, 아이브스 등은 모두 다윈의 인식을 미처 따라잡지 못한, 다윈 이전의 사람들이었다. 그들이 안락하게 생각한 자연에서 많은 생명 종들이 인간에 의해 멸종되었다.

조화롭고 영원한 자연이라는 순진한 인식에 따른 음악적 표현 예들은 많다. 베를리오즈의《환상 교향곡》의 3악장 〈전원의 풍경〉, 리스트의《전주곡》의 네 번째 부분(마디 182~344)인 〈전원의 고요〉, (김연아 선수가 2006년 한 국제 피겨대회에서 배경음악으로 사용했던) 영국 작곡가 랄프 본윌리엄스의《종달새의 비상》, 그리고《전원 교향곡》등.

리스트의《전주곡》은 인간적인 것을 부정적으로 표현하고, 부정적 인간상을 자연적인 것의 앞뒤에 놓아 자연적인 것과 인간적인 것을 극적으로 대조시킨다. 이 곡에서 〈전원의 고요〉라는 표제가 붙은 부분의 바로 뒤에 〈전쟁과 승리〉(마디 345~420 부분) 부분이 이어지는데, 이 부분의 강렬한 행진곡풍 음악은 직전의 평화로운 자연에 대한 송가와 매우 대조적이다. 이 두 부분을 듣노라면 전쟁은 어리석은 인간이 하고, 그런 인간이 자연에 오래 머물지 못해서 더욱 어리석다는 메시지가 읽힌다.[9]

인간은 자연이라는 영토를 놓고 전쟁한다. 자연 속 생존자원 때문에 전쟁을 한다. 본윌리엄스의 두 작품은 각각 1차 세계대전의 참화 도중에, 그리고 그 후에 쓰였다. 전쟁의 한 원인이 거대한 아프리카의 자연을 놓고 벌이는 영국과 독일 간 갈등임을 전쟁에 군악대장으로 참여했던 이 영국 작곡가는 인식하지 못했을 것이다. 인식했다면 자연을 그리 아름답고 서정적으로 표현할 수 있었을까.《종달새의 비상》은 영국 시인 조지 메레디스의 동명의 시에서 영감을 받아 작곡되었다. 이 시는 전원으로 되돌아가 평온히 살려는 동경을 종달새에 투영

---

9. 이 메시지는 19세기 초의 프랑스에서 시인이자 정치가로 활동했던 알퐁스 드 라마르틴의 것이다. 이 시인은 1820년《시적 명상》이라는 시집을 출판했다. 리스트의《전주곡》은 이 시집의 10번째 시인 〈서정적 단시〉에서 드러나는 낭만적 허무주의를 표현했는데, 그것은 인생이란 죽음에 대한 전주곡에 불과하다는 메시지로 요약될 수 있다. 자연에 대한 상술한 입장은 라마르틴의 시에서도 잘 표현되고 있다.

시켰다. 종달새의 삶은 인간의 관점에서나 평온하다. 남의 나라의 대자연을 놓고 벌인 제국주의 전쟁에 참여했던 작곡가는 자기 나라의 자연을 이상화시켜 표현하고 있다. 불쾌하다.

자연은 오늘날 인간화, 문명화되었다. 다른 나라들을 착취해 얻어진 부에 기초한 서구 문명국들의 자연과 그 나라들에 의해 정복당해 파괴된 식민지국들의 자연은 전혀 다른 모습이다. 많은 서양 예술작품에 그려진, 이상화되고 평화로우며 불변하는 자연에 대한 이미지는 역겹다. 자연은 오늘날 70억이 넘는 호모 사피엔스에 의해, 특히 산업화된 나라의 인간들에 의해 심각하게 파괴되고 있다. 불변하지 않는다. 인간에 의해서가 아니더라도 자연은 스스로 진화하며, 인간이 생각하는 만큼 조화롭지도 않다.

공간을 인식하고 표현하는 마음

모든 생명은 서식지 즉 생존을 위해 필요한 것들을 제공해주는 물리적 장소에서 살아간다. 서식지를 포함한 공간에 대한 지능은 심리적 적응이다. 공간을 잘 인식하지 못하는 생명은 생존하기 어렵다. 공간 인식과 다음 절에서 다룰 시간 인식은 생명체가 가지는 자연사 지능의 하위 영역이다. 공간과 시간이 시공간이라는 4차원 구조물에서 긴밀히 연결되어 있다는 상대성 이론을 우리는 쉽게 이해하지 못한다. 많은 사람들이 공간을 시간과 분리해 생각하는 데에 익숙하다.

음악은 공간 속에서 행해진다. 연주자들은 연주 홀에서 연주하며 작곡가는 연주자들의 공간을 생각하고 상상한다. 인간은 다른 공간을 상상할 수 있고 작곡가도 그렇다. 공간에 대한 상상은 공간 인식에 기초한다. 음악은 공간 속에서 삶을 영위하는 인간의 마음 작용 결과다.

(1) 음향적 공간을 조형하는 생각으로서의 관현악법

수십 명의 오케스트라 연주자가 무대 위에서 연주할 때 우리는 소리의 출처 및 그 방향에 예민해진다. 바이올린은 앞에서 들리고 타악기와 금관악기는 맨 뒤에서 들린다. 여러 악기가 어떤 한 선율의 특정 부분들을 연달아 연주하면 선율은 오케스트라 공간 속에서 이동한다.

오늘날 오케스트라 연주자들이 음악회장의 어느 위치를 점할지는 거의 정해져 있다. 모든 연주자가 계속해서 연주하지 않는다. 오케스트라 공간 속에서 현재 연주를 하는 연주자들만에 의한 소공간이 형성된다. 오케스트레이션orchestration, 즉 관현악법은 오케스트라 내부에서 이 작은 공간을 시간의 흐름에 따라 어떻게 조형할지 결정하는 방법이다. 어느 선율이 어떤 음색의 악기로 언제 연주되어야 할지를 결정하는 생각이다.

이것들을 결정할 때 가지는 음악적 생각을 자연사 지능과 기술 지능 및 사회 지능으로 분해할 수 있다. 시공간을 통제하는 생각이기에 자연사 지능이며, 악기 특성을 고려하기에 기술 지능이다. 프랑스 철학자 가스통 바슐라르가 말했듯이 도구instrument는 하나의 이론이다.(Bachelard, 1940) 음악적 도구인 악기musical instrument도 음향학적/음악적 지식과 이론의 구현이자, 그것을 작동시키는 연주 기술의 구현이다. 작곡가는 악기에 구현된 이론과 지식, 기술을 고려한다.

관현악법은 사회집단의 조직화 원리를 반영한다. 그것은 전체주의적이거나 개인주의적이거나 무정부주의적이다. 전체주의적 조직과 국가에서 조직은 구성원을 압도한다. 개인의 개성은 없다. 무정부주의적 조직에서는 조직이 사라지고 개인들과 그들의 소규모 그룹만 있다. 이 양 극단의 중간에 조직과 잘 조화되는 개인들이 있다. 여기서 조직은 창조적이고 개성적인 개인들의 활동으로부터 구성되거나, 개인들에 앞서 존재하지만 개인들의 활동에 대해 최소한의 영향을 준다.

70여 명의 연주자가 일사분란하게 같은 선율을 연주하거나, 자신의 개성을 드러내지 않고 전체적 음향 속에 융합될 수 있다. 드뷔시에 따르면 바그너는 여러 악기를 마구 섞어 서로 구별이 안 가는 획일적 소리를 만들었다.(Debussy, 재인용 : Paoli, 1951) 바그너는 전체주의적 관현악법을 선보였다. 모두 한목소리로 애국가 같은 하나의 선율을 부르거나 연주하는 제창 역시 전체주의적이다. 비슷한 소리를 내는 아이돌 그룹도 하나의 선율을 무개성적으로 연주한다. 본질적으로는 제창이지만 겉으로는 다양한 성부들이 연주되는 것처럼 들리는 것이 헤테로포니다. 여기서는 하나의 선율만이 있고 그것을 여러 악기들이 각자 조금씩 변화시킨다. 한국 전통 관현악곡의 대부분이 헤테로포니다. 헤테로포니도 전체주의적이다. 그것은 미발달된 다성음악이다. 독자적 선율을 노래하는 각 성부들이 잘 조화되는 다성음악은 12세기 프랑스 파리의 노트르담 성당에서 출현했다. 다성음악은 이후 발전하여 서양음악만의 독자적 양식이 된다. 다성음악은 전체적 조직과 잘 조화되는 개인주의라는 이념을 음악에서 실현했다. 다성음악은 근대 관현악단의 조직 원리가 아니었다. 최고의 다성음악은 바흐의 소규모 오케스트라 작품들 혹은 피아노나 오르간을 위한 작품들에서 확인된다. 대편성의 관현악단에서 전체와 잘 조화되는 개인주의의 이념을 잘 구현한 이는 말러다. 말러의 방대한 관현악단에서 개인들은 각자의 악기를 자랑스럽게 연주한다. 개인들이 나설 때 관현악단은 개인들을 방해하지 않는다. 관현악법의 최고 대가가 보여준 음악적 특성이다. 한편 관현악의 모든 악기들이 조화를 이루지 못하면서 각자 자신의 선율을 연주할 때 무정부주의적 관현악법이 구현되었다고 볼 수 있다. 무정부주의적 음향특성을 보여주는 음악은 적다. 우리는 이런 음악을 좋아하지 않는다. 스트라빈스키의 《봄의 제전》의 한 부분(마디 34~57)에서 악기들은 각자 제 목소리를 낸다. 어느 것도 선율이 아니며 어떤 것들도 반주답지 않다. 모두가 모두에게 선율임을 주장하는 것 같고 선율도 반주도 없으며 두 가지 사이의 균형도 없는 무정부주의적 음향이 잠시 제시되다가, 이어지는 음악에 의해 정리된다. 극에 달한 혼돈은 갑자기 사라진다.

바그너는 19세기 중후반에 활동했고, 그 시대 대부분의 독일인들처럼 민족주의적이었다. 강렬한 민족주의 이념은 필연적으로 집단주의적인데, 이런 이념을 지지했던 바그너가 악기들의 개성을 살리는 섬세하고 투명한 관현악법을 보여주지 못했던 것은 당연해 보인다. 바그너의 음악은 대체로 민족주의적이면서 선동적이다. 섬세하게 선동하는 경우는 드물다. 한 세대 후의 전체주의자 히틀러는 바그너 음악의 이러한 선동성과 전체주의적 특성을 잘 알고 좋아했으며, 이용했다.

(2) 세계 인식을 반영하는 심적 음고 공간

음악적 공간은 사람들 마음속에도 있다. 어떤 한 음고는 음의 높낮이 공간 어딘가에 위치하는 것처럼 들린다. 이 공간이 분명 존재한다는 점을 확인하기 위해 다음의 일을 해보자. 어떤 한 음을 듣거나 떠올려보거나 직접 노래 부른 후 이어서 다른 음을 듣거나 떠올리거나 노래한다. 두 번째 음은 첫 번째 음보다 높거나 낮은 곳에 있는 것처럼 들린다. 음의 높낮이에 대해 우리가 가지는 느낌은 강력하다. 우리는 높은음(높게 느껴지는 음)을 노래하기 위해 종종 발뒤꿈치를 든다. 점점 낮아지는 (것으로 들리는) 음을 노래하기 위해 몸을 지표면 쪽으로 낮추는 경우도 있다.

이 공간은 우리가 음악을 듣기 전부터 거기에 존재해 왔던 것처럼 느껴진다. 음고 공간은 우리 마음속에서 강력하고 분명하게 느껴진다. 이 심적 공간의 특성을 우리는 분명히 지각하고 묘사할 수 있다. 이 공간은 나를 중심으로 아래에서 위로 혹은 위에서 아래로 향해 있다. 음악적 음에는 음고만이 아닌, 음가, 강도, 음색 같은 다른 특성들 혹은 차원들이 있는데, 이 차원들의 공간은 우리 마음속에서 음고 공간만큼 강력하고 분명하게 느껴지지 않거나, 아예 공간을 형성하지 않는 것처럼 보인다.

음가는 그 용어를 통해서도 알 수 있듯이 시간적 요소다. 4분음표와 그것보다 긴 2분음표 등이 음가의 값이다. 음가의 요소들을 시간 축에 일렬로 위치 지을 수는 있다. 그런데 시간 축이라는 용어를 통해서도 알 수 있듯이, 그리고 상대성 이론이 말하는 바대로, 시간은 곧 공간이다.

우리는 보통 시간이 흐른다고 생각한다. 정말로 시간이 흐른다면 시간의 흐름은 그 자체가 공간이다. 흐르는 시간은 강물이나 바다처럼 공간을 형성할 것이다. 이 시간적 흐름은 나로부터 내 전면을 향해 멀어져가거나, 내 왼쪽에서 오른쪽으로의 방향이거나, 내 오른쪽에서 왼쪽으로의 방향을 구성하거나, 내 위에서 아래로의 방향일 것이다. 아래에서 위로의 흐름을 상상하기는 어렵다. 중력에 대한 의식 때문이다.

이렇듯 다양하게 상상할 수 있다는 것은 시간적 흐름을 내 마음속에서 분명한 하나의 어떤 공간으로 강력히 느끼기 어렵다는 이야기일 수 있다. 그 안에 음가들이 놓여 있는 공간은 음고 공간처럼 분명한 하나의 방향, 하나의 차원을 형성하지 않는다.

시간 흐름을 묘사하는 관습적 방식이 있긴 하다. 우리는 수학 좌표에서 시간을 보통 X축에 놓는다. 시간의 정보 값들은 왼쪽에서 오른쪽으로 뻗어 있는 X축에 기재된다. 서양의 오선악보도 X축 방향으로 음악적 시간의 방향을 기재한다. 세종대왕이 만든 정간보는 세로쓰기 글처럼 정보가 위에서 아래 방향으로 기재된다. 서양 악보와 서양의 수학적 좌표를 모르는 이들에게 시간이 악보를 따라 왼쪽에서 오른쪽으로 흐른다는 인식은 자연스럽지 않다. 그런 이들의 수가 점점 적어지고는 있다.

음의 강도의 공간과 관련해서도 앞서와 같은 문제의식을 느낄 수 있다. 가장 작은 소리와 큰 소리를 각각 어느 쪽에 놓을까. 일상을 생각해보자. 큰 소리는 대체로 가까운 곳에서 들린다. 작은 소리는 대체로 먼 곳에서 들린다. 그런데 나로부터 멀리 떨어진 곳도 전 방향적이다. 강도의 공간은 음가 공간에 비해선 구체적이다. 하지만 여전히 분명치 않다. 음색 공간 개념은 최근 인지적 음악학자들이 연구하고는 있다. 학자들은 이 공간을 4차원의 시공간에 놓인 것으로 보는데, 역시 사람들에게 생소하다.

대부분의 인간은 음고들을 고음과 저음으로 주저 없이 구분한다. 그리하여 우리 마음속에 박힌, 아래에서 위로 퍼진 1차원의 음고 공간을 우리는 분명히 떠올릴 수 있다. 마음속 음고 공간이 인간에게 중요한 것이기에 발생한 일이다. 이 공간은 언제부터, 왜 중요했을까.

음고 공간은 1차원의 주파수 공간에 대응하는 심리 공간이다. 주파수 공간은 '0'에서부터 차례로 큰 수가 이어진다. 연주자가 악기를 연주하면 서로 다른 주파수 값들이 연쇄된다. 이 연쇄를 우리는 음고들로 듣는다. 작은 주파수 값을 저음으로, 큰 주파수 값을 고음으로 들으면서 우리는 심리적 공간에 들어선다. 음고 연쇄가 우리에게 의미 있는 음악적 단위 즉 선율로 들린다. 우리는 선율을 들으며 마음속 음고 공간을 여행한다.

주파수란 주기적 현상이 단위시간 동안 몇 번 일어나는지를 묘사한다. 소리 세계에서는 단위 시간 (보통 1초) 당 공기매질의 진동수다. 주파수의 측정 단위는 헤르츠Hertz인데, 보통 약자인 Hz가 쓰인다. 1초에 1번 진동하면 1Hz, 440번 진동하면 440Hz이다. 주파수 공간은 무한하지만 음고 공간은 그렇지 않다. 우리는 20,000Hz 이상의 음과 20Hz 이하의 음을 음고로 듣지 못한다.

우리는 주파수 값, 즉 진동 횟수를 있는 그대로 지각하지 못한다. 440번의 진동은 우리에게 440번의 진동으로 들리지 않는다. 가온 라(A4)음으로 들린다. 그렇게 들으려고 듣는 것이 아니다. 진동을 음고로 지각할 때 우리에게 자유의지는 없다. 우리는 440Hz의 소리를 고음으로, 220Hz 소리를 저음으로 지각하라고 배운 적이 없다. 학교에서 배운 것은 고음과 저음이라는 용어뿐이다. 이 용어들을 접하기 전에도 우리는 이미 어떤 소리를 고음으로 혹은 저음으로 듣는다.

1초에 440번 진동하는 공기가 유모세포를 440번 진동시키지 않는다. 주파수 값의 차이는 기저막 내 위치 차이로 변환될 뿐이다. 우리 귀가 매우 현명하며 경제적인 기제라는 증거다. 우리 뇌와 마음도 꽤 경제적이다. 유모세포에 연결된 뇌의 뉴런도 440번 켜지고 꺼지지 않는다. 설령 뇌가 그렇게 발화하더라도 우리 마음은 우리 뇌가 440번 발화했다는 사실 그 자체를 알지 못한다. 매 순간 들리는 소리를 주파수 그 자체로 듣는다면 얼마나 복잡한 일일까. 〈새야새야 파랑새야〉 같은 민요를 '라미시라 시라미미'의 음고 연쇄로 안 듣고 '440번의 진동, 329.63번의 진동, 493.88번의 진동, 440번의 진동, 493.88번의 진동, 440번의 진동, 329.63번의 진동, 329.63번의 진동'으로 듣는다고 생각해보자.

440번의 진동과 220번의 진동이 기저막 내 서로 다른 유모세포들을 진동시킨다. 우리 귀의 생리적 기제에 대한 설명이다. 서로 다른 유모세포들의 진동이 음고 지각을 담당하는 뉴런 영역에 전달된다. 뇌에 대한 이야기다. 그런데 귀와 뇌에 대한 어떤 이야기도 우리가 서로 다른 진동을 저음과 고음으로 구분해 듣는 이유에 대해 말해주지 않는다. 유모세포의 어느 위치가 진동할 때, 뇌의 어느 부위가 점화될 때 고음을 느끼고 다른 위치가 진동하여 다른 부위가 점화되면 저음을 느낀다는 식의 설명은 심적 음고 공간에 대한 설명으로 충분치 않다. 마음의 과학이 필요하다.

공기의 특정 횟수의 진동을 어떤 특성을 가지는 소리로, 이를테면 높고 낮은 것으로 듣는 지각 방식은 놀라운 단순화 기제다. 진화의 관점에서 복잡한 것은 사치다. 복잡한 지각 기제는 그것을 갖춘 개체의 생존율을 낮춘다. 우리는 대체로 복잡한 지각 방식을 갖추도록 진화하지 않았다. 단순한 지각 기제는 이득을 준다. 아주 **빠른** 순간에 소리 음원을 확인시켜준다는 이득 말이다. 상대방이 내는 소리의 주파수 값을 있는 그대로 듣는 것보다 – 그 주파수를 일일이 세는 것보다 – 그가 내는 소리가 낮고 무거우며 무섭게 들려야 조상들은 바로 도망갈 수 있었을 것이다.

왜 주파수 값이 큰 경우를 고음으로, 값이 작은 경우를 저음으로 들을까. 왜 그 반대로 듣지 않을까. 반대로 들어도 단순하게 듣는 것은 마찬가지고, 우리 삶에 큰 지장을 주지 않았을 텐데 말이다.

서로 다른 주파수 값들을 각기 다른 고저의 느낌이 있는 소리로 듣는 기제를 설명하기 위해 도플러 효과를 소개할 수 있다. 하지만 도플러 효과는 기차 혹은 구급차가 우리에게서 멀어져 갈 때 진동수가 작아지며 우리에게 가까이 오면 진동수, 즉 주파수가 커진다고 말할 뿐이다. 물리학 용어인 도플러 효과는 인간이 왜 주파수 값이 큰 경우를 고음으로, 값이 작은 경우를 저음으로 듣는지를 설명하지 않는다.

마크 챈기지도 도플러 효과가 우리의 음고 지각 기제에 대해 온전히 설명해주지 않는다고 말한다. 날아오르는 로켓이 내는 음은 챈기지가 든 사례로, 도플러 효과가 설명을 하지 못하는 경우다. 물리적으로만 본다면 로켓이 하늘로 올라감에 따라 로켓 주위의 공기 파장은 길어진다. 더불어 주파수 값은 작아질 것이다. 그렇게 되면 우리는 음이 떨어지는 것으로 들어야 한다. 이것은 달리는 기차가 우리에게서 멀어져 감에 따라 음이 낮게 들리는 것과 본질적으로 같은 현상이다. 그런데 챈기지에 의하면 날아오르는 로켓이 내는 음을 우리는 낮게 듣지 않는다.(챈기지, 2013)

그 이유에 대해 챈기지는 말한다. 우리는 기차가 아니더라도 수평적 차원에서 우리에게 가까워졌다가 다시 멀어져가는 생명 및 물체를 아득한 옛날부터 많이 경험했다. 이에 따라 우리는 물리적 도플러 효과에 대응하는 지각 능력을 갖출 수 있었다. 수직적 차원에서 날아오르는 것들을 인류가 진화한 대부분의 시간 동안 경험한 적은 거의 없다. 비행기와 로켓은 최근에 등장했다. 챈기지에 의하면 이 때문에 우리 마음속에서 물리적 높이와 낮은 음높이는 서로 연상관계를 이루지 않는다. 반면에 하늘에서 떨어지는 것들을 종종 봐 왔던 우리에게 물리적 높이와 높은 음높이는 연상관계를 이룬다. 물체가 떨어질 때 음높이가 떨어지는 이유는 그 물체가 관찰자를 지나치기 때문이다. 이 경우에도 도플러 효과는 작동한다.(같은 책)

챈기지는 수평적 차원에서 우리가 물리적 도플러 효과에 대응하는 지각 능력을 갖출 수 있었다고 말한다. 챈기지는 도플러 효과에 기초해, 나에게 포식자 혹은 친구가 오면 음고는 상승하며 나로부터 그들이 멀어져 가면 음고가 하강한다고 말한다.(같은 책) 음고 지각에 관한 이 설명은 도플러 효과의 물리적 설명에 편승한 무임승차다. 가까워지는 것을 고음으로 듣고 멀어지는 것을 저음으로 듣는 이유는 여전히 설명되지 않았다.

챈기지의 논의 중 가장 그럴듯한 것은 연상관계 개념이다. 챈기지에 의하면 우리 마음속에서 물리적 높이와 높은 음높이는 연상관계를 이룬다. 우리는 하늘에서 떨어지는 것들을 종종 봐왔다. 그러한 연상관계가 우리 마음속에 터 잡은 이유다.(같은 책) 그렇다면 물리적 낮음과 낮은음도 서로 연상관계를 이룰 것이다.

이런 연상관계에 따른 음악적 표현이 많다. 바그너는《라인의 황금》에서 절대 반지를 찾아 나선 주신主神 보탄과 그의 일행이 천상에서 지하의 세계로 이동하는 장면을 보여준다. 이것은 고음의 음악에서 저음에 의한 음악으로의 이행을 통해 표현된다. 보탄이 만난 작은이는 반지의 힘을 이용해 거대한 뱀으로 변신해 보탄을 위협한다. 뱀을 묘사하기 위해 바그너는 처음에는 낮고 음산한 악구를 사용한다. 뱀이 서서히 일어서서 보탄 일행에게 겁을 줄 때 음악은 점점 높아진다. 우여곡절 끝에 반지를 빼앗은 일행은 이제 지하 세계를 벗어나 천상의 세계로 이동한다. 이 과정은 앞의 과정과 반대로, 저음의 음악에서 고음의 음악으로의 이행으로 표현된다. 이 오페라의 등장인물들은 어디 사는지에 따라 음역이 달라진다.

바그너의 다른 작품인 《로엔그린》도 흥미롭다. 이 오페라는 인간 세상에 나타난 백조의 기사와 인간 여성과의 맺어질 수 없는 비극적 사랑 이야기를 무대에 올린다. 백조의 기사는 천국에서 왔다. 많은 기독교인에 따르면 천사는 강림降臨한다. 땅 밑에서 솟아오르지 않는다. 기독교인에게 천국은 하늘에 있지 지구의 저 깊은 땅 밑에 있지 않다. 높은 곳인 천국에서 온 백조의 기사를 표현하기 위해 이 오페라의 〈전주곡〉은 매우 높은 음역에서 출발한다. 음악은 고음들로, 신비하고 작게 시작해 점차 하강한다. 어느덧 음악은 중간 음역에 이르고 그 소리가 커진다. 현세에 도달했다. 점점 고양되어 절정에 이른 음악은 현세의 강렬함을 잘 표현한다. 절정 이후 음악은 다시 작아지며 상승하는데, 음고의 상승은 천국으로 되돌아가는 것과 관련된다. 천국이 위에 있다는 기독교도들의 인식에 따른다면 천국을 저음들로 표현하는 일은 적절치 않다. 현세를 고음으로 표현하는 것 역시 적절치 않다.

나무 밑에 밤이 100개 떨어져 있는 경우와 10개 떨어져 있는 경우를 생각해보자. 숫자를 모르는 원시시대의 우리 조상들은 100개의 밤을 일일이 셀 수는 없었지만 그쪽에 밤이 많다는 사실만큼은 인지할 수 있었다. 밤이 100개 떨어진 곳으로 갔을 것이다. 우리도 짧은 순간에 밤 100개를 일일이 세지 못하지만 100개의 밤이 있는 곳으로 갈 것이다. 우리에게 직관적인 수학적 인식의 틀로서 많고 적음의 개념이 탑재되어 있다. 많고 적음을 아는 능력은 자연사 지능으로, 없어서는 안 될 심적 적응이다.

짧은 순간 100개의 밤을 셀 수 없듯이 1초 동안 100번 진동하는 것 역시 셀 수 없다. 그렇다면, 밤이 많고 적은 것으로 지각할 수 있듯이 진동 횟수도 많고 적게 지각할 수 있지 않았을까.《새야새야 파랑새야》같은 민요를 '440번의 진동, 329.63번의 진동…'으로 듣는 것이 비경제적이라고 했다. '많은 진동, 적은 진동, 더 많은 진동, 더 적은 진동…' 으로 지각할 수 있지 않았을까. 그러한 지각조차 비경제적인 것일까.

진동의 횟수에 대한 많고 적음의 지각 능력이 선택되어 진화되었다면 오늘날 우리는 음고 개념을 가지지 못했을 것이다. 더불어 우리 조상들은 음악을 만들어내지 못했을 것이다. 다행인지, 진동 횟수의 많고 적음의 지각은 없었거나, 혹시 있었더라도 선택되지 않았다. 왜 그랬을까?

우리 눈은 많고 적음뿐 아니라 높고 낮음도 지각한다. 귀 역시 그렇다. 1초에 두 번 책상을 두드리는 경우와 세 번 두드리는 경우를 우리는 구분한다. 즉 우리 귀도 어떤 경우에는 많고 적음을 지각한다. 많고 적음의 지각과 고저의 지각을 나누는 문턱이 있다. 마법의 문턱을 넘으면 우리 귀는 1초에 수십 번 진동하는 경우와 수천 번 진동하는 경우를 더는 많고 적음의 차원으로 지각하지 못한다. 전혀 다른, 놀라운 마음의 세계에, 높고 낮은 특성을 가지는 음고 세계에 진입한다. 낱개가 아닌 뭉뚱그려진 덩어리로 지각하는 세계, 그리고 그 덩어리에 고저의 특성을 부여하는 세계.

우리의 시각에도 이런 문턱이 있을까. 1초에 다수의 진동이라는 운동적 상황에 대응되는 것은 1초에 다수의 화면이 연쇄되는 상황이다. 영화에서 불연속적 사진들은 아주 빨리 제시되고 우리 눈과 뇌는 그것을 연속적인 것으로 착각·지각한다.[10] 우리 눈과 귀, 그리고 뇌는 우리를 새로운 세계에 바로 진입하게 해준다. 동영상 그리고 음의 높낮이 즉 음고라는 세계이다.

음고는 어떻게, 그리고 언제 우리 마음속에서 구성되었을

---

10. 인간은 초당 30~40회보다 빠르게 깜박이는 영상을 연속적인 것으로 지각한다. 초당 48프레임인 영화를 보며 인간은 연속적인 것으로 인식·착각한다. 파리 같은 곤충들의 시각은 인간의 그것에 비해 초당 더 많은 장면을 감지한다. 이 장면들을 프레임이라고 부른다. 의학자 최현석에 의하면 파리는 대략 초당 265번의 프레임을 감지한다. 파리가 인간이 만든 영화를 본다면 각 프레임을 슬라이드가 찰칵찰칵 넘어가는 것으로 볼 수 있다. 파리가 자신을 잡으려는 인간에 대해 쉽게 도망치는 것도 인간의 손동작이 파리에게 슬로모션으로 보이기 때문이다.(최현석, 2009) 이런 사실들을 잘 알 것으로 추정되는, 《에픽: 숲 속의 전설》(2013)이란 애니메이션 영화의 감독 크리스 웨지는 이 영화에서 새를 타고 다니는 숲 속 작은 인간들을 매우 빠르게 표현했다. 그들에게 우리 인간은 엄청 느린 존재로 지각된다.

까. 1초에 수십 번 혹은 수백 번의 진동을 듣는 일은 수백만 년 전부터 인간에게 늘 있었다. 조상이 들었던 복진동의 대부분은 자연의 소리이며, 무질서했다. 여러 자연의 소리 중 특히 중요한 것이 포식자의 소리가 아니었을까. 조상들은 포식자의 소리들을 어떻게든 지각해야 했다. 도망가야 했으니까.

포식자는 덩치가 크고 무겁다는 것이 우리 조상들의 일반적 인식이었을 것이다. 반면 작은 생명에 우리가 피해를 많이 보지는 않는다는 인식이 있었을 것이다. 오늘날 우리는 사자보다 모기로 인해 더 많이 죽는다. 하지만 조상들은 사자와 악어를 더 무서워했다. 그러한 정서 인식이 여전히 남아있어 우리에게 모기 소리는 무섭기보다 짜증을 유발한다.

덩치 큰 포식자의 소리를 친숙하며 정겹게, 귀엽게 듣지 않는다. 혹시라도 그렇게 들었던 조상이 있었다면 그의 후손은 없었을 것이다. 그렇게 들었을 조상이 후손을 가지기 전에 잡아먹혔을 테니까. 두렵게 들었을 것이다. 공포감을 가졌던 조상이 살아남아 후손을 가졌을 테니까. 덩치 큰 포식자의 소리에 대한 공포감은 정서 지각이다. 이것은 즉각적 효력을 가져다주는, 청취 영역에서의 적응이다. 우리는 어떤 소리에 대해 두려움과 같은 정서를 즉각적으로 느끼는 경우가 많다.

우리는 덩치 큰 포식자의 무서운 소리를 가볍게 듣지도 않는다. 소리의 특성은 소리 출처에 대한 지각과 무관하지 않다. 중력이 작동하는 지구상에서 덩치가 크면 대체로 무겁다. 그 사실을 아는 인간은 큰 것의 무게를 재지 않고도 무겁다고 바로 판단한다. 덩치가 크고 무거운 것이 내는 소리도 그에 걸

맞게 크고 무겁다. 덩치 큰 포식자의 소리는 무서우며, 크고 무겁다.

무겁고 크며 무서운 소리가 서서히 저음으로 들리게 된 것이 아니었을까. 낮게 엎드린 거대한 육상 포식자들을 보고서 말이다. 이러한 지각의 연결을 통해 사자가 내는 적은 횟수의 진동을 낮은 소리로 듣는 방식이 선조들의 마음속에 서서히 자리를 잡게 된 것은 아닐까. 잘 달리지 못했던 우리 원숭이 조상들이 거대한 육상 포식자들을 피하는 가장 좋은 방법은 나무 위로 올라가는 것이었다. 나무에서 볼 때 사자는 낮은 곳에서 으르렁거리며 우리를 위협한다.

공중을 나는 작은 벌레와 작은 새의 소리 역시 서서히 높게 들리기 시작했을 것이다. 그렇게 높은 음과 높이 나는 생명들 및 그들의 가벼운 소리, 덜 무서운 소리 간의 연상관계가 서서히 성립된다. 여기에는 덩치가 점점 커갔던 우리 선조들이 맹금류에게 잡혀 하늘로 끌려가는 경우가 점차 줄었다는 점도 관여했을 것이다.

화성학도 모르고 선율 쓰는 법도 모르는 당신이 〈동물의 왕국〉이라는 제목의 곡을 작곡한다고 가정해 보자. 당신이 쉽게 결정할 수 있는 일이 하나 있다. 단언컨대 당신은 사자나 호랑이, 코끼리 등을 피콜로나 플루트, 바이올린 등으로 표현하지 않을 것이다. (이 악기들은 모두 높고 가벼우며 우아한 느낌의 음들을 발음한다.) 프랑스 작곡가 생-상스도 그랬다. 그의 작품 《동물의 사육제》에서 가장 큰 육상동물 코끼리는 가장 낮은 음을 내는 콘트라베이스가 연주한다. 사자와 거북이도 중저음역대에서 연주된다. 뻐꾸기는 조금 높은 음역에, 〈큰 새장〉이라는 이름의 곡에서 표현되는 새들은 조금 더 높은 음역을 차지한다. 러시아 작곡가 프로코피예프의 《피터와 늑대》에 등장하는 최상위 포식자는 늑대다. 늑대 역시 이 작품에서 낮은 음역에서 연주된다. 새는 플루트로 연주된다. (코끼리는 거대하지만 낮게 엎드린 존재는 아니다. 사실 코끼리의 울음소리는 사자의 소리보다 높게 들린다. 생-상스는 적절치 못했다.)

인간과 대부분의 동물은 연상 능력을 가진다. 인간 남성의 뇌는 포르노 속 여배우를 현실의 미인으로 보고 흥분한다. 고양이는 움직이는 작은 물체에 쉬이 흥분한다. 고양이 마음속에서 작은 물체는 대체로 쥐를 연상시킨다. 동물들은 거대한 물건을 경계한다. 거대한 물건이 포식자를 연상시키기 때문이다. 우리 집 고양이 미르는 배달받은 커다란 택배상품을 보면 처음에는 놀라 도망가고, 이후 조심스레 코를 들이대고 탐색한다. 가벼운 택배상품을 보고 도망가지 않는다. 이러한 마음이 수억 년 동안 생명이 살아오는 데에 큰 도움을 주었을 것이다. 나의 결론은 이러한 연상 능력 때문에 오늘날의 우리가 거대한 튜바의 소리를 낮고 음산하게 들으며 작은 피콜로가 내는 소리를 높고 가볍게 듣는다는 것이다. 낮고 음산함은 낮게 엎드린 거대한 포식자 특성이며 높고 가벼움은 그런 특성이 아니다.

원시인의 언어적 마음에서도 이러한 연상관계를 확인할 수 있다. 미슨에 의하면 원시적 부족들은 생물에 이름을 붙일 때 의성어를 많이 사용한다. 동물의 이름에는 동물의 특징들에 대한 인식이 반영되어 있다. 그것들은 주로 크기다. 크기에 대한 인식이 가장 중요하다. 동물의 서식지 혹은 위치에 대한 인식도 중요하다. 호숫가에서는 물고기를 잡을 수 있다. 왐비사족 언어에서 새 이름들에는 고주파 음들이, 물고기 이름들에는 저주파 음들이 많다. 놀랍게도, 영어권 학생들에게 왐비사족이 쓰는 새와 물고기 이름들을 구분하라는 실험에서 왐비사족 언어를 모르는 학생들이 물고기와 새의 이름들을 구분해냈다.(Berlin, 2005) 높은 곳에 사는 새에는 '새다움'이라는 어떤 특성이 있고, 그 특성을 사람들은 어느 문명권에서든지 인지하며 고주파로 표현했다. '물고기다움'에 대해서도 같은 말을 할 수 있다. 물고기 특성은 저주파로 표현된다. 이런 논의들은 앞에서 가정한 연상관계가 보편적이라는 증거일 수 있다.

포식자와 튜바는 모두 거대하고 무겁다. 거대하고 무거운 것은 보통 지표면에 있다. 상대적으로 작고 가벼운 것들이 지표면으로부터 높은 곳에 있다. 나무 위의 작은 열매가 그렇다. 이것은 지구 위의 보편적 풍경이다. 그렇게 된 데에는 지구의 중력 작용이 있다. 중력은 지구 위의 모든 것을 비슷하게 조형한다. 위로 올라갈수록 커지고 무거워지는 나무는 없다. 역삼각형 산도 없다. 지구 위 모든 산의 모양은 대부분 비슷하다. 산들의 이러한 모습 혹은 구조를 인간의 건축물들이 흉내 낸다. 알트에 의하면 중력은 생명체의 모습도 구속한다. 몸에서 움직이는 부분들은 중력 때문에 아래로 매달려 있다. 중력이 감각세포들을 그렇게 자극한다. 몸은 이처럼 중력에 맞게 설계되었다.(알트, 2003)

지구 위 모든 것이 지구가 가진 절대적 힘인 중력에 복속하고 있음을 우리는 안다. 우리의 모든 사유 및 지식은 중력의 이러한 보편적 작용을 닮는다. 흔히들 어떤 논리가 튼튼한 기반을 가져야 타당하다고 말한다. 논리의 타당성이 굳건한 기반에 의존한다는 관념, 이것은 중력의 보편적 작용을 우리의 인지가 닮고 있는 한 사례가 된다. 중력은 우리 마음속 음악적 개념 형성과정에, 음악의 지각 방식들에도 영향을 미쳤다.

영향을 미치는 방식은 다음과 같다. 튜바와 피콜로가 동시에 발음해 만든 음향을 우리는 마음속에 존재하는 단순한 공간으로 즉각적으로 재구성한다. 수직 차원으로 펼쳐진 이 공간에서 포식자를 연상시킬 정도로 거대하여 무거운 튜바는 아래에, 작아서 가벼운 피콜로는 위에 위치하는 가상적 음향 건축물이 구성된다. 마음의 장구한 진화과정에서 이 공간이 먼저 제안되고 나중에 특정 고음과 저음이 이 공간의 어딘가에 위치하는 것으로 지각되기보다, 특정 음들을 소리 공감각 및 연상 능력을 통해 고음과 저음으로 구분하면서 서서히 이 희미한 공간이 점차 분명하게 구성되며 지각되었을 것이다. 그리고 언제부턴가 이 공간은 특정 음들의 경험에 선재하는 것, 즉 선험적인 것이 되었다.

이러한 가정이 난데없는 것처럼 들릴 것이다. 예를 들어 튜바와 피콜로를 한 번도 본 적이 없는 이에게 두 소리를 단지 들려주기만 한다고 하자. 본 적이 없으니 튜바가 무겁고 피콜로가 가볍다는 사실도 알지 못할 것이고, 튜바의 소리를 낮게, 피콜로를 높게 듣지 않을 수 있다. 나는 무겁고 거대한 것을 포식자로 연상하며, 그렇게 무거운 것은 보통 아래쪽에 있고 가볍고 작은 것을 포식자가 아닌 것으로 연상하며, 그런 것은 보통 위에 있다는 인식이 매우 오래전에 우리 마음속에 이미 견고히 뿌리를 내렸다고 말했다. 중력에 대한 인식이 이러한 인식의 기저에 있다고도 했다. 그러한 인식을 우리는 가진 채 태어나며, 그 본능적 마음은 이제 판단 능력으로 작용할 수 있다. 우리는 보지 않고도 발걸음만으로 덩치가 크고 무거운 사람이 지나가는지 아니면 가볍고 작은 사람이 지나가는지 판단할 수 있다. 튜바를 보지 않은 아이들이 튜바가 내는 음을 낮은음으로 듣는 것이나, 동굴 속에 숨어서 동굴 밖을 지나가는 동물이 포식자인지 아닌지를 판단하는 것이나, 같은 심적 과정이다. 크고 무거운 어떤 동물을 한 번도 보지 못했다고 해서 그 동물에 대한 두려움이 발생하지 않는 것은 아니다. 평상시 보던 크고 거대한 포식자에 대해 가졌던 공포감은 처음 보는 거대한 동물을 볼 때도 작동한다. 이것이 바로 연상 작용이다. 인간의 음고 인식 과정에 포식자에 대한 인식과 중력에 대한 인식이 오래전부터 작용해서 영향을 미쳤고, 그렇게 만들어진 원형적 음고 인식 기제가 후손에게 상속되며 진화되었을 것이다. 물론 이 과정에서 문화적/음악적 경험들도 같이 작용했을 것이다.

모든 동물과 대부분의 인간들은 세상에 대한 인식으로 '동소성同所性 원리'를 자명하게 받아들인다. 아인슈타인의 상대성 이론에 따르면 이 원리는 틀렸다. 우주 자체가 확장하고 있고, 그렇게 크기가 변화되어가는 우주에서 지구가 자전과 공전을 하고 있음을 생각해보면, 우리가 사는 집은 우주의 관점에서 항상 같은 곳에 있지 않다. 하지만 우리는 퇴근 후 항상 거기 있을 것으로 믿어 의심치 않는 우리 집으로 간다. 우리 의식 저 깊은 곳에 어떤 장소는 변함없이 거기 있다. 30년이 지난 뒤 찾아간 예전 살던 집도 여전히 거기에 있다. 여전히 거기 있는 집과 달리 예전의 시간은 흘러가서 다시 오지 않는다. 그렇게 우리는 느낀다. 즉 우리의 인식에 의하면 시간은 흘러가지만 공간은 거기 박혀 있다. 어떤 공간이 같은 장소에 그대로 있다는, 우리가 그렇게 믿는 원리를 동소성 원리라고 한다. 현대 과학은 이것이 틀렸다고 말한다. 하지만 많은 예술가와 작곡가는 의식적으로 혹은 무의식적으로 이 개념에 기초해 작품을 썼다.

음악적 마음도 동소성 원리에 지배된다. 우리는 음악의 앞부분에서 제시됐던 어떤 선율 혹은 동기가 음악의 뒷부분에서 다시 제시될 때 그 선율 혹은 동기가 애초에 점했던 우리 마음속 음고 공간이 다시 채워지고 점해짐을 느낀다. 그렇게 안정감을 느낀다. 이것은 서양음악의 대전제다.

산전수전 다 겪고 수십 년 만에 귀환한 페르 귄트에게는 그를 변함없이 맞이하는 평안한 집이 있고 그 집에는 그를 기다리는 사랑하는 여인이 있다. 페르 귄트는 노르웨이의 극작가 헨리크 입센의 극 제목이자 그 극의 주인공이다. 극 중 페르 귄트는 노르웨이에서부터 북아프리카까지 다양한 곳을 여행하다가 늙어서 고향으로 돌아온다. 노르웨이의 작곡가 그리그는 이 극에 음악을 붙였고, 이후 같은 이름의 모음곡을 만들었다. 늙고 지친 페르 귄트는 천신만고 끝에 고향의 오두막으로 돌아와 여전히 그를 맞이하는 백발의 솔베이지가 불러주는 자장가를 들으며 죽는다. 〈솔베이지의 노래〉다. 솔베이지가 세월이 흐른 것에 대응해 늙어 있다면 집은 여전히 거기 있다. 물론 솔베이지도 거기 있다. 지극히 남성 중심적인 관점이다.

동소성 가정에 대응되는 특성이 다양한 음악작품들에서 확인된다. 처음에 제시된 선율 혹은 동기가 고대 그리스의 영웅 오디세우스나 페르 귄트라면 그 선율 혹은 동기는 다양한 음악적 이야기를 거치고 나서 다시 제시된다. 선율이나 동기가 다시 제시되지 않는 음악에서도 다시 제시되는 것이 있다. 혹은 다시 도달해 가야만 하는 상태가 있다. 그것은 음악의 처음 부분에 제시된 조성이자 그 조성의 으뜸화음이다. 원래의 조성과 그 으뜸화음을 반복하기를 고집하는 작곡가들의 마음에는 회귀 본능이 있어 보인다. 그렇게 회귀함으로써 안정감을 느끼는 작곡가들의 마음에는 공간에 대한 근대 과학적 동소성 가정이 뿌리 깊게 내려 있을 것이다.

우리는 상대성 이론이 아닌 뉴턴 역학의 세계 속에서 음악을 만들고 감상해 왔다. 변화하지 않는 절대 공간과 시간을 가정했던 뉴턴 역학은 오늘날 우리가 지각하는 세상에 대해, 이를테면 집을 짓고 다리를 놓는 데에 여전히 유용하다. 우리가 관측하고 측정해야만 알게 되는 세상에 대해, 이를테면 수백만 광년 거리만큼 떨어져 있는 별들에 대해 다룰 때는 심각한 오차를 가져올 것이다. 그런 세상에 대해서는 상대성 이론이

적절하다. 음악을 작곡하고 감상하는 마음은 관측하고 측정해야 알게 되는 세상 속이 아니라 감각하고 지각하는 세상 속에서 작동해 왔다. 많은 작곡가는 어쩌면 앞으로도 계속 이런 마음으로 작곡하고 사람들도 그런 마음으로 계속 음악을 들을지 모른다. 바꿀 수 없다면 최소한 그 점을 의식은 하자.

모차르트의 《교향곡 40번 사단조》라는 제목은 1악장의 처음과 끝은 물론 3악장과 4악장의 처음과 끝도 사단조로 작곡되었음을 알려준다. 각 악장은 물론 교향곡 전체가 동소성 가정의 음악적 결과다. 고전 및 낭만 시대의 대부분의 기악음악들은 이렇게 시작과 끝의 조성이 같다. 1894년에 완성된 《교향곡 2번》에서 말러는 1악장의 출발 조성 다단조와 다른 조성인 내림 마장조로 5번째 악장을 끝낸다. 교향곡에서 은유적 동소성 가정이 깨진 첫 사례가 조국 없이 이천 년간 떠돌아다녀야만 했던 유대인 작곡가에 의해 제시되었다. 말러는 동소성 가정을 지키지 않은 교향곡들을 계속 작곡했고, 이것은 전통적 교향곡에서 전례가 없던 일이다. 같은 유대인이었던 아인슈타인이 상대성 이론을 통해 부정했던 동소성 가정을 음악을 통해 무의식적으로 먼저 부정했던 사람이 말러였을까.

시간을 인식하고 표현하는 마음

시간의 흐름과 특성들을 잘 인식하는 생명의 생존율은 높다.[11] 시간 인식 역시 적응이다. 시간 인식은 시간의 다양한 특성에 대한 앎이다.[12] 미슬버거는 생명의 시간 인식에 대해 소개한다. 식물에게도 탑재된, 적응으로서의 생체 시계가 있다. 녹색 조류 같은 단세포 생명조차 하루 리듬을 가진다. 주행성 동물과 야행성 동물은 서로 다른 하루 시계를 가진다. 하루 시계는 동물의 뇌 속 슈프라키아스마 세포핵에서 작동한다. 이곳은 뇌로 들어가는, 교차하는 시신경 영역의 윗부분이다. 여기서 빛과 어둠에 관한 정보를 받아들인다.(미슬버거, 2010) 동물의 시간 인식은 결국 빛과 어둠에 대한 인식이다. 레슈와 차운에 따르면 빛은 생명이 사물을 보는 것을 가능케 하며 세상과 시간에 대한 생명의 지식과 인지의 원천이다.(레슈·차운, 2010)

빛이 없을 때와 있을 때의 차이를 생명은 인식한다. 빛이 없고 있고는 열과 추위의 문제에도 관련된다. 추위란 빛과 열이 없는 상태다. 추위의 끝은 죽음이다. 빛과 열은 모두 에너지다. 그 에너지를 자양분 삼아 생명이 산다. 빛은 스스로 운동하며, 열은 어떤 물체가 운동할 때 발생하는 운동에너지가

---

11. 추운 곳에 사는 곰과 개구리는 겨울잠을 자며, 여름에 먹을 것이 없고 건조해지는 지역에서 거북이와 해삼은 여름잠을 잔다. 동물들의 동면과 하면은 그들의 계절 인식에 기초하며, 그들의 생존율을 높인다. 시간 인식을 잘 못하는 동물들은 필요한 행위를 하지 않을 수 있고 그들의 생존율은 낮을 수 있다.
12. 미슬버거에 의하면 시간 인식에는 계절 인식과 하루 인식이 특히 중요하다. 동면과 하면, 철새들의 이동은 계절 인식에 따른 행위다. 많은 동물은 하루 단위로 잠잔다. 하루가 언제부터 언제까지인가 아는 것도 중요하다. 1729년 프랑스의 천문학자 드 메랑은 콩과에 속하는 관상식물 미모사가 햇빛이 없는 곳에서도 매일 매일의 운동 리듬을 유지하고 있음을 알아냈다.(미슬버거, 2010)

변환된 것이다. 연주자들이 연주할 때 그들은 물리적 일을 하고 에너지를 만들어낸다. 연주자들이 만드는 에너지는 소리에너지만이 아니다. 그들은 몸을 움직여 운동에너지를 만들어낸다. 그들의 몸에 의한 운동에너지는 악기의 진동에너지로, 열에너지로 변환될 것이다.

주어진 시간대에 많은 음을 연주하는 연주자에 비해 적은 음을 연주하는 연주자는 상대적으로 일을 덜 하며, 에너지를 덜 만들어낸다. 70~80명의 오케스트라 연주자 모두가 바삐 움직여 많은 음을 연주하는 경우와 그들 중 일부만이 적은 양의 일을 하여 적은 음들을 연주하는 경우를 구분해 현장에서 온도를 재본 과학자들은 없을 것이다. 만약 잰다면 많은 음이 발음되는 현장의 온도계가 조금이라도 더 높은 온도를 가리킬 것이다.

주어진 시간대에 많은 음이 발음되면 실제로도 열기가 발생하며, 그때 연주되는 곡은 정신적 열기도 표현한다. 반면에 음들이 적게 발음되는 경우 열기도 덜 발생하며, 그때 연주되는 곡은 차분함 혹은 냉정함, 냉기, 운동의 중지 및 잠, 그리고 소멸과 죽음 등을 표현할 가능성이 크다. 표현된 정신적 열기와 냉기는 연주회 장의 물리적 온도와 무관치 않다.

모차르트의 음악에 비해 19세기의 음악에 단위 시간 당 음이 더 많다. 19세기 음악들은 모차르트 시대의 음악에 비해 물리적으로나 느낌상으로나 열기를 더 표현한다. 모차르트 시절의 음악에는 중세시대의 음악에 비해 더 많은 음이 있다. 물리적/정신적 열기도 더 많이 표현한다. 19세기 후반 이후 우리는 역사상 가장 많은 음들이 있는 작품들을 접한다. 시대가 과거보다 점점 뜨거워졌고, 음악이 이를 반영한다.

대세를 거스르는 작품들도 있다. 베베른의 간결하고 절제된 현대음악에서 열기를 느끼는 이는 거의 없다. 베베른은 세계의 과도한 열기를 식히는 냉정한 예외에 속했다. 나는 작곡가들을 냉정한 작곡가와 열정적 작곡가로 구분해 전자에 베베른·케이지·사티 등을 포함시키고, 후자에는 베토벤·바그너·리하르트 슈트라우스·알반 베르크 등을 포함시킨다.

대부분의 인간이 그렇듯이, 열정적 작곡가들도 노년에 가서는 냉정해지는 경향을 보인다. 베베른도 첫 작품에서 그나마 가장 많은 음을 선보였다. 젊은 시절 뜨거운 열정을 가지고 악보에 음표들을 새까맣게 그려 넣었던 리하르트 슈트라우스도 81세에 이르자 상대적으로 느리며 초연한 느낌의《변용》을 작곡했다. 1944년부터 쓰인 이 작품은 초연하다 못해 슬프다. 나이가 들어서이기도 했지만, 조국 오스트리아와 독일이 전쟁에서 져가는 중에 좋아했던 뮌헨 같은 도시들이 파괴되었기 때문이기도 했다.

현악합주를 위한《변용》에서도 냉정과 열정은 교대한다. 작품의 처음과 마지막 부분이 음이 많지 않아 느린 느낌을 준다면, 중간 부분은 상대적으로 많은 음들이 연주되어 빠른 느낌을 준다. 작곡가는 이렇게 주어진 시간당 음의 밀도를 조정한다는 간단한 방법을 통해 한 작품 내에서, 생애 주기 동안에 열기와 냉기의 교체를 표현할 수 있다. 그렇게 인간의 생애주기 속 시간 흐름이 보여주는 보편적 특성이 음악에 반영된다.

빛의 존재 여부는 세상을 어둡고 불투명하게 하거나 환하고 투명하게 한다. 모든 생명은 이 두 세계를 분명히 인지한다. 어둡고 불투명한 상태 혹은 밤은 인간의 세상에 대한 지각을 어렵게 하고, 투명한 빛이 있어 환한 낮은 쉽게 한다. 이러한 의미에 정확히 부합하는 투명성과 불투명성은 음악에 없다. 은유적 투명성 및 불투명성은 있다. 조성음악의 장/단3화음을 비롯해 협화음은 상대적으로 투명한 느낌을 주며 불협화음은 상대적으로 불투명한 느낌을 준다. 장/단3화음이 투명하다는 것은 그 화음의 구성음들이 개별적으로 잘 들린다는 의미다. 불협화음에서는 그 구성음들의 개별적 지각이 상대적으로 더 어렵다.

'도-미-솔'로 구성된 협화적 3화음이 있다. 우리는 이 화음이라는 상위의 실체를 들으면서도 그 화음을 구성하는 도, 미, 솔 등 각 음 역시 비교적 잘 듣는다. 이제 이 화음에 레를 추가한다. 추가된 이 음은 마치 깨끗한 물을 묘하게 흐리는 불순물과도 같다. 이 두 번째 화음을 아주 약간 탁한 것으로 생각할 수 있다. 어떤 이들은 순수하고 투명하며 협화적인 첫 번째 화음보다 이 두 번째 화음을 더 좋아한다. 특히 19세기 후반 이후 많은 현대 작곡가는 이러한 탁한 화음을 더 선호한다. 어쨌든 이 화음을 들을 때 사람들은 무언가 달라졌다고 느낀다. 레와 함께 도, 미, 솔 각각의 음들을 듣는 일이 조금 더 어려워졌다. 이 '도-레-미-솔' 화음에 다시 여러 음이 더 추가된다고 상상해보자. '도-레-미-파-파#-솔' 화음은 분명한 불협화음이다. 탁하고 불투명하기도 하다. 이 화음의 각 구성음을 분명히 지각하는 것은 더 어려워졌다. 이상의 세 화음을 통해 협화와 불협화의 개념이 투명과 불투명의 개념에 연관됨을 알 수 있다.

음악은 '도-미-솔' 화음에서 출발해 '도-레-미-파-파#-솔'과 같은 화음으로 이행할 수 있다. 이것을 협화에서 불협화로, 순수함에서 탁함으로, 투명함에서 불투명함으로, 온음계적 상태에서 반음계적 상태로, 질서에서 무질서로, 낮은 엔트로피 상태에서 높은 엔트로피 상태로의 이행으로 생각할 수 있다. '도-레-미-파-파#-솔' 화음은 다시 '도-미-솔' 화음으로 재이행할 수 있다.

많은 고전음악에서 중간 부분은 처음 제시된 요소들이 전개되고 발전된다. 소나타의 전개부와 푸가와 같은 음악의 중간 부분, 세도막 형식의 중간 부분은 상대적으로 많은 이야기를 보여주며, 여러 관점에서 음악적 절정을 보인다. 음의 밀도가 가장 높고 가장 많은 사건이 벌어지며, 음향이 가장 크고 숨 가쁘게 진행되어 긴장감이 넘치고, 조바꿈이 가장 많이 일어난다는 점에서 가장 가변적이며, 가장 반음계주의적인 이 부분은 열기가 가장 많고 정보량 즉 엔트로피 값이 가장 크다. 또 가장 탁하고 불투명한 곳이다. 이 부분에서 우리는 음악의 모든 디테일을 인식하는 데에 어려움을 느낀다. 이 부분이 끝나면 음악은 처음 부분에서 제시한 것들을 재연한다. 음악의 앞부분인 제시부와 이 제시부를 재연하는 재현부는 상술한 중간 부분과 여러모로 성격이 다르다. 결국 고전음악에서의 소나타를 비롯한 여러 기악음악들에서 감상자들은 '투명한 상태 → 불투명한 상태 → 투명한 상태'의 시간적 이행을 확인할 수 있다. 이것은 '온음계적/협화적 상태 → 반음계적/불협화적 상태 → 온음계적/협화적 상태'의 틀로도 설명될 수 있으며, '낮은 정보량을 보이는 상태 → 높은 정보량의 상태 → 낮은 정보량의 상태'의 틀로도 설명될 수 있다.

이러한 상태변화가 대부분의 고전 기악곡의 시간 흐름을 구성한다. 이 시간은 물리적 시간과 달리 가역적이며, 자기 자신으로 돌아온다는 점에서 재귀적이다. 세상사와 달리 투명하며 협화적이고 낮은 정보량을 보이는 상태가 복원되는 음악은 사람들에게 정서적 안정감을 줄 수 있다. 세계의 어쩔 수 없는 쇠락으로의 흐름을 표현하지는 않는다.

리하르트 슈트라우스의 《알프스 교향곡》과 같이 일출과 일몰을 표현하는 표제음악에서는 앞서의 고전 기악곡과 달리 '불투명→투명→불투명'의 시간적 흐름이 표현된다. 이 작품의 초입은 알프스의 밤을 표현한다. 어둔 밤은 상대적으로 적은 양의 음들과 그 음들이 구성하는 일종의 음괴를 통해 표현된다. 이 음괴는 불협화적이며 불투명하다. 피아니시모 pp 라는 아주 작은 소리의 강도도 한 몫 한다. 밤은 갑자기 아침으로 바뀌지 않는다. 처음에는 낮은 음역에서 음들이 점차 많아지더니, 점차 높은 음역에서도 음들이 많아진다. 소리가 점점 커지더니(크레셴도) 이윽고 일출이다.(마디 46) 연주되는 음들이 트레몰로를 통해 폭발적으로 많아지고, 그 음들은 가장조의 장3화음이라는 투명한 협화음을 구성한다. 음악이 1차 절정에 이른다. 포르티시시모 fff. 알프스의 장쾌한 아침이 밝았다. 이후 음악은 알프스의 다양한 상황을 표현하다가 다시 어둔 밤의 세계로 우리를 인도하고는 끝난다. 마지막 부분이 표현하는 밤은 시작 부분의 불투명하며 불협화적인 음괴를 그대로 반복한다. 시간은 이 교향곡에서도 흐르며, 반복·순환한다. 하루가 어둠과 밝음의 특성을 반복하듯이. 정서적 안정감, 세계에 대한 어떤 기대와 바람을 표현한 고전 기악곡들의 작곡가와 달리 슈트라우스는 세계의 물리적 시간 특성을 잘 인지했고, 표현했다.

드뷔시의 교향시《바다》도 일출을 표현한다. 일출 이전의 어두운 상황은 슈트라우스의 음악만큼은 아니지만 불협화이며, 불투명하다. 이 부분의 음악은 또한 조용하고, 음들이 상대적으로 적다. 이 상태는 이후 크레셴도를 통해 점점 커지며, 협화음들에 의한 밝고 (많은 음에 의해) 번다한 느낌을 주는 상태로 이행한다. 바다에서의 날이 밝았다. 세부적 차이가 있지만 큰 틀에서 봤을 때 드뷔시와 슈트라우스는 모두 같은 시간적 현상 즉 일출을 표현했고, 그 표현은 동일한 음악적 개념에 기대어 이루어졌다. 물리적 세계에서의 시간 흐름의 특성은 드뷔시와 슈트라우스에게 비슷하게 인식되었기 때문이다. 달리 인식하고 표현하기가 오히려 어렵다.[13]

---

13. 밤이 아침으로 바뀌는 장면은 서양음악에서 적지 않게 찾을 수 있다. 바그너의 오페라《신들의 황혼》의 1막, 어두운 산에서 두 연인이 자다가 아침이 밝아오는 장면이 있다. 여기서는 몽롱한 분위기 속에서, 분절되지 않은 지속음들이 조용하게 연주됨으로써 밤이 표현된다. 이런 분위기를 서서히 깨는 호른의 음향이 처음에는 멀리서 들리다가 점차 커지더니 아주 우렁찬 음향으로 바뀐다. 아침은 좀 더 분절적이고 리드미컬한 음향으로 표현된다. 때때로 사람들에게, 그리고 작곡가에게 밤의 어둠은 슬픔으로 인식되

프랑스 철학자 앙리 르페브르는 세계 속 리듬과 우리 몸의 리듬에 대해 이야기하며, 관련해서 음악적 리듬에 대해서도 이야기한다. 르페브르가 생각하기에 "우리에게 필요한 것은 음악적 시간과 우리 몸의 리듬들 사이의 관계다. 음악적 시간은 [몸의] 리듬들을 모방하고 […] 음악적 시간은 육체와의 관계에서 결코 벗어나지 않는다."(르페브르, 2013) 르페브르는 계속 말한다. 과거의 음악 특히 종교음악은 리듬의 원천인 몸을 경멸했다고. [천국을 중시하여 현세의] 몸을 경멸하던 시대에는 음악적 리듬도 중요하게 여겨지지 않았다. 몸은 음악의 세계에서뿐 아니라 (쇼펜하우어와 베르그손 같이 음악적 시간에 대해 글을 쓴) 철학자의 세계에서도 잊혔고, 몸의 리듬, 민중의 춤은 [음고의 조직화 차원에서만] 정교한 바흐의 [단순한 리듬을 동반한] 음악으로 변형되었다.(같은 책) 종교적 시대에 리듬과 그로 인한 생명력은 불경스러웠다. 반면 현세가 중요했던 지구촌 민중과 그들에 동조했던 르페브르에겐 약동하는 리듬이 중요했다. "음악이 세계화되고 보편적으로 된 데에는 리듬의 역할이

고 표현된다. 푸치니의 오페라 《토스카》의 3막은 밤 시간대의 이야기로 시작된다. 공화국 지도자를 숨겨주었다는 이유로 마리오 카바라도시가 교도소에 갇혀 오전 중으로 사형당할 처지에 놓여 있다. 오케스트라는 첼로를 중심으로 차분하며 느린 음악을 연주한다. 음향이 점차 비통해지더니 이윽고 단조가 된다. 음울한 음색의 클라리넷이 곧이어 테너가 부를 단조의 아리아 선율을 먼저 비통하게 연주한다. 어두운 새벽, 테너가 부르는 노래는 비통한 아리아 〈별은 빛나건만〉이다. 노래가 끝난 후 그의 애인 토스카가 달려와서는 그가 풀려날 수 있다는 소식을 전한다. 밤의 비통한 아리아와 극적으로 다른, 격동적 트레몰로와 빠른 속도의 음악이 오케스트라 총주에 의해 연주된다. 심리적 슬픔의 밤은 가고 환희의 아침이 왔다.

컸다."(같은 책) 세계는 리드미컬한 음악을 선택했다. 몸, 현세, 생명을 생각한다면 바흐는 완전무결한 작곡가가 아니다.

르페브르는 다리듬성, 조화리듬성, 부정리듬성이라는, 생명과 사회 속에서 확인되는 특징적 리듬에 대해 말했다. 다리듬성은 자신의 몸 혹은 일상생활에 귀 기울이면 쉽게 감지된다. 서로 다른 리듬들이 우리 몸에서, 일상에서 확인된다. 조화리듬성은 건강한 상태, 즉 정상적인 (혹은 규범화된!) 일상적 맥락에서 리듬들이 결합할 때 확인된다. 이 리듬들 사이의 조화가 깨지면 고통이 찾아오고 병적 상태에 빠진다. 이때 나타나는 부정리듬성은 증상이자 결과며 동시에 원인이다. 부정리듬성은 치명적 무질서를 초래한다.(같은 책)

조화리듬성과 부정리듬성 개념을 통해 르페브르는 윤리적/정치적 가치를 리듬 개념에 부여한다. 맑스주의자 르페브르에 의하면 부정리듬성을 초래하는 것은 자본주의다. 조화리듬성은 자본주의가 우리 몸을 약탈하기 전 우리가 가졌던 건강한 상태에서 확인된다.(같은 책)

20세기 이전 서양음악의 대부분은 조화리듬성을 보였다. 바흐의 많은 푸가의 중간 부분에 나오는 스트레토 정도가 부정리듬성을 보일 뿐이다. 스트레토를 통해 푸가의 주제는 서로 다른 성부들에서 바짝 붙어 제시되며, 그로 인해 음악은 복잡해지고 긴장감이 발생한다. 하지만 음악은 곧바로 조화리듬성을 회복한다. 바흐에게도 부정리듬 상태는 지양되어야 할 음악적/정신적 상태였다. 그렇지 않다면 부정리듬 상태는 음악의 끝부분을 채웠어야 했다. 바흐는 맑스주의자도 아니었고 정치에 대해 잘 몰랐다. 엔트로피에 대해서도 몰랐다. 막연한 윤리주의자였을 것이다.

20세기 초의 무조음악은 부정리듬성 일색이다. 부정리듬성에서는 리듬들이 서로 분리되고 변형되며 탈동기화 한다. 르페브르에 의하면 탈동기화 상태는 병적 상태다.(같은 책) 20세기 초가 그 이전 어느 시대보다 고통스럽고 병적이었기 때문일까? 다가오는 파국, 즉 1차 세계대전을 예감한 탓일까. 쇤베르크는 1차 대전 이전과 전쟁의 와중에 부정리듬적 무조음악을 쓰더니 종전 후 1923년에는 12음음악의 작곡으로 방향을 틀었다. 쇤베르크는 이제 자신을 신고전주의자로 생각했고 무조음악가 시절의 극단적 부정리듬성은 12음음악에서 약화된다. 부정리듬성은 르페브르와 바흐 및 쇤베르크에게 어떤 이유에서건 지양되어야 했다.

인간은 물리적 시간을 인지하고 측정하며, 해석하고 구성한다. 인간의 시간 인식은 동물의 그것과 세부적으로 다를 것이다. 동물은 하루 인식과 계절 인식을 주로 한다. 인간은 그 이상과 이하의 단위를 인식하고 고려한다. 더 긴 단위는 물리적 시간에 인간의 분절적 마음과 구성적 마음이 투영되어 만들어진다. 분절적 마음을 가지고 인간은 시간의 작은 단위들을 발명하며, 이것들을 더해 큰 시간을 구성한다. 시간의 단위는 문화적으로 다양하다. 대혁명기의 프랑스에서 일주일이 10일이었던 적도 있었다.

시간은 비구성적인 것으로도 인식될 수 있다. 이렇게 시간 인식을 하는 이가 작곡한다면 그의 음악의 어느 부분은 그 뒷부분의 원인이 아니다. 뒷부분도 앞부분의 결과가 아니다. 음악의 모든 사건은 시간적 이행 과정에 그저 놓여 있다. 이런 음악은 매 순간 순간적이다. 각 순간들은 고유하며 다른 순간들과 비교되고 연결되지 않는다. 인상주의적 음악이다. 원래 미술 사조인 인상주의는 하우저에 의하면 생성과 운동 중인 것 혹은 순간 속에서 포착되는 것에 대해 그리려 한다. 인상주의 작품들에서는 순간이 우위에 있고, 모든 현상은 어쩌다가 일시적으로 그렇게 놓여 있는 느낌이 난다. 인상주의자들에게 현실은 존재가 아닌 생성이며 결정된 상태가 아니라 움직이는 과정 속에 있다. "모든 인상주의 그림들은 존재의 영구운동에 있어서 한 순간을 포착하는 데 집중하여 서로 갈등하는 힘들의 움직임에서 위태롭고 불안정한 균형의 상태를 묘사한다."(하우저③, 2011)

음악은 적어도 물리적 시간의 관점에서 보면 지속한다. 그런 점에서 어쩌면 음악은 인상주의적 예술이 되기에 적합하지 않다. 음악이 물리적 관점에서는 지속하지만 그 지속은 인과적으로 구성되지 않을 수 있다. 하우저가 말한 '순간의 우위'가 느껴지는 음악이 있을 수 있는 이유다. 관현악곡 《놀이》에서 드뷔시는 세계의 불안정성과 찰나성을 잘 표현했다. 무심하게 봄이 지나 여름이 온 것처럼 어떤 종류의 인과성, 논리성도 없어 보이는 음악적 사건들의 연쇄가 순간의 연쇄로서의 시간 흐름을 만든다.

20세기 후반의 또 다른 인상주의적 음악가 제라르 그리제이는 자신의 관현악곡 《변조들》을 통해 다양한 변조를 보여준다. (변조를 변화 혹은 변주의 하위 개념으로 볼 수 있다. 변조의 특정한 음향학적 내용이 있지만 여기서 다루지 않는다. 변조 개념과 《변조들》에 대해서는 졸저 『매혹의 음색』을 참조할 것) 이 작품에서 작곡가는 변조되는 대상보다 변조 행위를 더 중요히 여긴다. 달리 말하면 존재로서의 주제보다 그 주제를 생성하는 과정에, 존재로부터의 어떤 이행 과정에 더 무게를 둔다. 이런 생각은 변주의 대상이 가지는 정체성을 뒤흔드는 시도로 구현된다. 분명하게 안정적인 존재를 제시하고 그 이후 그 주제를 논리적으로 변화시키는 고전음악의 결정론적·합리주의적 세계관은 여기서 종말을 맞이했다. 대신 불안정한 생성 과정에 일시적으로 스쳐 지나가듯이 얼핏 존재라고 할 만한 것들이 잠시 제시되는 듯하다.(김진호, 2014A)

하나의 작품을 작곡하는 베토벤은 현재 하는 작업이 전체 맥락에서 어떤 의미를 가지는지에 대해 의식했던 것 같다. 피아노를 위한 《발트슈타인 소나타》, 《열정 소나타》, 《함머클라비어 소나타》, 바이올린을 위한 《크로이첼 소나타》, 《교향곡 3번 영웅》, 《교향곡 5번 운명》, 《교향곡 9번 합창》 등의 1악장에서, 그리고 《장엄미사》의 두 번째 곡 〈글로리아〉 등에서 음악은 상승하고 폭발한다. 상승 및 폭발을 기대하고 준비하는 마음이 엿보인다. 베토벤에게서 음악의 모든 부분은 동등한 가치를 가지지 않는다. 후반부로 향하는 장려한 축적 과정과 대절정의 폭발적 순간은 음악을 구성하는 다른 모든 순간을 압도한다. 다른 모든 순간은 이 절정을 위한 계단일 뿐이다. 오희숙에 따르면 베토벤의 마음은 어쩌면 기독교적 천

년왕국을 기대하는 마음이며 역사의 완성을 주장했던 헤겔의 세계관을 반영하고 역사의 종언을 주장했던 맑스의 세계관을 예고한다. 베토벤의 이런 태도는 독일의 음악학자 칼 달하우스가 말했듯이 '목적 지향적 시간성'(재인용 : 오희숙, 2015)을 잘 표현한다.

베토벤의 음악은 작곡가가 거대한 목적 혹은 큰 계획을 별도로 가지지 않을 때 음악은 비록 논리적이더라도 일상화된 감정으로 채색될 뿐임을 역으로 잘 보여준다. 요한 제바스티안 바흐가 이런 음악을 작곡했다. 바흐의 음악 대부분에서 나는 농경사회의 일상적 논리성을 본다. 한 작품의 모든 부분에서 감정이 비교적 골고루 퍼져있던 바흐의 음악에서 음악의 뒷부분에 격정적 감정이 집중되는 베토벤의 음악으로의 이행은 서유럽 및 지구적 차원에서 진행되었고 앞으로 더 진행될 극적 변화를 반영한다. 서유럽은 제국주의의 길에 들어서 다른 대륙들을 착취하기 시작했고, 그 결과 지구적 부와 에너지는 서유럽에 집중한다. 집중된 부와 에너지를 토대로 유럽인들은 진보 관념을 가질 수 있었고 지구라는 거대사회는 양극화되어 간다. 다른 대륙의 자원을 약탈하며 서유럽은 폐쇄계에서 개방계가 되어간다. 개방계 상태의 서유럽은 네겐트로피를 먹는 포식자가 되었다.

다른 대륙의 그늘을 밟고 선 서유럽의 영광과 닮아 보이는 것이 있다. 베토벤의《발트슈타인 소나타》와《열정 소나타》1악장 끝자락의 장려한 상승과정. 이 음악은 감정 에너지가 음악의 특정 부분에 집중적으로 몰려있는 상태를 보인다. 감정에너지 관점에서 이 음악은 낮은 엔트로피 상태를 보인다. 이 음악의 특정 시점에 감정 에너지가 집중된 것과 지구적 차원에서 부와 에너지가 서유럽에 집중되는 것, 이것들은 닮았다.

기능주의 관점, 음악적 마음과 비음악적 마음의 연결을 옹호하나?

다른 영역에서 작동하는 구성적 마음과 구성적 작곡가의 마음이 실제로 다르다는 반론이 제기될 수 있다. 구성적 마음은 작곡 영역과 비음악적 영역의 기저 차원에 관련될 뿐이다. 구성적 마음 개념은 명목적일까. 답변을 구성하기 위해 마음의 뇌 환원주의 관점과 기능주의 관점을 알아보자.

마음의 뇌 환원주의 관점에 의하면 특정 마음은 특정 뉴런들과 그 연결로 환원된다. 이 관점에 의하면 서로 다른 뉴런들과 그 연결들이 만들어내는 두 마음 상태는 서로 다르다. 작곡가의 구성적 마음과 건축가의 구성적 마음은 서로 다른 뉴런들이 점화되어 현상될 것이다. 뇌 환원주의 관점에서 작곡가의 구성적 마음과 건축가의 그것은 다르다. 사실 작곡가의 구성적 마음을 현상시키는 특정 뉴런들의 집합을 관찰할 수 있을지 모르겠다. 그런 마음이 추상적인 데다 모호하고, 특정해 보이지 않는다고 비판할 수 있다. 건축가의 구성적 마음도 매우 추상적이며 큰 개념이다. 큰 개념을 작은 개념들로 분해하여 먼저 연구한 후에 큰 개념을 살필 수 있다. 이러한 환원주의적 방식이 기본적으로 옳지만 매우 어려울 수 있다.

어려운 작업을 나중에라도 할 수 있었으면 한다. 나는 여기서 지금 당장 할 수 있는, 사변적이지만 현명할 수도 있을 일을 한다. 나는 작곡가와 건축가가 가장 낮은 수준에서 유사한 마음을 가지고 작업한다고 주장한다. 뇌 환원주의 관점과 다른 관점에 기대어 이 주장을 옹호해본다.

마음의 기능주의 관점에 의하면 서로 다른 뉴런들과 그 연결이 점화되어 어떤 마음이, 혹은 유사한 마음들이 현상될 수 있다. 인간의 특정한 마음과 특정 뉴런들의 집합에 분명한 대응관계가 있다고 말하는 뇌 환원주의자들 및 국소주의자들은 이 관점을 공격한다.

특정한 마음 상태 혹은 마음의 구체적 사례와, 여러 특정 상태들을 관통하는 마음 특성·마음 속성을 구분하자. 마음 특성은 외관상 달라 보이는 특정한 마음 상태들 속에 혹은 그 상태들의 기저에 입지가 있다. 서로 다른 뉴런들의 점화를 통해서도 같은 혹은 유사한 마음이 현상된다면, 그것은 특정한 마음 상태가 아닌, 마음 특성·마음 속성이다. 기능주의 관점은 마음 특성·속성을 말하는 것 같고, 뇌 환원주의 관점은 특정한 마음 상태에 대해 말하는 것 같다.

구성적 마음은 건축 영역과 작곡 영역, 요리 영역 등 여러 영역에서 현상될 수 있다. 각 영역에서 현상된 것은 특정한 마음 상태이며, 이 마음 상태들 모두는 특정 뉴런들과 그 연결들의 동일 집합으로 환원되지 않는다. 하지만 그 마음들 모두에 구성적 특성이 있다. 작곡가가 건축가처럼 혹은 건축가가 작곡가처럼 재료들을 결합한다는, 행위 혹은 작업의 공통 특성이 그 증거일 수 있다.

과학에서 멀어져 간 것일까? 분명한 것을 추구하는 과학자들은 마음 작용과 신경 작용 간에 존재하는 밀접한 연관성에 천착할 것이다. 연관성 용어마저 불편하다면 정신적 속성과 신경적/물질적 속성이 아예 동일하다는 주장을 펼치면 어떨까. 내가 느끼는 통증은 내 두뇌 속 C-섬유의 발화라는 식으로. 훨씬 과학적으로 보이지 않는가? 철학자 신상규가 요약한, 현대 철학에서의 동일론이다. 이것은 1950~60년대를 풍미했던 고전적 입장으로, 이에 따르면 정신과 물질은 같은 하나다.(신상규, 2014)

철학자 신상규는 'C-섬유가 없는 생명은 통증을 못 느끼는가?'라는 질문을 던지며 동일론을 비판한다. 동일론자는 이 질문에 답하기 어려울 것이다. 동일론자가 생각하는 것과 달리 C-섬유가 없는 생명도 다른 생리적 상태를 통해 고통의 특정한 상태를 느낄 수 있을 것이다. [통증과 같은] 정신 속성 A가 있고 A의 구체적 사례로 A1과 A2가 있을 수 있다. A1은 C-섬유가 있는 생명이 느끼는 정신 상태이며 A2는 그것이 없는 생명이 느끼는 정신 상태일 수 있다. 이 두 사건·사례·상태는 동일한 물질적·신경적 기초를 공유하지 않을 수 있다.(같은 책)

신상규에 따르면 A1과 A2를 같은 종류의 정신적 사건으로 보게 해주는 입장이 기능주의다. 정신적인 것의 본성은 그것이 무엇으로 이루어졌는지 혹은 무엇으로 만들어졌는지가 아니라 그것이 어떤 일이나 역할을 수행하는가에 따라 결정된다. 해시계·모래시계·탁상시계·손목시계·전자시계 등은 어떤 공통의 물질적 특징 때문이 아니라, 시간을 알려주는 목적·기능·용도를 통해 시계라는 범주 안에 포함될 수 있다. 기능주의는 정신적 상태나 정신적 사건의 본성 역시 시계에 대한 논의처럼 그것이 수행하는 인과적/기능적 역할을 통해 규정되어야 한다는 주장이다. 특정한 신경생리학적 상태를 통해 규정되는 것이 아니다.(같은 책)

기능주의에 따르면 정신의 본성을 이해하기 위해 우리가 알아야 할 것은 뇌의 물질적 작용이나 과정이 아니다. 정신은 뇌에서 작동하는 일종의 소프트웨어다. 동일한 계산적 과정이 다양한 컴퓨터에서 이루어지듯이 어떤 정신적 과정도 다양한 물질 작용을 통해 이루어질 수 있다. 다양한 물질적 장치들이 시계 구실을 할 수 있는 것처럼, 특정 정신 상태의 기능을 수행하는 생리적 혹은 물질적 상태도 다양할 수 있다.(같은 책)

신상규는 통증 같은 지각적 상태와 사랑 같은 감정적/정서적 상태를 정신 상태의 속성으로 제시했다. 나는 구성주의적 마음도 정신 속성 즉 A일 수 있다고 본다.(마음 특성·마음 속성·마음 유형으로도 볼 수 있다.) A1과 A2는 구체적 사례다. A1은 구성주의적 작곡가의 마음이고 A2는 건축가의 마음이다. 결합적·구성적 마음이라는 정신 속성 혹은 마음 특성·마음 유형이 있고, 그 속성·특성·유형을 내포한 서로 다른 다양한 사례들 혹은 상태들이 있다.

잡종적인 음색을 가진 소리를 만들어내는 작곡가의 마음과 잡종적인 생명체를 만들어내는 유전공학자의 마음을 모두 결합적이며 구성주의적인 것으로 볼 수 있는 이유는 이 마음들의 기능 방식이 궁극적으로 유사하기 때문이다. 작곡가의 구성적/결합적 마음과 유전공학자의 그 마음은 목적도 다르다. 나는 신상규보다 한 발 더 나간다. 물리적 상태가 다른 것은 물론이고 구체적 목적이 다르더라도, 혹은 작동하는 영역이 다르더라도, 마음들이 작용하는 방식 혹은 마음의 기능 방식이 유사하거나 같으면 그 마음들은 같은 마음 속성을 구성하는 서로 다른 마음 사례들일 수 있다.

사실 목적도 궁극적으로는 같다. 구성적/분절적/변형적 마음들은 모두 언제 어느 영역에서나 무언가를 만들게 해주며 세상을 인지하게 해준다. 이 마음들, 아니 마음 특성들은 보편적이며 이익을 준다. 우리는 이 마음 특성들을 영역들을 관통하는, 통합적 지능의 하위 범주들로 볼 수 있다.

영역 관통적 지능으로서의 구성적/분절적/변형적 마음은 여러 영역에서 고유한 방식을 좇아 각자 독립적으로 작용했을 것이다. 최초의 구성적 마음은 도, 레, 미를 결합하는 마음이 아니라 아마도 돌을 하나씩 쌓아 돌무덤을 만들 때 가져졌을 것이다. 기술 지능으로서 말이다. 자연사 지능으로서도 가져졌을 것이다. 이 경우 구성적 마음은 세계를 구성하는 요소들을 확인하는 인식론으로 쓰였을 수 있다. 세계가 물이니 흙이니 하는 것들로 구성되어 있다고 말했던 고대 그리스 철학자들의 인식론이 구성적이었다. 구성적 인식론은 오늘날의 과학자들에 의해 계승/발전되었다. 구성적 마음은 언어 지능으로도 작용했다. 그리고 이제 작곡하는 마음으로도 쓰인다. 이 모든 구성적 마음들을 현상시키는 뇌 상태들은 모두 다르다. 이 마음들이 작용하는 방식이 같거나 최소한 유사하며 무언가를 만들게 해준다. 하드웨어로서의 돌무덤과 요리, 건축물, 소프트웨어로서의 문장, 선율과 음악, 자연 및 사회 세계에 대한 구성적 앎. 분절적/변형적 마음에 대해서도 같은 이야기를 할 수 있다.

원래 있었던 얕은 장벽이 깨지면서 다른 영역들에서 작동되던 구성적 마음이 뒤늦게 음악 영역으로 스며들었을 것이다. 스며들면서 우리 조상은 통합적 마음을 가졌다. 아주 오래 전에 이미 이런 일이 일어났다. 스며드는 것은 이후에도 계속되었다. 계속되는 스밈이 3만 5천 년 전의 초보적 선율을 교향곡으로, 지식과 과학을 반영하여 이해하기 어려운 현대음악으로 진화시켰다. 동시에 새로운 장벽 쌓기도 계속되었다. 예술을 위한 예술을 주장하는 사람들은 견고한 장벽을 새로이 쌓았다. 그 벽은 음악의 영역을 다른 곳으로부터 분리·고립시켜 주는 문화적 해리 장벽이다. 새로이 쌓인 장벽은 스밈을 막지 못한다. 사람들에게 스밈을 의식하지 못하게 할 뿐이다.

작곡가들이 작곡할 때 쓰는 마음 특성들은 다른 영역에서 이미 사용되었다. 다른 영역에서 이익을 주던 마음 특성들을 작곡가가 음악적으로 쓰지 않을 이유가 없다. 여기저기서 사용되는 구성적 마음이나 분절적 마음, 변형적 마음 같은 마음 속성들을 확인하는 일은 우리 마음이 통합적임을 의식하는 일이다. 그런 의식은 우리가 현재 해야 하고 할 수 있는 성찰 중 하나다. 그 성찰은 좀 더 과학적이면서 철학적인 관점에서 행해져야 한다. 음악 연구도 이러한 범학제적 연구의 틀 안에서 행해져야 한다.

마치면서

미화된 언어나 진주를 꿴 듯 아름답게 포장된 말처럼 가증스러운 것은 없다. […] 진정한 시(詩)는 이 세상에 모래사막과 진창이 있다는 것을 안다. 왁스를 칠한 마루와 헝클어진 머리, 거친 손이 있음을 안다. 뻔뻔스러운 희생자도 있고 불행한 영웅도 있으며 훌륭한 바보도 있다는 것을 안다. […] 삶 속에 시가 있다.

폴 엘뤼아르

22

호모 사피엔스로서의 호모 무지쿠스

　　범학제적 연구는 음악과 음악적 마음이 삶과 세계를 반영하기 때문에 필요하다. 세계와 삶, 그리고 음악은 인간 이전에도 있었다. 과학자이자 피아니스트인 그레이는 "우리가 뒤늦게 음악에 끼어들었다."고 말한다.(Patricia Gray, 재인용 : 드뢰서, 2015) 음악이 하늘나라 신들의 것이었다가 인간에게 전해졌다는 이야기가 아니다. 음악 담당 신은 뮤즈가 아니라 지구 위에 인간보다 먼저 살아왔던 일부 동물들이다. 그들의 음악사가 먼저 있었다.

　　독일의 과학저술가 크리스토프 드뢰서는 특정 지빠귀 종들이 5음음계를 사용한다거나, 어떤 굴뚝새가 현대 유럽 음악의 기초인 12음계를 사용한다거나, 멕시코의 흉내지빠귀 한 마리가 주제를 선창하면 인근 새들이 그 선율을 반복해 돌림노래를 구사한다거나, 여러 새들이 자신의 노래를 변형하고 다른 새들로부터 배운다거나, 고래들이 고전적인 A-B-A 형식의 노래를 부른다는 등의 관찰결과들을 소개한다.(같은 책) 공룡의 후예인 새들과 포유류인 고래는 우리보다 이 세상에서 먼저 살아왔다. 음악은 인간의 전매특허가 아니다.

동물계의 일원으로 인간 역시 음악을 한다. 인간의 다양한 음악 중에는 동물의 음악과 접점이 많은 것들이 있다. 미슨에 따르면 굴뚝새 한 마리가 평생 수천 가지 노래를 부를 때 그 노래들의 의미는 모두 '나는 젊은 수컷이야.'일 뿐이다.(Mithen, 재인용: 같은 책) 드뢰서는 대중가요 가수들의 노래들도 마찬가지라고 말한다.(같은 책)

많은 동물과 인간은 오랜 세월 동안 구애해 왔고, 구애의 수단을 필요로 해 왔다. 그 수단 중 하나가 노래였다. 오늘날 인간의 모든 음악을 구애 행위로 볼 수는 없다. 하지만 음악이 구애 행위로 출발해 진화해 왔다는 점과 오늘날의 음악에도 구애하는 특성이 있다는 점은 사실이다. 구애 행위 말고도 동물의 음악과 접점이 많은, 인간의 음악이 있다. 감정 표현의 수단으로서의 음악, 흥분과 쾌감을 주는 음악 등. 진화 심리학적 관점을 취한 음악학자들은 이런 음악에 관심을 보인다. 그들은 모든 인간이 이런 음악을 아주 오래전부터, 본능적으로 해 왔음에 착안해 인간을 음악적 종, 즉 호모 무지쿠스라고 부른다.

러시아의 음악학자 디나 키르나르스카야는 저서 『자연적 음악가』에서 호모 무지쿠스를 음악을 창조하고 연주하며 듣는 인간으로 정의하며, 호모 사피엔스보다 더 오래된 존재로 여긴다. 그녀에 의하면 인간은 수 개념과 사물 측정의 방법을 몰랐을 때에도, 자연 현상의 이유를 알 수 없었을 때에도 음악을 했다.(Kirnarskaya, 2015)

19세기의 독일 과학자 에른스트 헤켈은 개체발생이 계통 발생을 반복한다고 했다. 이것에 착안한 굴드는 발생 반복을 과거 이해를 위한 열쇠로 볼 수 있다고 말했다. 그렇다면 발달 과정도 인간 속의 이해를 위한 열쇠일지 않을까. 굴드에 따르면 [영장류] 조상의 마음도 아이들의 마음을 통해 이해될 수 있다.(Gould, 1977) 노래를 좋아하는 영유아들은 수에 대해, 사물 측정에 대해, 자연현상에 대해 잘 모른다. 아이들은 특별한 계통 상태, 어쩌면 호모 사피엔스 이전 상태를 통과하는 중일 수 있다. 두 살배기 아이의 마음이 침팬지의 마음과 비슷하다는 견해가 있다. 발달심리학자 그린필드는 만 2세가 될 때까지 아이들의 마음속에서 모듈화는 일어나지 않고 다목적 학습프로그램과 비슷한 마음 상태가 유지된다고 말한다.(Greenfield, 1991) 이 논리에 따르면 일반화된 마음의 조상으로부터 모듈적인 마음을 가지는 또 다른 조상으로 진화하고, 이후 모듈들의 연결이 일어나 호모 사피엔스의 통합된 마음을 가지게 되듯, 아이들도 원시적인 다목적 학습프로그램의 마음 상태에서 서서히 모듈을 장착하는 쪽으로, 모듈의 연결을 가지는 쪽으로 진화할 것이다. 심리학자 카밀로프-스미스의 이야기다.(Karmiloff-Smith, 1994)

노래하기를 좋아하는 어린아이들은 키르나르스카야의 '호모 사피엔스보다 앞선 호모 무지쿠스' 개념에 딱 맞아떨어지는 것 같다. 그렇다면 호모 무지쿠스는 위에서 언급한 단계 중 어디부터 해당할까. 원시적 학습 프로그램으로서의 마음 상태에? 모듈이 장착되는 상태에? 모듈들이 연결된 상태에? 호모 무지쿠스로서의 아이들은 이 세 단계 모두를 관통하며 발달하는 것 같다. 음악을 좋아하는 아이들의 발달 수준이 서로 다르기에 하는 말이다.

일단 아기에게는 말과 음악의 구분이 전혀 없다. 두 음향 현상은 생후 몇 개월이 지나야 분화된다. 분화되기 직전 아이들의 마음에는 미슨이 말한 'Hmmmm'이 자리 잡고 있는지도 모른다. 이 단계 아기들에게 부모는 '오르르 까꿍', '도리도리 잼잼' 같은 음악적 유아어를 발음한다. 아기들은 좋아한다. 아기들은 가사는 없지만 감정이 실린 모종의 허밍을 노래한다. 아기들은 말의 운율적 요소에 민감하며, 운율이란 대체로 메시지를 감정적으로 전달하는 수단이다. 'Hmmmm' 단계를 지나 초보적 언어를 배우며 언어와 음악이 분화된 직후의 아이들은 초보적인 노래를 부른다. 분명하지 않은 가사에, 음정도 잘 맞지 않는, 질러대는 노래다. 책상이나 공책 등을 마구 두들겨 대기도 한다. 음악적 모듈이 갖추어져야 가능한 상태다. 음정에 맞추어 분절된 가사를 동요로 노래하는, 조금 더 자란 아이들도 호모 무지쿠스다. 이 아이들은 노래하며 춤추고, 가사의 뜻을 안다. 모듈들의 초보적 연결이 있어야 가능하다. 모듈들의 연결을 아이들이 호모 사피엔스 마음을 가지게 되었다고 말할 수 있는 근거로 삼는다면, 이 단계에서 호모 무지쿠스와 사피엔스는 같은 배를 탄다.

음악이 인간보다 앞선 것이라는 앞서 논지에 따르면 인간은 호모 사피엔스가 되기 전부터 음악을 좋아했고, 그런 인간을 호모 무지쿠스로 불러도 무방하다. 노래하는 네안데르탈인도 호모 무지쿠스였을 것이다. 그런데 키르나르스카야는 호모 무지쿠스가 호모 사피엔스보다 앞섰다는 주장을 할 뿐, 호모 무지쿠스가 호모 사피엔스로 진화했는지, 했다면 그 과정은 어땠을지 등에 대해 말하지 않는다. 즉 그녀는 호모 무지쿠스와 호모 사피엔스와의 관계에 대해 말하지 않는다. 사실 그녀뿐이 아니다.

인간에게 호모 무지쿠스로서의 특성과 호모 사피엔스로의 특성은 어린 시절 이래 공존하며 서로 연결되어 있고, 호모 무지쿠스 인간은 호모 사피엔스에 통합되어 있다. 이 두 개념 모두는 각자의 방식대로 인간성을 잘 드러낸다. 두 개념이 각각 가정하고 드러내는 인간성은 무엇일까. 일단 인간성은 더 큰 범주인 동물성 안에 입지가 있다. 호모 사피엔스 용어처럼 호모 무지쿠스 용어도 인간의 동물성을 인정하는 관점에서 제안되었다.

호모 무지쿠스가 가정하는 음악본능은 인간적이자 동물적이다. 아득한 옛적부터 인간이 해 왔던 동물적 음악을 포함해 인간의 동물성을 부정하고 폄하할 수 없다. 고고한 바흐와 모차르트만 해도 그렇다. 그들은 살기 위해 고군분투했던, 인간이자 동물이었다. 그들의 음악을 좋아하는 우리도 매 순간 동물로 살아간다. 우리는 먹고 배설하며 잔다. 탐식하는 모차르트와 로시니의 모습에는 사냥한 동물을 잔인하게 뜯어먹는 포식자의 모습이 어른거린다. 그런 모차르트가 오페라《돈 조반니》의 한 장면을 위해 〈식탁의 노래〉를 작곡했다. 로시니의 이름을 딴 '투르느도 로시니'라는 고급 프랑스 요리도 개발되었다. 음악가들과 함께 우리는 살아있는 것들을 마구 잡아먹는, 지구 위 최상위 포식자 동물이다.

동물은 생태계가 허락하는 선을 넘어 후손을 많이 남기려는 탐욕적 존재다. 바흐와 모차르트도 그렇다. 이 두 작곡가는 동물적 삶에 성공한, 즉 성 선택된 이들의 후손이면서 그 선택의 관문에 통과했다. 바흐와 모차르트 가문의 가계도를 인터넷에서 조회할 수 있다. 이것은 바흐와 모차르트가 각자 조상들로부터 유전자를 상속받아, 다시 후대에 그들의 유전자를 남겨 가문을 구성하고 유지하는 데에 성공했음을 알려주는, 그들이 현재 멸종되지 않은 고등어와 참새, 오랑우탄과 크게 다르지 않다는 증거다. 바흐는 2명의 부인과 함께 무려 20명의 자손을 두었다! 바흐 가문은 200년에 걸쳐 50여명에 이르는 음악가들을 배출했다.

그들과 같은 작곡가들이 구애 행위로서 동물적 음악을 좀 썼다. 오늘날 수많은 대중음악은 끊임없이 사랑 타령을 한다. 바흐와 모차르트, 수많은 대중 음악가들을 수많은 동물의 지난한 삶마저 그들의 예술에 반영하고 표현한 '동물-사람'으로 평가해야 한다. 기억되지 못하는 수많은 동물 음악가들을 대표하는 그들이 남긴 것은 치열하고 탐욕적이면서도 장엄하며, 잔혹하면서도 경이로운 생명현상의 음악적 흔적이다. 수십억 년 동안 이어져 온 삶에 대한 의지가 고스란히 담긴 동물적 음악.

인간에겐 동물과 다른 점이 있다. 인간의 음악이 동물의 구애 음악 이상일 수 있다. 인간 고유의 음악을 설명함에 있어 호모 무지쿠스 용어는 부족해 보인다. 이 용어는 인간이 어떻게 고유한지에 대해 말하지 않는다. 호모 무지쿠스를 보완해야 한다. 인간의 음악을 독특한 동물인 호모 사피엔스의 것으로 설명하면서 말이다. 독특한 호모 사피엔스는 동물과 같지만 다른 구석이 있고, 그런 그의 음악에는 동물적 음악과 다른 점도 있다.

호모 무지쿠스 용어의 제안자들은 자신들의 용어가 호모 사피엔스와 조화되지 않는다고 생각하지 않을 것이다. 나는 지금껏 호모 무지쿠스는 동물적 음악을 하는 존재라고 말했는데, 호모 무지쿠스 용어의 제안자들과 신봉자들은 내 말에 동의하지 않을 것이다. 그들은 '다만'(!) 인간이 아주 오래전부터 음악을 해 왔다는 점을 강조한다. 그들은 조상들이 설마 아주 오래전부터 삶과 무관한 순수 음악을 해 왔다고 말하는가? 그들은 음악이 삶의 어떤 것도 표현하지 않는다는 한슬리크의 주장을 선사시대의 음악에까지 적용하려는가? 아닐 것이다. 호모 무지쿠스 용어는 인간의 음악이 인간의 삶과 강한 관련이 있음을 인정하는 용어다. 호모 무지쿠스론이 가정하고 확인한 음악적 본능이나 신경적 모듈들, 음악 유전자 등이 삶과 무관한 음악을 위해 만들어질 리가 없다.

호모 사피엔스라는 생물학적 용어가 있음에도 생물학적 관점으로 포착하기 어려운 인간 특성의 일부를 확인해 그것에 관심을 가지고 그 특성을 가진 존재로 인간을 설명하는 용어들이 있다. 도구 제작인homo faber, 이중적 인간homo duplex, 고립된 인간homo clausus, 사회적으로 위계화한 인간homo hierarchicus, 경제인간homo economicus, 예술인간homo artis, 유희의 인간homo ludens, 의식을 위해 희생시키는 인간homo necans, 미학적 인간

homo aestheticus 등. 이 용어들은 사회과학자나 역사학자, 철학자에 의해 제안되었다. 이중적 인간을 제안한 프랑스 사회학자 에밀 뒤르껭, 경제인간을 제안한 푸코, 예술인간을 제안한 조정환(조정환, 2015), 유희의 인간을 제안한 네덜란드의 역사학자 요한 하위징아, 의식을 위해 희생시키는 인간을 제안한 독일의 그리스학자 발터 부르케르트 등이 그들이다. 이 용어들은 모두 인간 종의 일부 특성들을 잘 포착하고 설명한다. 이 용어들은 인간의 어떤 특성들을 특정 맥락에서 좀 더 강조하고 부각하고자 하는 의도에서 제안되었다.

참고로, 이런 용어들과 대조되며 종종 혼동되는 용어들이 있다. 직립인간이란 뜻의 호모 에렉투스 homo erectus, 손쓸 줄 아는 사람인 호모 하빌리스 homo habilis, 호모 에르가스테르, 호모 루돌펜시스, 네안데르탈인으로 흔히 알려진 호모 네안데르탈렌시스, 키가 1m 남짓하여 호빗 족으로 알려진 호모 플로레시엔시스 homo floresiensis 등. 이 생물학적 용어들은 사람 속 homo에 속하는 여러 종들을 가리킨다. 이 종들과 우리 종 호모 사피엔스를 합해 모두 인류 혹은 사람이라고 한다. 이 종들은 모두 멸종되었다. 인간 속에는 호모 사피엔스 종만이 남아 있다.

호모 무지쿠스라는 사람 속의 특별한 종은 없다. 이 용어는 오늘날 진화심리학적 접근을 취하는 음악학자들과 음악 신경/인지 과학자들에게서 많이 회자되고 있고, 이들은 음악적 유전자, 음악적 모듈, 음악 본능을 가정하고 확인하는 중이다. 생물학적 토대에 기반을 둔다는 점에서 호모 무지쿠스는 이중적 인간이나 경제인간 같은 개념들과는 차이가 있다. 이 용어는 네안데르탈인 등에게서도 확인이 가능한 사람 속의 한 특성, 즉 선천적 음악성을 잘 포착한다.

호모 무지쿠스 용어는 지금 이 순간 그 내용이 채워지고 있다. 이 용어는 참신하다. 하지만 몇 가지 문제점들을 드러내고 있다. 호모 무지쿠스론은 인간이 음악을 좋아하는 성향과 그 신경적/유전적 토대가 있다고 말하는 쪽에 주안점을 둠으로써, 연구의 칼날이 인간 음악의 다양한 문화적 차이에 대한 설명에까지 미치지 않고 있다. 특히 고전음악이나 현대음악 같은 예술적 음악들의 구체적 특성에 대해서는 대체로 설명을 포기하고 있다. 음악적 종이 보이는 음악 선호 현상을 가장 잘 드러내는 것은 민속음악이나 대중음악 등에 열광하는 대다수 인간의 모습이다. 음악을 열광적으로 좋아하는 보편적 현상에 초점이 맞추어진 연구가 열광의 대상인 음악의 다양한 특성들, 특히 예술적 특성에 대한 연구로 이어지지 않는다.

블래킹은 저서 『인간은 어떻게 음악적인가?』에서 "음악의 기원을 이해하고자 현재의 음악 활동을 연구하는 것은 헛된 노력"이라고 말한다.(Blacking, 1973) 나는 실험적이고 엘리트주의적으로 보이는 현대음악에도 진화적 기원으로부터 유래한 측면이 있다고 말하며, 이제까지 그런 측면을 정당화하는 설명을 했다. 물론 현대음악 중에서 음악의 기원을 설명해주지 않는 것들도 있다. 즉 현대음악 중에서는 내적 역동성을 가지고 비교적 자율적으로 진화된 것들도 있다. 미슨 말대로 "음악을 만드는 능력이 일단 진화하면 그것은 수많은 이유에 따라 수많은 방식으로 표현될 수 있다."(미슨, 2008) 음악, 특히 고전음악과 현대음악은 특정한 문화적 맥락에서 자유롭게 개화되고 표현된 음악적 능력의 결과다. 하지만 그 자유로운 표현은 오래전 조형된 인간의 보편적 마음에 기초한다.

호모 무지쿠스론은 인간이 음악적 종이라고 말하며 인간의 다른 특성들에 대해 입을 다물거나 그러한 특성들과 인간이 음악적 종이라는 사실 간의 관련성에 대해 말하지 않는다. 호모 무지쿠스론은 인간이 어떤 존재인지에 대해 통합적 답을 주지 못한다. 그 답은 호모 사피엔스론이 제공한다. 호모 무지쿠스론과 호모 사피엔스론은 관계를 설정해야 한다.

다양한 호모 무지쿠스론자들이 우리 사회에 있다. 푸치니의 오페라《토스카》에서 여주인공 토스카가 불렀던 아리아 제목처럼 '노래에 살고, 사랑에 살며' "나는 음악밖에 아는 것이 없어요."라고 말하는 이들은 순박한 호모 무지쿠스론자다. 이들은 오로지 음악만을 중요하게 여기고, 자신들이 가지는 호모 사피엔스로서의 특성에 대해서는 크게 개의치 않는다. 이들은 해리성 호모 무지쿠스-호모 사피엔스 분열증을 앓고 있다. 오늘날의 음악교육은 의식적으로, 무의식적으로 이 증후를 부추긴다.

인간에게 음악적 본능이 있고 그 본능의 신경적/유전적 토대가 있다고 말하는 연구자들도 호모 무지쿠스론자다. 신중한 그들은 음악적 모듈을 확인한다고만 말한다. 그러한 확인은 그 모듈의 이익에 대한 인정일 수밖에 없다. 음악적 모듈의 이익이 무엇일까. 다른 모듈로는 잘 안 되는 음악적 업무를 전담하는 것이 음악적 모듈인데, 그런 영역이 있다는 것은 음악이 전문적으로 다뤄져야 할 충분한 이유가 있다는 것 아닐까. 음악은 왜 전문적으로 다뤄져야 할까. 그 대답으로 우리는 신이 인간을 그렇게 설계했다고 말하거나, 인간이 아주 우연히 스스로 그렇게 진화했다고 말한다. 진화과정은 삶에 대한 해법 찾기 과정이다. 다른 대답은 없다. 음악적 모듈을 확인한 연구자들도 이 두 대답 중 하나를 말해야만 한다.

인간이 호모 사피엔스인 사실은 부정될 수 없다. 음악적 모듈의 이익과 그 구성 과정에 대한 고민 없이 모듈의 실제성만을 확인하려는 실증주의적 태도에는 문제가 있다. 그런 태도는 모듈을 장착한 호모 사피엔스의 수백만 년 동안의 삶에 대해 관심을 덜 기울이게 한다. 호모 무지쿠스론은 음악인지과학을 넘어 호모 사피엔스론으로부터 자양분을 얻어야 한다. 그렇게 해야 음악성을 인간성의 틀 속에서 제대로 이해할 수 있다. 호모 사피엔스론은 필연적으로 진화론이다. 과학이 알려주는바, 인간은 영장 목으로부터 진화해 원인을 거쳐 호모 사피엔스에 이르렀다. 영장 목은 포유류로부터 진화했고, 더 거슬러 올라갈 수 있다. 진화론이 빠진 음악인지과학은 역사적 맥락을 지워버린 인문학이나 사회과학과 같다.

이자벨 페레츠 같은 음악인지과학자들은 인간의 음악 처리 모듈의 체계를 밝혀내고자 애쓴다. 이들의 연구에 경의를 표하며, 그들이 제안한 음악 처리 관련 인지적-신경심리학적 모델을 잠시 살펴보자.

이 모델은 음악 처리 관련 모듈 체계를 연구해온 페레츠와

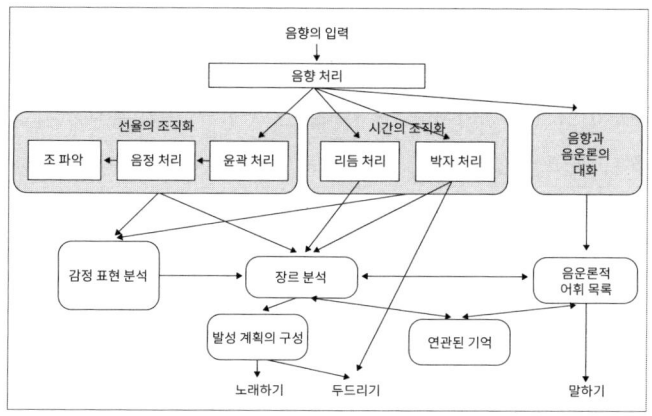

그림 1. 인간의 음악 처리 관련 인지적-신경심리학적 모델 (Isabelle Peretz et al., 재인용: Marília Nunes-Silva & Vitor Geraldi Haase, 2013, 필자의 한국어 번역)

동료 연구진들이 음악적 정보를 인간이 어떻게 처리하는지에 대해 정리한 결과다. 이 모델이 알려주는 핵심은 우리가 음악이라는 하나의 총체적 덩어리를 이 모델을 구성하는 여러 상자들, 즉 처리단위들에 따라 분절해 인지한다는 점이다. 모듈적 뇌 모델이다. 그림의 가장 위에 음향이 입력되어 처리가 시작된다. 아래 왼쪽 회색 바탕의 두 상자는 음악적 음향의 처리와 관련되고, 오른쪽 하얀 바탕의 상자는 언어적-음향적 대화와 관련된다. 왼쪽 상자들은 입력된 음향의 조성적 파악, 음정 처리, 선율의 윤곽처리, 리듬처리, 박자처리를 따로따로 행하는 층위를 포함하고, 이후 이 정보처리는 그림의 아래쪽에 제시된 좀 더 복잡한 상위 차원에서 종합된다. 감정적 표현 분석과 장르 분석이 이어지고, 이에 따라 이후 발성의 계획이 구성되어 노래로 출력되거나 발로 박자를 친다. 장르 분석은 연관적 기억에 연결된다. 즉 음악 처리 과정에 비음악적 기억들이 연관되어 음악이 표현하고 의미하는 바를 추측하고 구성한다.

이 연관적 기억이 호모 사피엔스의 한 개체와 종으로서의 호모 사피엔스가 가지는 온갖 경험, 본능, 인지로서의 삶의 총화여야 한다. 나는 페레츠의 모델에서 이 부분이 블랙박스처럼 처리되어 있으며, 미진하다고 느낀다. 이 부분이 장르 분석 다음 단계에서야 등장한다는 점에는 특히 동의할 수 없다. 페레츠에게 조성적 파악, 음정 처리, 선율의 윤곽처리, 리듬처리, 박자처리 등은 순수한 음악적 마음의 작용이다. 나는 페레츠가 제시한 연관적 기억이 이 단계에서부터도 작용할 수 있다고 주장한다. 이를테면 음정 처리 과정은 협화-불협화, 투명-불투명, 조화-부조화의 지각과 연관되며, 이러한 지각은 곧바로 해당 음악이 무엇을 표현하려는지에 대한 인식으로 이어진다. 그 인식은 선험적이지 않고 경험을 통해 수정 가능하다. 이를테면 엔트로피 지식은 음정 처리 과정에 관여할 수 있다.

페레츠에게는 순수한 음악적 마음 작용의 영역이 훨씬 중요하여 넓게 펼쳐져 있다. 나는 페레츠의 이 음악적 영역들이 이미 순수하지 못하다고 말한다. 그것들은 음악가들에게 일반적으로 비음악적인 것으로 여겨지는 경험과 인식 등으로부터 수시로 침범되며, 물에 잠겨있듯 아예 잠겨 있다. 페레츠의 위 도식을 아주 간단하게 내 방식대로 수정하면, 나는 페레츠의 상자와 상자 사이의 공간을 호모 사피엔스의 삶과 관련된 경험, 본능, 인식, 지식, 과학적 개념들로 채워진 비음악적 마음 영역으로 그리며, 이러한 비음악적 마음의 바다 위에 몇몇 음악적 섬들이 위태롭게 놓여 있는 것으로 그린다. 음악적 섬들은 사납게 몰아치는 비음악적 마음 바다의 강한 파도에 수시로 노출되고 휩쓸린다. 간단히, 비음악적 마음 바다는 쓰나미가 되어 음악적 섬들을 공격하고, 스며든다. 음악적 섬들에는 쓰나미의 흔적이 잦을 날이 없다. 쓰나미의 침범을 의식하는 이들이 생긴다. 그들이 의식하도록 부추기는 것, 돕는 것은 의식하려는 의지와 내성적 성찰, 그리고 다목적 언어의 도움을 받는 개념적 성찰 및 현대적 지식과 과학이다.

바다가 태평양과 인도양으로 구분될 수 있듯이 비음악적 마음의 바다는 하위 영역들로 구분된다. 비음악적 마음의 바다는 모듈로서의 다양한 섬들을 포함한다. 섬들 사이의 바다는 한편으로 섬과 섬을 연결하고 다른 한편으로 섬과 섬을 분리시킨다. 바다에서 새로운 섬들이 융기할 수 있다. 새로운 섬들은 새로운 일을 맡는 모듈들이다. 이 섬들이 삶을 살아가면서 인간이 작동시키는 전문화된 모듈들이다.

비음악적 마음 바다로부터의 쓰나미에 침범당하는 음악적 마음과 그것의 의식화는 미슨이 간과한 통합적 마음의 마지막 국면이다. 미슨은 15만 년 전에서 5만 년 전까지의 기간에 아주 우연히 통합적 마음이 진화되었다고 말한다. 나는 이 변화가 지금도 진행 중이라고 생각한다. 투과성이 강한 벽을 갖춘 이들에게서 미슨이 생각하지 못한, 그러나 엄연히 존재하는 마지막 벽이 허물어지고 있다. 음악적 영역과 다른 영역들을 가로막는 벽 말이다. 벽이 허물어지면서 말하기 좋아하는 이들은 음악 활동에도 언어적 마음을 관여시킨다. 내가 듣는 음악, 작곡한 음악, 그가 연주한 곡에 대해 말할 수 있게 되었다. 언어를 이용해 음악적이며 암묵적인 지식을 확인하고, 의식하여 이용할 수 있다.

음악적 지식의 궁극적 출처는 자연사 지능과 기술 지능, 그리고 사회적 지능이다. 음악을 통해 표현된 여러 영역의 지식과 과학이 언어의 도움을 받아 감상자들에게 이해될 때 우리 마음의 통합성은 더욱 강해질 수 있다. 아울러 통합적 마음을 구성하는 마음 요소들 혹은 영역 특이적 지능들 간 연관성은 더욱 깊어질 수 있다. 마음의 연관성과 통합성을 우리는 예전보다 훨씬 더 잘 의식할 수 있다. 사회적 언어가 다목적 언어로 변했듯이 호모 무지쿠스의 사회적 노래도 호모 사피엔스의 다목적 음악으로 변했다. 다목적 음악, 그것은 세계를 반영하는 것으로, 세계에 대한 인지적 마음과 세계에 대한 논리적·이성적 마음 특성을 발달시킬 수 있다.

음악은 인류에게 오래전부터 선택 상의 이익을 제공해 왔지만, 이제 다목적 음악이 되어 더욱 많은 이익을 제공할 수 있게 되었다. 게다가 사람들은 다목적 언어를 통해 다목적 음악이 표현하는 지식을 새로이 의식하고 이용할 수 있게 되었다. 이것은 근대적 음악학이 발전하기 시작한 19세기 후반 이후의 이야기다. 근대적 음악학은 전문적 음악학자들에 의해 연구되고 사회적으로 유포되지만, 다른 분야의 학자들도 공헌할 수 있는 영역이다. 요컨대, 사람들은 음악에 대해 분명하게 이야기하기 시작했다. 이 경향을 막을 수 없다. 음악을 작곡하기만 하고 듣기만 하며 이야기하려 하지 않은 이들은 손도끼를 제작만하고 제작과정을 보기만 하며 그것에 관해 이야기하지 않음으로써 지식의 유동성에 도달하지 못한 네안데르탈인의 자세를 답습한다. 듣지만 말고 이야기하자. 이왕이면 비판적으로 이야기하자. 음악의 여러 이익들을 구성하는 적극적 자세다.

호모 사피엔스가 문명, 예술, 음악, 과학, 종교를 만들었다. 호모 무지쿠스로서의 호모 사피엔스일 수 있다. 호모 사피엔스로부터 독립된 호모 무지쿠스에게는 동력이 없다. 험한 세상 살아감에 있어 노래만 하나? 현명하게 살아야 한다. 인간성을 잘 드러내는 용어인 호모 사피엔스에 대해 아는 것이 음악에 대해, 음악적 종인 우리 자신에 대해 잘 살피는 유일한 길이다.

호모 사피엔스 인류가 진화되어 왔던 수백만 년 동안 인간의 마음속에 음악을 좋아하는 본능적 성향이 진화해 왔다. 우리가 어떤 음악을 즐기고 좋아하는 것은 이 성향이 작용한 결과다. 본능적 성향의 작용을 불러일으킨 음악이 당신을 당신 속 조상과 만나게 해주었다. 전혀 새로운 경험으로서의 음악은 당신을 이제 미지의 세계로 초대한다. 우리가 과거에 얽매여 있지만은 않기 때문에 일어날 수 있는 일이다.

지구 위 여러 사회의 문명과 문화들을 비교하는 일은 가능하다. 등수를 매길 수 있을까. 많은 학자가 반대할 것이다. 차이를 존중하고, 다양성을 계속해서 보장하는 일은 유전적 다양성이 매우 낮은 우리 종을 위해 특히 필요하다. 우리 종은 침팬지 종이 가진 만큼의 유전적 다양성도 가지고 있지 않다.

급작스럽게 변화할 자연 환경을 고려하면 다양한 문명과 문화를 가지는 것이 우리 종을 위해 필요하다.

사회 환경의 급작스런 변화에 대처하기 위해서도 문명과 문화의 다양성이 유지되어야 할까. 정보통신 기업들이 자동차 산업에 뛰어드는 세상이다. 자동차가 전자기계가 되어버렸다. 영국 철학자 베이컨이 지적한 동굴의 우상이 깨져 가는 세상이 도래했다. 오늘날 학문의 영역에서나 산업체의 영역에서, 그리고 사회적 영역에서 융합과 통합이 화두가 되고 있다. 이러한 경향은 어쩌면 기존 문명과 문화의 다양성을 해치는 요인으로 작동할 수 있다. 새로운 지평 위에서 새로운 다양성이 창출될 수도 있다.

새로운 지평이란 이미 오래전에 도달한 호모 사피엔스의 통합적 마음속에서 여러 영역 특이적 지능들이 예전보다 훨씬 긴밀하게 연결되는 상태 혹은 경향을 말한다. 나는 음악적 마음의 기저에도 이러한 통합의지가 확인된다고 말했다. 20세기의 현대음악은 그러한 통합을 과거 어느 때보다 더 의식하며 지향하고 있고, 그 결과 개념적이며 지식 및 과학에 기반을 둔 음악이 되어간다. 음악은 현대음악과 함께 특수한 인지력을 제공한다. 나는 현대음악을 이런 점에서 전통적 음악을 넘어선 것으로, '지식-음악 복합체'로 부른다. 이것은 구석기 시대에 이미 완성된 통합적 마음이 자신의 통합지향을 완전히 드러내어 마음 구석구석을 완전히 정복한 결과다. 현대음악은 수십만 년 동안 진행되어오던 통합의 현재적 결정판이다.

그것은 통합을 가속화하는 문화의 산물이다. 사실 문화

역시 진화한다. 우리는 오늘날 생물학적 진화와 문화적 진화의 공진화를 고려해야 한다. 문화의 진화를 생물학적 진화와 같은 것으로 보기는 어렵지만, 다른 것으로 보면서 사람들이 가지게 되는 편견이 하나 있다. 사람들은 문화적 진화를 생물학적 진화보다 더 다양할 수 있고 더 자유로울 수 있다고 생각하는 것 같다. 하지만 적지 않은 문화가 오히려 억압적이며 반자연적이다. 이스라엘의 역사학자 하라리는 자연이 허락하고 문화가 금지하는 경우가 더 많다고 말한다.

생물학은 매우 폭넓은 가능성을 기꺼이 받아들인다. 사람들에게 어떤 가능성을 실현하도록 강제하고 다른 가능성을 금지하는 장본인은 바로 문화다. 생물학은 여성들에게 아이를 낳는 능력을 주었고, 일부 문화는 여성들에게 그 가능성을 실현하는 것을 의무로 지웠다. [...] 문화는 자신이 오로지 부자연스러운 것만 금지한다고 주장하는 경향이 있지만, 생물학적 관점에서 보자면 사실 부자연스러운 것이란 없다. [...] 진화에는 목적이 없다. 장기는 어떤 목적을 가지고 진화한 것이 아니며, 그 사용방식은 끊임없이 변화한다. 인체의 장기 중에 그것이 원형 상태로 수억 년 전 처음 등장했을 때 했던 일만을 하고 있는 것은 단 하나도 없다. 장기는 특정기능을 수행하기 위해 진화하지만, 일단 존재하게 되면 다른 용도로 사용되는 방향으로도 적응할 수 있다. 가령 입이 등장한 것은 가장 초기의 다세포 생명체가 영양소를 몸 안으로 섭취할 필요가 있었기 때문이고, 우리는 지금도 그런 용도로 입을 사용하지만, 동시에 키스하고 말하는 데도 사용한다. 람보라면 수류탄 핀을 뽑을 때도 써먹는다. 이런 용도 중 어느 하나라도 부자연스러운 것이 있을까? 벌레 비슷하게 생겼던 6억 년 전의 우리 선조가 입으로 하지 않던 일이라는 이유만으로?(하라리, 2015)

우리 입이 다양한 용도로 쓰이듯이, 하나의 마음도 다양하게 쓰일 수 있다. 비음악적 마음이 음악적 마음으로 쓰일 수 있다. 비음악적 모듈이 음악적 모듈로 작동할 수 있다. 9장에서 살폈듯이 언어처리 영역으로 알려진 브로카 영역은 이미 다중적인 쓰임새를 보이며, 음악적 역할도 한다.

이런 점을 옹호하는 이론이 분산주의다. 브라질 태생의 의사이자 신경공학자 니코렐리스 같은 분산주의자들은 어떤 일을 함에 있어 인간 뇌세포는 전문화에 전적으로 의지하기보다, 여러 영역에 분산된 수많은 다중작업 뉴런 집단을 동원해 처리한다고 말한다.(니코렐리스, 2013) 다중작업 뉴런이란 브로카 영역처럼 여러 역할을 할 수 있는 뉴런을 말한다.

어떤 모듈은 다른 모듈들과 함께 일함으로써 새로운 맥락에서 새롭게 쓰일 수 있다. 카밀로프-스미스 말마따나 아이에게 모듈화가 일어난 후에 모듈들은 같이 일한다. 카밀로프-스미스는 이 상태를 '표상적 재기술'이라 불렀다. 이 상태와 함께 아이들의 마음속에서 유사한 지식의 복합적 표상이 생겨나고, 그 결과 보통 때 이용되는 특수한 목적의 범위를 넘어서 지식을 응용할 수 있게 되며, 아이들은 여러 영역에 걸쳐 표상의 연결고리를 만들어 낼 수 있다. 이전까지 특정 영역 속에 갇혀 있던 지식을 결합하는 사고력이 아이들에게 생겨난다.(Karmiloff-Smith, 1994)

가드너에 의하면 가장 현명한 인간은 여러 영역에 걸친 연결고리 또는 사상寫象을 만드는 능력이 뛰어나다.(재인용 : 미슨, 2001) 미슨은 이것을 인간 창조성의 정수로 본다. 프랑스의 인지과학자 당 슈페르베는 이 연결을 전담하는 특수한 모듈이 있다고 말하며 그것을 초超 표상의 모듈이라 불렀다. 이 모듈은 온갖 희한한 일을 다 한다. 서로 다른 모듈에서 온 개념들이 여기서 복제되고 기묘하게 어우러진다. 얼토당토않은 개념들이 여기서 만들어진다.(Sperber, 2000) 엔트로피 법칙이 음악 영역에 흘러 들어와 음악적 복제본이 만들어지듯이.

초 표상 모듈 개념은 2000년에 제안되었다. 이 개념은 힐가드의 중앙 조절 장치와 바즈의 중앙정보 교환소를 떠올리게 한다. 2017년 봄, 나는 뇌가 거대한 병렬기관이고, 초 표상의 모듈 같은 것은 없다고 생각한다. 초 표상은 있다. 음악은 다양한 초 표상 중 하나다. 초 표상이 이루어지는 곳은 특정 모듈이 아니라 통합적 마음을 담은 우리 뇌다. 뇌 전체가 음악적 단위다.

초 표상 개념은 지식이 음악으로 표상될 수 있고 음악이 곧 지식임을 말한다. 이런 이야기는 지식과 과학을 여전히 예술과 음악에 구별되는 것으로 보는 이들을 불편하게 만들 수 있다. 불편할 이유가 없다. 지식이 음악적으로 표상될 수 있다는 것이, 음악에 지식과 과학이 반영된다는 것이 지식 및 과학과 음악의 완전한 혼동을 주장하는 것이 아니기 때문이다.

지식 및 과학이 음악과 예전처럼 매우, 명백하게 다른 것만은 아니라는 주장들이 제기되고는 있다. 윌슨에 의하면 과학과 예술은 모두 실제 세계에서 출발하며 가능한 모든 세계와 생각할 수 있는 모든 세계에 도달하려 노력한다.(윌슨, 2008) 이것은 과학과 예술이 실제 세계를 인지하고 이해하려는 지향으로부터 출발했다는 말이다. 인지와 이해는 모두 해석이다. 있는 그대로의 실제에 완벽하게 다가가는 것이 아니다. 실제 세계에서 출발한 과학적 이해도 예술만큼이나 해석적이며, 상상력이 가미된다. 물리학자 최무영에 의하면 "과학 이론도 그 자체로 실재성이 없으며 단지 상상력에 의해 만들어진 창조물이고, 과학은 이러한 모형에 기반을 두고 자연현상을 해석한다. 따라서 자연의 아름다움을 의도적으로 이해하고 해석하려는 예술작품과 과학 이론이 본질적으로 다르다고 말하기 어렵다."(최무영, 2015) 물론 이해와 해석의 구체적 방식은 서로 다를 수 있다.

과학과 예술 및 음악은 모두 사회적 동물로서의 인간이 행하는 것이고, 그래서 사회적 성격을 가져야 한다. 이 활동들을 할 때 타인과 공유하고 소통할 수 있는 결과물을 만들어내야 하며 그 결과물을 만드는 과정이 윤리적이어야 한다. 손택은 예술작품이 '말하는 바'를 놓고 도덕적으로 시비를 가리는 일이 예술작품을 보고 성적으로 흥분하는 것만큼이나 난데없다고 썼다.(손택, 2002) 손택은 누드화를 보고 흥분하는 짐승 같은 많은 남자들을 모른다. 예술작품에 대해 도덕적 시비가 이루어질 수 없다는 주장도 적절치 않다. 이 주장은 예술작품이 무언가를 표현하고 있고 그 표현을 사람들이 인지/해석하고 있다는 사실을 부정해야만 옳다. 손택은 예술이 말하는 바가 중요치 않다고 여기는 것 같다. 나는 그 말하는 바를 인정한다. 하나라고 말하는 것은 아니다. 말하는 바가 있는 예술에 대해 도덕적으로 시비 걸 수 없다면 작곡가와 예술가는 자신의 작품에 대해 어떤 말도 해서는 안 된다. 무어라고 말해봐야 시비의 대상이 되지 못하니 말이다. 시비 과정을 통해 인간인 작곡가가 자신의 생각이 짧았을 수 있음을 인정할 수 있다. 그렇게 함으로써 음악의 사회적 소통과정을 보다 윤리적인 것으로 만들 수 있다. 그렇게 하지 않으면 음악은 우리 모두를 위험하게 만들 수도 있다. 사실 오늘날 고전음악은 여전히 다양하게 오해되고 있고, 그래서 그 오해에 대해 시비 걸어야 한다.

사회적 산물인 음악 및 예술과 지식/학문, 그리고 과학이 사회적 유용성이 있어야 하는 것은 당연하다. 이것들은 인류의 진보에 기여해야 하며 그런 점에서 인본주의적이어야 한다. 하지만 즉각적인 실용성이라는 잣대로 음악 예술과 지식 및 과학을 평가하는 것은 바람직하지 않다. 인간은 인지적 본능을 가지고 있다고 했다. 알트에 의하면 그것은 고대 그리스 시대에 와서 순수하게 발전했다. 실용적 용도를 일절 고려하지 않고, 단지 이 현상이 왜 일어났는가에 대해 궁금해 하는, 인식적 열정을 가진 이들에 의해 학문이 발전했다.(알트, 2003) 종교와 실제적 세계에 대한 고려 없는 순수한 학문적/과학적 호기심이 오히려 학문과 과학을 고도로 발전시키는, 역사상 유례없는 현상이 발생했다. 이 경향은 이후 르네상스 시대에 북부 이탈리아 지역에서 다시 살아나더니, 유럽 전역으로 퍼져나갔다. 유럽에서 뒤이어 출현한 근대적 과학 혁명도 이러한 인지적 경향에 기초해 발전했다. 오늘날에도 수많은 자연과학자들과 인문학자들, 예술가들은 순수한 열정을 다해 학문과 과학, 그리고 예술의 세계 안에서 자유롭게 논다.

그런 그들을 실용주의적 잣대로 규제하려는 어설픈 정책들이 실행되고 있다. 그 정책들에는 세계에 대한 지식이 언제 어디서 누구에 의해 실용화될지를 정부 당국자가 전지전능하게 알고 판단할 수 있다는 전제가 깔려 있다. 이 전제는 틀렸다. 틀린 이 전제를 당연한 것으로 부추기는 생각이 있다. 끊임없이 증식되어야 할 자본의 무한 경쟁적 논리가 얄팍한 실용주의를 앞세워 이것을 부추긴다. 정말로 자본을 증식시키고자 한다면 참을성을 갖고 실용주의를 거두는 편이 낫다.

지식 및 과학, 그리고 예술 및 음악은 모두 지구의 정복자, 파괴자인 인간이 느끼고 구상하는 어떤 것들이다. 그것들에 대해 오늘날 창조적이어야 한다는 요구가 있다. 창조적 예술과 창조적 지식/과학, 다 좋다. 더 중요한 것이 있다. 생태계 보전과 그 틀 속에서의 지속 가능하고 정의로운 발전을 바라는 마음이다. 음악이 오늘날 반영해야 할 최고의, 가장 중요한 지식과 과학은 개별 분과의 과학과 지식이 아니라 지구와 지구 위의 조화로운 생태계를 유지하는 일과 관련되어야 한다. 생태계가 파괴되면 인류가 갈 곳이 없기 때문이다. 생태계 유지는 최상의 윤리적 지식과 과학이다. 그런 최상의 지식과 과학을 반영 혹은 표현하는 작곡이 있어야 한다.

그런 작곡을 위해 작곡가는 공부해야 하고 비판적이어야 한다. 비판적이지 못한 이들은 우리 사회의 미래를 보지 못한다. 보지 못하도록 가리는 이들이 있다. 그들의 술수를 파악해야 한다. 비판적 작곡가의 작품들이 사회적으로 선택되도록 감상자도 비판적이어야 한다. 인간은 비판적 종일 수 있다. 인간은 자연계에서 유례없는 유형성숙幼形 成熟 동물이다. 유형성숙은 동물이 성적으로 완전히 성숙한 개체면서 비생식 기관은 미성숙한 현상을 말한다. 침팬지가 아주 빨리 성장하면서 확연히 달라지는 것과 달리 인간은 매우 느리게 성장하면서 어른이 되서도 아이다운 모습을 상대적으로 많이 간직한다. 육체가 느리게 성장하는 인간은 그에 걸맞게 뇌도 오랫동안 성장한다. 뇌 형성이 마무리되기까지 약 16년이 걸리는데, 이는 다른 동물들에게서 볼 수 없는 현상이다. 뇌에서도 전두엽 부분은 20세가 넘어서까지 계속 성장한다. 공부를 많이 하는 학자들은 80살이 되어서도 뇌의 성장이 멈추지 않는다. 한마디로 인간은 장기 태아다. 그런 인간은 교육을 통한 변화 가능성에 운명적으로 노출된다. 다른 동물들은 꿈도 꾸지 못할 행운이다. 이 행운을 통해 인간은 창조적이고 비판적일 수 있다.

비판적 개체들이 많을수록 호모 사피엔스 종 전체의 생존 능력은 강화된다. 절대다수가 무비판적이고 일부가 절대다수를 지배/착취하는 사회는 그 사회 속 인간의 생존 적합성을 낮춘다. 특히 전쟁 산업과 생태계 파괴 산업이 주축이 된 사회는 호모 사피엔스의 생존율을 분명하게 낮춘다. 생존을 위해

서라도 호모 사피엔스는 비판적이어야 한다.

　비판적이려면 비판 능력을 키워야 한다. 양서들을 많이 읽고 생각해야 한다.『논어』〈위정〉편의 "배우기만 하고 생각하지 않으면 고루해지고, 생각하기만 하고 배우지 않으면 독단에 빠진다."學而不思則罔 思而不學則殆는 문구는 현명하다. 나는 음악 감상에 이 문구를 적용한다. "음악을 듣기만 하고 생각하지 않으면 고루해지며 무비판적일 수 있고, 생각하기만 하고 음악 감상과 같은 예술적이고 구체적인 경험을 하지 않으면 생경한 이념형의 인간이 될 수 있어 독단에 빠질 수 있다." 우리의 감각과 지각을 훈련해주고 우리에게 쾌감을 주는 음악 감상은 그 자체로 좋은 경험이지만, 여기에 독서와 사유 연습을 함께해 서로 연결한다면 마음의 통합성을 극대화하여 세상을 종합적으로 볼 수 있게 될 것이다. 그것이 우리를 비판적이며 창조적이 되게 할 수 있는 바탕이다.

　음악은 피곤함에 쩐 우리를 치유할 수 있지만, 그 치유·힐링은 세상을 잊게 하는 헛된 환상일 수도 있다. 진정한 힐링은 우리가 처한 상황을 제대로 인지하는 것에서부터 출발한다. 우리는 세계에 대한 가설적 인식을 할 수 있고, 그 인식은 그런 대로 실체에 부합한다. 음악은 그런 인식 능력을 키우는 계몽적 프로젝트여야 한다. 이런 프로젝트가 아닌 음악 감상은 인간 종의 생존율을 낮추는 데에 일조하는 청각적 마약일 수 있으며, 그런 음악을 즐겨 듣는 당신은 음악이라는 마약에 중독된 사람이다.

:: 참고 문헌

국내 문헌

강준만.「왜 문제를 안고 잠이 들었다가 답을 안고 깰 수 있는가?」, 강준만의 칼럼방, 2015.10.14 http://blog.naver.com/personnidea/220502171579
강준만.「왜 인간의 평균 IQ는 30년 만에 20점이나 올랐는가?」, 강준만의 칼럼방, 2015.03.11. http://blog.naver.com/personnidea/220288986321
고종석.「[말들의 풍경] 〈49〉언어는 생각의 감옥인가? - 사피어·워프 가설에 대하여」, 한국일보, 2007.02.06. http://m.entertain.naver.com/read?oid=038&aid=0000364541
구정은.「유전자 '조작' 넘어 '제조'… 인공생명체 첫 탄생」, 경향신문, 2010.05.21. http://news.khan.co.kr/kh_news/khan_art_view.html?artid=201005211827575&code=930401
김누리.「[세상 읽기] 문제는 표절이 아니다」, 한겨레신문, 2015-06-28. http://www.hani.co.kr/arti/opinion/column/697817.html
김동인.『광염 소나타 외』, 청년정신, 2010.
김성호.『생각의 경계』, 한권의 책, 2011.
김연희.『존 듀이의 교육미학』, 교육과학사, 2012.
김웅진.『생물학 이야기』, 행성B 이오스, 2015.
김용희.「예술의 기원을 찾아서」,『철학, 예술을 읽다』, 동녘, 2008, pp. 33~54.
김진호.『매혹의 음색』, 갈무리, 2014A.
____「베베른의《관현악을 위한 변주곡 작품 30》에 대한 관계형 데이터베이스 기반 음고 차원 분석」,『음악연구』49 (2012), pp. 101~135.
김진호.「비구성주의 작곡가 존 케이지」,『플럭서스 예술혁명』, 갈무리, 2011, pp. 41~107.
____「앙리 르페브르의『리듬분석』서평」,『서양음악학』34 (2014B), pp. 155~162.
____「지식과 과학의 표현으로서의 작곡」,『인문과학연구』23 (2014C), pp. 143~198.
____「컴퓨터의 지원을 받는 작곡, 그 역사와 이론」,『음악과 민족』35 (2008), pp. 285~310.
____『관현악법의 역사와 이론』, 벨로체, 2002.
도상금.『헤리장애』, 학지사, 2013.
문국진.『모차르트의 귀』, 음악세계, 2012.
민경우.「이데올로기적 족쇄, 칸트에 대한 두 가지 평가」, [민경우의 교육담론] 인문학들, 2015 : http://www.redian.org/archive/87347 [2016년 4월 6일 접속]
박문호.『뇌 생각의 출현』, 휴머니스트, 2009.
박미애.「옮긴이의 말」, 노베르트 엘리아스 지음,『모차르트』, 박미애 옮김, 문학동네, 1999, pp. 211~215.
박재선.『세계를 지배하는 유대인 파워』, 해누리, 2011.
박찬원.「옮긴이의 말」, 로버트 루이스 스티븐슨 지음,『지킬 박사와 하이드』, 박찬원 옮김, 임프린트 펭귄클래식 코리아, 2008.
배철현.『신의 위대한 질문』, 21세기북스, 2015.
서연호. 문학비평용어사전 - 소외효과 http://terms.naver.com/entry.nhn?docId=1530338&cid=41799&categoryId=41800

신상규.『호모 사피엔스의 미래』, 아카넷, 2014.
신현정.『개념과 범주화』, 대우학술총서, 2000.
안진태.『역사적인 민족 유대인』, 새문사, 2011.
오종환.「서문」, 제임스 영 지음,『예술과 지식』, 오종환 옮김, 서울대학교출판문화원, 2013.
오희숙.『20세기 음악2 ― 시학』, 심설당, 2004.
_____.『음악 속의 철학』, 심설당, 2009.
오희숙.「음악적 시간성의 변화에 대한 미학적 연구」,『음악과 민족』49, 2015, pp. 13~49.
원호택·이훈진.『정신분열증』, 학지사, 2013.
유주식.『알기 쉽게 설명한 핵심기초 열역학』, 홍릉과학출판사, 2014.
이경분.『프로파간다와 음악』, 서강대학교 출판부, 2009.
이덕환.「열역학을 벗어나버린 엔트로피」, 서평문화, 세종연구원, 2000/가을, 재인용 : http://jelan.tistory.com/307
이동용.『바그너의 혁명과 사랑』, 이파르, 2012.
이동훈.「꿈인 듯 꿈이 아닌 꿈같은 꿈 : 자각몽의 실체와 논쟁」, 세상사는 이야기(2153), 2015년 3월 30일 : http://blog.daum.net/obk2030/16533522
이미경.「들어가는 말」, 에두아르트 한슬리크 지음,『음악적 아름다움에 대하여』, 이미경 옮김, 책세상, 2009, pp. 6~14.
이상욱.「[과학 오디세이]인간과 기계의 대결?」, 2016.03.06. http://m.khan.co.kr/view.html?artid=201603062041075&code=990100
이상만.『컴퓨터 용어 대사전』, 정보문화사, 1996.
이석영.『모든 사람을 위한 빅뱅 우주론 강의』, 사이언스북스, 2012.
이석원.『현대사회, 현대문화, 현대음악』, 심설당, 2010.
_____.『음악인지과학』, 심설당, 2013.
이영준.「무대-객석 경계 허문 60 x 34 x 15m… 이전에 없던 공간연출 가능」, 한국일보, 2015.10.11. http://m.news.naver.com/newspaper/read.nhn?date=20151012&aid=0000095792&oid=469
이을상.「역자의 말」, 막스 셸러 지음,『지식의 형태와 사회』, 정영도·이을상 옮김, 한길사, 2011.
이인식.「해제 : 몸으로 생각한다」, 프란시스코 바렐라·에반 톰슨 지음,『몸의 인지과학』, 석봉래 옮김, 김영사, 2013, pp.7~15.
이정우.「예술과 세계 : 세계의 모든 얼굴」,『철학, 예술을 읽다』, 동녘, 2008, pp. 76~97.
이정모A.『인지과학 ― 학문 간 융합의 원리와 응용』, 성균관대학교 출판부, 2009.
이정모B.『공생 멸종 진화 ― 생명 탄생의 24가지 결정적 장면』, 나무, 2015.
_____.「[이정모의 자연사 이야기] 공룡의 등장으로 위기에 처했던 포유류, 야간 활동으로 살아남아」, 중앙일보, 2015.07.25. http://joongang.joins.com/article/687/18314687.html?cloc=joongang%7Cext%7Cgooglenews
이중원.「과학지식도 사회적으로 구성된다 : 사회구성주의」, 이상욱 외 지음,『과학으로 생각한다』, 동아시아, 2007, pp. 240~249.
이지영.「서구 과학자 60년간 AI 헛발질, 우리가 따라잡을 수 있다」, 2016.04.07. http://news.joins.com/article/19850705
전우영.「거울뉴런이 고장 나면 자폐증이 찾아온다.」, 시사저널, 2012 http://www.sisapress.com/news/articleView.html?idxno=57508

정성호. 「단세포생물도 미로에 갇히면 공중제비 돈다」, 연합뉴스, 2015.08.19., http://www.yonhapnews.co.kr/bulletin/2015/08/19/0200000000AKR20150819146200017.HTML
정수영. 「독자를 위한 도움말」, 제랄드 에델만 지음, 『세컨드 네이처』, 김창대 옮김, 도서출판 이음, 2009, pp. 6-9.
정윤수. 「악상 기호로 가득찬 말러의 오선지-정윤수의 길 위에서 듣는 음악」, 주간경향, 2015.10.20. http://media.daum.net/series/newsview?seriesId=112268&newsId=20151020173739509
조용민. 『우주와 나』, 솔과학, 2015.
조정환. 『예술인간의 탄생』, 갈무리, 2015.
진중권. 『서양미술사』, 휴머니스트, 2013.
차윤정. 『식물은 왜 바흐를 좋아할까』, 지오북, 2009.
최무영. 「과학과 예술, 그리고 디자인」, 디자인하우스(월간디자인 2015년 7월호). http://mdesign.designhouse.co.kr/article/article_view/108/70779
최병국. 「가난은 어린이 뇌 구조도 바꾼다」, 연합뉴스, 2016.01.16. http://www.yonhapnews.co.kr/bulletin/2016/01/16/0200000000AKR20160116029600009.HTML
최재천. 「개미와 인간② : 최초의 농사꾼 잎꾼개미」, 과학동아, 1996.03. http://animal.memozee.com/animal/Description/insect/ant/ant2.html
_____. 『다윈 지능』, 사이언스북스, 2012.
최현석. 『인간의 모든 감각』, 서해문집, 2009.
하선영. 「"첫째가 둘째보다 똑똑"… 먼저 태어난 프리미엄 영향?」, 중앙일보, 2015.10.21. http://news.joins.com/article/18905380
홍석기. 『인상주의』, 생각의 나무, 2010.
황정규. 『인간의 지능』, 학지사, 2010.

국내 번역서

가드너, 하워드. 『다중지능』, 문용린·유경재 옮김, 웅진씽크빅, 2014.
갤러거, 숀·댄 자하비. 『현상학적 마음』, 박인성 옮김, 도서출판b, 2013.
게이, 피터. 『모차르트』, 정영목 옮김, 푸른 숲, 2006.
곰브리치, 에른스트. 『예술과 환영』, 차미례 옮김, 열화당, 2003.
굴드, 스티븐 제이. 『풀 하우스』, 이명희 옮김, 사이언스북스, 2002.
글래드웰, 말콤. 『(첫 2초의 힘) 블링크』, 이무열 옮김, 21세기북스, 2005.
긴스버그, 허버트. 『피아제의 인지발달이론』, 김정민 옮김, 학지사, 2006.
노베르트, 엘리아스. 『모차르트』, 박미애 옮김, 문학동네, 1999.
노직, 로버트. 『아나키에서 유토피아로』, 남경희 옮김, 문학과 지성사, 1997.
니코렐리스, 미겔. 『뇌의 미래』, 김성훈 옮김, 김영사, 2013.
다이아몬드, 제러드. 『왜 인간의 조상이 침팬지인가』, 노승역 옮김, 문학사상, 2015.
다윈, 찰스. 『인간과 동물의 감정 표현』, 김홍표 옮김, 지식을 만드는 지식, 2014.
_____. 『인간의 유래와 성 선택』, 이종호 옮김, 지식을 만드는 지식, 2012.
_____. 『종의 기원』, 송철용 옮김, 동서문화사, 2013.
던바, 로빈. 『멸종하거나 진화하거나』, 김학영 옮김, 반니, 2015.

데닛, 다니엘. 『마음의 진화』, 이희재 옮김, 사이언스북스, 2011.
도킨스, 리처드. 『눈먼 시계공』, 이용철 옮김, 사이언스북스, 2004.
_____. 『확장된 표현형』, 홍영남 옮김, 을유문화사, 2011.
_____. 『이기적 유전자』, 홍영남·이상임 옮김, 을유문화사, 2010.
듀이, 존. 『경험으로서의 예술』, 이재언 옮김, 책세상, 2003.
드뢰서, 크리스토프. 『음악 본능』, 전대호 옮김, 북하우스 퍼블리셔스, 2015.
드 발, 프란스. 『침팬지 폴리틱스』, 황상익·장대익 옮김, 바다, 2004.
디사나야, 엘렌. 『미학적 인간 호모 에스테티쿠스』, 김한영 옮김, 예담, 2009.
딜타이, 빌헬름. 『체험·표현·이해』, 이한우 옮김, 책세상, 2005.
라마찬드란, 빌라야누르. 「인류 진화의 대도약을 낳은 추진력으로서의 거울뉴런과 모방 학습」, 『마음의 과학』, 이한음 옮김, 와이즈베리, 2012.
라이히홀프, 요제프. 『미의 기원』, 박종대 옮김, 플래닛, 2012.
라일, 길버트. 『마음의 개념』, 이한우 옮김, 문예출판사, 1994.
랑게, 프리데리케. 『동물과 인간 사이』, 박병화 옮김, 현암사, 2011.
랜들, 데이비드. 『잠의 사생활』, 이충호 옮김, 해나무, 2014.
랠런드, 케빈·길리언 브라운. 『샌스 앤 넌센스』, 양병찬 옮김, 동아시아, 2014.
레러, 조나. 『프루스트는 신경과학자였다』, 최애리 옮김, 지호, 2007.
레슈, 하랄트·하랄트 차운. 『하루 만에 읽는 생명의 역사』, 김하락 옮김, 21세기북스, 2010.
레만, 크리스티안. 『음악의 탄생』, 김희상 옮김, 마고북스, 2012.
레비틴, 다니엘. 『호모 무지쿠스』, 장호연 옮김, 도서출판 마티, 2009.
로렌츠, 콘라드. 『적응을 위한 지식의 기능』, 황상민 옮김, 세종연구원, 1999.
로트, 게르하르트. 『뇌와 마음의 오랜 진화』, 김미선 옮김, 시그마프레스, 2015.
루트번스타인, 로버트·미셸 루트번스타인. 『생각의 탄생』, 박종성 옮김, 에코의 서재, 2007.
루프너, 잔. 『지식과 감정에 대하여』, 김영숙 옮김, 자음과모음, 2010.
르페브르, 앙리. 『리듬분석』, 정기헌 옮김, 갈무리, 2013.
리드, 허버트. 『예술을 통한 교육』, 황향숙 외 옮김, 학지사, 2007.
리프킨, 제레미. 『엔트로피』, 이창희 옮김, 세종연구원, 2012.
린든, 데이비드. 『고삐 풀린 뇌 — 우리의 자유의지를 배반하는 쾌감회로의 진실』, 김한영 옮김, 작가정신, 2013.
마뚜라나, 움베르토·프란시스코 바렐라. 『앎의 나무』, 최호영 옮김, 갈무리, 2007.
만쿠소, 스테파노·알레산드라 비올라. 『매혹하는 식물의 뇌』, 양병찬 옮김, 행성비, 2016.
매기, 브라이언. 『트리스탄 코드』, 김병화 옮김, 심산출판사, 2005.
메를로-퐁티, 모리스. 『지각의 현상학』, 류의근 옮김, 문학과 지성사, 2002.
미슨, 스티븐. 『마음의 역사』, 윤소영 옮김, 영림 카디널, 2001.
_____. 『노래하는 네안데르탈인』, 김명주 옮김, 뿌리와 이파리, 2008.
미슬버거, 랠프. 「인간의 내적 리듬, 하루시계」, 스튜어트 메크리디 지음, 『시간에 대한 거의 모든 것들』, 남경태 옮김, 휴머니스트, 2010), pp. 25~52.
밀러, 제프리. 『스펜트』, 김명주 옮김, 동녘, 2010.
바디우, 알랭. 『바그너는 위험한가』, 김성호 옮김, 북인더갭, 2012.
바라바시, 알베르트-라즐로. 『링크』, 강병남·김기훈 옮김, 동아시아, 2002.
바렐라, 프란시스코·에반 톰슨. 『몸의 인지과학』, 석봉래 옮김, 김영사, 2013.
바르키, 아지트·대니 브라워. 『부정본능』, 노태복 옮김, 부키, 2015.

바즈, 베르나르트 · 니콜 게이지. 『인지, 뇌, 의식』, 강봉균 옮김, 교보문고, 2012.
배런-코언, 시몬. 『공감제로』, 홍승호 옮김, 사이언스북스, 2013.
뱅쌍, 장-디디에. 「신경생물학자가 바라본 인간」, 파스칼 피크 외 지음, 『인간이란 무엇인가』, 배영란 옮김, 알마, 2006, pp. 19-34.
밸콤, 조너선. 『물고기는 알고 있다』, 양병찬 옮김, 에이도스, 2017.
버스, 데이비드. 『진화심리학』, 이충호 옮김, 웅진지식하우스, 2012.
베르그손, 앙리. 『물질과 기억』, 박종원 옮김, 아카넷, 2014.
_____. 『창조적 진화』, 황수영 옮김, 아카넷, 2005.
베치, 베로니카 『음악과 권력』, 노승림 옮김, 컬처북스, 2009.
베코프, 마르크 『동물의 감정』, 김미옥 옮김, 시그마북스, 2008.
보통, 알랭 드. 「꿈은 어떻게 만들어지나요?」, 제마 엘윈 해리스 지음, 『어른을 일깨우는 아이들의 위대한 질문』, 김희정 옮김, 부키, 2015.
블랙모어, 사라 제인 · 우타 프리스. 『뇌, 1.4킬로그램의 배움터』, 손영숙 옮김, 해나무, 2009.
사이드, 에드워드. 『음악은 사회적이다』, 박홍규 옮김, 이다미디어, 2008.
사토시, 가나자와. 『지능의 사생활』, 김영선 옮김, 웅진 지식하우스, 2012.
샤모비츠, 다니엘. 『식물은 알고 있다』, 이지윤 옮김, 도서출판 다른, 2013.
색스, 올리버. 『뮤지코필리아』, 장호연 옮김, 알마, 2008.
_____. 『아내를 모자로 착각한 남자』, 조석현 옮김, 이마고, 2010.
셸러, 막스. 『지식의 형태와 사회』, 정영도 · 이을상 옮김, 한길사, 2011.
손택, 수전. 『해석에 반대한다』, 이민아 옮김, 이후, 2002.
쇼, 버나드. 『바그너 니벨룽의 반지』, 유향란 옮김, 이너북, 2005.
슈나이더, 미셸. 『슈만, 내면의 풍경』, 김남주 옮김, 그책, 2014.
슈빈, 닐. 『내 안의 물고기』, 김명남 옮김, 김영사, 2009.
슈피겔, 데이비드 · 데이비드 리. 「해리된 인지와 통합되지 않은 경험」, 댄 슈타인 지음, 『인지과학과 무의식』, 김종우 옮김, 하나의학사, 2002.
슈타인, 댄. 「도입 : 인지과학과 무의식」, 『인지과학과 무의식』, 김종우 옮김, 하나의학사, 2002.
스마트, 앤드류. 『뇌의 배신』, 윤태경 옮김, 미디어윌, 2014.
스튜어트, 이언 니콜라스. 『생명의 수학』, 한지민 옮김, 사이언스북스, 2015.
스티븐슨, 로버트 루이스. 『지킬 박사와 하이드』, 박찬원 옮김, 임프린트 펭귄클래식 코리아, 2008.
싱어, 피터. 『다윈주의 좌파』, 최정규 옮김, 이음, 2011.
심스, 앤드류. 『마음의 증상과 징후』, 김용식 외 옮김, 중앙문화사, 2014.
아른하임, 루돌프. 『시각적 사고』, 김정오 옮김, 이화여자대학교 출판부, 2010.
_____. 『예술심리학』, 김재은 옮김, 이화여자대학교 출판부, 1995.
_____. 『엔트로피와 예술 - 질서와 무질서에 관한 시론』, 오용록 옮김, 전파과학사, 1996.
아인슈타인, 알베르트 · 앨리스 칼라프리스. 『아인슈타인이 말합니다』, 김명남 옮김, 에이도스, 2015.
알트, 위르겐 아우구스트. 『인식의 모험』, 박종대 옮김, 이마고, 2003.
에델만, 제럴드. 『세컨드 네이처』, 김창대 옮김, 도서출판 이음, 2009.
엥겔스, 프리드리히. 『자연변증법』, 윤형식 옮김, 중원문화, 1989.
영, 제임스. 『예술과 지식』, 오종환 옮김, 서울대학교출판문화원, 2013.

오브라이언, 댄.『지식론 입문』, 한상기 옮김, 서광사, 2011.
오른슈타인, 아르비.『라벨의 삶과 음악』, 전혜수 옮김, 음악춘추사, 2000.
와이스버그, 로버트 W.『창의성』, 김미선 옮김, 시그마프레스, 2010.
와인버거, 조엘·조슈아 와이스.「무의식에 대한 정신분석적 개념과 인지적 개념」, 댄 슈타인 지음,『인지과학과 무의식』, 김종우 외 옮김, 하나의학사, 2002.
왓슨, 피터.『생각의 역사, II』, 남경태 옮김, 들녘, 2010.
워드, 제이미.『소리가 보이는 사람들』, 김성훈 옮김, 흐름출판, 2015.
월렌스타인, 진.『쾌감본능』, 김한영 옮김, 도서출판 은행나무, 2009.
윌리엄스, 조지 크리스토퍼.『적응과 자연선택』, 전중환 옮김, 나남, 2013.
윌슨, 에드워드.『지구의 정복자』, 이한음 옮김, 사이언스북스, 2013.
_____.『통섭』, 최재천·장대익 옮김, 사이언스북스, 2008.
존슨, 스티븐.『바그너, 그 삶과 음악』, 이석호 옮김, 포노, 2012.
주르댕, 로베르.『음악은 왜 우리를 사로잡는가』, 채현경·최재천 옮김, 궁리출판, 2005.
준, 후쿠에·아와노 유미.『3일 만에 읽는 우주』, 정난진 옮김, 서울문화사, 2008.
지드, 앙드레.『지상의 양식』, 김봉래 옮김, 문지사, 2005.
지몬, 클라우스 페터.『감정을 읽는 시간』, 장혜경 옮김, 어크로스, 2010.
챈기지, 마크.『자연모방』, 노승엽 옮김, 에이도스, 2013.
카쿠, 미치오.『마음의 미래 — 인간은 마음을 지배할 수 있는가』, 박병철 옮김, 김영사, 2015.
카터, 리타.『뇌 — 맵핑마인드』, 양영철·이양희 옮김, 말글빛냄, 2008.
칸델, 에릭.『통찰의 시대』, 이한음 옮김, 알에이치코리아, 2014A.
_____.『기억을 찾아서』, 전대호 옮김, 알에이치코리아, 2014B.
캐럴, 션.『이보디보 — 생명의 블랙박스를 열다』, 김명남 옮김, 지호, 2007.
커쇼, 이언.『히틀러II』, 이희재 옮김, 교양인, 2011.
코저, 루이스.『社會思想史』, 신용하·박명규 옮김, 一志社, 1990.
코벌리스, 마이클.『뇌, 인간을 읽다』, 김미선 옮김, 반니, 2013.
코크란, 그레고리·헨리 하펜딩.『1만 년의 폭발』, 김명주 옮김, 글항아리, 2010.
크루제, 홀크 외.『지능의 발견』, 박규호 옮김, 도서출판 해바라기, 2003.
크르즈나릭, 로먼.『공감하는 능력』, 김병화 옮김, 더퀘스트, 2014.
크릭, 프란시스.『놀라운 가설』, 김동광 옮김, 궁리, 2015.
클로이트르, 메릴렌.「의식적 기억과 무의식적 기억:기능적 기억 상실의 모델」, 댄 슈타인 지음,『인지과학과 무의식』, 김종우 외 옮김, 하나의학사, 2002.
클레그, 브라이언.『과학을 안다는 것』, 김옥진 옮김, 엑스오북스, 2013.
킨, 샘.『바이올리니스트의 엄지』, 이충호 옮김, 해나무, 2014.
펜로즈, 로저.『황제의 새마음』, 박승수 옮김, 이화여자대학교출판부, 1997.
폴머, 게르하르트.『진화론적 인식론』, 문성화·홍건영 옮김, 계명대학교 출판부, 2011.
프로이트, 지그문트.『꿈의 해석』, 이환 옮김, 돋을새김, 2007.
_____.『히스테리 연구』, 김미리혜 옮김, 열린책들, 2003.
피셔, 에른스트 페터.『또 다른 교양』, 김재영 옮김, 도서출판 이레, 2006.
피크, 파스칼.「고인류학자가 바라본 인간」,『인간이란 무엇인가?』, 배영란 옮김, 알마, 2009, pp. 35~68.
핑커, 스티븐.『마음은 어떻게 작동하는가』, 김한영 옮김, 동녘사이언스, 2007.
_____.『빈 서판:인간은 본성을 타고 나는가』, 김한영 옮김, 사이언스북스, 2004.

_____, 『언어본능』, 김한영 옮김, 동녘사이언스, 2008.
_____, 『우리 본성의 선한 천사』, 김한영 옮김, 사이언스북스, 2014.
하라리, 유발 노아. 『사피엔스』, 조현욱 옮김, 김영사, 2015.
하우저, 아르놀트. 『문학과 예술의 사회사③』, 염무웅·반성완 옮김, 창비, 2011.
하이젠베르크, 베르너. 『부분과 전체』, 김용준 옮김, 지식산업사, 2013.
하펜딩, 헨리. 「추천사」, 가나자와 사토시 지음, 『지능의 사생활』, 김영선 옮김, 웅진 지식하우스, 2012.
한슬리크, 에두아르트. 『음악적 아름다움에 대하여』, 이미경 옮김, 책세상, 2009.
호비츠, 레슬리 앨런. 『유레카』, 박영준·이동수 옮김, 생각의 나무, 2003.
호킨스, 제프·산드라 블래이크슬리. 『생각하는 뇌, 생각하는 기계』, 이한음 옮김, 멘토르출판사, 2010.
후버, 루드비히. 「추천의 글」, 프리데리케 랑게 지음. 『동물과 인간 사이』, 박병화 옮김, 현암사, 2011.
후안, 스티븐. 『뇌의 기막힌 발견』, 배도희 옮김, 네모북스, 2006.
히틀러, 아돌프. 『나의 투쟁』, 이명성 옮김, 홍신문화사, 2012.
힐데스하이머, 볼프강. 『모차르트』, 양도원 옮김, 한국문화사, 2014.
UN, 재인용 : 이건희. 「돈 많은 나라가 오래 잘 산다?」, 머니위크 272호, 2013. http://m.mt.co.kr/renew/view.html?no=2013031216078087793
UN/WHO, 「국가별 평균수명」, 2010. http://type2000.tistory.com/1388

국외 문헌

Adorno, Theodor(Hildenbrand, Hans & Lindenberg, Alex 불어 번역). *Philosophie de la nouvelle musique* (Paris : Gallimard, 1995).
Ahrens, Sandra. & Jaramillo, Santiago. & Yu, Kai. & Ghosh, Sanchari. & Hwang, Ga-Ram. & Paik, Raehum. & Lai, Cary. & He, Miao. & Huang, Z Josh. & Li, Bo. 「ErbB4 regulation of a thalamic reticular nucleus circuit for sensory selection」, *Nature Neuroscience* 18 (2015), pp. 104~111. (이 논문과 관련된 인용은 번역가 양병찬이 페이스북에 올린 글을 참조한 것임.)
Allman, John Morgan. *Evolving Brains* (New York : Scientific American Library, 1999).
「Ancient flutes more than 35,000 years old」, *The Telegraph*, 2009.06.24 http://www.telegraph.co.uk/earth/environment/archaeology/5625802/Ancient-flutes-more-than-35000-years-old.html [2014년 5월 30일 접속.]
Anderson, Julian. 「De sable à vues aériennes」, *Entretemps* 8 (1989), pp. 123~138.
Angrist, Stanley & Hepler, Loren. *Order and Chaos : Laws of energy and entropy* (New York : Basic Books, 1967).
Baars, Bernard. *A Cognitive Theory of Consciousness* (New York : Cambridge University Press, 1988.
Bachelard, Gaston. *Philosophie du non* (Paris : Presses Universitaires de France, 1940.
Barras, Colin. 「Chimpanzees and monkeys have entered the Stone Age」, BBC, 2015.08.18. http://www.bbc.com/earth/story/20150818-chimps-living-in-the-stone-age

Bell, Elizabeth A. & Boehnke, Patrick & Harrison, T. Mark & Mao, Wendy L.. 「Potentially biogenic carbon preserved in a 4.1 billion-year-old zircon」, *PNAS(Proceedings of the National Academy of Sciences)*(2015), http://intl.pnas.org/content/112/47/14518.abstract

Bent, Ian & Drabkin, William(Cœurdevey, Annie & Tabouret, Jean 불어 번역). *L'analyse musicale* (Paris : Main d'Œuvre, 1998).

Berlin, Brent. 「'Just another fish story?' Size-symbolic properties of fish names」, *Animal Names* (Venezia : Instituto Veneto di Scienze, Lettre ed Arti, 2005), pp. 9~21.

Blacking, John. *How Musical Is Man?* (Seattle : University of Washington Press, 1973.

_____. *Music, culture and experience* (Chicago & London : University of Chicago Press, 1995).

Boistel, Renaud et al.. 「How minute sooglossid frogs hear without a middle ear」, PNAS 110/38, 2013. http://www.pnas.org/content/110/38/15360.full.pdf

Bonner, Michael. 「Study shows people stop listening to new music at 33」, UNCUT, 2015.05.01 http://www.uncut.co.uk/news/study-shows-people-stop-listening-to-new-music-at-33-68144#ZyC9YchBxRoSItTG.99

Bosseur, Jean-Yves. *Vocabulaire de la musique contemporaine* (Paris : Minerve, 1996.

Chemillier, Marc & Pachet, François. 「Introduction」, *Recherches et applications en informatique musicale* (Paris : Hermes, 1998), pp. 7~11.

Cole, Adam. 「Here's How You Can Outrun A Horse」, Shots — Health News Health News From NPR, 2015.10.21. http://www.npr.org/sections/health-shots/2015/10/20/4500 68114/heres-how-you-can-outrun-a-horse

Cope, David. *Computers and Musical Style* (Madison, Wisconsin : A-R Editions, 1991).

Dahlhaus, Carl. 「La pièce pour orchestre opus 16, n° 3 de Schoenberg et la notion de mélodie de timbres」 (Schoenberg : Contrechamps, 1997), pp. 119~122.

D'Albavie, Marc-André. 「Pour sortir de l'avant-garde」, *Le timbre, métaphore pour la composition* (Paris : IRCAM/Christian Bourgois, 1991), pp. 303~334.

Donald, Merlin. *Origins of the Modern Mind* (Cambridge : Harvard University Press, 1991.

Dufourt, Hugues. *Musique, pouvoir, écriture* (Paris : Christian Bourgois, 1991).

Eco, Umberto. *Lector in fabula* (Paris : Grasset et Fasquelle, 1985).

Ehrenfels, Christian Freiherr von. 「Über Gestaltqualitäten」, *Vierteljahresschrift für wissenschaftliche Philosophie* 14, pp. 242~292.

Fan, Shaohua & Hansen, Matthew E. B. & Lo, Tancy & Tishkoff, Sarah A.. 「Going global by adapting local : A review of recent human adaptation」, Science 354(6308), 2016, pp. 54~59.

François, Jean-Charles. *Percussion et musique contemporaine* (Paris : Klincksieck esthétique, 1991).

Gallup, Gordon G.. 「Chimpanzees : Self Recognition」, *Science* 167 (1970), pp. 86~87.

Galvis, Laura Marenco. 「The Origins of Human Language : How did we go from silence to speaking?」, 2015. http://www.edcast.com/corp/blog/2015/06/05/origins-human-language-how-did-we-go-silence-speaking

Gibson, James J.. *The ecological approach to visual perception* (Boston : Houghton Mifflin,

1979).

Goodale, M. A., Milner, A. D., Jakobson, L. S., Carey, D. P.. 「A neurological dissociation between perceiving objects and grasping them」, *Nature*, 349(6305), pp. 154~156.

Gould, Stephen Jay. *Ontogeny and Phylogeny* (Cambridge, Massachusetts, London : The Belknap Press of Harvard University, 1977.

Greenfield, Patricia. 「Language, tools, and brain : the ontogeny and phylogeny of hierarchically organized sequential behavior」, *Behavioral and Brain Sciences*, 14, pp. 531~555.

Grisey, Gérard. 「Structuration des timbres dans la musique instrumentale」, *Le timbre, métaphore pour la composition* (Paris : IRCAM/Christian Bourgois).

Hadamard, Jacques & Hadamard, Jacqueline. *Essai sur la psychologie de l'invention dans le domaine mathématique* (Paris : Bordas, 1975).

Hamilton, William D. 「Heritable true fitness and bright birds : a role for parasites?」, *Science*, 218, pp. 384~387.

Hebb, Donald. *The Organization of Behavior : a neuropsychological theory* (Oxford : Wiley, 1949).

Heinrich, Marie-Noëlle. *Création musicale et technologies nouvelles* (Paris : L'Harmattan, 2003).

Humphrey, Nicholas. *A History of the Mind – Evolution and the Birth of Consciousness* (New York : Copernicus, 1999.

Huron, David. 「Design Principles in Computer-based Music Representation」, *Computer Representations and Models in Music* (London : Academic Press Limited, 1992), pp. 5~39.

Hsu, Christine. 「Scientists Confirm that Plants Talk and Listen To Each Other, Communication Crucial for Survival」, Medical Daily, 2012.06.11. http://www.medicaldaily.com/scientists-confirm-plants-talk-and-listen-each-other-communication-crucial-survival-240775

Ingarden, Roman(Smoje, Dujka 불어 번역). *Qu'est-ce qu'une œuvre musicale?* (Paris : Christian Bourgois, 1989).

Jones, Orion. "Consciousness Is the Whole Brain. It's Not Reducible", 2015. http://bigthink.com/ideafeed/consciousness-is-the-whole-brain-not-a-single-region

_____. "Consciousness Is the Whole Brain. It's Not Reducible", 2015. http://bigthink.com/ideafeed/consciousness-is-the-whole-brain-not-a-single-region

Karlin, Anatoly. 「The Geography Of Global Human Capital」, 2012.04.10. http://akarlin.com/2012/04/the-geography-of-global-human-capital/

Karmiloff-Smith, Annette. 「Précis of Beyond Modularity : a developmental perspective on cognitive science」, *Journal of Music Theory* volume 27, n° 1 (1983), pp. 75~97.

「Key element of human language discovered in bird babble」, University of Exeter home page, 2015.06.29. http://www.exeter.ac.uk/news/featurednews/title_458553_en.html

Kirnarskaya, Dina & Teeter, Mark H.. 「The Natural Musician : On abilities, giftedness, and talent」, Published to Oxford Scholarship Online : March 2012. http://www.oxfordscholarship.com/view/10.1093/acprof:oso/9780199560134.001.0001/acprof-9780199560134-chapter-011

Knopoff, Leon & Hutchinson, William. 「Entropy as a measure of style : the influence of sample length」, *Journal of Music Theory* volume 27, n° 1 (1983), pp. 75~97.

Kohn, Marek & Mithen, Steven. 「Handaxes : products of sexual selection?」, *Antiquity* 73 (1999), pp. 518~526.

Krumhansl, Carol. 「An exploratory study of musical emotions and psychophysiology」, *Canadian Journal of Experimental Psychology* 51 (1997), pp. 336~352.

Lacoue-Labarthe, Philippe. *Musica Ficta* (Redwood : Stanford University Press, 1995).

Lerdahl, Fred & Jackendoff, Ray. *A Generative Theory of Tonal Music* (Cambridge : MIT Press, 1983).

Limb, Charles. 「Jazz in an fMRI scanner? Neural substrates of spontaneous Musical Performance : A Study of Jazz Improvisation」, *PLOS One* (2008) http://www.ted.com/talks/charles_limb_your_brain_on_improv#t-288781, https://www.ted.com/talks/charles_limb_your_brain_on_improv?language=ko

Loope, Kevin J.. 「Queen Killing Is Linked to High Worker-Worker Relatedness in a Social Wasp」, Current Biology, Available online 29 October 2015. http://www.sciencedirect.com/science/article/pii/S0960982215011756

Louvier, Alain. *L'orchestre* (Paris : Combre, 1997.

Macchover, Tod. éd.. *L'IRCAM : une pensée musicale* (Paris-Montreux : Edition des archives contemporaines, 1980.

Maess, Burkhard & Koelsch, Stefan & Gunter, Thomas C. & Friederici, Angela D.. 「Musical syntax is processed in Broca's area : an EMG study」, *Natural Neuroscience* 4, 2001, pp. 540~545.

Marler, Peter. 「Origins of Music and Speech」, Brown, Steven & Merker, Björn. The Origins of Music (Cambridge : MIT Press, 2000).

Marília, Nunes-Silva & Vitor, Geraldi Haase. 「Amusias and modularity of musical cognitive processing」, Psychology & Neuroscience On-line version, Psychol. Neurosci. vol.6 no.1, 2013. http://www.scielo.br/scielo.php?script=sci_arttext&pid=S1983-32882013000100008

Miller, Geoffrey. 「Evolution of human music through sexual selection」, *The Origins of Music* (Cambridge, MA : MIT Press, 2000, pp. 329-360). https://books.google.co.kr/books?hl=ko&lr=&id=vYQEakqM4I0C&oi=fnd&pg=PR9&dq=In+the+Origins+of+Music&ots=i374sVdukN&sig=lUIUwd9bwnsF-BkTJUAO1E6mF5Q#v=onepage&q=In%20the%20Origins%20of%20Music&f=false

Molino, Jean. 「Analyser」, *Analyse musicale*, volume 16, 1989, p. 11~13.

_____. 「Fait musical et sémiologie de la musique」, *Musique en jeu* n°17 (1975).

Mountcastle, Vernon. 「An Organizing Principle for Cerebral Function : The Unit Model and the Distributed System」, *The Mindful Brain* (Cambridge, MA : MIT Press, 1978.

Michel, Pierre. *G. Ligeti, Compositeur d'aujourd'hui* (Paris : Minerve, 1985).

Murail, Tristan. 「La révolution des sons complexes」, Darmstädter Beiträge zur Neuen Musique XVIII, 1980, pp. 77~92.

_____. 「Spectre et lutins」, *Darmstädter Beitrage zur Neuen Musik* XIX, 1982, pp. 24~34.

Nagel, Thomas. 「What Is it Like to Be a Bat?」, *Philosophical Review*, 1974.

Nattiez, Jean-Jacques. *Musicologie générale et sémiologie* (Paris : Christian Bourgeois, 1987).

Paoli, Rusconi. Debussy (Florence : Sansoni, 1951).

Parsons, Lawrence M.. 「Exploring the functional neuroanatomy of music performance, perception and comprehension」, *The Cognitive Neuroscience of Music* (Oxford : Oxford University press, 2003).

Pessoa, Luiz. 「Précis of The Cognitive-Emotional Brain」, Behavioral and Brain Sciences, Target Articles Under Commentary, Published online : 10 June 2014, pp 1-66. http://journals.cambridge.org/action/displayAbstract?fromPage=online&aid=9758676&fileId=S0140525X14000120

Pierce, John, Robinson & David, Edward, E..(Berquier, Françoise 불어번역). *Le son musical* (Paris : Diffusion Bellion, 1996).

Peretz, Isabelle & Coltheart, Max. 「Modularity of music processing」, *Nature Neuroscience* 6 (2003), pp. 688~691.

Popper, Karl Raimund & John Eccles. *The Self and Its Brain* (London : Routledge, 1984.

Pinkerton, Richard. 「Information theory and melody」, *Scientific American* 194/2, 1956, pp. 77~86.

Quine, Willard van Orman. *Quiddities : An Intermittently Philosophical Dictionary* (Cambridge : Belknap Press of Harvard University, 1987).

Rousseau, Jean-Jacques. *Essai sur l'origine des langues où il est parlé de la mélodie et de l'imitation musicale* (Bordeaux : Ducros, 1970.

Risset, Jean-Claude. 「Timbre et synthèse des sons」, *Le timbre, métaphore pour la composition* (Paris : IRCAM/Christian Bourgois, 1991).

Rizzolatti, Giacomo & Arbib, Michael A.. 「Language within our grasp」, *Trends in Neurosciences* 21, 1998, pp. 188~194.

Ryan, Michael J. 「Sexual selection, receiver biases, and the evolution of sex differences」, *Science* 281, 5385, 1998, pp. 1999~2003.

Saussure, Ferdinand de. *Cours de linguistique générale* (Paris : Payot, 1922).

Schellenberg, E. Glenn. & Trehub, Sandra E. 「Natural musical intervals : evidence from infant listeners」, *Psychological Science* 7, 1996, pp. 272~277.

Schenker, Heinrich. *Der Freie Satz, Neue Musilalischen Theorien und Phantasien* III (Wien : Universal Edition, 1956).

Schwanauer, Stephan M. & Levitt, David A.. 「Introduction」, *Machine Models of Music* (Cambridge · Massachusetts · London : The MIT Press, 1993.

Singh, Devendra. 「Adaptive significance of female physical attractiveness : role of waist-to-hip ratio」, *Journal of Personality and Social Psychology* 65, 1993, pp. 292~307.

Sperber, Dan. *Metarepresentations in an Evolutionary Perspective* (Oxford : Oxford University Press, 2000.

Stravinsky, Igor. *Chroniques de ma vie* (Paris : Denoël et Steel, 2000).

「Study Shows Plants can Learn, Remember」 (양병찬 역), *Nature World News*, 2014.01.14. http://www.natureworldnews.com/articles/5678/20140117/study-shows-plants-learn-remember.htm

Szendy, Peter. *Tristan Murail* (Paris : l'Harmattan, 2002).

Taylor, Graeme J. & Bagby, R. Michael & Parker, James DA.. *Disorders of Affect Regulation : Alexithymia in Medical and Psychiatric Illness* (Cambridge : Cambridge University Press, 1997.

Trevarthen, Colwyn. 「Musicality and the intrinsic motive pulse : Evidence from human psychology and infant communication」, *Musicae Scientiae Special Issue* 1999-2000. pp. 155~215.

Wachsmann, Klaus. *Essays on Music and History in Africa* (Evanstone : Northwestern University Press, 1971).

Whipps, Heather. 「Cave Men Loved to Sing」, Live Science-History, 2008.07.02. http://www.livescience.com/2647-cave-men-loved-sing.html

Winner, Ellen. *Invented worlds : The psychology of the arts* (Cambridge : Harvard University Press, 1982).

Wollheim, Richard. *Painting as an art* (London : Thames and Hudson, 1987.

Zacks, Jeffrey M.. *Flicker-Your Brain on Movies* (Oxford : Oxford University Press, 2014.

Zatorre, Robert J. & Halpern, Andrea R. 「Mental Concerts : Musical Imagery and Auditory Cortex」, *Neuron* 47, 2005, pp. 9~12.

Zahavi, Amotz & Zahavi, Avishag. *The Handicap Principle* (New York : Oxford University Press, 1996).

인터넷 사이트

〈위키피디아〉 영문 http://en.wikipedia.org
〈위키피디아〉 한국어 https://ko.wikipedia.org
〈유투브〉 https://www.youtube.com

:: 인명 찾아보기

ㄱ

가드너, 하워드 (Gardner, Howard, 1943~) 550~552, 669, 677
갈, 프란츠 요제프(Gall, Franz Joseph, 1758~1828) 150, 151
거슈윈, 조지(Gershwin, George, 1898~1937) 123
게이, 존(Gay, John, 1685~1732) 369
곰브리치, 에른스트(Gombrich, Ernst, 1909~2001) 27, 200, 206, 245, 677
괴테, 요한 볼프강 폰(Goethe, Johann Wolfgang von, 1749~1832) 138, 139, 286, 287, 367, 570
구달, 제인(Goodal, Jane, 1934~) 346
굴드, 글렌(Gould, Glenn, 1932~1982) 16
굴드, 스티븐 제이(Gould, Stephen Jay, 1941~2002) 23, 445, 585, 599, 652, 678, 683
그라크, 쥘리앵(Gracq, Julien, 1910~2007) 437
그람시, 안토니오(Gramsci, Antonio, 1891~1937) 29
그리그, 에드바르(Grieg, Edvard, 1843~1907) 56, 627
그리제이, 제라르(Grisey, Gérard, 1946~1998) 438, 640, 684
글래드웰, 말콤(Gladwell, Malcolm, 1963~) 235, 678

ㄴ

나띠에, 장 자크(Nattiez, Jean-Jacques, 1945~) 31, 32, 34, 52, 686
노직, 로버트(Nozick, Robert, 1938~2002) 513, 678
누네스, 엠마누엘(Nunes, Emmanuel, 1941~2012) 440
니체, 프리드리히(Nietzsche, Friedrich, 1844~1900) 112, 390, 489, 514

ㄷ

다레초, 구이도(D'Arezzo, Guido, 991/992~1033) 181
다윈, 찰스(Darwin, Charles Robert, 1809~1882) 9, 53, 62, 82, 292, 308, 312, 313, 320, 328, 329, 333, 343, 361, 562, 605, 677, 678, 680
단테, 알리기에리(Dante, Alighieri, 1265~1321) 243, 244
도킨스, 리처드(Dawkins, Richard, 1941~) 257, 258, 308, 327, 343, 532, 678
뒤프르, 위그(Dufourt, Hugues, 1943~) 289, 683
듀이, 존(Dewey, John, 1859~1952) 347, 350, 351, 675, 678
드 발, 프란스(De Waal, Frans, 1948~) 555, 556, 678
드로고즈, 필립(Drogoz, Philippe, 1937~) 437
드뷔시, 아실(Debussy, Claude Achille, 1862~1918) 101, 392, 460, 525, 581, 594, 609, 636, 640, 686
들라크루아, 외젠(Delacroix, Eugene, 1798~1863) 523, 524
딜타이, 빌헬름(Dilthey, Wilhelm, 1833~1911) 14, 37, 678

ㄹ

라모, 장-필립(Rameau, Jean-Philippe, 1683~1764) 397
라벨, 모리스(Ravel, Joseph Maurice, 1875~1937) 122, 172, 425, 680
라슈, 토르슈텐(Rasch, Torsten, 1965~) 476
라이히홀프, 요제프(Reichholf, Josef H., 1945~) 245, 678
라흐마니노프, 세르게이(Rachmaninoff, Sergei, 1873~1943) 597

라켄만, 헬무트(Lachenmann, Helmut, 1935~) 341
램버트, 콘스턴트(Lambert, Constant, 1905~1951) 113
러셀, 버트란트(Russel, Bertrand, 1872~1970) 335, 403
로댕, 오귀스트(Rodin, Auguste, 1840~1917) 571
로크, 존(Locke, John, 1632~1704) 52, 53, 67
록버그(Rochberg, G., 1918~2005) 437
루쏠로, 루이지(Russolo, Luigi, 1885~1947) 421
루카치, 괴르기(Lukács, György, 1885~1971) 266, 267, 269, 270, 274
루토슬랍스키(Lutosławski, Witold, 1913~1994) 430, 442
르메트르, 조르주(Lemaître, Georges, 1894~1966) 295
르페브르, 앙리(Lefebvre, Henri, 1901~1991) 637~639, 675, 678
리게티, 괴르기 산도르(Ligeti, György Sándor, 1923~2006) 58, 59, 433, 436, 685
리글, 알로이스(Riegl, Alois, 1858~1905) 27
리스트, 프란츠(Liszt, Ferenc, 1811~1886) 243, 244, 394, 460, 462, 605, 606
리트뮐러, 알브레흐트(Riethmüller, Albrecht, 1947~) 39
리히텐베르크, 게오르크 크리스토프(Lichtenberg, Georg Christoph, 1742~1799) 575
릿세, 장-끌로드(Risset, Jean-Claude, 1938~) 185, 214, 383, 437, 439, 686

ㅁ

마데르나, 브루노(Maderna, Bruno, 1920~1973) 429
마치우나스, 조지(Maciunas, George, 1931~1978) 435
만, 토마스(Mann, Thomas, 1875~1955) 24, 360, 423
말러, 구스타프(Mahler, Gustav, 1860~1911) 276, 284, 285, 287, 326, 516, 593, 610, 629, 677
맑스, 칼(Marx, Karl, 1818~1883) 29, 53, 62, 266, 267, 274, 453, 638, 642
매기, 브라이언(Magee, Bryan, 1930~) 390, 391, 393, 394, 487, 489, 510, 536, 537, 574, 679
메시앙, 올리비에(Messiaen, Olivier, 1908~1992) 428, 520, 521, 524, 594
모차르트, 볼프강 아마데우스(Mozart, Wolfgang Amadeus, 1756~1791) 8, 16, 39, 48, 61, 62, 65~67, 70, 72, 75, 76, 91, 93~95, 100, 120, 141, 183~186, 188, 235, 236, 276, 285, 304, 359, 397, 398, 401, 407, 411, 447, 456, 460, 462~464, 466, 469~471, 485~487, 506, 564, 568, 570, 573, 577~581, 586, 587, 593, 629, 631, 654, 655, 675, 678, 682
뮤라이, 트리스탄(Murail, Tristan, 1946~) 386, 389, 390, 410, 438, 439, 527, 686, 687
미슨, 스티븐(Mithen, Steven, 1960~) 7, 113, 168, 175, 228~230, 232, 233, 256, 264, 319, 320, 322, 329, 494, 495, 504, 507, 508, 539~542, 545~547, 549, 550, 552, 553, 558~560, 564, 574, 623, 651, 653, 658, 659, 663, 669, 679, 685
미요, 다리우스(Milhaud, Darius, 1892~1974) 298

ㅂ

바그너, 리하르트(Wagner, Richard, 1813~1883) 32, 33, 55, 74, 78, 106, 112, 113, 356, 359, 364, 390, 412, 413, 460, 463, 470, 471, 487, 489, 511, 522, 536~538, 580, 594, 603, 605, 609~611, 617, 618, 632, 636, 676, 679, 680
바레즈, 에드가(Varèse, Edgard, 1883~1965) 16, 426
바일, 쿠르트(Weil, Kurt, 1900~1950) 369
바흐, 요한 제바스티안(Bach, Johann Sebastian, 1685~1750) 16, 67, 68, 71, 73,

74, 121, 136, 183, 185, 277, 284, 359, 397, 411, 470, 497, 499, 500, 564, 568, 610, 637, 638, 639, 642, 654, 655, 677
베르크, 알반(Berg, Alban, 1835~1935) 424, 632
베를리오즈, 루이-엑토르(Berlioz, Louis-Hector, 1803~1869) 40, 101, 341, 342, 352, 407, 460, 463, 605
베리오, 루치아노(Berio, Luciano, 1925~2003) 431
베버, 막스(Weber, Max, 1864~1920) 66
베버, 칼 마리아 폰(Weber, Carl Maria von, 1786~1826) 475
베베른, 안톤(Webern, Anton, 1883~1945) 163, 396, 401, 425, 632, 675
베토벤, 루드비히 반(Beethoven, Ludwig van, 1770~1827) 18, 40, 51, 62, 63, 71, 72, 121, 132, 188, 217, 219, 273, 281, 282, 359, 360, 392, 393, 397, 398, 407, 425, 460, 462, 466~470, 486, 516, 535, 548, 568, 570, 573, 581, 587, 593, 599, 602, 603, 605, 632, 641, 642
볼프, 휴고(Wolf, Hugo, 1860~1903) 122, 123
브람스, 요하네스(Brahms, Johannes, 1833~1897) 460~462, 597
브레히트, 베르톨트(Brecht, Bertolt, 1898~1956) 368, 369
블래킹, 존(Blacking, John, 1928~1990) 503, 658, 683
블레즈, 피에르(Boulez, Pierre, 1925~2016) 385
비틀즈(Beatles) 188, 340, 341

ㅅ
사이드, 에드워드(Said, Edward W., 1935~2003) 29, 42, 679
사티, 에릭(Satie, Eric, 1866~1925) 423, 632
사피어, 에드워드(Sapir, Edward, 1884~1939) 490, 675
생-상스, 카미유(Saint-Saëns, Camille, 1835~1921) 462, 622

셀시, 지아신토(Scelsi, Giacinto, 1905~1988) 432
셰익스피어, 윌리엄(Shakespeare, William, 1564~1616) 21, 352, 585, 586
쇤베르크, 아놀드(Schönberg, Arnold, 1874~1951) 74, 287~290, 402, 403, 419~421, 534, 535, 639
쇼팽, 프레데릭(Chopin, Frédéric, 1810~1849) 183, 278, 284, 411, 460, 462, 568
쇼펜하우어, 아르투르(Schopenhauer, Arthur, 1788~1860) 62, 66, 470, 471, 509, 510, 536, 537, 637
쉐페르, 피에르(Schaeffer, Pierre, 1910~1995) 427, 429
쉔커, 하이리히(Schenker, Heinrich, 1868~1935) 573, 574, 686
슈만, 로베르트(Schumann, Robert Alexander, 1810~1856) 72, 122, 401, 412, 511, 680
슈베르트, 프란츠(Schubert, Franz, 1797~1828) 72, 284, 366~368, 573
슈트라우스, 리하르트(Strauss, Richard, 1864~1949) 58, 284, 285, 401, 510, 512, 632, 635, 636
스카를라티, 도메니코(Scarlatti, Domenico, 1685~1757) 397
스트라빈스키, 이고르(Stravinsky, Igor, 1882~1971) 32, 33, 211, 422, 424, 462, 515, 516, 610, 687

ㅇ
아다마르, 자크(Hadamard, Jacques, 1865~1963) 252, 684
아도르노, 테오도르(Adorno, Theodor, 1903~1969) 269, 270, 274, 534, 682
아리스토텔레스(Aristotle, BC 384~322) 31, 67, 155, 169, 250, 266, 267
아시모프, 아이작(Asimov, Isaac, 1920~1992) 393
아이브스, 찰스 에드워드(Ives, Charles Edward, 1874~1954) 422, 430, 604, 605
아인슈타인, 알버트(Einstein, Albert,

1879~1955) 62, 66, 68, 252, 254, 332, 387, 453, 626, 629, 680
앙리, 피에르(Henry, Pierre, 1927~) 429
에렌펠스, 크리스티안 폰(Ehrenfels, Christian von, 1859~1932) 208, 683
에코, 움베르토 (Eco, Umberto, 1932~2016) 57, 678, 683
엥겔스, 프리드리히(Engels, Friedrich, 1820~1895) 555, 680
영, 라 몬테(Young, La Monte, 1935~) 432
워프, 벤저민 리(Whorf, Benjamin Lee, 1897~1941) 490, 675
월하임, 리처드(Wollheim, Richard, 1923~2003) 26, 687
윌리엄스, 랄프 본(Williams, R. Vaughan, 1872~1958) 172, 306, 361, 445, 446, 605, 606, 680

ㅈ, ㅊ

짐머만, 베른트 알로이스(Zimmermann, Bernd Alois, 1918~1970) 431
차우닝, 존(Chowning, John, 1934~) 438
차이코프스키, 표트르 일리치(Tchaikovsky, Pyotr Ilyich, 1840~1893) 172, 278, 460, 462, 463

ㅋ

카겔, 마우리치오(Kagel, Mauricio, 1931~2008) 432
카우엘, 헨리(Cowell, Henry, 1897~1965) 423
카프카, 프란츠(Kafka, Franz, 1883~1924) 170, 453
칸트, 임마누엘(Kant, Immanuel, 1724~1804) 53, 66, 67, 675
케이지, 존(Cage, John, 1912~1992) 427~429, 435, 584, 585, 632, 675
크럼, 조지(Crumb, George, 1929~) 49, 340, 341
크세나키스, 이야니스(Xenakis, Iannis, 1922~2001) 181, 434

ㅌ

테레민, 레온(Theremin, Léon, 1896~1993) 426
튜링, 앨런(Turing, Alan, 1912~1954) 178, 185

ㅍ

파가니니, 니콜로(Paganini, Niccolo, 1782~1840) 460, 597
펜데레츠키, 크시슈토프(Penderecki, Krzysztof, 1933~) 432
펜로즈, 로저(Penrose, Roger, 1931~) 93, 236, 388, 575~578, 681
푸치니, 자코모(Puccini, Giacomo, 1858~1924) 637, 659
프랑크, 세자르(Franck, Cesar, 1822~1890) 394, 395
프로이트, 지그문트(Freud, Sigmund, 1856~1939) 9, 102~104, 231, 289, 290, 412, 453, 480, 481, 681
프로코피예프, 세르게이(Prokofiev, Sergei, 1891~1953) 278, 424, 623

ㅎ

하바, 알로이스(Haba, Alois, 1893~1973) 423, 424
하비, 조나던(Harvey, Jonathan, 1939~2012) 439
하이든, 요셉(Haydn, Joseph, 1732~1809) 72, 298, 397, 470, 486, 587, 593
한슬리크, 에두아르(Hanslick, Eduard, 1825~1904) 68, 171~173, 516, 656, 676, 681
홀스트, 구스타프(Holst, Gustav, 1874~1934) 68, 252
히틀러, 아돌프(Hitler, Adolf, 1889~1945) 56, 112, 358~360, 611, 681, 682
힌데미트, 파울(Hindemith, Paul, 1895~1963) 172, 218, 220, 426
힐러, 르자렌(Hiller, Lejaren, 1924~1994) 182

:: 용어 찾아보기

ㄱ

가구의 음악(musique d'ameublement, 불) 423
가소성(plasticity) 189~191, 225
《감마 법칙》(Nomos Gamma, 1969) 434
강력한 상황(Strong Situation) 303, 304, 339
거대사(Big History) 42, 49, 294, 642
거울뉴런체계(Mirror Neuron System: MNS) 271~273, 544
《검은 천사》(Black Angel, 1970) 340
게슈탈트(Gestalt, 독) 208, 209, 211, 408
《결합음》(Mixtur, 1964) 434
계류음(suspension) 536, 537
《곤드와나》(Gondwana, 1981) 439, 527
구체음악(musique concrete, 불) 427, 429, 431
굴절적응(exaptation) 338, 445~447, 451, 549
기능주의 130, 643~646
《기대》(Die Erwartung, 1909) 288~290
《기억/침식》(Mémoire/Erosion, 1975~1976) 386, 388, 389, 410

ㄴ

《나는 죽은 자를 애도하며 산 자를 기도로 인도하도다》(Mortuos plango, vivos voco, 1980) 439
《나단조 미사》(Mass in B minor, BWV 232, 1750) 284
《남쪽》(Sud pour bande magnétique, 1985) 383, 439
《낭광증 아리아》(Lycanthropy Aria) 476
낭광증(狼狂甁, lycanthropy) 474~476
네거티브 엔트로피(negative entropy)·네겐트로피(negentropy) 404, 405, 407, 411, 642
네안데르탈인·호모 네안데르탈렌시스(Homo neanderthalensis) 80, 175, 228~231, 329, 334, 335, 361, 449, 496, 507, 541, 543, 559, 653, 657, 658, 665, 679
《놀이》(Jeux, 1913년 초연) 640
뇌간(腦幹, the brain stem) 223, 233, 457
뇌량(Corpus callosum) 157, 158
뉴런 25, 125~127, 129, 130, 132, 135, 140, 156, 165~167, 177, 190, 224, 225, 249, 271~273, 526, 532, 543, 544, 546, 614, 615, 643, 644, 668, 677, 678
《뉴잉글랜드의 세 곳》(Three Places in New England, 1911~1914) 422
늑대인간(werewolf) 474, 475

ㄷ

다리듬성(polyrythmie, 불) 638
다성음악(polyphony) 73, 74, 264, 609, 610
다중실현 가능성(multiple realizability) 130
《단테 교향곡》(Dante Symphony, 1857년 초연) 243
《달에 홀린 피에로》(Pierrot lunaire, 1912) 421
《대답 없는 질문》(The Unanswered Question, 1908) 604, 605
대진화(macro-evolution) 310
도플러 효과(Doppler effect) 146, 616, 617
동소성 원리·동소성 가정 627~629
동형성(Isomorphie, 독) 119, 291~295, 297, 302
두 발 보행(Bipedalism)·직립보행(walking upright) 262~264, 311, 332, 344, 463, 558

ㄹ

라디오 드라마(Hörspiel, 독) 437
《라인의 황금》(Das Rheingold, 1853~1854)

106, 511, 603, 604, 617
《레퀴엠》(Requiem, 1791, 모차르트) 61, 276, 486, 487
《레퀴엠》(Requiem, 1965, 리게티) 58, 59
《로엔그린》(Lohengrin, 1850) 112, 364, 618
《리엔치》(Rienzi, 1838~1840) 55, 471
《리틀 보이》(Little Boy, 1968) 214

ㅁ

《마누엘 베네가스》(Manuel Venegas) 122
《마탄의 사수》(Der Freischütz, 1817~1821) 475
《마태수난곡》(Matthauspassion, 1729년 초연) 277, 284
말노래(Sprechgesang, 독) 421
《말피 공작부인》(Duchess of Malfi) 476
《망각의 땅》(Territoires de l'oubli, 1977) 438, 439
멘털리즈(mentalese) 491
명제지·명시지(propositional knowledge/know that) 110, 257, 489, 495
모듈 150~157, 159, 165~169, 171~174, 176~178, 180, 190, 256, 441, 530, 542, 543, 553, 583, 652, 653, 656, 657, 659~661, 663, 668, 669
《모든 것은 변하며 소멸되지 않는다》(Omnia mutantur, nihil interit, 1996) 440
《모세와 아론》(Moses und Aron, 1932) 290
《모험》(Aventures, 1962, 리게티) 433
《무대 위》(Sur scène, 1960) 432
무의식적 사고의 이점(UTA: unconscious-thought advantage) 236
미니멀리즘(minimalism) 432, 433
미메시스(mimesis) 269, 507, 521
미분음(microtone) 423, 424, 436

ㅂ

《바르샤바의 생존자》(A Survivor from Warsaw, 1947년 초연) 290
《바이올린 소나타 가장조》(Violin Sonata in A major) 394
《바이올린 협주곡》(Violin Concerto in D major, Op. 77, 1878, 브람스) 461
《바카날레》(Bacchanale, 1938) 427
반영(反映, Widerspiegelung, 독) 8, 11, 29, 30, 33, 69, 71, 72, 103, 110, 111, 114, 116, 120, 139, 177, 188, 239, 248, 251, 256, 264~270, 272, 274, 275, 280, 286, 288, 290, 295, 297, 302, 315, 342, 343, 350, 373, 377, 382, 383, 386, 397, 398, 411, 414, 440, 442, 451, 458, 470, 472~477, 482, 486, 490, 511, 536, 540, 548, 549, 563, 575, 595, 596, 603, 609, 611, 624, 632, 642, 648, 650, 655, 664, 669, 672, 673
배외측 전전두피질(dorsolateral prefrontal cortex) 159
《백조 고기를 굽는 사나이》(Der Schwanendreher, 1935) 172
《변용》(Metamorphosen, Studie für 23 Solostreicher, 1945) 632
변이 244, 305, 306, 472
《변조들》(Modulations, 1976) 640, 641
《보체크》(Wozzeck, 1921) 424
복측전운동영역(ventral premotor area) 271
복측피개영역(VTA: ventral tegmental area) 223, 224
《볼레로》(Boléro, 1928) 122, 425
《봄의 꿈》(Frühlingstraum, 1827) 367
《봄의 제전》(Le Sacre du printemps, 1913) 211, 212, 422, 462, 515, 610
부정리듬성(a-rythmie, 불) 638, 639
《분기》(Ramifications, 1968) 436
분산주의자들(distributionist) 668
《분위기들》(Atmosphères, 1961) 433
비어있는 테이블/빈 서판(tabla rasa) 52, 310, 321, 681
비트(bit) 400~403, 514
빅뱅(Big Bang) 49, 294~301, 543, 585, 676
뼈 플루트(Knochenflöte, 독) 79

140, 144, 145~147, 160, 175, 193, 195, 216, 221, 223~226, 229~231, 233, 244, 255~259, 262, 263, 265, 291~293, 296, 297, 301~306, 308~313, 319, 324, 326~328, 330, 333~339, 343~345, 348, 349, 354, 355, 359, 361, 370, 372, 374~377, 380, 381, 414, 417, 439, 445~449, 454, 465, 471, 472, 492, 493, 497, 498, 504, 507, 513, 537, 539~542, 544, 547, 551, 556, 558, 585, 590, 599, 601, 602, 605, 607, 615, 617, 619, 625, 626, 648, 651, 652, 654, 657, 658, 660, 663, 665, 667, 676, 678, 679, 681

ㅊ

창발(emergence) 51, 130, 279, 408, 409
《천지창조》(Die Schöpfung, 1798) 298
《철길 연습곡》(Etudes aux chemins de fer, 1948) 427
《첫 번째 음악서커스》(Premier Musicircus, 1967) 435
청각 피질(auditory cortex) 153~158, 211, 255, 349, 457
청각적 착각(auditive illusion) 213
청각통로(auditory pathway) 157
초 표상의 모듈(module of metarepresentation) 669
〈추락〉(Fall, 1968) 214
측두두정피질(temporoparietal cortex) 159
측두엽(側頭葉, lobus temporalis) 127, 154, 155, 157
측두평편부(planum temporale) 157

ㅋ

《카니발 음악》(Carnival Music, 1971) 437
커넥톰(connectome) 130
《컴퓨터 칸타타》(The Computer Cantata, 1964) 182
컴퓨터의 도움을 받는 작곡(computer-aided composition) 178, 186
코그놈(cognome) 84

코레이아(choreia) 149
퀄리아(qualia)·감각질(感覺質) 63, 496, 497

ㅌ

《토스카》(Tosca, 1900년 초연) 637, 659
통섭(統攝/consilience) 385, 680
통합적 마음/마음의 통합 6~8, 11, 103, 114, 116, 118, 156, 158, 188, 233, 236, 240, 275, 350, 378, 382, 418, 419, 441, 458, 472, 473, 477, 478, 481, 482, 485, 488, 489, 494, 495, 501, 509, 529, 538~543, 545~549, 557, 559, 561~575, 648, 663, 664, 666, 669, 674
《투오넬라의 백조》(The swan of Tuonela, 1895) 172
튜링 테스트(Turing Test) 178, 185
《트리스탄과 이졸데》(Tristan und Isolde, 1859) 413, 471, 536, 538

ㅍ

《파가니니 주제에 의한 광시곡》(Rhapsody on a Theme of Paganini, Op. 43, 1934) 597
《파가니니 주제에 의한 변주곡》(Variations on a Theme of Paganini, Op. 35, 1863) 597
파라사우롤로푸스(parasaurolophus) 260~262
『파르나수스로 오르는 계단』(Gradus ad Parnassum, 1725) 39
《파르지팔》(Parsifal, 1882) 112, 412, 471
판하모니콘(Panharmonicon) 593
《페르 귄트 조곡》(Peer Gynt, 1875) 56
편도체(amygdala) 96, 155, 158, 197, 216, 223, 457
표상적 재기술(Representational Redescription) 668
표현형(phenotype) 257, 258, 308, 549, 678
《푸가의 기법》(Die Kunst der Fuge, 1741~?) 67, 73
《풀치넬라》(Pulcinella, 1919) 424

《프로메테우스: 불의 시》(Prometheus: The Poem of Fire, 1910) 420
프로시니엄(proscenium) 440, 441
《플루트와 테이프를 위한 2차원 음악》(musica su due dimensioni, 1952, 1958) 429
플린 효과(Flynn effect) 455
《피가로의 결혼》(Le Nozze di Figaro, 1786) 466, 506
《피아노 작품 XI》(Klavierstücke XI, 1956) 430
피질원심성망(corticofugal network) 211
《피터와 늑대》(Peter and the Wolf, 1936) 623

ㅎ

《학습음악》(Lehrstück, 1929) 426
《함머클라이버 소나타》(Piano Sonata No. 29 in B-flat major, Hammerklavier sonate, Op. 106, 1818) 548
합성 예술(ars combinatoria) 437
해리(解離) 105, 127, 149, 352, 477, 479~484, 538, 560, 648, 659, 675, 679, 680
해리성 정체감 장애(DID: Dissociative Identity Disorder)·다중 인격 장애 477~479
《행동에 의한 구성작용》(Terretektorh, 1966) 434
《현악4중주를 위한 일리악 모음곡》(The Illiac Suite for String Quartet, 1959) 182
형식적 절차(formal process)·알고리즘 166, 181, 438
형식지(explicit knowledge) 110, 116, 251, 257
「형태질에 관하여」(Gestaltqualitäten, 1890) 208
호모 무지쿠스(Homo musicus) 11, 81, 83, 84, 111, 116, 324, 325, 380, 650~660, 664, 665, 678
호모 사피엔스(Homo sapiens) 5, 6, 11, 48, 63, 80, 120, 224, 228~231, 263, 285, 286, 310, 325, 334, 335, 344, 361, 449, 465, 492, 508, 541~543, 559, 562, 586, 607, 650~654, 656, 657, 659, 660, 662, 664~674, 676
확장된 마음(extended mind) 288
《환상 교향곡》(Symphonie fantastique, 1830) 40, 101, 342, 352, 605
환원주의(reductionism) 50, 51, 120, 156, 173, 177, 209, 525, 526, 643, 644
후두엽(後頭葉, lobus occipitalis) 155
흠(Hmmmmm) 96, 175, 334, 370, 504, 507, 508

기타

1차 청각영역(primary auditory cortex) 157
《2001: 스페이스 오디세이》(2001: A Space Odyssey) 58
《4분 33초》(1952) 429
EMI(Experiments in Musical Intelligence) 183